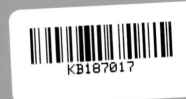

전설동화조사사항

傳說童話調査事項

이시준 · 장경남 · 김광식 편

제이앤씨
Publishing Company

식민지시기 일본어 조선설화자료집 간행사

1910년 8월 22일 일제의 강점 이후, 2010년으로 100년이 지났고, 현재 102년을 맞이하고 있다. 1965년 한일국교 정상화 이후, 한일간의 인적·물적 교류는 양적으로 급속히 발전해 왔다. 하지만 그 양적 발전이 반드시 질적 발전으로 이어지지 않았음이, 오늘날의 상황이다. 한일간에는 한류와 일류, 영화, 드라마, 애니메이션, 만화, 음악, 소설 등 상호 교류가 확대일로에 있지만, 한편으로 독도문제를 둘러싼 영유권 문제, 일제강점기의 해석과 기억을 둘러싼 과거사 문제, 1930년대 이후 제국일본의 총력전 체제가 양산해낸 일본군 위안부, 강제연행 강제노역 등 전쟁범죄 문제 등이 첨예한 현안으로 남아 있다.

한편, 패전후 일본의 잘못된 역사인식에 대한 시민단체와 학계의 꾸준한 문제제기가 있었고, 이에 힘입은 일본의 양식적 지식인이 일본사회에 존재하는 것도 엄연한 사실이다. 이제 우리 자신을 되돌아보아야 한다. 우리는 일제 식민지 문화와 그 실체를 제대로 규명해 내었는가? 해방후 행해진 일제의 식민지 문화에 대한 비판적 연구가 행해진 것은 사실이지만 그 실체에 대한 총체적 규명은 아직도 지난한 과제로 남아 있다.

일제는 한국인의 심성과 사상을 지배하기 위해 민간설화 조사에 착수했고, 수많은 설화집과 일선동조론에 기반한 연구를 양산해 냈다. 해가 지나면서 이들 자료는 사라져가고 있고, 서둘러 일제강점기의 '조선설화'(해방후의 한국설화와 구분해, 식민시기 당시의 일반적 용어였던 '조선설화'라는 용어를 사용) 연구의 실체를 규명하는 작업이 요청된다.

이에 본 연구소에서는 1908년 이후 출간된 50여종 이상의 조선설화를 포함한 제국일본 설화집을 새롭게 발굴하여 향후 순차적으로 자료집으로 출간하고자 하니, 한국설화문학·민속학에서 뿐만이 아니라 동아시아 설화문학·민속학의 기반을 형성하는 기초자료가 되고, 더 나아가 국제사회에서의 학문적 역할을 증대하는데 공헌할 수 있기를 바라마지 않는다.

숭실대학교 동아시아 언어문화연구소

소장 이 시 준

『전설동화조사사항(傳說童話調査事項)』의 내용과 그 의미

김광식, 이시준

1910년 8월 22일, 일본이 대한제국을 강제 병합한 후, 무엇보다 서둘러 요청된 사업이 일본어(국어) 보급을 위한 식민지 정책이었으며, 그 요점이 식민지 교과서 편찬이었음은 재론할 여지가 없을 것이다. 교과서 편찬을 주도한 부서는 조선총독부 학무국 편집과였다. 편집과의 교과서 담당자는 우선, 통감부 시기의 교과서의 문구를 긴급 수정했다. 예를 들면 '일어'를 '국어'로, '일본'을 '내지'로, '한국' 및 '우리나라'를 '조선'으로 수정하여 1911년 초에 『정정 보통학교 학도용 국어독본』(전8권) 및 『정정 보통학교 학도용 조선어독본』(전8권) 등을 편찬했다. 1911년의 정정판에는 조선 설화는 수록되어 있지 않다. 조선 설화가 식민시기 일본어 및 조선어독본에 수록되는 것은 1912년 이후의 일이다. 문제는 이들 설화가 어떤 과정을 거쳐 수록되었는가 하는 점이다.

제1기의 일본어 교과서(전8권, 1912～1915년) 및 수신서는 다치가라 노리토시(立柄教俊; 1866～?)의 주도로, 조선어 교과서(전6권, 1915～1921년)는 오구라 신페이(小倉進平; 1882～1944년)의 주도로 간행되었다.[1] 일본어 교

1) 교과서 집필자에 대한 상세한 연구는 張信, 「조선총독부 학무국 편집과와 교과서 편찬」(『역사문제연구』 16호, 2006년)을 참고.

과서의 발행 시기가 조선어보다 3년이나 빠르게 우선적으로 간행된 것을 보아도 제1기 교과서는 당시의 보통학교 교과서중, 국어에는 가장 중점을 두어 제(諸)교과의 중심에 자리잡고 있었음을 확인할 수 있다.[2)]

필자는 선행 연구에서 그림 동화 연구자로 알려진 다나카 우메키치(田中梅吉; 1883~1975년)의 유족을 만나고 새로운 자료를 발견하여, 조선총독부가 편찬한 『조선동화집』(1924년)의 실질적 편자가 다나카임을 실증한 바 있다.[3)] 도쿄제국대학 독문과를 졸업한 다나카는 1916년 10월말에 조선으로 건너와 조선총독부 임시교과용 도서편집 사무촉탁으로 근무하며 조선 민속을 조사한 후, 독일 유학을 거쳐 경성제국대학 교수를 역임했다. 다나카는 『조선동화집』 이외에 『수수께끼의 연구』(1919년), 『흥부전 조선설화문학』(1929년), 『일본昔話集』 하권(1929년)의 조선편을 집필했다. 다나카는 1934년에 다음과 같이 증언하고 있다.

> 메이지(明治) 45년(1912년-인용자주)경, 즉 병합후 얼마되지 않은 해에 총독부에서는 민간교화 자료를 얻을 목적으로, 각도(各道)에 명하여, 당시 민간에서 유포되는 신 · 구소설의 서명을 가능한 한 빠짐없이 보고시킨 적이 있다. 자료는 오랫동안 정리되지 않은 채로 방치돼 있던 것을 나는 뒤늦게 다이쇼(大正) 10년(1921년-인용자주)에 볼 수 있었다.[4)]

다나카는 1912년 보고서를 1921년에 열람한 후, 1934년 시점에 자료가 분실됐음을 알고 "총독부자료의 요부를 간신히 구했음을 기뻐한다"고 전제하

---

2) 立柄教俊君談, 「朝鮮に於ける教科書編纂事業に就きて」, 『教育時論』, 966号, 1912年 2月, 8쪽.
3) 김광식, 「近代における朝鮮説話集の刊行とその研究—田中梅吉の研究を手がかりにして—」(徐禎完 · 増尾伸一郎編, 『植民地朝鮮と帝国日本』, 勉誠出版, 2010年).
4) 田中梅吉, 「併合直後時代に流布してゐた朝鮮小説の書目」(朝鮮図書館研究会編, 『朝鮮之図書館』 4巻3号, 1934年 11月, 13쪽).

고 그 요점을 기록하였다. 그러나, 다나카의 기록은 통속적 讀物(고소설)만을 기록하였다. 해방 후, 임동권 교수의 발견에 의해 1912년에 조선총독부는 통속적 讀物 뿐만 아니라, 민요 · 속담 조사도 병행했음이 밝혀졌다. 아마도 발견 자료는 1934년 이전에 분실된 자료로 판단된다.[5)]

그러나, 그 후의 연구에서는 다나카와 임동권 교수의 연구에 대한 추가적 작업은 이루어지지 않았다. 조선총독부 학무국은 이미 1912년부터 민간교화를 위한 민간전승 자료에 관심을 지니고 이를 조사하였다는 사실은 매우 중요한 사실이며, 그 내용과 교과서와의 관련성에 대한 본격적인 검토가 요구된다 하겠다.

조선총독부 학무국은 1912년에 민요 · 속담 및 통속적 讀物 등의 조사에 이어, 다음해에는 전설 · 동화의 조사를 실시했다. 편집진은 이를 뒷받침하는 본 자료를 최근 발굴해 내었다. 앞으로 식민지 교과서의 연구는 텍스트 분석을 뛰어 넘어 교과서를 집필한 인물에 대한 구체적인 분석, 2년제 · 4년제 · 6년제용 교과서에 대한 비교연구를 바탕으로 한 조선총독부 학무국에 활동에 대한 구체적인 연구가 계속되어야 할 것이다. 또한 2년제 · 4년제 · 6년제 교과서의 전체적 구도 속에서 설화를 비롯한 민간전승 자료가 어떠한 문맥 속에서 도입되기 시작하여 어떠한 교재화의 과정을 거쳐 텍스트화 되었고, 텍스트가 현장에서 어떻게 학습되어 결과적으로 식민지교육에 어떻게 활용되었는지를 총체적으로 밝히는 작업이 요청된다. 그러한 연구에 있어서 편집진이 발굴한 1913년 보고서야말로 그 의도와 과정을 밝힐 수 있는 1급 사료로 그 가치가 매우 높다고 평가된다. 앞으로 학계의 구체적인 검토가 요구된다.

---

5) 임동권 「朝鮮総督府의 1912년에 실시한 『俚謡 · 俚諺及通俗的読物等調査』에 대하여」, 『국어국문학』 27, 국어국문학회, 1964년 8월. 임동권, 『한국민요집』 Ⅵ, 집문당, 1981년.

참고문헌

『傳說童話調査事項』(1913년, 부산대학교 도서관 소장).

강진호, 허재영 편, 『조선어독본』 전5권, J&C, 2010년.

朝鮮總督府, 『朝鮮總督府及所屬官署 職員錄』 1910年~1943年(復刻版全33巻, 2009年, ゆまに書房).

立柄教俊君談, 「朝鮮に於ける教科書編纂事業に就きて」, 『教育時論』 966号, 1912年 2月.

小田省吾, 『朝鮮總督府編纂教科書概要』, 朝鮮總督府, 1917年.

小田省吾, 「古代に於ける內鮮交通傳說について」, 『朝鮮』 102, 朝鮮總督府, 1923年 10月.

小田省吾, 「併合前後の教科書編纂に就て」, 『朝鮮及滿洲』 335, 1935年 10月.

朝鮮總督府學務局, 『現行教科書編纂の方針』, 1921年 1月.

田中梅吉, 「併合直後時代に流布してゐた朝鮮小說の書目」, 朝鮮図書館研究會編, 『朝鮮之図書館』 4卷 3号, 1934年 11月.

田中梅吉, 金聲律 譯, 『興夫伝 朝鮮說話文學』 大阪屋号書店, 1929年.

임동권, 「朝鮮總督府의 1912年에 실시한 『俚謠・俚諺及通俗的讀物等調査』에 대하여, 『국어국문학』 27, 국어국문학회, 1964년 8월.

임동권, 『한국민요집』 Ⅵ, 집문당, 1981년.

김광식, 「近代における朝鮮說話集の刊行とその研究―田中梅吉の研究を手がかりにして―」(徐禎完・增尾伸一郎編, 『植民地朝鮮と帝國日本』, 勉誠出版, 二〇一〇年).

김광식, 「高橋亨の『朝鮮の物語集』における朝鮮人論に關する研究」, 『學校教育學研究論集』 24, 東京學芸大學大學院, 2011年.

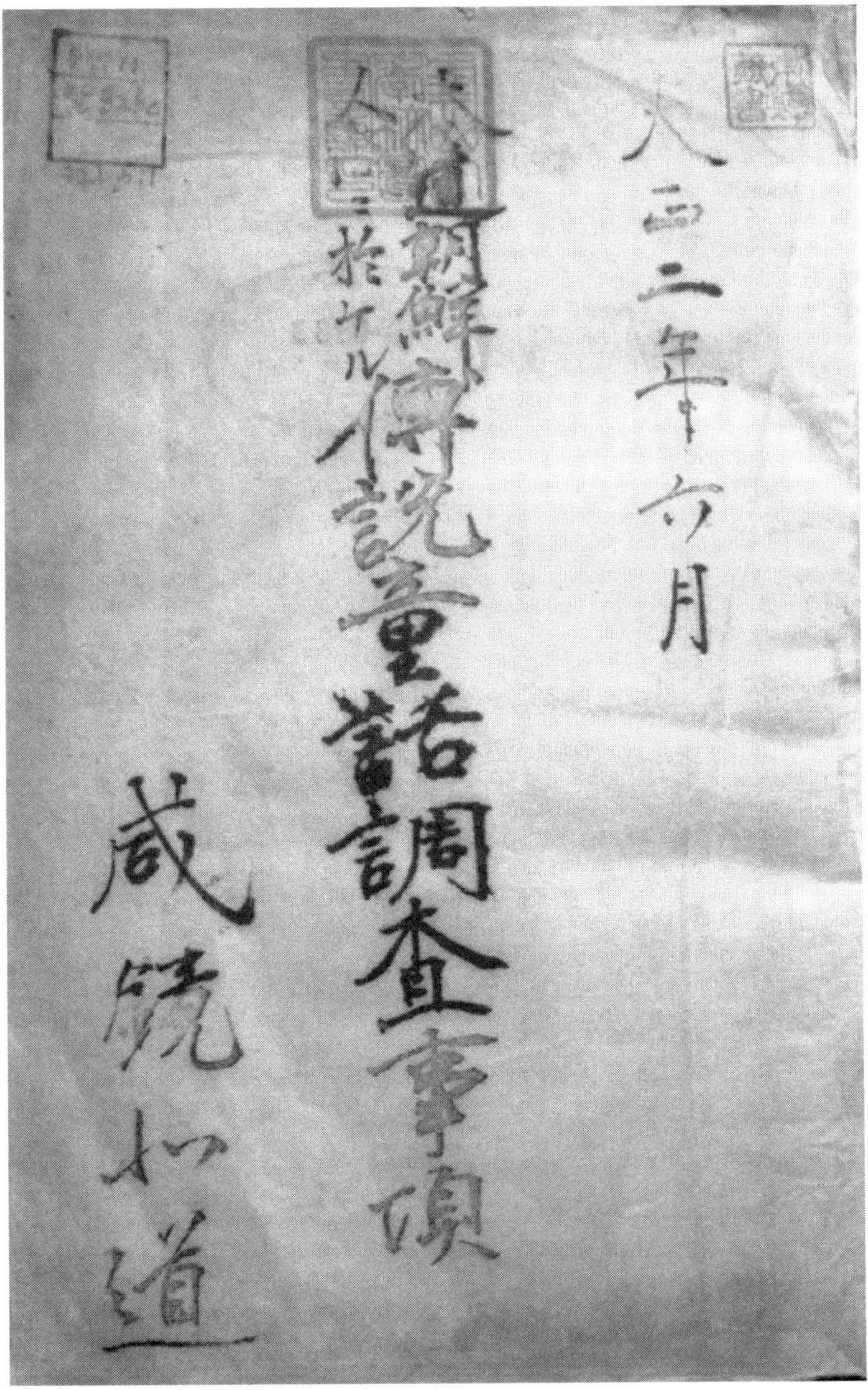

9 전설동화조사사항

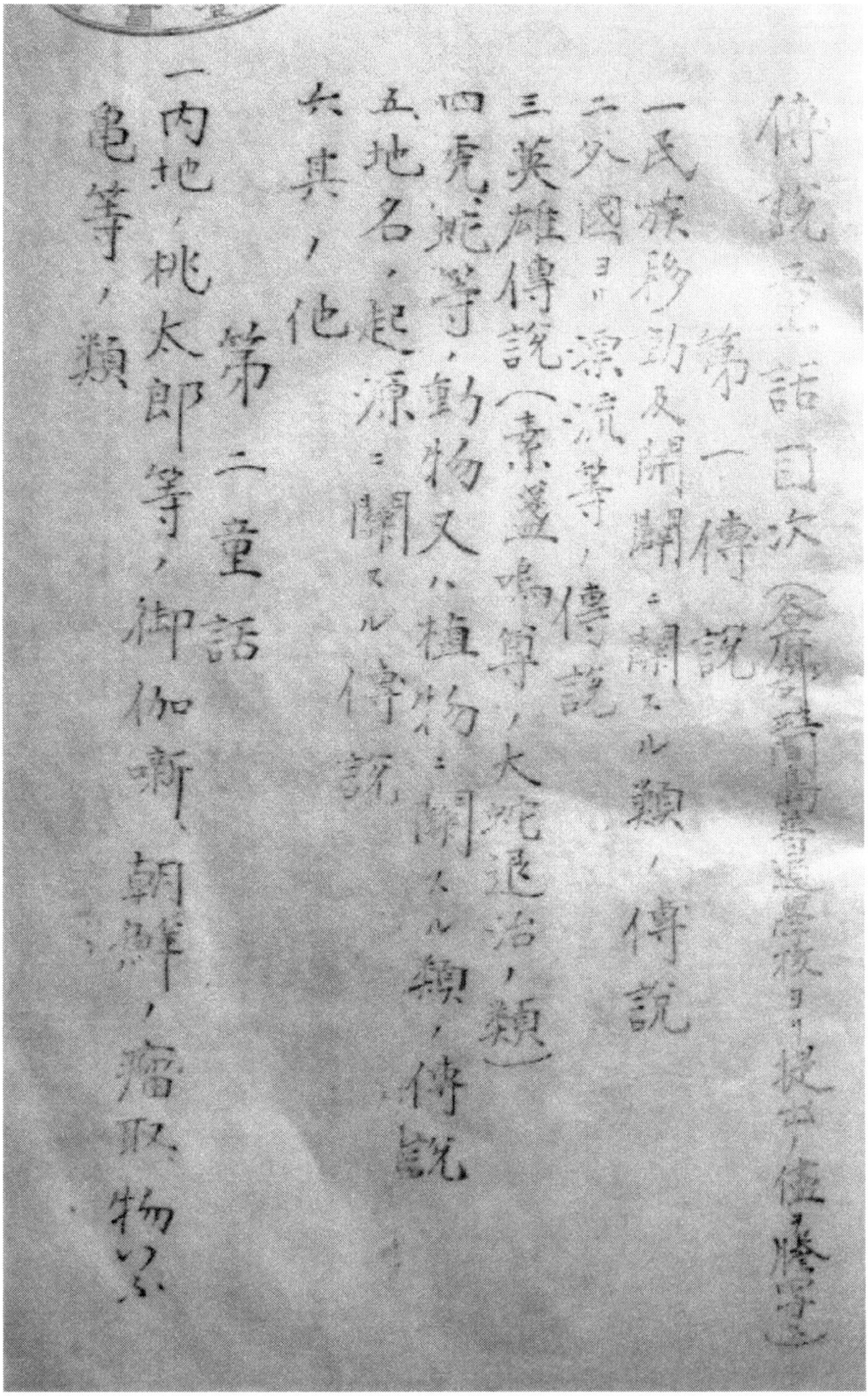
傳說童話目次（各府郡島普通學校ヨリ提出ノ儘謄寫）
第一 傳說
一 民族移動及開闢ニ關スル類ノ傳說
二 外國ヨリ源流等ノ傳說
三 英雄傳說（素盞嗚尊ノ大蛇退治ノ類）
四 虎、蛇等ノ動物又ハ植物ニ關スル類ノ傳說
五 地名ノ起源ニ關スル傳說
六 其ノ他
第二 童話
一 内地ノ桃太郎等ノ御伽噺、朝鮮ノ瘤取物
亀等ノ類

11 전설동화조사사항

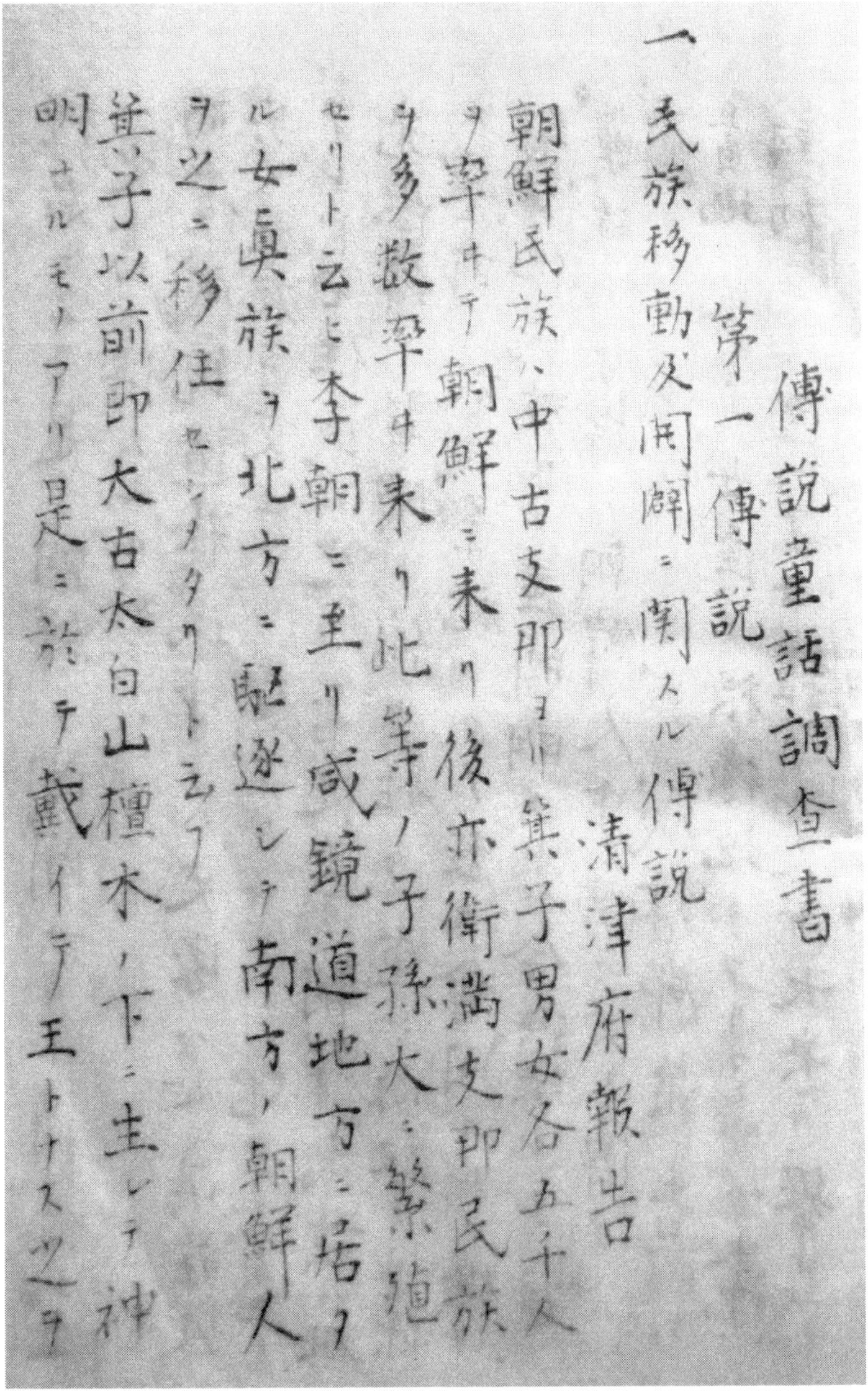

傳說童話調査書

清津府報告

第一傳說

一 民族移動及開闢ニ関スル傳說

朝鮮民族ハ中古支那ヨリ箕子男女各五千人ヲ率ヰテ朝鮮ニ來リ後亦衛滿支那民族ヲ多数率ヰ來リ此等ノ子孫大ニ繁殖セリト云ヒ李朝ニ至リ咸鏡道地方ニ居タル女眞族ヲ北方ニ驅逐シテ南方ノ朝鮮人ヲ之ニ移住セシメタリト云フ

箕子以前即大古太白山檀木ノ下ニ生レテ神明サルモノアリ是ニ於テ戴イテ王トナス之ヲ

13 전설동화조사사항

檀君ト云フ是レ朝鮮ノ開闢ナリト傳フ（以上
ハ史書ニ傳ハレル如シ）
而シテ咸鏡道住民中ニハ史家ハ女眞族及
其ノ血液ヲ交ヘタルモノアラントノ説ヲナスモノ
アレドモ住民ハ之ヲ否定シテ朝鮮民族ハ祖
先崇拝ノ習慣ニ依リ姓ヲ重ジ同祖ノ子孫
ハ墓前ニ於テ祭祀ノタメ數々會同スルノ機ヲ
有シ他氏族トノ區別明ナレバ今日決シテ女
眞族ノ子孫ハ朝鮮人中ニアラズト傳フ
城津郡報告
當地ハ本ヨリ女眞ノ根據地デアリマシタガ李
朝初葉ニ至ッテ毋璿ナル人ガ大兵ヲ擧ゲ

テ女眞族ヲ悉ク豆滿江ノ北ニ追ヒ出シタノデ
アリマス此ノ時ニ始メテ南方ノ人ガ舊女眞
ノ地ニ入ッタノデアリマス、デスカラ此ノ時ガ移
民ノ初闢開ノ初ノデアルト云ヒマス
朝鮮民族中幾部分ハ支那族ノ來住者デ
アリマス其ノ證據ハ今ヲ去ル三千年前箕
子東來ノ際文人才士五千人ヲ連レテ來
タノガ其ノ一デアリマス（歷史）朝鮮民族ノ姓
系（假寄氏、韓氏、趙氏、張氏、姜氏、李氏等）ノ
來源ガ其ノ二デアリマス

吉州郡報告

ナシ

明川郡報告

金姓　金海、全州、鳳山、三陟、寧越、稷山、扶餘
安東、大邱、慶州、江陵、清州、延安、豊川
善山、忠州、固城郡等地ヨリ移来シタル
モノナリ

李姓　全州、公州、韓山、晋州、慶州、星州郡等地ヨ
リ移来シタルモノナリ

崔姓　扶安、忠州、水原、開城、慶州、全州、江陵、龍
江郡等地ヨリ移来シタルモノナリ

朴姓　密陽、淳昌、咸陽、礪州郡等地ヨリ移来シ
タルモノナリ

鄭姓　慶州、延日、河東郡等地ヨリ移来シタルモノナリ

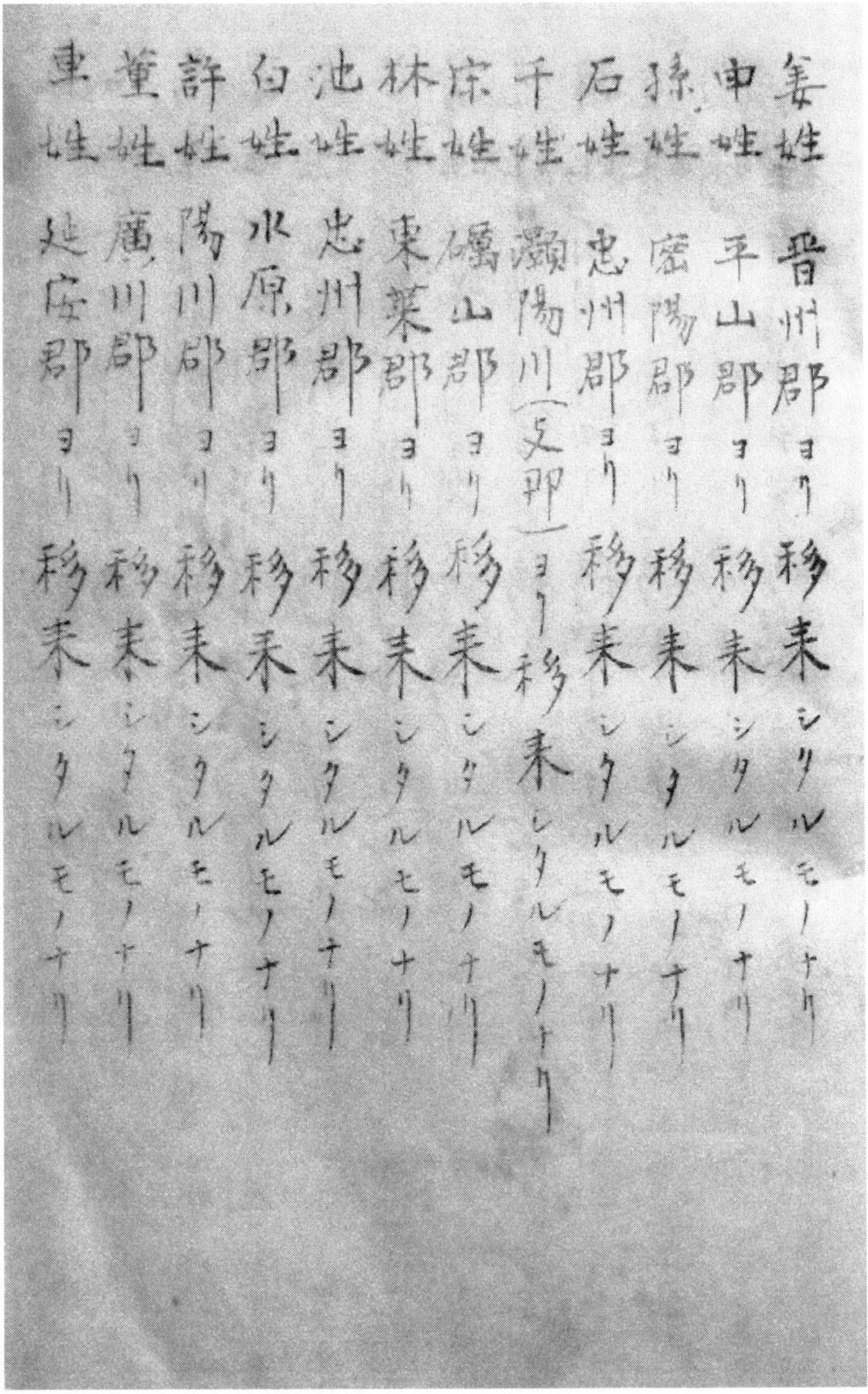
姜姓　晋州郡ヨリ移来シタルモノナリ
申姓　平山郡ヨリ移来シタルモノナリ
孫姓　密陽郡ヨリ移来シタルモノナリ
石姓　忠州郡ヨリ移来シタルモノナリ
千姓　潁陽川（支那）ヨリ移来シタルモノナリ
宋姓　礪山郡ヨリ移来シタルモノナリ
林姓　東萊郡ヨリ移来シタルモノナリ
池姓　忠州郡ヨリ移来シタルモノナリ
白姓　水原郡ヨリ移来シタルモノナリ
許姓　陽川郡ヨリ移来シタルモノナリ
董姓　廣川郡ヨリ移来シタルモノナリ
車姓　延安郡ヨリ移来シタルモノナリ

17 전설동화조사사항

孟姓温陽郡ヨリ移来シタルモノナリ
太姓南原郡ヨリ移来シタルモノナリ
楊姓清州郡ヨリ移来シタルモノナリ
梁姓濟州南原郡ヨリ移来シタルモノナリ
方姓温陽郡ヨリ移来シタルモノナリ
安姓順興郡ヨリ移来シタルモノナリ
高姓丹陽郡ヨリ移来シタルモノナリ
楚姓星州郡ヨリ移来シタルモノナリ
韓姓清州郡ヨリ移来シタルモノナリ
趙姓咸安郡ヨリ移来シタルモノナリ
徐姓利川郡ヨリ移来シタルモノナリ
奇姓清州郡ヨリ移来シタルモノナリ

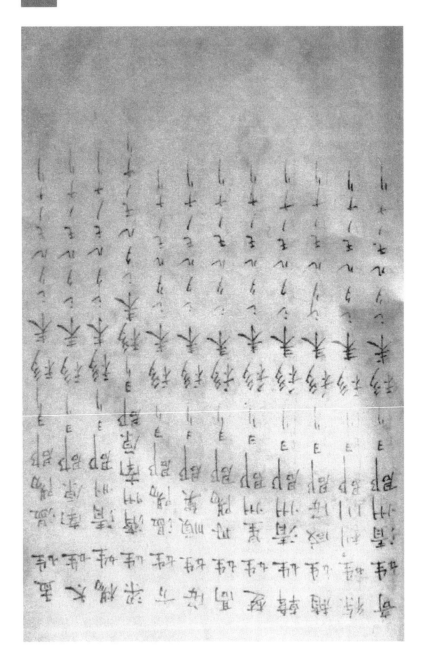

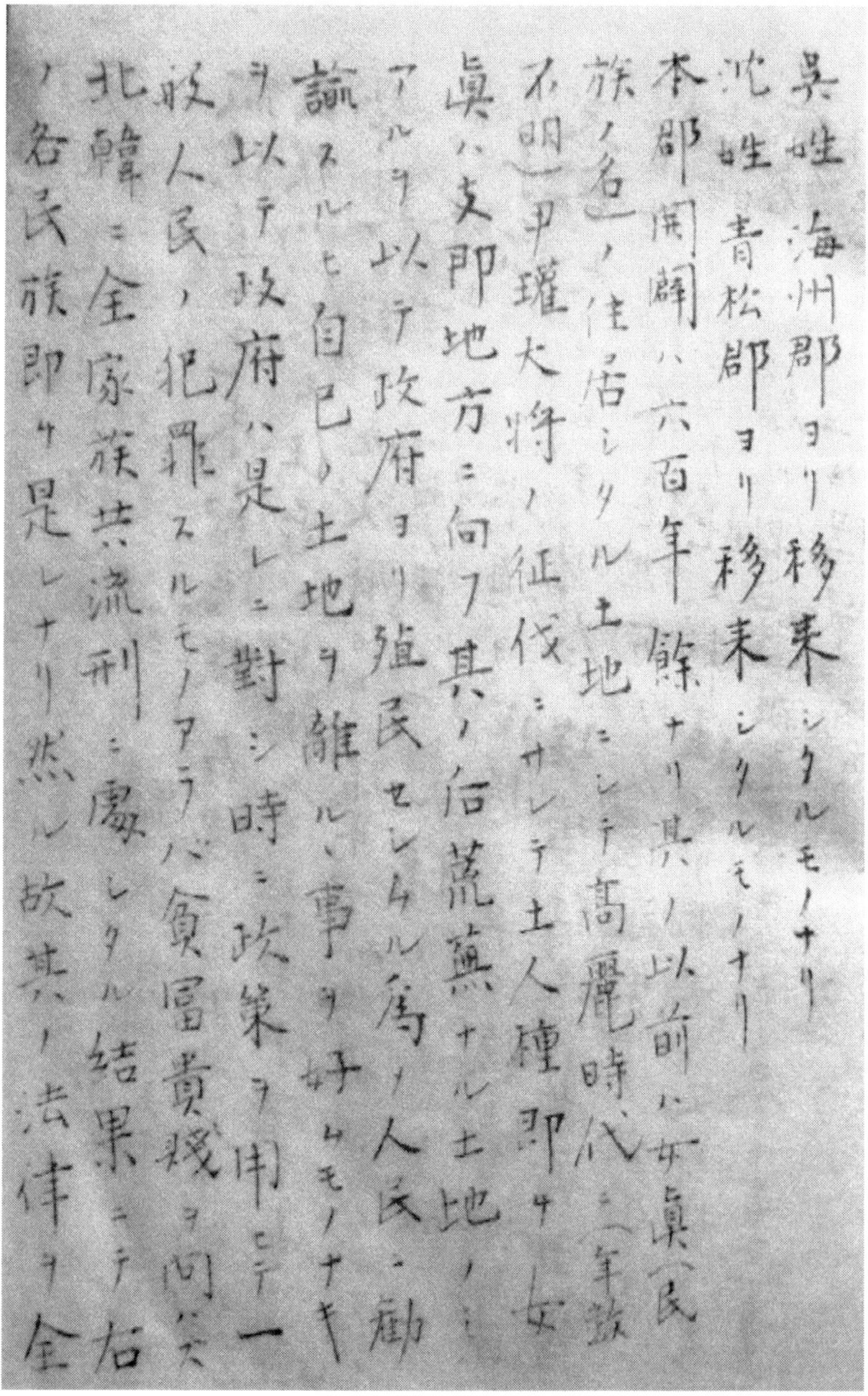
吳姓海州郡ヨリ移来シタルモノナリ
沈姓青松郡ヨリ移来シタルモノナリ
本郡開闢ハ六百年餘ナリ其ノ以前ハ女真民
族ノ名住居シタル土地ニシテ高麗時代ニ(年数
不明)尹瓘大将ノ征伐ニサレテ土人種即チ女
真ハ支那地方ニ向フ其ノ后荒蕪ナル土地ノミ
アルヲ以テ政府ヨリ殖民セシムル為ノ人民ニ勵
諭スルモ自己ノ土地ヲ離ルヽ事ヲ好ムモノナキ
ヲ以テ政府ハ是レニ對シ時ニ政策ヲ用ヒテ一
般人民ノ犯罪スルモノアラバ貧富貴賤ヲ問ハズ
北韓ニ全家族共流刑ニ處シタル結果ニテ右
ノ各民族即チ是レナリ然ル故其ノ法律ヲ全

家徙邊律ト称シタリ

鏡城郡報告

咸鏡道ハ元来女真族占據セル土地ニテ朝鮮
民族ハ一人モ住居セザリシモノナリ尹瓘ガ女真ヲ
撃退シタル後政府ヨリ「康馬方」三姓ノ人ヲ流
シテ本地方ニ住居セシムル様ナシタルガ故ニ其
ノ子孫始メテ本道ヲ開拓シ其ノ後ニモ漸次
流落来住シテ現今迄居住セシ者大部分
ナリ故ニ現今當地方ノ人民ノ祖先ノ大部分ハ
當時流落ニテ此ニ来住セリト云ヒ又ハ姓ニモ
咸鏡道地名ノ原籍ヘ祖先ノ原籍ニテ本ト云フコトヲ
有セザルハ此ノ理由ナリト

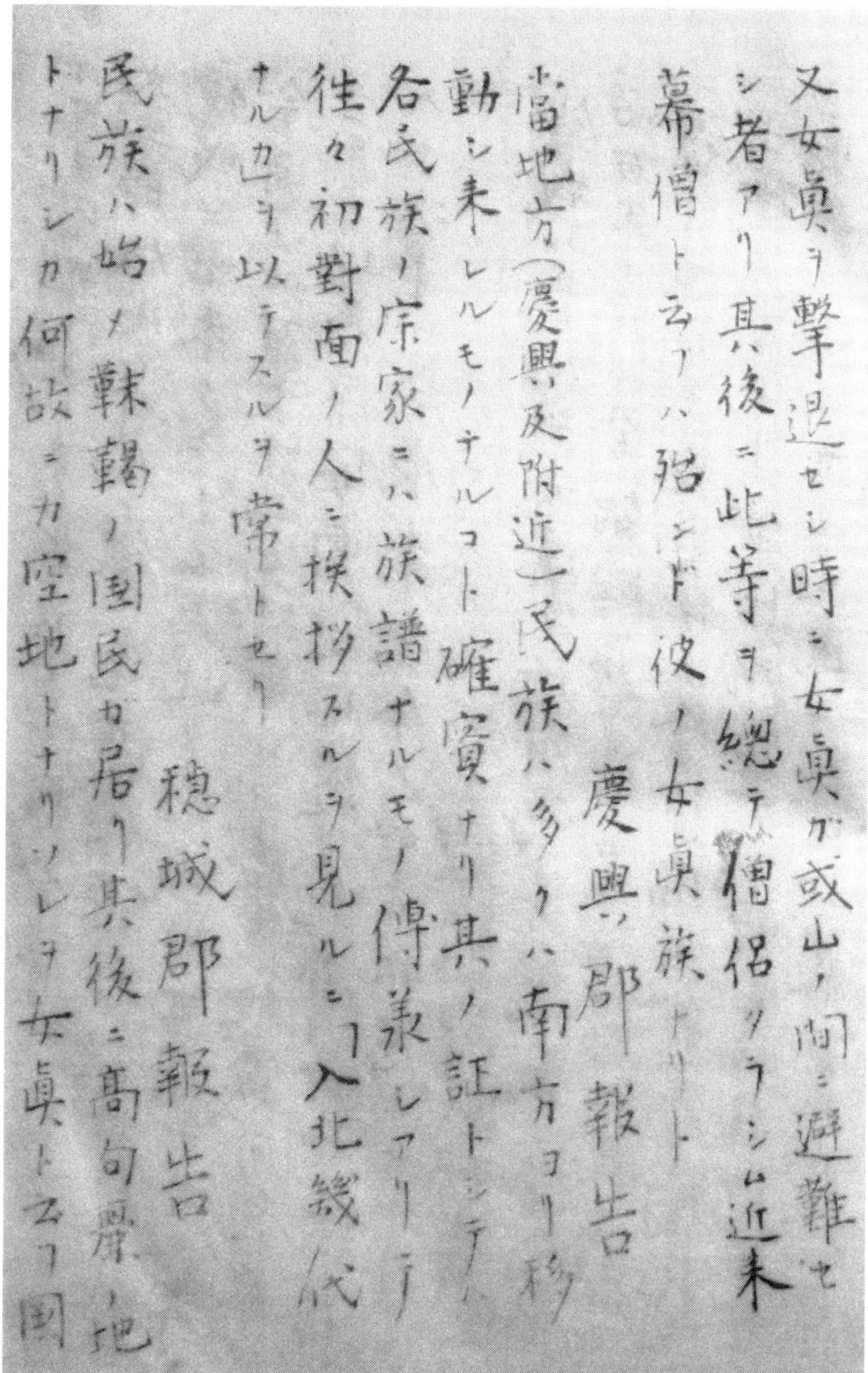

又女眞ヲ撃退セシ時ニ女眞ガ或山ノ間ニ避難セ
シ者アリ其後ニ此等ヲ總テ僧侶タラシム近來
幕僧ト云フハ殆ンド彼ノ女眞族ナリト

慶興郡報告

當地方(慶興及附近)ノ民族ハ多クハ南方ヨリ移
動シ來レルモノナルコト確實ナリ其ノ証トシテハ
各氏族ノ宗家ニハ族譜ナルモノ傳ハレアリテ
往々初對面ノ人ニ挨拶スルヲ見ルニ「入北幾代
ナルカ」迄ヲ以テスルヲ常トセリ

穩城郡報告

民族ハ始メ靺鞨ノ国民ガ居リ其後ニ高句麗ノ地
トナリシカ何故ニカ空地トナリシソレヲ女眞ト云フ国

21 전설동화조사사항

ガ其ノ空地トナリタルニ乗ジ侵入セリ其後太祖
大王即位七年ニナッテ先ヅ慶源ヲ設ケラレ次ニ
鏡城ガ出来タモノニシテ此ノ穏城ハ世宗二十二年
今ヨリ四百七十二年前ノコトナリ穏城ガ出来
テヨリ以来平安南道安辺ノ北部各地ヨリ移
入シ次第ニ発展シテ現今ノ如キ状態トナレリ

鍾城郡報告

鍾城ハ昔北胡女真ノ所有地ナリシガ今ヨリ凡ソ
四百年前ニ李朝国界ヲ定ムルニ際シ豆満江ノ
沿岸境界ヲ定ムルタメ金宗瑞ニ命シテ関北ニ
出張セシメタリ金宗瑞ハ其ノ命令ヲ承ケテ女
真ヲ征服シ其ノ人民ヲ駆逐シ以テ豆満江一帯

ノ境界ヲ定メタリト且モ鮮人ノ未タ斯ニ居住ス
ル者サキヲ以テ山野ヲ開拓シ道路ヲ通セシノミ為
ノ南鮮地方ノ犯罪者ハ擧テ北地方ヘ流刑サ
命シ後ハノ家族ヲ移住セシメタリ之カ為ノ當
地方人民ハ概シテ南方人士ノ子孫ナリト傳フ

會寧郡報告

ナシ

茂山郡報告

今ヲ去ル約三百餘年前ニ董蕃春ト云フモノアリ
此人ハ本女眞ノ遺族ニシテ佃獵ヲ業トシ獸
ノ足跡ヲ尋ネ蓊鬱セル樹木ノ下ニ土窟ヲ設ケ
テ住ミタリ（今ノ邑内古屋大エノ家屋敷ガ卽此跡ナリト

23 전설동화조사사항

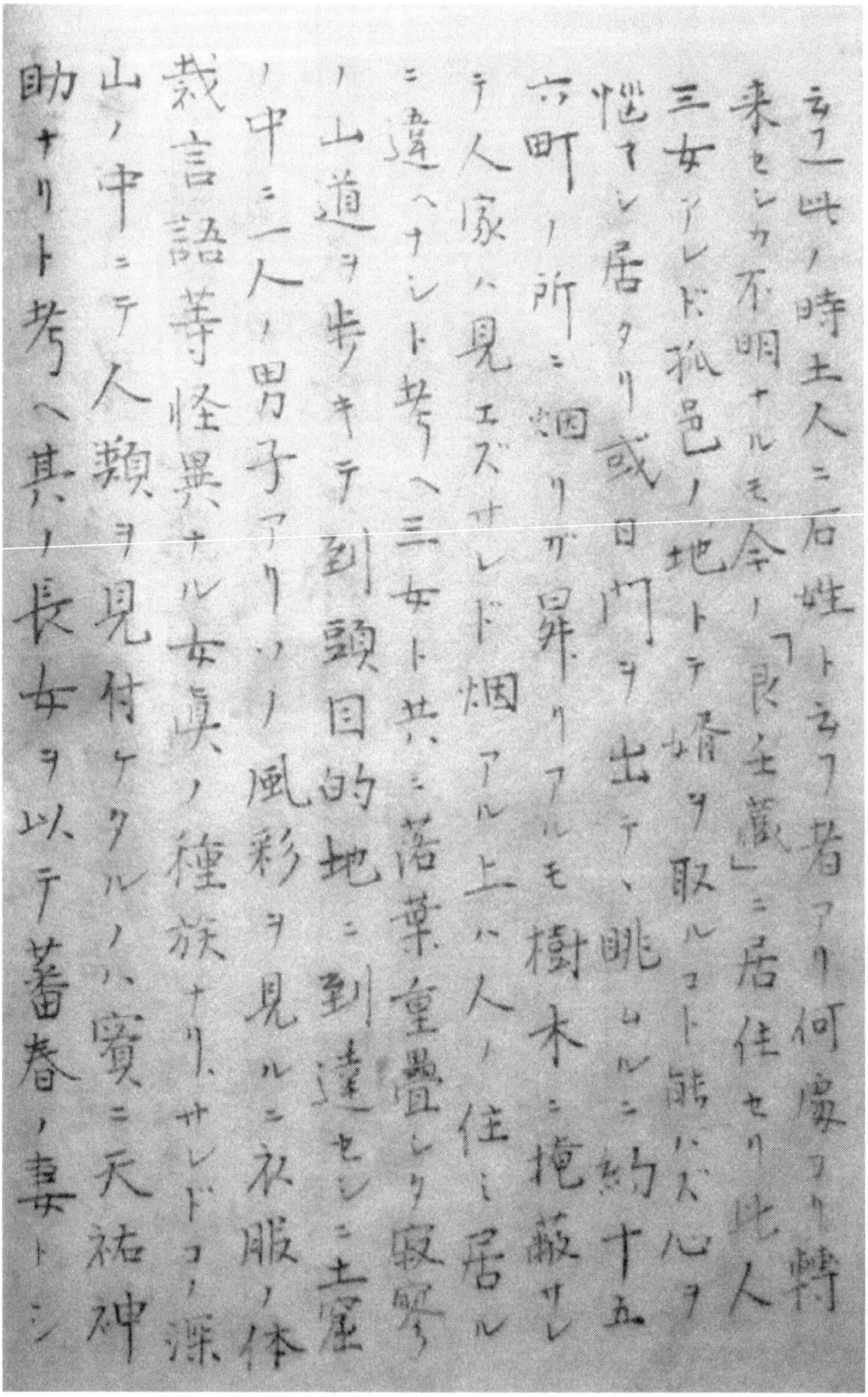
云フ此ノ時土人ニ石姓ト云フ者アリ何處ヨリカ轉
来セシカ不明ナルモ今ノ「良土蔵」ニ居住セリ此人
三女アレド孤邑ノ地トテ婿ヲ取ルコト能ハズ心ヲ
悩マシ居タリ或日門ヲ出テ、眺ムルニ約十五
六町ノ所ニ烟リガ昇リアルモ樹木ニ掩蔽サレ
テ人家ハ見エズサレド烟アル上ハ人ノ住ミ居ル
ニ違ヘナシト考ヘ三女ト共ニ落葉重畳シリ寂寞ル
ノ山道ヲ歩キテ到頭目的地ニ到達セシニ土屋
ノ中ニ一人ノ男子アリソノ風彩ヲ見ルニ衣服ノ体
裁言語等怪異ナル女眞ノ種族ナリ、サレドコノ深
山ノ中ニテ人類ヲ見付ケタルノハ實ニ天祐神
助ナリト考ヘ其ノ長女ヲ以テ蕃春ノ妻トシ

舅嵎仲ヨリ同居シタリ其後白姓ト云フモノ尋
ネ来リタルヲ以テ次女ヲシテ嫁セシメタリコレヨ
リ三姓同舞トナリテ樹木ヲ斫伐シテ畑ヲ耕
土石ヲ集メ石城ヲ艮壬藏ニ築キタリコレ設
俚ノ嚆矢ニシテ實ニ甲寅(本年ヲ去ル三百年)ノ年
ナリ此其ノ後十年ヲ經テ甲子ニ至リ金、鄭、崔、朴
四姓来リ邑ヲ設立シ座首(今郡書記)ヲ選定シタリ
其ノ座首ニナリタルモノハ金氏ナリ其ノ後府使
ノ来任ニ際シ座首ハ府使ノ赴任ヲ迎フル禮服ヲ
鹿皮ト定メ杯ハ牛ノ峯九史トス禮ヲ述ブルトキ
先ツ飲シテ回リコモ酒客飲ト云フ昔話アルカラ城主ハ
後ニ飲ミナサイヨトイヒ傳フ從テ當時ノ文

除ニハ禮儀無カリキ、カヽル座首ヲ相手ニテハ今公行政ニ失錯多キヲ以テ該府使ハ「コノ土ノ人民ノミニテハ政ヲ行フコト出来ズトテ許韓蔡三人ヲ招聘シ邑事ヲ諮問シタリトイフ石、李白金鄭崔朴許韓、蔡十氏ヲ茂山開発ノ殊功者ナリト云ヒ傳フ

ソノ後董蓄春ノ子孫ハ其ノ先祖ノ女真ノ種族ナルコトヲ耻ヂ青海李氏(青海李氏モ本姓ハ董ニシテ名ハ之蘭ト云フ開國ノ功臣ニシテ姓ヲ李ト改メタルモノ)ノ世譜ヲ用フ今ノ李姓ニシテ青海ノ貫コレナリト云フ

胡、康二氏移住ノ傳説

明末ニ明国天水ノ郡守ニ康泰国ト云フモノアリ
満朝ノ興起ニ際シ明朝ノタメニ節ヲ守リ明朝ノ
恢復ヲ図リ遼東牛尾巻ニ戦ヒ戦利アラズ大敗
戦没ス其ノ子世爵敗残ノ部下ヲ率ヰテ鴨緑
江ヲ渡リ平安道ニ逃ル韓帝之ヲ傳聞シ徳化ヲ
歎ス所トシ明人ノ帰化ヲ許リカガニ之ヲ引見シテ
曰ク「コレ明朝ノ功臣ノ子孫ニシテ忠節又嘉賞ス
ベシ」トテ参議ノ職ヲ授ケタリ其ノ子孫ハ再今ノ海千
春秋両科ニハ邊職ヲ與フルコトヲ特定セラレ世爵
ハ其ノ参議ヲ辞シ亡命ノ際ニ於ケル兄ノ遺言
（別レニ際シテノ兄我ノテ曰リ汝韓ニ入リ豊ノ字ノ上
地ヲ尋ネテ之レニ住セヨ必ズ繁榮セムトイヘル）ニヨリ諸處ヲ放浪シ
今ノ本郡豊山面豊山鎮ニ住シ世々萬戸トナリ邊職

ニアリ。併合當時三十円ヲ下賜セラル

備考

先頃ノ支那革命ニ際シ同姓康ノ活動ヲ以テ一門ノ誇リトナシ居ル由亦過般同門ノ系譜ヲ飜刻シ一門ニ分テリトノコトニツキ一本ヲ見ント欲セシモ未タソノ機ヲ不得唯人ノ語ルマヽヲ摘記セリ

右康ト同時ニ翰林胡銓モ朝鮮ニ亡命シ來ルモノニシテ始ノ北青ニ在リテ邊職ノ特典ヲ蒙リ居リシガ如何ナル都合ニヤ今下東面蒼坪ニアリ茲ニ轉居セル年代及理由等ハ審カニセズ

間島普通学校報告

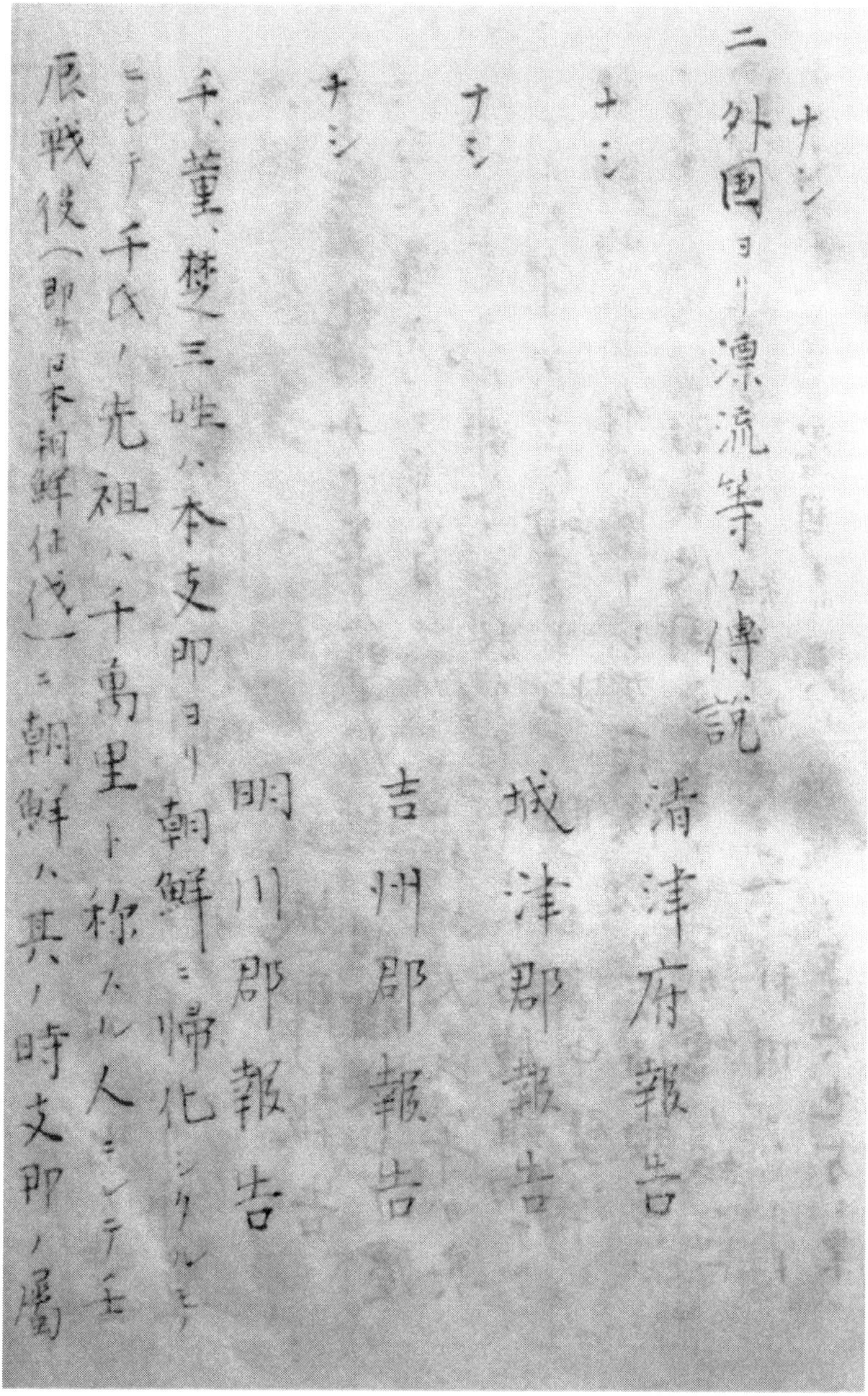
ナシ

二、外国ヨリ漂流等ノ傳説

清津府報告

ナシ

城津郡報告

ナシ

吉州郡報告

ナシ

明川郡報告

千、董、楚三姓ハ本支那ヨリ朝鮮ニ帰化シタルモノニシテ千氏ノ先祖ハ千萬里ト称スル人ニシテ壬辰戦役（即チ日本朝鮮征伐）ニ朝鮮ハ其ノ時支那ノ属

29 전설동화조사사항

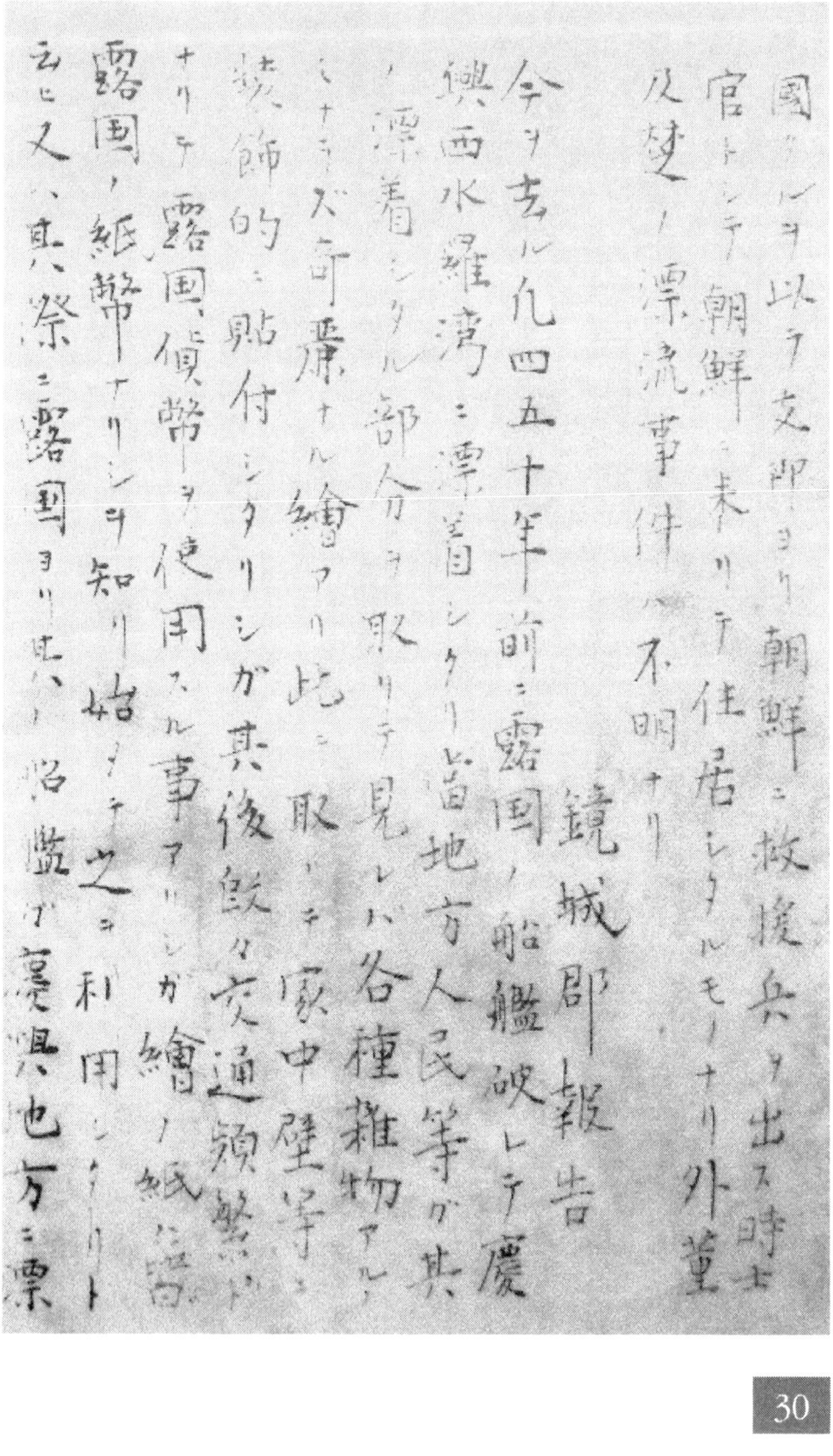

國ナルヲ以テ支那ヨリ朝鮮ニ救援兵ヲ出ス時ニ
官トシテ朝鮮ニ來リテ住居シタルモノナリ外董
及其ノ漂流事件ハ不明ナリ
鏡城郡報告
今ヨリ去ル凡四五十年前ニ露國ノ船艦破レテ慶
興西水羅湾ニ漂着シタリシ當地方人民等ガ其
ノ漂着シタル部分ヲ取リテ見レハ各種雜物アル
ミナラズ奇麗ナル繪アリ此ニ取リテ家中壁等ニ
裝飾的ニ貼付シタリシガ其後飲々交通頻繁ト
ナリテ露國ニ貨幣ヲ使用スル事アリシガ繪ノ紙幣
露國ノ紙幣ナリシヲ知リ始メテ之ニ利用シタリト
云ヒ又ハ其ノ際ニ露國ヨリ此ノ沿艦ガ寞異也方ニ漂

着シタリト云フ説ヲ聞ク朝鮮ニ照會シテ救
済方ヲ依頼セシニ前記ノ物品ヲ保存セザリシガ
故ニ政府ハ當時西水羅湾權管(官名)ノ罪ナリトシ
テ該權管ヲ死刑ニ処シタリト云フ

慶興郡報告

ナシ

穏城郡報告

昔清國以前ヨリ至ル盤古氏ノ時代傳史ノ本ヲ
朝鮮ニ傳ヘ来レヲ講讀セシメタルコトアリ其他ハ
外國ト相互交通セザルヲ以テ詳ニ知ルヲ得ズ

鍾城郡報告

ナシ

會寧郡報告

ナシ

茂山郡報告

南氏本姓ハ金ニシテ其ノ先祖ハ支那人ナリ唐天寶時唐帝日本ト協商ノ要アリ金ニ使者ノ役ヲ命ズ金東渡ノ途中海風振起波濤洶湧セシタメ船漂流シ遂ニ慶尚道ノ宜寧ノ海岸ニ打ケ上ゲラル依テ金氏ハ其ノ理由ヲ新羅王ニ啓達セリ然ルニ新羅王ハ唐帝ニ奏聞シテ曰ク「率土莫非王臣」トシ金氏ヲ新羅ニ居留セシメルコトヲ願ヘリ、唐帝ノ回書ニ「願王憐之」トアリ依テ金氏ハ新羅ニ止マルコトトナリ新羅王ハ其ノ金ヲ引見セラ

レテ姓ヲ南ト賜ヒテ曰ク「君南ノ方ヨリ来ルヨロシク
金ヲ改ノ南ト称シ貫ハ宜寧ト称スベシ」ト其後子
孫蔓延シテ朝鮮全土ニ散在ス

間島普通學校報告

大シ

清津府報告

三 英雄傳説（素盞嗚尊ノ大蛇退治ノ類）

ノ昔朝鮮人ニテ揚奉来ト云フモノアリ自由自在
ニ海中ニ往復シテ岩塩ヲ発見シ之ヲ採リ来リ
世界ニ廣メタリト云フ

人昔郭海龍ト云フ人アリ非常ナル神力ヲ有シ或時
戦争起リタルニ忽チ山ヲ変シテ海トナシ戦争ニ

勝チシト云フ而シテ此人ハ後遂ニ身ヲ變シテ
神トナリ天ニ上リタリト傳フ

城津郡報告

ナシ

吉州郡報告

今ヲ去ルコト四十年前虎害熾ンニシテ人家稠密ノ邑里ト雖モ白晝横行シ害ニ遭フ者甚タ多シ時ニ清空禪師ナルモノアリ嚴冬ニ風雪ノ夜齋戒呪誦シ難行ヲ積ム其後虎患頓ニ減ス而シテ禪師ハ一時ニ能ク數十里ヲ馳驅シ得ルニ至レリト傳フ

明川郡報告

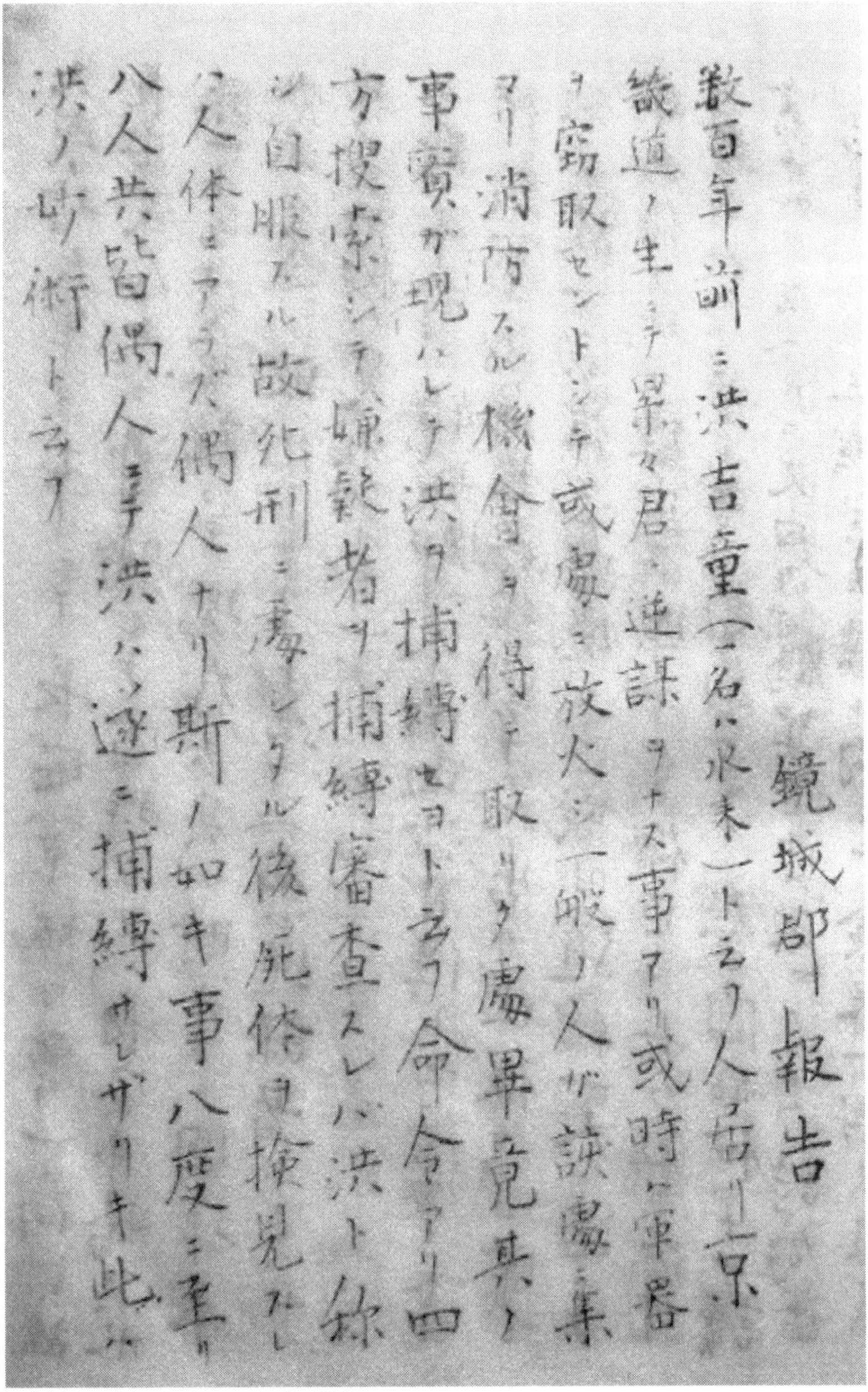

鏡城郡報告

數百年前ニ洪吉童（一名ハ水未）ト云フ人居リ京畿道ノ生ニテ累々君ニ逆謀ヲナス事アリ或時ハ軍器ヲ掠取セントシテ或處ニ放火シ一般ノ人ガ該處ニ集マリ消防スル機會ヲ得テ取リタル處畢竟其ノ事實ガ現ハレテ洪ヲ捕縛セヨト云フ命令アリ四方捜索シテ嫌疑者ヲ捕縛審査スレハ洪ト称シ自服スル故死刑ニ處シタル後屍体ヲ檢見スレバ之レ体ニアラズ偶人ナリ斯ノ如キ事八度ニ至リ八人共皆偶人ニテ洪ハ遂ニ捕縛サレザリキ此ハ洪ノ妙術ト云フ

又或時大平ヲ率ニテ長安（京城ヲ云フ）ニ向ノ故
長安民心大ニ沸騰シテ当時ヨリ「長安沸騰洪来
来」ト云フ童謡ニテ現存ス其ノ時李ニ國平来
リ洪ハ遂ニ敗死シタリト云フ（右ハ逆謀者トイヘドモ
其ノ資格ハ英雄ナリト）
百餘年前ニ鏡城郡朱南面沙月堡トイフ處ニ李
掌議（掌議ハ郷校之任）トイフ人居リ生後ヨリ常ニ
泣リ故ニ一家族ガ憂慮セシニ或日道僧一人ニ遇ヒテ
其ノ僧ニ此ノ理由ヲ問ヒタルニ僧曰ク其ハ泣ク聲
ニアラズ讀書スル聲ナリト云ヘリ然ラバ如何ナル讀
書ナルヤト云ヘルニ又曰ク「鶴駕既在雲矣」ト云フ詩句ナ
リ又生後三個月目ニ壇ニ向ニテ食器一個ヲ盗マシ

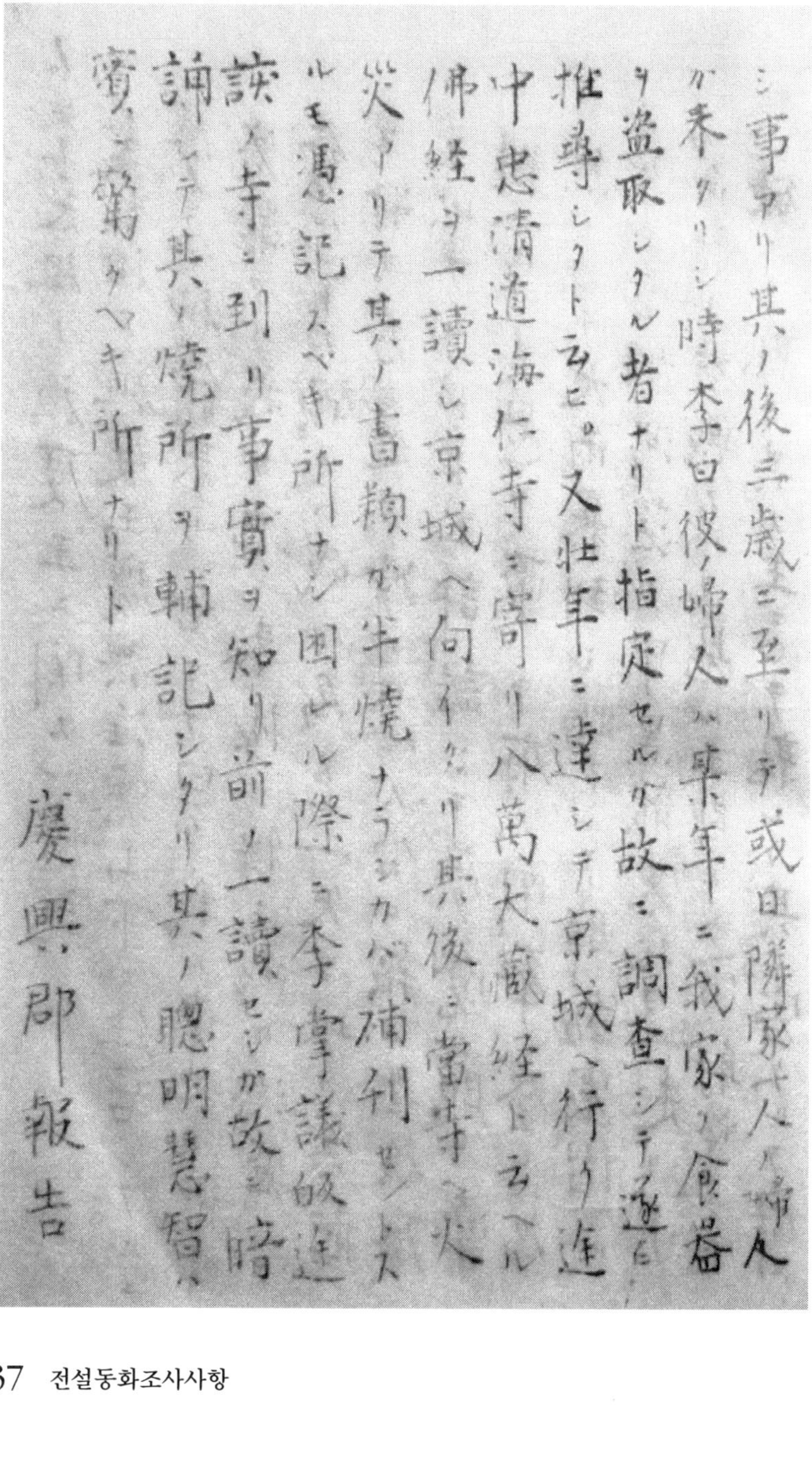
シ事アリ其ノ後三歳ニ至リテ或日隣家ノ人ノ婦人
ガ来リシ時李白彼ノ婦人ハ昨年ニ我家ノ食器
ヲ盗取シタル者ナリト指定セルカ故ニ調査シテ遂ニ
推尊シタリト云ヒ、又壮年ニ達シテ京城ヘ行リ進
中忠清道海仁寺ニ寄リ八萬大蔵経ト云ヘル
佛経ヲ一読シ京城ヘ向イタリ其ノ後ニ当寺ハ火
災アリテ其ノ書籍カ半焼ナラシカハ補刊セントス
ルモ憑記スベキ所ナシ困セル際ニ李学ノ議飯進
読ハ寺ニ到リ事實ヲ知リ前ノ一読セシカ故ニ暗
誦シテ其ノ焼所ヲ補記シタリ其ノ聰明慧智ハ
實ニ驚クベキ所ナリト
慶興郡報告

37 전설동화조사사항

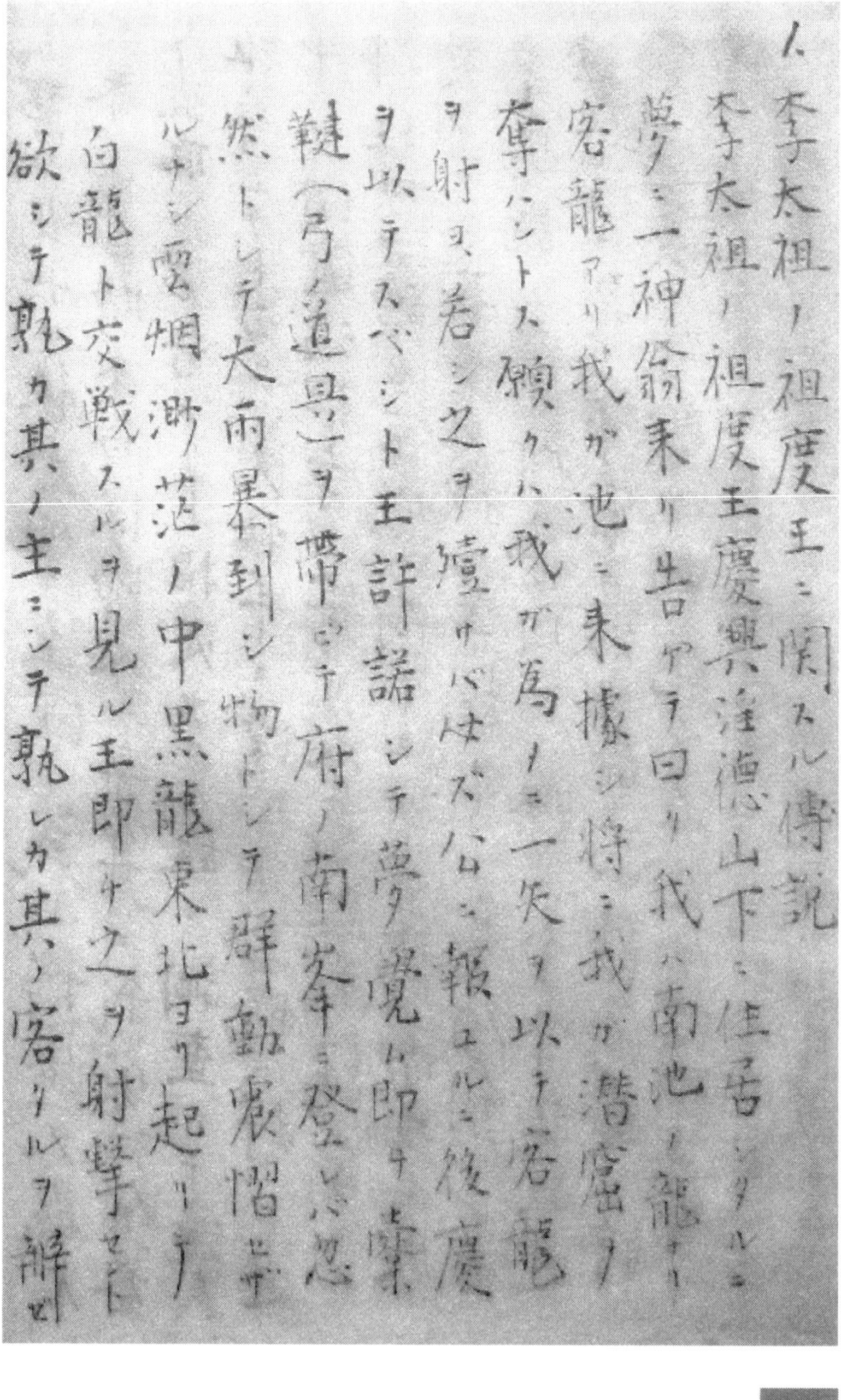
1. 李太祖ノ祖度王ニ関スル傳説
李太祖ノ祖度王慶興ノ注德山下ニ住居シタルニ
夢ニ一神翁来リ告ゲテ曰リ我ハ南池ノ龍ナリ
客龍アリ我ガ池ニ来據シ將ニ我ガ潜窟ヲ
奪ハントス願クハ我ガ為メニ一矢ヲ以テ客龍
ヲ射ヨ、若シ之ヲ償サバ必ズ公ニ報ユルニ後慶
ヲ以テスベシト王許諾シテ夢覺ム即チ業
鞬（弓ノ道具）ヲ帶ビテ府ノ南峯ニ登レバ忽
然トシテ大雨暴到シ物トシテ群動震惱セザ
ルナシ雲烟渺茫ノ中黒龍東北ヨリ起リテ
白龍ト交戰スルヲ見ル王即チ之ヲ射撃セント
欲シテ熟カ其ノ主ニシテ熟レカ其ノ客タルヲ辨ゼ

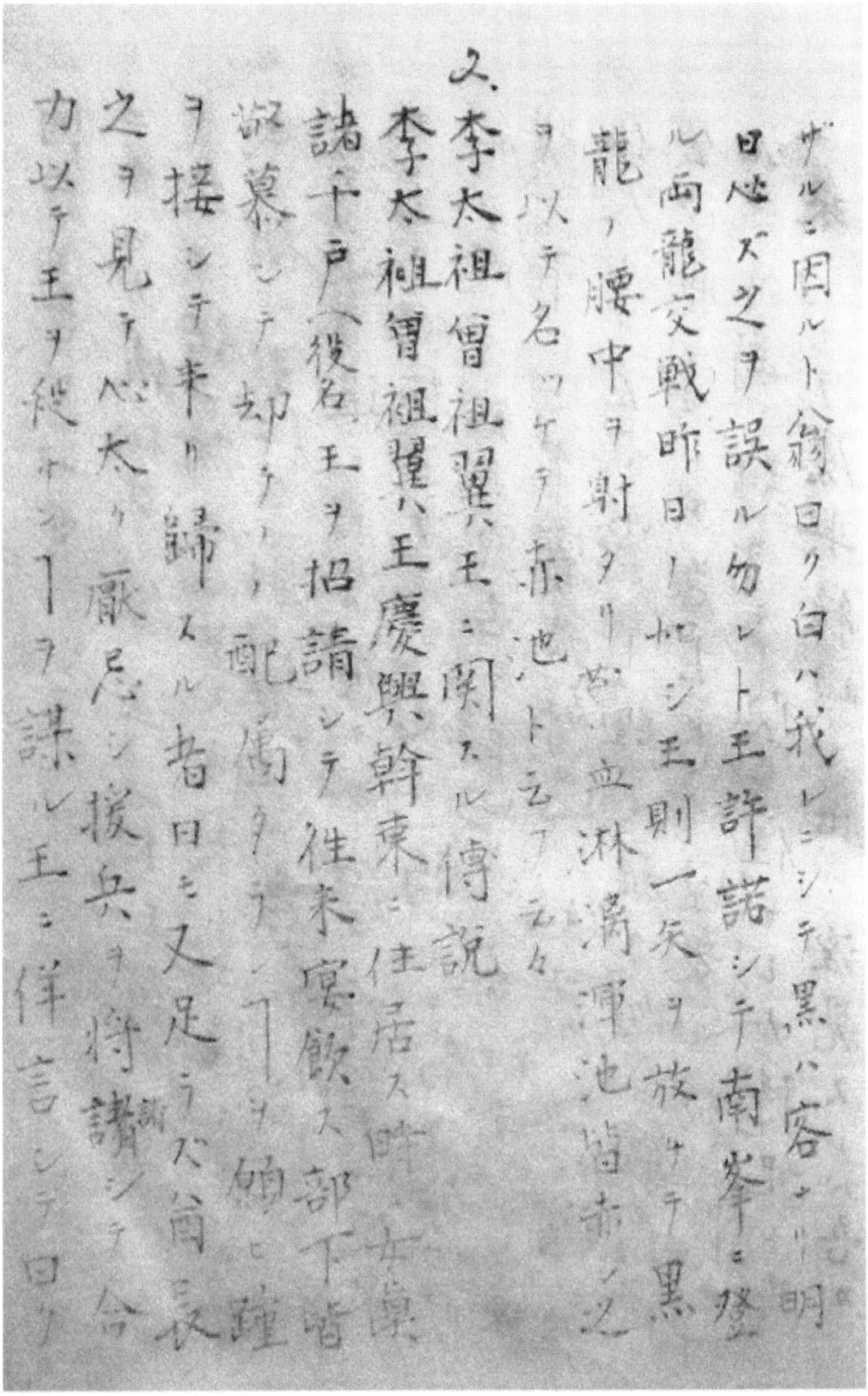

ザルニ因ルト翁曰ク白ハ我レニシテ黒ハ客ナリ明
日必ズ之ヲ誤ル勿レト王許諾シテ南峯ニ登
ル両龍交戦時日ノ如シ王則一矢ヲ放ケテ黒
龍ノ腰中ヲ射タリ忽血淋漓淨池皆赤シ之
ヲ以テ名ヅケテ赤池ト云フト云々

2. 李太祖曾祖翼王ニ関スル傳説

李太祖曾祖翼王慶興斡東ニ住居スル時女眞
諸千戸(後名王ヲ招請シテ往来宴飲ス部下皆
歸慕シテ却テ之ノ配偶タランヿヲ願ヒ難
ヲ接シテ来リ歸スル者日ニ又足ラズ首長
之ヲ見テハ太ク厭忌シ援兵ヲ将講シテ合
力以テ王ヲ殺サンヿヲ謀ル王ニ佯言シテ曰ク

39 전설동화조사사항

相共ニ吾カ高東ニ出テ待攬セン積リノ
二十日ノ後相見ルヲ得ント王則チ快然トシテ
テ之ヲ諾ス期過レドモ彼未来ラス恠ミテ大閑
城ニ向ツテ行ク道上一老嫗アリ水ヲ乞テ或
キテ道ヲ過ル已ニ渇甚シク嫗ニ呼ンデ一椀水
ヲ乞フ嫗椀ヲ洗ッテ水ヲ酌ミテ曰ク公千戸
行ク所ヲ知ルヤ否ヤ王曰ク之ヲ知ラズト嫗
則チ千戸ノ事實ヲ詳述シテ曰ク公ハ誠ニ
仁人ナリ吾レ小人ト雖モ疑フ勿レ願クハ
公愛惜セヨト王急去恵ク家ノ船ニ載セ
治流赤島ニ到リテ隠レ住セシノ孫妃ト共
ニ乗馬シテ慶興後峴ニ出ヅ遥見スレバ吾カ

韓兵ノ野賊騎ノ馬ニ悉クリ蔽フ所トナ
ル驚キテ疾走赤島ノ對岸ニ至ル水中渡ル
ニ孤舟ナキテ如何賊ノ前驅三百餘騎後襲
ノ足音近キニアリ愴惶瞬間ニシテ水忽チ
退キテ道ヲナス因ツテ馬ニ策ツテ前進シテ越
岸ニ登レバ水復漲来ス始ノ如シ賊ノ追兵
遂ニ能ク渡ルコトナクシテ引キ歸ル玉則島
原ニ陶穴ヲ掘リ居住ス遠近之ヲ聞テ来
リ集ル皆ナ付ツナス赤島ハ府南四里許ニアリ
四山岩石皆赤シ爲ノニ名ツケテ赤島ト云フ
槐城郡報告
今ヨリ二百年前肅宗朝ノ時代女子一人南山洞

41 전설동화조사사항

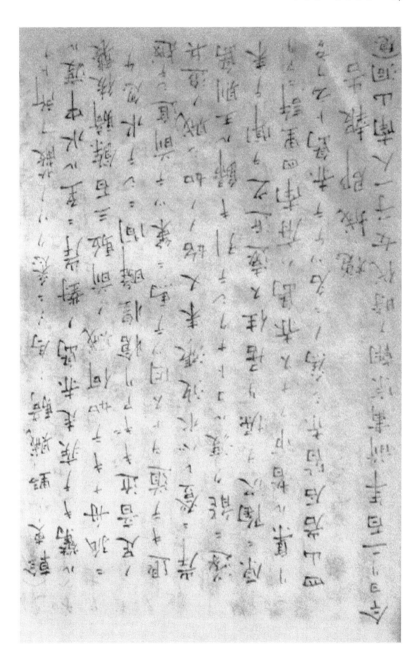

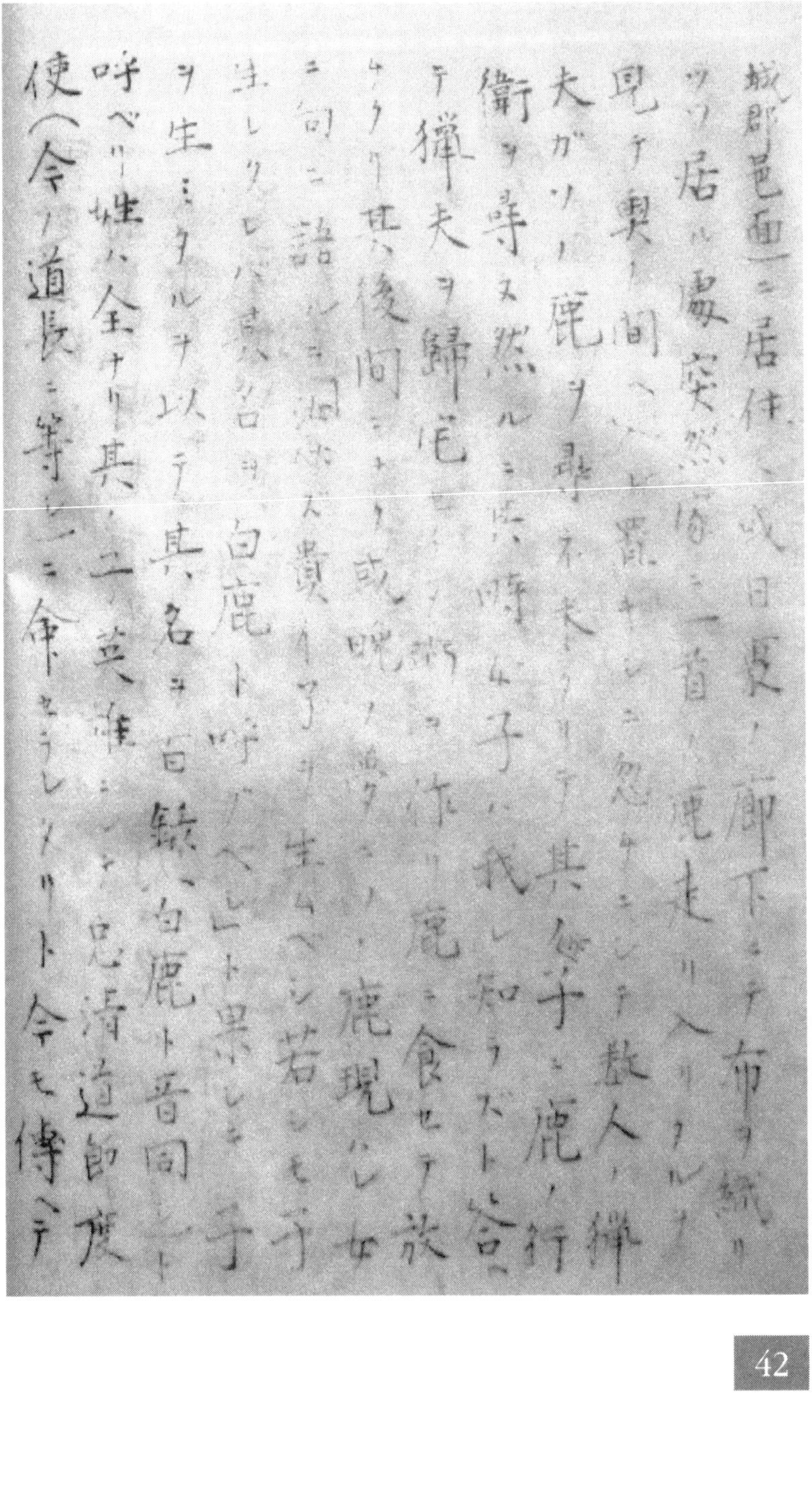
城郡邑面ニ居付ク或日夏ノ廊下ニテ布ヲ織リ
ツツ居ル處突然南ノ一首ノ鹿走リ入リ來ルヲ
見テ與ノ間ヘ匿レサセ置キシニ忽チニシテ數人ノ獵
夫ガソノ鹿ヲ尋ネ來リテ其ノ女子ニ鹿ノ行
衛ヲ尋ヌ然ルニ其ノ時女子ハ我レ知ラズト答ヘ
テ獵夫ヲ歸宅セシメ後ニ鹿ニ食セテ放
ムクリ其ノ後間モナク或晩ノ夢ニ其ノ鹿現ハレ女
ニ向ニ語ルニ汝ハ大貴人ノ子ヲ生ムベシ若シモ子
生レタレバ其ノ名ヲ白鹿ト呼ブベシト果シテ子
ヲ生ミタルヲ以テ其ノ名ヲ白鎮ハ白鹿ト音同ジト
呼ベリ此ハ全ナリ其ノ二ノ英雄ニシテ忠清道節度
使（今ノ道長ニ等シ）ニ命セラレシナリト今モ傳ヘテ

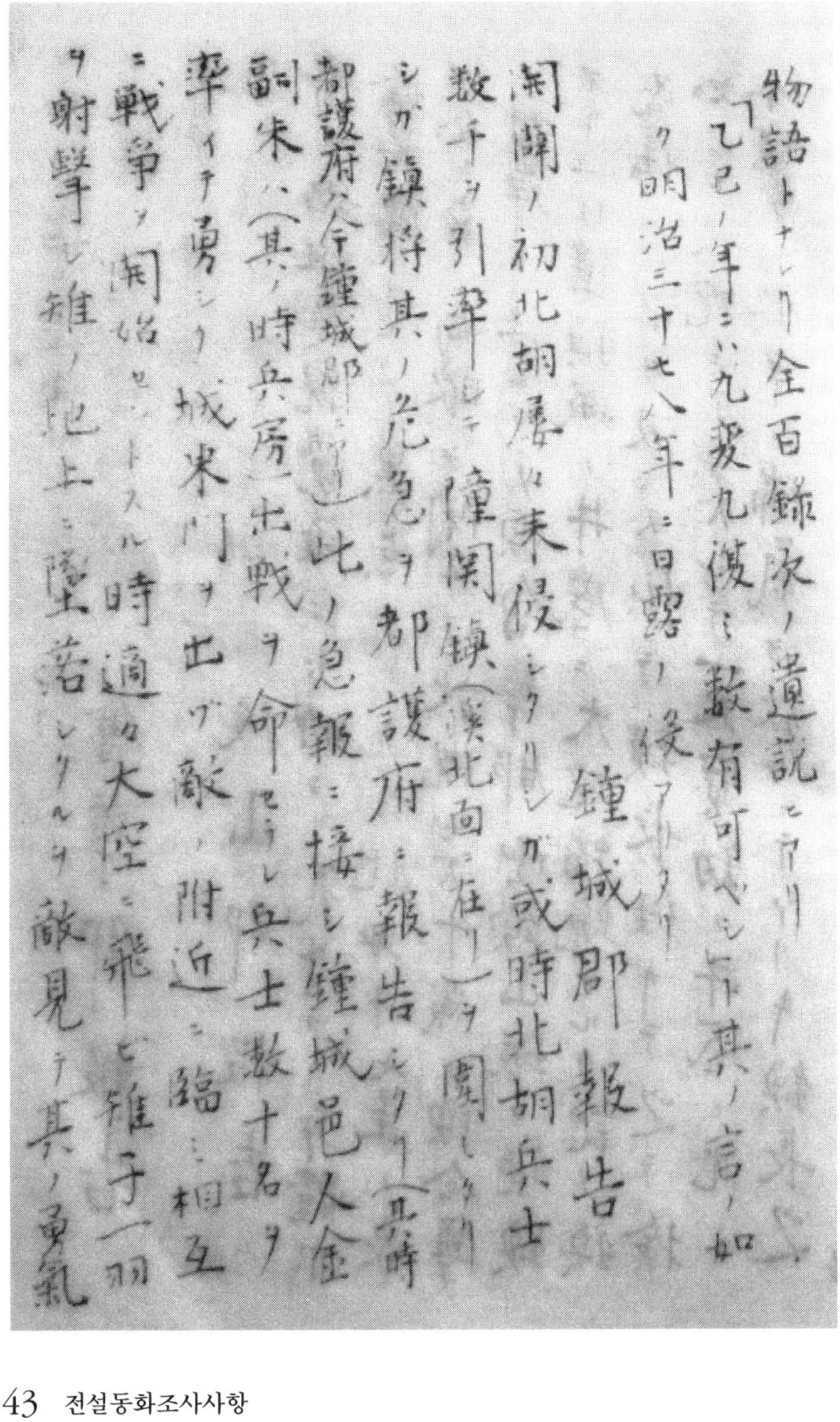

物語トナレリ全百餘次ノ遺訛モアリ
「乙巳ノ年ニハ九变九復ニ敵有可ベシ」ト其ノ言ノ如
ク明治三十七八年ニ日露ノ役アリタリ

鐘城郡報告

闢闢ノ初北胡屢々来侵シタリシガ或時北胡兵士
数千ヲ引率シテ僮関鎮（鎮北面ニ在リ）ヲ圍シタリ
シガ鎮將其ノ危急ヲ都護府ニ報告シタリ（其ノ時
都護府ハ今鐘城郡ニアリ）此ノ急報ニ接シ鐘城邑人金
副未ハ（其ノ時兵房）出戦ヲ命ゼラレ兵士数十名ヲ
率イテ勇シク城来門ヲ出ヅ敵ノ附近ニ臨ミ相互
ニ戦争ノ闘始セントスル時適々大空ニ飛ビ雉子一羽
ヲ射撃シ雉ノ地上ニ墜落レタルヲ敵見テ其ノ勇氣

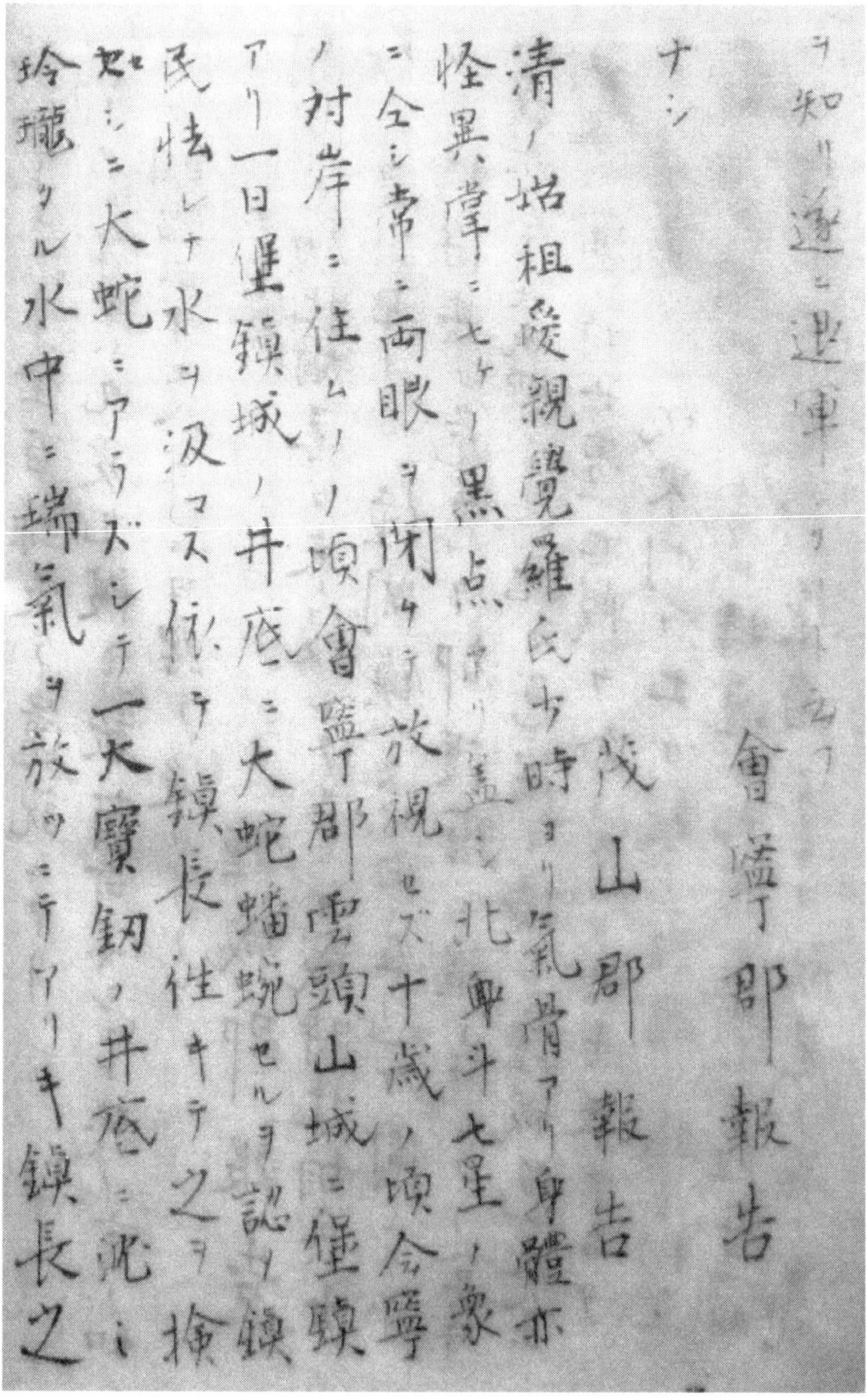

ヲ知リ遂ニ退軍セリト云フ

會寧郡報告

ナシ

茂山郡報告

清ノ始祖發親覺羅氏少時ヨリ氣骨アリ身體亦
怪異、掌ニ七ケノ黒点アリ盖シ北斗七星ノ象
ニ全シ常ニ両眼ヲ閉ヂテ放視セズ十歳ノ頃会寧
ノ対岸ニ住ムノノ頃會寧郡雲頭山城ニ堡鎭
アリ一日堡鎭城ノ井底ニ大蛇蟠蜿セルヲ認ノ鎭
民怯レテ水ヲ汲マズ依テ鎭長往キテ之ヲ検
知シニ大蛇ニアラズシテ一大寶釼ノ井底ニ沈ミ
玲瓏タル水中ニ瑞氣ヲ放ツニテアリキ鎭長之

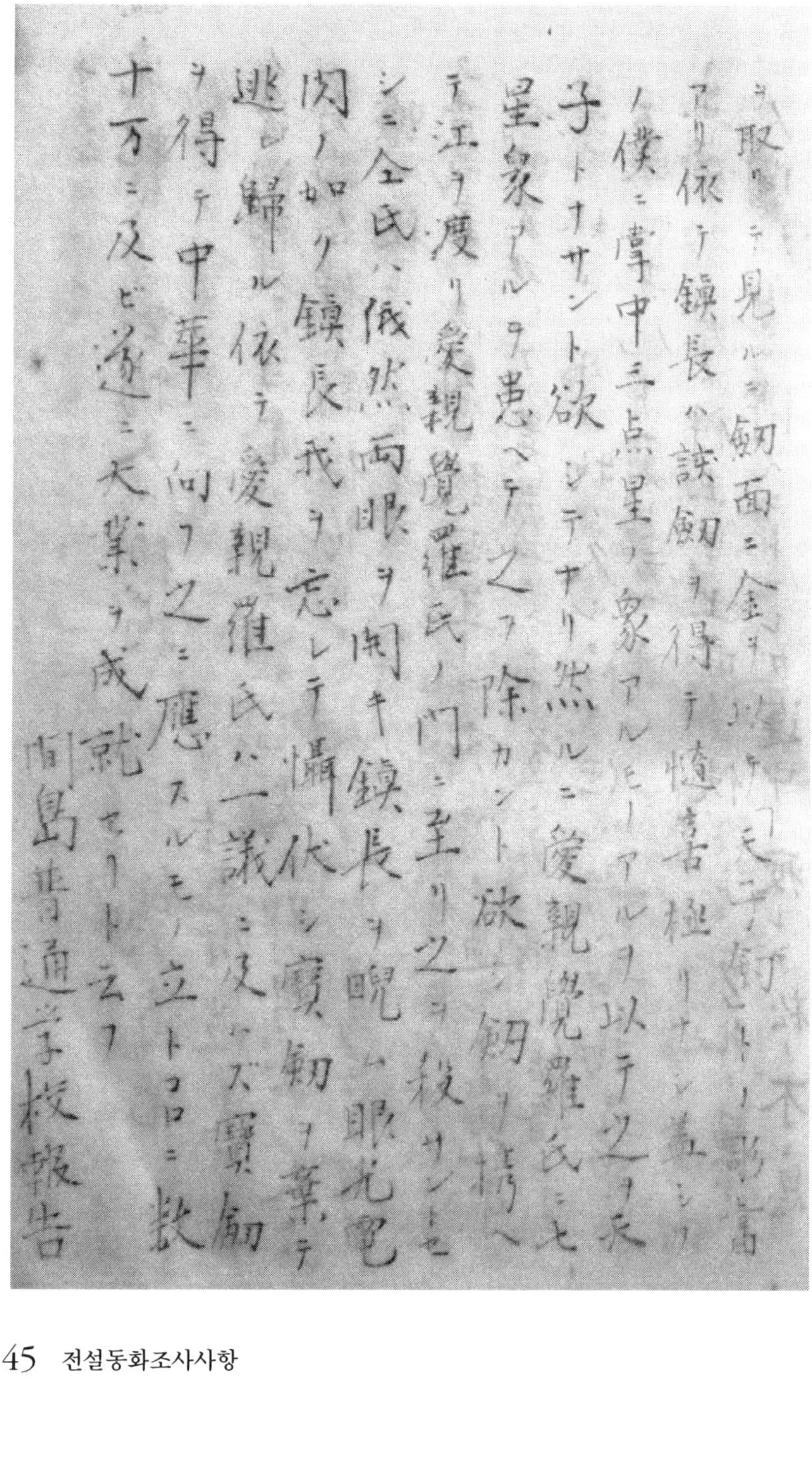
ヲ取リテ見ルニ剱面ニ金ヲ以テ天子ノ剱トノ彫画アリ依テ鎮長ハ該剱ヲ得テ随喜極リナク蓋シ彼ノ僕ニ亭中ニ三点星ノ象アルモノアルヲ以テ之ヲ天子トナサント欲シテナリ然ルニ愛親覺羅氏ニモ七星象アルヲ患ヘテ之ヲ除カント欲シ剱ヲ携ヘテ江ヲ度リ愛親覺羅氏ノ門ニ至リ之ヲ殺サントセシニ全氏ハ俄然両眼ヲ開キ鎮長ヲ睨ム眼光電閃ノ如クリ鎮長我ヲ忘レテ慴伏シ寶剱ヲ棄テ逃ゲ帰ル依テ愛親羅氏ハ一議ニ及バズ寶剱ヲ得テ中華ニ向フ之ニ應スルモノ立トコロニ数十万ニ及ビ遂ニ大業ヲ成就セリト云フ
間島普通学校報告

45 전설동화조사사항

ナシ

四. 虎、蛇等ノ動物又ハ植物ニ関スル類ノ傳説

清津府報告

1. 昔朝鮮ニハ白虎アリ一日ニ九変ス即男女ノ人ニハ勿論各種ノ動植物トナリ人ヲ迷ハシ多クノ人ヲ喰ヒ殺シタリトイフ

2. 昔或家ノ後園ニ數百年ヲ其ノ處ニ過シタル蛇アリ或時変身シテ一美男子トナリ道ニテ人ノ娘ト結婚シテ世ヲ終レリ凡テ物ハ久シキヲ經シ時ハ何物ニ限ラズ妖怪変化トナルトイフ

3. 昔或鳥ガ天ノ神玉皇上帝ノ使トシテ不死ノ藥ヲ人間社會ニ傳ヘントセシガ途中疲レテ松ノ木ニ息

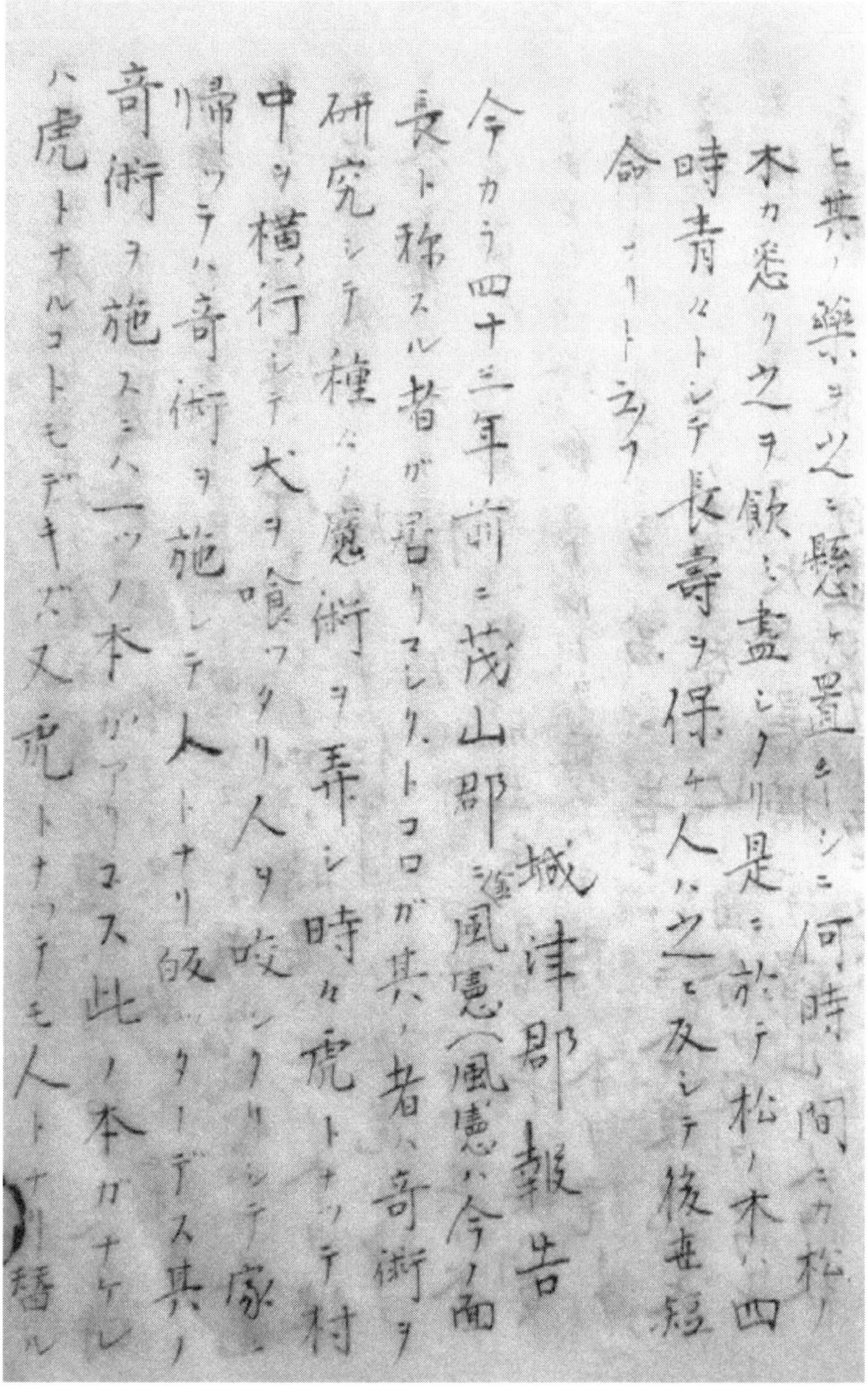
ニ其ノ藥ヲ之ニ懸ケ置キシニ何時ノ間ニカ松ノ
木カ悉ク之ヲ飲ミ盡シタリ是ニ於テ松ノ木ハ四
時青々トシテ長壽ヲ保チ人ハ之ニ反シテ後世短
命ニナリトユフ

城津郡報告

今カラ四十三年前ニ茂山郡延風憲（風憲ハ今ノ面
長ト称スル者ガ居リマシタトコロガ其ノ者ハ奇術ヲ
研究シテ種々ノ魔術ヲ弄シ時々虎トナッテ村
中ヲ横行シテ犬ヲ喰ツタリ人ヲ咬シタリシテ家ニ
帰ッテハ奇術ヲ施シテ人トナリ皈ツタノデス其ノ
奇術ヲ施スニハ一ツノ本ガアリマス此ノ本ガナケレ
ハ虎トナルコトモデキズ又虎トナッテモ人トナリ得ル

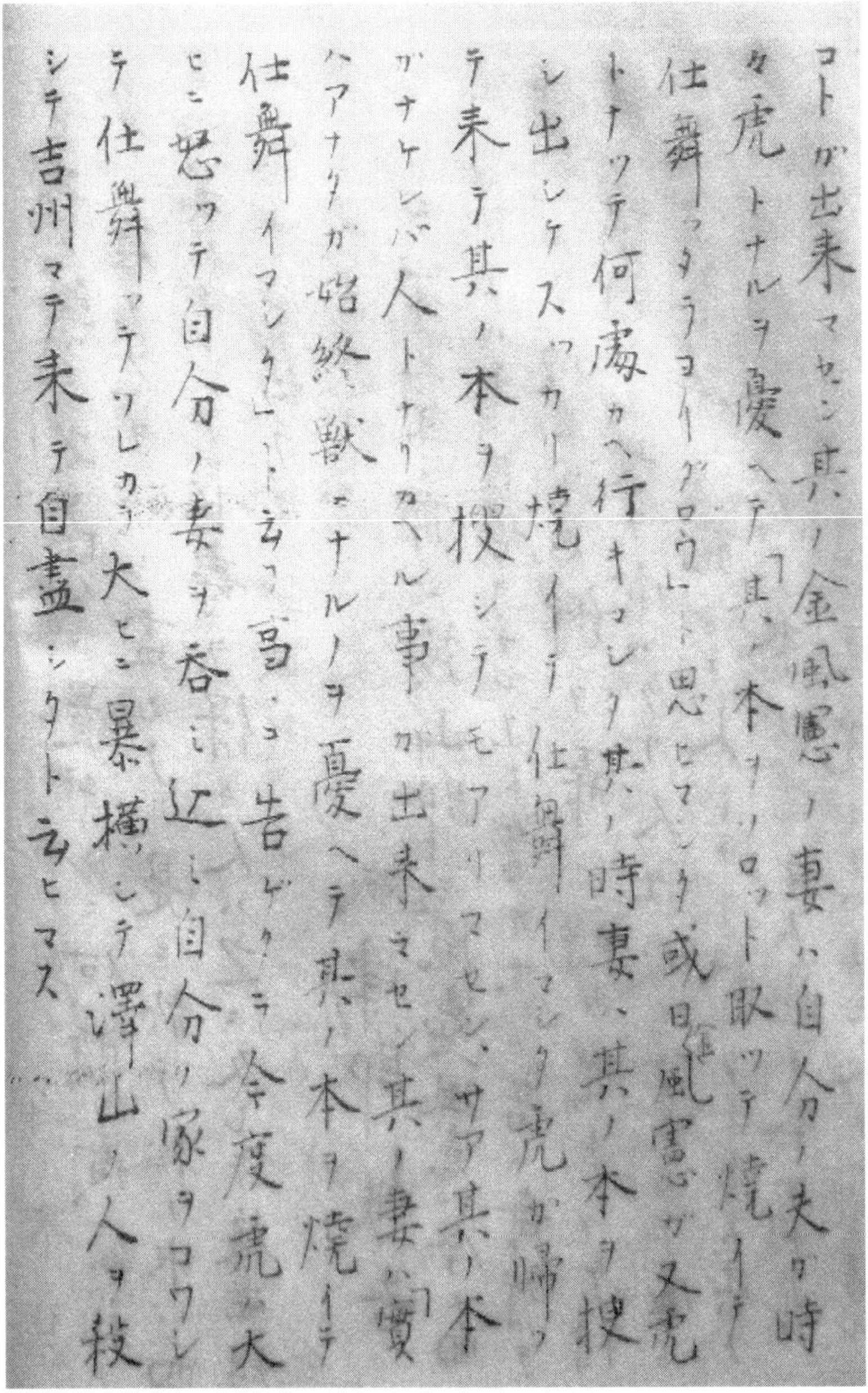
コトガ出来マセン其ノ金風憲ノ妻ハ自分ノ夫ガ時
タ虎トナルヲ憂ヘテ其ノ本ヲ取ッテ焼イテ
仕舞ッタラヨイダロウト思ヒマシタ或日金風憲ガ又虎
トナッテ何處カヘ行キマシタ其ノ時妻ハ其ノ本ヲ捜
シ出シテスッカリ焼イテ仕舞イマシタ虎ガ帰ッ
テ来テ其ノ本ヲ捜シテモアリマセン、サア其ノ本
ガナケレバ人トナリカヘル事ガ出来マセン其ノ妻ハ實
ハアナタガ始終獣ニナルノヲ憂ヘテ其ノ本ヲ焼イテ
仕舞イマシタト云ッテ高ニ告ゲタラ今度虎ハ大
ヒニ怒ッテ自分ノ妻ヲ呑ミ込ミ自分ノ家ヲコワシ
テ仕舞ッテソレカラ大ヒニ暴横シテ澤山ノ人ヲ殺
シテ吉州マデ来テ自盡シタト云ヒマス……

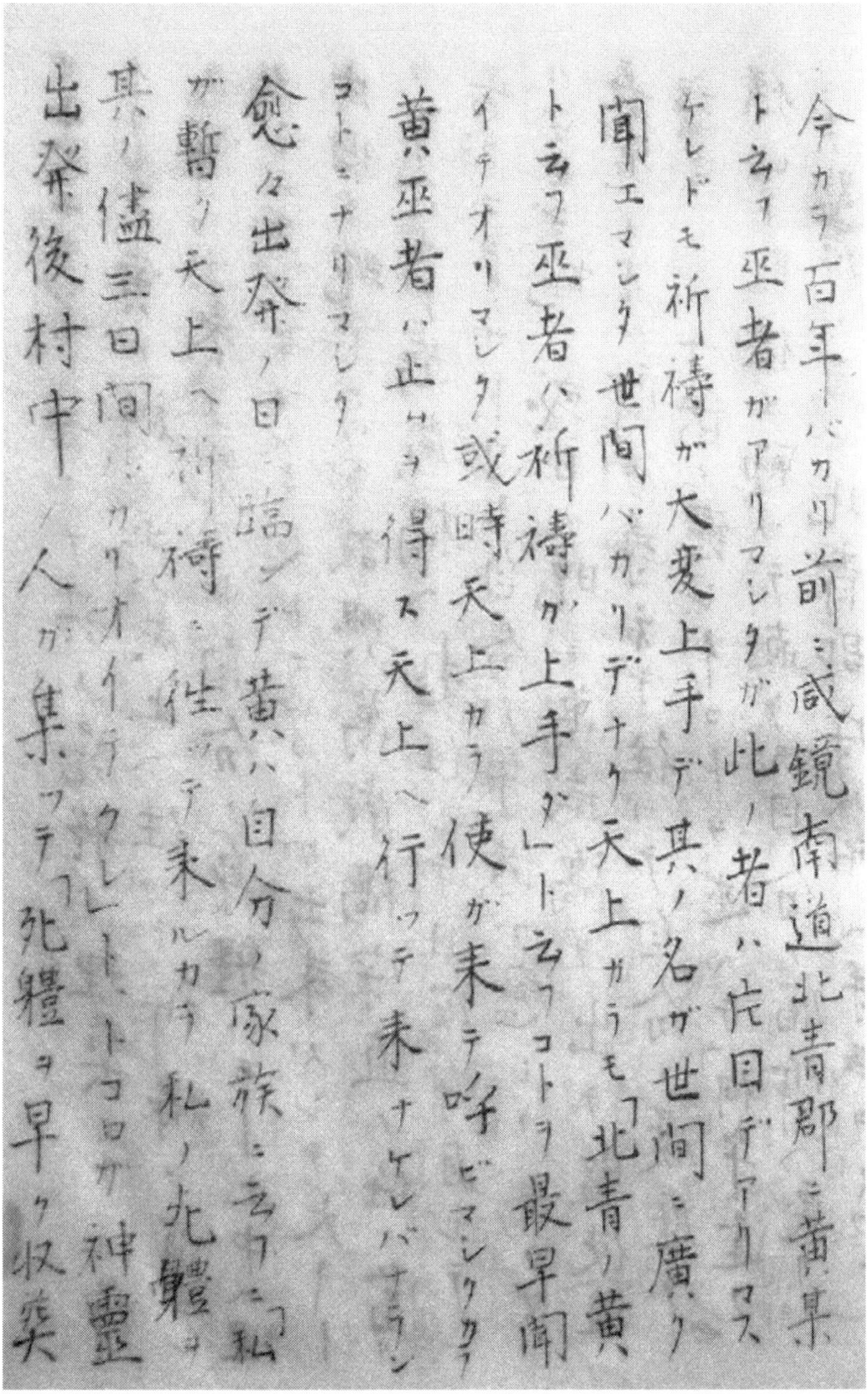

今カラ百年バカリ前ニ咸鏡南道北青郡ニ黄某
ト云フ巫者ガアリマシタガ此ノ者ハ片目デアリマス
ケレドモ祈禱ガ大変上手デ其ノ名ガ世間ニ廣ク
聞エマシタ世間バカリデナク天上ガラモ「北青ノ黄
ト云フ巫者ハ祈禱ガ上手ダ」ト云フコトヲ最早聞
イテオリマシタ或時天上カラ使ガ来テ呼ビマシタガ
黄巫者ハ止ムヲ得ズ天上ヘ行ッテ来ナケレバナラン
コトニナリマシタ
愈々出発ノ日ニ臨ンデ黄ハ自分ノ家族ニ云フニ「私
ガ暫ク天上ヘ祈禱ニ往ッテ来ルカラ私ノ死體ヲ
其ノ儘三日間カリオイテクレ」ト。トコロガ神靈
出発後村中ノ人ガ集ッテ死體ヲ早ク収殮

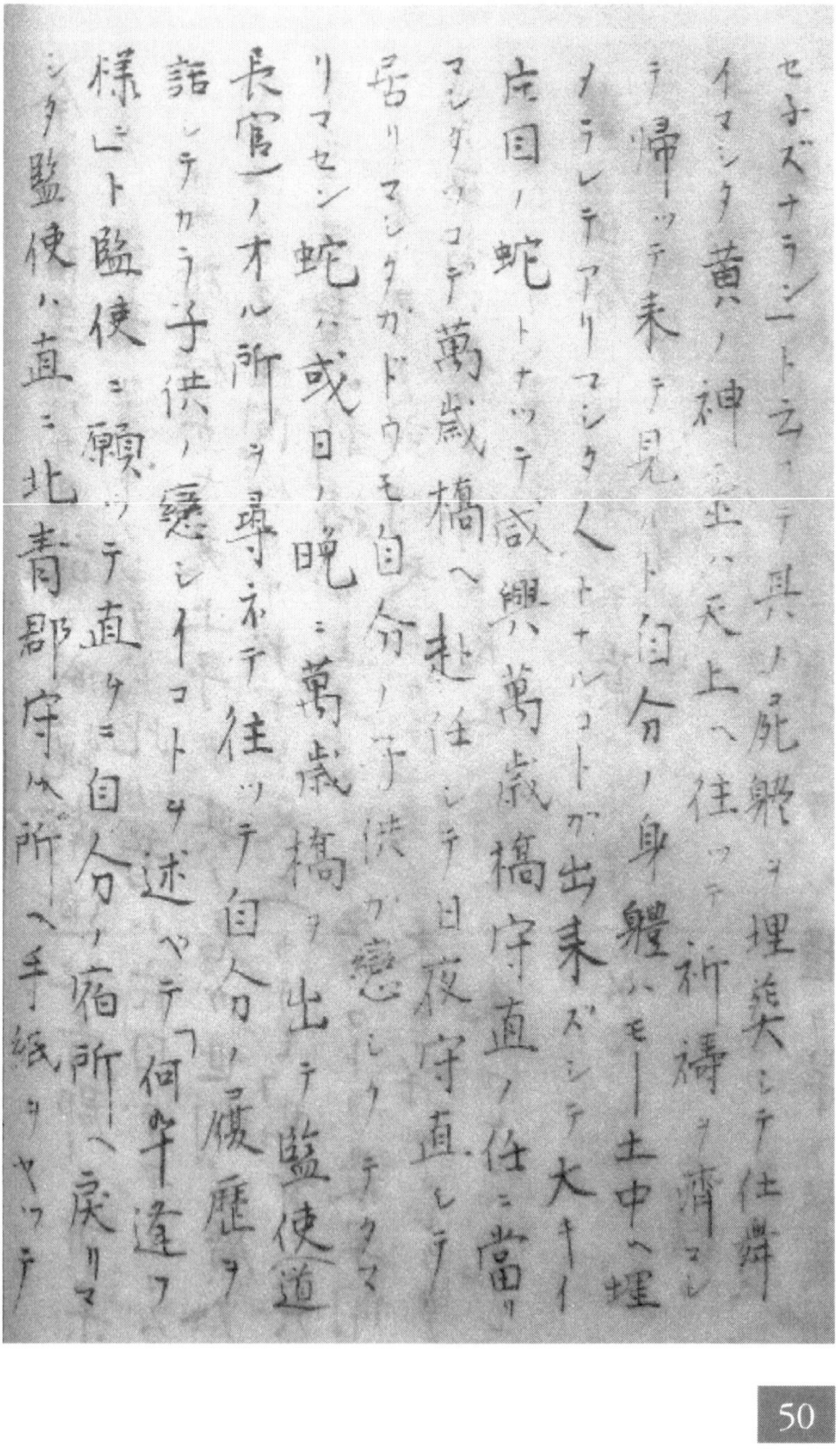

セナズナラン一ト云ッテ其ノ死骸ヲ埋葬シテ仕舞
イマシタ黄ノ神霊ハ天上ヘ往ッテ祈祷ヲ済マシ
テ帰ッテ来テ見ルト自分ノ身體ハモー土中ヘ埋
メラレテアリマシタ人トナルコトガ出来ズシテ大キイ
庄国ノ蛇トナッテ咸興萬歳橋守直ノ任ニ當リ
マシタソコデ萬歳橋ヘ赴任シテ日夜守直シテ
居リマシタガドウモ自分ノ子供ガ戀シクテタマ
リマセン蛇ハ或日ノ晩ニ萬歳橋ヲ出テ監使道
長官ノオル所ヲ尋ネテ往ッテ自分ノ履歴ヲ
話シテカラ子供ノ戀シイコトヲ述ベテ何卒逢フ
様ニト監使ニ願ッテ直タニ自分ノ宿所ヘ戻リマ
シタ監使ハ直ニ北青郡守ノ所ヘ手紙ヲヤッテ

其ノ蛇ノ子黄姓ノ人ヲ呼ビマシタ其ハ黄姓ノ人
サスガノ監使ノ命令ダカラ譯モ知ラズニ感興
監使ノ所ヘ行キマシタ監使ハ直ク黄姓ノ人
ヲ連レテ萬歳橋ノ下ヘ行キマシタラ大キイ蛇ガ
出テ来マシタ黄姓ノ人ハ其レヲ見テ吃驚シテ逃
ゲ様トシマシタ其ノ蛇ガ黄姓ノ人ニ云フニ驚
ナヨ私ハオ前ノ父デアルコウコウイフ譯デ今此處
エ来テオルノダオ前ガ戀シイカラ呼ンダノデアルト
話シガ終ッテカラ涙ガ雨ノ如ク流レルノデアリマス
黄姓ノ人ハ其ノ話ヲ聞キ又其ノ図ヲ見ルト果シ
テ自分ノ父デアルカラ感泣シテ己マナカッタノデアリ
マス大蛇ハ數言ヲ以テ子供ニ告ケテカラ分レテ

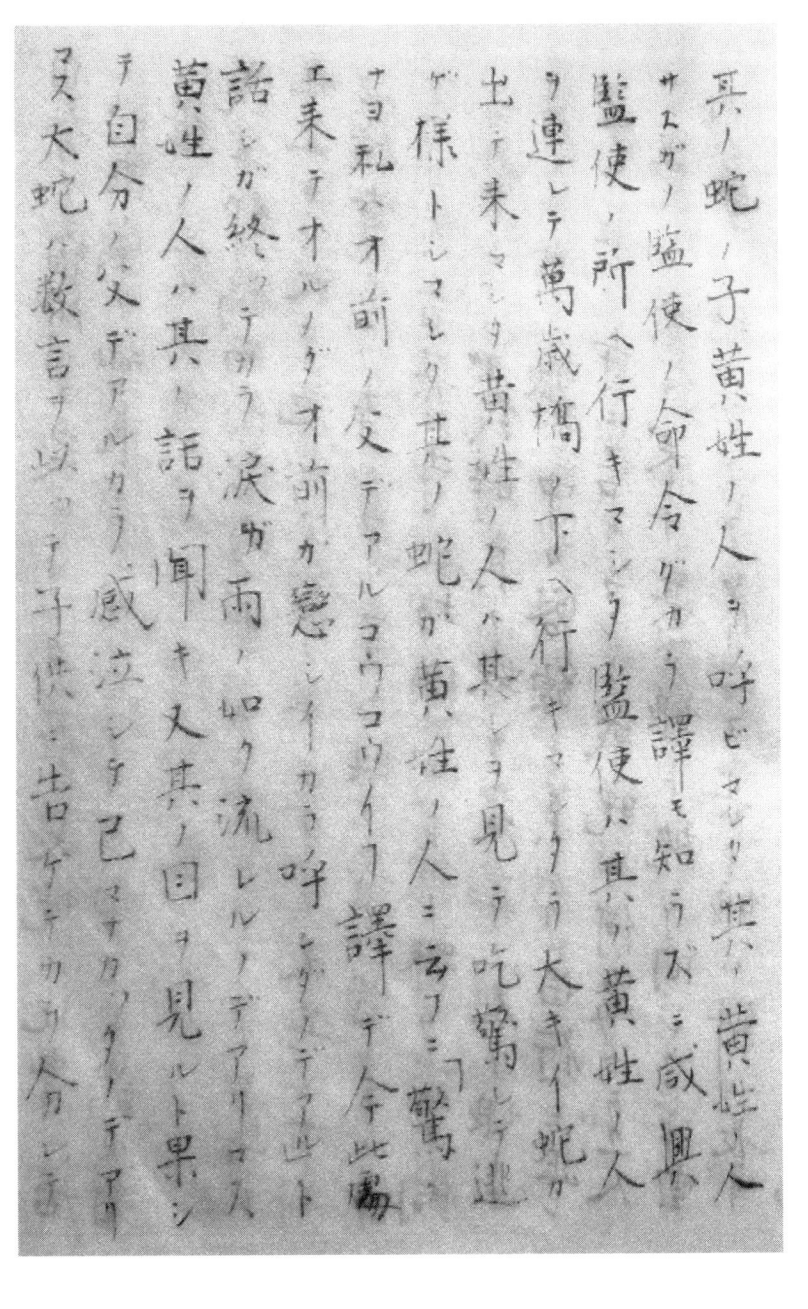

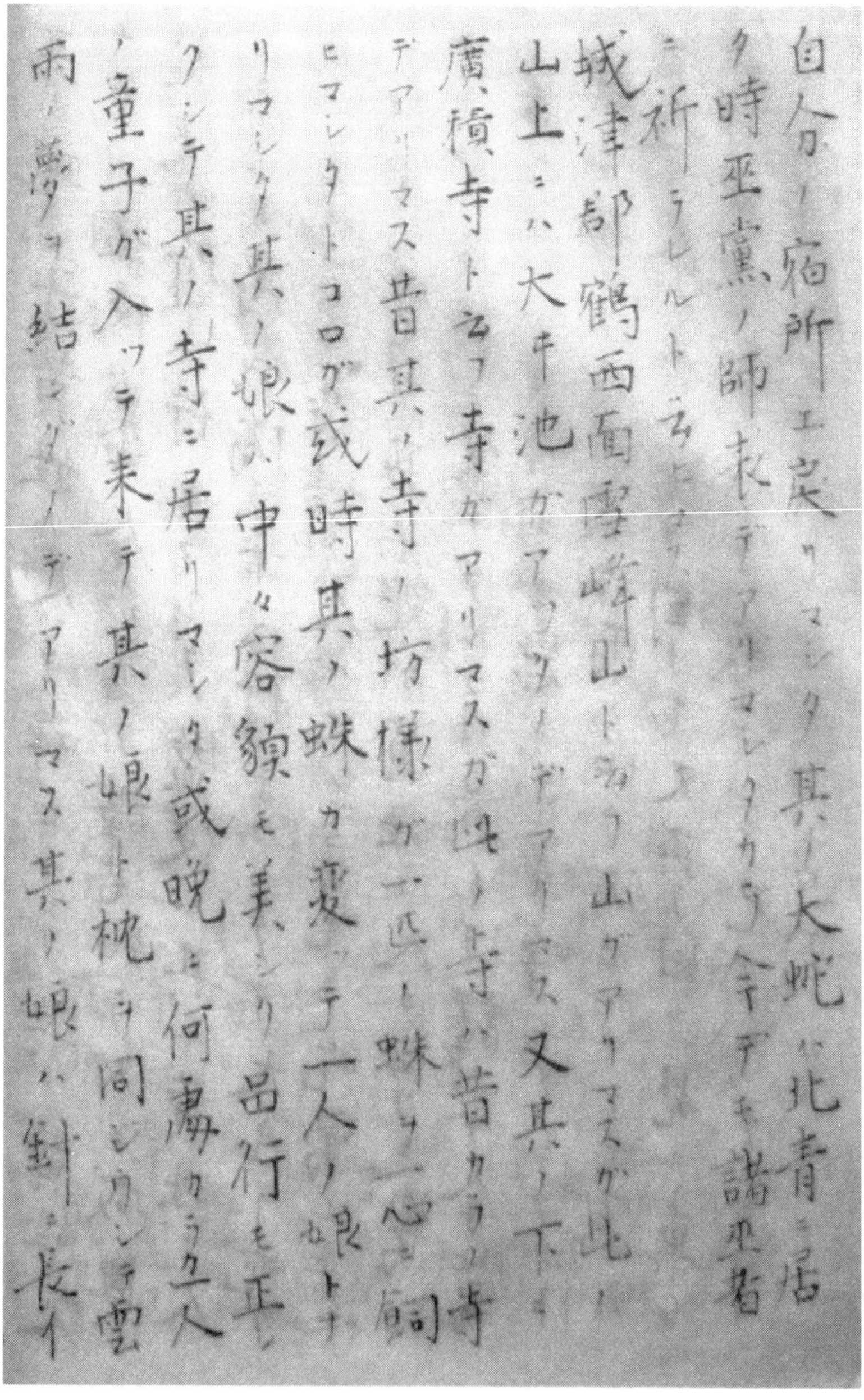
白合ノ宿所エ戻リマシタ其ノ大蛇ハ北青ニ居
タ時亜黨ノ師衣デアリマシタカラ今デモ諸巫者
ニ祈ラレルト云ヒ
城津郡鶴西面雪峰山ト云フ山ガアリマスガ此ノ
山上ニハ大キ池ガアツタノデアリマス又其ノ下ニ
廣積寺ト云フ寺ガアリマスガ此ノ寺ハ昔カラノ寺
デアリマス昔其ノ寺ノ坊様ガ一匹ノ蛛ヲ一心ニ飼
ヒマシタトコロガ或時其ノ蛛ガ変ジテ一人ノ娘トナ
リマシタ其ノ娘ハ中々容貌モ美シク品行モ正シ
クシテ其ノ寺ニ居リマシタ或晩ニ何處カラク立人
ノ童子ガ入ッテ来テ其ノ娘ト枕ヲ同ジクシテ雲
雨ノ夢ヲ結ンダノデアリマス其ノ娘ハ針ニ長イ

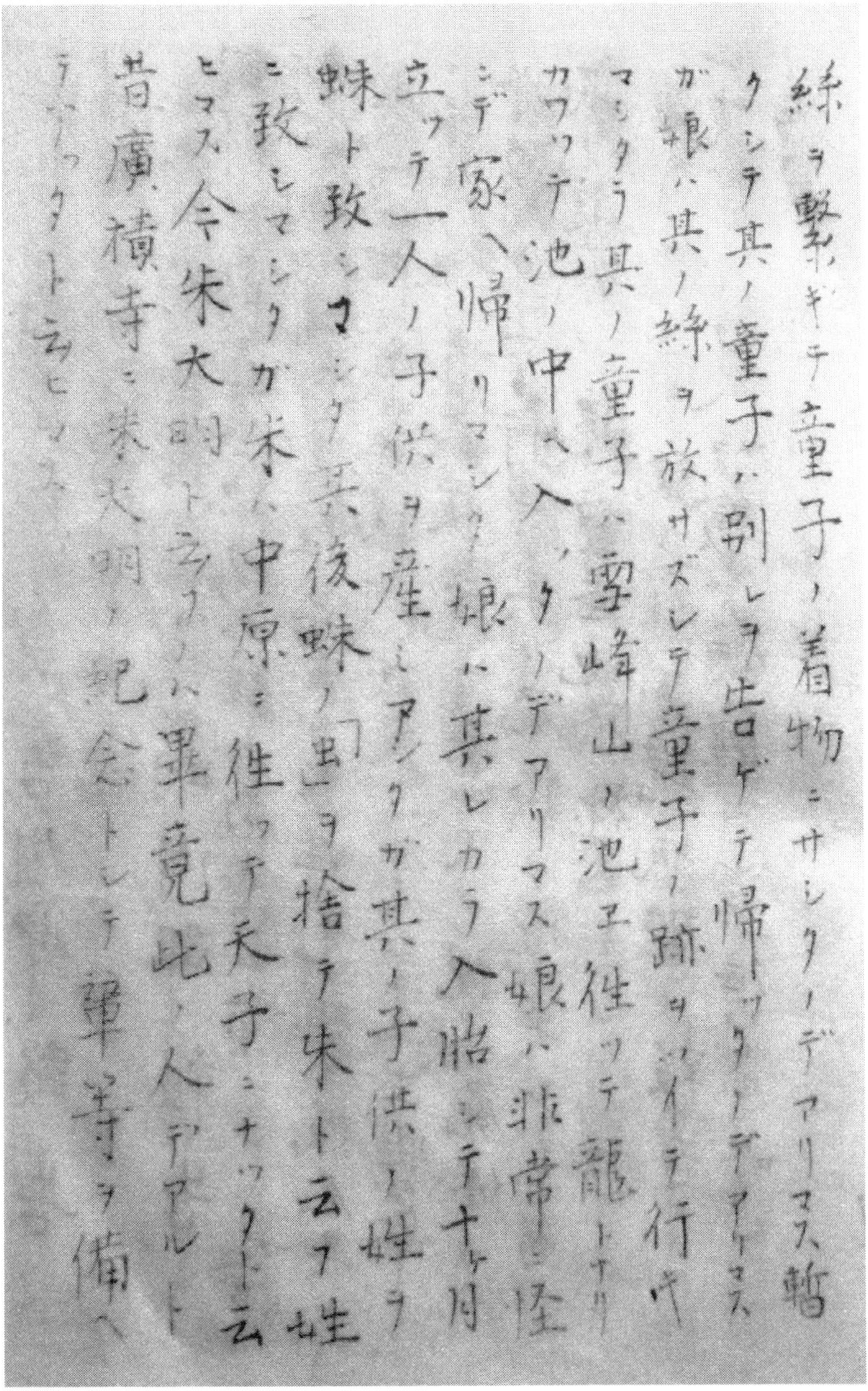

絲ヲ繋ギテ童子ノ着物ニサシタノデアリマス暫
クシテ其ノ童子ハ別レヲ告ゲテ帰ッタノデアリマス
ガ娘ハ其ノ絲ヲ放サズシテ童子ノ跡ヲツイテ行キ
マシタラ其ノ童子ハ雲峰山ノ池ヘ往ッテ龍トナリ
カワッテ池ノ中ヘ入ッタノデアリマス娘ハ非常ニ怪
シテ家ヘ帰リマシタ娘ハ其レカラ人胎シテ十ヶ月
立ッテ一人ノ子供ヲ産ミマシタガ其ノ子供ノ姓ヲ
蛛ト致シマシタ其後蛛ノ虫ヲ捨テ朱ト云フ姓
ニ致シマシタガ朱ハ中原ニ往ッテ天子ニナッタト云
ヒマス今朱大明ト云フノハ畢竟此ノ人デアルト
昔廣積寺ニ朱大明ノ紀念トシテ單等ヲ備ヘ
テアッタト云ヒマス

53 전설동화조사사항

吉州郡報告
ナシ
明川郡報告
朝鮮ハ最モ墓地場所ヲ尚ブ習慣ニシテ本郡阿間面中郷里ニ住居スル大姓毛祖ニ或人其ノ親ノ墓地ノ良キ場所ヲ定メントシテ一生懸命ニ求メツツアリ或夜虎ガ其ノ人ノ親ノ死体ヲ脊負ヒテ山ニ行キ其ノ死体ヲ埋葬セントスル為其ノ墓地ヲ虎占墓地ト称ス
鏡城郡報告
一虎ハ酔ヒタル人ヲ喰ハズ酒醒ムルヲ待チテ喰フ云フ

二、虎ハ自然疾類ヲ吟ズト云フ
三、虎中白虎ト称スル虎ハ極ク年ヲ取ツタ虎ニテ
能ク變身シテ欺人殺害等ヲ逞クスルト云フ
四、虎ハ金屬ノ打音ト火光ヲ忌避スルト云フ故ニ
昔虎ガ多キ時ヨリ其ノ患ヲ避ル為夜間歩
ク人ハ炬火等ヲ持ツ又牛車ニモ鐘ヲ付ケテ
音ヲナサシムル此ノ習慣ハ現ニ在ス
五、蛇類ニテ白蛇ト云フ蛇アリ其体ノ環節ハ百節
ニテ冬雪ニ於テモ能ク活動シテ速ニ走ル
ト云フ此ハ百病ニ効アリトシテ藥ニ用フ時ハ
環節一個ヲ取リテ此ノ藥ハ万病ニ用フトモ
用ユレバ直ケニ効クアル故ニ其価甚ク高イト云フ

六、蛇類ニ人鵲蛇ト称スル蛇アリテ能ク飛ビ此
ハ其ノ毒ガ酷シイ人ノ頭ノ上ヲ飛ビ過ギ
ルモ中毒シテ死スルト云フ
七、躑躅花ノ朦激ガ多ケレバ其ノ年ハ豊年ト云フ
又梨ノ花カ杏花ガヨク咲ケバ其ノ年ハ豊年ト云
フ
八、桑ノ枝ト東方ニ向ヒクル桃ノ枝又ハ辟棗木
(雷ニ當ツタ棗木)ハ鬼神ヲ退避スルトシテ巫
者等ハ此ヲ用フルト云フ

慶興郡報告

十七

穏城郡報告

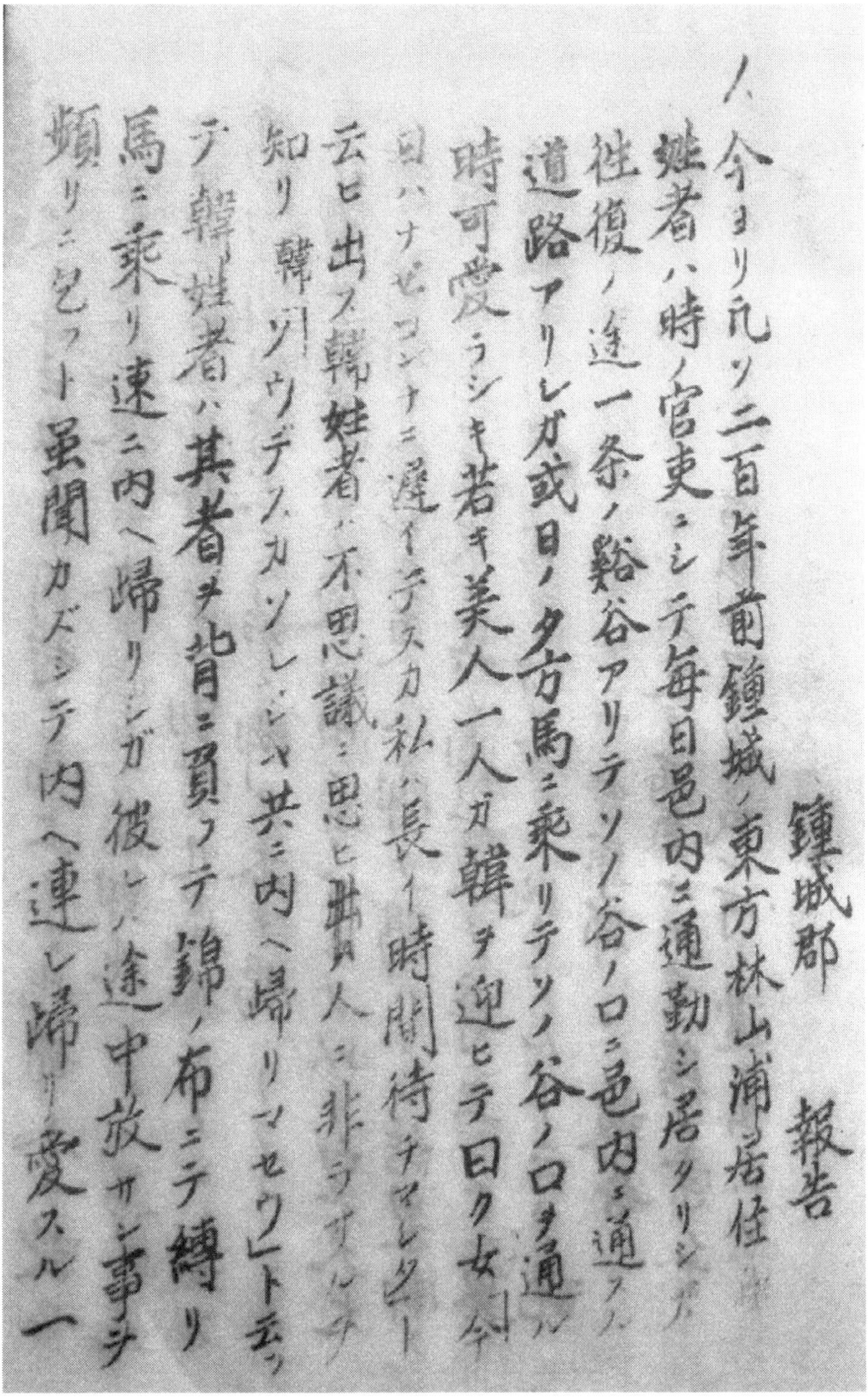

鐘城郡　報告
人今ヨリ凡ソ二百年前鐘城ノ東方林山浦ニ居住ノ韓
姓者ハ時ノ官吏ニシテ毎日邑内ニ通勤シ居タリシガ
往復ノ途一条ノ谿谷アリテソノ谷ノ口ニ邑内ニ通ズル
道路アリシガ或日ノ夕方馬ニ乗リテソノ谷ノ口ヲ通ル
時可愛ラシキ若キ美人一人ガ韓ヲ迎ヒテ曰ク女今
日ハナゼコンナニ遅イデスカ私ハ長イ時間待チマシタト
云ヒ出ス韓姓者ハ不思議ニ思ヒ此ノ人ニ非ラザルヲ
知リ韓ハソウデスカソレデハ共ニ内ヘ帰リマセウト云ッ
テ韓姓者ハ其者ヲ背ニ負フテ錦ノ布ニテ縛リ
馬ニ乗リ速ニ内ヘ帰リシガ彼レハ途中放カシ事ヲ
頻リニ乞フト雖聞カズシテ内ヘ連レ帰リ愛スル一

57 전설동화조사사항

近ノ犬ヲ呼ビ出スト同時ニ馬上ヨリ此婦人ヲ救ヒ
タリシガ遂ニ彼レハ犬ニ嚙マレテ即死シタリ其時見
ルト尾ガ九ツニ分レタル即チ九尾狐ナリシト云フ

之、萬物創始ノ時犬ニハ始メ脚三本ヲ賜ハリタリシガ
三脚ニテハ歩行ノ便自由ナラザルヲ以テ皇天ヘ犬
等ノ請願ヲ容レテ更ニ一脚ヲ賜ハリシ結果漸ク
四脚トナリシガ故ニ其ノ脚一本ヲ尊重シテ糞
排尿ノ時必ズ其ノ脚丈ケヲ擧ゲルト云フノ説

會寧郡　報告

昔一人ノ男ガアリマシタ、父ガ病氣ナノデ、藥ヲ索メヤウ
トテ彼ハ家ヲ出掛ケマシタ、或ル河ノ邊ニ出テ、フト

上ノ方ヲ見ルト、一人ノ天女ガ虹ニ乗ッテ降リテ來マシタ、ソシテ人ノ居ルノニモ氣ガ付カズニ、川ノ中ニ入ッテ肌ヲ洗ヒマシタ、ソコデ其ノ男ガ天人ノ桃ハ不死ノ藥ト云フ話ヲ聞イテ居マスカラ、若シヤ天女ガ持ッテハ居マイカ、ト思ッテ、ソノ着物ヲ取リマシタ、天女ガ沐浴ヲ終ッテ着物ヲ着ヨウトシマシタガ、脱ギ棄テタ着物ガ見付カリマセン、狼狽イテイクラ探ガシテモ、ドウシテモ見付カラナイノデ、當惑シテ居ルト、其ノ男ガ岩蔭カラ出テ「貴女ノ着物ノアル處ヲ私ガ知ッテ居マス」ト言イマシタ、天女ハ耻シサヲ忍ビテ、「後生デスカラ、ドウゾ知ラシテ下ダサイ、オ禮ハキット致シマス」ト泣クヤウニシテ頼ミマシタ、男ハ「ソレナラバオ知セレマセウ、ノガ、私ノオ父サンハ、只今病氣デ、苦シデ居マスカラ、ドウガ、不死ノ藥トイフ天人ノ桃ヲ三個下ササイ、ソレナラバ、スグニオ知セシマス」ト言イマシタ、天女ハ「夫レハオ安イ御用デス、スグ上ゲマス」トイフテ天人ノ桃ヲ三個出シマシタカラ、其ノ男ハ着物ヲ返シマシタ、天女ハ喜ンデ厚ク禮ヲ述ベテ、マタ虹ニ乘ッテ天ニ登リマシタ、
サテ、男ハ思ハヌ事カラ不死ノ藥トイフ天人ノ桃ヲ貰ヒマシタノデ、大喜ビデ、家ニ歸リ、一個ハ父ニ食ベサセ、一個ハ自分ガ食ベマシタ、殘リノ一個ハ家ノ前ニアル松ノ木ノ根元ニ埋メマシタ、

シテ松ハ四時青々トシテ枯レナイノデス。

茂山郡　報告

ナシ

間島公立普通學校報告

ナシ

五、地名ノ起源ニ關スル傳説

ナシ

清津府　報告

城津郡　報告

一、摩天嶺

一名ハ木羅骨嶺ト云ヒマス木羅骨ト云フノハ女真ノ語葉（城津ハ女真地）デアリマスガ牛ヲ意味シタノデアリ

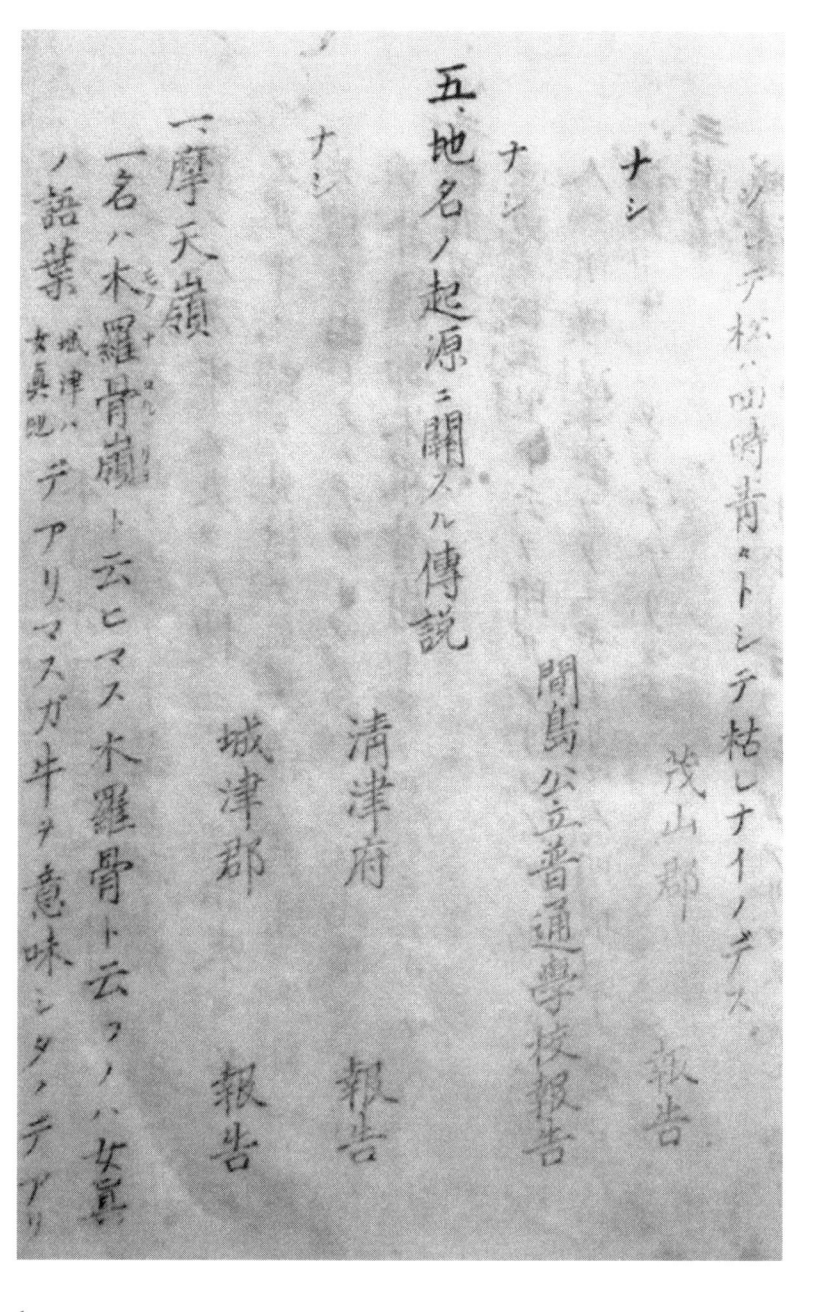

マスデスカラ木羅骨嶺ト云ヘバ牛嶺ト云フ意味デス何故ニ此ノ嶺ヲ牛嶺ト云フカト云ヘバ女真ノ人ガ牛ヲ失ッテ捜スコトガ出来マセンデシタガ牛ノ跡ヲ見付ケテ其嶺マデ往ッテ自分ノ牛ヲ捜シ出シタノデアリマス之レカラ此嶺ヲ名付ケテ牛嶺即木羅骨嶺ト云フタノデアリマス

六 松五里

當地ニ松五里《ツルパンオリ》ト云フ所ガアリマスガ此レハ女真ノ人ハ所坡《パ》湿《オル》ト云フタノデアリマス所坡湿ガ變ジテ松五里ニナッタノデアリマス

三 場坪

城津郡鶴城面ニ場坪ト云フ所ガアリマス此レハ昔ノ

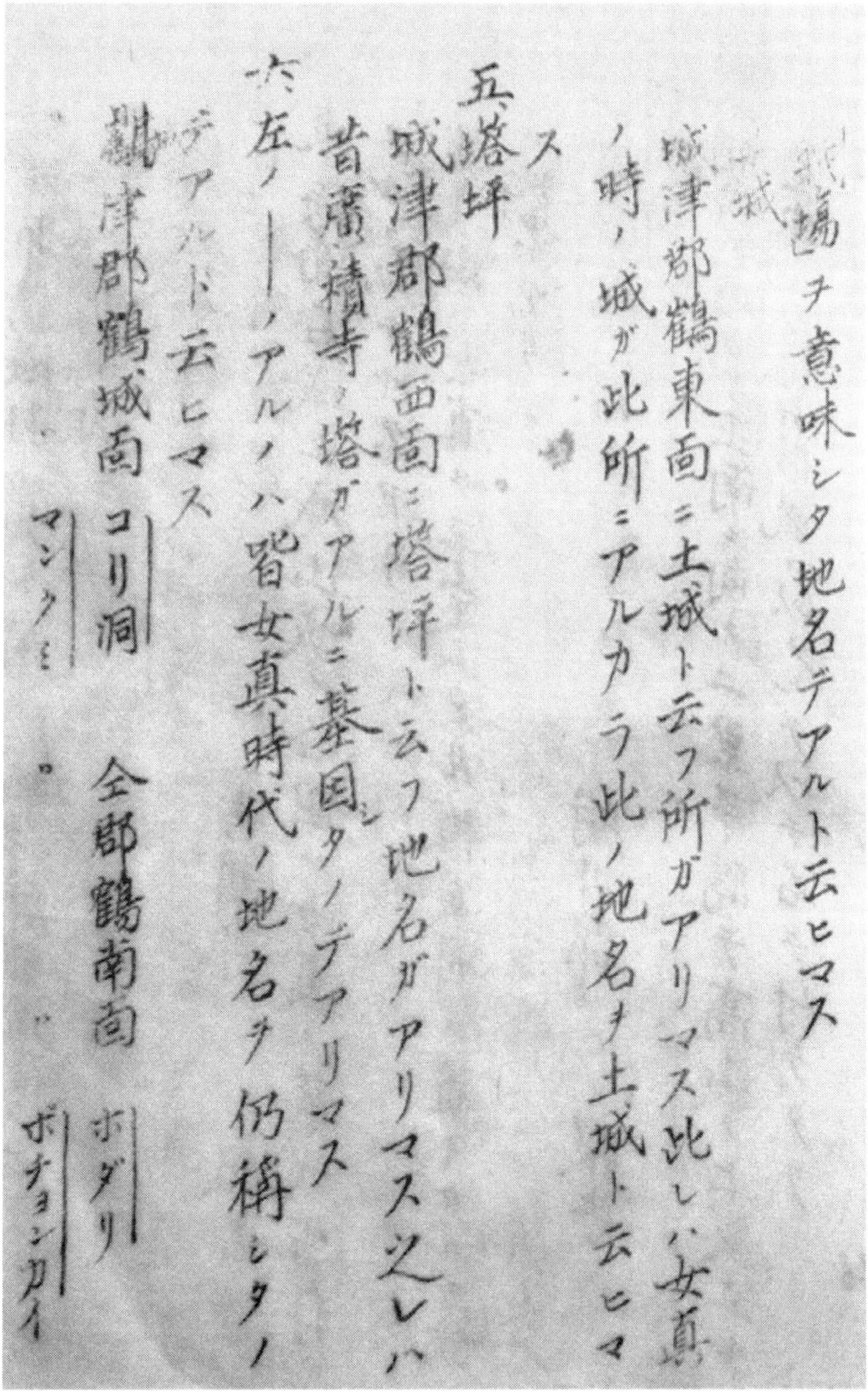

戦場ヲ意味シタ地名デアルト云ヒマス

四、土城

城津郡鶴東面ニ土城ト云フ所ガアリマス此レハ女真ノ時ノ城ガ此所ニアルカラ此ノ地名ヲ土城ト云ヒマス

五、塔坪

城津郡鶴西面ニ塔坪ト云フ地名ガアリマス之レハ昔齋積寺ノ塔ガアルニ基因シタノデアリマス

六、在ノ―ノアルノハ皆女真時代ノ地名ヲ仍稱シタノデアルト云ヒマス

城津郡鶴城面コリ洞　マンクミ

全郡鶴南面　ホダリ　ポチョンカイ

城津郡鶴城面　ソリ洞
〃　鶴中面　カラクイ
〃　〃　フリクミ

城津郡鶴南面　カライ

吉州郡　報告

東海面石城、土城、山城、ノ各里ハ女真ノ舊城尚存スルヲ以テ此名アリ

英北面ハ女真ヲ平定シタル後英州ヲ置キタルカ故ニ此名アリ

明川郡　報告

一、觀峯

明川邑内ヨリ正南ニ向キ二里半隔テ高山ノ上突立シタル峯ニシテ其形甑ニ似タルヲ以テ名ヲ付ケタリ

六、兄弟峯

明川郡邑内ヨリ西南間ニ向キ約二里半ノ所ニアルモノニシテ此モ高山ノ上ニ突立峯ナリ其兩峯ノ間極メテ近ク且ツ一ハ大ク一ハ小キ故ニ兄峯峯ト稱ス

鏡城郡　報告

一、鏡城ノ舊號ヲ雉城ト云フ其ノ命名シタル理由ハ當時城ヲ築カントスル際雉ガ來テ城ノ周囲ノ様ニ歩イテ足跡ガ城ノ基地ヲ造リタリ因リテソノ基地ニ定築シ雉城ト命名シタリト。又其後鏡城ト命名シタリシハ前記雉城ヲ重修シテヨリ城壘エ上ッテ獨津邊ノ東海ヲ望見スレバ蒼海一面ガ鏡ノ如シ因リテ鏡城ト命名シ

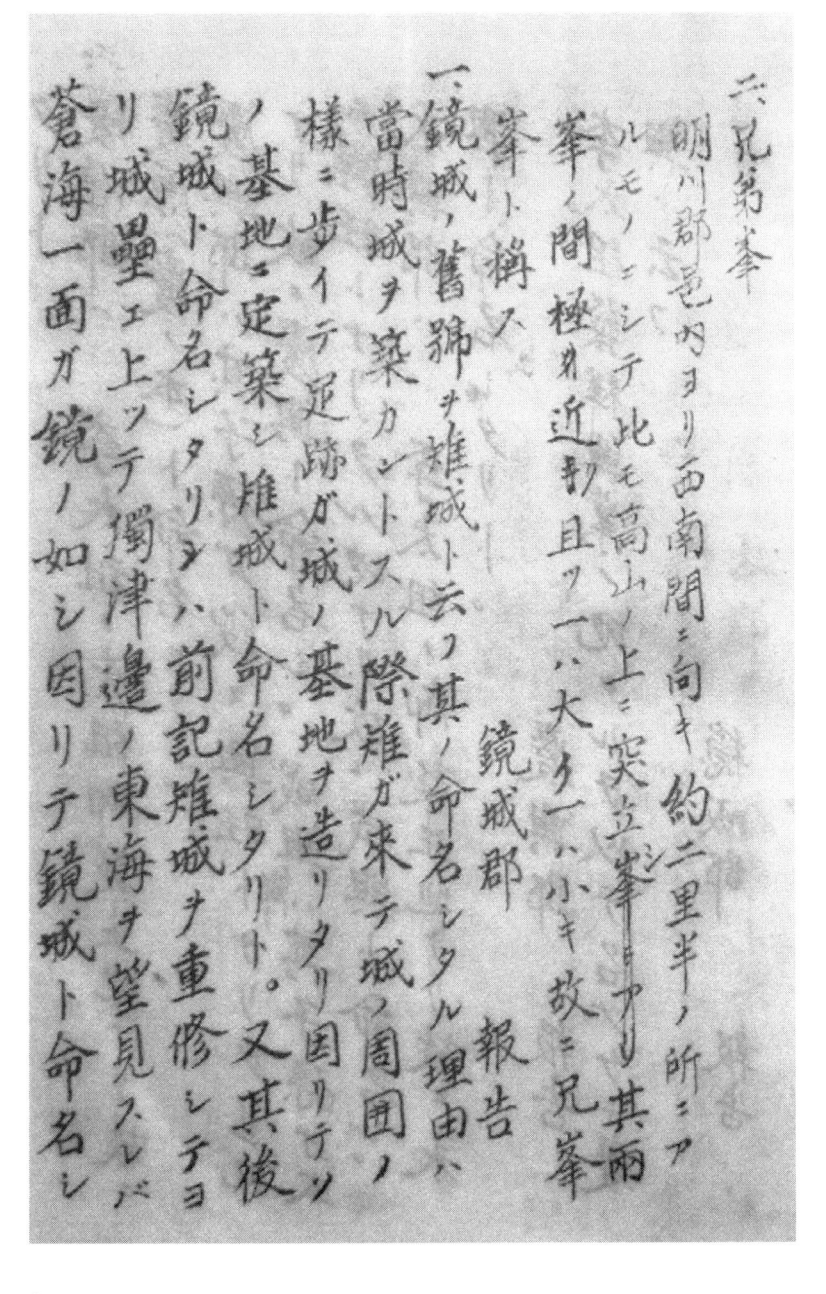

タリト。
六慶源郡ハ　李太祖ノ先祖御誕生地ナリ故ニ
慶源(慶ノ本)ト命名セリト。
慶興郡ハ其子孫ガ段々興旺トナリタリシ地
ナリ故ニ慶興ト命名シ。咸興ハ其子孫ガ大
ニ興旺トナリタル地ナリ故ニ咸興ト命名シ。
永興郡ハ　李太祖ノ御誕生地ナリ故ニ永
興ト命名シタリト。

慶興郡　報告

李太祖發祥興業ノ地タルヲ以テ名ヅケテ慶
興ト云フ

穩城郡　報告

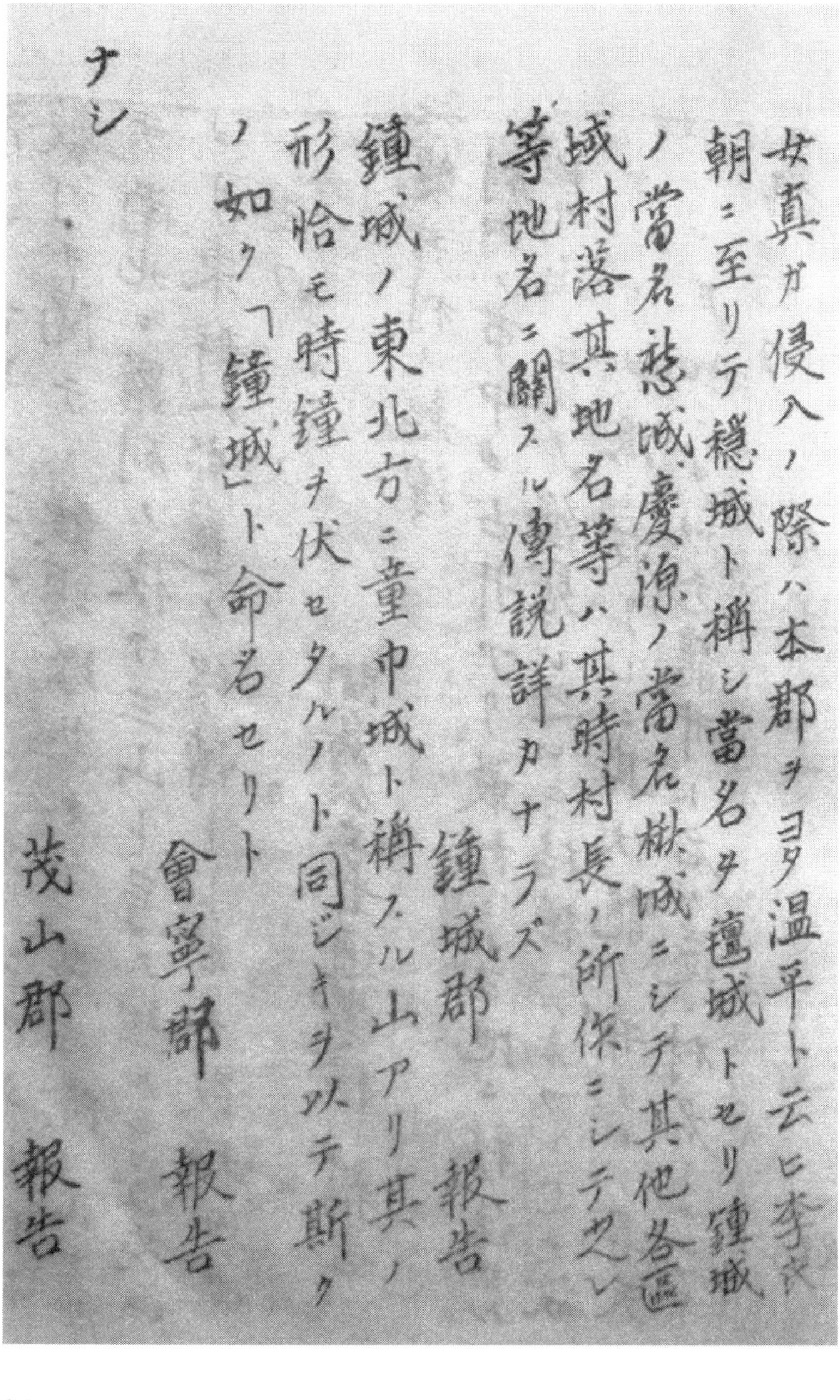

女真ガ侵入ノ際ハ本郡ヲヨタ温平ト云ヒ李氏朝ニ至リテ穩城ト稱シ當名ヲ甕城トセリ鍾城ノ當名愁城、慶源ノ當名楸城ニシテ其他各區域村落其地名等ハ其時村長ノ所係ニシテ之レ等地名ニ關スル傳説詳カナラズ

鍾城郡　報告

鍾城ノ東北方ニ童巾城ト稱スル山アリ其ノ形恰モ時鍾ヲ伏セタルノト同ジキヲ以テ斯クノ如ク「鍾城」ト命名セリト

會寧郡　報告

ナシ

茂山郡　報告

茂山ノ古号ハ三山ト号ス、蓋シ西門外畑地拾
數町ヲ隔テ、饅頭塚然タル一層三隆ノ山アリ
テ南北ニ羅列ス依テ三山ト号ス然ルモ廢茂山
ヨリ東軒（郡廳）ノ移轉トトモニ改稱セリ
ト云フ

間島公立普通學校　報告

一、龍井村ノ起源
村内ノ市中ニ古井アリ最初ニ当地ニ移住セル
者此ノ井ヲ發見シ之レニ桔梗（ハネツルベ）ヲ設
ケテ水ヲ汲ミ取リシニ其伏龍ノ井ヨリ昇天
スルガ如キヲ以テ龍井ト名ケ遂ニ村名トナレリ
ト傳フ

或ハ云フ渤海大武藝ノ時五京十五府ヲ建テタル内上京龍泉府ハ一名龍井村ト云ヒ此ノ村ノ古地ナリト村ノ西南郊ニ今猶數百ノ古墳ヲ存ス

二、海蘭池ノ起原

龍井村ノ西郊ヲ環流スル河ハ海蘭河ト云ヒテ史上有名ナルガ金時代ニハ孩獺水ト云ヒ今ハ駭浪河又ハ海狼河、海蘭河ト書ス昔シ局子街地方ノ未タ開墾セザリシ時同河ノ兩岸ニ水獺多ク棲息セリ土人水獺ヲ海狼ト云フヨリ其河ニ名ケタリト傳フ

三、龜岩山ノ怪鏡

龍井村對岸水北村ノ西南角ニ突起セル山ヲ朝

鮮人呼ンデ龜岩山又ハ龍頭山ト云フ其左方ニ
低ク海關沙ノ屬スル所ニ烽燧臺アリ登臨ス
レバ西方東古城子及頭道溝ノ廣原ヲ望ミ東北
ハ龍井ノ平野ヲ俯瞰スベシ其龜岩山ノ岩上ニ古
來一ノ銃ヲ掛ケアリト傳フレトモ常ニ見エズ時ア
リテ人目ニ觸ルヽガ曽テ局子街地方ノ一鮮人
偶々此ノ地ニ來リテ之ヲ見テ持チ去リシガ忽チ
疾病トナリ死ニ瀕セリ祈禱者ヲシテ占ハシムル
ニ其銃ノタヽリナリ其害ヲ免ルヽニハ一對ノ白羊
ヲ屠リテ天ヲ祭ルヘシト依ッテ其言ノ如クシ銃
ヲ再ビ元ノ岩上ニ納メシニ其病愈エタリ其銃
ハ古墳時代ノ將軍ノ遺物ニシテ平常所在ヲ知

ラズ時アリテ見ユト傳フ

四、白頭山ニ關スル傳説

支那ニテハ長白山ト云フ白頭山トハ朝鮮人ノ稱スル名ナリ金代ニテハ長白山神ヲ封シテ靈應山ト稱シ又開天宏聖帝ト爲シ清朝ニ至リテハ山形ヲ相シテ靈境トナシ年々祭ヲ怠ラズ土人ハ通例花白山ト呼ブ白衣觀音ノ居ナルガ故ニ禽獸皆白シト云フ人ハ山上ニアリテ糞尿ヲナスヲ得ズ若シ己ムヲ得ザレバ盛リテ歸ル虎豹熊狼住メドモ人ヲ害セズト傳フ

曾テ露西亞ノ探險家等山頂ノ龍王潭ヲ測量セントシ船ヲ浮ベテ撥キ出セシニ遽カニ雷鳴起リ

舟中ニ墜落シテ覆沒溺死セリト云ヘリ（工人ノ傳説）

六其ノ他　　清津府　報告

ナシ　　城津郡　報告

一六月《リユチル》・十月《シチル》

之ナ字ノ通リニ讀ムト六月《リユーリチル》十月《シヂチル》トナリマスケレドモ六月《ユクチル》十月《レヂチル》ト云フ人ハ一人モオリマセン皆六月《ユチル》十月《シウル》ト云ヒマス六《リユ》、十《シ》ハ皆支那ノ音デアリマス朝鮮ハ支那ト相接シテオルカラコウイウ混語ガアルト云ヒマス。

二、マ

マハ女眞ノ言葉デアリマスガ忘レタト云フ意味デアリマス「マ」ハ忘ノ字ノ音デアリマスコレハ咸鏡北道バカリアル言葉デアリマス

三、フリヤンヨン

女ニ云フ悪口デアリマスガ「フリヤンヨン」ト言フノハ漢字ニアテルト華陽女ニナリマス華陽女ハ秦ノ女デアリマスガ品行ガ正シクナカツタノデス故ニ華陽女ト云フテ悪口ナ云フノデス

四、カンナ

女ニ云フ悪口デアリマスガ「カンナ」ヲ漢字ニアテルト奸邪ニナリマスカンナト云フノハ行儀ガ正

シクオート云フ意味デアリマス

吉州郡　報告　ナシ

明川郡　報告　ナシ

鏡城郡　報告　ナシ

慶興郡　報告　ナシ

穏城郡　報告　ナシ

鍾城郡　報告

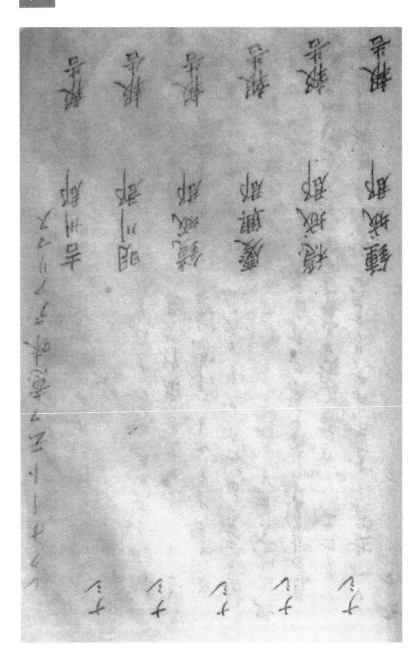

ナシ

會寧郡　報告

下ノ[illegible]ハナイヒ（上히리지）ノ話
永綏面ノ鳥蹄巖ト云フ處ハ豆滿江ノ岸ナ層
岩截ト立ッテ居ル今カラ三百餘年前ノ昔デア
ッタガ其ノ岩ノ下ニ一ツノ大ナ池ガアッタ、ソシテ、
其處ニハ幾十年ナ經タカト思ハル、蛙ガ棲ンデ
居タ池ノ主デアルトシテ、其ノ辺ノ者ガ、誰モ
悪戯ナ之ニ試ルモノガナイバカリカ、其處ヲ通ル
時ハテサクトモ敬意ヲ表シテ歩イタモノデアル、
此ノ池ノ近傍ニハバクタルコナト云フ處ガアル、其處
ニ美シイ一人ノ娘ヲ有ッタ呉ト呼ブ家ガアッタ、

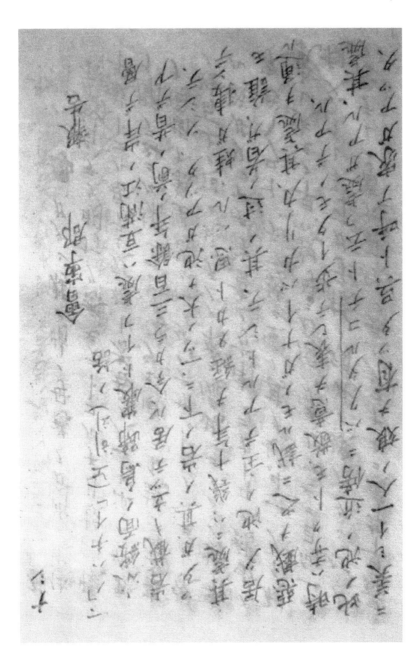

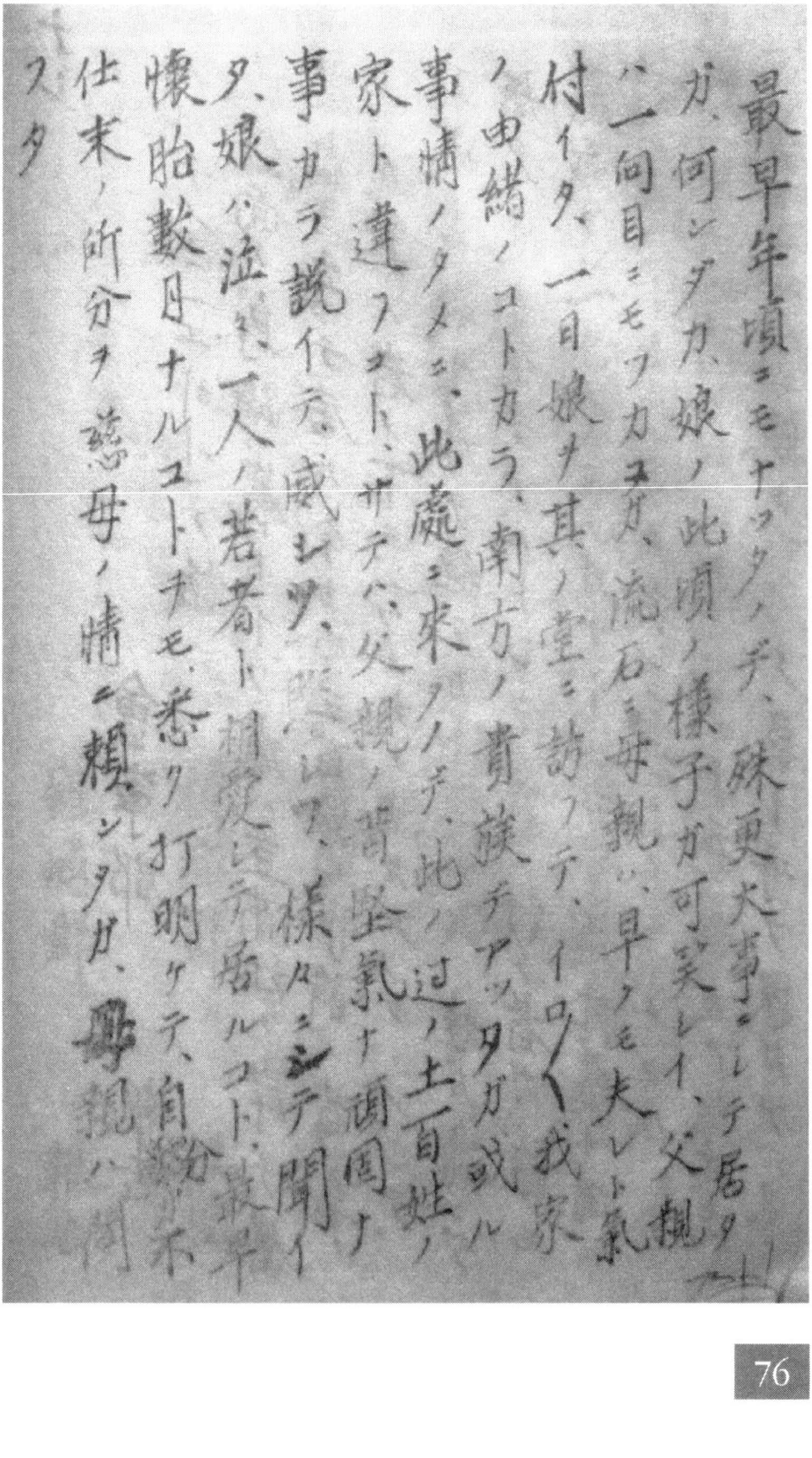
最早年頃ニモナツタノデ、殊更大事ニシテ居タ
ガ、何ンダカ、娘ノ此頃ノ様子ガ可笑シイ、父親
ハ一向目ニモワカラヌガ、流石ニ母親ハ、早クモ夫レト氣
付イタ、一日娘ヲ其ノ室ニ訪フテ、イロ〳〵我家
ノ由緒ノコトカラ、南方ノ貴族デアツタガ或ル
事情ノタメニ、此處ニ來タノデ、此ノ辺ノ土百姓ノ
家ト違フコト、サテハ父親ノ昔堅氣ナ頑固ノ
事カラ説イテ、威シツ、賺シツ、様々ニシテ聞イ
タ、娘ハ泣イテ、一人ノ若者ト相愛シテ居ルコト、最早
懐胎數月ナルコトヲモ、悉ク打明ケテ、自分ノ不
仕末ノ所分ヲ慈母ノ情ニ頼ンダガ、母親ハ何
スタ

「其ノ若者ハ何レノ家ノ若者ゾ、何ト呼ブ若者ゾ」、娘ハ
之ニ答ヘタ、
「其ノ家、其ノ姓共ニ知ラズ、質ネテモ語ラズ、不思議ト
思ツ、、今日ニ至レリ」ト
家数多クモアラヌ部落、母親ハ数ヘタガ、娘ノ話ニ
合フ様ナ若者ニハ當ラヌ、翌日、母親ハ時刻ヲ計リ、
隣室ニ潜ンデ覗フトモ知ラズ、例ノ通リ若者一人、
娘ノ室ニ入ッタ、端麗ナル容貌、敏捷タル擧止、
到底此ノ辺ノ者デハナイ、今ハ母親カラ乗地トナリ、
娘ヲ慰メテ、早ク其ノ居所ヲ確メ、ソレデ父ニ請フテ、
許シテ受ケル様ニトイロ〱勝合ハレタ、
翌日娘ハ母親カラ聞イタ通リ、木綿ノ糸ヲ、若者

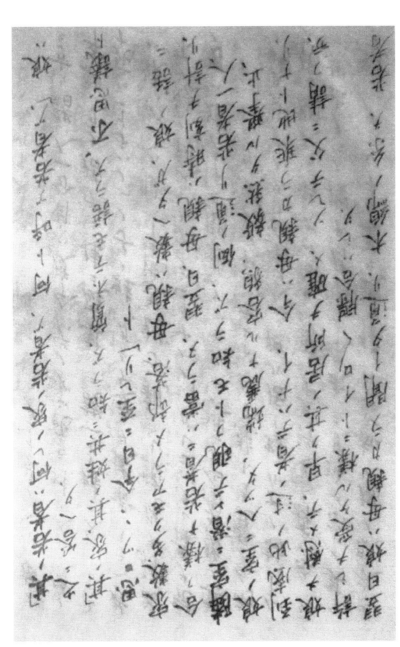

ノ衣服ノ端ヘ知レザル様ニ縫ヒ着ケテヤッタ、親子
ハ其ノ糸ヲ辿リニ未来ノ婿君ヲ捜スベク出掛ケ
タ、糸ハ森ヘモ行カズ里ヘモ向ハズ時々人間ニ化ス
ルト話ノアル蛙ノ居ル池ニ入ッテアッタノヲ見タ時ノ
両人ノ驚キト悲ミハ、ドンナデアッタラウ
其ノ後若者ガ通ハナクナッタガ間モナク娘ハ男ノ
児ヲ産レダ、コレガ「ノハチイ」デアル、父親ハ娘ノ不
品行ヲ痛憤シ、親子諸共池中ヘ投込ンダ、娘ハ
救ヘナキ最後ヲ遂ゲタガ、蛙ノ子ノ「ノハチイ」ハ死ナ
ナイ、父ノ蛙ト一諸ニ、其處ニ棲ンデ居タガ、數年
ノ後、父ノ蛙モ死ンダノデ、今度ハ自分一人諸々方々
ヲ放浪シテ歩イタ

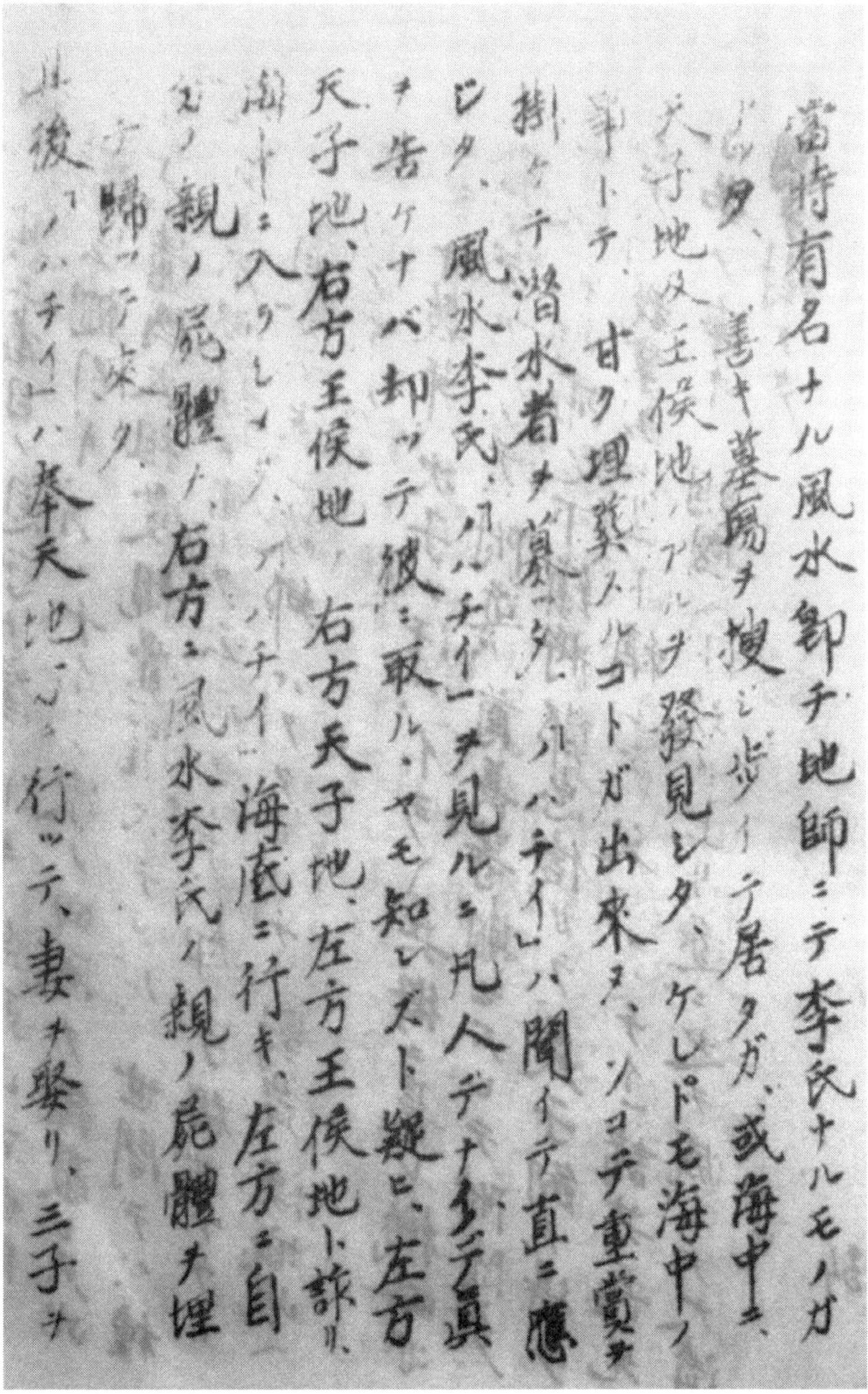
當時有名ナル風水卽チ地師ニテ李氏ナルモノガ
アッタ、善キ墓場ヲ捜シ歩イテ居タガ、或海中ニ、
天子地及王侯地ノアルヲ發見シタ、ケレドモ海中ノ
事トテ甘ク埋葬スルコトガ出來ヌ、ソコデ重賞ヲ
掛ケテ潜水者ヲ募ツタ、スルトハチイルハ聞イテ直ニ應
ジタ、風水李氏ハハチイルヲ見ルニ凡人デナイノデ眞
ヲ告ゲナバ却ツテ彼ニ取ルヤモ知レズト疑ヒ、左方
天子地、右方王侯地ヲ、右方天子地、左方王侯地ト詐リ、
海ニ入ラシメタ、ハチイハ海底ニ行キ、左方ニ自
己ノ親ノ屍體ヲ、右方ニ風水李氏ノ親ノ屍體ヲ埋
メテ歸ツテ來タ。
其後ハチイハ奉天ヘ行ツテ、妻ヲ娶リ、三子ヲ

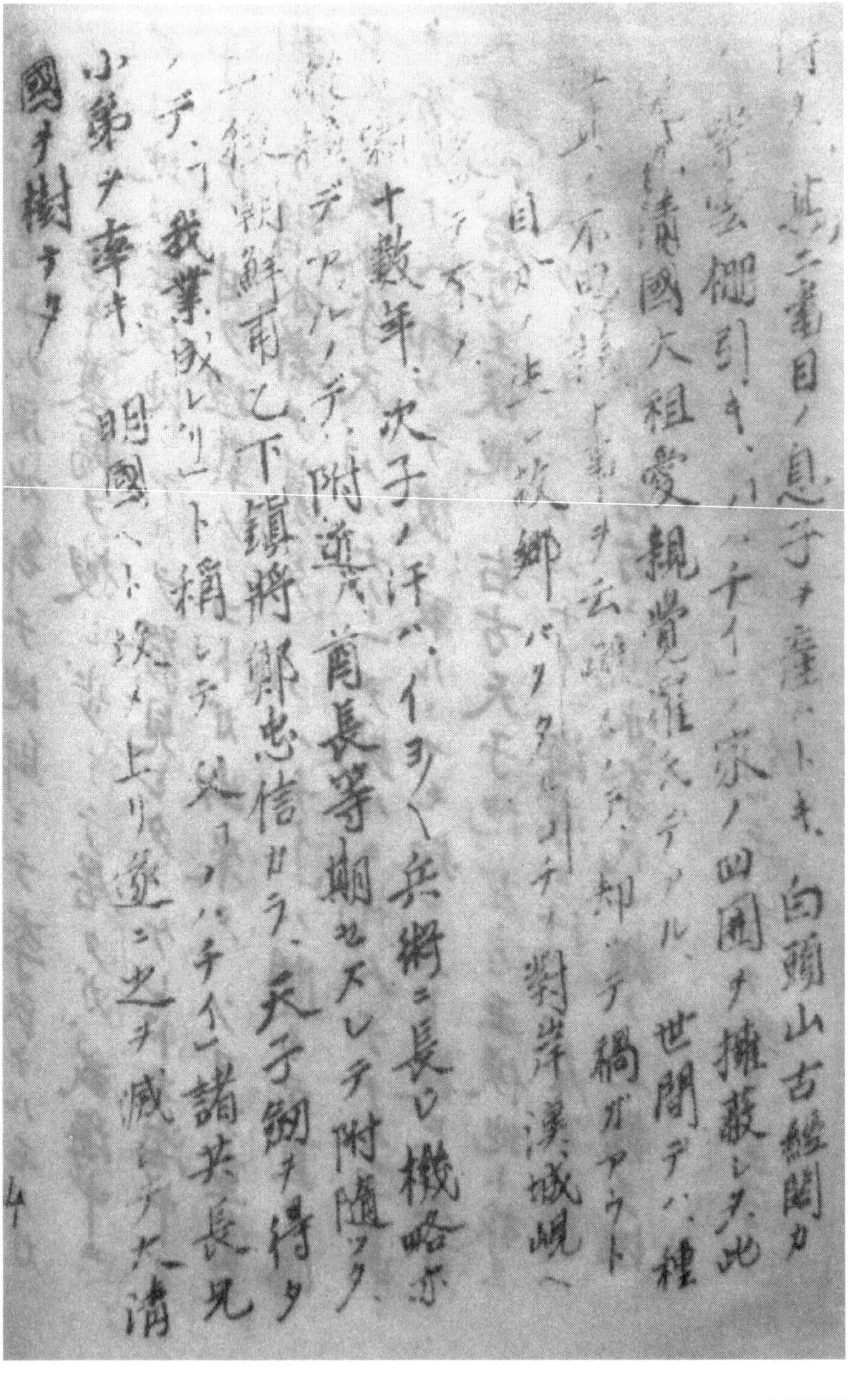
何ヲ其ノ二番目ノ息子ヲ産ンダトキ、白頭山古蹟闘カ
等ヲ云フ儞引キ、ハ家ノ四圍ヲ擁護シテ此
清國大祖愛親覚羅氏デアル、世間デハ、種
不思議ナ事ヲ云ヒ傳ヘ、却テ禍ガアウト
自分ノ出ル故鄕バタクルリテイ對岸漢城峴ヘ
十數年、次子ノ汗ハ、イヨイヨ兵術ニ長ジ機略ニ
デアレノデ、附近ノ酋長等期セズシテ附隨ツタノ
朝鮮南乙下鎭將鄭忠信ガラ、兵ヲ得タ
ノデ、我業成レリト稱シテ父子ハチイニ諸英長見
小弟ヲ率キ、明國ハ上リ遂ニ之ヲ滅シテ大淸
國ヲ樹テタ
4

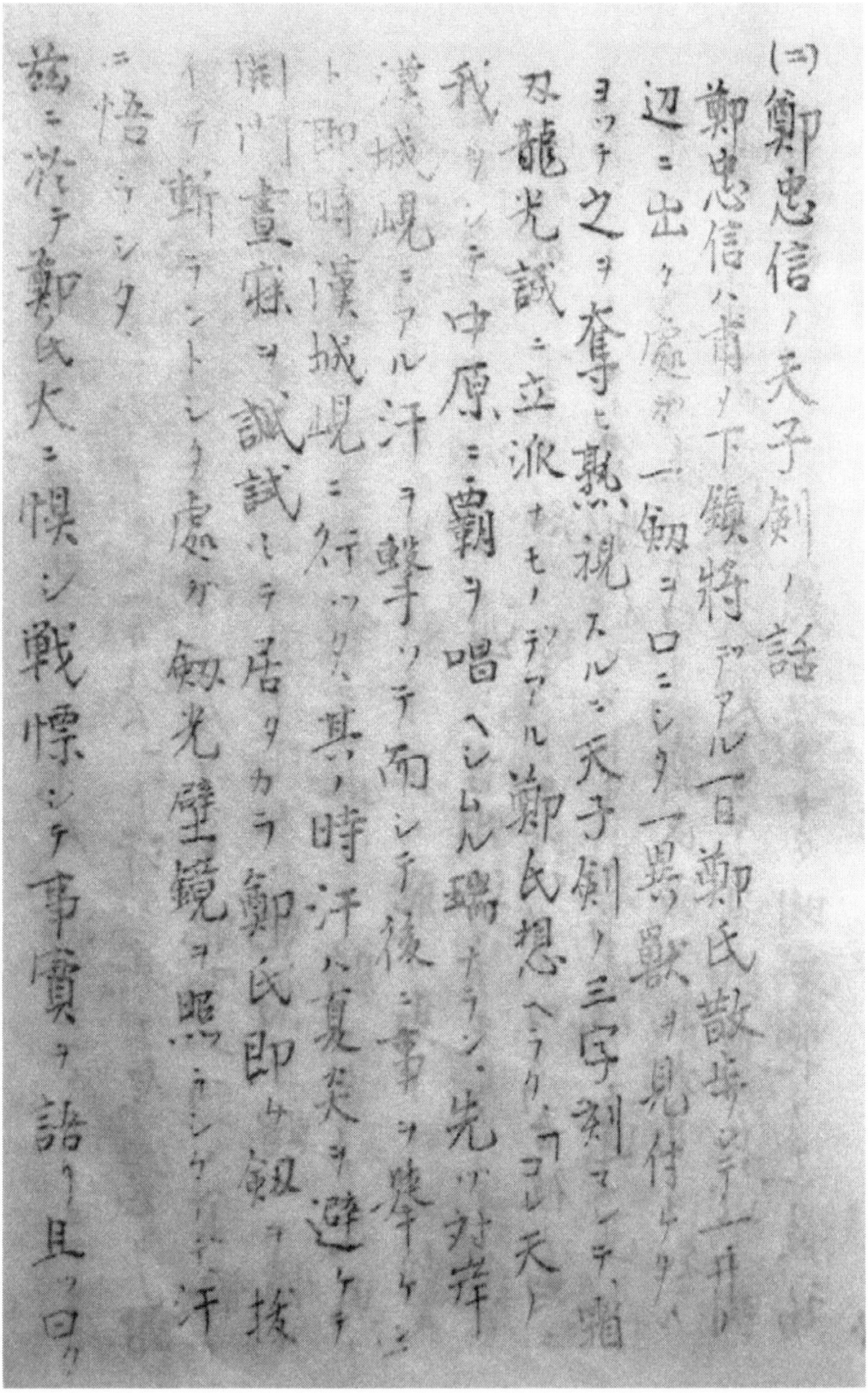

(二) 鄭忠信ノ天子劍ノ話
鄭忠信ハ甫メ下鎭將デアル一日鄭氏散歩ノ序ニ一井ノ
辺ニ出ケ處ガ一劍ヲ口ニシタ一異獸ヲ見付ケタ。
ヨッテ之ヲ奪ヒ熟視スルニ天子劍ノ三字刻マレテ、猶
又龍光識ニ立派ナモノデアル。鄭氏想ヘラク、「コレ天ノ
我ヲシテ中原ニ霸ヲ唱ヘシムル瑞ナラン。先ヅ討洋
漢城峴ニアル汗ヲ擊ッテ而シテ後ニ事ヲ擧ゲン」
ト即時漢城峴ニ行ッタ。其ノ時汗ハ夏炎ヲ避ケテ
閑門晝寐ヲ誠試シテ居タカラ鄭氏即ム劍ヲ拔
イテ斬ラントシタ處ガ劍光壁鏡ヲ照ラシタノデ汗
ニ悟ラレシタ。
茲ニ於テ鄭氏大ニ惧シ戰慄シテ事實ヲ語リ且ツ曰ク

門立ノ劔ハ偶然ノ発見ニシテ凡人ノ有スヘキモノニアラス
宜シク将軍ニ捧ゲザルベカラズ」ト汗ハ其ノ厚意ヲ謝
スル為メニ鄭氏ノ帰ル際下人ヲシテ肥馬一頭ニ金鞍ヲ
加ヘテ贈ラシメタ然ルニ其ノ下人ハ肥馬ヲ贈ルヲ惜シ
最モ痩セタル馬ニ彼鞍ヲ置イテ贈ツタ、其ノ痩馬コ
ソ所謂龍馬ニシテ日ニ数千里ヲ飛ブ馬デアツタ、鄭氏
直ケニ一鞭ヲ加ヘテ逃レ、吉州辺マデ来タリタル時ニ
汗ハ其ノ事ヲ知リ驚イテ謂ツテ曰ク「吾彼ノ馬ニ
乗リテ天下ヲ馳征セントセシニ事既ニ違ヘリ」ト
汗更ニ襟ヲ正シテ曰ク「鄭氏既ニ我大事ヲ知ル
進シテ図ラザレバ破レン、今ヨリ直ケニ挙兵以テ明
國ニ入ラントシテ兵ヲ発ケテ明ヲ襲ヘリ、最初

三個年デ大業ヲ成シ遂ゲントシ豫定シタルニ、龍馬ヲ失クシタ爲メニ八個年カカッテ明ヲ滅ボシ清國ヲ樹テタ、

茂山郡報告

十一

間島普通學校報告

十

第二 童話

内地ノ桃太郎等御伽噺、朝鮮ノ瘤取、物云フ亀等ノ類、

清津府報告

一 昔或ル所ニ正直ナル老イタル農夫アリ或時田ヲ耕シ

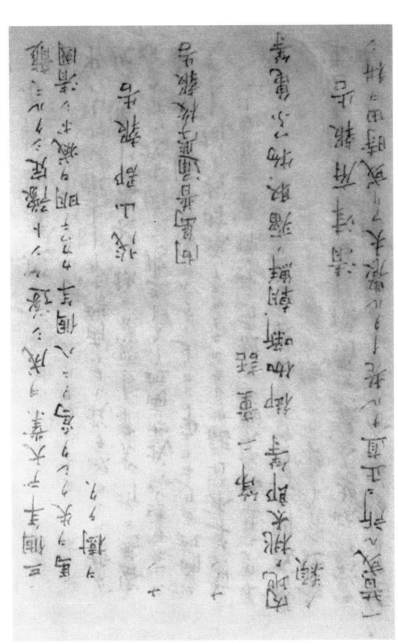

居タルニ多数ノ金ノ入リタル箱ニ掘リ當タリテ是ニ於テ此老人ハ忽チ萬福長者トナリ幸福ナル生涯ヲ送レリト云フ

二 昔或所ニ一男子アリ女装シテ密ニ女人寺ニ入リ女僧ト共ニ生活シ人知レズ数百ノ子孫ヲナセリト云フ

三 昔ハ草木皆話ヲシタルモノニシテ或時松ト梅ノ木ガ互ニ両班ナリトノ争ヒヲ生ジタルニ松ハ如何ナル力ニモ曲ルコトナケレバ我ガ両班ナリト主張シ梅ハ我ハ曲ルハ難容易ニ折ルルコトナシ然ルニ松ハ大風ナドニ遇ヘバ数々折ルルヲ以テ我レコソ両班ナリト主張シテ此ノ争ヒニ勝チタリト云フ

城津郡報告

昔アル村ニ頰ニ瘤ノ出来タ人ガ二人アリマシタ、或ル月夜ニ甲ノ人ガ散歩ニ出テ其ノ村ノ附近ノ坂ニ登リマシタ、ソコデ嘯キナガラ彼方此方ヲ眺メテ居マシタ時スルト大勢ノ化者ガ集ッテ来テ云フノニハ「何處カラソンナ面白イ音ガ出マスカ」ト甲ノ人ハ自己ノ瘤ヲ指シナガラ答フルニハ「ココカラソンナ面白イ音ガ出マス」ト化者達ハ「其レヲ買ヒタイガ賣リマセンカ」ト甲ノ人ハ「賣リマセン」ト化者達ガ云フニハ「値段ハ餘計ニ出シタナラ」ト甲ノ人ハドウシテモコレヲ千圓デナケレバ賣ル事ハ出来マセン」ト「ソンナラ千圓デ買ヒマス」ト賣買ノ相談ガ纏ッテ千円デ賣却シマシタ化者ハ鳴ラス方法ヲ知ラナイカラ其ノ人ニ聞キマシタニ其ノ人ハ

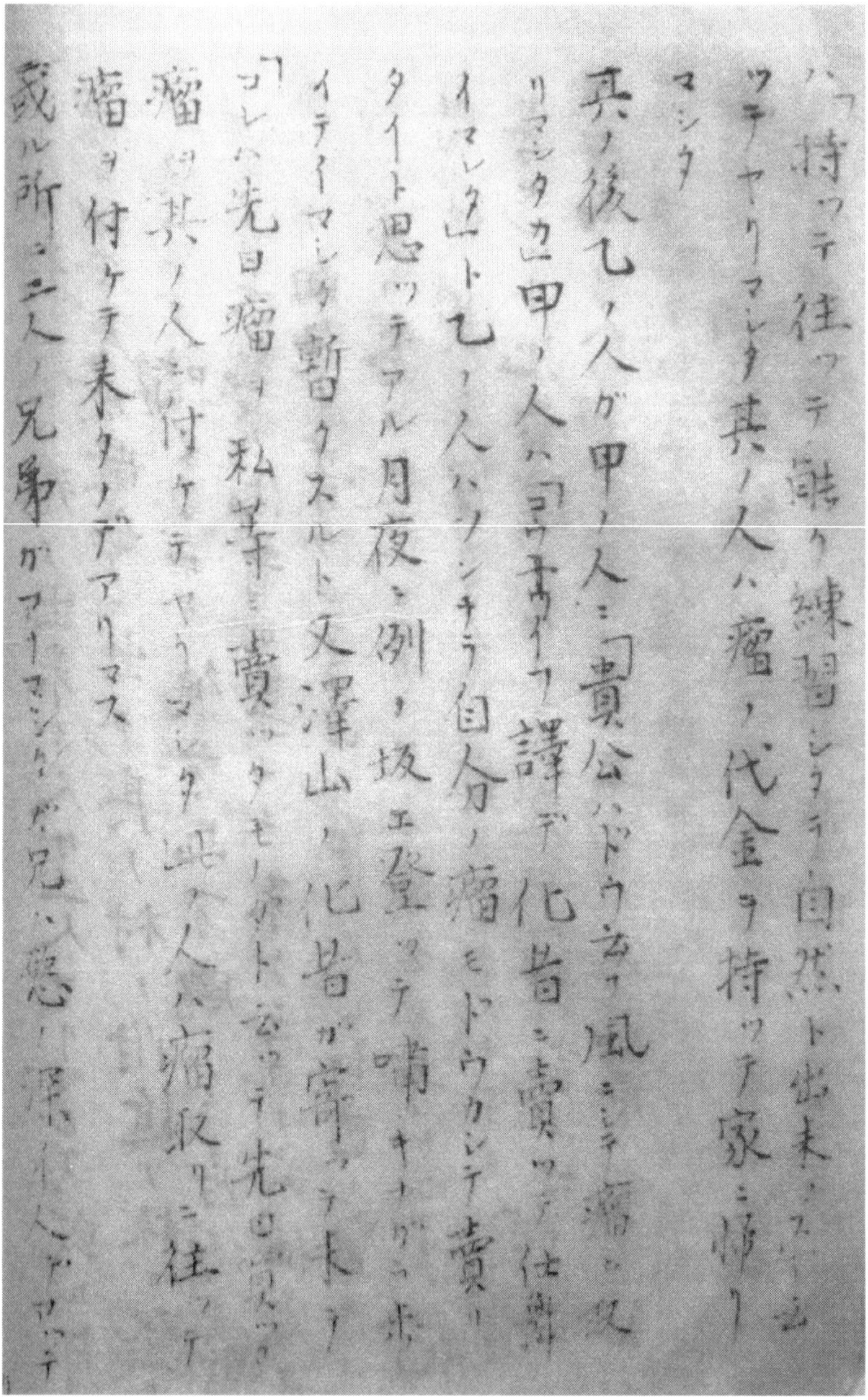
ハヲ持ッテ往ッテ鋭ク練習シテ自然ト出来ルヤウニ成
ッテヤリマシタ其ノ人ハ瘤ノ代金ヲ持ッテ家ニ帰リ
マシタ
其ノ後乙ノ人ガ甲ノ人ニ「貴公ハドウシテ風ニシテ瘤ヲ取
リマシタカ」甲ノ人ハ「コレコレイフ譯デ化者ニ賣ッテ仕舞
イマシタ」ト乙ノ人ハソンナラ自分ノ瘤モドウカシテ賣リ
タイト思ッテアル月夜ニ例ノ坂ヲ登ッテ唄ヲキナガラ歩
イテイマシタ暫クスルト又澤山ノ化者ガ寄ッテ来テ
「コレハ先日瘤ヲ私等ニ賣ッタモノダト云ッテ先日ノ
瘤ヲ其ノ人ニ付ケテヤリマシタ此ノ人ハ瘤取リニ往ッテ
瘤ヲ付ケテ来タノデアリマス
或ル所ニ二人ノ兄弟ガアリマシタガ兄ハ慾ノ深イ人デアッテ

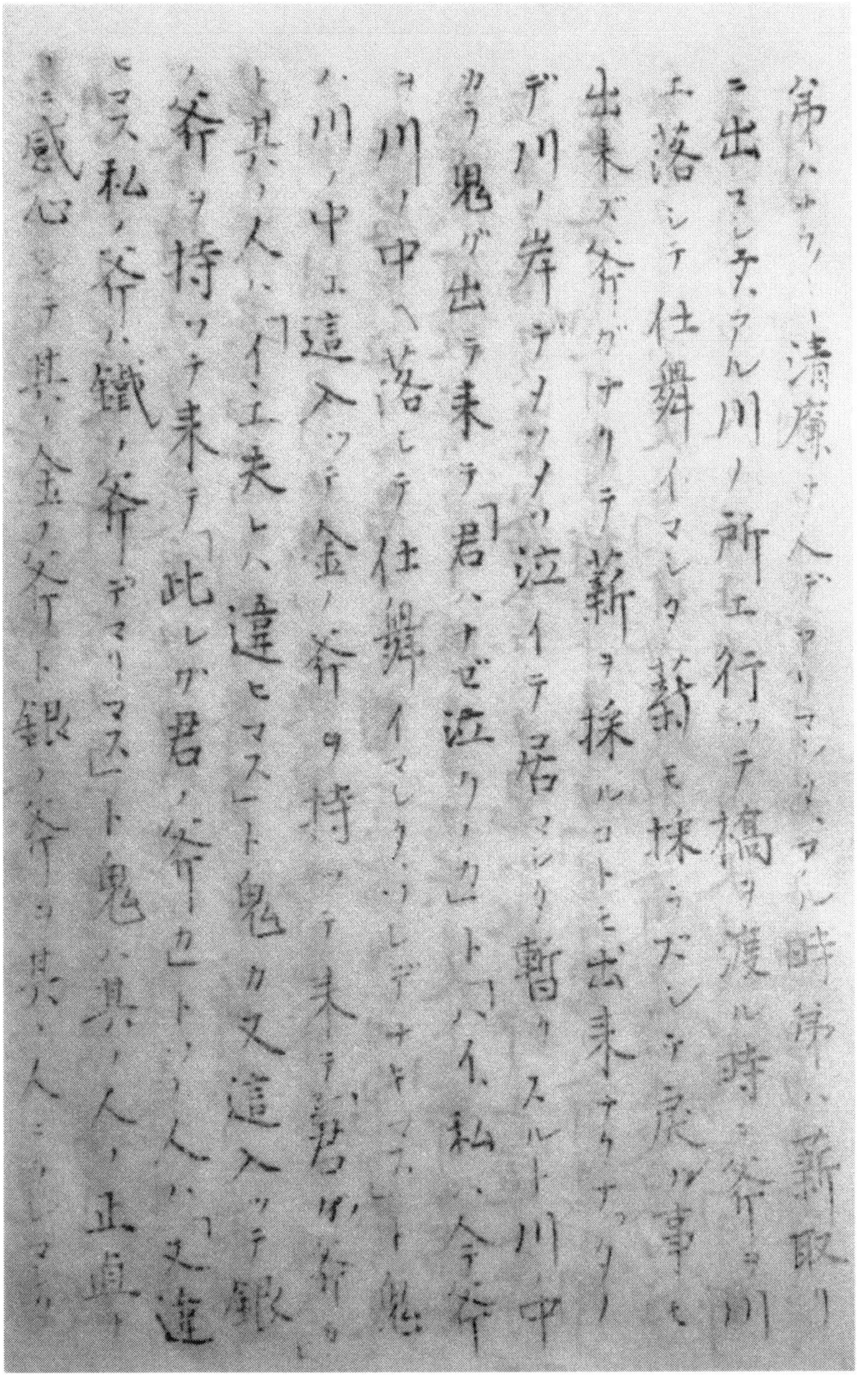
弟ハ中々ノ清廉ナ人デアリマシタ。アル時弟ハ薪取リ
ニ出マシテ、アル川ノ所ヘ行ッテ橋ヲ渡ル時ニ斧ヲ川
ニ落シテ仕舞イマシタ。薪モ採ラズシテ戻ル事モ
出来ズ斧ガナクナリテ薪ヲ採ルコトモ出来ナクナッタノ
デ川ノ岸デメソメソ泣イテ居マシタ。暫クスルト川ノ中
カラ鬼ガ出テ来テ「君ハナゼ泣クノカ」ト問ハ「ハイ、私ハ今斧
ヲ川ノ中ヘ落シテ仕舞イマシタノデナキマス」ト鬼
ハ川ノ中ヘ這入ッテ金ノ斧ヲ持ッテ来テ、君ガ斧カ、
ト其ノ人ニ「イヽエ夫レハ違ヒマス」ト鬼カ又這入ッテ銀
ノ斧ヲ持ッテ来テ「此レガ君ノ斧カ」ト其ノ人ハ「又違
ヒマス。私ノ斧ハ鐵ノ斧デアリマス」ト鬼ハ其ノ人ノ正直ト
ニ感心シテ其ノ金ノ斧ト銀ノ斧ヲ其ノ人ニヤリマシ

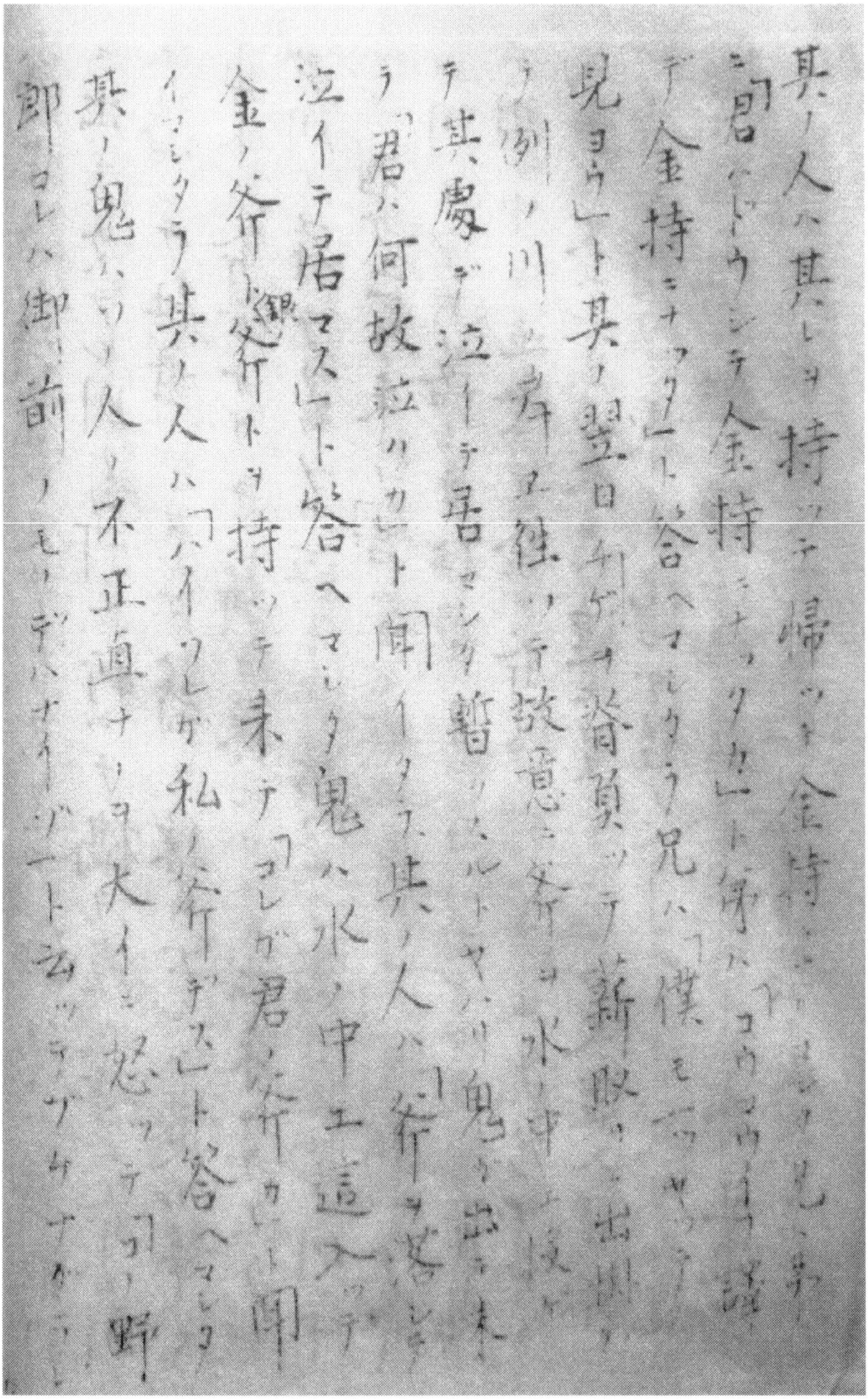
其ノ人ハ其レヲ持ッテ帰ッテ金持ニナリマシタ兄ハ弟ノ
ニ問ヘバ「ドウシテ金持ニナッタカ」ト弟ハコウコウダト話
シテ金持ニナッタ」ト答ヘマシタラ兄ハ「僕モ一ツヤッテ
見ヨウ」ト其ノ翌日利ゲナ斧ヲ背負ッテ新取ニ出掛ケ
テ例ノ川ノ岸ニ往ッテ故意ニ斧ヲ水ノ中ニ投ゲ
テ其処デ泣イテ居マシタ暫ラクスルトヤハリ鬼ガ出テ来
テ「君ハ何故泣クカ」ト聞イタラ其ノ人ハ「斧ヲ落シテ
泣イテ居マス」ト答ヘマシタ鬼ハ水ノ中ニ這入ッテ
金ノ斧ト銀ノ斧トヲ持ッテ来テ「コレガ君ノ斧カ」ト聞
イマシタラ其ノ人ハ「ハイコレガ私ノ斧デス」ト答ヘマシタ
其ノ鬼ハソノ人ノ不正直ナノヲ大イニ怒ッテ「野
郎コレハ御前ノモノデハナイダロー」ト云ッテ

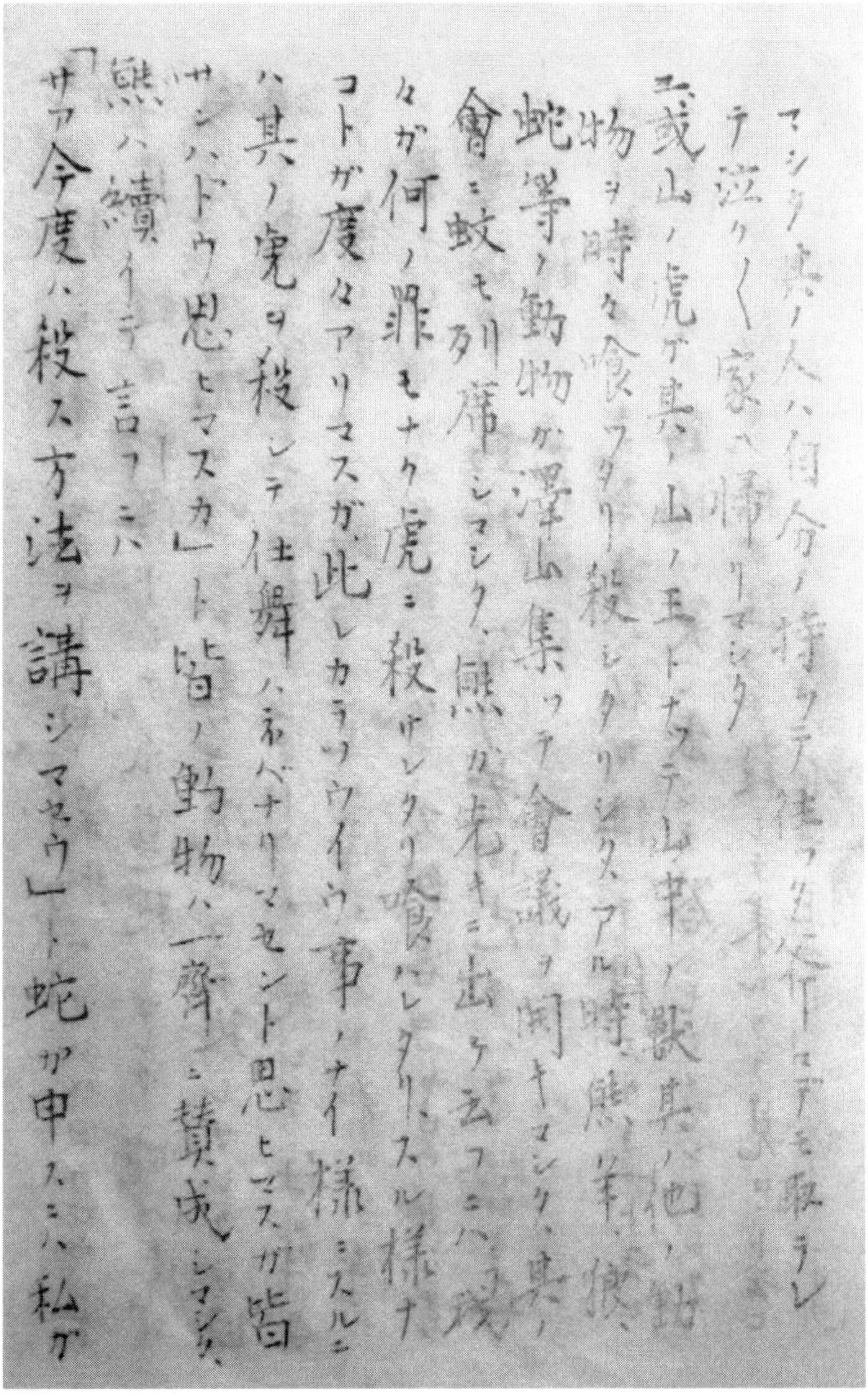
マシタ其ノ人ハ何分ノ持ッテ往ッタ今行ッテモ取ラレ
テ泣ク〳〵家ヘ帰リマシタ
ニ或山ノ虎ガ其ノ山ノ王トナッテ山中ノ獣其ノ他ノ動
物ヲ時々食ッタリ殺シタリシタクスアル時熊、羊、猴、
蛇等ノ動物ガ澤山集ッテ會議ヲ開キマシタ其ノ
會ニ蚊モ列席シマシタ、熊ガ先キニ出テ云フニハ「我
々ガ何ノ罪モナク虎ニ殺サレタリ食ハレタリスル様ナ
コトガ度々アリマスガ此レカラハウイウ事ノナイ様ニスルニ
ハ其ノ虎ヲ殺シテ仕舞ハネバナリマセント思ヒマスガ皆
サンハドウ思ヒマスカ」ト皆ノ動物ハ一齊ニ賛成シマシタ、
熊ハ續イテ言フニハ
「サア今度ハ殺ス方法ヲ講シマセウ」ト蛇ガ申スニハ私ガ

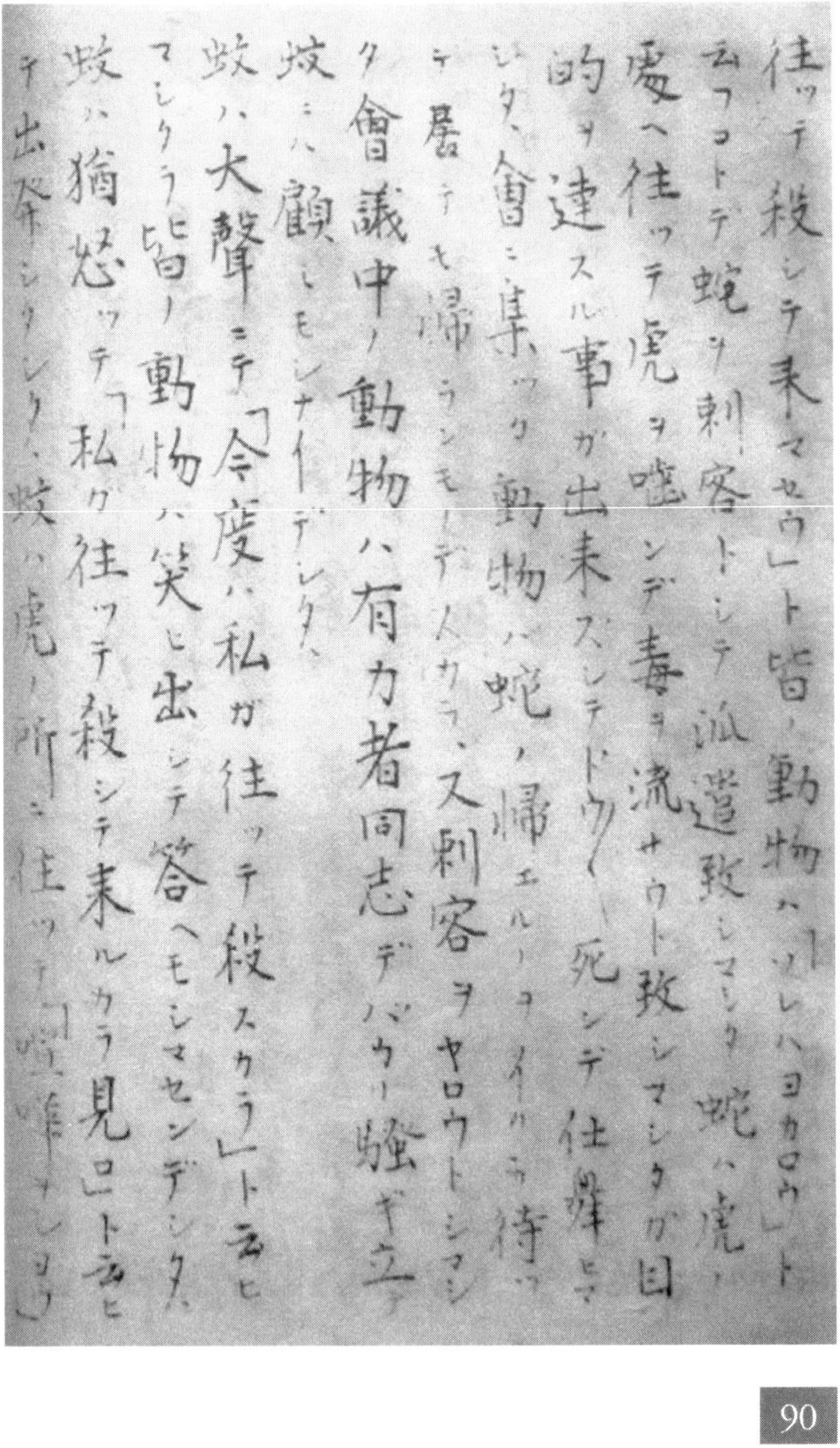
往ッテ殺シテ来マセウ」ト皆ノ動物ハ「ソレハヨカロウ」ト
云フコトデ蛇ヲ刺客トシテ派遣致シマシタ。蛇ハ虎ノ
處へ往ッテ虎ヲ噛ンデ毒ヲ流サウト致シマシタガ目
的ヲ達スル事ガ出来ズシテドウ〳〵死シテ仕舞ヒマ
シタ。會ニ集ッタ動物ハ蛇ノ帰エルノヲイハ〳〵待ッ
テ居テモ帰ランモノデスカラ、又刺客ヲヤロウトシマシ
タ。會議中ノ動物ハ有力者同志デバウリ螠ギ立テ
蚊ニハ顧ミモシナイデレタ。
蚊ハ大聲ニテ「今度ハ私ガ往ッテ殺スカラ」ト云ヒ
マシタラ皆ノ動物ハ笑ヒ出シテ答ヘモシマセンデシタ。
蚊ハ猶怒ッテ「私ガ往ッテ殺シテ来ルカラ見ロ」ト云ヒ
テ出発シタ。蚊ハ虎ノ所ニ往ッテ「[illegible]ナシヨ」

ト云ヒマシタ虎ハヨク見ヘテ何モカモ見ヘル魚ノ様ニ
云フモノデスカラ一イモガ王何魚ノ様ニ云フ口
ルカ止云ッテ叱リ飛バシマシタ蚊ハ小サクテモ君ニ負
ケナイト云ッテ虎ノ目玉ニ止ッテ眼肉ヲ刺シタ
カラ虎ハ癢イカラ鋭イ爪ヲ以テ自分ノ目ヲ掻イ
タラ目球ガ抜ケテ仕舞イマシタ
蚊ハ又耳ノ中ニ這入ッテ其ノ肉ヲ噬ミマスト虎ハ癢
イカラ爪デ以テ掻イタトコロガ又耳ガ取レテ仕舞
ヒマシタ、蚊ハ又鼻ノ中ニ入ッテ噬ミマシタカラ、ヤハリ
爪ヲ以テ掻イテ鼻ガ取レマシタ、其ノ虎ハ小サナ蚊ノ
為ノニ目玉ト耳ト鼻ヲ取ラレテ仕舞ヒマシタガ
スカラ大イニ怒ッテ其ノ傍ニアル岩ト抵抗シテ遂ニ

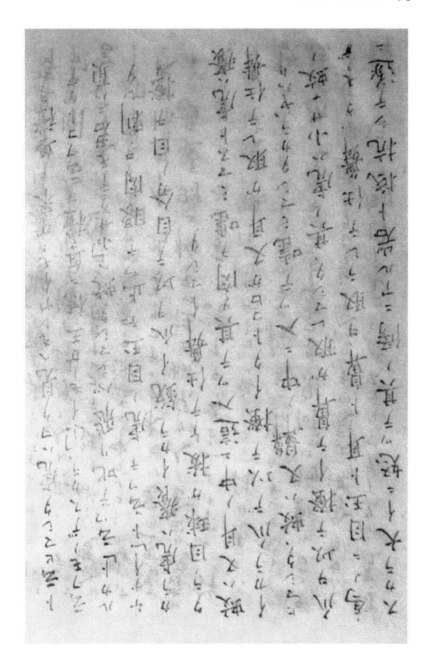

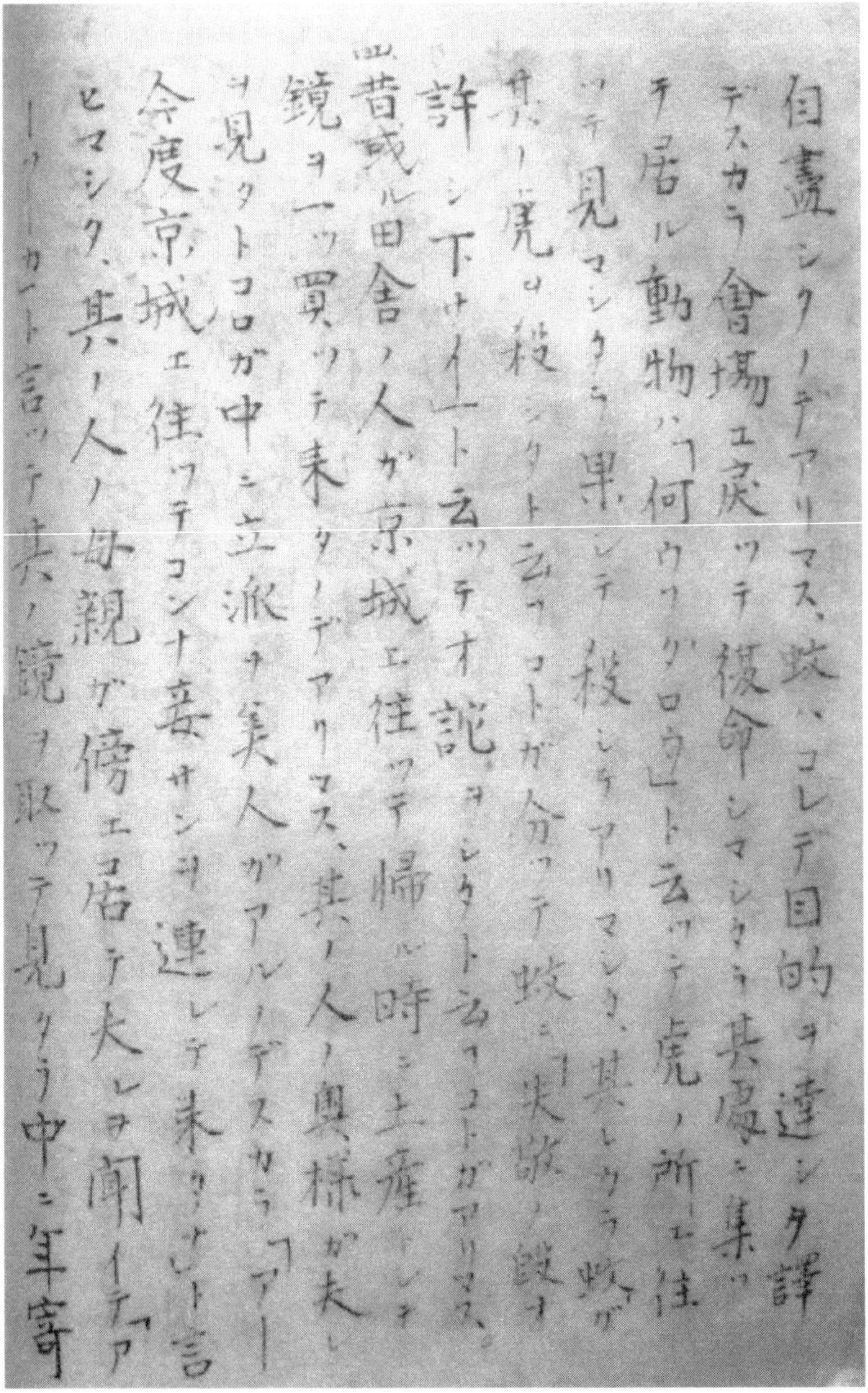
自畫シタノデアリマス、此ハ、コレデ目的ヲ達シタ譯デスカラ會場エ戻ッテ復命シマシタラ其處ニ集ッテ居ル動物ハ「何ウウカロウ」ト云ッテ虎ノ所エ往ッテ見マシタラ果シテ枝シテアリマシタ、其レカラ蚊ガ其ノ虎ノ枝シタト云フコトガ分ッテ蚊ニ「失敗ノ餞ナ許シ下サイ」ト云ッテオ詫ヲシタト云フコトガアリマス。

（四）昔或ル田舎ノ人ガ京城エ住ッテ歸ル時ニ土産トシテ鏡ヲ一ツ買ッテ来タノデアリマス、其ノ人ノ奥様ガ夫レヲ見タトコロガ中ニ立派ナ美人ガアルノデスカラ「アー今度京城エ住ッテコンナ妾サンヲ連レテ来タナト言ヒマシタ、其ノ人ノ母親ガ傍エ居テ夫レヲ聞イテ「アーソーカト言ッテ其ノ鏡ヲ取ッテ見タラ中ニ年寄ノオバア様ガアルノデスカラ「コンナ年寄ノ妾ヲ連レテ来テドウスルノ也」ト言ヒマシタ次ニ其ノ人ノ父ガ「トレ見セテクレ」ト云ッテ取ッテ見タラ中ニ年寄リノオバサンガアルノデスカラ「ナニ妾ヂヤナイ私ノ友達ヲ連レテ来タ」ト云ヒマシタ。

吉州郡報告

ナシ

明川郡報告

一明川邑内ヨリ北ニ向ヒテ約二十町ノ山上ニ大石ト小池アリ、其ノ池ニ馬ガアリテ其ノ馬ハ卽龍馬ト稱スルモノニテ或夜神人將軍其ノ馬ニ乘リテ行キシハ此ノ石ヲ跳ニタル為ノ其ノ石ニ蹄ノ痕ガアルト稱ス二明川郡邑内孔子廟ノ庭口ニ昔ヨリ石アリ孔子廟校奴(小使)ニナルモノハ必ラズ金持ニナル、或時其ノ石ノ爲ノ廷ノ使用不便ナルヲ以テ其レヲ掘リ出セバ其ノ下ヨリ鳩ニ羽飛出タリト云フ其後ハ校奴ニナルモノハ必ズ貧乏ニナリタリト云フ

鏡城郡報告

一、昔或ル滑稽ナル人ノ天痴ヨリ金ヲ借リテ来リノ處家ガ貧乏デ返金スル方法ナシ併シ天痴ナル債権者ガ催促シテ困難セリ或日其ノ天痴ガ来ルト云フ噂ヲ聞キ庭ニ一ツノ木ヲ植エテ其ノ枝ノ全体ニ餅ヲ付ケテ置キマシタ、ソシテ来ルヲ待ッテ居ッタ、スルト或日丁度来テ門ヲ叩リ故直ガ案内シテカラ

御馳走ヲ上ゲヨウトシテ其ノ妻ニ庭ノ餅ノ木ヨリ餅
ヲ取ッテ来イト命ジ直グ持ッテ来タノヲ御馳走スル
天狗ハ妙ニ思ッテ其ノ理由ヲ問ヘルニ曰ク彼ノ木ハ
オ餅木ト云ッ木デ餅ヲ取レバ更ニ餅ガ出来ル故
ニ彼ノ木サヘ有レバ生活ニ何等ノ心配ナシト云ヘリ。
天狗之ヲ聞キ自己ノ債金ト交換シテ下サレト云
ヒナ受取ッテ大ニ喜ビナガラ家ヘ皈ッタ後幾日間カ
取ッテ食ベルニ餅ガ更ニ出来ナイノデカラ始メテ欺サレ
タノガ分カッテ大ニ怒ッテ債務者ノ処ニ又行カウトス
ル債務者ガ其ノ噂サヲ聞キ其ノ日ヨリ一匹ノ犬
ヲ買ッテ蜜ヲ食ハセナガラ待ッテ居ッタガ或日来ッ
テ門ヲ叩バリ直グ案内シテ挨拶シ前日譲リタル

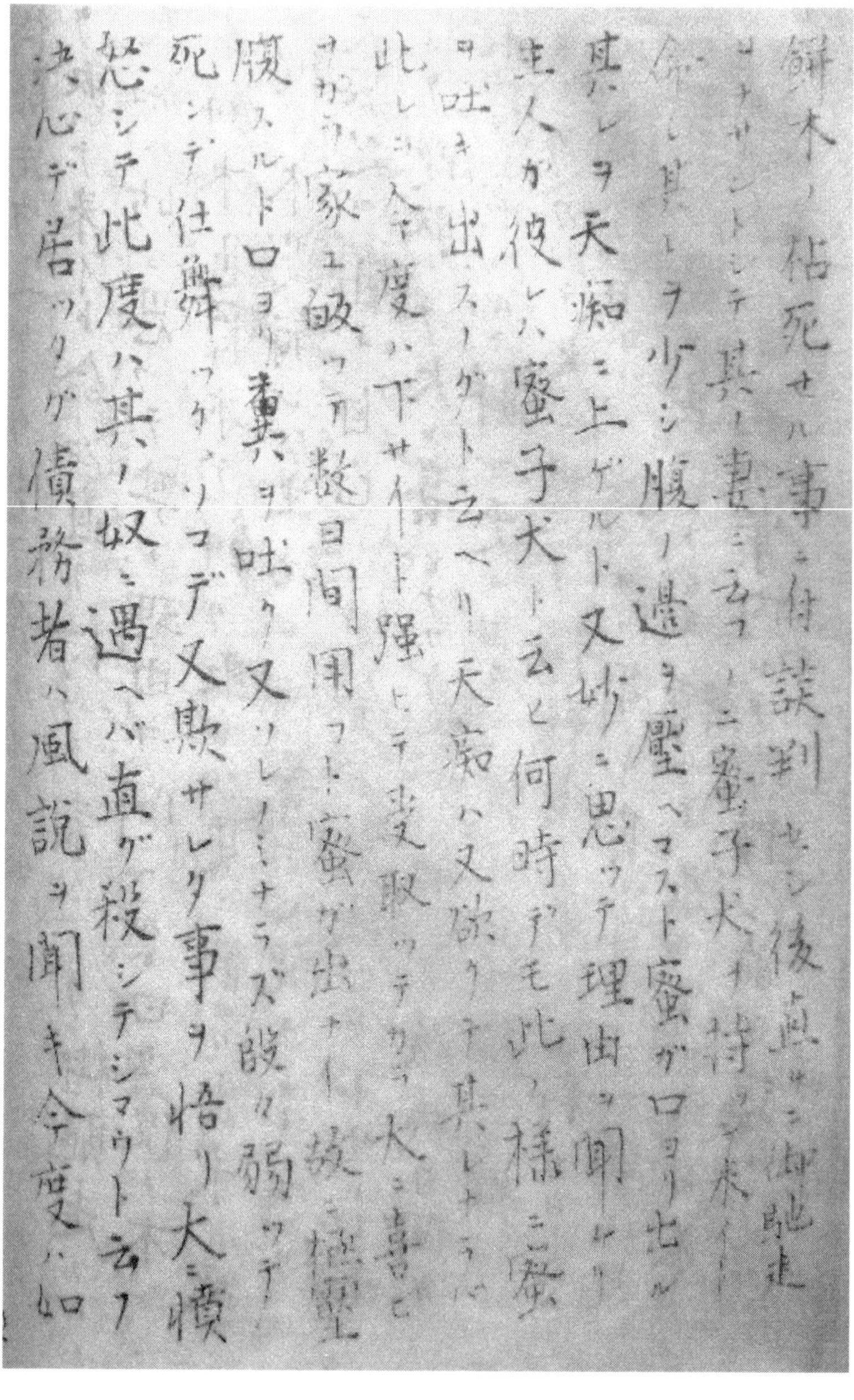
餅木ノ佑死セル事ニ付談判セシ後直サニ御馳走
ニナサントシテ其ノ妻ニ云フニ蛮子大ナ持ッテ来イト
命レドモ少シ腹ノ遣ヲ壓ヘマスト蛮ガ口ヨリ出ル
其レヲ天痴ニ上ゲルト又妙ニ思ッテ理由ヲ聞ケバ
主人ガ彼レハ蛮子大ト云ヒ何時デモ此ノ様ニ蛮
ヲ吐キ出スノダト云ヘリ天痴ハ又欲クテ其レナラバ
此レヲ今度ハ下サイト強ヒテ受取ッテ帰リ大ニ喜ビ
ナカナカ家ニ帰ッテ数日間用フト蛮ガ出ナイ故ニ憤慨シ
腹スルト口ヨリ糞ヲ吐ク又ソレノミナラズ段々弱ッテ
死ンデシテ仕舞ッタソリコデ又欺サレタ事ヲ悟リ大ニ憤
怒シテ此度ハ其ノ奴ニ遇ヘバ直グ殺シテシマウト云ア
決心デ居ッタガ債務者ハ風説ヲ聞キ今度ハ如

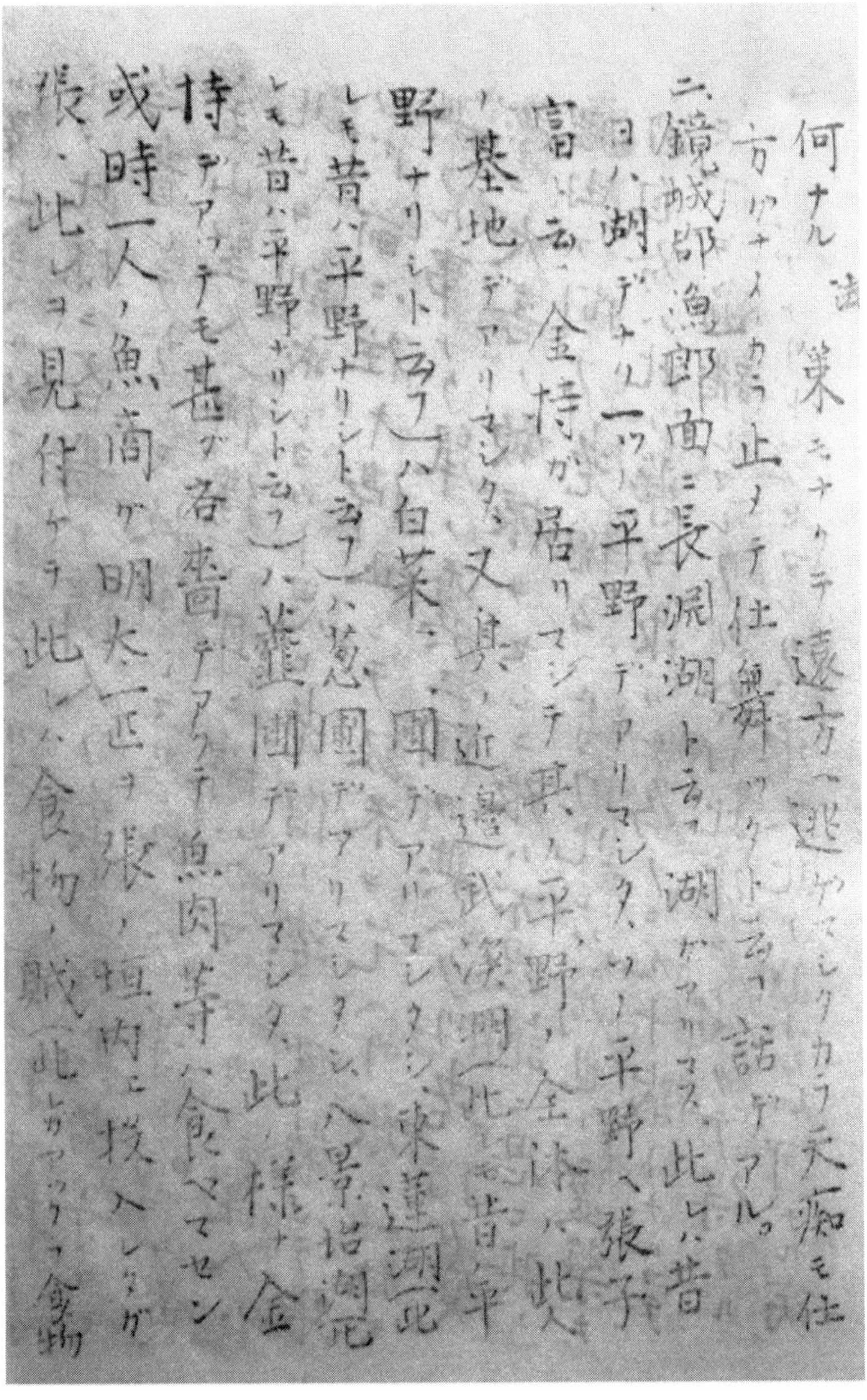

何ナル法モナクテ遠方ヘ逃ゲマシタカラ天ノ狗モ仕
方ガナイカラ止メテ仕舞ツタト云フ話デアル。
二、鏡城郡漁郎面ニ長淵湖ト云フ湖ガアリマス、此レハ昔
ハ湖デナク一ツノ平野デアリマシタ、其ノ平野ヘ張ト云フ
富者ノ金持ガ居リマシテ其ノ平野ノ全体ハ此ノ人
ノ基地デアリマシタ、又其ノ近邊ノ武溪湖此レモ昔平
野ナリシト云フ所ハ白菜ノ園デアリマシタ、東蓮湖此
レモ昔ハ平野ナリシト云フ所ハ葱園デアリマシタ、八景台湖此
レモ昔ハ平野ナリシト云フ所ハ韮園デアリマシタ、此ノ様ナ金
持デアッテモ甚ダ吝嗇デアッテ魚肉等ハ食ベマセン
或時一人ノ魚商ガ明太一匹ヲ張ノ垣内ニ投入レタガ
張ハ此レヲ見付ケテ此レハ食物ノ賊ダ此レガアッテハ食物

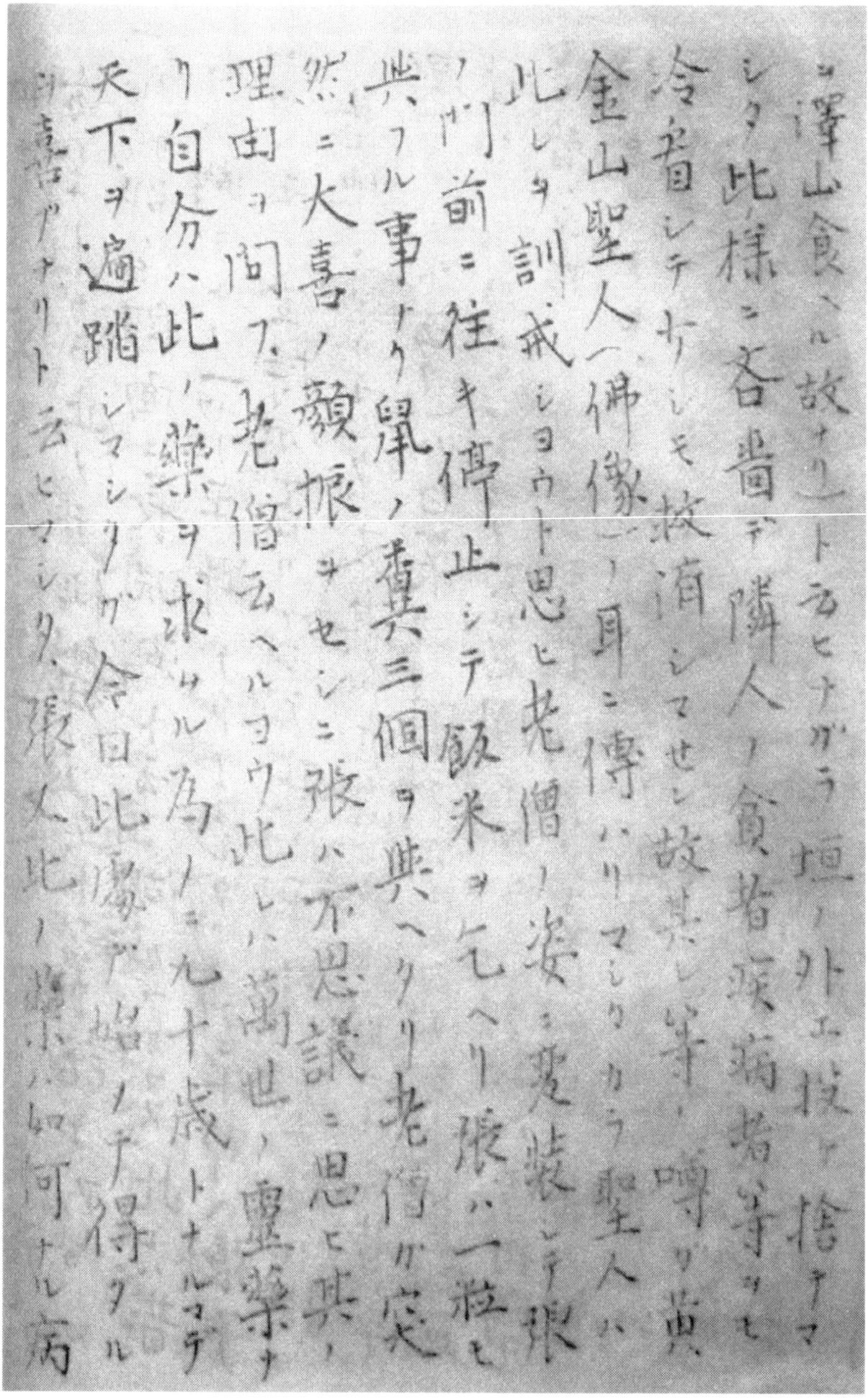

ヲ澤山食ベル故ナリ」ト云ヒナガラ垣ノ外エ投ゲ捨テマ
シタ此様ニ吝嗇デ隣人ノ貧者疾病者等ヲモ
冷酷ニシテ少シモ救済シマセン故其レ等ノ噂ガ黄
金山聖人(佛像)ノ耳ニ傳ハリマシタカラ聖人ハ
此レヲ訓戒(シヨウ)ト思ヒ老僧ノ姿ニ変装シテ張
ノ門前ニ往キ停止シテ飯米ヲ乞ヘリ張ハ一粒モ
與ヘル事ナク鼠ノ糞三個ヲ與ヘタリ老僧ガ受
然ルニ大喜ノ顏振ヲセシニ張ハ不思議ニ思ヒ其ノ
理由ヲ問フ、老僧云ヘルコウ此レハ萬世ノ靈薬ナ
リ自分ハ此ノ藥ヲ求ムル為ノニ九十歳トナルマデ
天下ヲ遍踏シマシタガ今日此處デ始メテ得タル
ヲ喜ブナリト云ヒマシタ、張ハ此ノ藥ハ如何ナル病

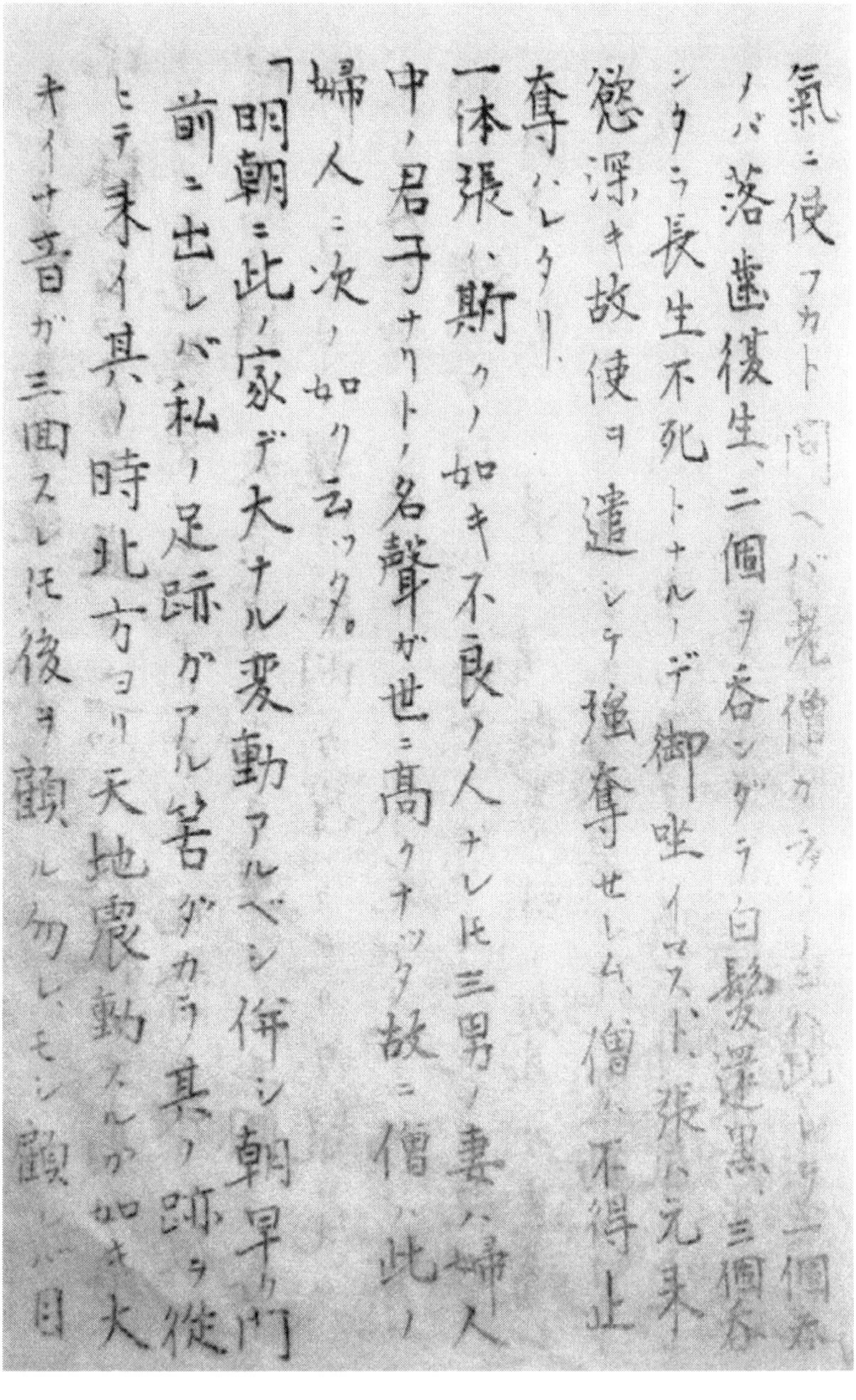
氣ニ使フカト問ヘバ老僧ガ[illegible]一個呑
ノバ落歯復生、二個ヲ呑ンダラ白髪還黒、三個呑
ンダラ長生不死トナルノデ御坐イマスト、張ハ元來
慾深キ故使ヲ遣シテ強奪セシム、僧不得止
奪ハレタリ。
一体張ハ斯クノ如キ不良ノ人ナレドモ三男ノ妻ハ婦人
中ノ君子ナリトノ名聲ガ世ニ高クナツタ故ニ僧ハ此ノ
婦人ニ次ノ如クニ云ツタ。
「明朝ニ此ノ家デ大ナル変動アルベシ併シ朝早ク門
前ニ出レバ私ノ足跡ガアル筈ダカラ其ノ跡ヲ從
ヒテ來イ其ノ時北方ヨリ天地震動スルガ如キ大
キイナ音ガ三回スレドモ後ヲ顧ル勿レ、モシ顧レバ目

的地ニ達スル事能ハズトシ
此ノ様ニ云ッタカラ直チニ一ツノ萩枝ノ木馬ヲ拵ヘ
テ乗ッテ忽然見エナクナリマシタ此際ニ張ノ彼ノ
鼠眞ヲ得テ大喜ビヲシナガラ早クモ三個ヲ呑ミ
マシタ、ソレヨリ腮テ肛門ガ痒クナリ鼠尾ガ、
生ジ又全身ガ痒クナリテ鼠毛ガ生ジ猫ノ聲ヲ
聞ケバ逃ゲテ鼠穴ニ這入ル様ニナリマシタ又此ノ
ト間時ニ竈ニハ泉ガ湧出シテ蛙ノ聲ガ連續シ
枡ノ間ニハ茸ヲ生ジ三男ノ妻ガ此ノ変動ヲ見テ
張ニ此ノ有様ヲ申シマシタラ張ハ件鼠ニ変シ
テ居ルガ口ヲケムハ依然トシテ回ッ竈ニ泉ガ出ルハ
水次ニ便ナラレノ蛙ト茸ハ私ノ珍情ハト云ヘリ此

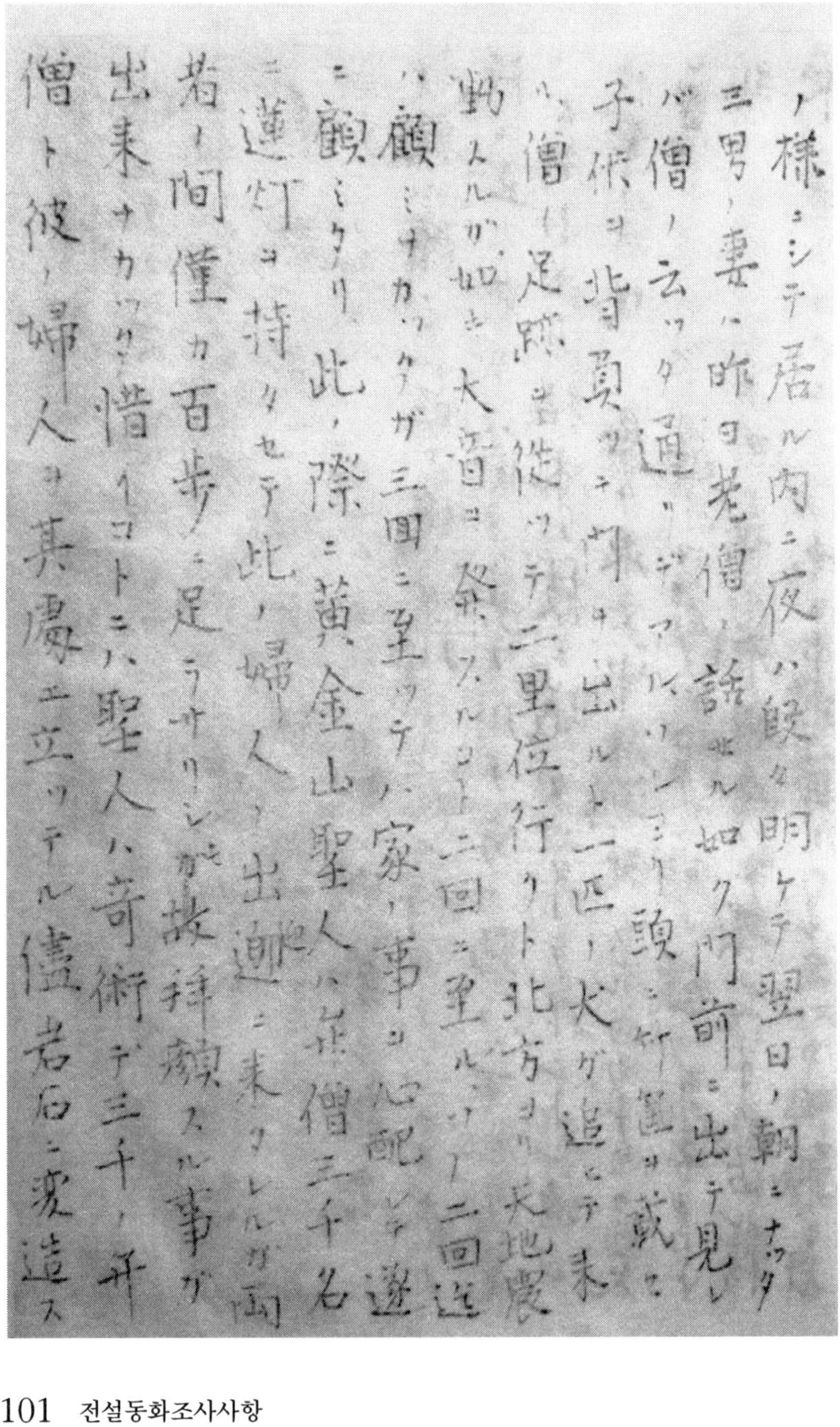

ノ様ニシテ居ル内ニ夜ハ餘ク明ケテ翌日ノ朝ニナッタ
三男ノ妻ハ昨日老僧ノ話サレル如ク門前ニ出テ見レ
バ僧ノ云ッタ通リデアル。イツモノ頭ニ竹笠ヲ戴セ
子供ヲ背負ッテ門ヲ出ルト一匹ノ犬ガ追ヒテ来
ハ僧ノ足跡ニ從ッテ二里位行クト北方ヨリ大地震
動スルガ如キ大音ニ發ソルコト二回ニ望ルナ一二回返
顧ミナカッタガ三回ニ至ッテ家ノ事ヲ心配シテ遂
ニ顧ミタリ此ノ際ニ黄金山聖人ハ僧三千名
ニ蓮灯ヲ持タセテ此ノ婦人ヲ出迎ニ来タレルガ倒
若ノ間僅カ百歩ニ足ラナカリシガ故拜顔スル事ガ
出来ナカッタ惜イコトニハ聖人ハ奇術デ三千ノ弁
僧ト彼ノ婦人ヲ其處ニ立ッテル儘岩石ニ変造ス

ルト同時ニ張本因ノ許圖畫等マデ胡ニ求
達シクトムツ皆語テアル
ナシ

慶興郡報告

穩城郡報告

昔或ル所ニ一匹ノ鳩ガ川ノ邊ニ行ッテ小サナ木ノ枝ニ止リマシタ。ソシテ其ノ川ノ方ヘ頭ヲ下ゲテ見マスト小サナ枯木ノ枝ニ蟻ガツイテトントン流レテ行キマス蟻ハ忽チ水ノ中ニ溺死スルヨウデスカラ大層可愛想ニ思イマシタ。ソコデ鳩ハ蟻ヲ助ケヨウト思ッテ木ノ枝カラ飛ビ下リテ其ノ蟻ノツイテ居ル枯木ノ枝ヲクワエテ陸地ニ出シテヤリマシタ。ソコデ蟻ハ自

分ノ命ヲ助ケテ貰ヘワタカラ難有タウト云ッテ御禮ヲ言
ヒマシタ。ソレカラ間モナク或獵師ガ来テソノ鳩ヲ捕
エヨウトシテ網ヲ張ッテ鳩ヲ網ノ側ヘ逐ッテ行来キマシ
タ。コノ時蟻ハ「コレハ大変ダ私ヲ助ケテクレタアノ鳩ガ
ニガアノ獵師ニ捕ヘラレテハ大変ト云ッテ獵師ノ
後ヘ早ク行ッテ踵ヲクイツキマシタスルト獵師ハ
蛇ニクワレタカト思ッテビックリシテ驚キマシタ鳩ハ
獵師ノビックリスルヲ見テ驚イテ飛ビ去リマシタソレ
テ鳩ハ蟻ノ為ニ助ケラレ蟻ハ鳩ノタメニ命ガ助カッタ
ノデアリマス目出度ー

鍾城郡報告

昔或ル所ニ大家アリ一人ノ美シキ娘ヲ育テタルガ

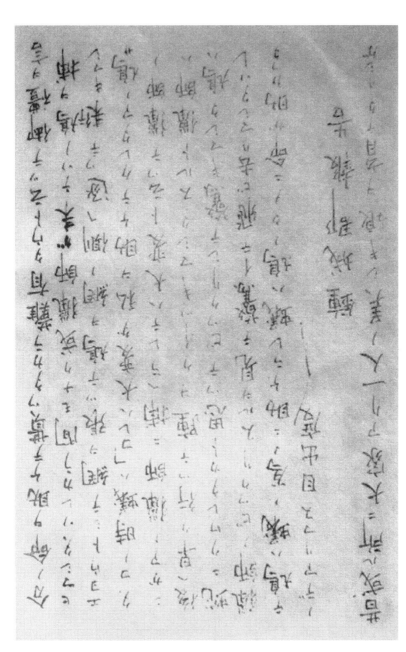

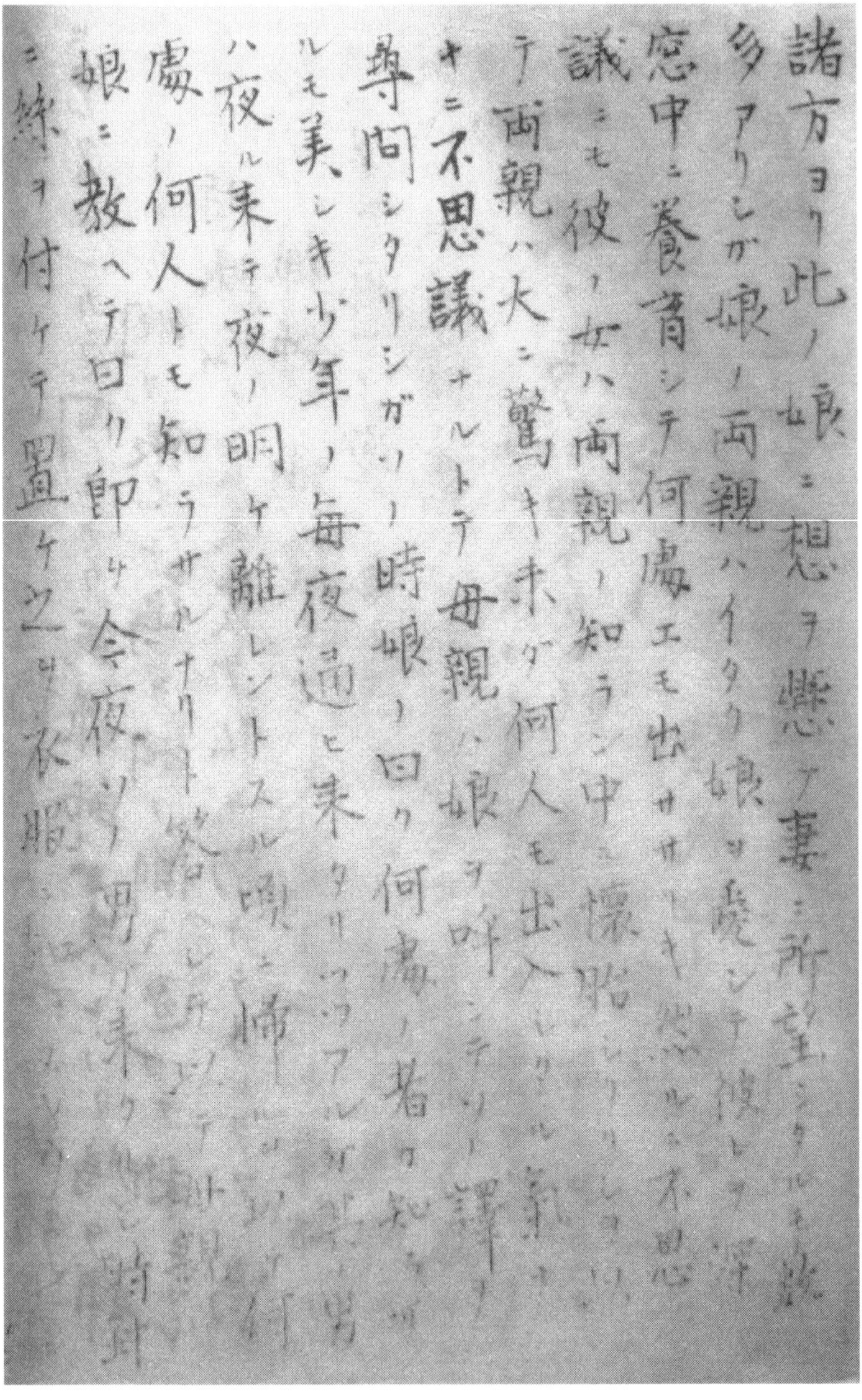
諸方ヨリ此ノ娘ニ想ヲ懸ケ妻ニ所望シタルモノ数
多アリシガ娘ノ両親ハイタク娘ヲ愛シテ彼ヲ深
窓中ニ養育シテ何處エモ出サザリキ然ルニ不思
議ニモ彼ノ女ハ両親ノ知ラン中ニ懐胎シタリ
テ両親ハ大ニ驚キホガ何人モ出入シタル氣
ナニ不思議ナルトテ母親ハ娘ヲ呼ビテ其ノ譯ヲ
尋問シタリシガソノ時娘ノ曰ク何處ノ若ク知ラヌ
ルモ美シキ少年ノ毎夜通ヒ来タリツツアルガ其
ハ夜ル来テ夜ノ明ケ離レントスル頃ニ帰リ去ルガ何
處ノ何人トモ知ラサルナリト答ヘシニ母親
娘ニ教ヘテ曰ク即今夜ソノ男ノ来タル時
ニ緋ヲ付ケテ置ケ之レヲ衣服ニ

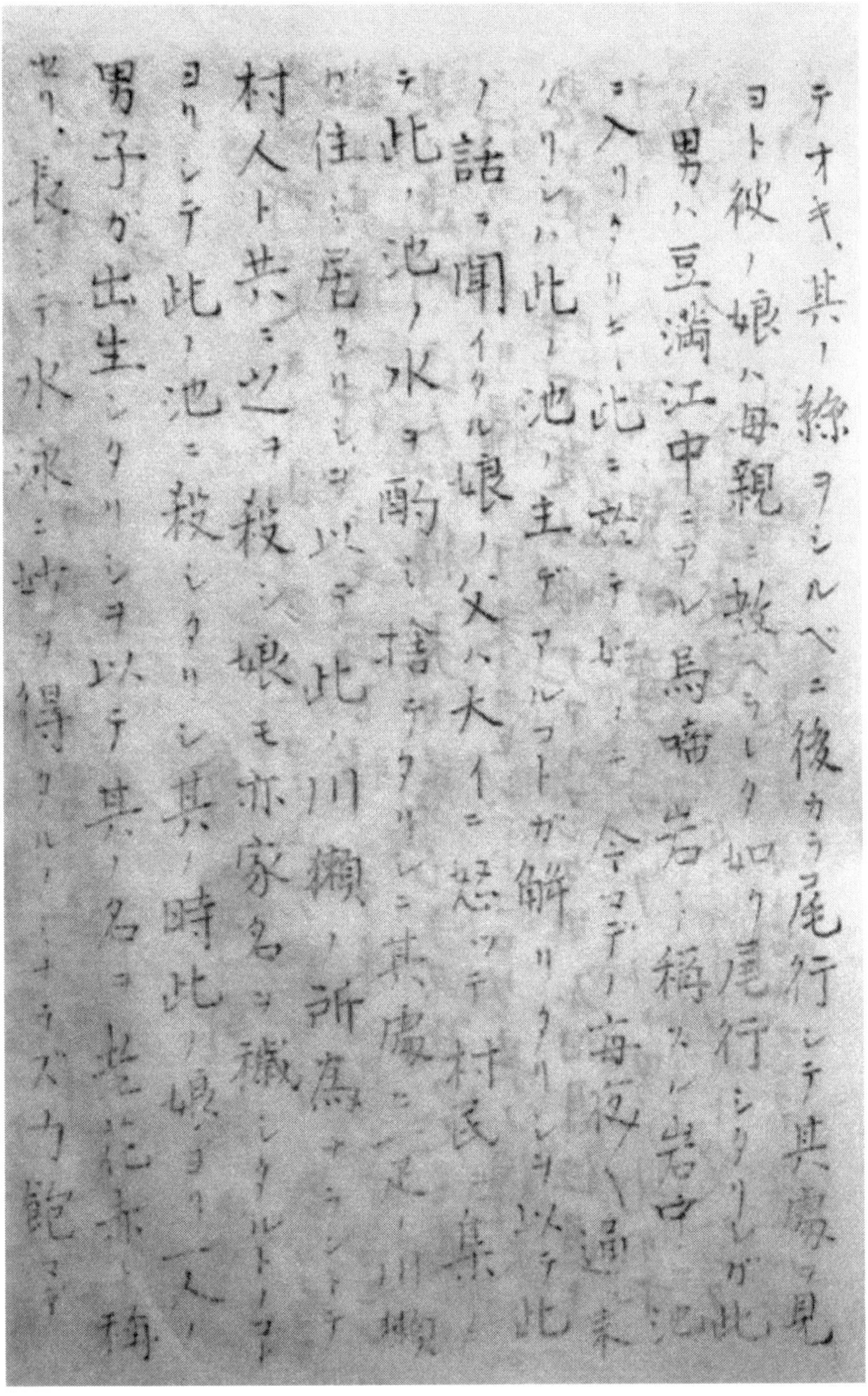
テオキ、其ノ線ヲシルベニ後カラ尾行シテ其處ヲ見
ヨト彼ノ娘ハ母親ニ教ヘラレタ如ク尾行シタリシガ此
ノ男ハ豆滿江中ニアル馬嘀岩ト稱スル岩ノ池
ニ入リタリキ此ニ於テ始メテ今マデノ毎夜ノ通來
ハリレバ此ノ池ノ主デアルコトガ解リタリシヲ以テ此
ノ話ヲ聞イタル娘ノ父ハ大イニ怒ッテ村民ヲ集メ
テ此ノ池ノ水ヲ酌ミ捨テタリシニ其ノ處ニ一疋ノ川獺
ガ住居タルヲ以テ此ノ川獺ノ所為ナランナトテ
村人ト共ニ之ヲ殺シ娘モ亦家名ヲ穢シタルトノコト
ヨリシテ此ノ池ニ殺シタリシ其ノ時此ノ娘ヨリ一人ノ
男子ガ出生シタリシヲ以テ其ノ名ヲ娃花赤ト稱
セリ。長ジテ水泳ニ妙ヲ得タルノミナラズ力能マデ

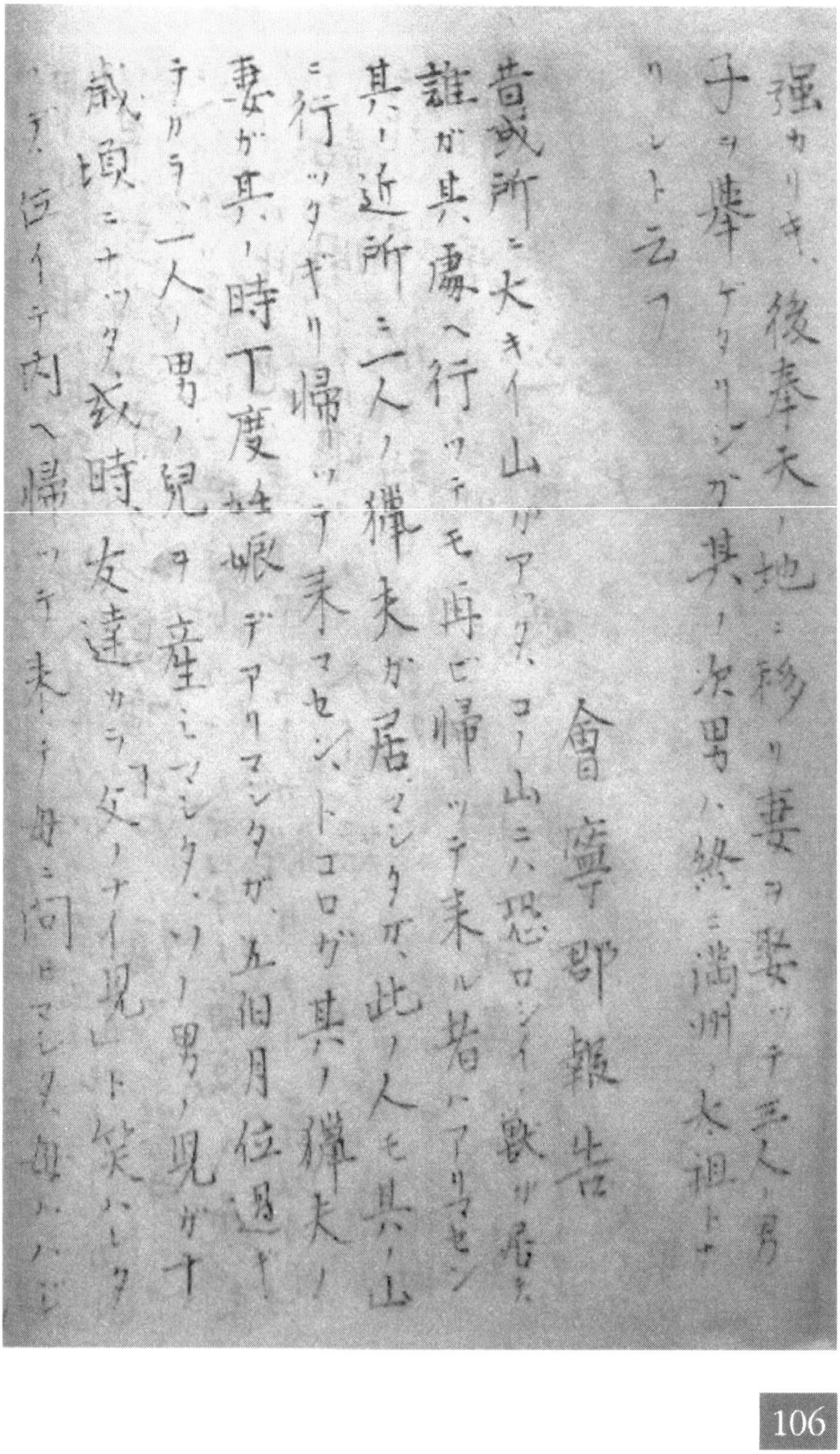

強カリキ、後奉天ノ地ニ移リ妻ヲ娶ッテ三人ノ男子ヲ挙ゲタリシガ其ノ次男ハ終ニ満州ノ太祖トナリシト云フ

會寧郡報告

昔或所ニ大キイ山ガアッタ、コノ山ニハ恐ロシイ獣ガ居タ誰ガ其ノ處ヘ行ッテモ再ビ帰ッテ来ル者ハアリマセン其ノ近所ニ一人ノ樵夫ガ居マシタガ、此ノ人モ其ノ山ニ行ッタギリ帰ッテ来マセン、トコロガ其ノ樵夫ノ妻ガ其ノ時丁度姙娠デアリマシタガ五個月位過ギテカラ一人ノ男ノ児ヲ産ミマシタ。ソノ男ノ児ガ十歳頃ニナッタ、或時友達カラ「父ノナイ児」ト笑ハレタノデ、泣イテ内ヘ帰ッテ来テ母ニ問ヒマシタ、母ハ

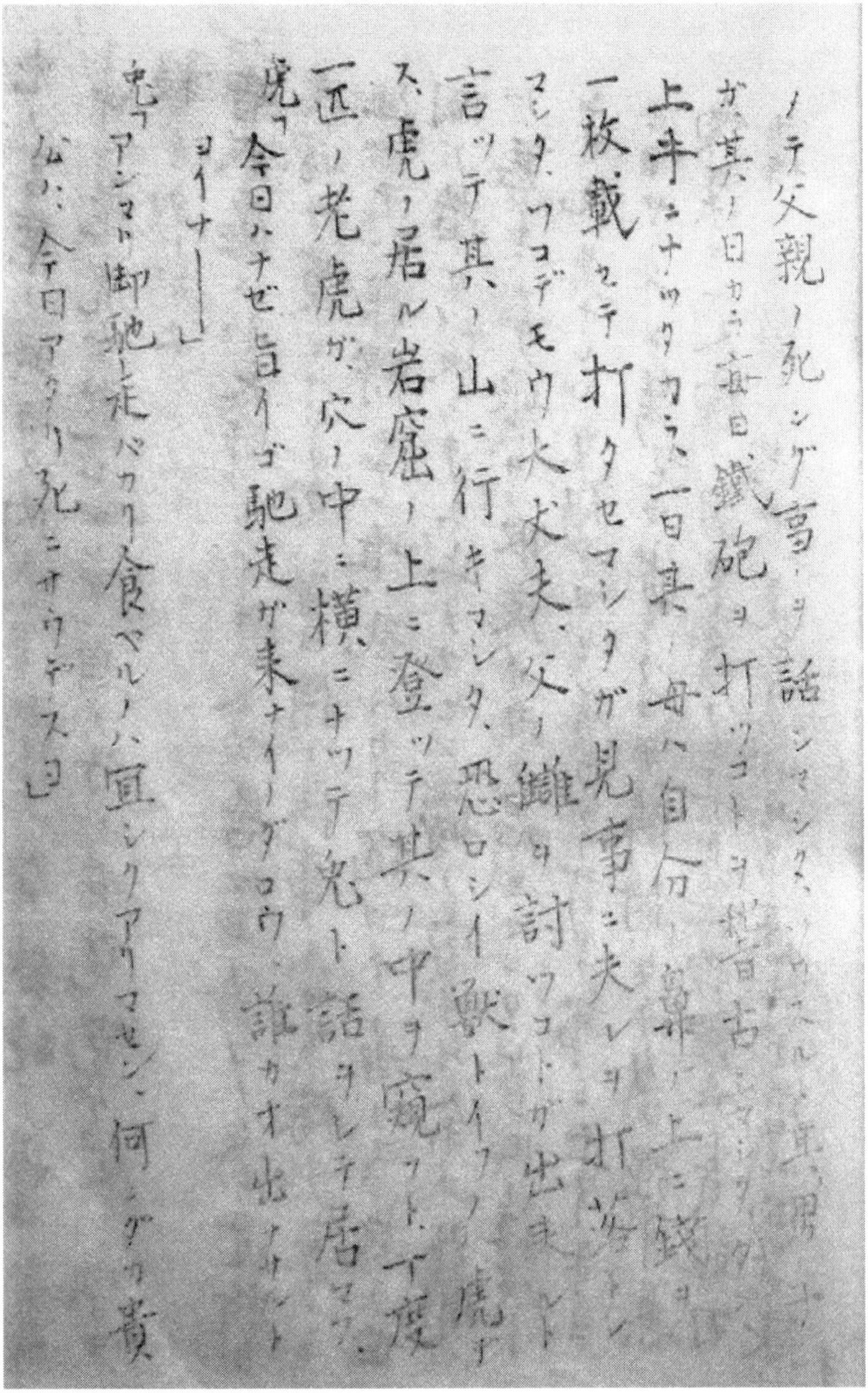
ノテ父親ノ死シグ事ヲ話シマシタ、ソウスルト其ノ男ハ
ガ其ノ日カラ毎日鐵砲ヲ打ツコトヲ稽古シマシタガ
上手ニナッタカラ、一日其ノ母ハ自分ノ鼻ノ上ニ錢ヲ
一枚載セテ打タセマシタガ見事ニ夫レヲ打落シ
マシタ、ソコデモウ大丈夫、父ノ讎ヲ討ツコトガ出来ルト
言ッテ其ノ山ニ行キマシタ、恐ロシイ獸トイフノハ虎デ
ス、虎ノ居ル岩窟ノ上ニ登ッテ其ノ中ヲ窺フト丁度
一匹ノ老虎ガ穴ノ中ニ横ニナッテ兎ト話ヲシテ居マシタ。
虎ハ「今日ハナゼ旨イゴ馳走ガ来ナイノダロウ、誰カオ出ナイカナ
ヨイナー」
兎ハ「アンマリ御馳走バカリ食ベルノハ宜シクアリマセン、何シグ貴
公ハ今日アタリ死ニナサウデスヨ」

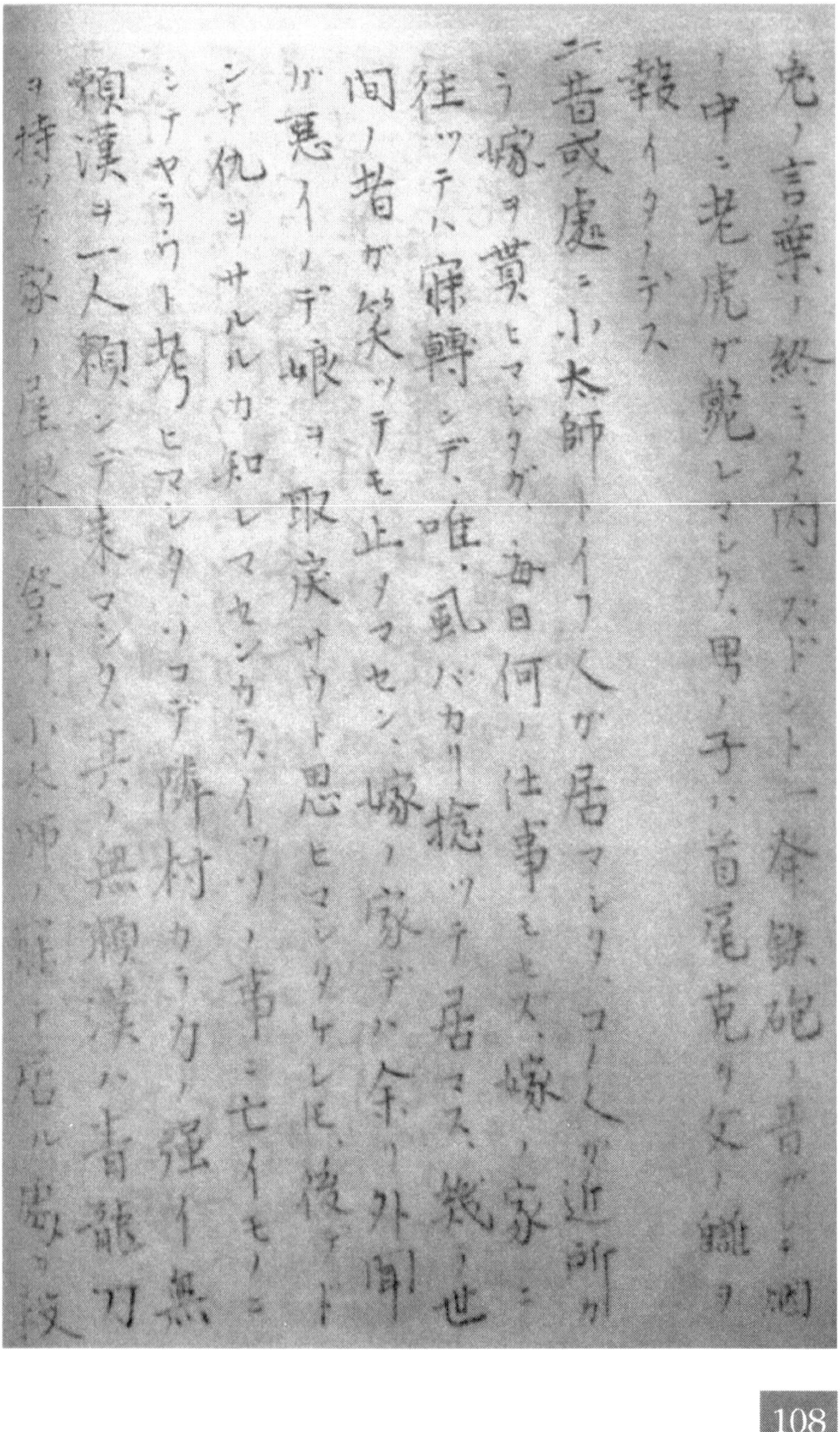

兎ノ言葉ノ終ラヌ内ニズドント一発鉄砲ノ音ガシテ胴
ノ中ニ老虎ガ斃レマシタ。男ノ子ハ首尾克ク父ノ讎ヲ
報イタノデス
二　昔或處ニ小太師トイフ人ガ居マシタ。コノ人ガ近所カ
ラ嫁ヲ貰ヒマシタガ、毎日何ノ仕事モセズ、嫁ノ家ニ
往ッテハ寐轉ンデ、唯、虱バカリ捻ッテ居マス。幾ラ世
間ノ者ガ笑ッテモ止メマセン。嫁ノ家デハ余リ外聞
ガ悪イノデ娘ヲ取戻サウト思ヒマシタケレド、後デド
ンナ仇ヲサルルカ知レマセンカラ、イツノ事ニ亡イモノニ
シテヤラウト考ヒマシタ。ソコデ隣村カラ力ノ強イ無
頼漢ヲ一人頼ンデ来マシタ。其ノ無頼漢ハ青龍刀
ヲ持ッテ、家ノ庭ノ樹ニ登リ小太師ノ寝テ居ル處ヲ殺

サウシテ屋根ニ孔ヲ穿ッテ覗イテ見マシタ丁度寝テ居
タ小太師ガ、今目ガ覺メタト見エテ、兩手ヲ延バシ
ナガラ大キイ口ヲ開イテ欠伸ヲシテ居ル處デアレ
タカラ、其ノ口ヲ見掛ケテ青龍刀ヲ投ゲ落シマシタ。
トコロガ狙ヒハ外レテ、小太師ガ延シテ居ル右腕ニ當ル
ヨト見レ間ニ刀ハ忽然ハ不上リ屋上ノ人ノ頸筋
深ク刺シ込ミマシタ。
夫レヲ見テ今追殺サウト思ッテ居タ者共ハ大ニ
驚キ、コレハ必ズ凡人デハナイト氣付キ、今度ハ丁
重ニ取扱ヒマシタ。
其後、國ニ大戰爭ガ起リマシタガ小太師ハ大將トナ
テ三軍ヲ指揮シ賊ヲ討伐シテ武名ヲ天下ニ輝

リセマシタ。
三 昔一匹ノ鹿ガ海岸ニ来テ、砂ノ上ニ脚ヲ伸バシテ
保テ居マシタガ、ドウシタカ、ツクヅク自分ノ角ノ長イ
コトヤ、別シテ脚ノ長イノガ厭ニナッテ、頻リニ溜
息ヲツイテ居マシタ。丁度其ノ時猟夫ガ通リ掛リ
コレヲ見ルヤ、コハ好キ獲物ト、スグニ鉄砲ヲ向ケマ
シタノデ、鹿ハビックリ仰天、飛ビ起キルヤ否ヤ、逃
出シマシタ。猟夫モ逃ガシテ堪ルモノカト、コレ亦一生
懸命追ヒ掛ケマシタガ、鹿ハトウトウ逃レテ山ノ
中ヘ隠レテ仕舞ヒマシタ。猟夫ガ敗ッタト思フ頃
山ノ上ニ登リ、青草ノ蔭ニ疲レタ体ヲグッタリト横、
テ、アヽコワイ、今日ハホントウニケンノンダッタ。アンマリ駈ケタ

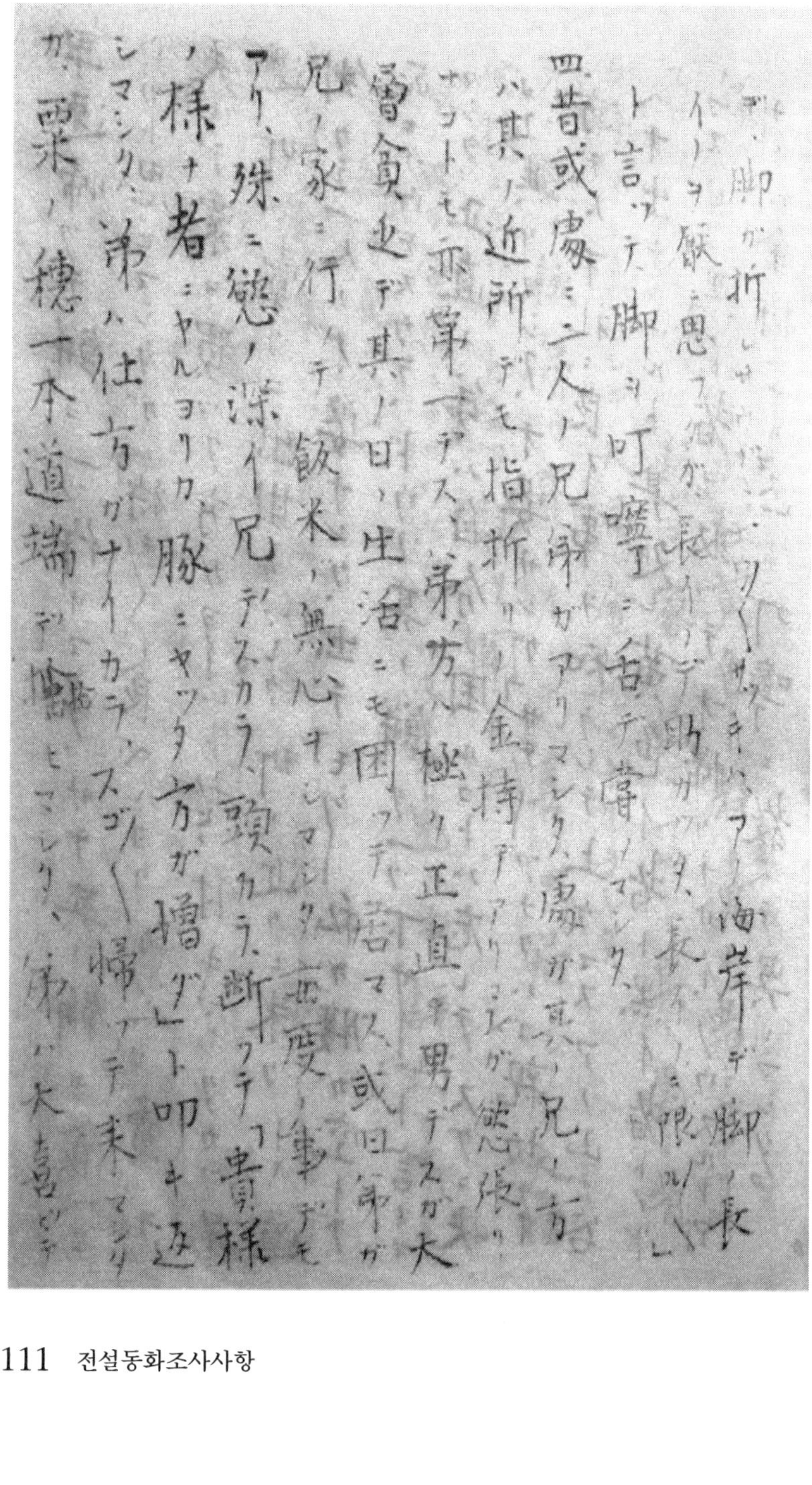

デ、脚ガ折レサウニナノ〱サッテ、ハア海岸デ脚ノ長
イノヲ厭ニ思ッテ居タガ長イノデ助カッタ、長イニ限ル〱
ト言ッテ脚ヲ叮嚀ニ舌デ嘗メマシタ、
四、昔或處ニ二人ノ兄弟ガアリマシタ、處ガ其ノ兄ノ方
ハ其ノ近所デモ指折リノ金持デアリマシタガ慾張リ
ナコトモ亦第一デス、弟ノ方ハ極ク正直ナ男デスガ大
貧乏デ其ノ日ノ生活ニモ困ッテ居マス、或日弟ガ
兄ノ家ニ行ッテ飯米ヲ無心シマシタ、幾度ノ事デモ
アリ、殊ニ慾ノ深イ兄デスカラ、頭カラ断ッテ貴様
ノ様ナ者ニヤルヨリカ豚ニヤッタ方ガ増ダト叩キ返
シマシタ、弟ハ仕方ガナイカラ、スゴ〱帰ッテ来マシタ
ガ、粟ノ穂一本道端デ拾ヒマシタ、弟ハ大喜ビデ

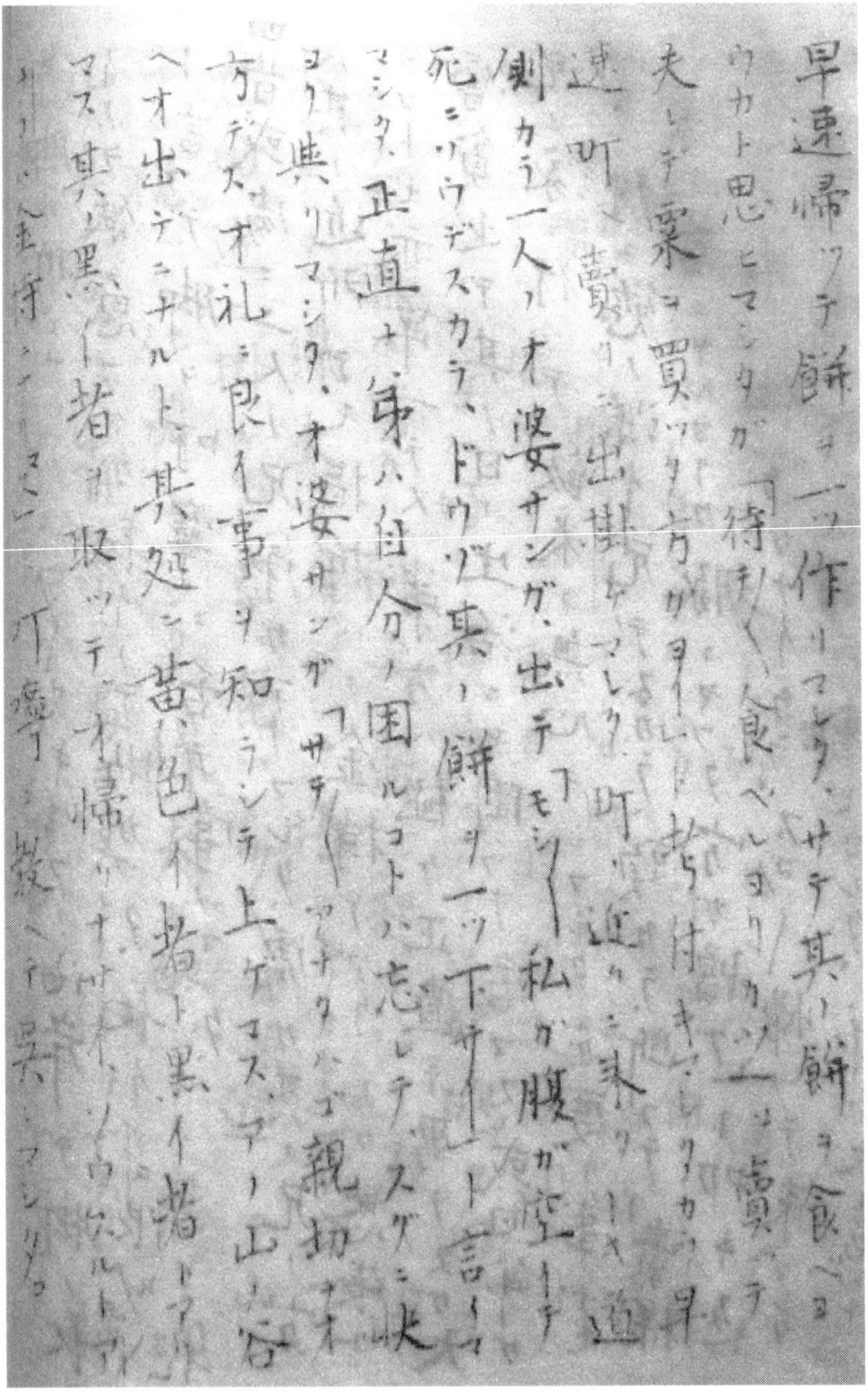

早速帰ッテ餅ヲ一ツ作リマシタ。サテ其ノ餅ヲ食ベヨ
ウカト思ヒマシタガ「待テ〳〵食ベルヨリカ一ツ賣テ
夫レデ粟ヲ買ッタ方ガヨイ」ト考ヘ付キマシタカラ早
速町ヘ賣リニ出掛ケマシタ。町ノ近クニ來リマシタ道
側カラ一人ノオ婆サンガ、出テ「モシ〳〵私ハ腹ガ空イテ
死ニソウデスカラ、ドウゾ其ノ餅ヲ一ツ下サイ」ト言イ
マシタ。正直ナ息子ハ自分ノ困ルコトハ忘レテ、スグニ快
ヨク與ヘマシタ。オ婆サンガ「サテ〳〵アナタハゴ親切ナオ
方デス。オ礼ニ良イ事ヲ知ラシテ上ゲマス。アノ山ノ谷
ヘオ出テニナルト其処ニ黄色イ者ト黒イ者トガ居
マス。其ノ黒イ者ヲ取ッテオ帰リナサイ。ソウスルト、ア
リッパナ金持ニナリマス」ト丁寧ニ教ヘテ呉レマシタ。

弟ハ往ッテ見ルト成程黄色イ者ト黒イ者トガアリマ
スカラ、黒イ者ヲ取ッテ家ニ帰リマスト其ノ黒イ者
ガ牛デシタ。ソレデ大層金持ニナリマシタ。
一、兄ハ其ノ後弟ガ来ナイノデ、喜ンデ居マシタガ大層
金持ニナッタト云フ話ヲ聞イテ、
「アノ奴ガ金持ニナルワケガアルモノカ兎ニ角評判ガ高イ
カラ往ッテ見ヤウ」
ト弟ノ家ニ来リマシタ。成程評判ノ通リデ家ナドモ自分
ノ家ナドヨリモ幾ラ立派ダカワカリマセン。イキナリ内ニ
入リ、金持ニナッタ訳ヲ質ネ、他カラ盗ンデ来タノデ
ハナイカト聞キマシタ。
弟ハ訳ヲ話スト慾張リノ兄ガ「ソレナラ自分モヤラウ」

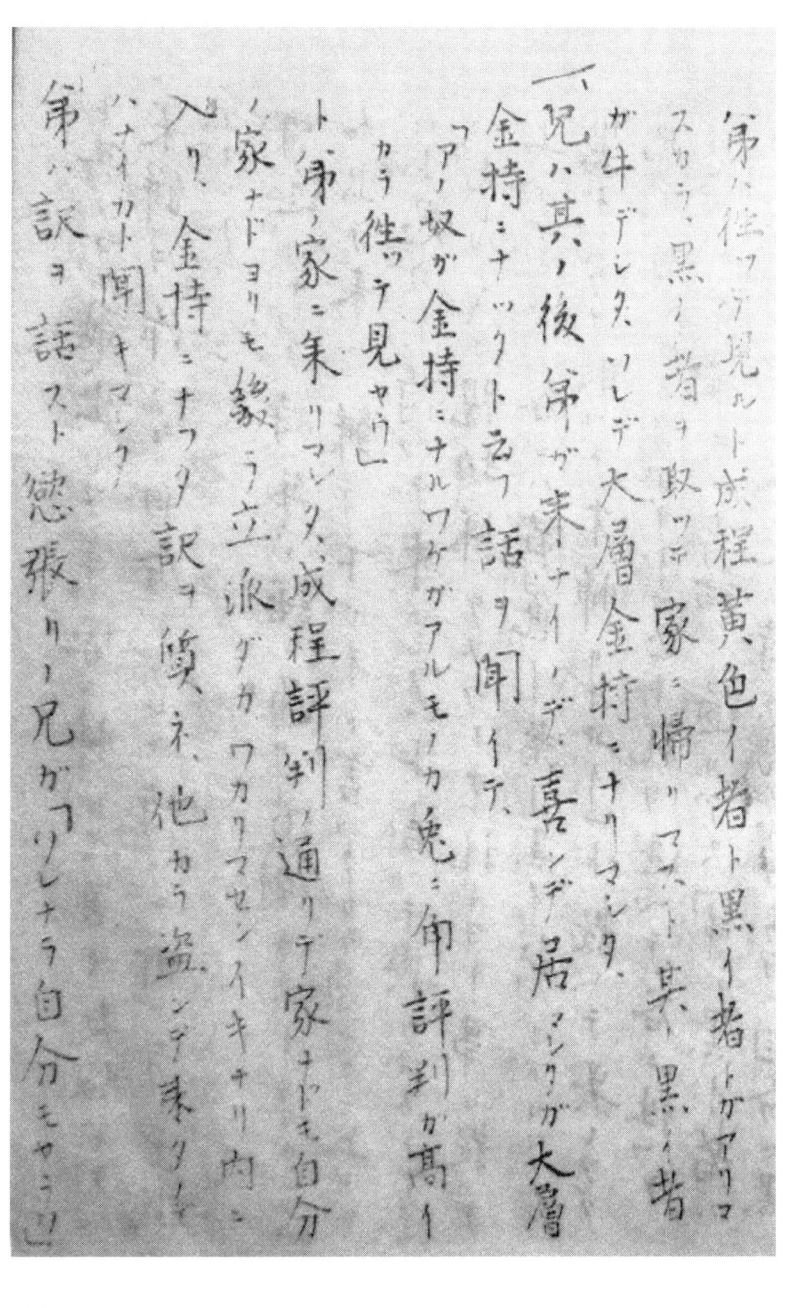

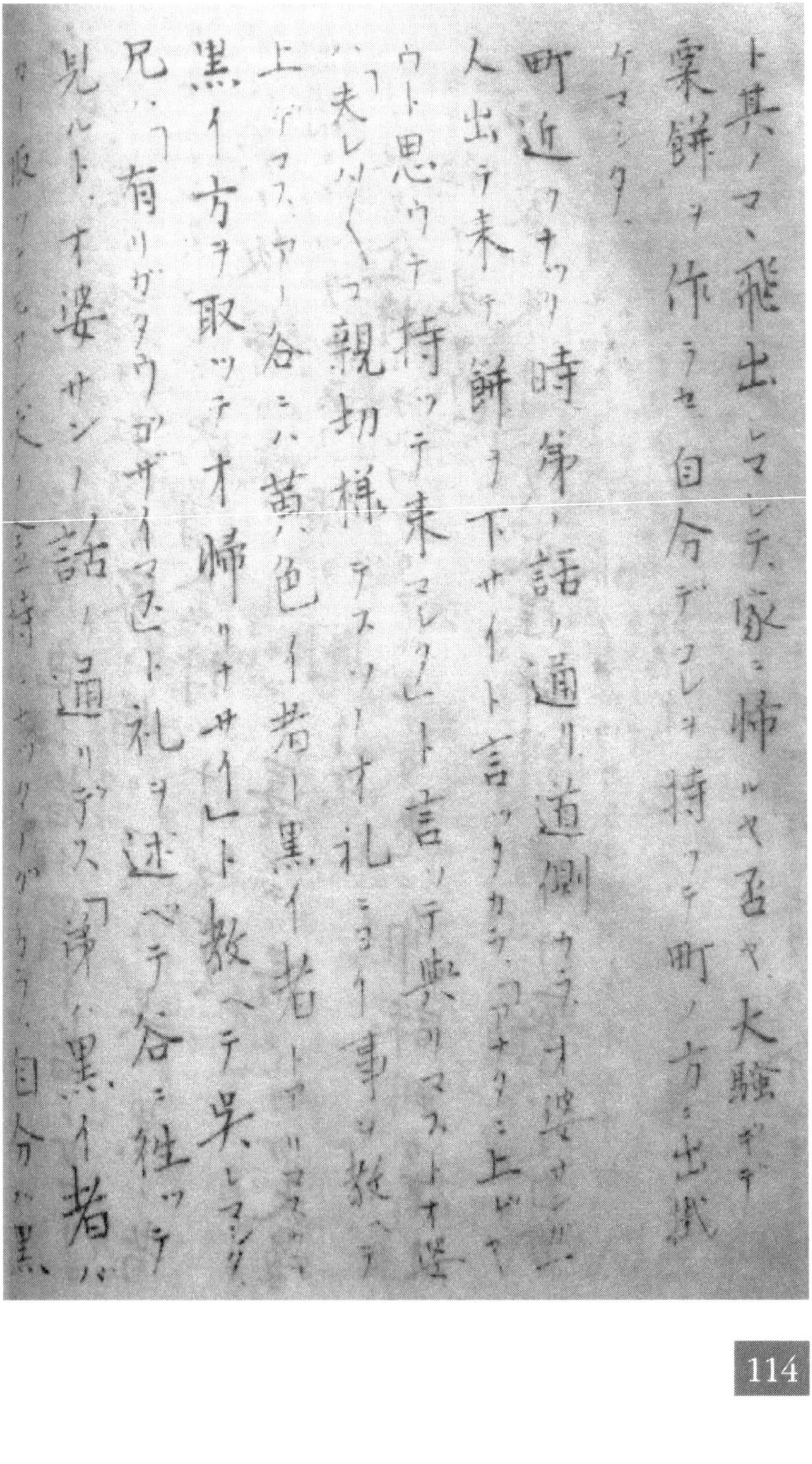
ト其ノマヽ飛出シテ家ニ帰ルヤ否ヤ大騒ギデ
粟餅ヲ作ラセ自分デソレヲ持ッテ町ノ方ニ出掛
ケマシタ。
町近クナッタ時第一話ノ通リ道側カラオ婆サンガ出
人出テ来テ餅ヲ下サイト言ッタカラ、「アナタニ上ゲヤ
ウト思ウテ持ッテ来マシタ」ト言ッテ與ヘマストオ婆
サンハ「夫レハ〳〵ゴ親切様デス」オ礼ニヨイ事ヲ教ヘテ
上ゲマス、アノ谷ニハ黄色イ者ト黒イ者トアリマスカラ
黒イ方ヲ取ッテオ帰リナサイ」ト教ヘテ呉レマシタ。
兄ハ「有リガタウゴザイマス」ト礼ヲ述ベテ谷ニ往ッテ
見ルト、オ婆サンノ話ノ通リデス。「黒イ者ハ
[illegible]取ッテ[illegible]時ニ[illegible]自分ハ黒

ト甕ハト両方取リテ戈ニ分ケ上ト例ノ徳利ヲ両方持ノ
テ家ニ着イテ石ヲ其ノ當ハ色ニ当テ、虎ニ
堪ナカツタバカリニ殺サセテ仕舞ヒマシタ、
五、昔或處ニ三人ノ子供ヲ有ツタ一人ノ老人ガアリマシタ
最早老年ニナツテ余命幾何モアリマセン、或日三人ノ
子供ヲ呼寄セテ、
己レハモウ身体ガ弱ツテ働ケナイカラオ前等ハドコヘ
デモ行ツテ働イテ来イト言ツテ一人ニ若干ノ金
ヲ分ケテヤリマシタ、
ソコデ三人ノ子供等ハ其ノ金ヲ持ツテ家ヲ出掛ケマ
シタガ丁度道ガ三本ニ分レテ居マス、長子ハ右ノ道
ヲ、次子ハ真中ノ道ヲ、季子ハ左ノ道ヲ取ツテ行キ

三月三日ニ再ビ此處デ出逢フ事ニ約シテ別レマシタ。
其ノ季子ハ兄弟ノ中デモ一番正直ナ男デシテ笛
ヲ吹ク事ガ好キデアリマス、カラ今家ヲ出ルトキモ笛ヲ
持ッテ出ルコトハ忘レマセン、アッチヘ行ッテハ笛ヲ吹キ
コッチヘ来テハ笛ヲ吹キ別ニコレゾト云フ事モ拵ヘズ
ニ、ブラリ〳〵ヤッテ歩ク内ニ貰ッテ来タ金モ大概使
ヒ盡シテ仕舞ヒマシタ、ダン〳〵行ク内ニ或日海辺ニ出
マシタ、漁夫共ガ船ニ乗ッテ面白サウニ魚ヲ釣ッテ
居マス、季子ハ珍ラシサウニ海ノ景色ヲ眺メテ居マシ
タガ、ヤガテ腰カラ笛ヲ取出シテ吹キハジメマシタトコ
ロガ其ノ笛ノ音ヲ龍宮ノ王子ガ聞イテ、「コレハ面
白イ笛ノ音ダ、誰ガ吹イテ居ルノダラウレトヨセバヨイ

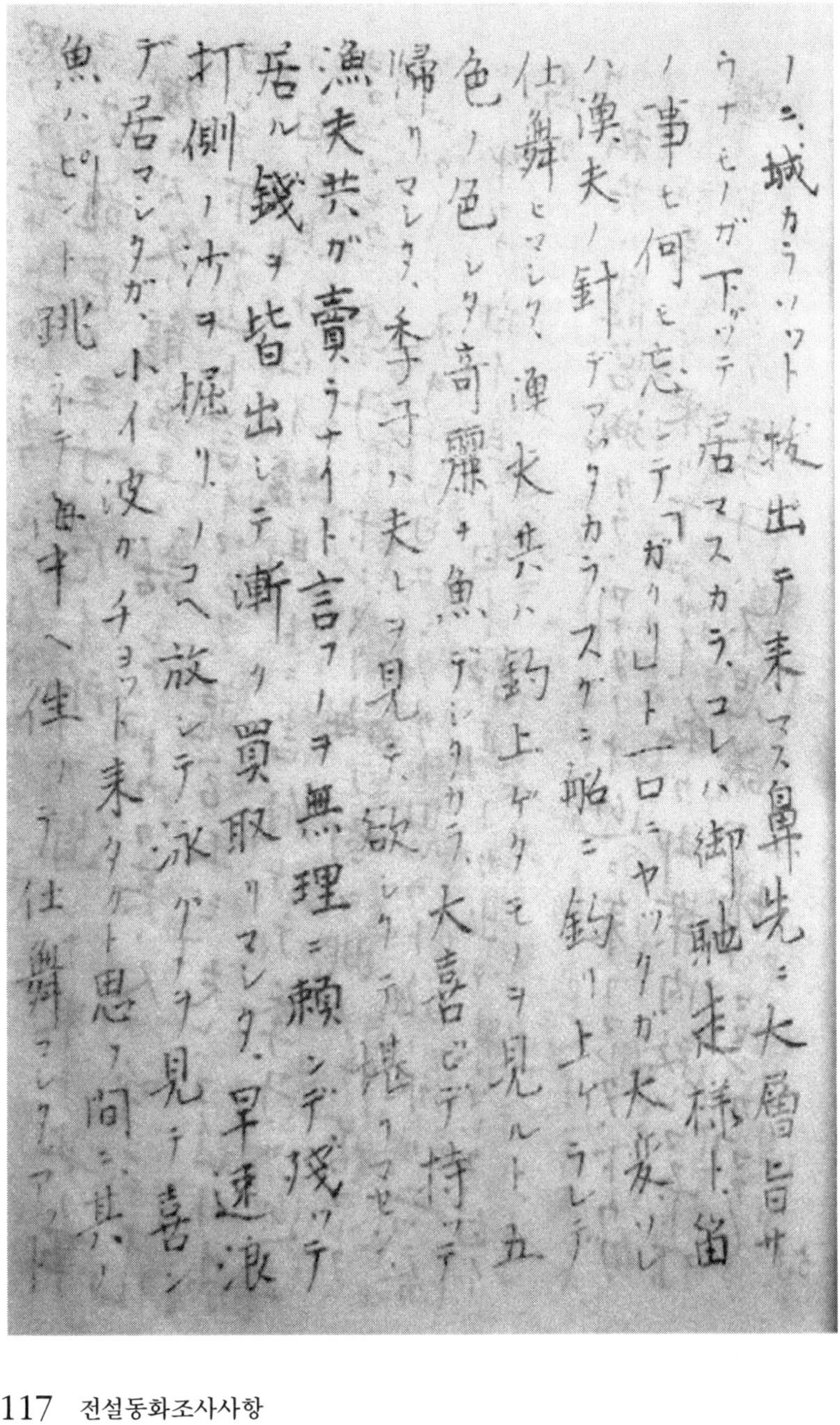
ノニ、城カラソツト抜出テ来マス鼻先ニ大層旨サ
ウナモノガ下ガッテ居マスカラ、コレハ御馳走様ト、留
ノ事モ何モ忘レテ、ガリリト一口ニヤツタガ大変ソレ
ハ漁夫ノ針デアツタカラ、スグニ船ニ釣リ上ゲラレテ
仕舞ヒマシタ、漁夫共ハ釣上ゲタモノヲ見ルト五
色ノ色レタ奇麗ナ魚デシタカラ、大喜ビデ持ツテ
帰リマシタ、李子ハ夫レヲ見テ、欲シクテ堪リマセン、
漁夫共ガ賣ラナイト言フノヲ無理ニ頼ンデ、残ッテ
居ル錢ヲ皆出シテ漸ク買取リマシタ。早速浪
打側ノ汐ヲ掘リ、ソコヘ放シテ泳グノヲ見テ喜ン
デ居マシタガ、トイ波ガチヨツト来タケト思フ間ニ其ノ
魚ハピント跳ネテ海ノ中ヘ往ツテ仕舞ヒマシタアット

思ツテ立チ上ガッタガ、モウ仕方ガアリマセン。
コツサハ龍宮ノ王子ヲ危イ所ヲ道レテ来テ其ノ事
ヲ残ラズ父ノ龍宮王ニ話シテ、「ドウカ其ノ人ヲ呼ンデオ礼
ヲシテ下サイ」ト言イマシタ。龍宮王モ「夫レハヨイ」トイッ
テ白イ馬ト白イ驢馬トニ言付ケテ、李子ヲ迎ヘニ
ヨコシマシタ。李子ハボンヤリ海ノ向ヲ眺メテ居マシタ
ガザワザワト大キナ音ガシタカト思フト海ノ水ガ二ツニ分
レテ中カラ白イ馬ト白イ驢馬トガ出テ来マシタ。白イ
馬ガ
「私共ハ龍宮城カラ、アナタノオ迎ニ来リマシタ。ドウゾ
コノ驢馬ニオ乗リ下サイ。私ガ御案内致シマス」ト丁
嚀ニ申シマシタ。李子ハ不思議デ堪リマセンガ、マア〳〵

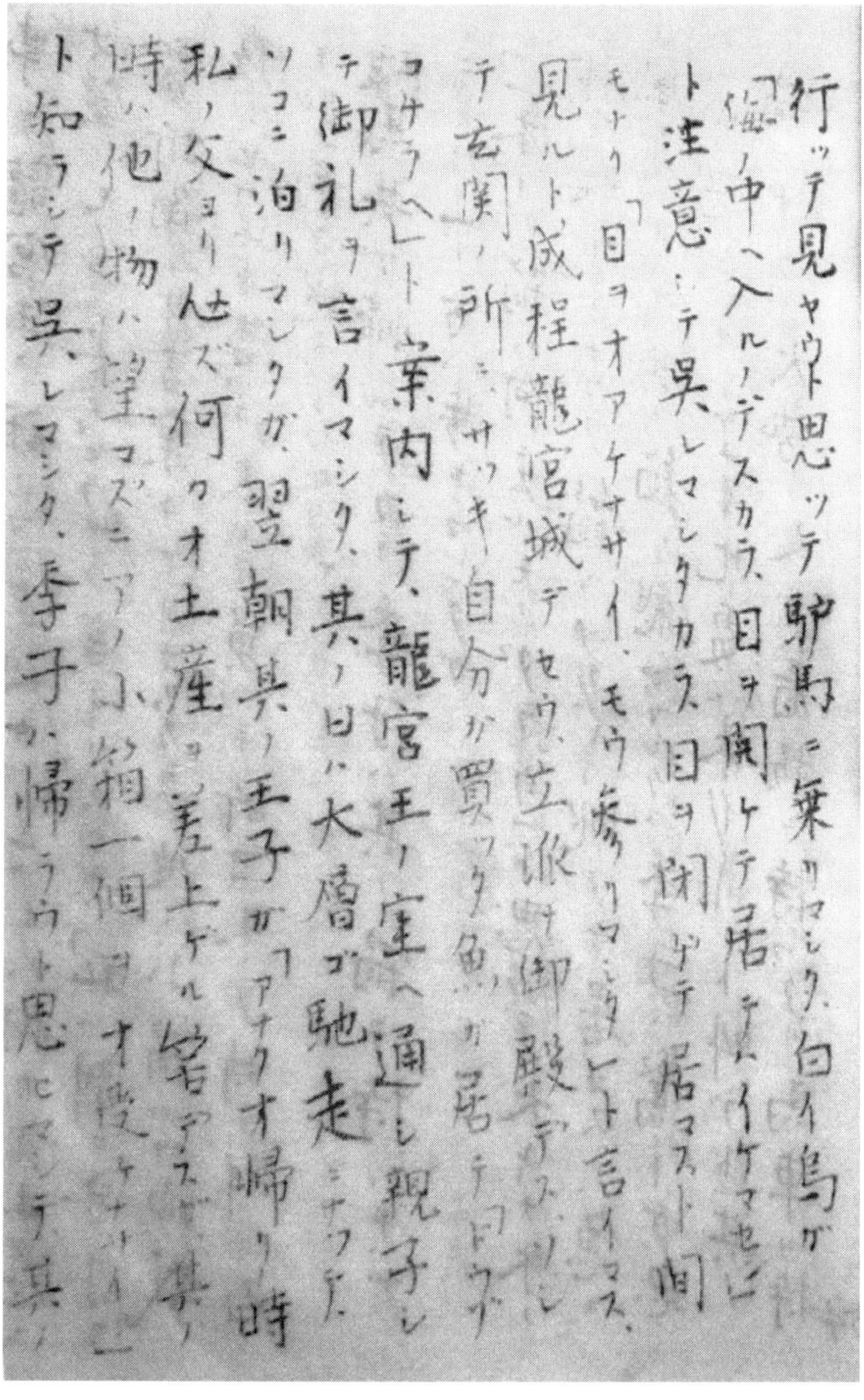

行ッテ見ヤウト思ッテ驢馬ニ乗リマシタ。白イ鳥ガ
「海ノ中ヘ入ルノデスカラ、目ヲ開ケテ居テハイケマセン」
ト注意シテ呉レマシタカラ、目ヲ閉ヂテ居マスト間
モナク「目ヲオアケナサイ、モウ参リマシタ」ト言イマス。
見ルト成程龍宮城デセウ、立派ナ御殿デアリマシ
テ玄関ノ所ニハサツキ自分ガ買ツタ魚ガ居テ「ドウゾ
コチラヘ」ト案内シテ、龍宮王ノ室ヘ通シ親子シ
テ御礼ヲ言イマシタ。其ノ日ハ大層ゴ馳走ニナツテ、
ソコニ泊リマシタガ、翌朝其ノ王子ガ「アナタオ帰リノ時
私ノ父ヨリ必ズ何カオ土産ヲ差上ゲル筈デス。其ノ
時ハ他ノ物ハ望マズニアノ小箱一個ヲオ受ケナサイ」
ト知ラシテ呉レマシタ。李子ハ帰ラウト思ヒマシテ其ノ

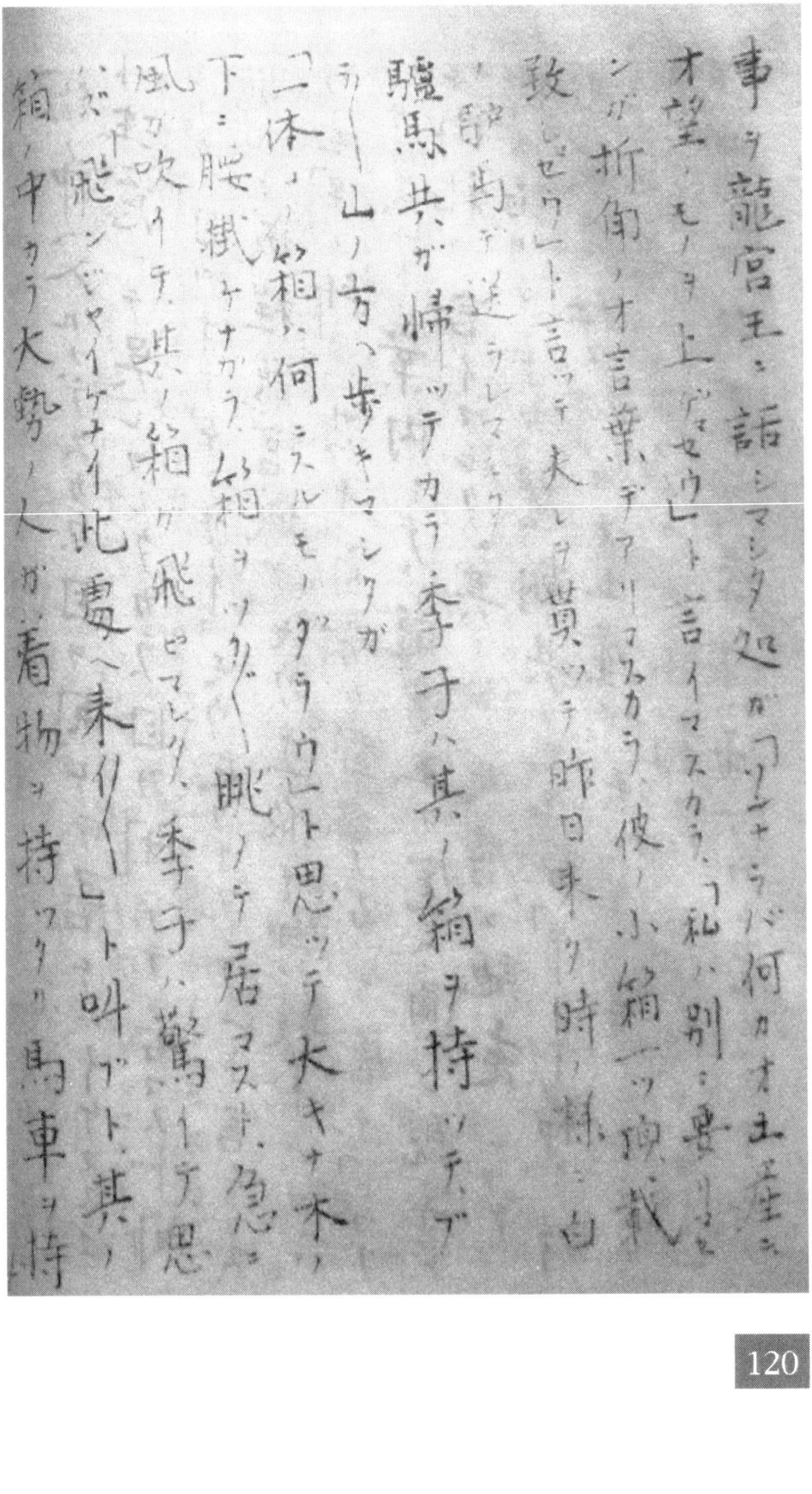
事ヲ龍宮王ニ話シマシタ処ガ「ソレナラバ何カオ土産ニ
オ望ミノモノヲ上ゲマセウ」ト言イマスカラ「私ハ別ニ要リマセ
ンガ折角ノオ言葉デアリマスカラ彼ノ小箱一ツ頂戴
致シマセウ」ト言ッテ夫レヲ貰ッテ昨日未ッ時ノ間ニ白
驢馬デ送ラレマシタ
驢馬共ガ帰ッテカラ李子ハ其ノ箱ヲ持ッテ、ブ
ラ〳〵山ノ方ヘ歩キマシタガ
「一体ノ箱ハ何ニスルモノダラウ」ト思ッテ大キナ木ノ
下ニ腰掛ケナガラ箱ヲツク〴〵眺メテ居マスト、急ニ
風ガ吹イテ其ノ箱ガ飛ビマシタノデ李子ハ驚イテ思
ハズ「飛ンジヤイケナイ此處ヘ来イ〳〵」ト叫ブト其ノ
箱ノ中カラ大勢ノ人ガ看物ヲ持ッタリ馬車ヲ持

ツタリシテ出テ来テ、李子ニ着[illegible]シテ馬車ニ乗
セマシタ。李子ハ「オレハ歩イテ行クンダカラ、オ前達ハ帰
レ」ト言ウト共ハノ人等ハ馬車ヲ持ッテ再ビ箱ノ中
ヘ入ッテ仕舞ヒマシタ
李子ハ之ヲ見テ大ニ喜ビ共ノ箱ヲ持ッテ元来
タ道ヲ帰リマシタ。モウ約束ノ日モ来タリ二人
ノ兄共ハ待ッテ居テ李子ガ帰ッテ来ルノヲ見テ
「オ前ハイクラモウケテ来タカ。オレ等ハオンナニモウケテ
来タゾ」ト元気ヨク財布ヲ出シテ見セタラ李子ハ
「オレハ何モモウケナイ。貰ッタ金モ使ッテ仕舞ッタ」
ト力無ゲニ言フト二人ノ兄共ハ口ヲ揃ヘテ
「オ前ハ家ニ居タ時モ皆バカリ吹イテ遊ンデ居タガ

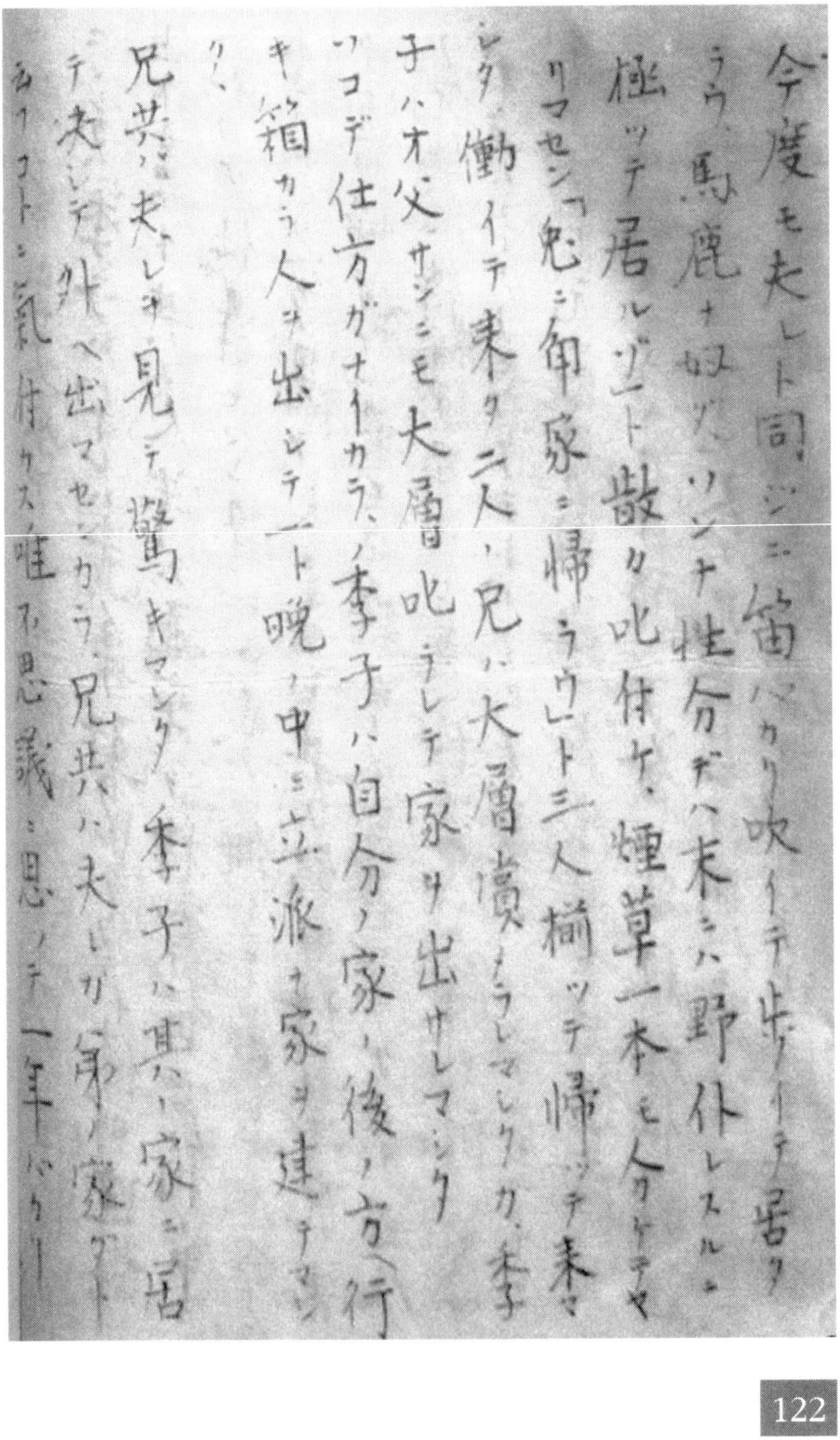
今度モ夫レト同ジニ笛バカリ吹イテ歩イテ居タラウ。馬鹿ナ奴ダ。ソンナ性分ダカラ末ニハ野仆レスルニ極ッテ居ルゾト散々叱付ケ、煙草一本モ分ケテヤリマセン。兎ニ角家ニ帰ラウト三人揃ッテ帰ッテ来マシタ。働イテ来タ二人ノ兄ハ大層賞メラレマシタガ、季子ハオ父サンニモ大層叱ラレテ家ヲ出サレマシタ。ソコデ仕方ガナイカラ、季子ハ自分ノ家ノ後ノ方ヘ行キ箱カラ人ヲ出シテ一ト晩ノ中ニ立派ナ家ヲ建テマシタ。
兄共ハ夫レヲ見テ驚キマシタ。季子ハ其ノ家ニ居テ夫レデ外ヘ出マセンカラ兄共ハ夫レガ弟ノ家ダト云フコトニ氣付ケズ唯不思議ニ思ッテ一年バカリ

暮シテ居マシタ、其ノ内ニ二人ノ兄共ガ商業ニ失敗シ
テ家モ富モ無クシテ仕舞ヒマシタ、其ノ時季子ハ出
テ、ハシメテオ父サン共ヲ迎ヘ、安楽ニ暮シマシタ。
又、昔一人ノ猟夫ガ有リマシタ、或日獲物ヲ取ラウト思
ッテ山ノ中ヘ深ク入ッテ行クト大キイ川ノ辺ニ一人ノ美
シイ娘ガ居テ、泣イテ居マス、猟夫ガ不思議ニ思
ッテ其ノ傍ニ行キ親切ニ其ノ理由ヲ聞キマスト娘
ハ泣ク〳〵
「私ハ京城南大門内李丞相ノ一人娘デゴザイマスガ
一年前虎ニ取ラレテ此處ニ居マス、オ見受ケ申セバ
アナタハ猟ヲナサルオ方、ドウゾ虎ヲ撃ッテ、オ助ケ下
サイ」ト頼ミマシタ。

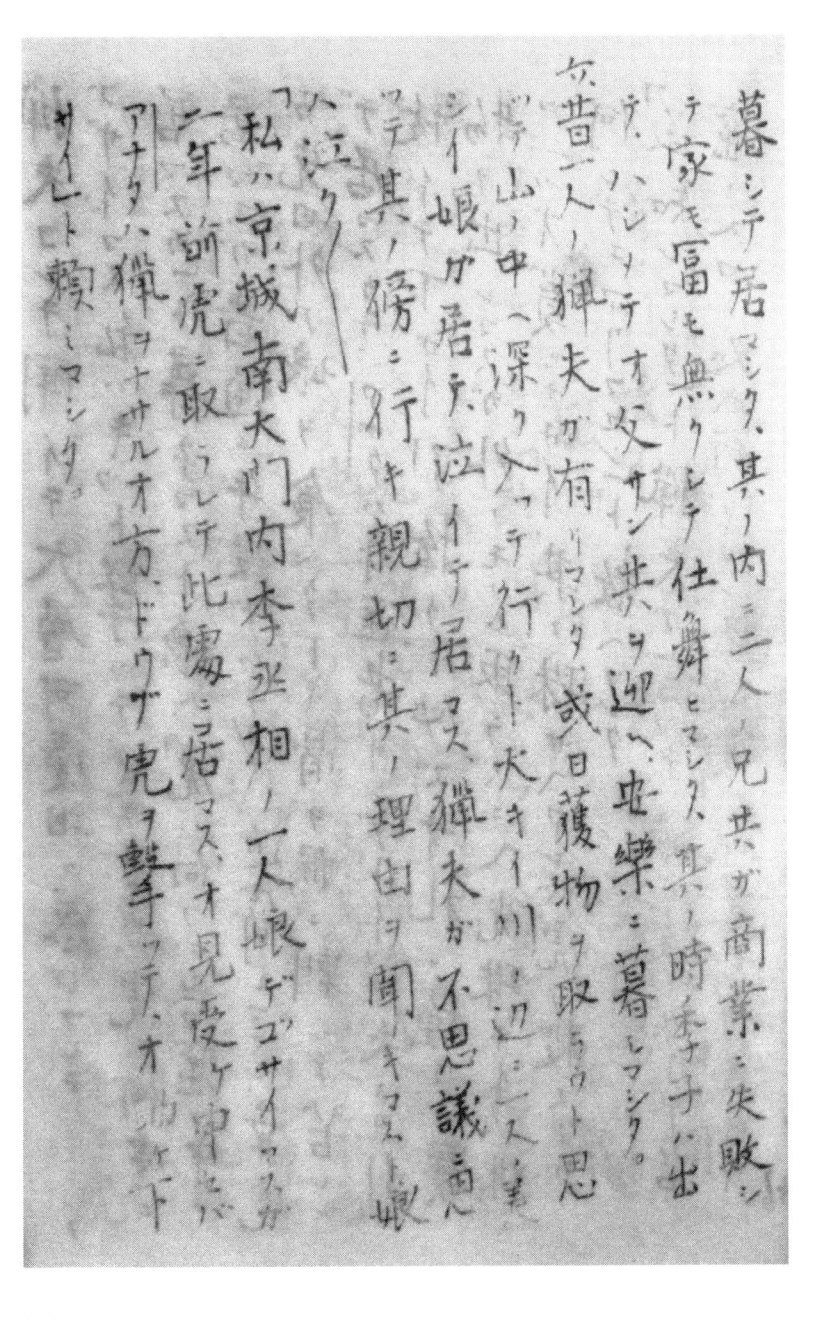

猟夫コレヲ聞イテ大層可愛相ニ感ジマシテ「ソウ
ゴザイマス私ハキット撃ッテアゲマセウ、虎ハ何處ニ
居マスカ」ト尋ネマスト娘ハ、「虎ハ向フノ岩窟ノ中ニ
居マスガ普通ノ手段デハナカ〳〵近寄レマセン、幸虎
ガ先日外ノ娘ヲ食ベタトキ骨ヲ喉ニ刺シテ苦シン
デ居マスカラ、アナタハオ医者サンダトイッテ夫レヨリ引
抜イテ下サイ。引抜クト必ズオ礼ニ種々ノ寶
物ヲ出シマスガ外ノモノハ取ラズニ光珠トイフ珠
ヲ一ツオ貰ヒナサイ。其ノ珠サヘアレバ虎ヲ殺スノカ
何ンデモアリマセン」ト教ヘマシタ
「承知シマシタ」ト猟夫ガ言ッテ、娘 [illegible] イテ岩
窟ノ入口ノ処ヘ行キ [illegible]

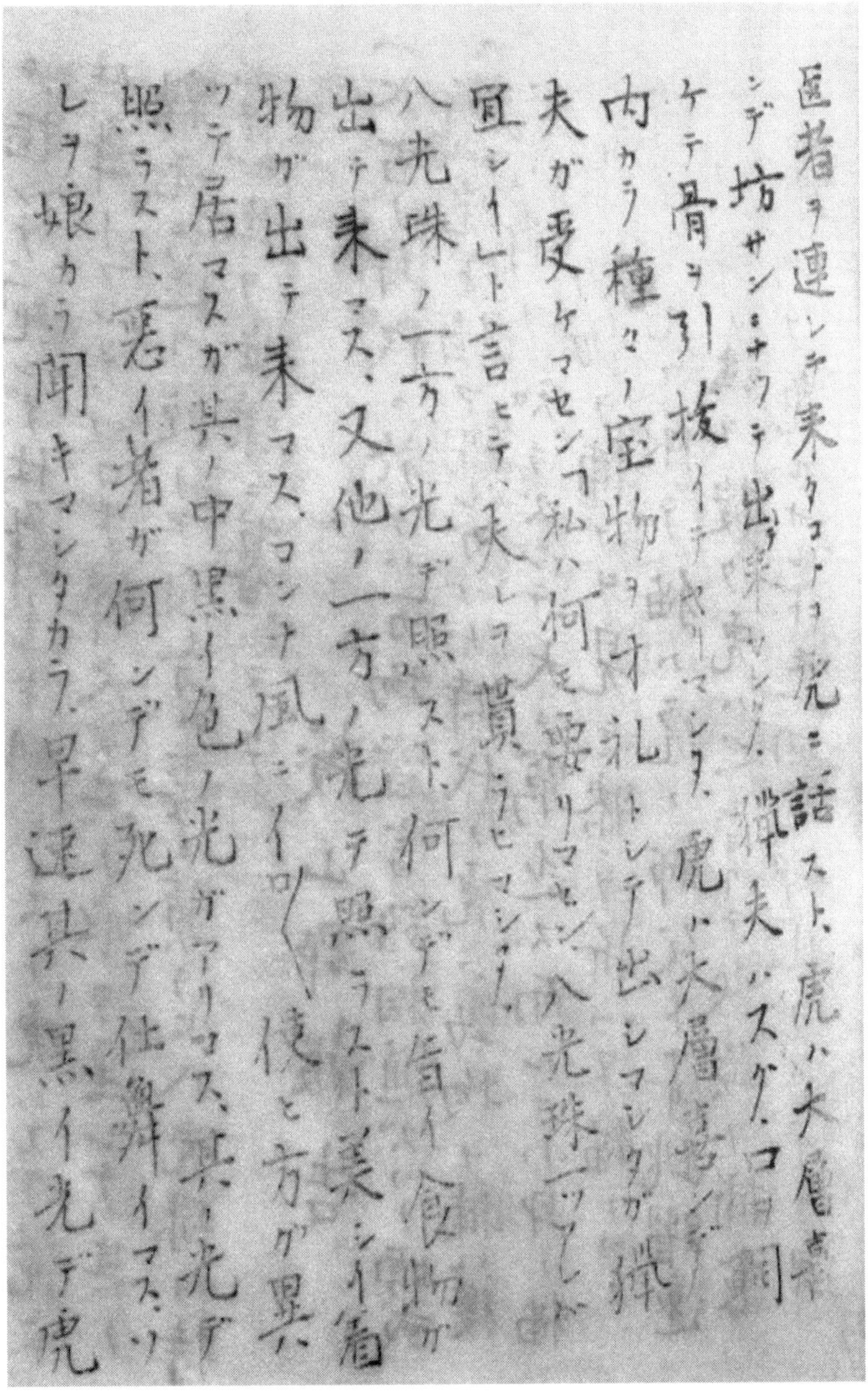
医者ヲ連レテ来タコトナド虎ニ話スト、虎ハ大層喜
ンデ坊サンニナッテ出テ来タノ、猟夫ハスグ、口ヲ開
ケテ骨ヲ引抜イテヤリマシタ。虎ハ大層喜ンデ猟
内カラ種々ノ宝物ヲオ礼トシテ出シマシタガ猟
夫ガ受ケマセンデ私ハ何モ要リマセン、八光珠一ツアレバ
宜シイト言ヒテ夫レヲ貰ラヒマシタ。
八光珠ノ一方ノ光デ照ストナ何ンデモ旨イ食物ガ
出テ来マス、又他ノ一方ノ光デ照ラスト美シイ着
物ガ出テ来マス、コンナ風ニイロイロ使ヒ方ガ異ハ
ッテ居マスガ其ノ中黒イ色ノ光ガアリマス、其ノ光デ
照ラスト、悪イ者ガ何ンデモ死ンデ仕舞イマス。ソ
レヲ娘カラ聞キマシタカラ、早速其ノ黒イ光デ虎

125 전설동화조사사항

テ指シテ「死シテ仕舞イ」ト叫ビマスト虎ハスグ殺シテ仕舞イマシタ。ソコデ猟夫ガ其ノ娘ヲ連レテ其ノ親元ニ送リ、改メテ自分ノ妻ニ貰ラヒ、八光珠ヲ持ッテ一生ヲ安樂ニ暮シマシタ

茂山郡報告

一太古ノ時代ニ於ケル萬物皆言語相通ズルノ頃或所ニ虎ト猫アリシガ、ソノ時代ノ虎ハ動物ヲ捕獲スルノ術ヲ知ラズシテ大ニ窮迫スルニ、身ノ猫ハ克リ動物ヲ捕フヲ見テ膝ヲ折ッテ猫ニ、ソノ侍教ノ乞フニ依テ猫ハ虎ノ師父トナリ跳躍遠走襲撃ノ法ヲ授ク虎ハ之レヨリテ獣類ヲ捕食スル術ヲ免ルサレドモ一回ノ御礼ヲシモセザルニヨリ

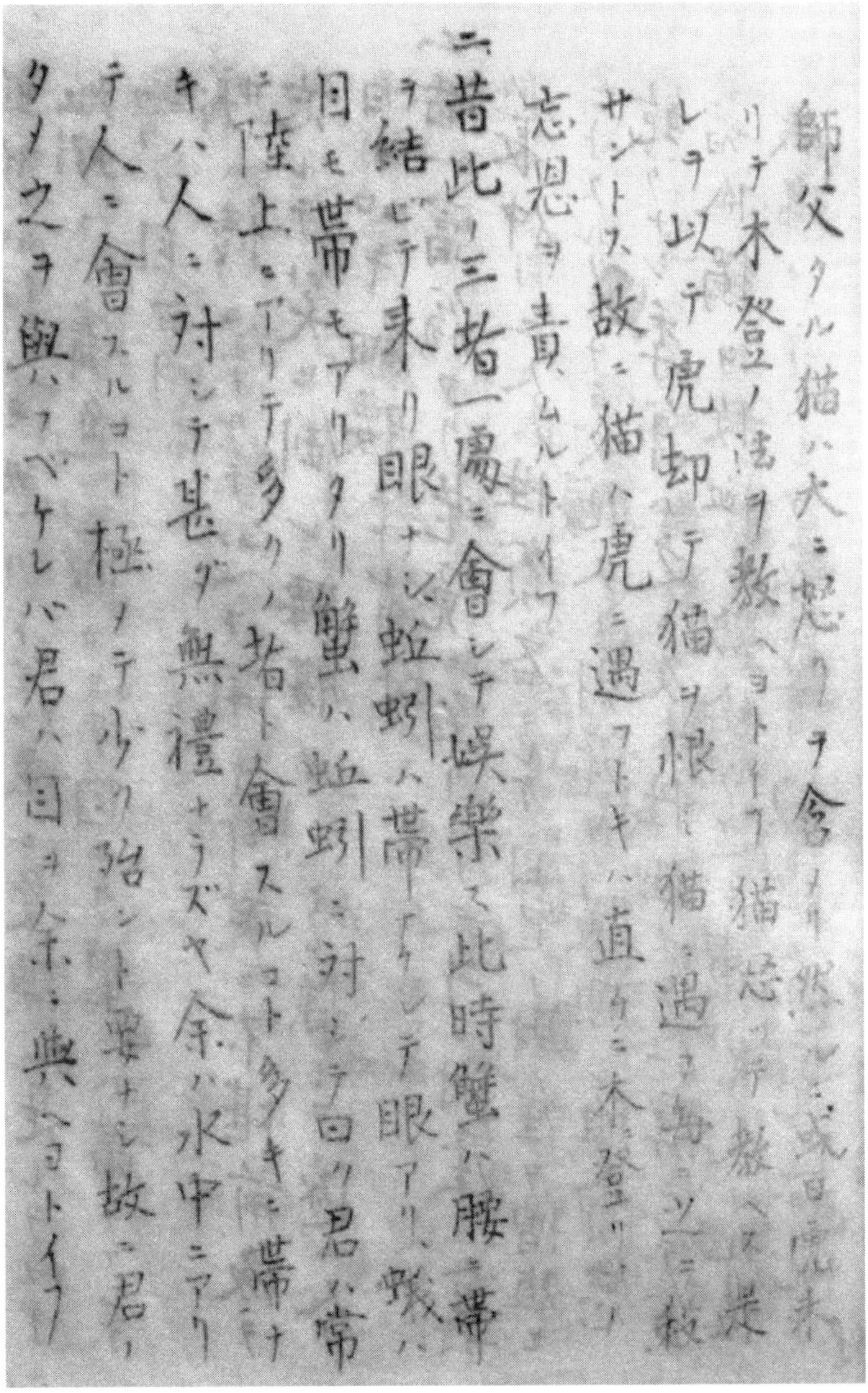

師父タル猫ハ犬ニ怒リテ今ノ如ク然ルニ虎未
リテ木登ノ法ヲ教ヘヨトイフ猫忘レテ教ヘズ是
レヲ以テ虎却テ猫ヲ恨ミ猫ニ遇ヘバ之ヲ殺
サントス故ニ猫ハ虎ニ遇フトキハ直ケニ木ニ登リテ其ノ
忘恩ヲ責ムルトイフ
二 昔此ノ三者一處ニ會シテ娯樂ス此時蟹ハ腰ニ帯
ヲ結ビテ來リ眼ナシ蚯蚓ハ帯ナクシテ眼アリ。蟹ハ
目モ帯モアリタリ蟹ハ蚯蚓ニ対シテ曰ク君ハ常ニ
陸上ニアリテ多クノ者ト會スルコト多キニ帯ナ
キハ人ニ対シテ甚ダ無禮ナラズヤ余ハ水中ニアリ
テ人ニ會スルコト極メテ少ク殆ンド要ナシ故ニ君ノ
タメ之ヲ與フベケレバ君ハ目ヲ余ニ與ヘヨトイフ

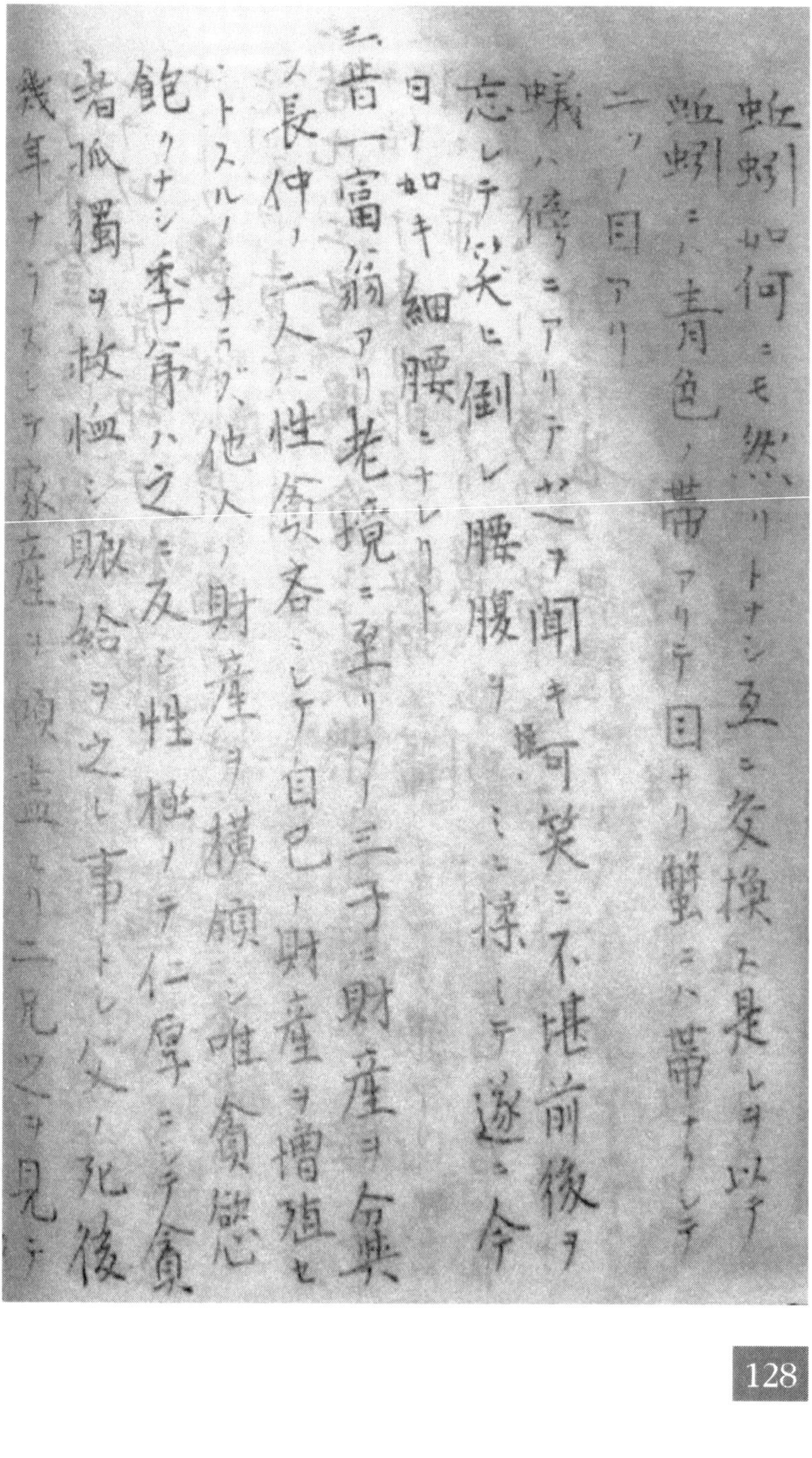

蚯蚓如何ニモ然リトナシ互ニ交換ス是レヲ以テ蚯蚓ニハ青色ノ帯アリテ目ナシ蟹ニハ帯ナクシテ二ツノ目アリ
蟻ハ傍ラニアリテ之ヲ聞キ可笑ニ不堪前後ヲ忘レテ笑ヒ倒レ腰腹ヲ捧シテ遂ニ今日ノ如キ細腰トナレリト
三、昔一富翁アリ老境ニ至リ三子ニ財産ヲ分與ス長仲ノ二人ハ性貪吝ニシテ自己ノ財産ヲ増殖セントスルノミナラズ他人ノ財産ヲ横領シ唯貪慾飽クナシ季弟ハ之ニ反シ性極メテ仁厚ニシテ貧者孤獨ヲ救恤シ賑給ヲ之レ事トシ父ノ死後幾年ナラズシテ家産ヲ傾盡シ二兄之ヲ見テ

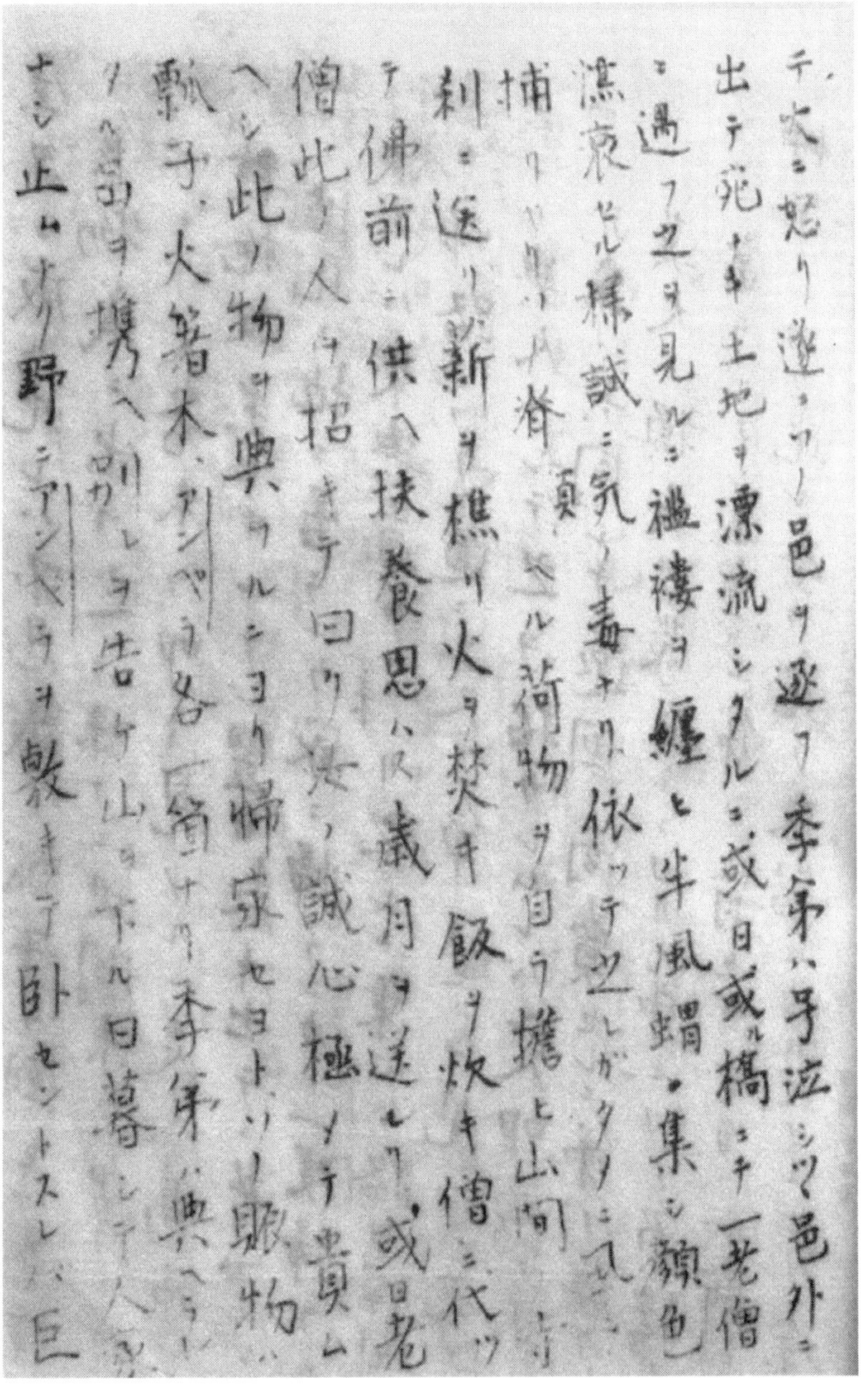
テ次ニ怒リ遂ニ邑ヲ逐ワレ李第ハ号泣シツヽ邑外ニ
出テ苑ナキ土地ヲ漂流シタルニ或日或ル橋ニテ一老僧
ニ遇フ之ヲ見ルニ襤褸ヲ纏ヒ半風蝨ノ集シ顔色
憔哀セル様誠ニ気ノ毒ナルニ依ツテ之レガタメニ寺
捕リカハリ人脊負ヘル荷物ヲ自ラ擔ヒ山間ノ寺
刹ニ送リ新ヲ樵リ火ヲ焚キ飯ヲ炊キ僧ニ代ツ
テ佛前ニ供ヘ扶養恩ハ歳月ヲ送レリ或日老
僧此ノ人ヲ招キテ曰ク汝ノ誠心極メテ貴ム
ヘシ此ノ物ヲ與ウルニヨリ帰家セヨトテ一ノ贈物ハ
瓢子ト火箸木ト（アンペラ）各一箇ナリ李第ハ與ヘラレ
タル品ヲ携ヘ別レヲ告ケ山ヲ下ル日暮レテ人家
ナク止ムナク野ニテアンペラヲ敷キテ臥セントスレバ巨

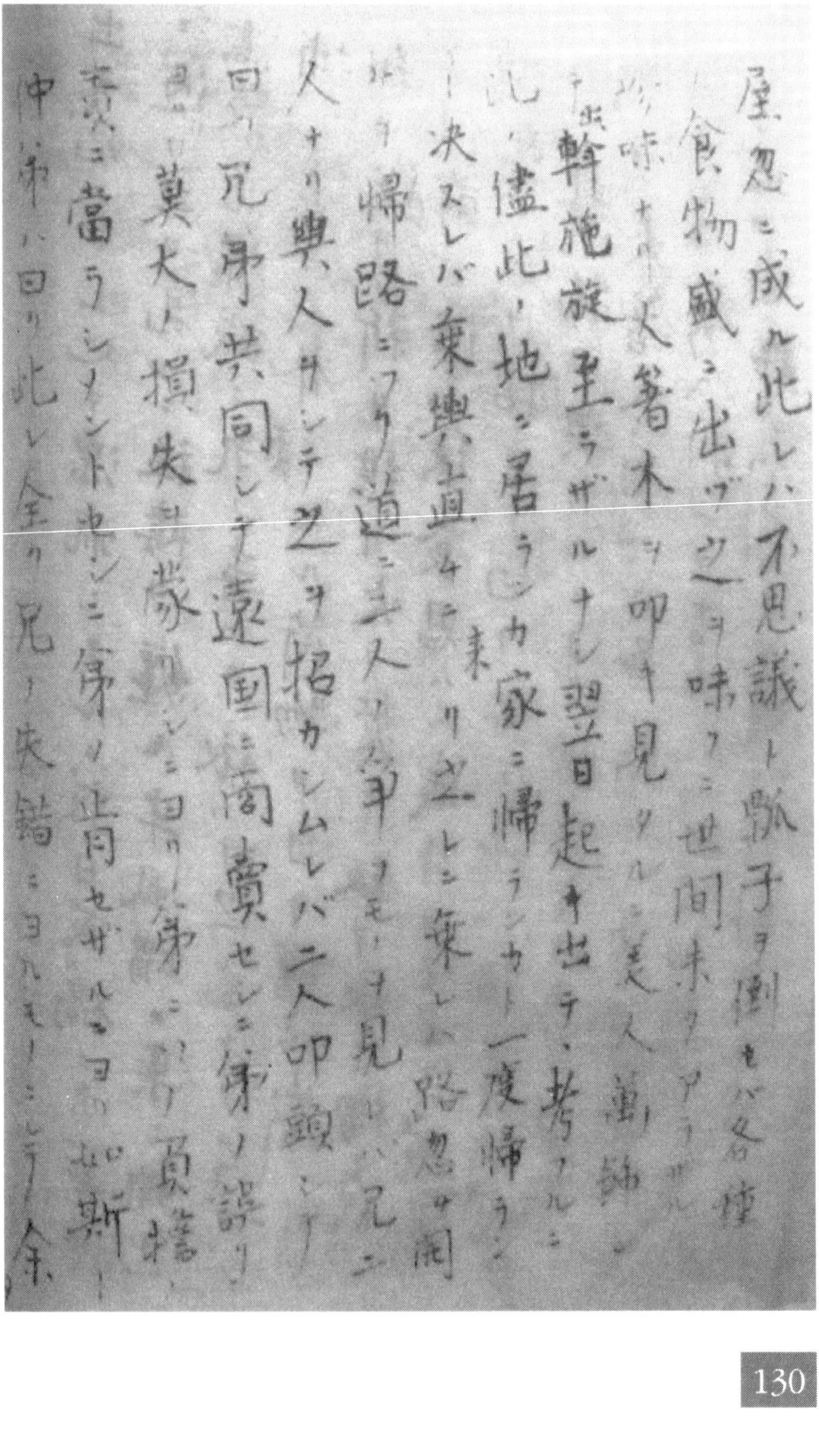
屋忽ニ成ル此レハ不思議ト瓢子ヲ倒セバ各樣
ノ食物盛ニ出ヅ之ヲ味フニ世間未ダアラザル
珍味ナリ大著木ヲ叩キ見タルニ美人亂舞シ
テ此ヲ斡旋至ラザルナシ翌日起キ出テ、考フルニ
此儘此ノ地ニ居ランカ家ニ帰ランカ一度帰ラン
ト決スレバ乗輿直ムニ来リ之レニ乗レバ瞬忽ノ間
ニシテ帰路ニアリ道ニ二人ノ争フモノヲ見レバ兄ニ
大人ナリ輿人ヲシテ之ヲ招カシムレバ二人叩頭シテ
曰ク兄弟共同シテ遠國ニ商賣セシニ弟ノ誤リ
ニ因リ莫大ノ損失ヲ蒙リシニ因リ弟ニ向ヒ負擔
ヲ求ムルニ當ラシメントセシニ弟ノ之ヲ肯セザルヲ以テ如斯ト
申ス帝ハ曰ク此レ全ク兄ノ失錯ニヨルモノニシテ余

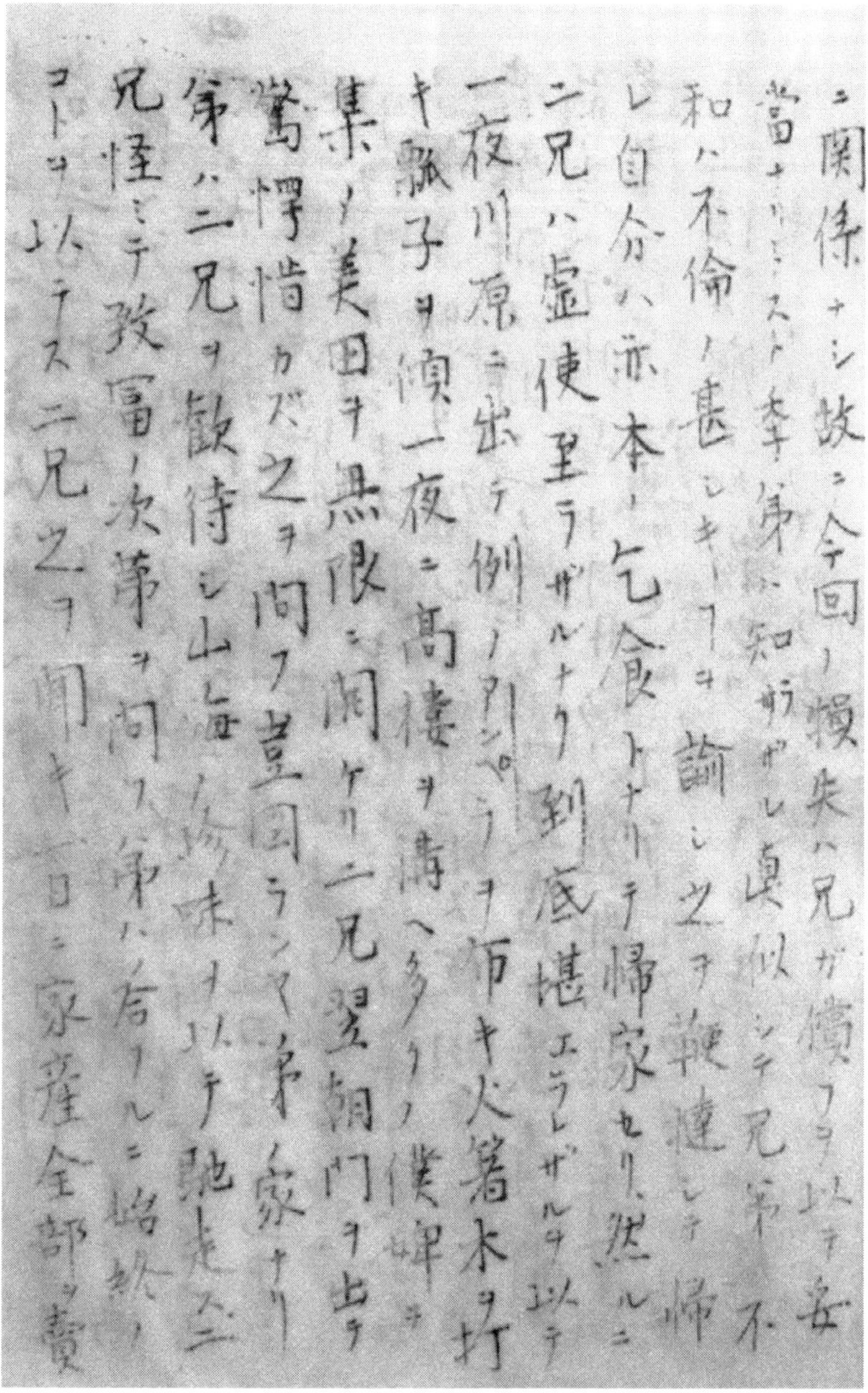
ニ関係ナシ故ニ今回ノ損失ハ兄ガ償フヲ以テ安
當ナリトスト李ノ弟ハ知ラザレ真似シテ兄弟ハ不
和ハ不倫ノ甚シキコトヲ諭シ之ヲ鞭撻シテ帰
レ自分ハ亦本ノ乞食トナリテ帰家セリ然ルニ
二兄ハ虚使至ラザルナリ到底堪エラレザルヲ以テ
一夜川原ニ出テ例ノアンペラヲ布キ火箸木ヲ打
キ瓢子ヲ傾ケ一夜ニ高楼ヲ構ヘ多クノ僕婢ヲ
集メ美田ヲ無限ニ開ケリ二兄翌朝門ヲ出テ
驚愕惜カズ之ヲ問フ豈図ランヤ弟ノ家ナリ
弟ハ二兄ヲ歓待シ山海ノ珍味ヲ以テ馳走ニ
兄怪ミテ致富ノ次第ヲ問フ弟ハ告フルニ始終ノ
コトヲ以テス二兄之ヲ聞キ一日ニ家産全部ヲ賣

131 전설동화조사사항

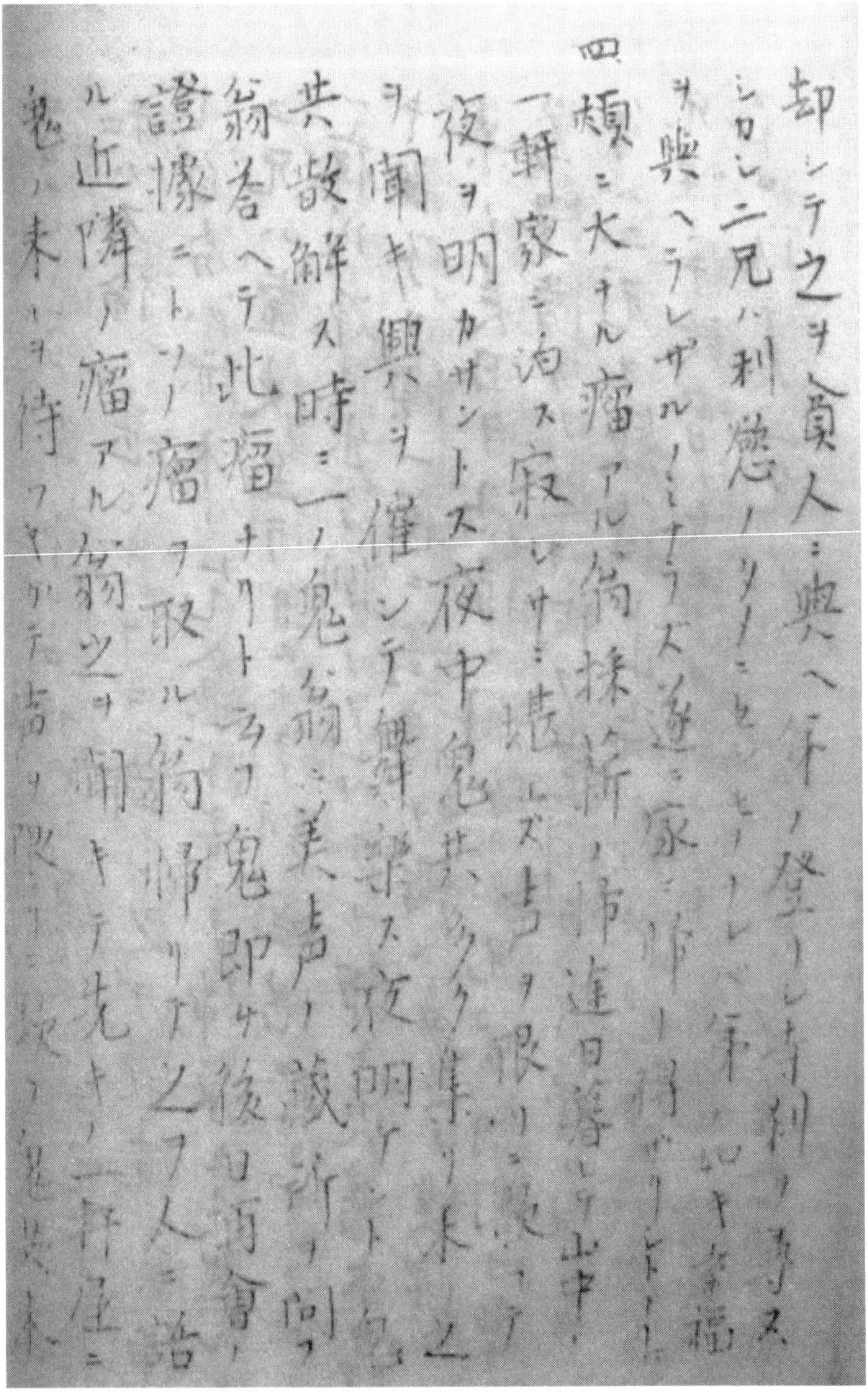

却シテ之ヲ貪人ニ與ヘ一千ノ金ヲ得レナ利ヲ有ス
シカシ二兄ハ利慾ノリノニヒトシレハ千ノ如キ幸福
ヲ與ヘラレザルノミナラズ遂ニ家ニ帰ルヲ得ザリトナレリ
四 頬ニ大ナル瘤アル翁榛斫ノ帰途日暮レテ山中ノ
一軒家ニ泊ス寂シサニ堪ヘズ声ヲ限リニ歌ヒテア
夜ヲ明カサントス夜中鬼共多ク集リ来リ之
ヲ聞キ興ヲ催シテ舞踊ス夜明ケトナリ鬼
共散解ス時ニ一ノ鬼翁ニ美声ト識所ヲ問フ
翁答ヘテ此瘤ナリトス鬼即チ後日再會ノ
證據ニトソノ瘤ヲ取ル翁帰リテ之ヲ人ニ語
ル近隣ノ瘤アル翁之ヲ聞キテ先キノ一軒屋ニ
鬼ノ来ルヲ待ツヤガテ声ヲ限リニ歌ヒ鬼共来ト

リテ声ノ出所ニ行ヘバ又瘤アリト答フ鬼共ノ嘘
言ナルヲ怒リテ汝ニ此ノ瘤ヲ與フト云ヒ片頰ニ又
大ナル瘤ヲブラ下ゲラレタリトイフ

五、昔京城ニ風水生ノ大家アリ三子父ノ老ヲ見テ倚
處ニ墓ヲ定ムベキヤヲ問フ敢テ答ヘズ其ノ最後
ニ臨ミ死後友人某ニ尋ネヨトイフ、三人即チ父
ノ歿後先人ノ親友ヲ訪ネテ之ヲ問フ、敢ヘテ告
ゲズ重ネテ問フニ答ヘテ曰ク墓ヲ其處ニ定メ
バ初ニ長兄命ヲ損シ仲兄ハ次ニ卒シ、季弟
ハ最後ニ損命スベシ、即チ子孫ニ三相ヲ出スベシ、
兄弟之ニ從フ、不思議ニモ翁ノ豫言ノ如ク長
兄先ヅ死シ仲兄次イテ死ス、季弟死ヲ待ツノ苦

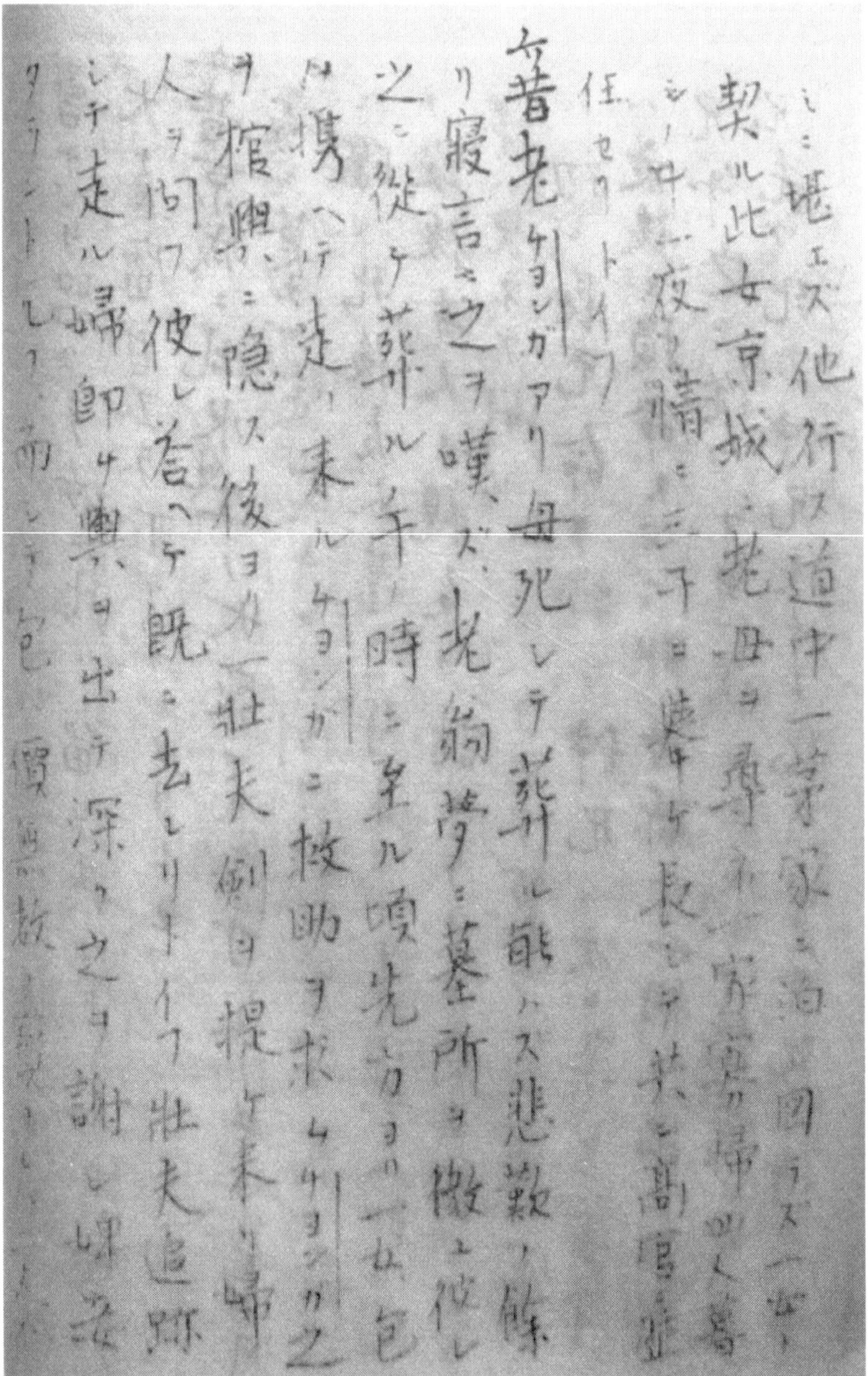

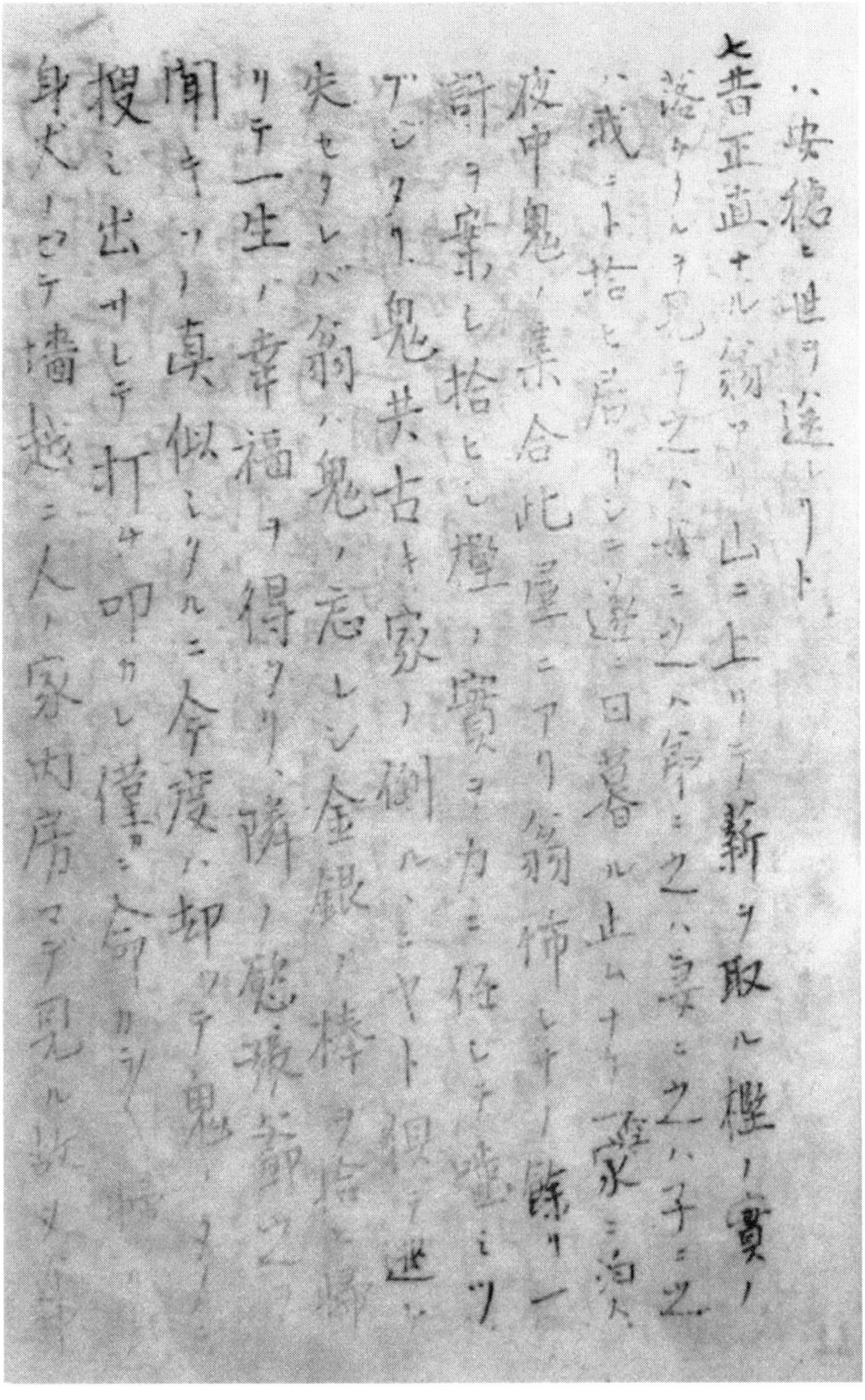
ハ安穏ニ世ヲ送リタリト
七 昔正直ナル翁アリキ山ニ上リテ薪ヲ取ル椎ノ實ノ
落ケタルヲ見テ之ハ婆ニ之ハ爺ニ之ハ妻ニ之ハ子ニ之
ハ我ニト拾ヒ居リシニ遂ニ日暮ル止ムナク一空家ニ泊ス
夜中鬼ノ集合此屋ニアリ翁怖レテ隅ニ一
許ヲ窺ヒ拾ヒシ椎ノ實ヲ力ニ任セテ噛ミツ
ブシタリ鬼共古キ家ノ倒ルルニヤト思ヒテ逃
失セタレバ翁ハ鬼ノ忘レシ金銀ノ棒ヲ拾ヒ帰
リテ一生ノ幸福ヲ得タリ隣ノ慾張爺之
聞キテ之ヲ真似シタルニ今度ハ却ッテ鬼ニ見ツケ
捜シ出サレテ打チ叩カレ僅ニ命カラガラ
身ヲ以テ墻越ニ人ノ家内房マデ見ル

ニテ散々ノ痛手ニ會ヒシトノコト
八、昔或所ニ二人ノ兄弟アリ兄ハ貪慾限リナク父死
後弟夫婦ヲ逐ヒ出シ獨リ自ラ蓄財ヲ之事
トセリ。弟ハ敢テ恨ム景色ナク唯自ラ働キテ小
サキ家ニ妻子ヲ養ヘリ或年燕来リ巣ヲ作ル
ヤガテ雛ノ一羽ガ落チテ足ヲ傷ム與夫之ヲ
憐ミ種々手ヲツクシテ治療シ返シヤリ翌年燕
其ノ礼ニ瓢ノ種ヲ持チ来ル之ヲ撒キシニ四個ノ
瓢成熟セリ。一ツ割リシニ一童子出テ五ケノ
靈薬ヲ捧ゲ。二ノ瓢子ヨリハ大木巨材出テ、三ノ
瓢子ヨリハ大工出テ家ヲ建テ又穀類衣服類
金銭等数ニ出ヅ。残リノ一ツヨリハ美人影多出

タリ兄ハ之ヲ聞キ燕ヲ無理ニ我ガ家ニ入レテ
巣、造ラセツノ雛ヲ落シテ負傷セシメ之ヲ治療シ
テ礼ヲ待タリヤガテ燕ノ持チ来レル瓢子ノ種ヲ
播キ十ケ月ノ實ヲ得之ヲ割キ見レニ一々彼レ
ニ災スルモノニシテ最後ノモノヨリハ糞尿川水
如ク流レ出テ命カラ〳〵弟ノ宅ニ逃ゲ行キテ
一家五人乞食ニナレリト、
九 昔ハ人畜草木言語相通ス或人道ニ虎ノ穽ニ陥
リテ苦ノルヲ見ル虎聲ヲ挙ケ助ケヲ求ムルノ
人之ヲ憐ミ救ヒ出セシニ虎ハ本性ヲ顕ハシツノ
人ヲ食ハントスソノ人非理ヲ責ム虎曰ク恩ハ恩
ナリ食ハ食ナリ。吾今飢甚シ汝ヲ食フ何ノ悪

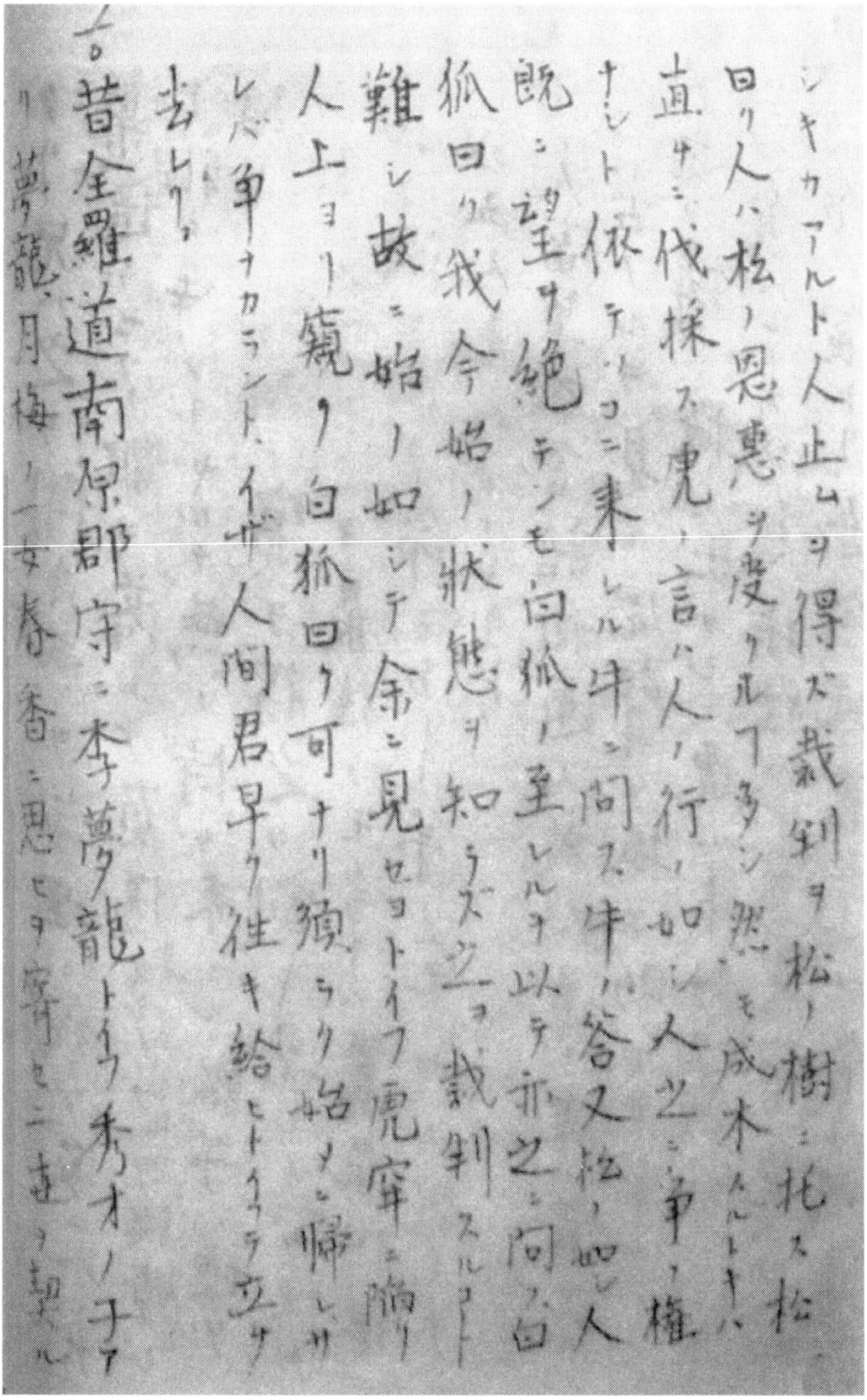
シキカアルト人止ムヲ得ズ裁判ヲ松ノ樹ニ托ス松
曰ク人ハ松ノ恩恵ヲ受クルコト多シ然モ成木スルトキハ
直サニ伐採ス虎ノ言ハ人ノ行ノ如シ人之ニ争ノ権
ナシト依テソコニ来レル牛ニ問フ牛ハ答ヘ又松ノ如シ人
既ニ望ミヲ絶チテモ白狐ノ至レルヲ以テ亦之ニ問フ白
狐曰ク我今始ノ状態ヲ知ラズ之ヲ裁判スルコト
難シ故ニ始ノ如クシテ余ニ見セヨトイフ虎穽ニ陥リ
人上ヨリ窺フ白狐曰ク可ナリ須ラク始メニ帰レリ
レバ争ナカラン、イザ人間君早ク往キ給ヘトイフテ立サ
去レリ。
昔全羅道南原郡守ニ李夢龍トイフ秀才ノ子ア
リ夢龍月梅ノ一女春香ニ思ヒヲ寄セ一生ヲ契ル

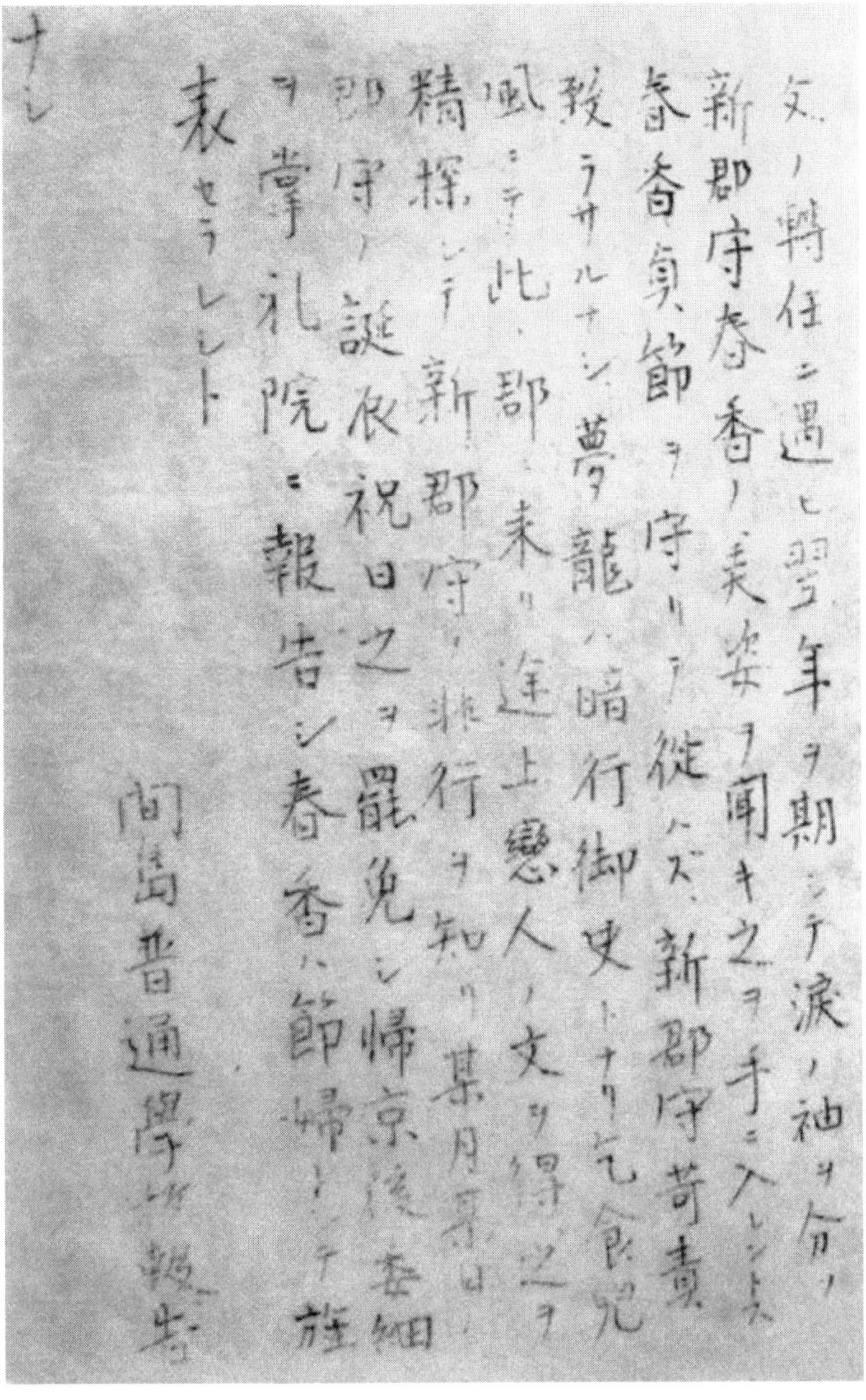

文ノ將任ニ過ヒ翌年ヲ期シテ涙ノ袖ヲ分ノ
新郡守春香ノ美姿ヲ聞キ之ヲ手ニ入レントス
春香貞節ヲ守リテ從ハズ新郡守苛責
殺ラサルナシ夢龍ハ暗行御史トナリ乞食兒
風ニテ此郡ニ來リ途上戀人ノ文ヲ得之ヲ
精探シテ新郡守ノ非行ヲ知リ某月某日
郡守ノ誕辰祝日之ヲ罷免シ歸京後委細
ヲ掌礼院ニ報告シ春香ハ節婦トシテ旌
表セラレシト

ナシ

間島普通學校報告

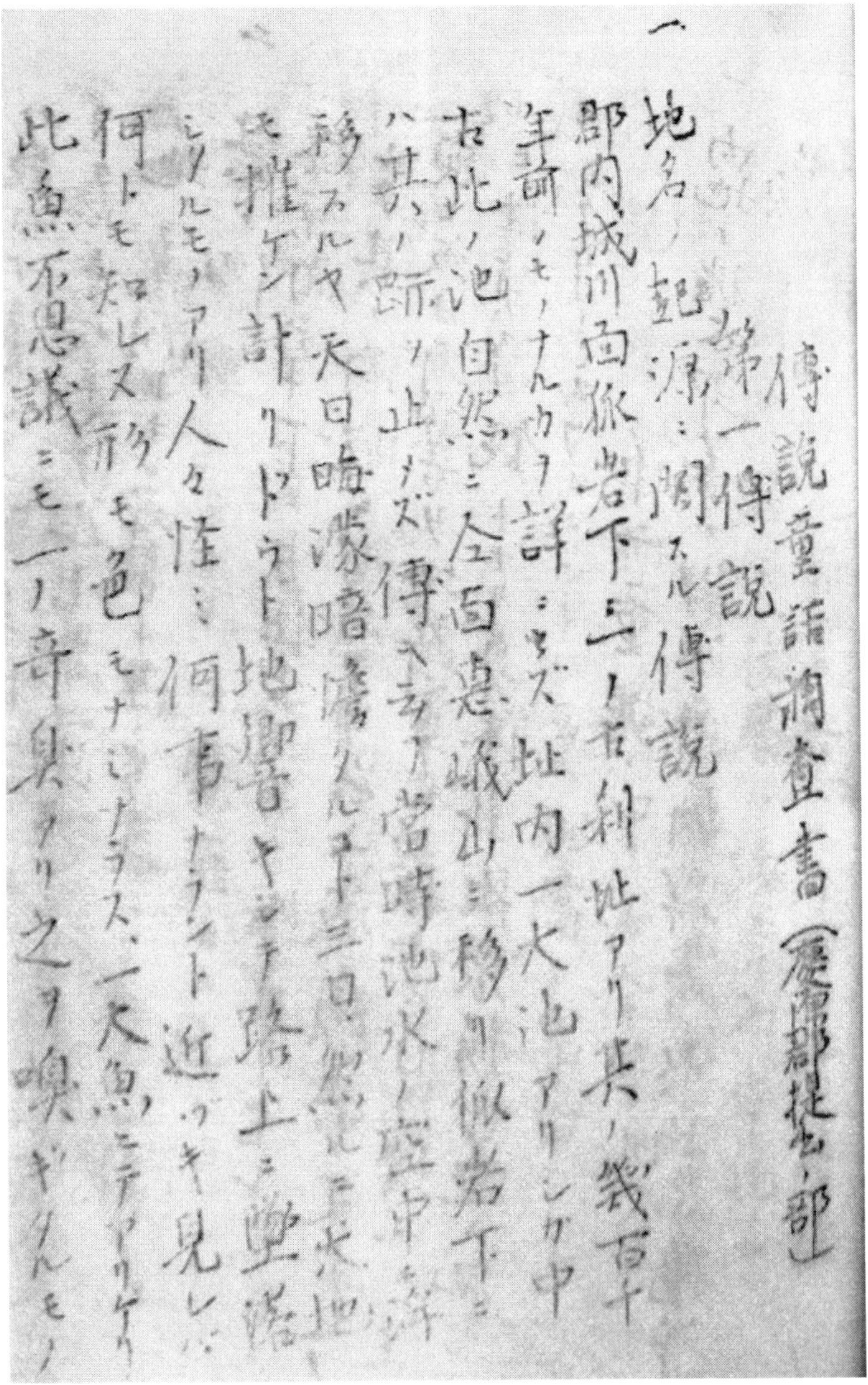
傳說童話調査書（慶[illegible]郡提出ノ部）

第一傳說

一、地名ノ起源ニ關スル傳說

郡內城川面孫岩下ニ一ノ古刹址アリ其ノ幾百千年前ノモノナルカヲ詳ニセズ址內一大池アリシガ中古此ノ池自然ニ今ノ白蓮峨山ニ移リ孫岩下ニハ其ノ跡ヲ止メズ傳ヘ云フ當時池水ノ空中ニ浮移スルヤ天日晦ク濛暗曖クナルコト三日然ルニ天地ヲ推ケン許リドドウト地響ヤシテ路上ニ墜落シタルモノアリ人々怪ミ何事ナランド近ヅキ見レバ何トモ知レズ形モ色モナシナラス一大魚ニテアリケリ此魚不思議ニモ一ノ奇臭アリ之ヲ嗅ギタルモノ

ハ数日ナラズシテ皆身体一面ニ水疱発生シテ之ヨリ潰

リタルモノハ悉ク死亡セリ此事アリテ以来彼人其

ノ地ヲ臨淵ト呼ビナラハシタリ

二 其ノ他

安京南岸下ニ方壮士ト云フモノアリ生レナガラニ

シテ其ノ両腋ニ翼アリ今ヨリ七歳ノ頃其ノ父母之ヲ

厭ヒ或日両翼ヲ切断シタルニ壮士ハ日ヲ経ルニ従

ヒ性質遅鈍トナリ身体漸次衰弱シ遂ニ死亡

シタリト云フ

第二 童話

一 内地ノ桃太郎等ノ御伽噺朝鮮ノ猫眼ノ物ノ色等

ノ類

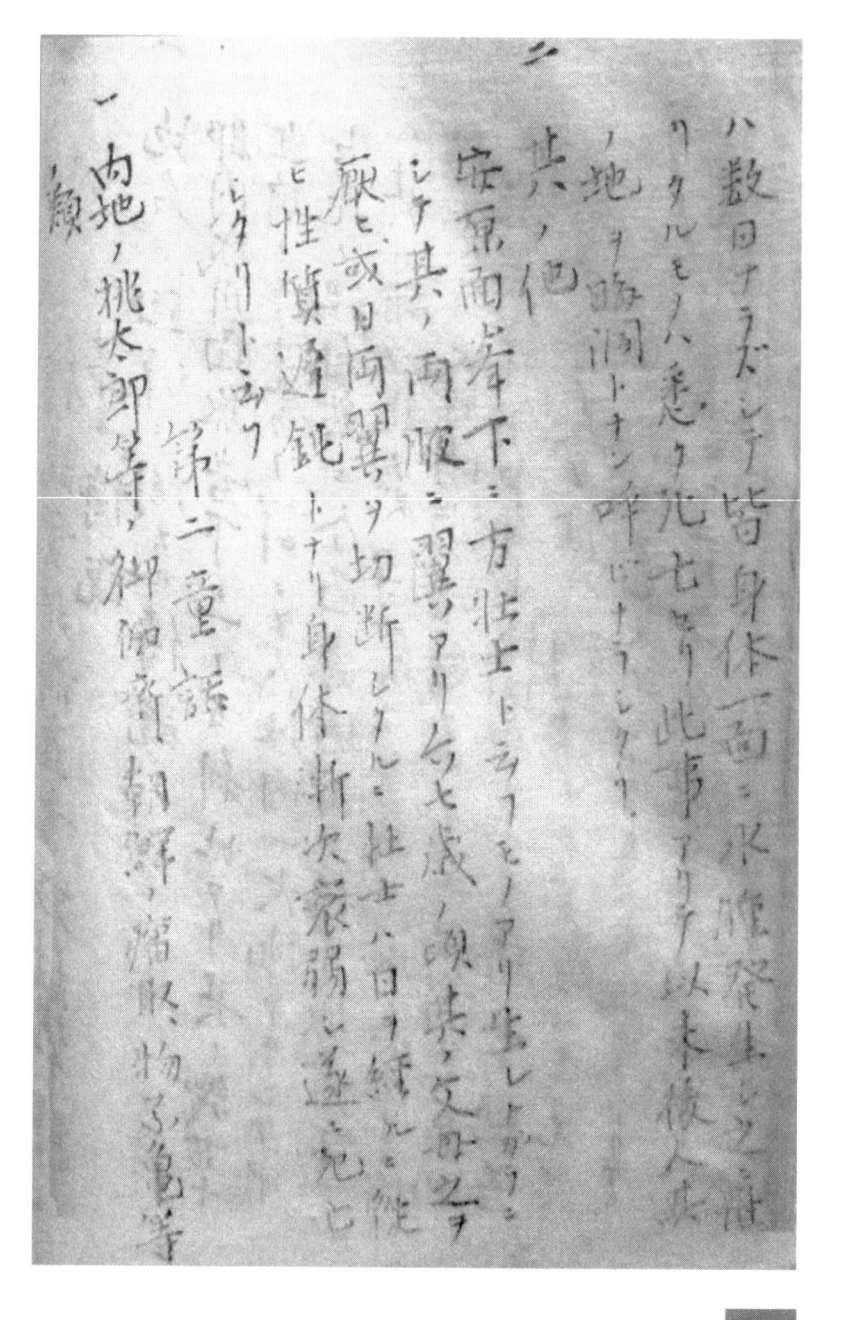

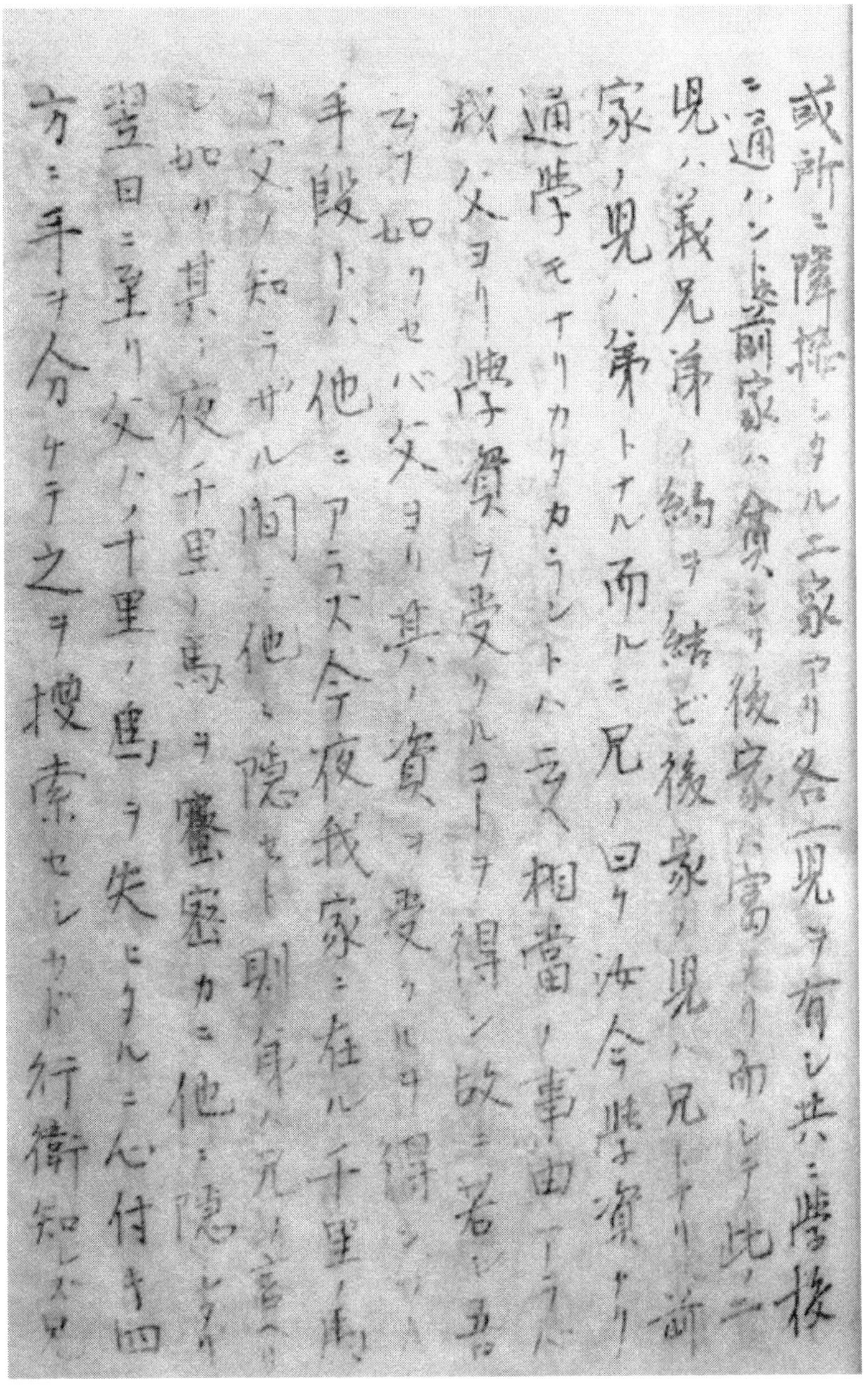
或所ニ隣接シタル二家アリ各一児ヲ有シ共ニ學校
ニ通ハシム前家ハ貧ニシテ後家ハ富メリ而シテ此ノ二
児ハ義兄弟ノ約ヲ結ビ後家ノ児ハ兄トナリ前
家ノ児ハ弟トナル而ルニ兄ノ曰ク汝今學資ナリ
通學モナリカタカラントハ云ヘ相當ノ事由アラバ
我父ヨリ學資ヲ受クルコトヲ得ン故ニ若シ吾
云フ如クセバ父ヨリ其ノ資ヲ受クルヲ得シメン
手段トハ他ニアラズ今夜我家ニ在ル千里ノ馬
ヲ父ノ知ラザル間ニ他ニ隠セト則弟ハ兄ノ言ヘ
ル如ク其ノ夜千里ノ馬ヲ竊カニ他ニ隠シタリ
翌日ニ至リ父ハ千里ノ馬ヲ失ヒタルニ心付キ四
方ニ手ヲ分ケテ之ヲ捜索セシカド行衛知レズ只

之ヲ父ニ進言スラク児ノ前家ニ能ク鉄臭ヲ嗅
ク奇児アリ父上ノ失ヘル馬ニ鉄ノ着キ居ルヿヲ
ナレ彼ヒニ託シタランニハ忽ノ間ニ尋ネ得ラレント父
之ヲ聞キテ大ニ喜ビ直ニ前家ノ児ヲ呼ビ汝克ク
我ガ千里ノ馬ヲ索ネ来ランカ可ハ汝ニ多クノ金
ヲトリ得サセント斯クテ前家ノ児ハウヤ〳〵シク
父ヲ欺キ全然自己ノ奇術ニヨリ千里ノ馬ヲ
尋ネ出シタル如ク装ヒツ彼ノ父ヨリ多額ノ金ヲ
獲得シタリ
此ノ事イツシカ国中ニヒロマリソノ児ハ神ノ如ク尊敬
セラルルニ至レリ其後程ナクソノ国ノ皇帝ノ國璽ヲ盗
マレタルモノアリ百方手ヲツクシテ捜索シタレドモ更ニ手

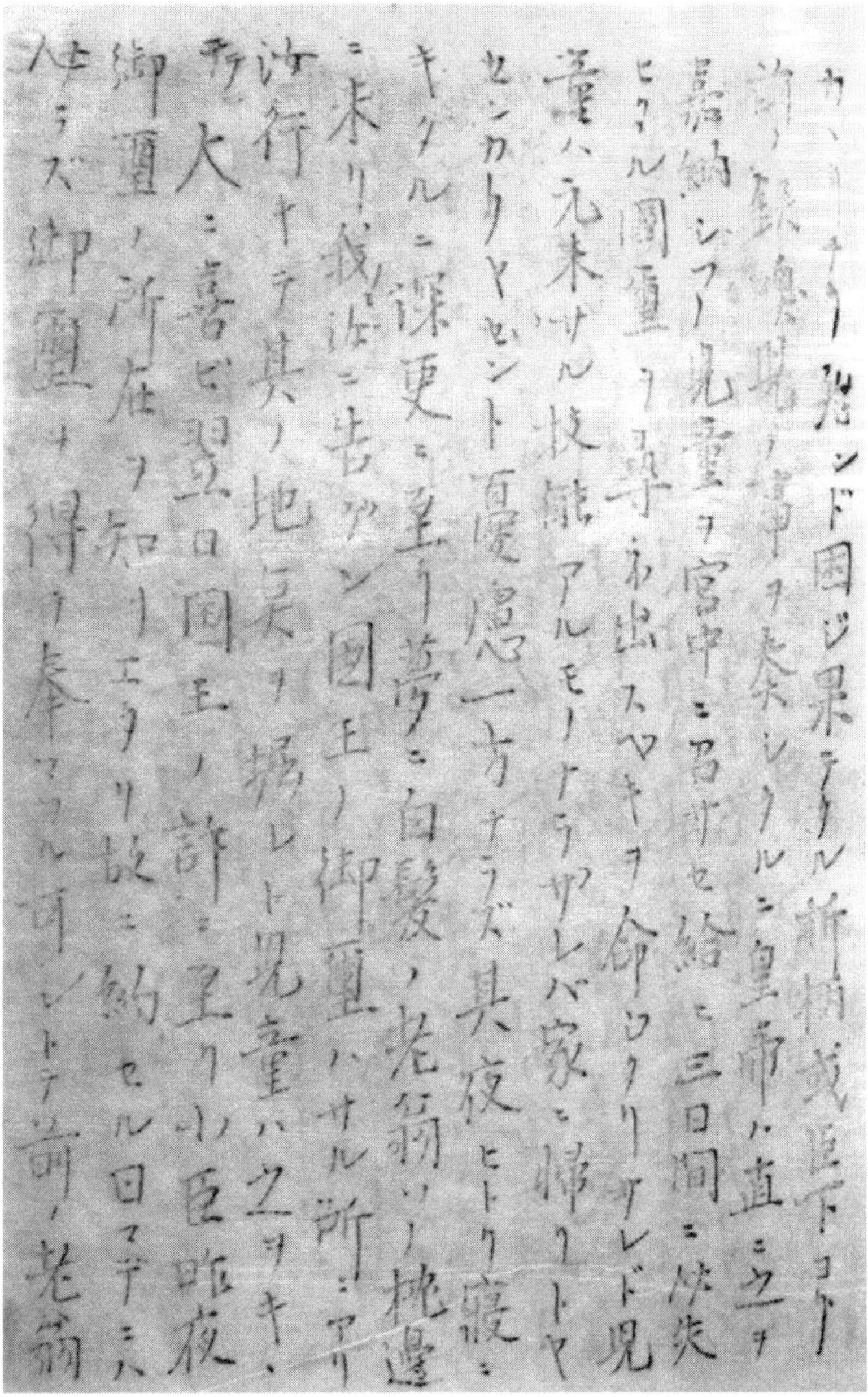

カヽリナリシ[illegible]ンド国ジ果テタル斯ク成臣下トコソ
許ノ鉄塊堀ノ事ヲ奏シケルニ皇帝ハ直ニ之ヲ
嘉納シ其ノ児童ヲ宮中ニ召サセ給ヒ三日間ニ伏失
ヒタル国璽ヲ尋ネ出スベキヲ命セラレケレド児
童ハ元来サル技能アルモノナラザレバ家ニ帰リトヤ
センカクヤセントテ憂慮一方ナラズ其夜ヒトリ寝ニ
キケルニ深更ニ至リ夢ニ白髪ノ老翁ツノ枕邊
ニ来リ我汝ニ告ゲン国王ノ御璽ハサル所ニアリ
汝行キテ其ノ地ヲ掘レト児童ハ之ヲ聞キ、
テ大ニ喜ビ翌日国王ノ許ニ至リ臣昨夜
御璽ノ所在ヲ知リエタリ故ニ約セル日マデニハ
[illegible]ラズ御璽ヲ得テ奉マツル可シトテ前ノ老翁

ノ告ゲアリシ地臭ニ至リ鉄ノ臭ナカナ所為ナレ
国璽ヲ伴ナヒ皇帝ニ献ジタルニ国王ノ御感
斜ナラズ之ガタメニ其ノ児童ハ後国王ノ次位
ナル高官ニ陞リタリトナリ
二 水国ノ龍王ニ一妾アリ或時病ニ罹リ醫ノ診
察ヲ受ク医曰ク是奇病ナリ若シ兎ノ肝臓ヲ
食シタランニハ病立ドコロニ癒ユベシトコヽニ龍王
ノ家ニ一亀アリ龍王之ニ命ジテ曰ク汝ハ兎ト
交リ親シ汝行ッテ彼ヲ誘ヒ来レ事成就セバ
賞與ハ汝ノ望ムマヽナリト亀ハ命ヲ奉ジ直ニ
兎ヲ訪ネテ途上ニ逢ヲ兎亀ニ語ッテ曰ク我
聞ク頃皆龍王ノ愛妾病ニ罹レリト汝ニ我レ彼

ノ女ノ早ク世ヲ去ラン様山神ニ祈ルコトシキ
リナリ若シ彼レ死セバ我彼女ノ後ニ入リテ龍王
ノ妻タラン而シテ又龍王死セバ我其後ヲ襲
フテ水國ノ王タラント亀之ヲ聞キ答ヘテ曰ク
汝ノ祈リシル愛妻ハ病重ク華石其ノ効ナキ
ノ既ニ黄泉ノ客トナレリ故ニ我等二人今
行キテ龍王ヲ襲ヒ撃チテ之ヲ殺シ水國ヲ
支配セン是企アルガタメニ予汝ヲ誘フベク来
リシナリ然ルニ不図途上汝ニ會セシハ幸ナリト
兎曰ク果シテ然ラバ何ゾ我多事ナル謗ニモ
寸善尺魔ト云フコトアレバ之ヨリ直ニ汝ト同道
シ我ガ目的トスル事業ニ着手スベシト共ニ龍

王ノ許ニ至リタルニ龍王ハカネテ謀リタルコト
ゝトテ何をも言ハセズ兎ヲ殺戮シテノ肝ヲ取
リ愛妾ニ服サシメケルニソノ病立トコロニ癒エテ
リ間モナク龍王死シテ亀ハ其後ヲ継ギ水国
ヲ支配セリト云フ

三、昔旅人アリ或地方ニ旅行シタルニ道案内ヲ知
ラズ如何ガハセント思案ニクルル折柄ハルカニ先
方ヲ眺ムルニ多数人ノ集マレルアリシカバ彼等
ニ之ヲ問ハンニハト足ヲハヤメテ其処ニ至リ慇懃
ニ道ヲ訪フ人々ハイト怒リ曰ク汝ハ何処ノ
者ゾ今我等ガ或事ヲ協議中汝ハ突然聲
ヲ発シ我等ノ談柄ヲ中断妨害シタレバ其罰

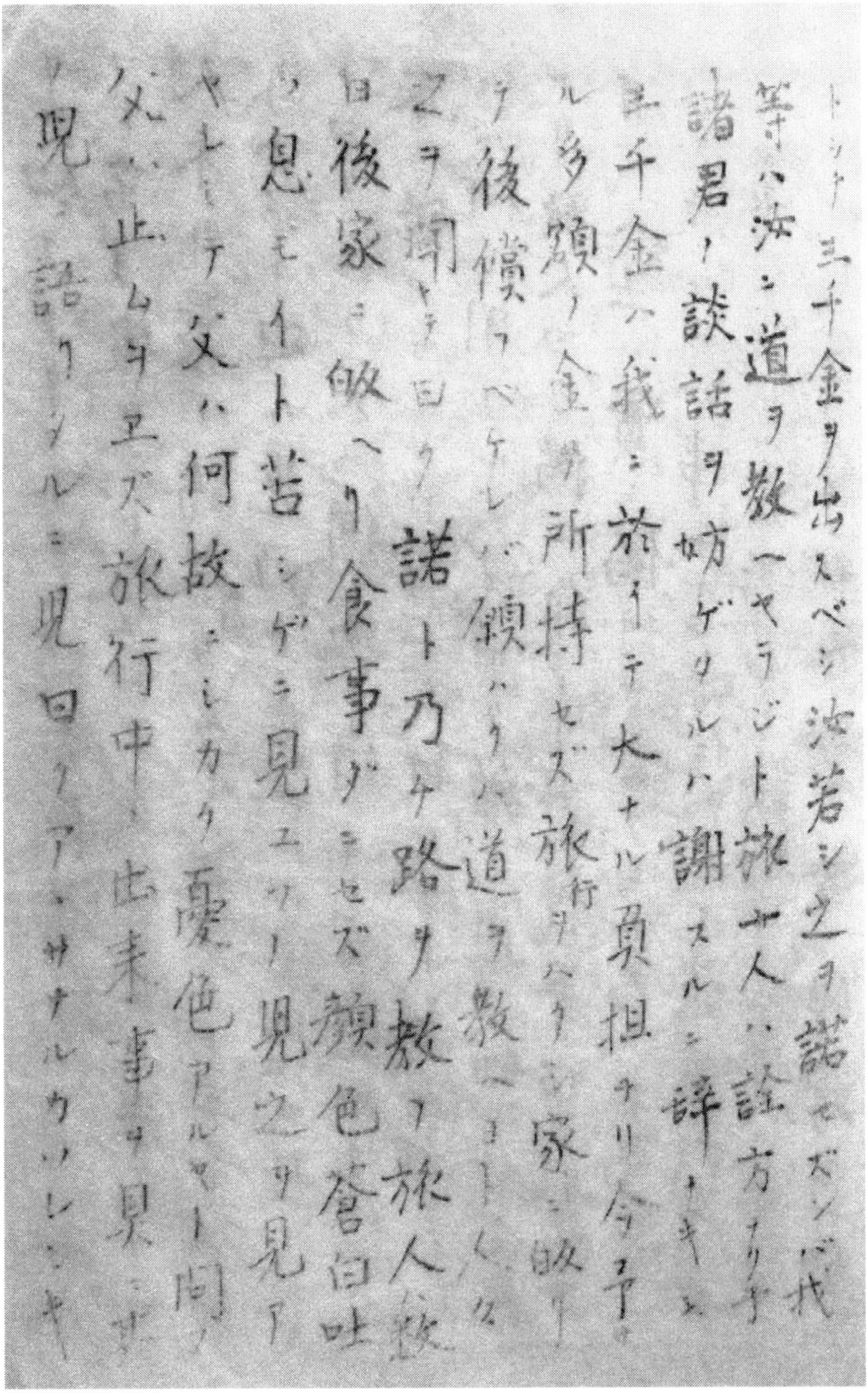
トシテ三千金ヲ出スベシ汝若シ之ヲ諾セズンバ我
等ハ汝ニ道ヲ教ヘヤラジト旅人ハ詮方ナクテ
諸君ノ談話ヲ妨ゲタルハ謝スルニ辞ナキモ
三千金ハ我ニ於イテ大ナル負担ナリ今予ハ
ル多額ノ金ヲ所持セズ旅行ヲハタシ家ニ帰リ
テ後償フベケレバ願ハクハ道ヲ教ヘヨトイヘバ
之ヲ聞キテ曰ク諾ト乃チ路ヲ教ヘ旅人救
曰後家ニ帰ヘリ食事ダニセズ顔色蒼白吐
ク息モイト苦シゲニ見エケリ児之ヲ見テ
ヤレヽテ父ハ何故ニカク憂色アルヤト問フ
父ハ止ムヲエズ旅行中ノ出来事ヲ具ニ
児語リケルニ児回リア・サナルウルレ・キャ

サナ心ヲイタメタマヒソ若彼等来ラバ見兄ッ
ソノ事ヲ慮ヒシト翌日ニ至リケルニ果シテ彼
人来リ最ノ約束ヲ乞ヒ我等ニ三千金ヲ
与ヘヨト迫ル兄乃チ出デ之ニ接シ[illegible]
ノ曰ク汝ノ父ハ何處ニ行キシカ兒曰リ[illegible]
家ニ銭ヲカラント出テ行ケリト数人曰[illegible]
ラバ何ニ用フルヤ兒曰ク猫ノ角ヲ切ラントナ
ナリ数人曰ク猫ニ角アリトハ我等始メテ之ヲ
耳ニス汝ハ實ニ偽リヲ言リモノカナト兒曰ク
ソノ疑ハシカル事ナリシッラバ人ノ談話ニ樹アリ
ヤ最ノ[illegible]ハ諸君ノ談柄ヲ切断セシカ[illegible]
乞ヒシ何事ゾト数人ハワリ答ニ辞ー窮シ一金

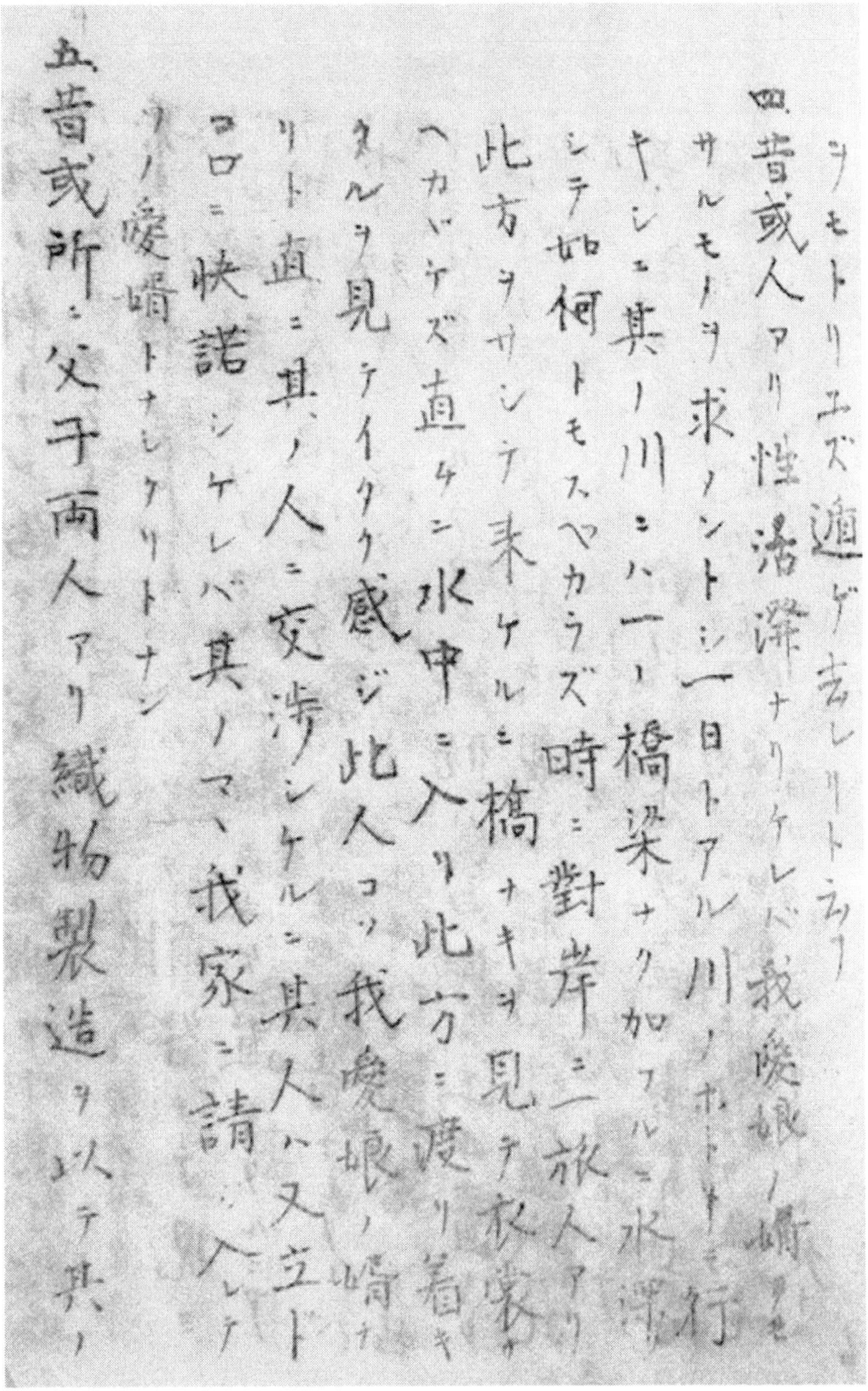
ヲモトリエズ逃ゲ去レリトナリ
四、昔或人アリ性活潑ナリケレバ我愛娘ノ婿ヲモ
サルモノヲ求メントシ一日トアル川ノホトリニ行
キシニ其ノ川ニハ一ノ橋梁ナク加フルニ水深ク
シテ如何トモスベカラズ時ニ對岸ニ一旅人アリ
此方ヲサシテ来リケルニ橋ナキヲ見テ衣裳ヲ
ヘカヾケズ直ケニ水中ニ入リ此方ニ渡リ着キ
タルヲ見テイタク感ジ此人コソ我愛娘ノ婿ナ
リト直ニ其ノ人ニ交渉シケルニ其人ハ又立ト
コロニ快諾シケレバ其ノマヽ我家ニ請ジ入レテ
リノ愛婿トナシケリトナン
五、昔或所ニ父子兩人アリ織物製造ヲ以テ其ノ

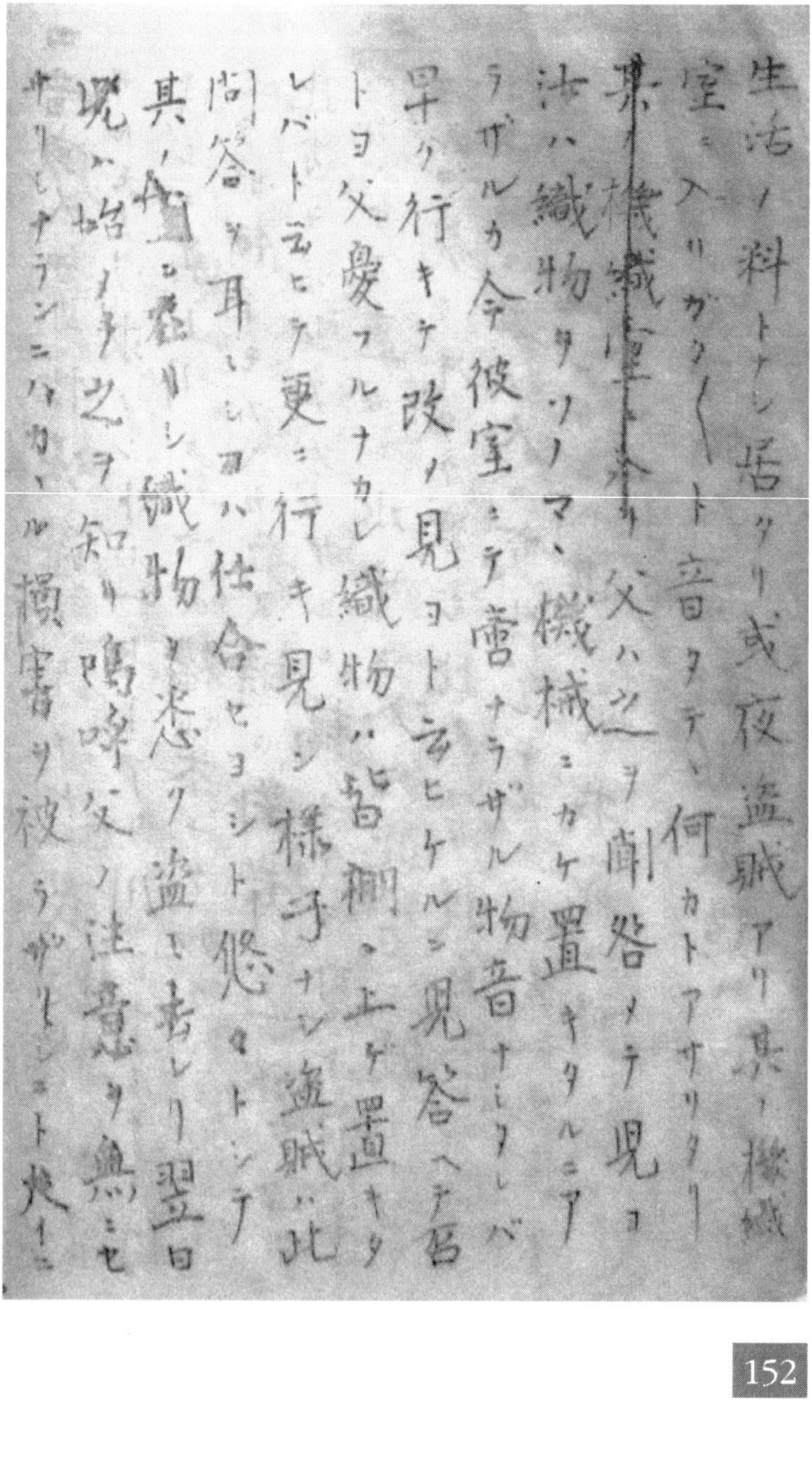
生活ノ料トナシ居タリ或夜盗賊アリ其ノ機織
室ニ入リガタ〳〵ト音タテヽ何カトアサリタリ
其ノ機織機織ニ上ゲ置キタリ父ハ之ヲ聞咎メテ見コ
汝ハ織物タリシマヽ機械ニカケ置キタルニア
ラザルカ今彼室ニテ音ナラザル物音ナシタレバ
早ク行キテ改メ見ヨト云ヒケルニ見答ヘテ居
トヨ父憂フルナカレ織物ハ皆棚ニ上ゲ置キタ
レバト云ヒテ更ニ行キ見シ様子ナシ盗賊ハ此
問答ヲ耳ニシヲハ仕合セヨシト悠々トシテ
其ノ間ニ残リシ織物ヲ悉ク盗ミ去レリ翌日
兄ハ始メテ之ヲ知リ嗚呼父ノ注意ヲ無ニセ
ザリセナランニハカヽル損害ヲ被ラザリシニト大イニ

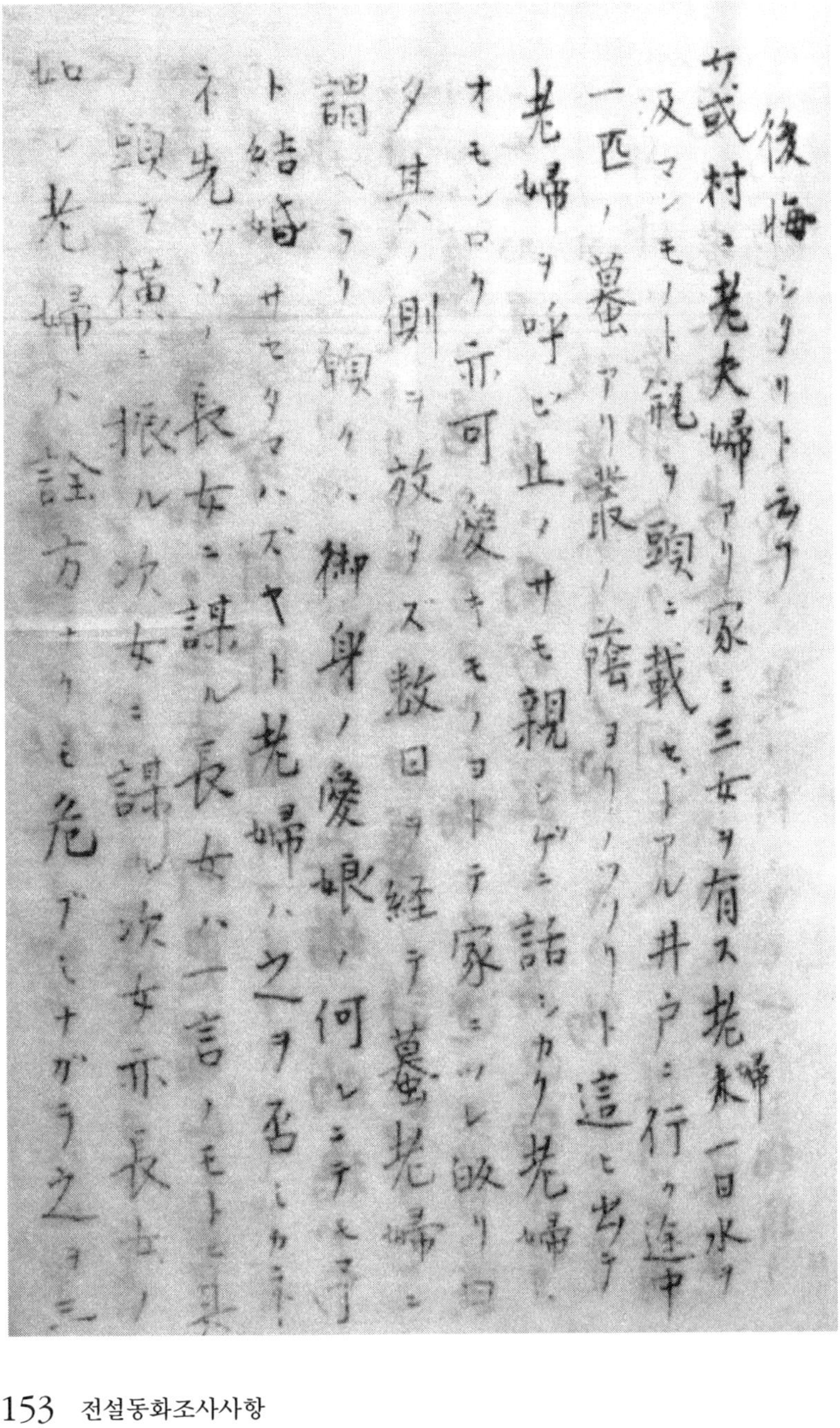
後悔シタリトナリ
サ或村ニ老夫婦アリ家ニ三女ヲ有ス老夫婦一日水ヲ
汲マントモノト甁ヲ頭ニ載セ、トアル井戸ニ行ク途中
一匹ノ蟇アリ叢ノ蔭ヨリノソリノソリト這ヒ出テ
老婦ヲ呼ビ止メ、サモ親シゲニ話シカクル老婦ハ
オモシロク亦可笑キモノヨトテ家ニツレ歸リ日
々其ノ側ニテ放タズ數回ヲ經テ蟇老婦ニ
謂ヘラク願クハ御身ノ愛娘ノ何レニテモ吾
ト結婚サセタマハズヤト老婦ハ之ヲ否ミシカネ
ネ先ヅ長女ニ謀ル長女ハ一言ノモトニ其ノ
頭ヲ横ニ振ル次女ニ謀ル次女亦長女ノ
如ク老婦ハ詮方ナクモ危ブミナガラ之ヲ三

153 전설동화조사사항

女ニハクル長次女既ニ以上ノ如クナレバ心中
三女モ亦シカアランカト、然ルニ案ズルヨリ産ハ
カ易シノ譬ノ如ク三女ハ御恩海山モ啻ナ
ラザル慈母ノ命何條背キマイラズベキト直
ニ承諾レクリケレバホット安堵ノ胸撫デ下
シトルモノモトリアエズツ之ヲ蟇ノ許ニ知ラセヤ
リシニ蟇ノ喜ビ譬フルニ物ナリ遂ニ吉日ヲ選
ミ三三九度ノ盃ニ高砂ノ謡モ四海波静ニオサ
マリテ其ノ後蟇ハイツノ間ニヤラ物言フバカリ
カ即体ノ各部全ク人間ト変化シ性質英邁
克ク老父母ニ孝養ヲツクシ而モ至ッテ家業
ニ勤勉ナリケレバ遂ニハ其ノ村ニテモ一ニト指折ラ

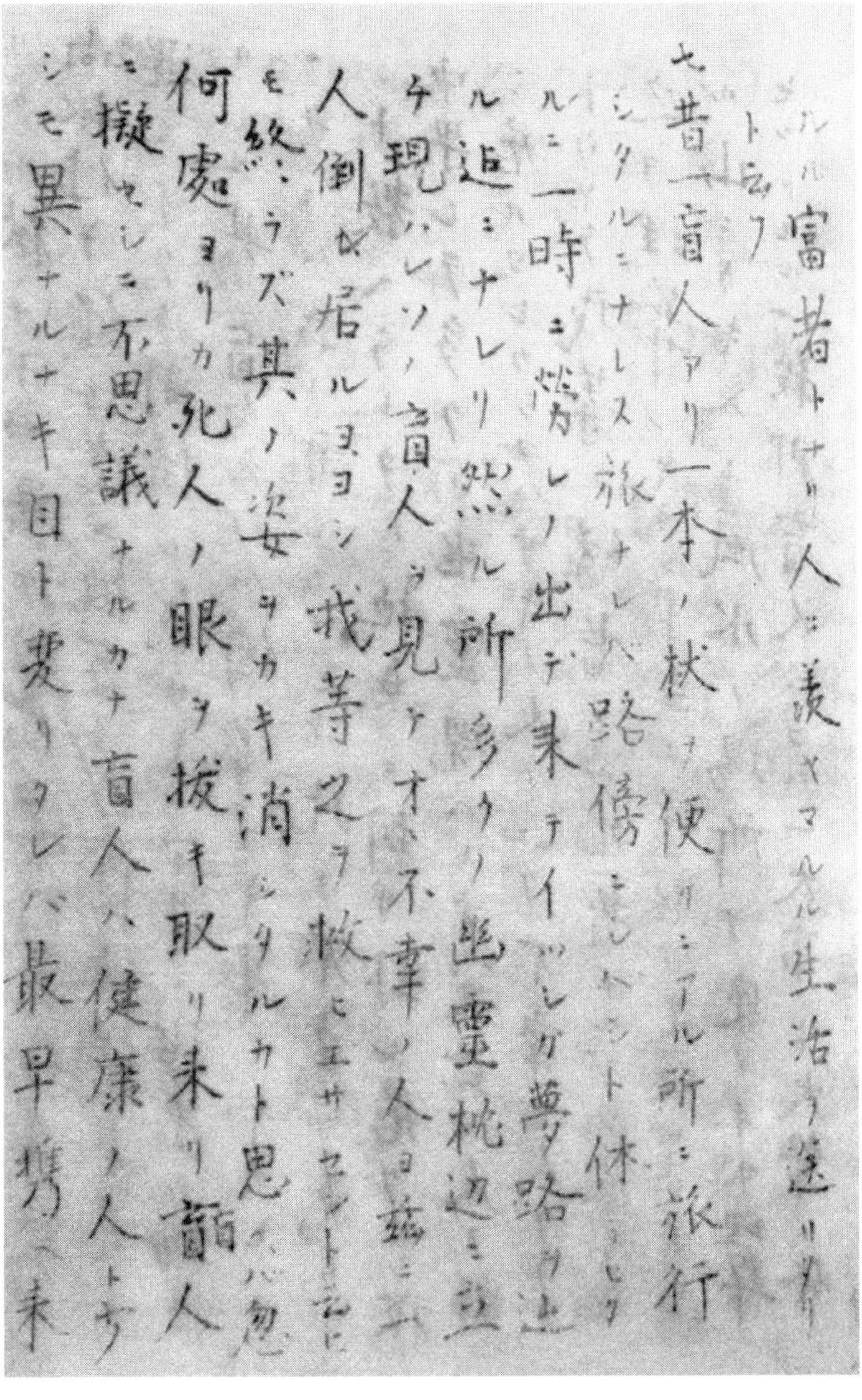
ルル富者トナリ人ニ羨マルル生活ヲ送リタリ
トゾ。
七、昔一盲人アリ一本ノ杖ヲ便リニアル所ニ旅行
シタルニナレヌ旅ナレバ路傍ニ[illegible]ハントテ休ミシタ
ルニ一時ニ疲レノ出デ来テイツシカ夢路ヲ辿
ル迄ニナレリ然ル所彷ウノ幽霊枕辺ニ立
チ現ハレソノ盲人ヲ見テオオ不幸ノ人ヨ茲ニ一
人倒レ居ルヨヨシ我等之ヲ救ハセントテ
ヲモ終ハラズ其ノ姿ヲカキ消シタルカト思ヘバ忽
何処ヨリカ死人ノ眼ヲ抜キ取リ来リ盲人
ニ擬セシニ不思議ナルカナ盲人ハ健康ノ人トナ
シモ異ナルナキ目トナリタレバ最早携ヘ来

リタクル杖ナドハ制ナントシコニ打ヶ捨テ翌日
尚旅行ヲ續ケケルニ彼方ヨリ途上他ノ盲人ニ
遇ヒイリク同情シ我サキニアリシ始末ヲ物語
リシニ其ノ盲人ハソハ何ヨリヨキ事ヲキクモノカ
ナガ、ラバ我レ亦レカナレテ此ノ不幸ヲ免カレ
ント教ヘラレタル地点ニ到リ臥シ居ツルニ夜
中界シテ多クノ幽霊現ハレオ、又茲ニ人ノ臥
シ居ルヨ、シカシコハサキノ人ノ如ク不幸ノ人ナラデ
ドウヤラ我等ノ縁者ナル死者ナルラシ然ラバ
之ヲ埋葬シヤラントト互ニ手取リ足取リシテサ
ル山ニカキ入レ風水ノ場所ヲ定メイザ埋葬
セントセル一殺那盲人ハコハ一大事ト大聲ヲ發

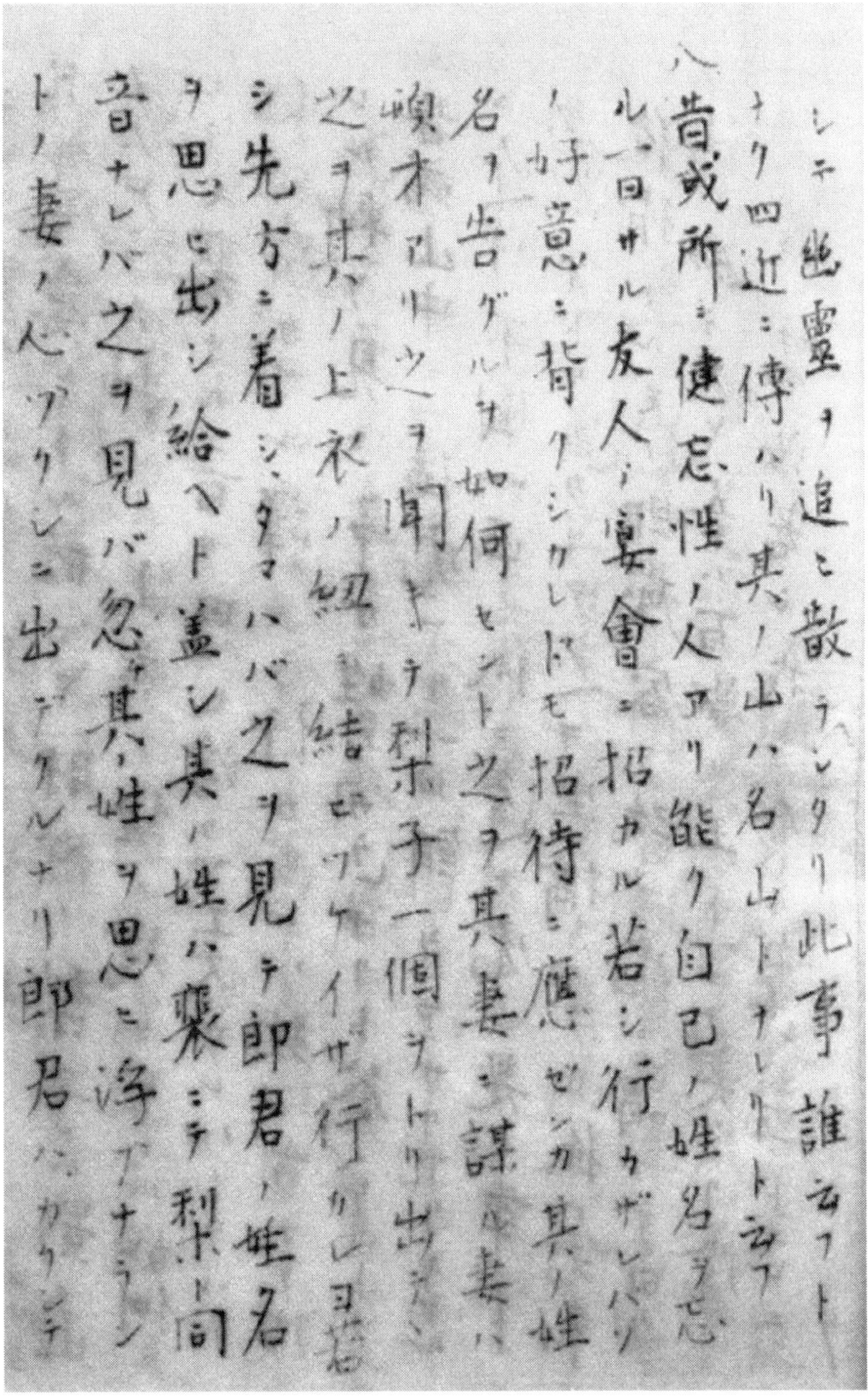
レシテ幽靈ヲ追ヒ散ラシタリ此事誰云フト
ナク四近ニ傳ハリ其ノ山ハ名山トナレリト云フ
八、昔或所ニ健忘性ノ人アリ能ク自己ノ姓名ヲ忘
ル一日サル友人ノ宴會ニ招カル若シ行カザレバソ
ノ好意ニ背クシカレドモ招待ニ應ゼシカ其ノ姓
名ヲ告グルカ如何セントテ之ヲ其妻ニ謀ル妻ハ
頓才アリシ之ヲ聞キテ梨子一個ヲトリ出シテ
之ヲ其ノ上衣ノ紐ニ結ビツケイサ行カレヨ若
シ先方ニ着シタマハバ之ヲ見テ郎君ノ姓名
ヲ思ヒ出シ給ヘト蓋シ其ノ姓ハ裵ニテ梨ト同
音ナレバ之ヲ見バ忽チ其ノ姓ヲ思ヒニ浮ブナラン
トノ妻ノ心ヅクシニ出デタルナリ郎君ハカクシテ

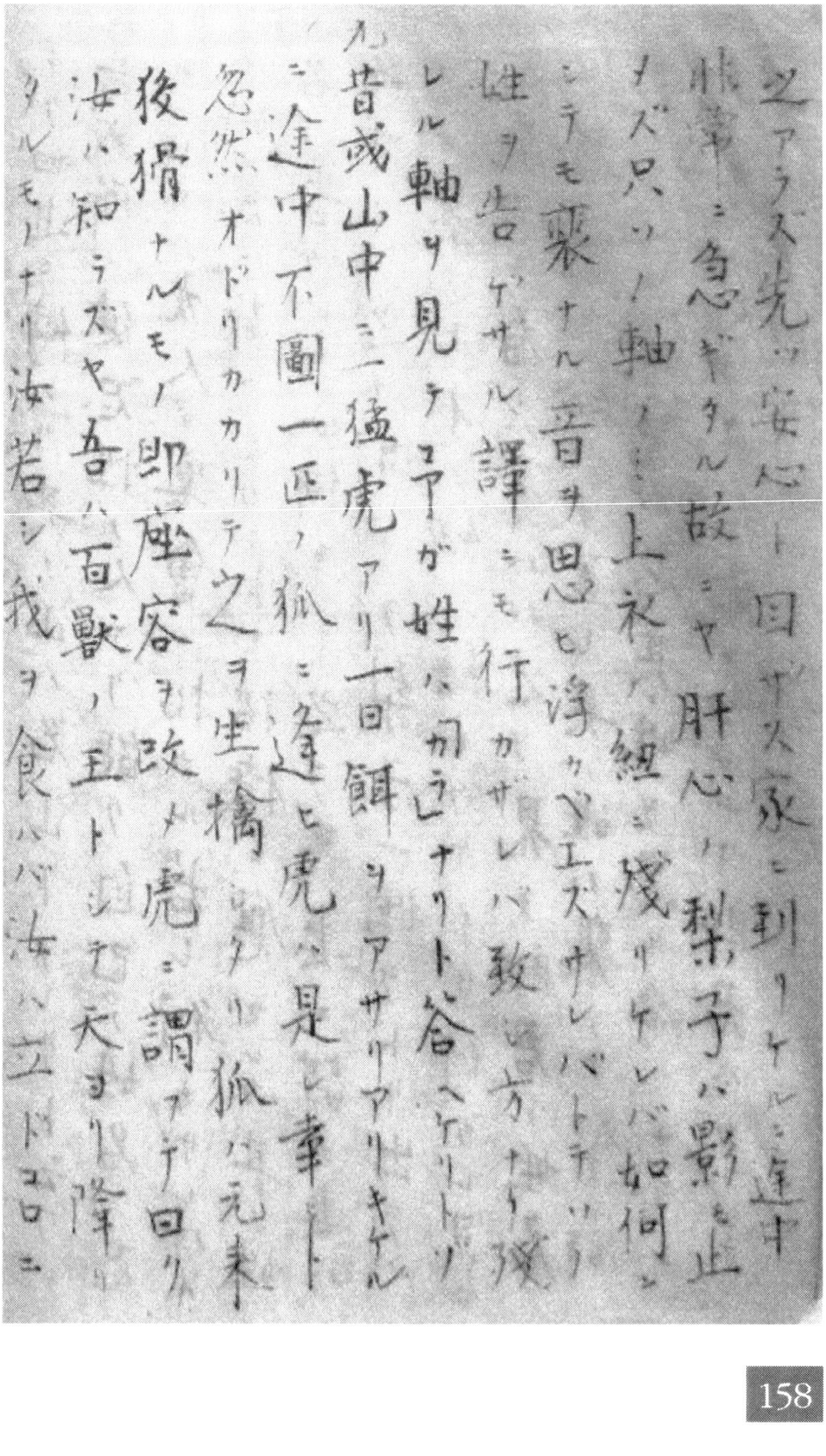
之アラズ先ヅ安心ト回サズ家ニ到リケルニ途中
非常ニ急ギタル故ニヤ肝心ノ梨子ハ影モ止
メズ只ツノ軸ノミ上衣ノ紐ニ残リケレバ如何ニ
シテモ衆ナル音ヲ思ヒ浮カベエズサレバトテツノ
姓ヲ告ゲザル譯ニモ行カザレバ致シ方ナク残
レル軸ヲ見テコアガ姓ハカラヒナリト答ヘケリトゾ
昔或山中ニ一猛虎アリ一日餌ヲアサリアリキケル
ニ途中不圖一匹ノ狐ニ逢ヒ虎ハ是レ幸ト
忽然オドリカカリテ之ヲ生擒シタリ狐ハ元来
狡猾ナルモノ即座容ヲ改メ虎ニ謂ヒテ曰ク
汝ハ知ラズヤ吾ハ百獣ノ王トシテ天ヨリ降リ
タルモノナリ汝若シ我ヲ食ハバ汝ハ立トコロニ

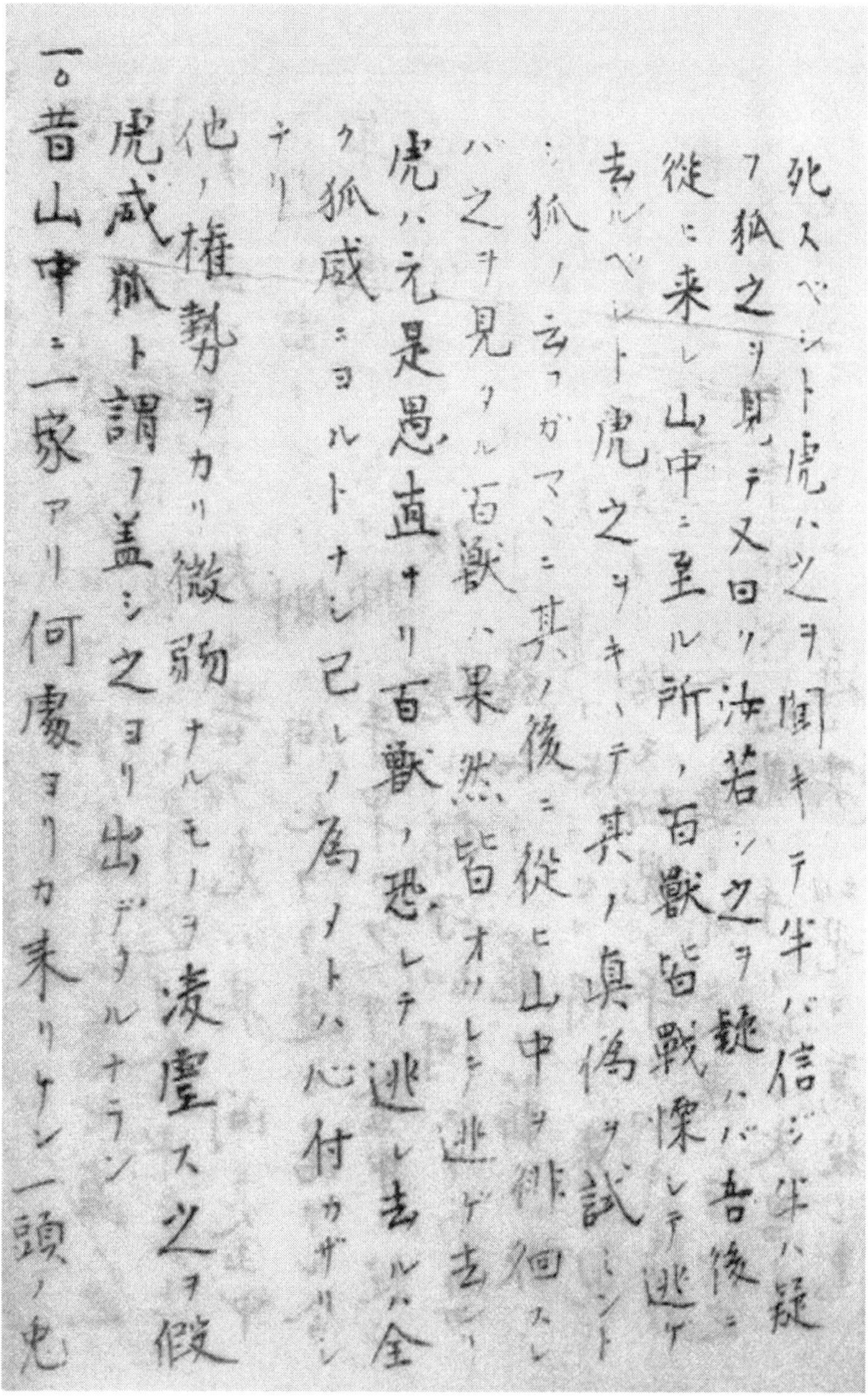
死スベシト虎ハ之ヲ聞キテ半バ信ジ半バ疑
フ狐之ヲ見テ又曰ク汝若シ之ヲ疑ハバ吾後ニ
從ヒ来レ山中ニ至ル所ノ百獣皆戦慄シテ逃ゲ
去ルベシト虎之ヲキヽテ其ノ真偽ヲ試ミント
シ狐ノ云フガマヽニ其ノ後ニ從ヒ山中ヲ徘徊スレ
バ之ヲ見タル百獣ハ果然皆オソレテ逃ゲ去ル
虎ハ元是愚直ナリ百獣ノ恐レテ逃レ去ルハ全
ク狐ノ威ニヨルトナシ己レノ為ノトハ心付カザリシ
ナリ
他ノ権勢ヲカリ微弱ナルモノヲ凌虐スル之ヲ假
虎威狐ト謂フ蓋シ之ヨリ出デタルナラン
一〇 昔山中ニ一家アリ何處ヨリカ来リケン一頭ノ虎

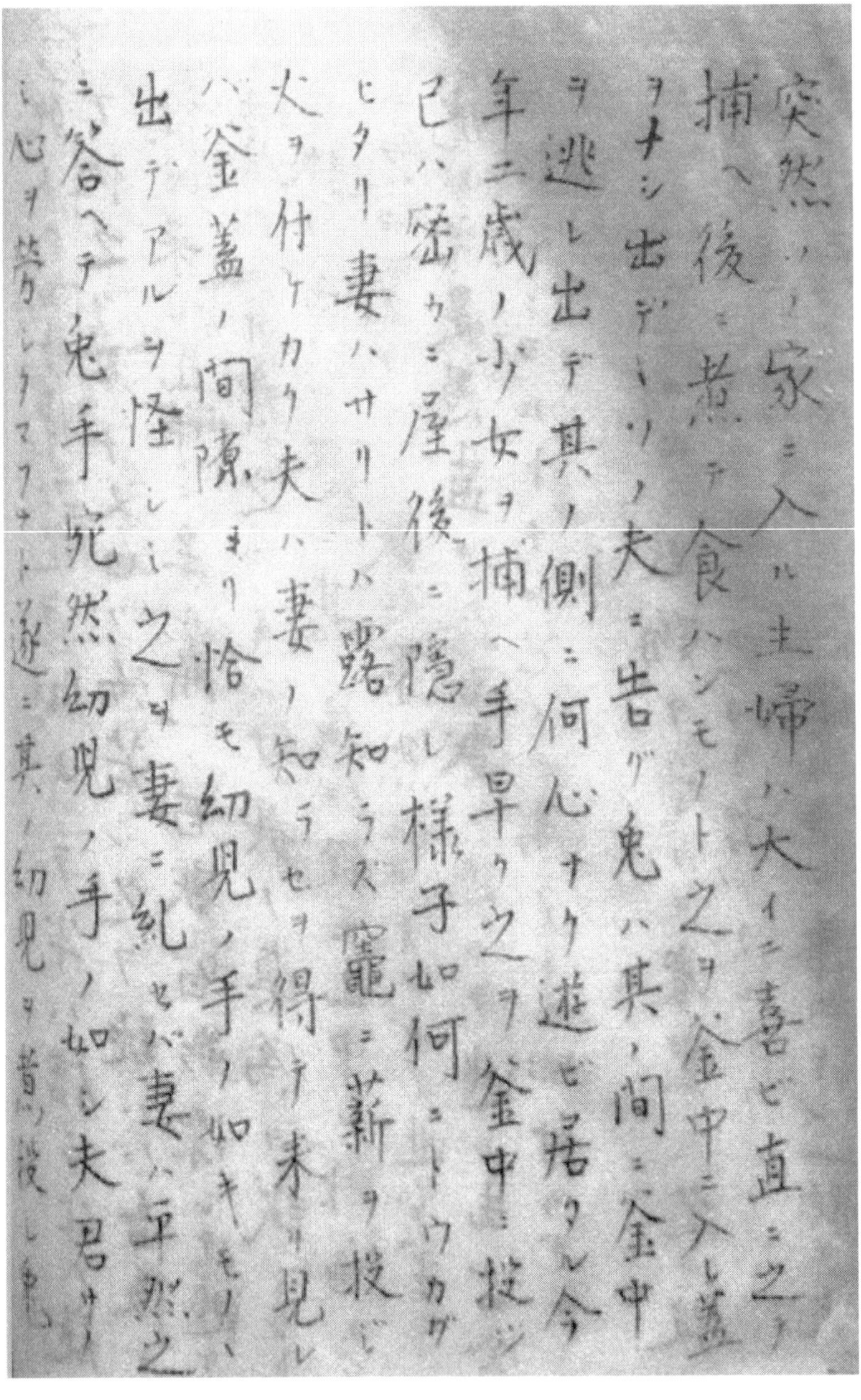
突然ノ家ニ入ル主婦ハ大イニ喜ビ直ニ之ヲ
捕ヘ後ニ煮テ食ハンモノト之ヲ釜中ニ入レ蓋
ヲナシ出デヽリノ夫ニ告グ鬼ハ其ノ間ニ釜中
ヲ逃レ出デ其ノ側ニ何心ナク遊ビ居タル今
年二歳ノ少女ヲ捕ヘ手早ク之ヲ釜中ニ投ジ
己ハ窃カニ屋後ニ隠レ様子如何ニトウカガ
ヒタリ妻ハサリトハ露知ラズ竈ニ薪ヲ投ジ
火ヲ付ケカク夫ハ妻ノ知ラセヲ得テ来リ見レ
バ釜蓋ノ間隙ヨリ恰モ幼児ノ手ノ如キモノハ
出デテアルシ怪シミ之ヲ妻ニ糺セバ妻ハ平然之
ニ答ヘテ鬼手宛然幼児ノ手ノ如シ夫君サ
ミ心ナ労シタマフナト遂ニ其ノ幼児ヲ煮殺シ

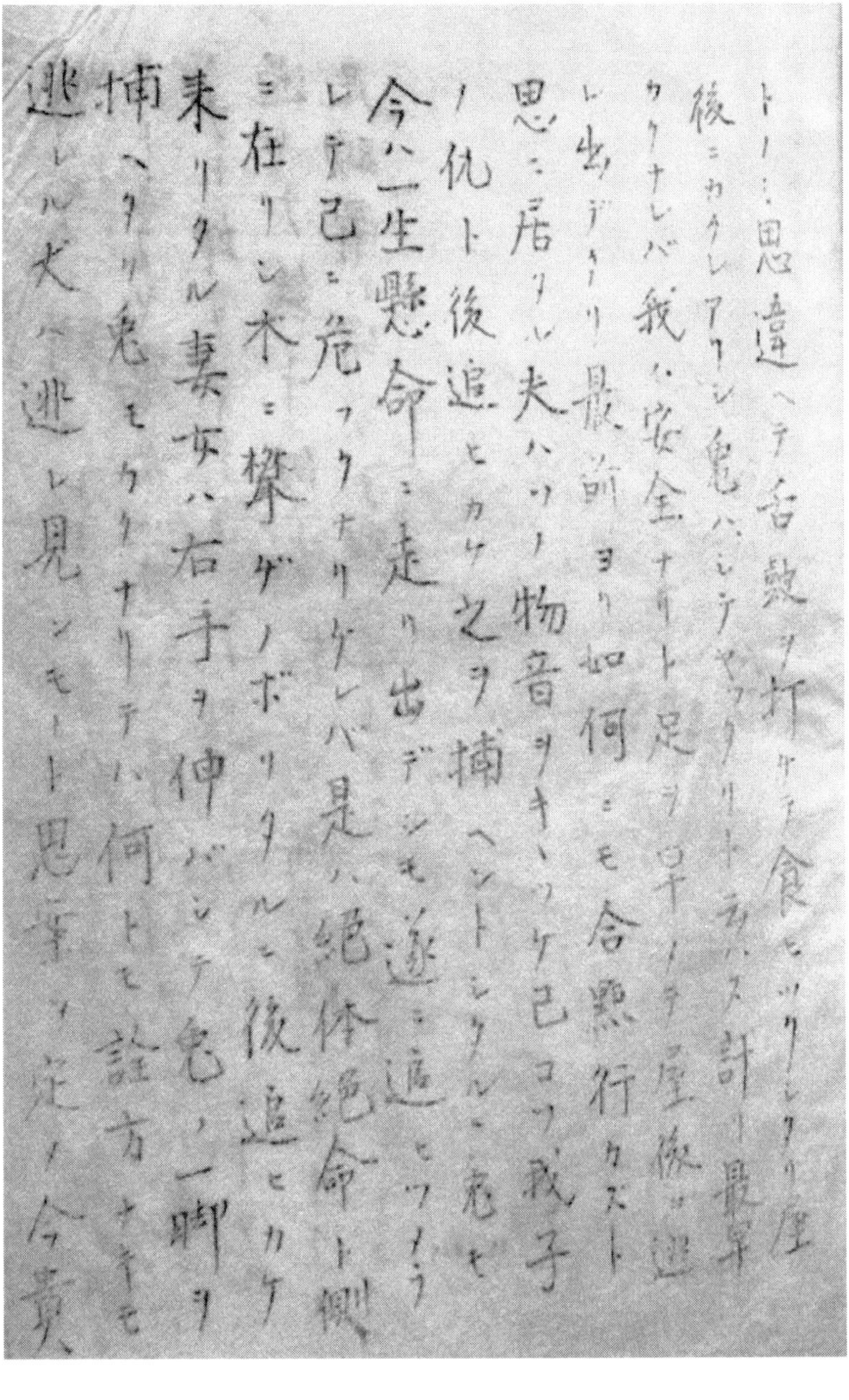
トノミ思違ヘテ香鼓ヲ打ケテ食ヒツクレクリ座
後ニカクレアリシ亀ハシテヤツタリト云フ計リ最早
ワクナレバ我ハ安全ナリト足ヲ早メテ屋後ニ逃
レ出デタリ最前ヨリ如何ニモ合點行カズト
思ニ居リシ夫ハソレノ物音ヲキヽツケ己ガ我子
ノ仇ト後追ヒカケ之ヲ捕ヘントシタルニ亀モ
今ハ一生懸命ニ走リ出デシモ遂ニ追ヒツメラ
レテ己ニ危フクナリケレバ是ハ絶体絶命ト側
ニ在リシ木ニ攀ヂノボリタルニ後追ヒカケ
来リタル妻女ハ右手ヲ伸バシテ亀ノ一脚ヲ
捕ヘタリ亀モクヤシクナリテハ何トモ詮方ナキモ
逃レル丈ハ逃レ見ンモノト思ヒ定メ今度ハ

婦ノ手ニ捕ヘシモノハ吾脚ニアラズシテ木ノ枝ナ
リト云フヤ妻女ハ思ハズ手ヲ緩メケレバ己ハコ
ヽゾト身ヲオドラシテ樹上ヨリ飛ビ下タルニ
過ケテ幾十仞トモ知レヌ断崖ニ陥イリ
足頭骨ハ砕ケテ微塵トナリテ死セリト云フ

四

15.10.17.

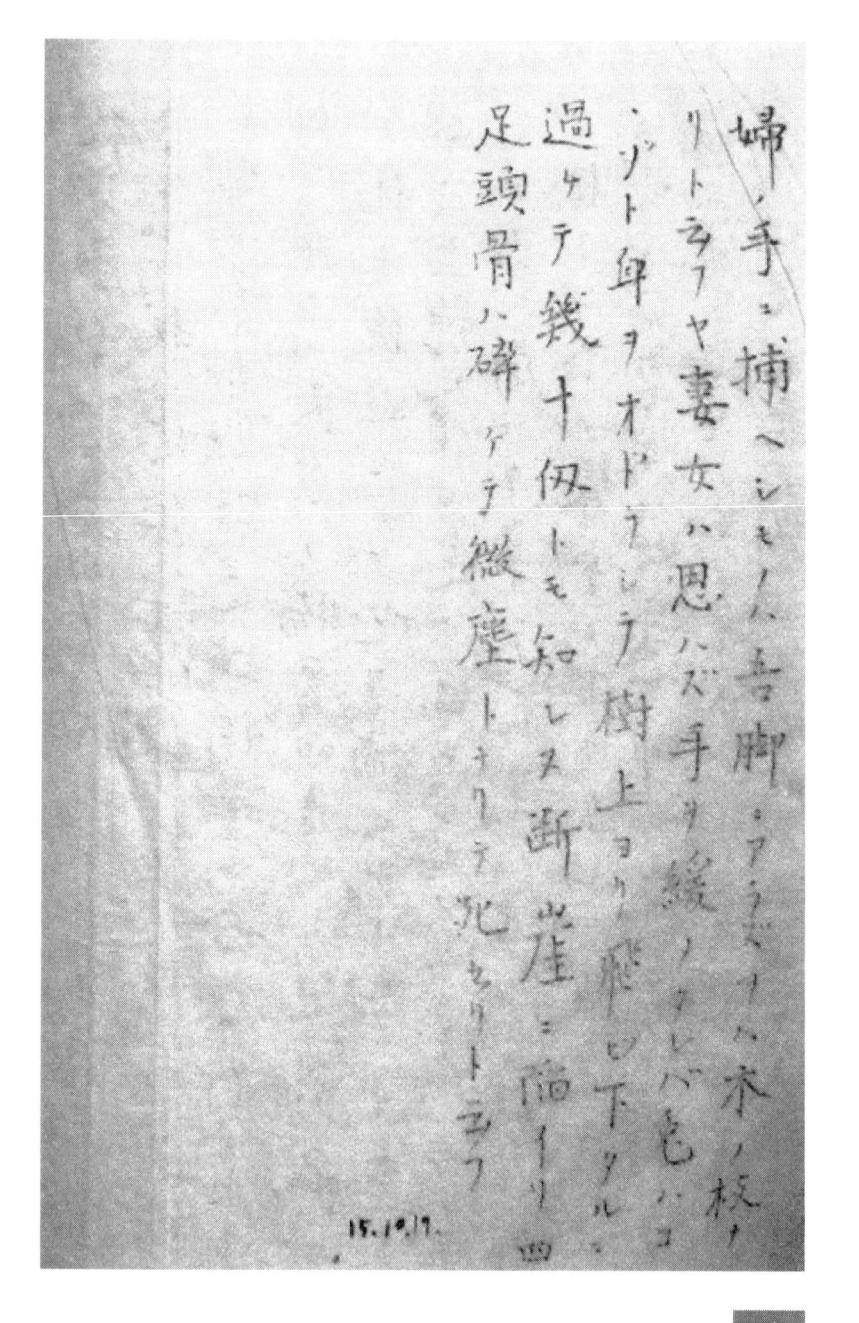

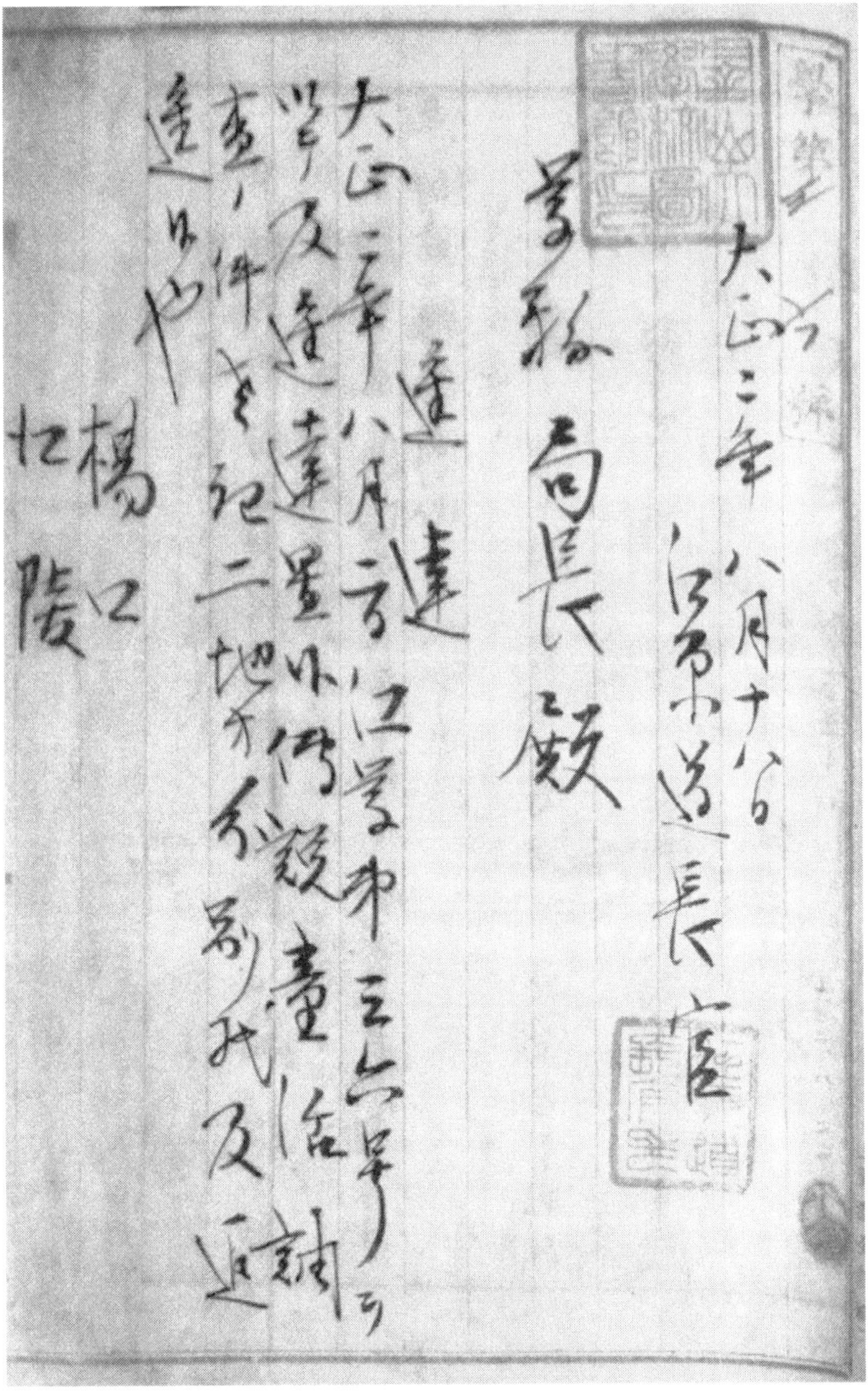
大正二年八月十六日
學務局長殿
大正二年八月三日
楊口
江陵

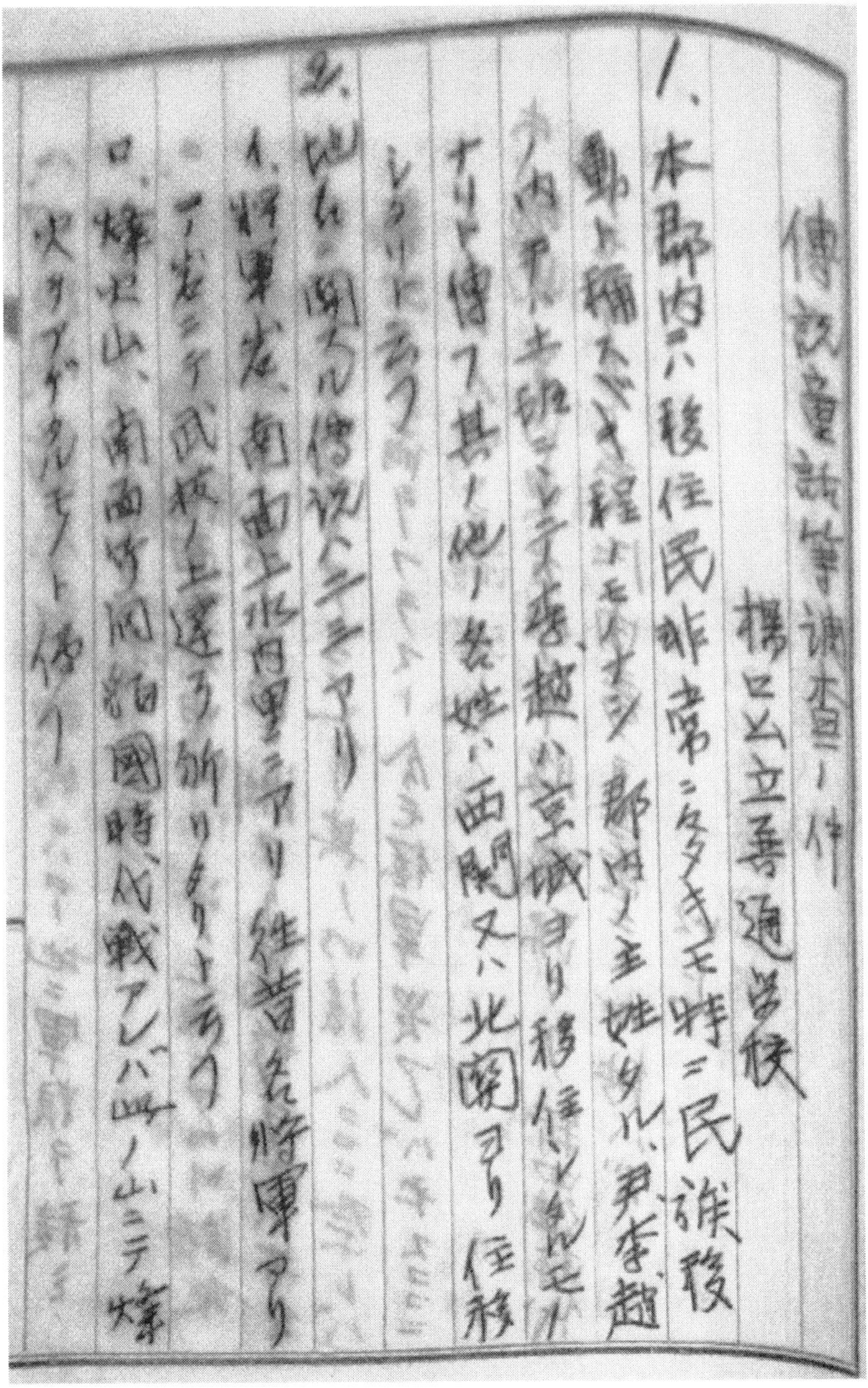

傳說童話等調査ノ件
楊口公立普通學校

1、本郡内ニハ移住民非常ニ多キモ特ニ民族移動ト稱スベキ程ノモノナシ郡内ノ主姓タル、尹李趙ノ内尹ハ土姓ニシテ李趙ハ京城ヨリ移住シタルモノナリト傳フ其ノ他ノ各姓ハ西關又ハ北關ヨリ住移シタリト云フ

2、地方ニ關スル傳說トシテハ左ノ三アリ
イ、將軍岩、南面上水内里ニアリ往昔名將軍アリテ岩ニテ武技ノ上達ヲ祈リタリト云フ
ロ、烽火山、南面竹岡里 [illegible]國時代戰アレバ此ノ山ニテ烽火ヲアゲタルモノト傳フ

165 전설동화조사사항

八、軍粮洞、能西李朝ノ初代ニハ三ノ地ニ軍粮ヲ積ミ
置キシヨリコノ名起ルト云フ
二、花蒼灘、南面新興里昭陽江ノ上流ニアリ激水
漲漲急ナリ其ノ上流ニ淵アリ黒形ヲナス昔ハ
青龍天ヨリ下リテココニ入リ其ノ以後人ココニ祭レバ
龍出テテ雨ヲフラスト今モ猶旱災アレバ必ズココニ
イノル人呼ビテ龍沼ト云フ
ホ、城峴　是ハ東方ノ中腹ニ城跡アリ新羅時代
ノモノナリト云ヘドモ由来ヲ審ニスル能ハズ
以上

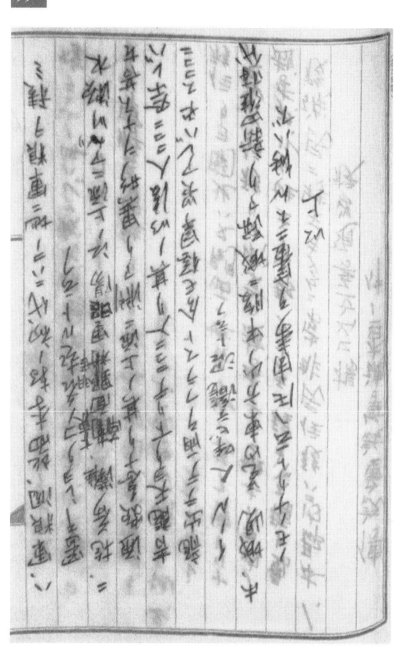

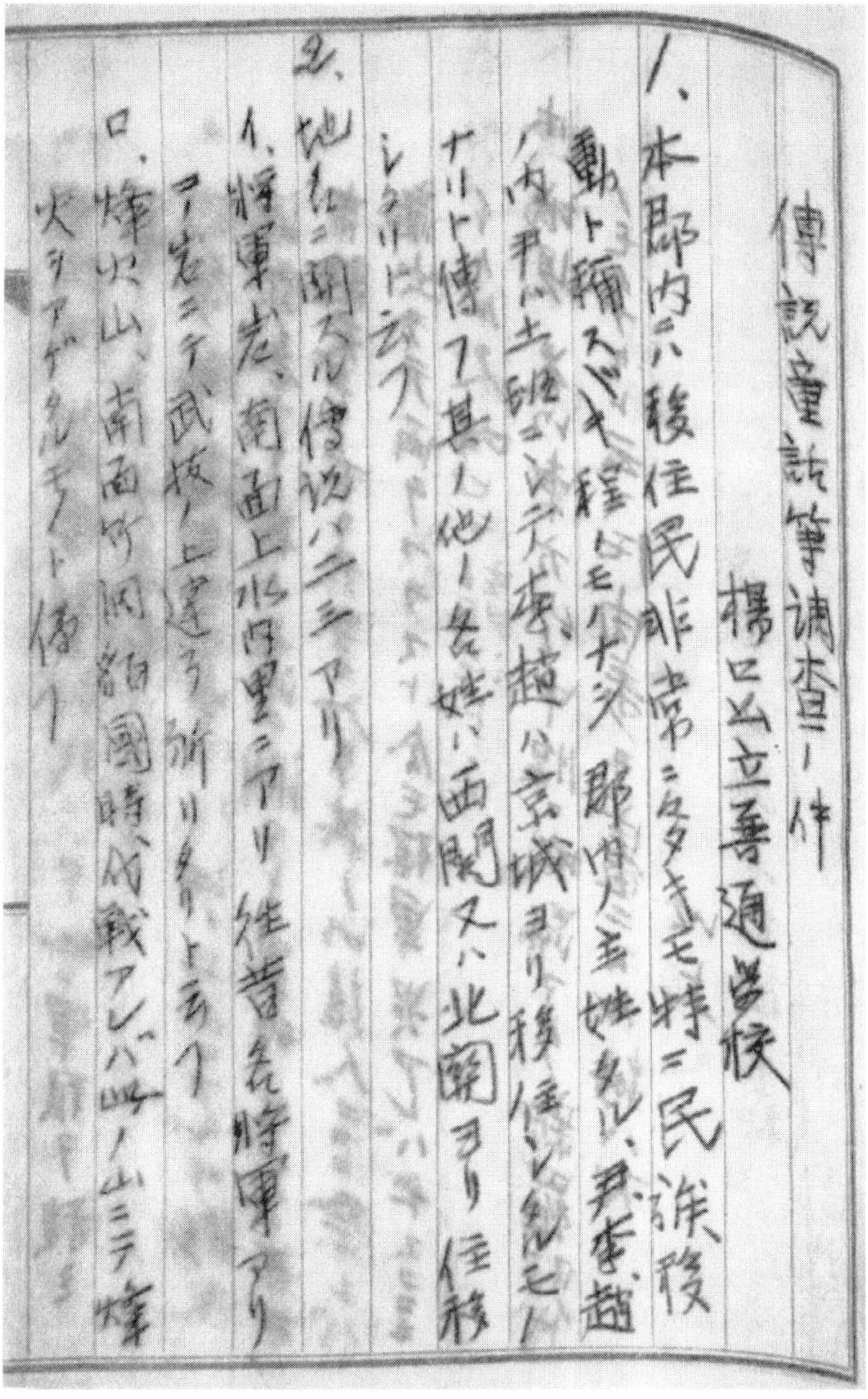
傳説童話等調査ノ件

楊口公立普通學校

1、本郡内ニハ移住民非常ニ多キモ特ニ民族ノ移
動ト稱スベキ程ノモノナシ 郡内ノ主姓タル、尹李趙
ノ内尹ハ土着ニシテ李趙ハ京城ヨリ移住シ來ルモノ
ナリト傳フ其ノ他ノ各姓ハ西関又ハ北関ヨリ住移
シ來リト云フ

2、地名ニ関スル傳説ハ二三アリ

イ、将軍岩、南面上水内里ニアリ往昔名将軍アリ
コノ岩ニテ武技ノ上達ヲ祈リタリト云フ

ロ、烽火山、南面竹閑谷國時代戦アレバ此ノ山ニテ烽
火ヲ上ゲタルモノト傳フ

ハ、軍粮洞、新羅李朝ノ初代ニハコノ地ニ軍粮ヲ積ミ
置キシヨリコノ名起ルト云フ
ニ、龍湫灘　南面向陽江ノ上流ニアル川瀬水
流強ク急ナリ其ノ上流ニ洲アリ異形ヲナス昔ヨリ
青龍天ヨリ下リテココニ入リ其ノ後人ココニ祭レバ
龍出テテ雨ヲフラスト今モ旱災アレバ此處ニ
イノル人　呼《ヨ》ビテ龍《ヒ》泥トイフ
ホ、城峴　邑ノ東方山ノ中腹ニ城跡アリ新羅時代
ノモノナリト云フモ由来ヲ審ニスル能ハズ
以上

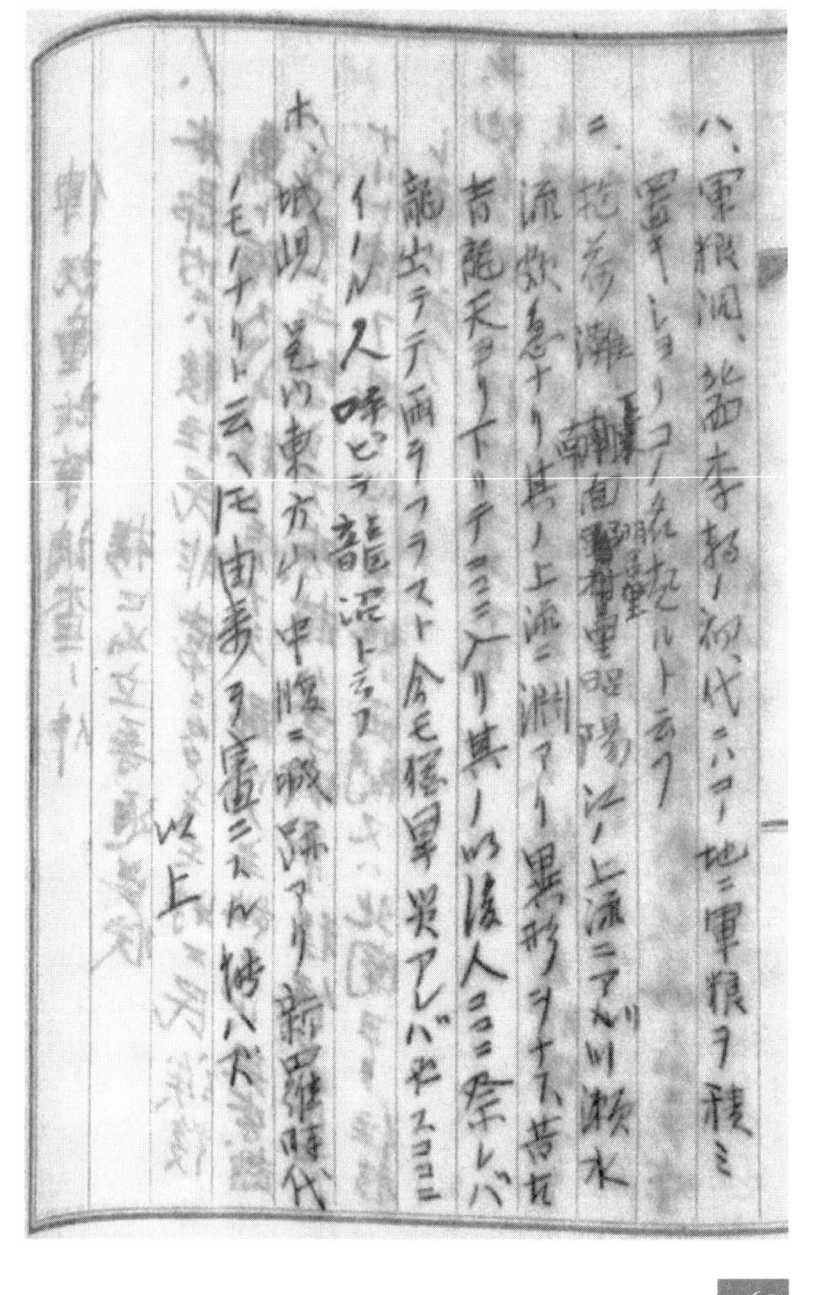

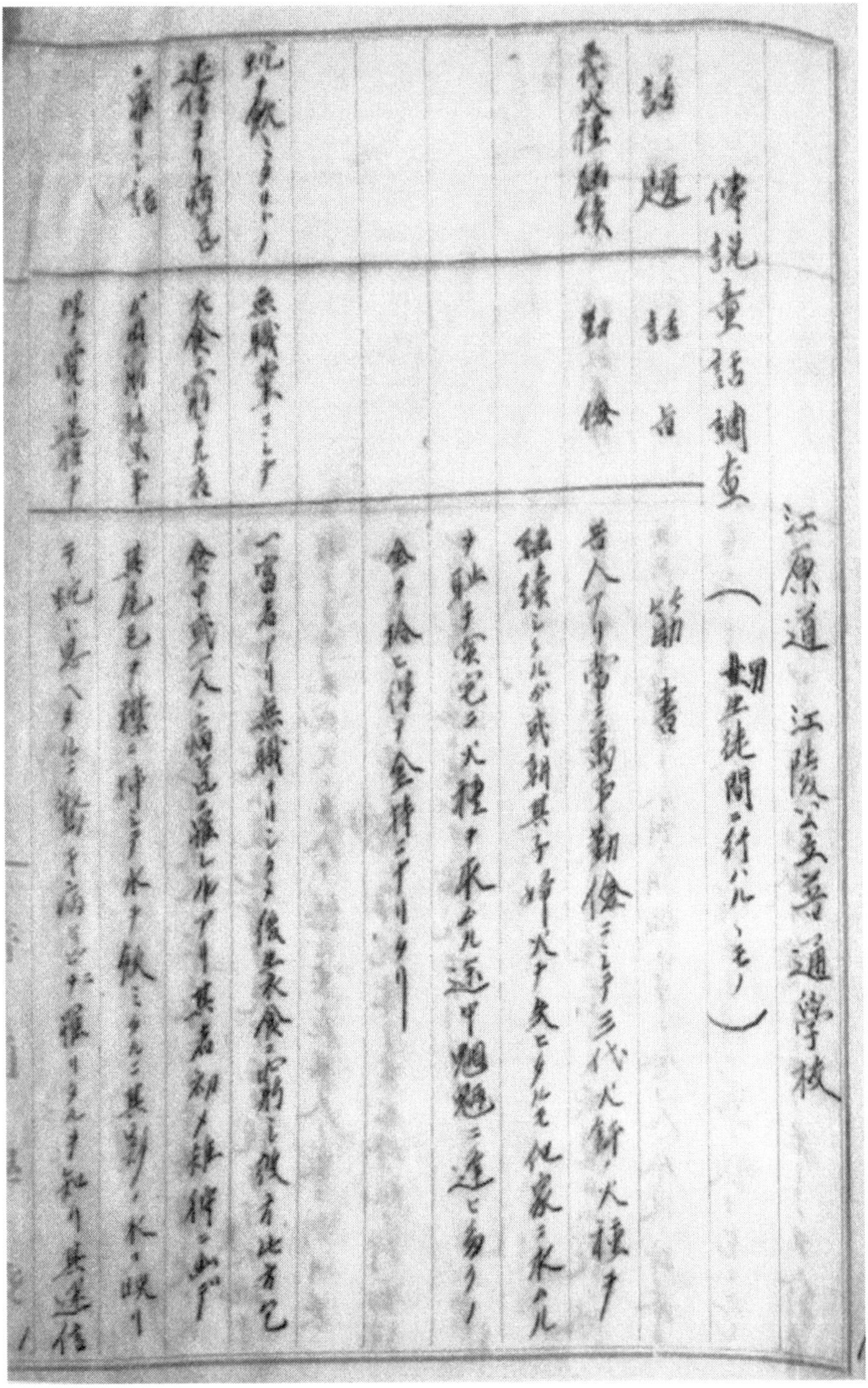

江原道 江陵公立普通學校
傳說童話調査
（學生徒間ニ行ハルヽモノ）
話題
話旨
勤儉
金ヲ拾ヒ得テ金持ニナリタリ

蛇ノ報仇

刊本及ビ參考

二號

打殺シタリ

殺シタリ

互通ナル所

傳說有効

ナルヲ怪ミ合會セシメタリ

或旅行者アリ途中ニ大木ノ下ニ休ミタルニ其傍ニ大ナル
雌蛇ト小ナル雄蛇ト交尾スルヲ見テ石ヲ投ゲテ其大蛇ヲ
打チタリ大蛇大ニ其人ヲ怨ミ其夜其人ノ家ニ到リ其
人ヲ害セントス其大蛇ノ雄蛇來リテ其大雌蛇ノ行爲ヲ諫
レルヲ竟ニ遂ニ其レヲ噛殺セリ

其人今朝來ヲ渡リ旅ニ或宿屋ニ止リ其翌日出發ノ際
其宿屋ノ主婦曰ク今朝ノ朝飯ヲ早ク食ヘル人ハ今夜ノ料理ニ
當ルベシト云フ其人早ク起リ見リ其主婦ニ此ノ飯ヲ乞ヒ之レ
ヲ口ニ半四ツ私半ヲ朝飯ヲ食ヘリト云フ果シテ其人料理

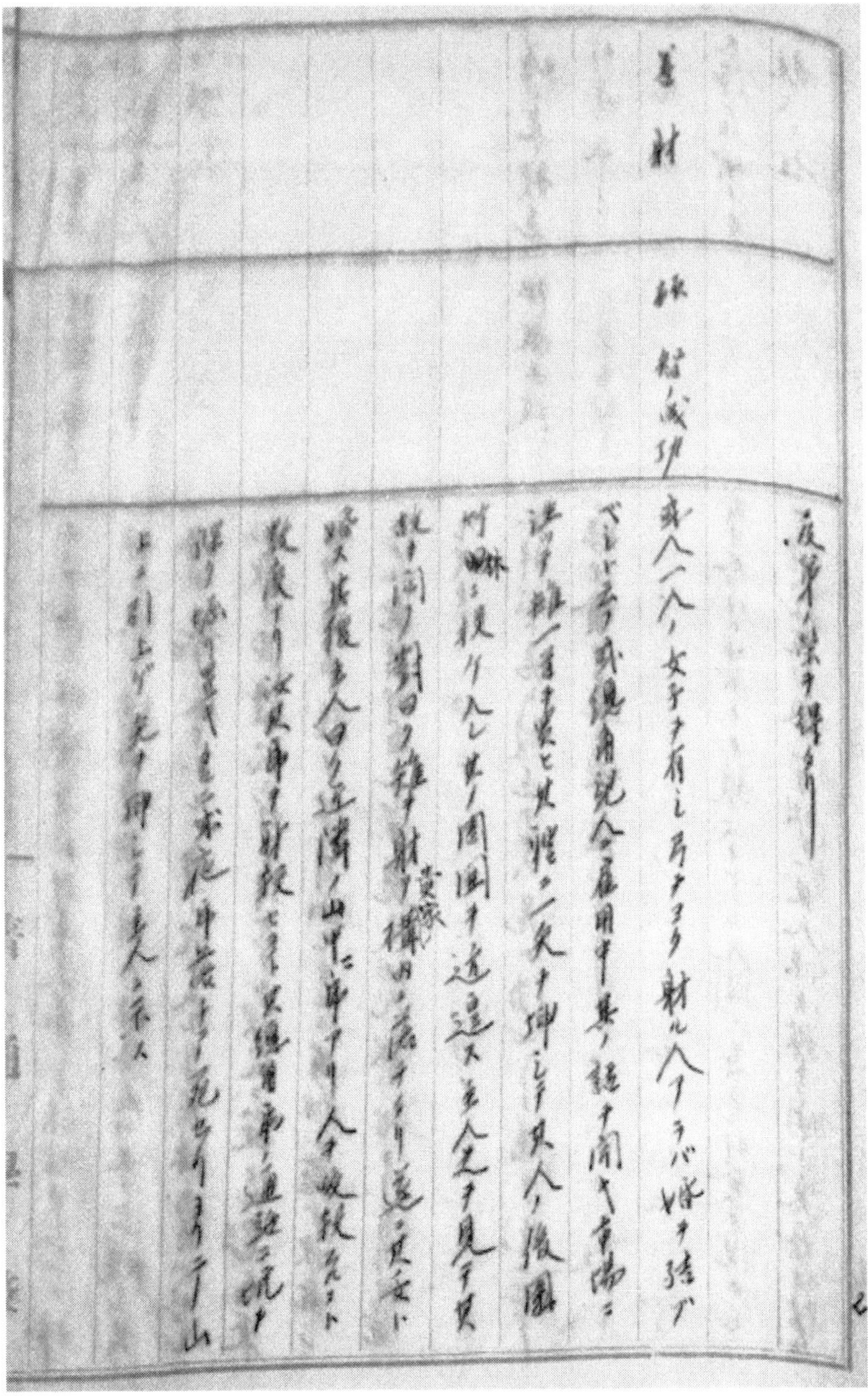

悪戯者ト蜂ト無精神者多人ノ話

滑稽談

或時悪戯者ト無精神者多人集マリテ談話中一ツノ蜂飛ビ来リ悪戯者ノ額ヲ刺ス悪戯者ハ大ニ立腹シ其蜂ヲ追ヒテ探ガタルニ蜂ハ穴ニ入リシ其悪戯者ハ怒シル故ナ其蜂ノ穴ニ打チ付ケタル鉄穴ニ嵌ベル悪者来リテ其者ノ膝ナリシヲ引出シタルニ首切レ遂ニ殺死シトナル無精神者之レヲ見テ此人ノ死ハ蜂ヨリ有リ大死シタト

蛙ト兎ト競走

教訓文段

或時蛙ト兎ト競走ナス兎ハ油心シテ蛙ナ先ニ走リ眠ナ貪リ遂ニ蛙ニ後レタリ

太陽ト北風ノ力競ベノ話

或日太陽ト北風トガ力競ベヲナシ人間ノ着テ居ル外套ヲ脱ガセントス北風先ヅ起リテ吹クニ其人深ク襟ヲ閉シテ其体ヲ決

山神ニ祈リシテ

ヲ得タル後

不具者ハ無ヒシ

清律スベカラズ

ヂ後風呂ニ太陽暖ニ照ル女人汗ヲ出シ作衣ヲ脱ゲ

リ

亦婦人子ヲ孕マントシテノ山ニ祈禱ス時ニ求得来テノ

此ノ果物ヲ食スレバ必ズ美男子ヲ得ルト云ヘ

リ此婦人年ニシテ二個ヲ食シ一個ハ未食ニシタルヲ大

一童上ニ不具者ナ三歳ニ其二童ヲ愛シ子来者ヲ

又似ニテ年ニミタルヲ後卽ノ不具者ノ為ニ大女為

ヲ起リ

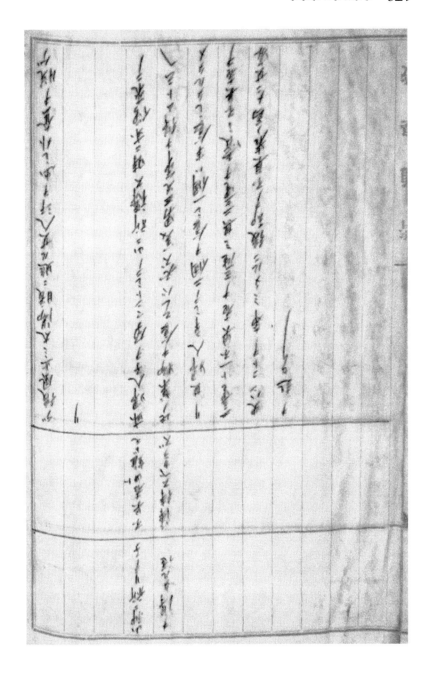

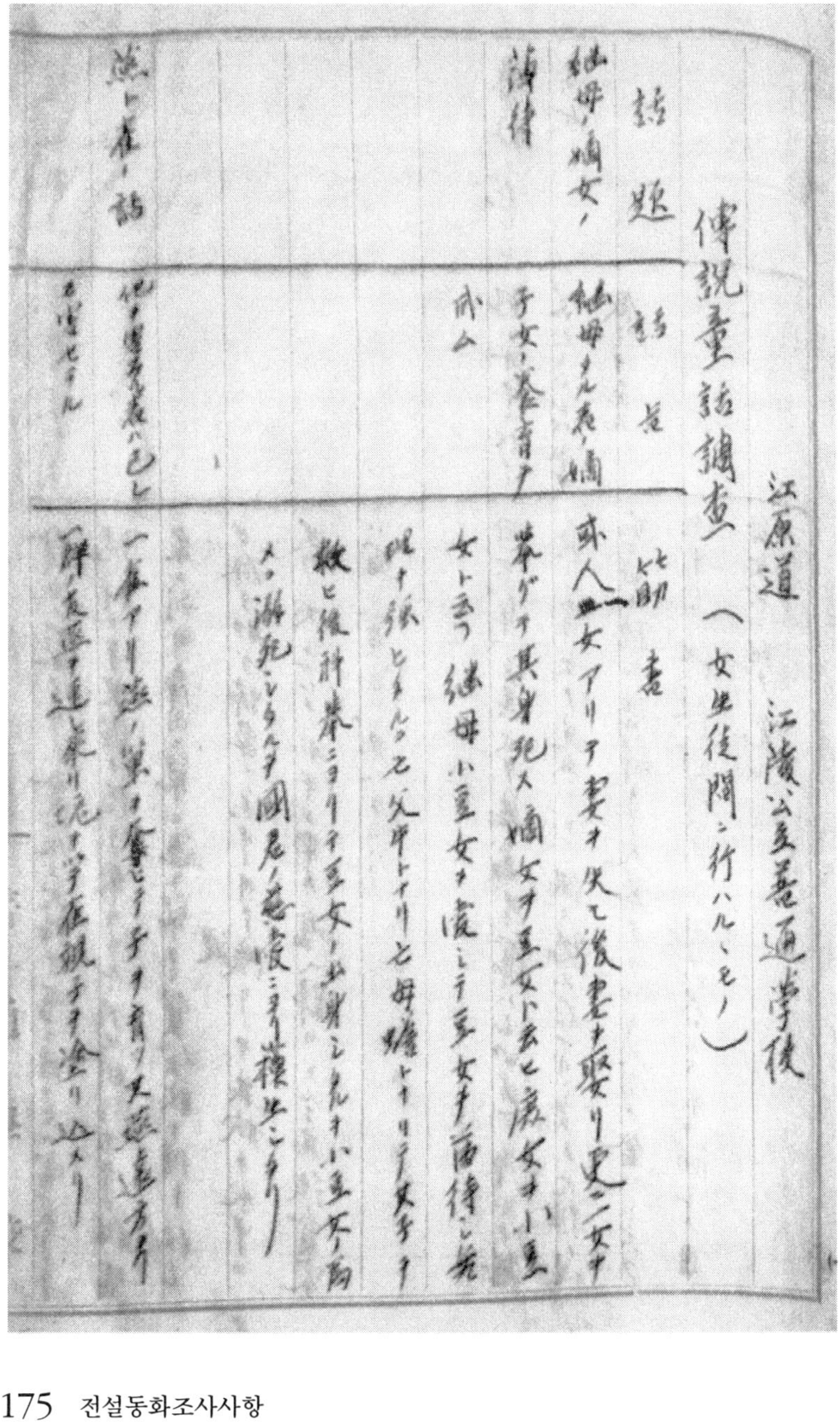
江原道　江陵公立普通學校

傳説童話調査（女生徒間ニ行ハルヽモノ）

話題	話者	筋書
繼母ノ嫡女ノ話	繼母タル者ノ嫡子女ノ参考ノ為	或人ニ一女アリ妻ヲ失ヒ後妻ヲ娶リ更ニ一女ヲ挙グ其身死ス嫡女ヲ亞女ト云ヒ庶女ヲ小亞女ト云フ繼母ハ小亞女ヲ愛シテ亞女ヲ虐待シ甚[illegible]。[illegible]計策ニヨリテ亞女ノ[illegible]ナハ小亞女ノ為[illegible]溺死シタルヲ國君ノ慈哀ニヨリ蘇生シタリ
蓮ト花ノ話	[illegible]	[illegible]

宝貨杖

家畜ヲ愛飼ニ

貧富ノ家アリ　貧家ニ犬猫ヲ畜ヒ居タルニ富家ヨリ
既ニ猫ヲ借リ来リタルニ犬モ同行セリ　猫富
家ニ到リ庫内ニ鼠ニ逢ヒ鼠ヨリ宝ヲ得テ秘シ
ガ帰ル時帰家ノ途中川ヲ渡リテ其秘ヲ水中ニ
失フ　犬之レヲ水中ニ求メ啣ヘ帰リタルニ其後貧家
ハ富ミ富家ハ衰ヘタリ

熊猫ヲ免レシ

母女

熊ハ水中ニ於テ
笑ハシムレバ水ヲ
飲ミテ死ス

母女アリ一夕其女ヲ熊ノ為メニ奪ハレ四方ヲ尋ネテ熊ノ
穴ニ至リ女ヲ見出シタリ偶々熊不在ナリシタメ大根ノ陰ニ
穴ニ母ヲ隠ス熊帰リテ人臭アリ　アバキ人間ヲ食ハント云フ
途中水ヲ渡ル際備ヘヲナシテ熊ヲ笑ハシメ水ニ溺レシメ
母女共ニ死ヲ免ル

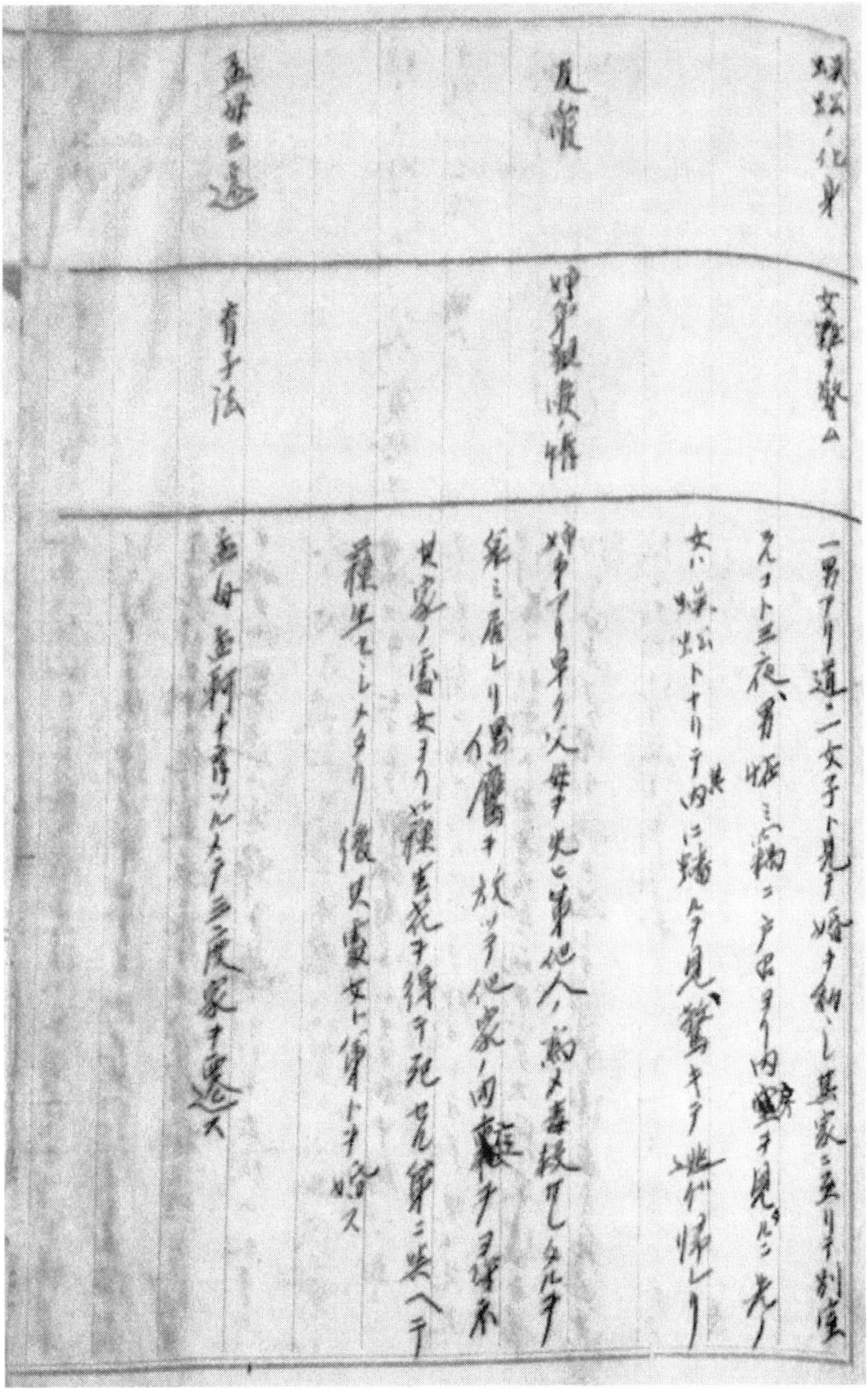
蜈蚣ノ化身
女難ノ發心
一男アリ道ニ一女子ト見テ婚ヲ約シ其家ニ至リテ別室
ス。コト三夜ハ男帳ニ病ニ戸ヨリ内寝ヲ見ルニ其ノ
女ハ蜈蚣トナリテ内ニ蟠ルヲ見ハ驚キテ迯ゲ帰レリ

復讐
姉弟報復ノ情
姉弟アリ早ク父母ヲ失ヒ其他人ノ為メ毒殺セラレタルヲ
弟ニ匿シ自ラ仇讐ヲ探リテ他家ノ内室ニ入テ寝ヲ得テ
其家ノ富女ヨリ護身花ヲ得テ死覚第ニ與ヘテ
復讐セシメタリ後其富女ト共ニナリテ婚ス

孟母三遷
育子法
孟母孟軻ヲ育ツルトテ三度家ヲ遷ス

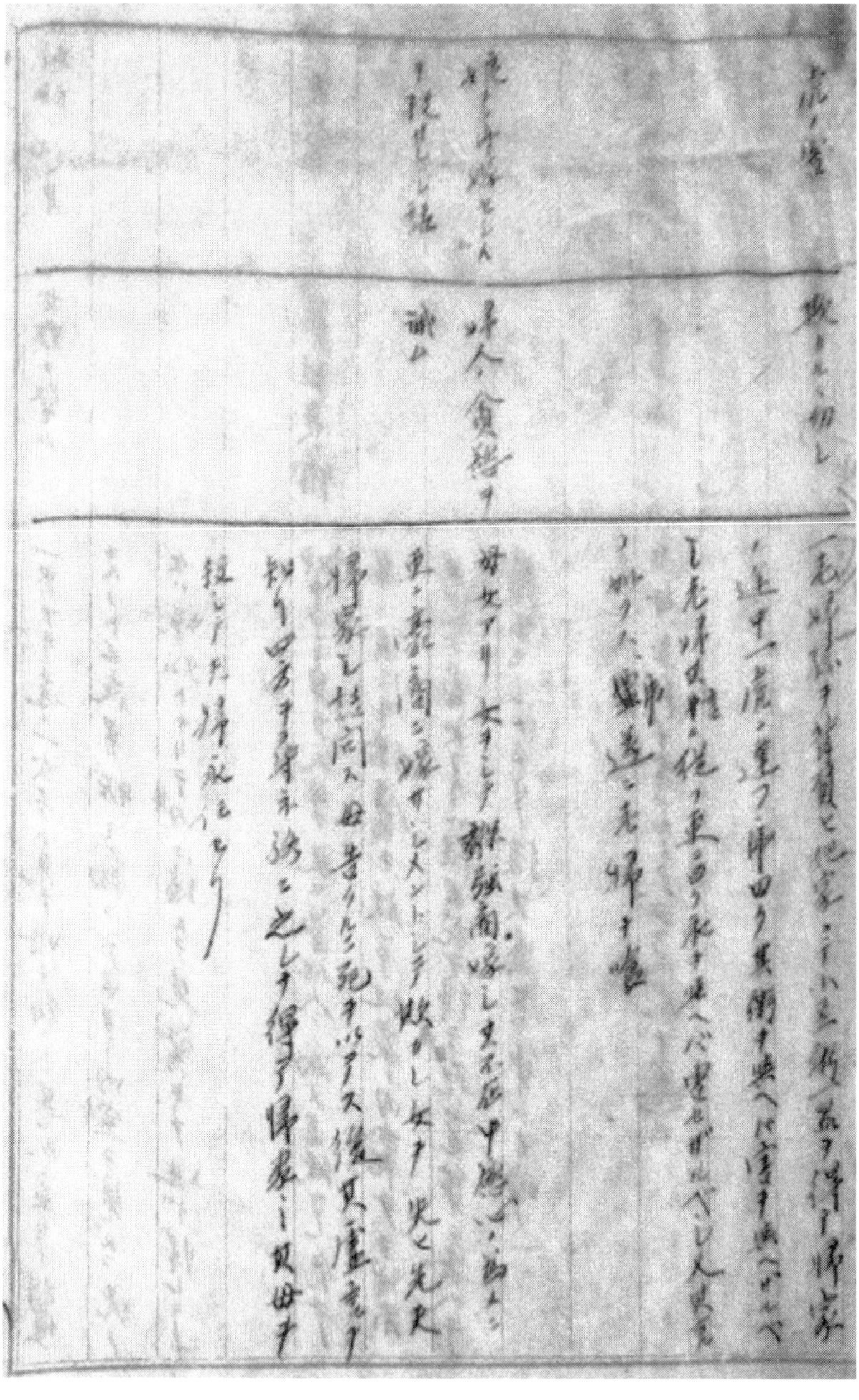

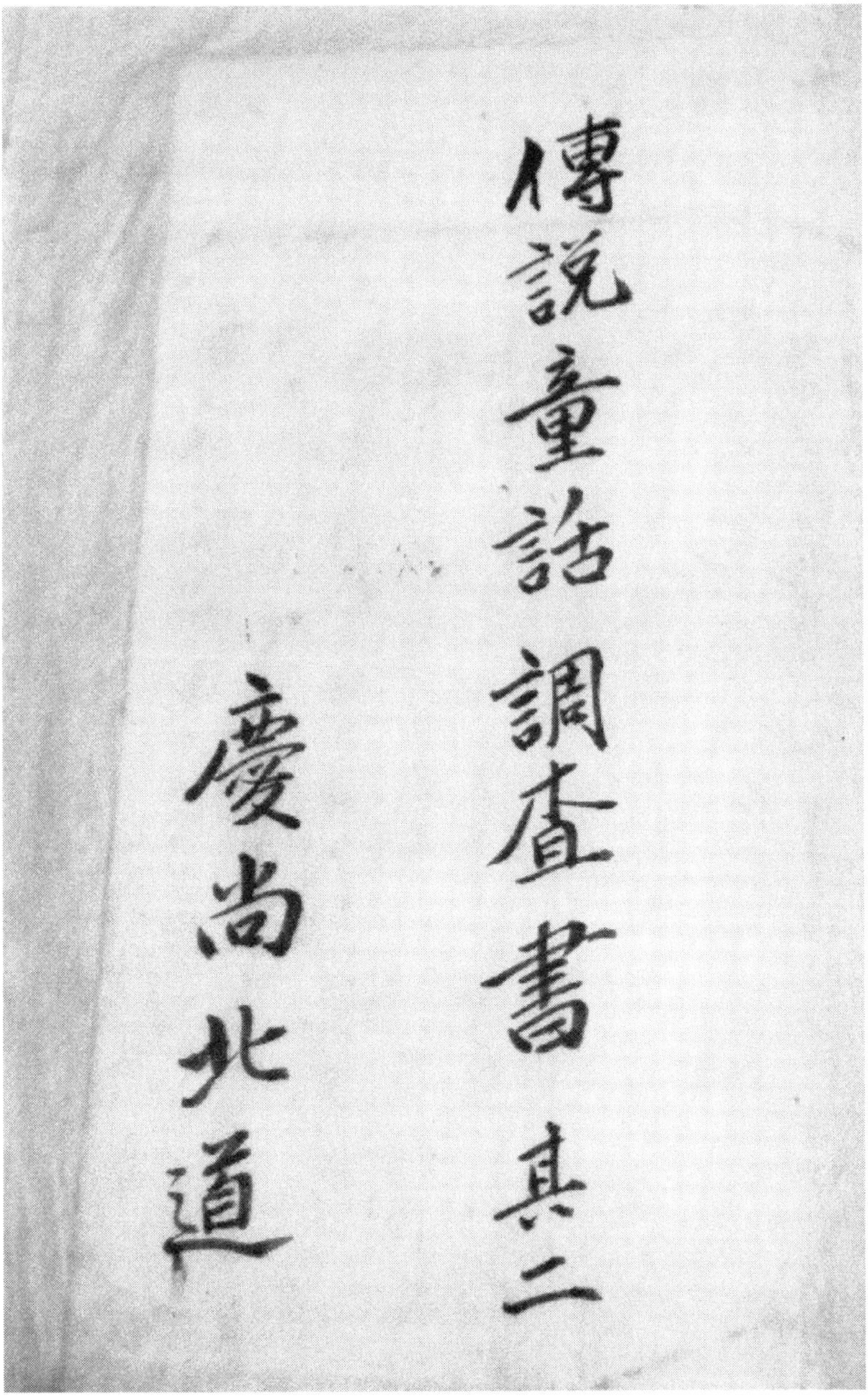
傳說童話調査書 其二

慶尙北道

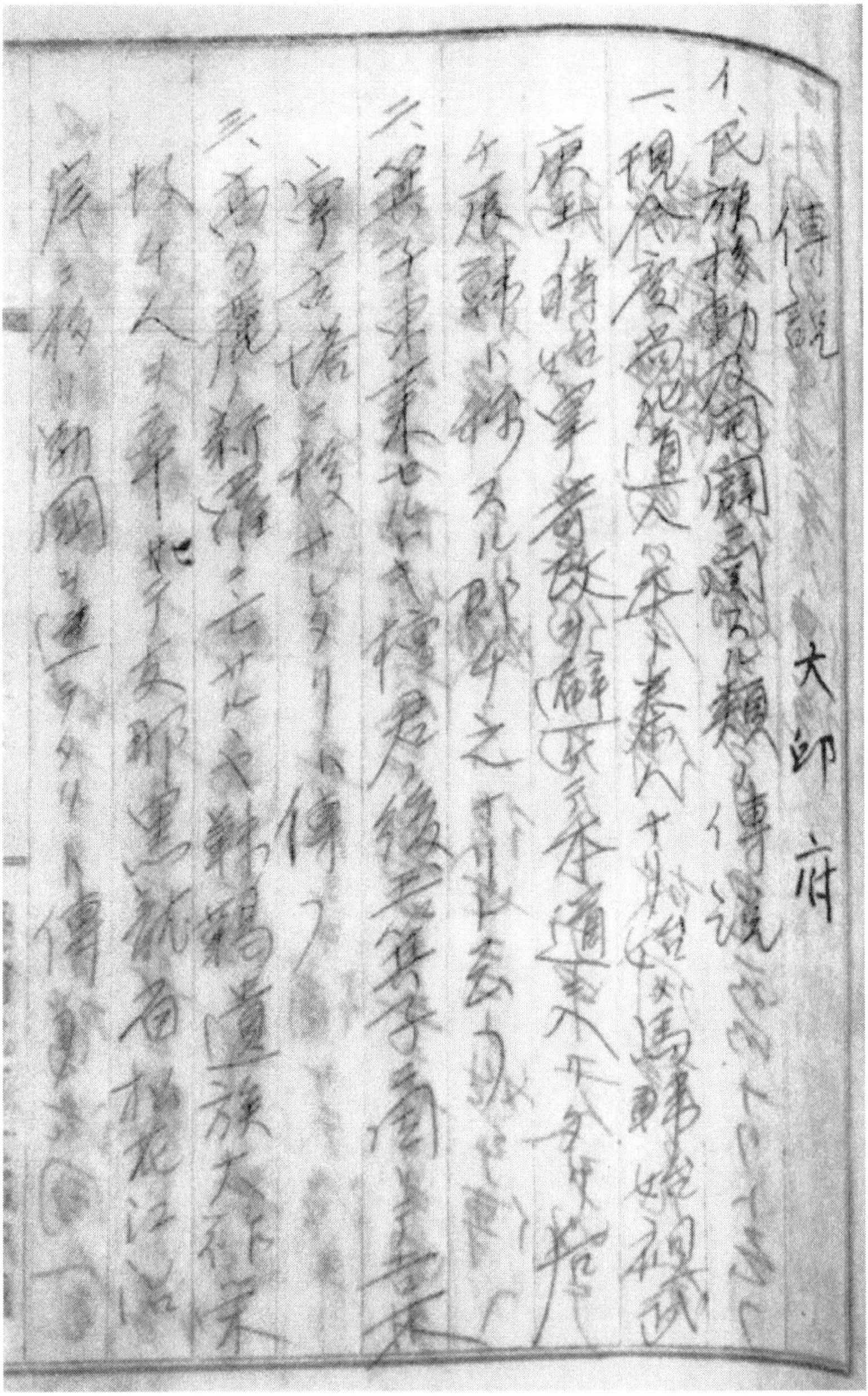
傳說 大邱府

又新羅ニ初メ許ナル姓ナカリシカ駕洛國金
首露王ノ時王ニ一女子アリ石舟ニ乗シテ浮
來ス見之ト配ス[illegible]王位ニ即カ[illegible]
賢ニシテ婦道ヲ正シク其夫王ヲ補ケテ治平ヲ
致ス[illegible]
[illegible]姓ヲ稱シ[illegible]後世ニ其ノ姓ヲ傳ヘ
[illegible]
[illegible]
[illegible]ナリト云フ
外國[illegible]

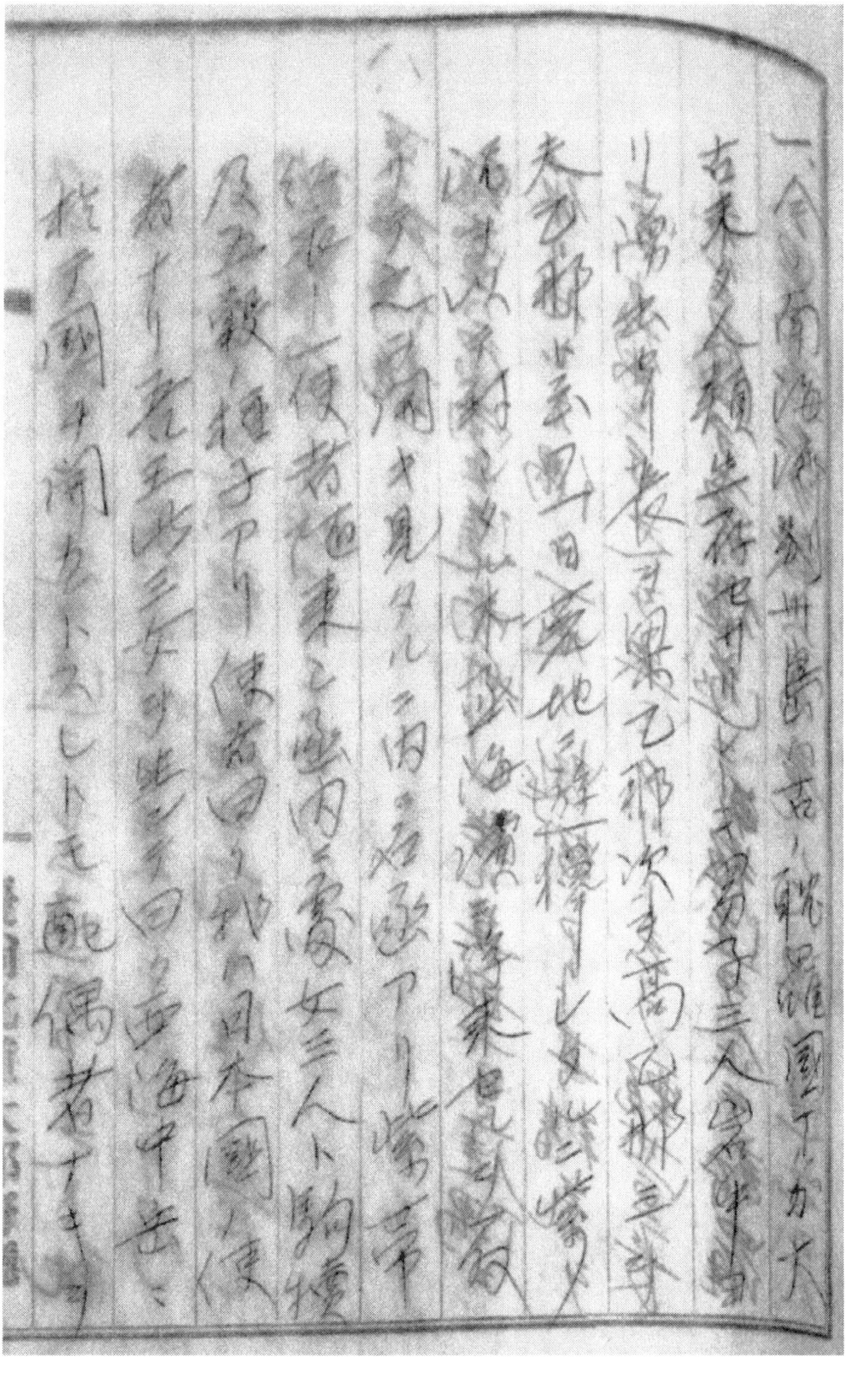

以テ使命ヲ之ヲ達ラシム遂ニカ之ト配
偶セラルヽコトヲ欲シテ雲ニ乗シテ去ラレシ乃
チ之ヲ人ヲ名ケ之ヲ娶リ此地ニ留マリ住ヲ定メ
能ク雁国ノ女ナリトモ云フ

八、英雄尊説

新羅[illegible]尚[illegible]道尚行ニ進ル其ノ[illegible]ハ庭[illegible]
去来シモ亦偶々一定ノ距離アリ其ノ[illegible]
少シク[illegible]ニ至ル之カ[illegible]ニ至リ[illegible]新羅[illegible]者
去来ル[illegible]之ヲ[illegible]遂ニ[illegible]シ[illegible]新羅
一人[illegible]大[illegible]人[illegible]之[illegible]

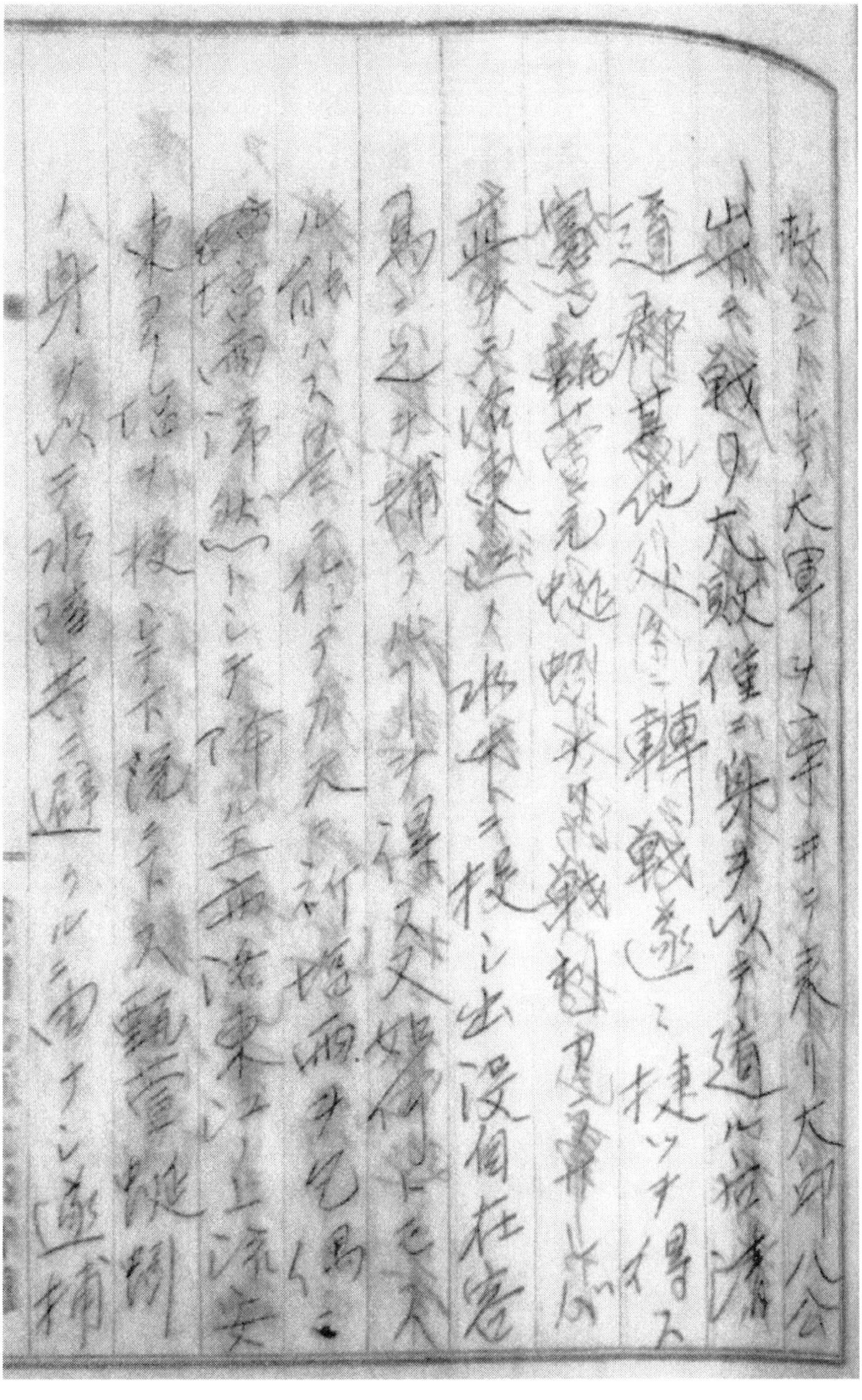

ハ災難ニ遭フト傳ヘ[illegible]

二、虎狼等動物又ハ植物ニ關スル類傳説

ア、烏屋上ニ鳴ケバ其家ニ死亡事アリト為

者アレハ死ス若シ又村近クニ啼ケバ[illegible]

トカレハ其村内ニ禍起リ全村ニ蔓延ス家

テ其災厄ニ遭フト云フ

狐又ハ蛇等ヲ見ルハ其家又ハ村ニ[illegible]起ル事アル

食ニ窮スル等ノ困難ニ遭遇ス[illegible]

イ、槐ヲ庭内ニ植ヱバ其家ハ[illegible]

若之ヲ伐リ又ハ[illegible]人死亡スル[illegible]

云フ七之ニ反シテ松ノ木ヲ植ウレハ福来ルト云フ

六、鶏ノ雛生レテ其嘴ノ黒キ者ハ三色ヲ有スル毛

八、乾坤殺之(?)…………之………

七、禽獣ト称之ニ関スル童話類ハ多シ

八、迷信類ニ関スル伝説

乃チ此附東南無量洞ノ小村方ニ高麗

太祖王建避難ノ乱ヲ避ケ来リ此ニ

ヘシニ戦利アラスシテ逃レ道シテ此村ヲ過

ク洞内ノ民夜半密ニ備ヘ人ヲシテ王ヲ勤迎

ニ感シテ無量洞ト名ケタリト云フ

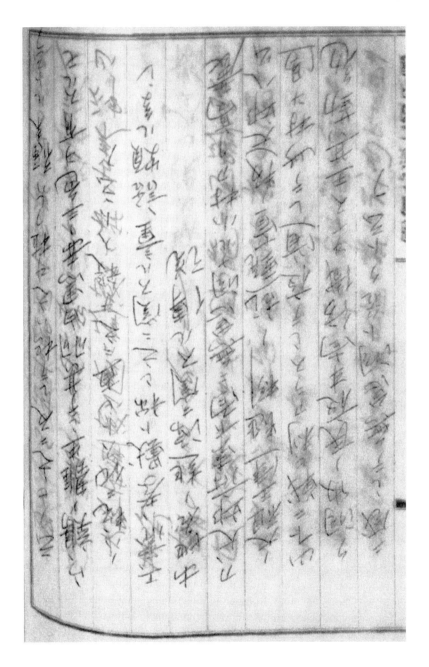

廣山郡華表木月洞ト稱スル處アリ同上
廣州ニ赴キ夜ニ之ヲ通過シ倡ニ木月
木ヲ聽ク故ニ三ノ危ナ[illegible]
大邱府ノ邑前ニ新面ニ獨此峯ト稱スル一洞アリ
同安大面邑ナリ此ノ[illegible]ニ獨リ河邊ニ岸
ナ聽ク故ニ為ニ危アリ[illegible]
其他高ク處ニ[illegible]之ヲ國ヨリ重ナ數ヲ要ス
大邱府達城公園ハ達城ト稱ス古來神山
ト崇メ之レ山所[illegible]
密山郡府近傍氏ト族[illegible]ルカ家

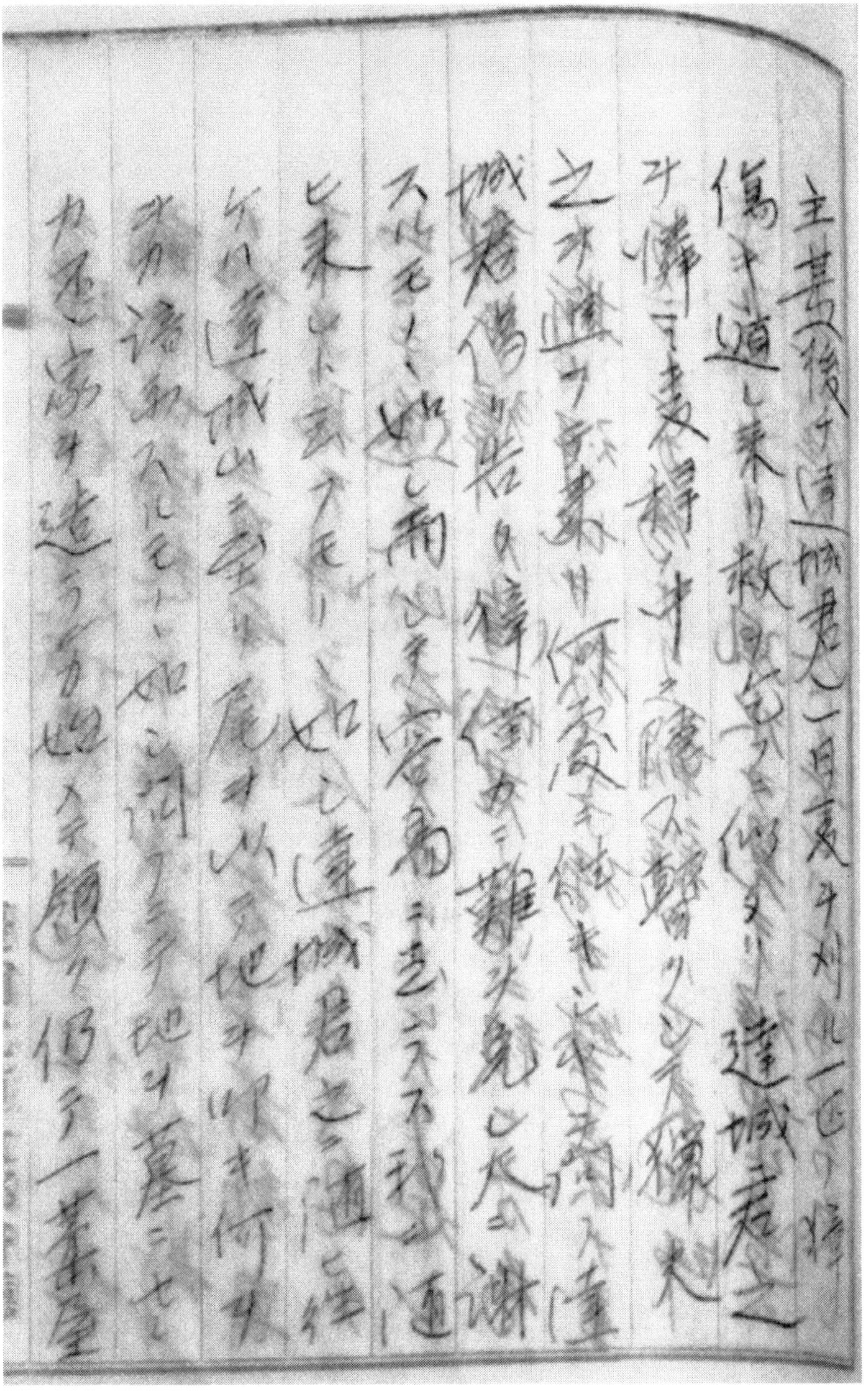

慶尙北道大邱府

未遂リ信ス達城ナル君ノ地ニ住ミ大安定
朝鮮地ヲ勤勉ニシテ漸次其大ヲ加ヘ斯
ノ如キ二三百年ニ至ル間佛ニ名ヲ其英勤苦
スルヲ見テ斗ニシテ人ニ告クルヤ忽チ
止ミテ遂ニ大山ニ登テオリシナリ是レ
郎ヲ禪ガ壽達城君ノ恩ニ報ヒ方為
之ヲ大斯ル禪地ヲ教ヘ子孫ヲ繁栄大ナ
ヲ南ニ之ヲ勝ナル朝鮮ハ立チ其地ヨリ歸
ノ高大ナル遺ノ東リ其風水ヲ見テ禪地ハ其遺
其奈信仰是是家其子孫ヲ繁榮シ

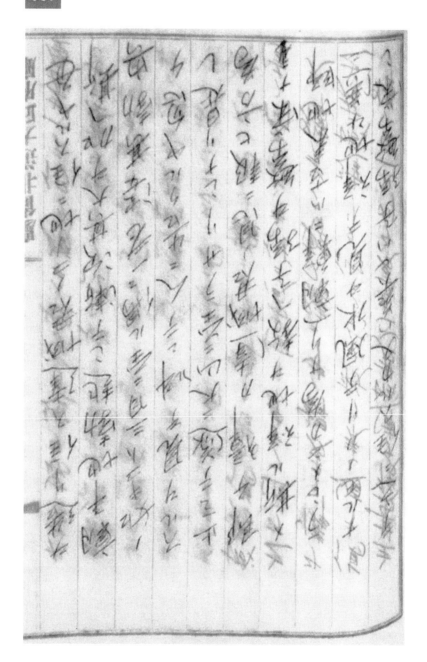

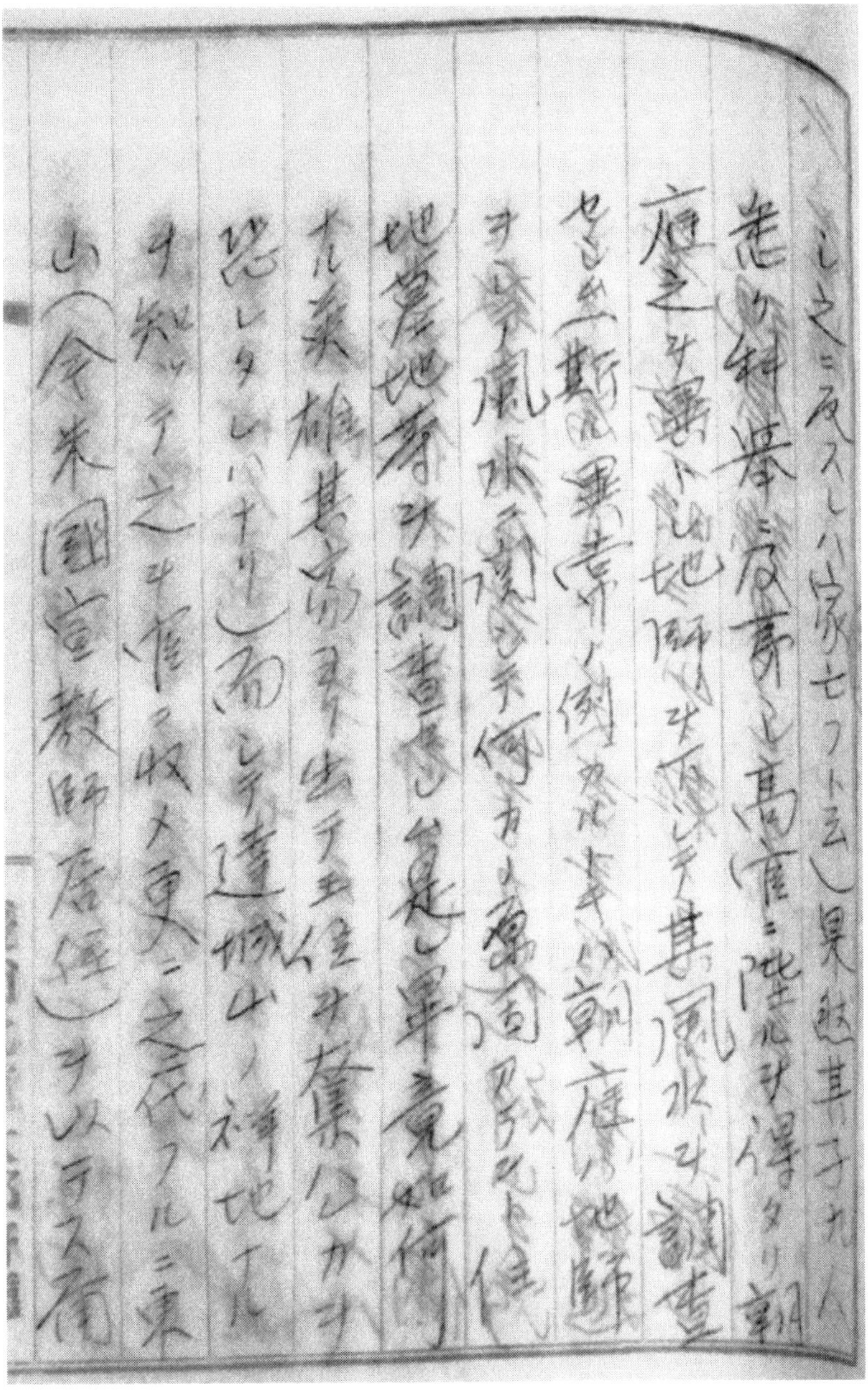
シ之ニ反スレハ家亡フト云フ）是以其子九人
悉ク科擧ニ及第シ高官ニ陞ルヲ得タリ朝
廷之ヲ異トシ其地師ヲ召シテ其風水ヲ調査
セシム斯ル異常ノ例多キヲ以テ朝廷ハ地師
ヲ崇メ風水ヲ信シテ何カノ[illegible]アル毎ニ
セシメ地墓地等ヲ調査セシム是ハ單ニ宮廷
ナル英雄其家ヨリ生テ王位ヲ簒奪センカ為
認レタレハナリ）而シテ道詵ハ[illegible]ナル
ヲ知ツテ之ヲ官ニ收メ大事ニ之ヲ傳フルニ東
山（今米國宣教師居住）ヲ以テ大

東園ニ於テ神山トシ広大ナリシ徐氏ノ
家屋ヲ毀チ再ヒ家屋ヲ建築スルニ入レ
ニメス古人ノ功アル地ハ悉ク[illegible]ルコトアラハ大ナル
ヘキ義ヲ催サレハ止マスト云フ況ヤ其社也人
守我役我等ノ諸部ヲ以テ置キタル[illegible]備
ニ数多ノ病死者ヲ出セシヲ見テ神社ノ山ヲ汚シ
[illegible]生[illegible]偏[illegible]字[illegible]文[illegible]蘭[illegible]
[illegible]ニ[illegible]時[illegible]軽大[illegible]一層[illegible]
[illegible]
八
[illegible]

情究テ弟ヲ捨テ稟ヲ施シ放タルニ後日
其燕来リ瓠種一粒ヲ啣ミ遺シ去ル仍テ
之ヲ植ヘタルニ芽ヲ生シ枝葉茂リ花開キ実
穎ノ熟スルヤ一穎ヲ取リテ開キ見レハ全
錬之ニ充テ一穎ヲ剖ケハ白米充満シテ食
兄ノ東家ヨリ来リテ宝物ヲ求ルニ止マ了弁人之ヲ奪フ
大ニ羨ミテ之ニ倣ヒ其燕ヲ捕ヘ其足ヲ折リ
對燕ヲ施シ治療ヲ加ヘ其治スルヲ待テ之ヲ放ツ
後日其燕来リ是亦瓠種一粒ヲ残シ去ル
ト兄之ヲ植ヘテ熟スルヲ待チ剖ケハ悪鬼生シ盗ニ

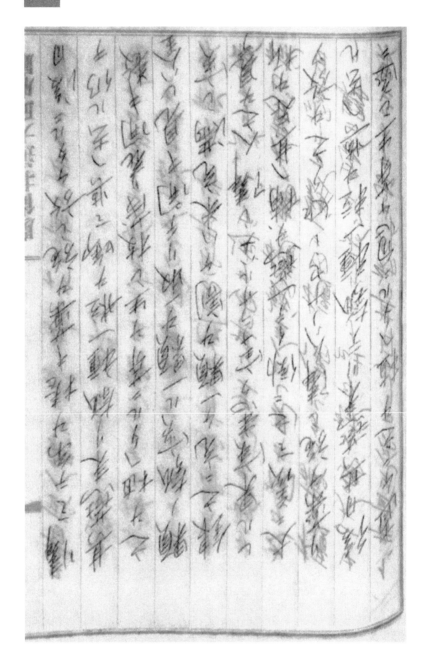

[illegible]数顆ノ柿実ハ大ニ歓ヒ取リテ之ヲ開
ケハ蛇出テ一顆ヲ開ケハ鬼出テ彼ノ手
足ヲ縛シテ鉄棒ヲ以テ撲殺セリト
云フ

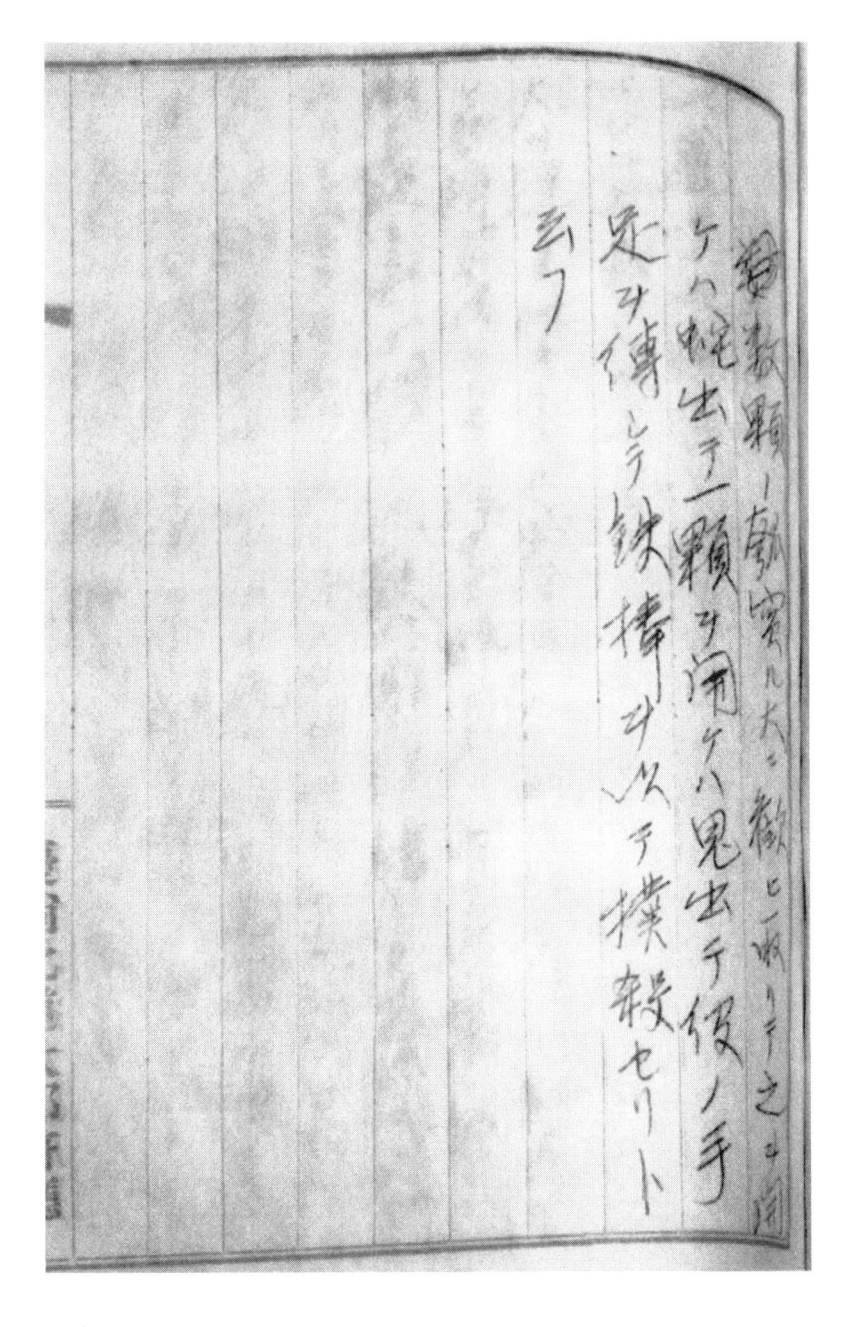

傳説　大邱府

一、慶州ニ大堤ト云フ洞名ガアリマス

コレハ昔或ル人ガ飼犬ヲ常ニ大ヘン可愛ガッテ何所ヘ行クニモ

犬ヲ連レテ往キマス或日友人ノ所ヘ往キ酒ヲ馳走サ

レ帰ル時ニ途中デ眠ガサシタ為メニ山ノ麓ノ路ノ

側ニ寝タ所ガ間モナク野火ガ廻ッテ乾イタ芝ノ所ニ火ガ

ウツリ今ニモ其ノ人ノ体ニ火ガ付カウトシマシタ犬ハ

大ヘン心配シテ山ノ下ノ方ニアル川ヘ走ッテ尾ニ水ヲツケテ

来テ火ヲ消シマシタガシマヒニハ自分ノ体ニ火ガモエ

ツイテ犬ハトウトウ焼ケ死ニマシタ其ノ人ハ火ノ音ニ聞ッ

ケテ起キテ見タトコロガ家ハ焼ケ犬ハ焼ケ死ン
デ居マシタソシテ尾ノ先ハ水気ガアッテ焼ケナ
イデ其ノ儘デ居マシタカラ之レハ不思議ナ事ト色々調
ベテ見ルト犬ガ来タ様デノ事ガ判明リマシタ
犬ハ自分ノ命ハ犬ガ助ケテ呉レタノダト云ッテ
大仕掛ナ犬ノ墓ヲツクリマシタソシテ其ノ山
ソノ洞ノ名モ犬堤トツケタノデアリマス

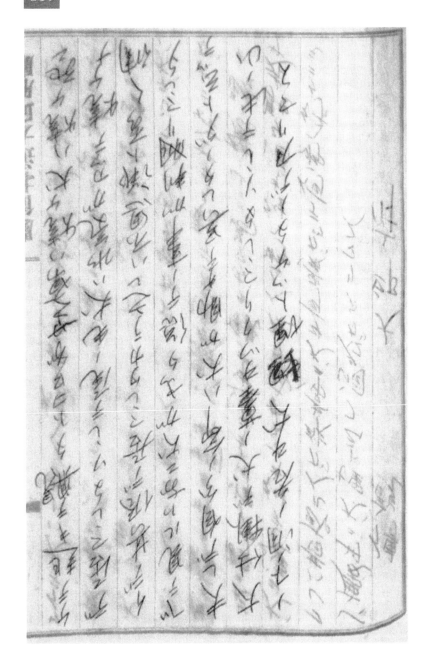

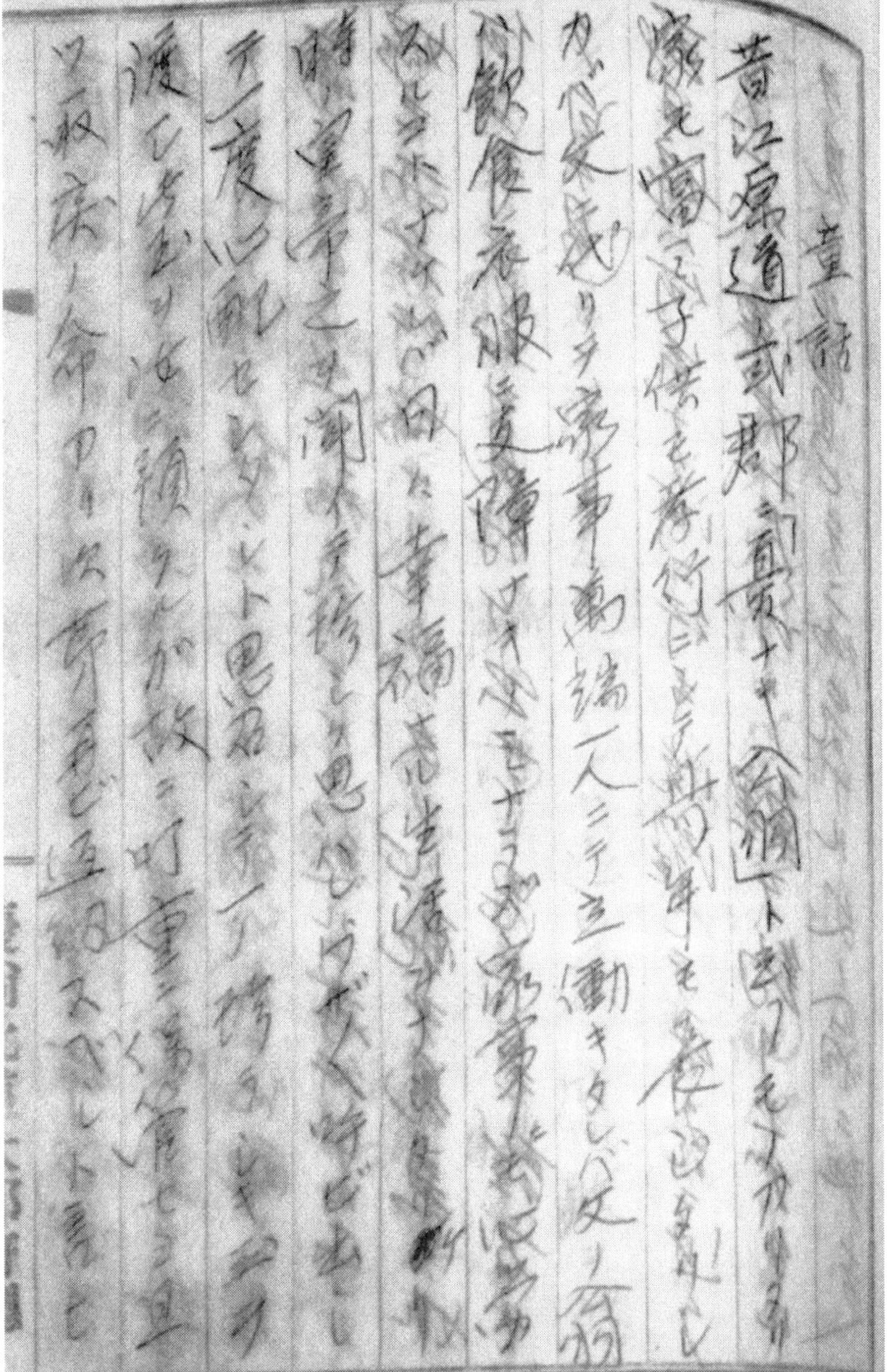
童話

庭ノ刹ニ病ヲ得テ遂ニカハル[illegible]渡シ[illegible]命[illegible]
婦ヲ得テ帰ル翁ヲ残シ度ク帰ラテ[illegible]
トリツキニ後ヘセシナリ翁ハ大ニ心配シテ
家ニ帰リ遂ニ病気トナレリ能ク孝行ナル子ナリ
嫁モ有孝行ナル婦ナレハ又心配シテ見舞ナトシ
何ノ[illegible]ヲ見付ケ出サレシト思ヒ諸方ヲ
夕ノ日ナク[illegible]人ヲモ[illegible]
或日嫁ハ何気ナク近所ニ行キ洗濯セシテ帰ル途中
婆ガ[illegible]ヲ[illegible]ルヲ見テ[illegible]
ヲ見テ[illegible]ニ病気ナル父ノ翁ニ聞カセント

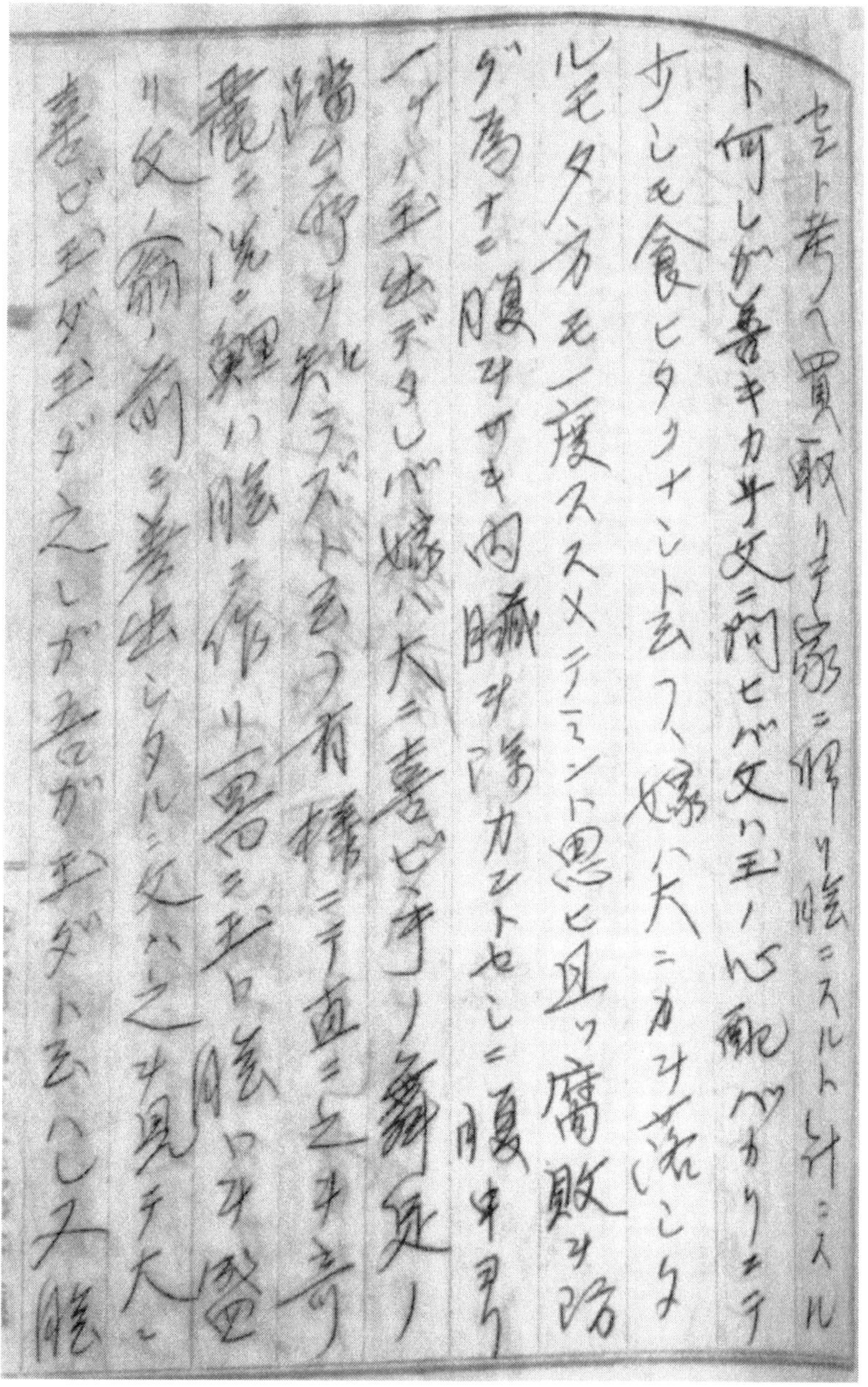

セヨト考ヘ買取リテ家ニ帰リ膾ニスルトテ汁ニ入ル
ト何シカ善キカサ文ニ問ヒバ文ハ主ノ心配バカリニテ
少シモ食ヒタクナシト云フ、嫁ハ大ニカラ落シタ
ルモ夕方モ一度ススメテミント思ヒ且ツ腐敗ヲ防
グ為ナニ腹ヲサキ内臓ヲ除カニトセシニ腹中ヨリ
一ツノ玉出デタレバ嫁ハ大ニ喜ビ手ノ舞足ノ
踏ム所ヲ知ラズト云フ有様ニテ直ニ之ヲ舅
麗ニ洗ヒ鯉ハ膾ニ作リ器ニ玉ヲ膾ノ中ニ盛
リ父ノ前ニ差出シタルニ父ハ之ヲ見テ大ニ
喜ビ玉ダ玉ダナ之レガ吾ガ玉ダト云ヒテ大ニ膾

三気分ハ良クハレタ然ルニ丁度其時皇帝ヨリ
王殿下ノ命アリタレバ翁ハ喜ンデ之ニ応
シタリシカバ皇帝ハ翁ニ心配サセルコトカ出
来ナカッタメ矢張直ギ翁デ兄ト貴ナラ
シタトヱフ目出度〳〵

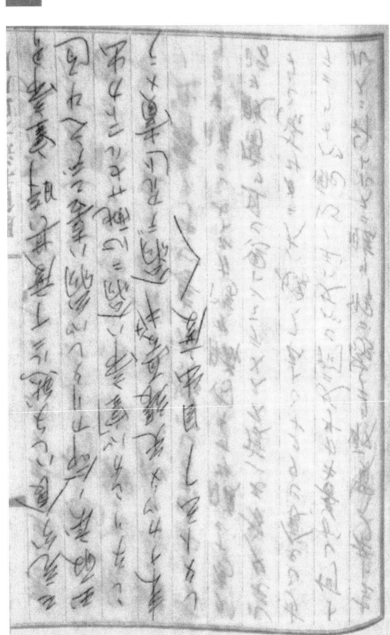

一傳說童話調査書

廣山邑內有金永同人謂之金孝子以國初人也一世至孝凡爲親營

行虎伏門外孝子騎之出入爲孝子及其沒後郡人爲之立祠于外坂

林樾名曰屛山春秋節享需用稷粳鋪錢于物爲洞事畢之時即

立祀其人之眞靈不敢不禮其林樾虎狂山谷者不敢犯孝子謂

在二月設位每年二月則本洞人自月初家家設祭致誠一年安寧此俗仍

織及於一鄕遠至隣郡今則嶺以南擧皆有此俗而名曰永同風

神此民俗而不知爲何故而其名有天降風神也故觀察鄭晩錫

之吟曰其嘉山種修永同四云云

大邱達城徐氏封貴之地而城入口有池今有其遺傳言徐剛五代

子父世至孝父母老而病嗜嘉魚不得便公日臨池上祝天而言訖
嘉魚躍出池中因以供饋爲孝人指其池曰孝感井至今有文獻
曾於壬辰日時從王先避難也可於東萊戰倒戈投降遂說哉
功賜姓金名忠善卜居大邱上寺初至友鹿洞其子孫移爲戶令塁
名號慕夏堂有慕夏堂集二冊行于世官至義州府尹
壬辰亂淸將陳濤籌幕下僕射杜師忠以日官隨在軍中樂朝鮮
人物土地仍留居於大邱府西大明洞洞於地理云今稱杜師忠識
見墓在大邱二宮東洞公察峰下其子孫今居本府[illegible]山里
新羅王正月十五日幸宮妃遊傳金有情烏投一封書其封曰開
見二人死不開見一人死王心惜乃斫斷僧於而立長几濆血出

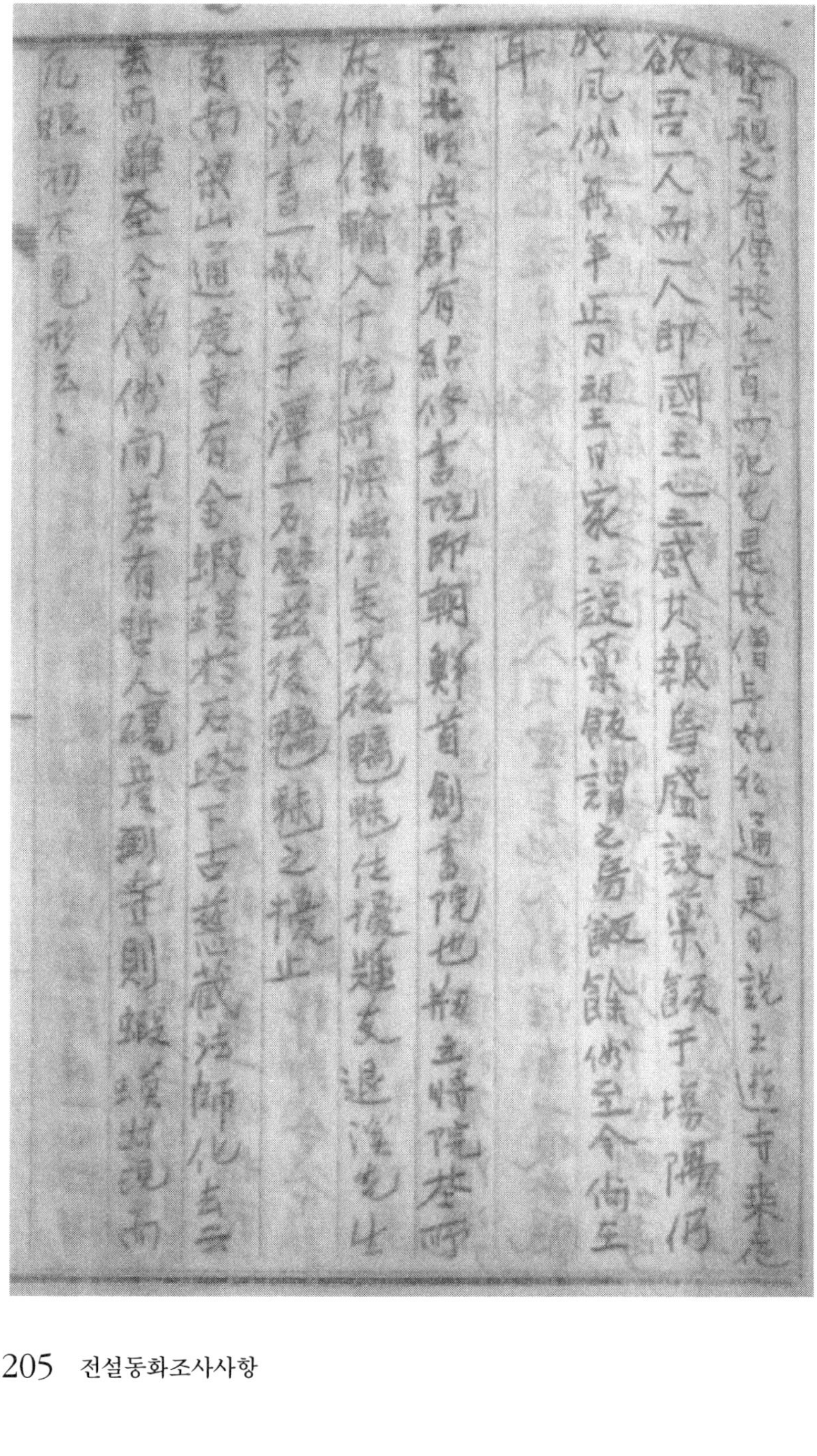
驚而視之有僧拔其首而死也是奸僧與妃私通是日託王往通寺來庭
欲害王人而一人即國王也王感其報恩盛設齋筵于場陽仍
成風俗每年正月望日家家設藥飯謂之烏飯餘俗至今傳之
耳
玄基郡有紹修書院即朝鮮首創書院也額立特院本寺
有佛像輪入于院前深淵中矣其後龜懸佐復難支退治也
李滉書一紙字于潭上石壁茲後龜懸之後止
慶南梁山通度寺有金蝦蟆於石塔下古慈藏法師化去云
然而雖至今傳說尙若有誓人禮竟到寺則蝦蟆出現而
凡眼初不見形云云

今去四十餘年前義南以延府使鄭顯德在郡時一日出將
臺路傍有一古木圍可五六圍枝柯蔽人來往道路冠蓋不得往
府使怪而問之府老曰此千年古木有靈驗雖落葉一个拾取
則必有殃孽以故遮蔽道路人不敢犯府使勵拜即令斧之
盡斫無餘竟無靈驗而路自通云
高麗末有一男子偶入深山中日暮迷道轉徨徘雲裡有瀟灑
林堂璀璨瑷月綠飛非塵寰世界入其堂無他人影怪有一娘子飄
然行坐飲進持盃勸飲夜深同枕明朝勸出少年如醉如夢
始向其姓名居留將守悽夢內曰不必詳問而後知之某年
某月日此郡居親生鄉待入東門問則有一青衣少年乘驢從

出門矣若問此由則自有可知之道矣果如丈人言待日時入都

城門則乘驢少年出矣隨之而問詳說那夜異說則丈平

悽然垂淚曰彼少狼即稱數也我於國初始生長國將亡乎

人一交合更生一狼後即斃矣後何問先後問家姓名曰我鄭

夢閒也

大邱沿革 新羅達句火縣(一云達弗城) 景德王時改爲壽昌郡 高麗

顯宗屬京山府 我太宗朝陞爲郡 世祖朝始置鎭 陞爲都

護府 宣祖朝置監司兼府使設判官 從中議留營其與

乙支 屬縣 壽城縣(在府南十三里本新羅喟火郡一云上村昌郡) 解顔縣(在府東二十七里本新羅雉省火縣)

河濱縣(在府西三十七里本多斯只縣) 花園縣(在府西二十里) 豐角縣(在府南七十里本)

官職 監司兼府使 判官 都事 營將

大邱古號達句火壽昌縣的是新羅景德王改大邱舊名在今

城隍之西故今所謂郡西東山即[illegible]古時則在東故云今仍

稱號謂東山

山川

連龜山 在府三里傳說云建邑之初作石龜藏于山脊南頭北尾以通
山地脈故謂之連龜山自城佛山來山下有石水庫

王山 在府北二十里高麗太祖為甄萱所逼登此山稱王山幾里許有一窟
太祖破軍只身故謂軍峙自八公山來仍稱甄萱兩破軍至今有小迹

臥龍山 在府西十里下有王淵 龍出其淵
故稱龍山自翠頂山來

畫巖 在府北十五里丹崖蒼壁
如展畫圖故人謂畫岩

箭灘 在府北二十里新羅麗太祖與甄萱隔江對陣箭從水中故謂之箭灘
琴湖江上流

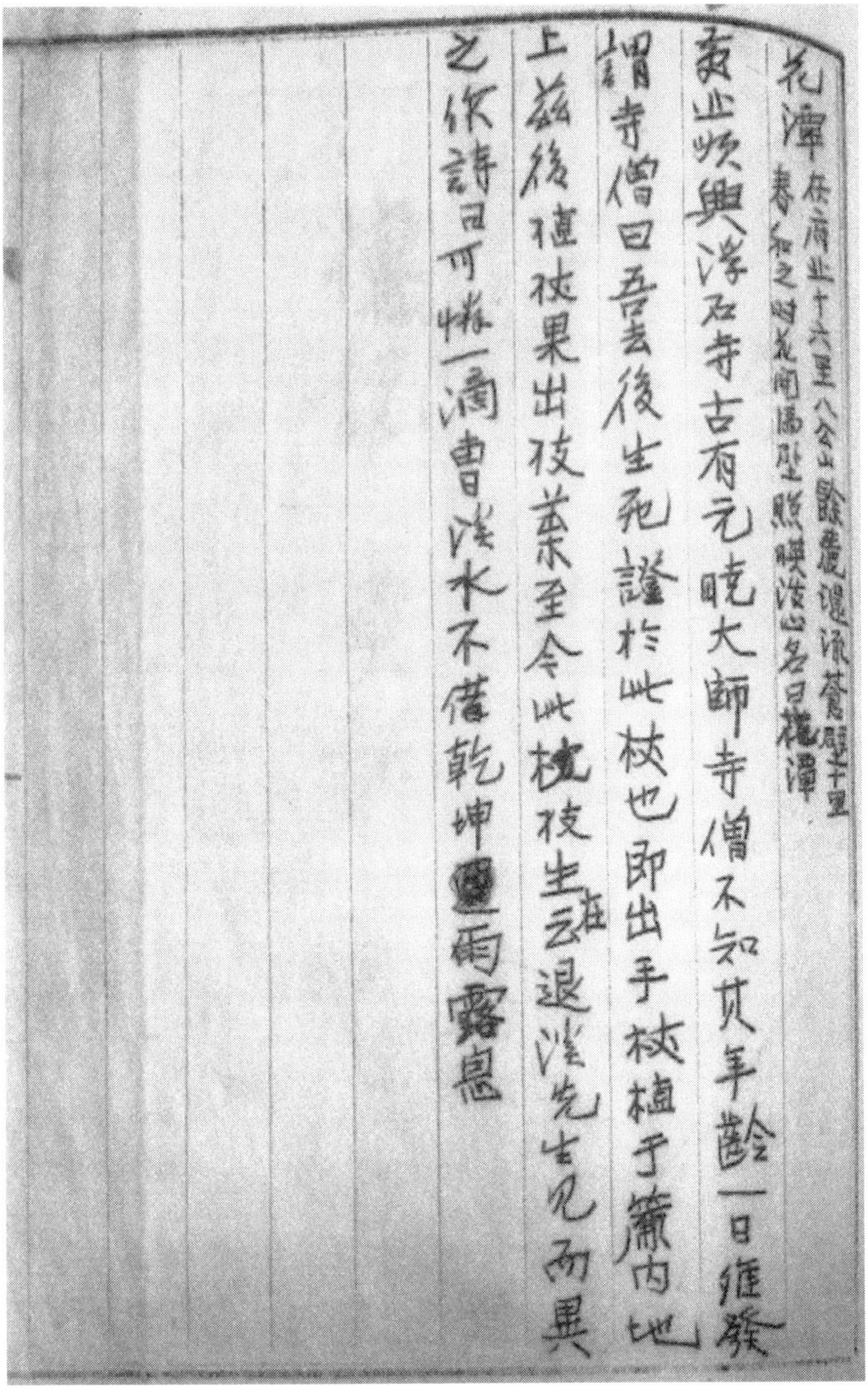

花潭 在府北十六里八公山陰處迴流蒼壁十里 春和之時花開滿壁照映波心名曰花潭

袁山峽與浮石寺古有元曉大師寺僧不知其年齡一日維發

謂寺僧曰吾去後生死證於此杖也即出手杖植于簷內地

上茲後植杖果出枝葉至今此樹枝生在云退溪先生見而異

之作詩曰可怜一滴曹溪水不借乾坤雨露恩

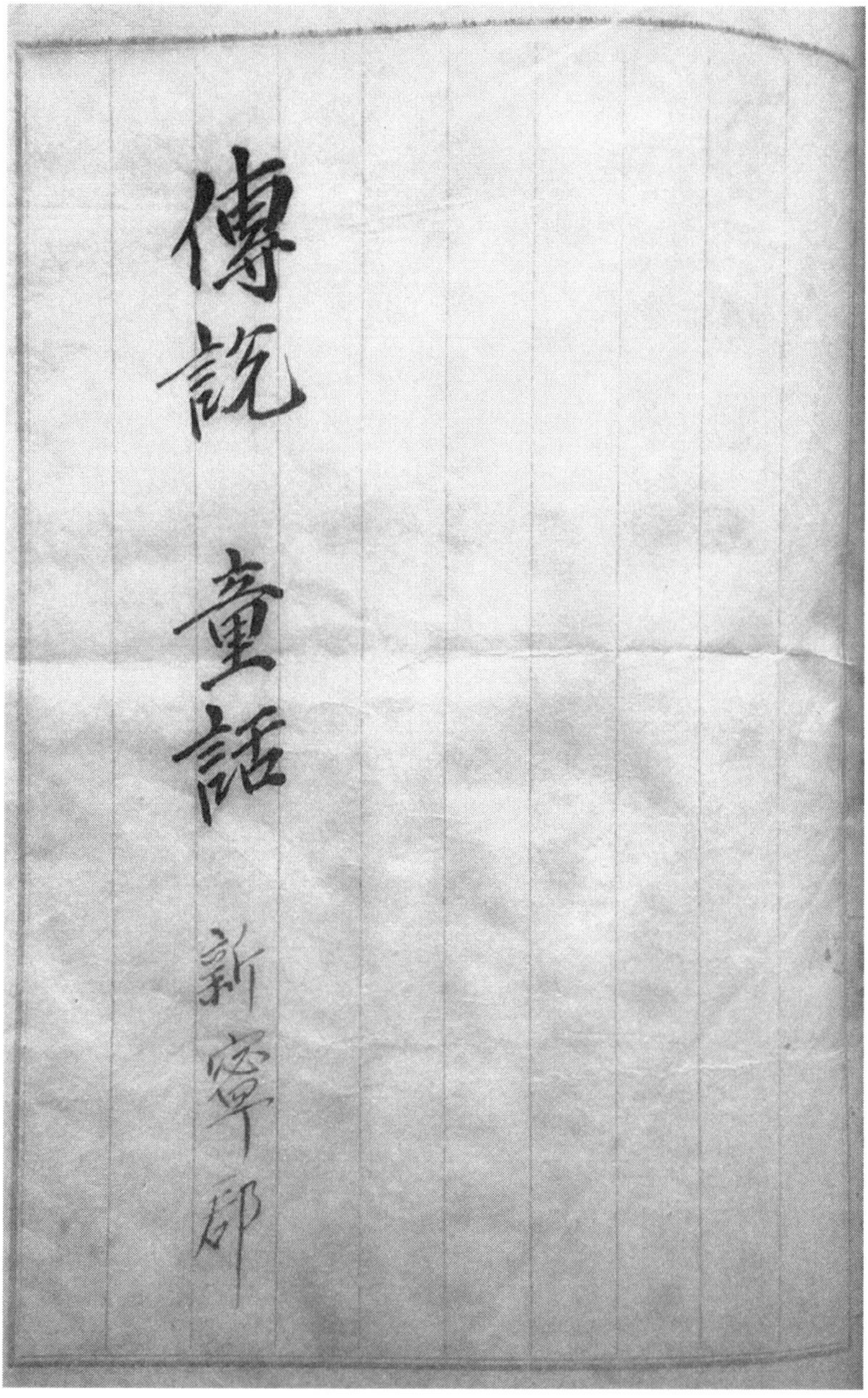

傳說 童話

新寧郡

調査ニツキ附言

傳説童話調査ニ関シテハ二個月餘ニ亘リ或ハ生徒ニ又村老ニ就キソノ知レルモノヲ語ラシメタレド語ル所多ク男女関係ノ事ノミニテ又一トシテ纏マレルモノナシ僅カニ左記ノモノヲ嘗テ書ニ見話ニ聞キタルヲ示シテソノ知未知ヲ調ベ済タル次第ナリ

大正貳年七月二十三日

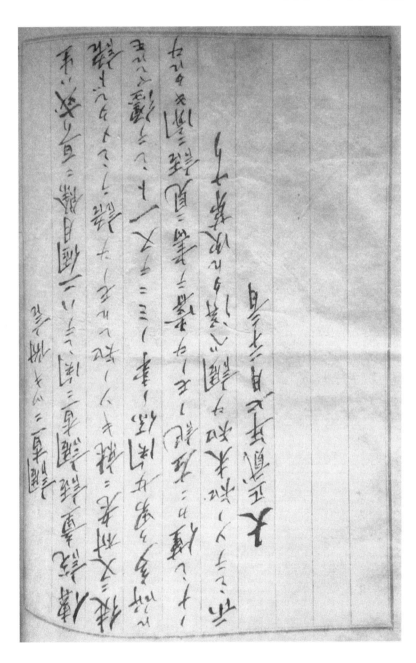

記

傳說

一 感與使者

童話

一 無法者

一 人虎ノ争ヒ

一 瘤取

一 嘘ノ上手

一 解語龜

一 海水鹹[illegible]

一 正直ノ鏡

一 啞者欺盲者

一 論天之高低

一 龜失金銀棒

一 蟹ハ甲丈ケノ穴

一 蚌鷸ハ漁人之功（朝鮮讀本卷三 蚌鷸之争ヒ）

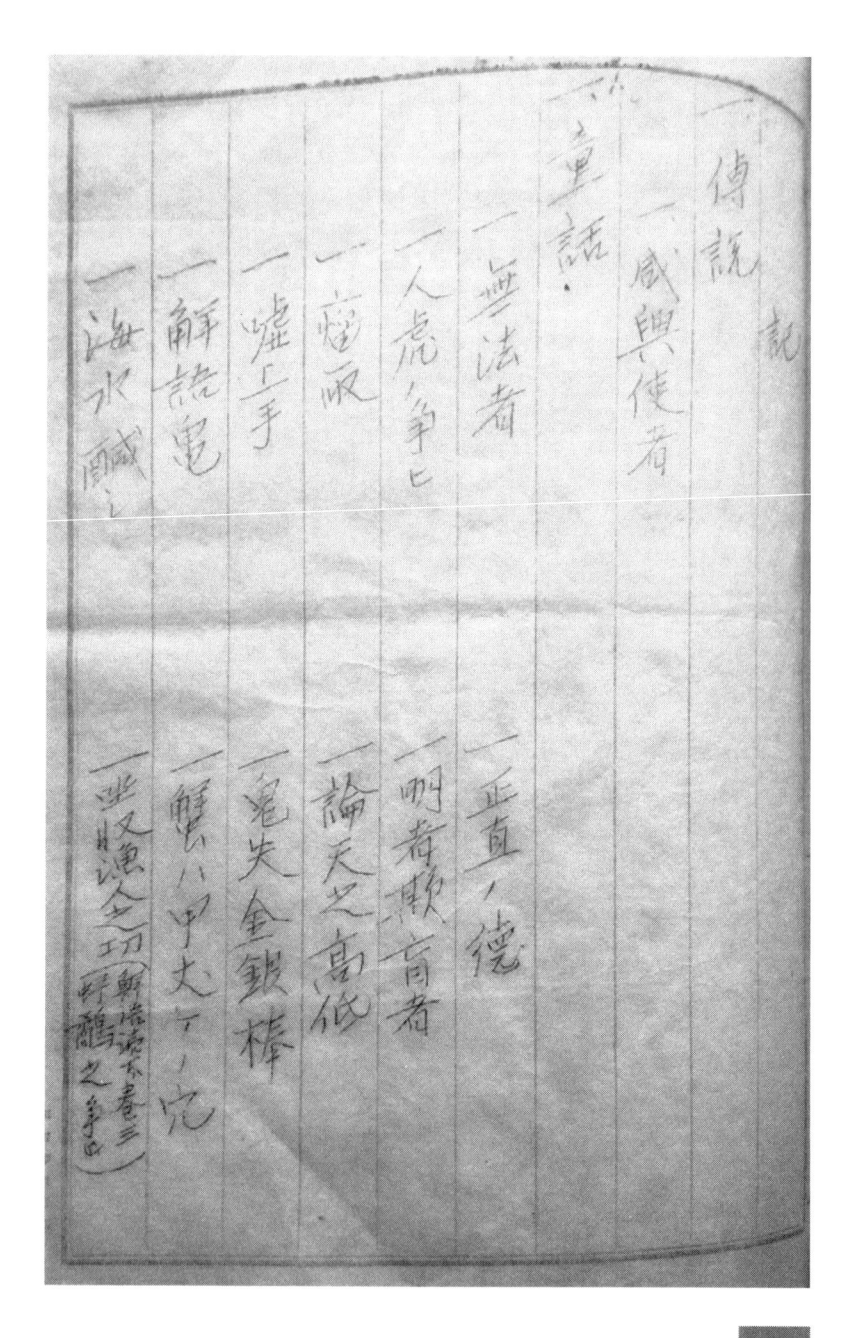

咸興差使者

或王ノ妾ノ子ニ不孝者アリ己レ王タラントノ念ヲ起シテ王ノ
妃ノ子ヲ殺シ御璽ヲ奪ヒ父君王ヲ咸興ニ追ヒ王妃ヲ
獄ニ下シタリ後己レ王位ニ即キ先ノ不孝ヲ悔悟シ
咸興ニ追ヒシ王ヲ迎ヘント数次使ヲ遣ハサレシモソ
ノ使一度モ歸リ来ルコトナカリシト咸興ノ使者ト
イフ語之レヨリ始ル還ラザル使ヲ云フト

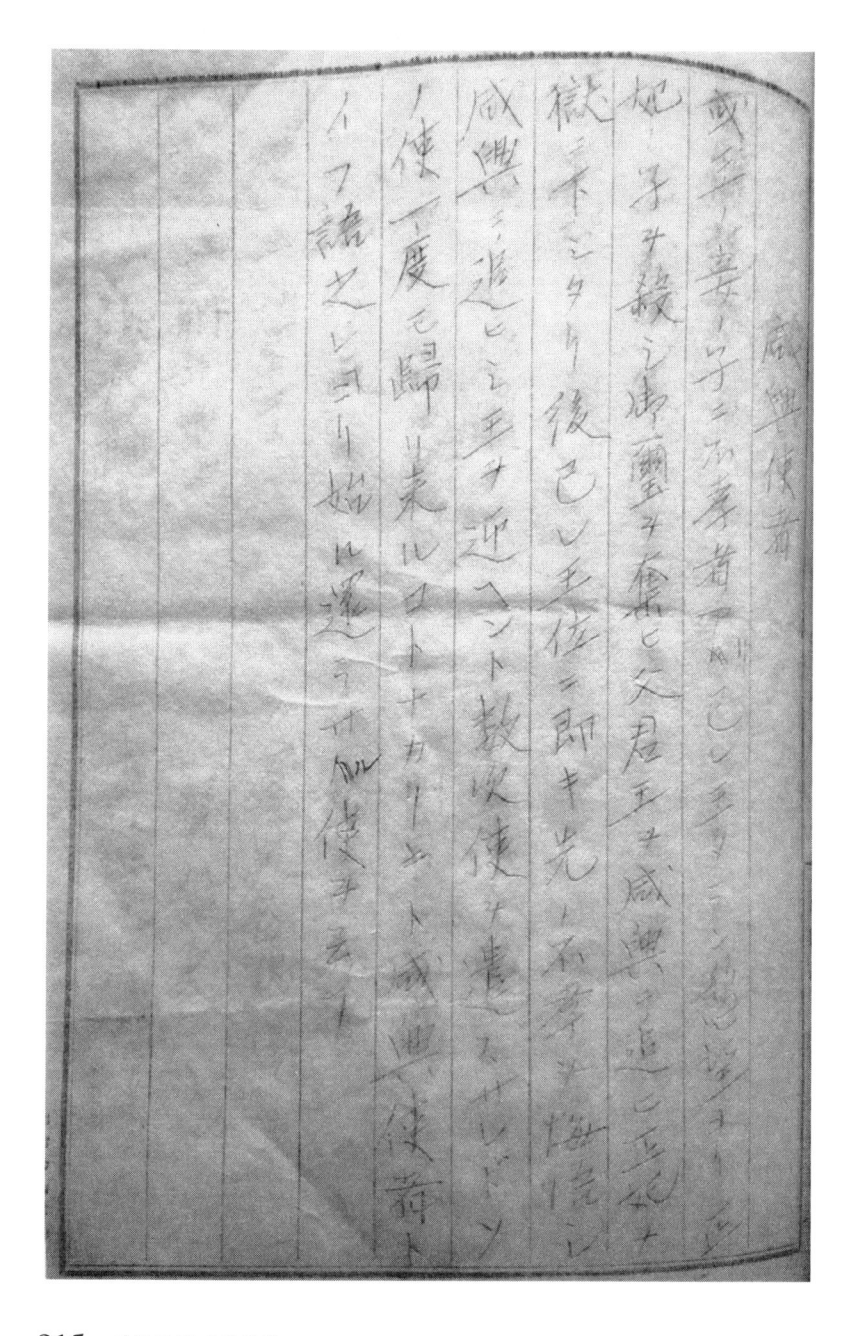

無法者

頓オアル極貧ノモノアリ一日果物店ニ柏ノ實ノアルヲ見買ハンニモ銭無ケレバ一策ヲ案ジ店主ニコレハ何カト問ヘバ主人ハチヌシヨ（喫セヨ 柏實）ト答フ彼ハ應トバカリニ大ニ喫シ有難ウト一禮シテ立チ去ラントスレバ主人ハ驚キテ錢出セト云ヘバ彼ハコハ不思議ナリ先刻喫セヨト云ヘバコソ食ヒタリトテ呆ルゝ主人ヲ見返リモセズ立チ去レリ暫ラク行クニ食ヒ過ゴセシ柏ノ實ノタメニ腹痛ミ便意ヲ催ス一計ヲ案ジ一軒ノ雜貨屋ニ飛ビ込ミ今亂暴者ニ逐ハレタレバ暫シ隱シクレヨト蓆一枚ヲ借リ立テ廻シ其ノ陰ニ

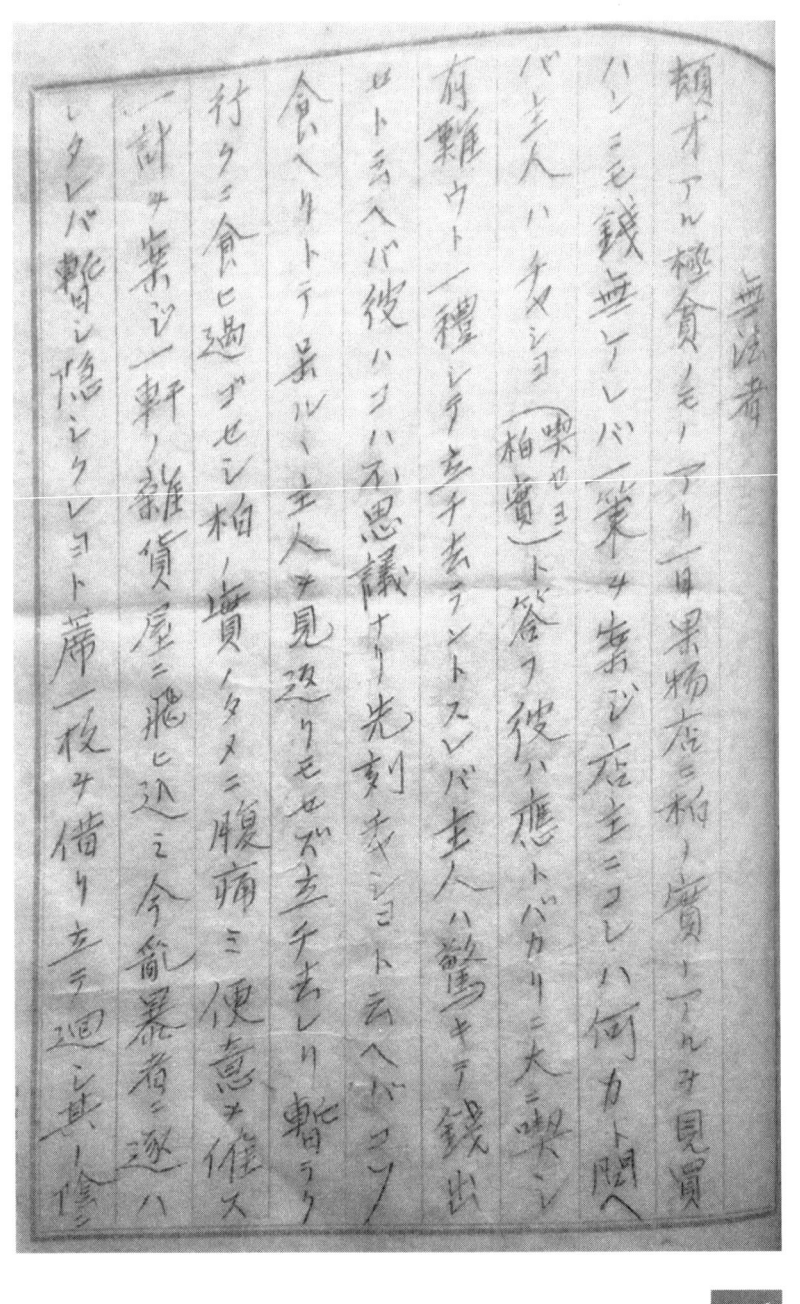

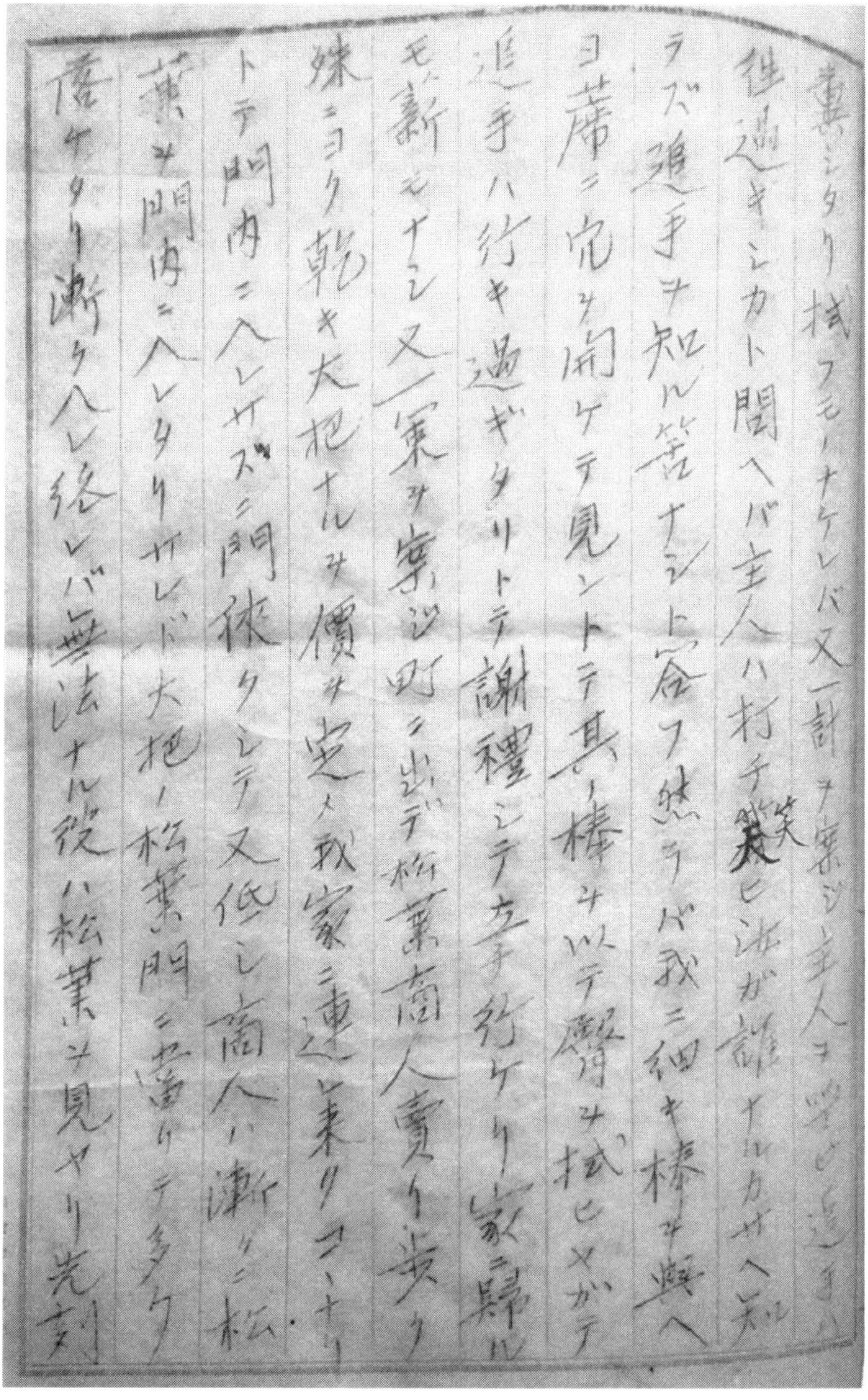

甚シタリ拭フモナケレバ又一計ヲ案ジ主人ニ[illegible]追手ハ
徒過ギシカト問ヘバ主人ハ打チ笑ヒ汝ガ誰ナルカサヘ知
ラズ追手ヲ知ル筈ナシト答フ然ラバ我ニ細キ棒ヲ與ヘ
ヨ席ニ穴ヲ開ケテ見ントテ其ノ棒ヲ以テ[illegible]ヲ拭ヒメガテ
追手ハ行キ過ギタリトテ謝禮シテ立チ行ケリ家ニ歸ル
モ薪モナシ又一策ヲ案ジ町ニ出デ松葉商人賣リ歩ク
妹ニヨク乾キ大把ナルヲ價ヲ定メ我家ニ連レ来リコレナリ
トテ門内ニ入レサズニ門待タシテ又値シ商人ハ漸クニ松
葉ヲ門内ニ入レタリサレド大把ノ松葉門ニ當リテ多ク
落ケタリ漸ク入レ終レバ無法ナル彼ハ松葉ヲ見ヤリ先刻

大抵ト思ヒテ價ヲ定メタレドモ今見ルニ大抵ニ非ラズ彼ノ價ニ
テハ買ヘジト商人ハ田舎者トテ計略トハ知ラズ今更價増
ルトハ無法ナリ買ハザレバ持チ行ケ許リトブツ〱立腹シテ
持チ去レリ彼ハシタリト許リ落チタル松葉ヲ拾ヒ集ヒレバ
半把ニ餘リシト又彼ハ一日鯛商人ノ門前ヲ行タルヲ呼ヒ止メ
極メテ小キ鯛一尾ヲ買ヘリ之ヲ台所ニ置キ更ニ魚商來ル
ヲ待ツ程ナク通ルヲ呼ビ込ミテ先刻ノヨリ少シク大ナル
ヲ一匹買ハント價ヲ定メ台所ニ持チ行キ先刻ノ鯛ト入リ
更ヘテ提ゲ出デ來リ買ハントセシモ妻ニ聞ケバ要ナシト
云フマズ〱返ストテ押返ス又程ナク通ル他ノ魚商ニ

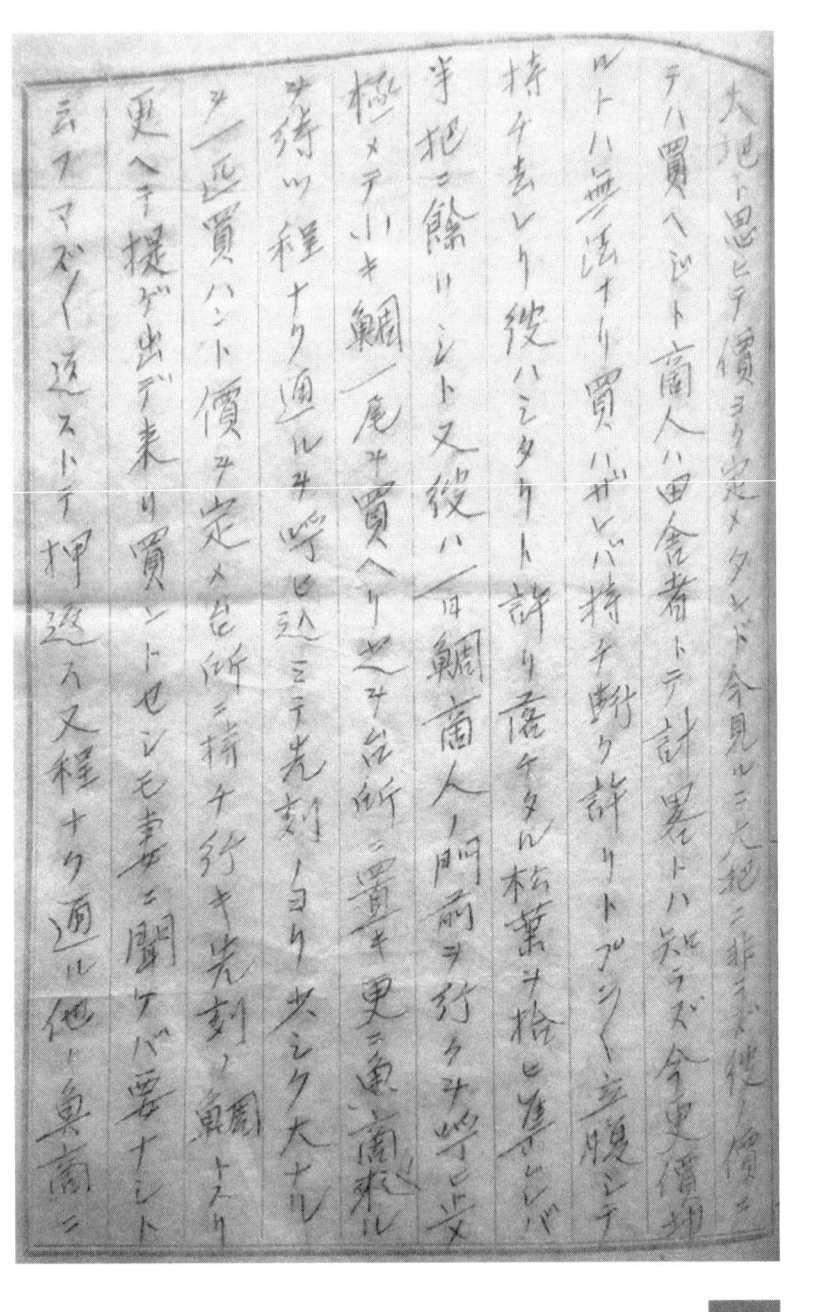

依ッテカクスル様ヘ五六辺ニテ大ナル鯛トスル様ヘ家内
中ニテ食フヲ得タリト

人虎ノ争ヒ

一人ノ人曠野原ヲ行ケルニ陥穽ニ落チタル一疋ノ虎ヲ見タリ
虎ハモシ〳〵ト呼ヒ止メテ我レ測ラズ陥穽ニ落チ命旦夕ニ迫
マレリ一生ノ願救ヒ給ハレトイヘバ人モ憐ミテ辛苦シテ彼
ヲ救ヒ出シヌ然ルニ虎ハ救ヒ上ゲラル、ヤ巨口ヲ開キコノ恩
人ヲ一嚙ニ食ヒ殺サントス如何ナレバ命ノ親ナル我ヲ食
ハントスルカト人反問スレバ虎ハ呵々ト打チ笑ヒ恩ハ恩
食ハ食我陥穽ニ落チテ二日飢腹堪フベカラズト此時人
ハ我等二人ノ争ヒハ二人ニテ決スルヲ得ズ彼ノ松樹ニ裁判
ヲ仰カントテ松樹ニソノ曲直ヲ問フ松曰ク狡猾ナリ

人ノ見ヨリ人ハ我等松ニ対スルヲ人ニ足ラズ小サキ情ヨリ
汝等ニ恩ヲ與フルヲ枝葉ハ汝等ノ燃料ニ数十年ヲ経
テ大木トナレバ忽チ伐リ倒レテ生命ヲ奪フ汝等ノナス
コトハ皆恩ニ仇ヲ以テ報ユルニ非ラズヤ虎ノ云フ所誠ニ
至當ナリト虎ハ百万ノ味方ヨリ嬉シクイザ食ハントト
ス時ニ通リ懸リシ黄牛アリ人思フヨウ牛ハ家畜ト
云ハルレバ人ニ同情厚カラント呼ビ止メテ云々ノ事ヒ君
ハ如何ニ裁判スルヤト問フ牛モ呵々大笑閑フマデノ事
ナシ人ノ我等ニ対スル世ノ親ヲ離レザルヨリ使ヒ嘆ヘ
テル、大ノ重荷ヲ負ハセ春ハ耕シ夏ハ耘ラセ秋ハ

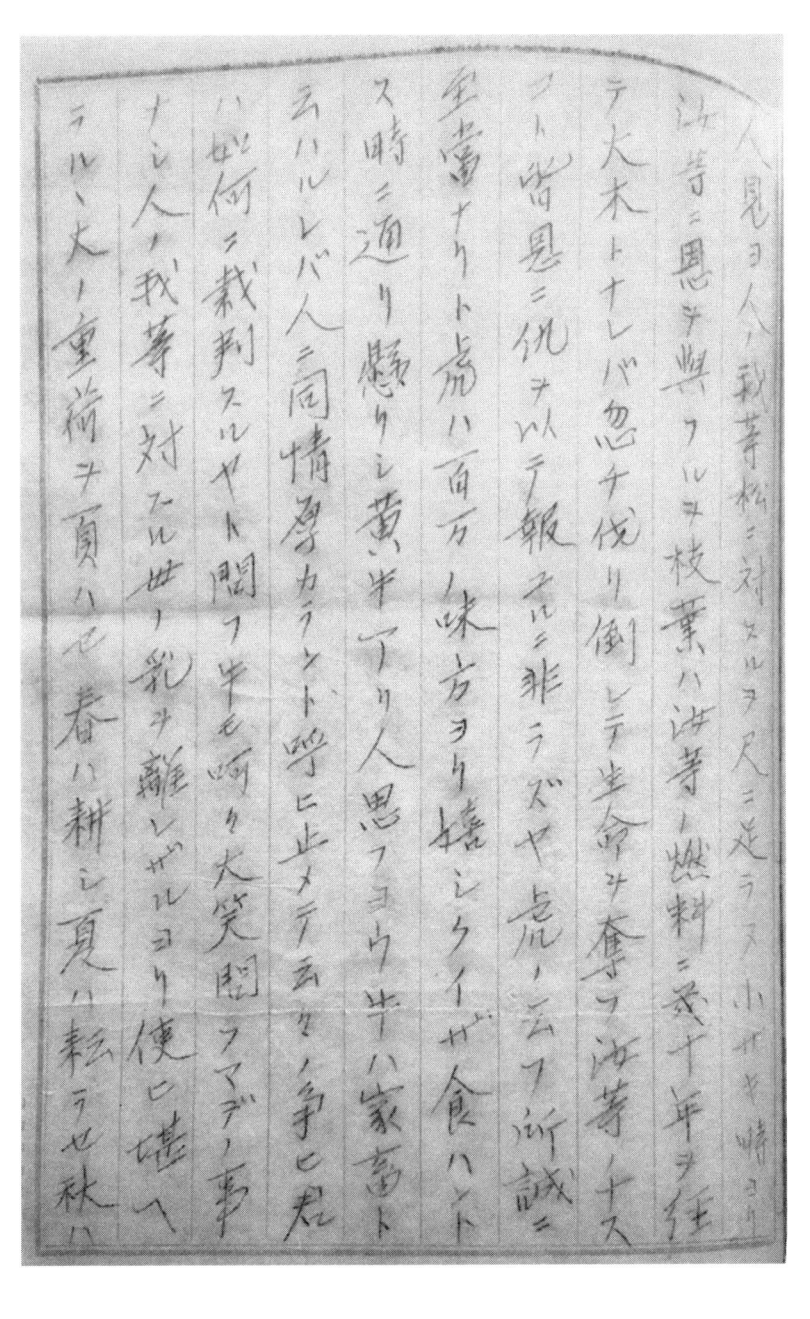

取入ヲ荷ハセ冬ハ薪ヲ年中隙ナク使ヒ老イテ力モ盡キ
ントスレバ太刀ヲ以テ殺シ肉ヲ貪リ食フ人ノ為スコト
皆斯ノ如シ虎ノ仰尤モナリト人モハヤ絶体
絶命時ニ偶ニ白狐過キントス呼ヒ止メテ裁判ヲ乞
ヒタルニ白狐ハ其ハ近頃訝シキ話ナリ一体如何ナ
ル事ノ成行ナリシカ始メヲ知ラネバ裁判モ出来ズ我
ガ眼前ニテ再ビ元ノ如ク虎ハ穽ニ人ハ其ノ上ニ立チ給
ヘト云ヘバ虎ハ勿論我ガ勝利ト信シ言葉ノマヽニ穽
ニ入人ハ穽ノ上ニ立チス処ソノ時狐ハ曰クカヽレバ別ニ苦状
ハ起ルマジ虎ヲ救ヒタレバコソ六ツカシキ裁判モ生

セリ　イザ人間君早ク行カズヤト立チ去リタリ

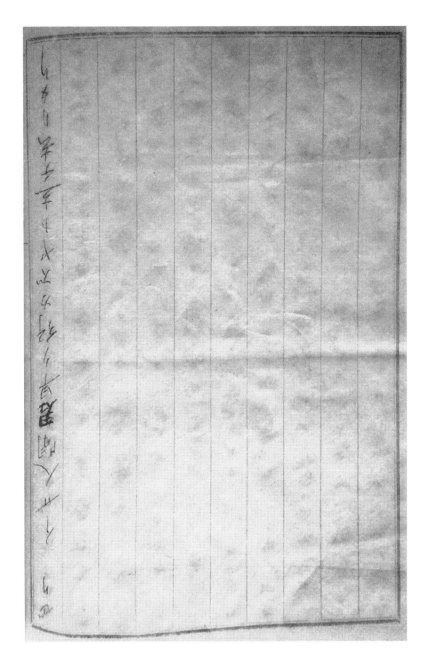

十　瘤取

或ル田舎ニ瘤ヲ頬ニ持テル老爺アリ一日ノ事山ニ薪刈ニ往
キ日ハ暮レタリ老爺ハ一夜ヲ此ノ山ニ明カサント一軒ノ荒屋
ニ入レリ山深ク淋シケレバ唄共歌フ此ノ辺ニ住ム妖怪共彼
ノ老爺ノ歌ニ感心シ皆出テ来リ熱心ニ老爺ノ歌ヲ聴キ
居タリ斯クテ夜モ明ケントス偶々一妖怪ハ老爺ニ向ヒ
如何ナレバカヽル美シキ声ヲ出ス教ヘラレヨト云ヘバ
老爺ハ曰リ我ガ頬ニ大ナル瘤アリコレヨリ声出ヅト妖
怪ハ然ラバ我レ其ノ瘤ヲ買ハントコヽニ老爺ハ妖怪此ノ
瘤ヲ多クノ財宝ト交換シ喜ビ我家ニ帰レリ　張濤

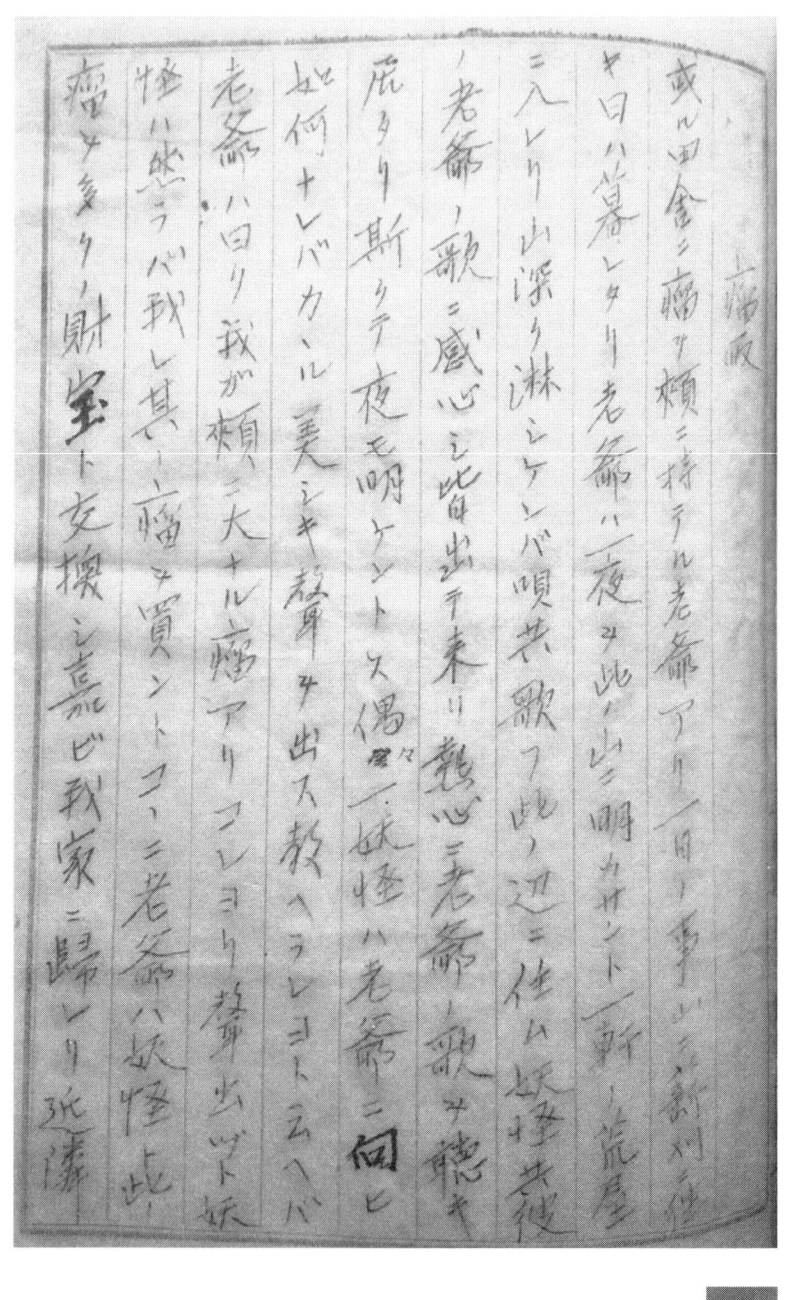

ニ同ジク瘤ヲ持テル老爺アリコノ話ヲ聞キ、我レモ行カ
セントテ態ニコノ山ニ行キ面白キ歌ナド歌ヒ夜更ケテ
妖怪ノ出デ来ルヲ待テリ妖怪ハ聽キ着ケ集リ来レリ妖怪
ハコノ老爺ニサンザン色々ノ歌ナド歌ハセテ後如何ナレバ
斯ク面白ク歌フト問ヘバ老爺ハ待チタリトバカリコノ
瘤ヨリ聲出ヅト答フルニ妖怪ハ呵々ト笑ヒ嘘付爺メ
先夜我レノ瘤ヲ買ヘリコレヲ頰ニ付ケテ歌ハレトスル
モ美聲ドコロカ少シモ聲出デズコノ瘤我レニ用ナシ汝ノ
聲ノ出所ナレバ之レヲ與ヘントテ瘤ノアル所ヘ猶一ツ付ケ
與ヘタリ、

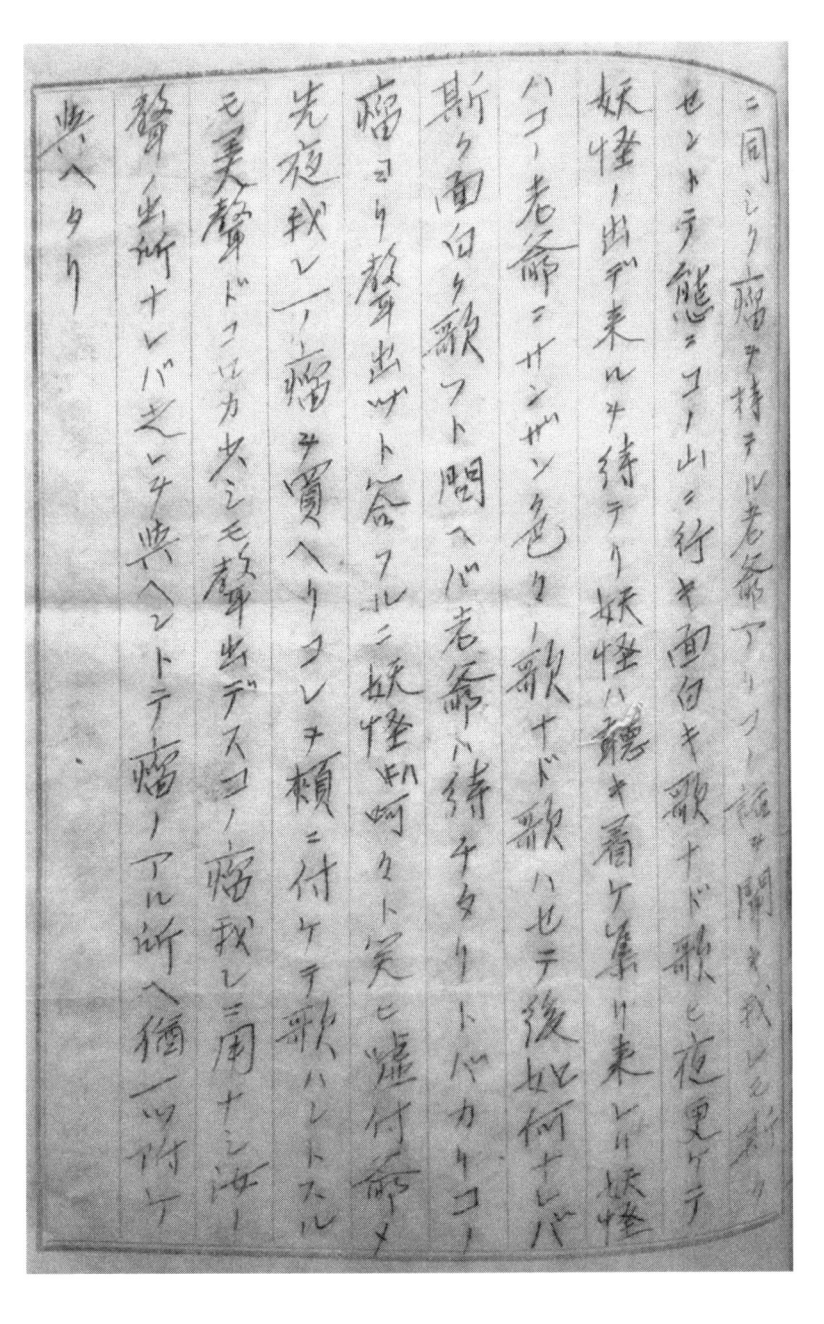

嘘上手

昔或ル両班多クノ人ニ巧ナル嘘ヲ以テ我レヲ欺クモノアレバ我レソノ望ム所ヲ與ヘント云ヘバ多クノ人々皆我レモ我レモト嘘ヲ話セリサレド皆一ツモ成功セザリキ或ル日一人ノモノ冬ノ寒キ日此ノ両班ノ家ニ到リ我レ昨日某親友ノ誕生日ニ招カレタリ某ハ富貴ナレバソノ出サレタル御馳走ハ皆山海ノ珍味ノミ、シカモソノ中ニハ大ナル鐘程ノ櫻桃アリ多クノ客人皆驚キタリトイヘバ両班ハ叱レ馬鹿タ鐘程ノ櫻桃何處ニアルト彼ハ平氣ニ鐘程ニ非ラズ酒瓶大ト云フ両班又叱ッテ何處ニソレ程大ナルモノア

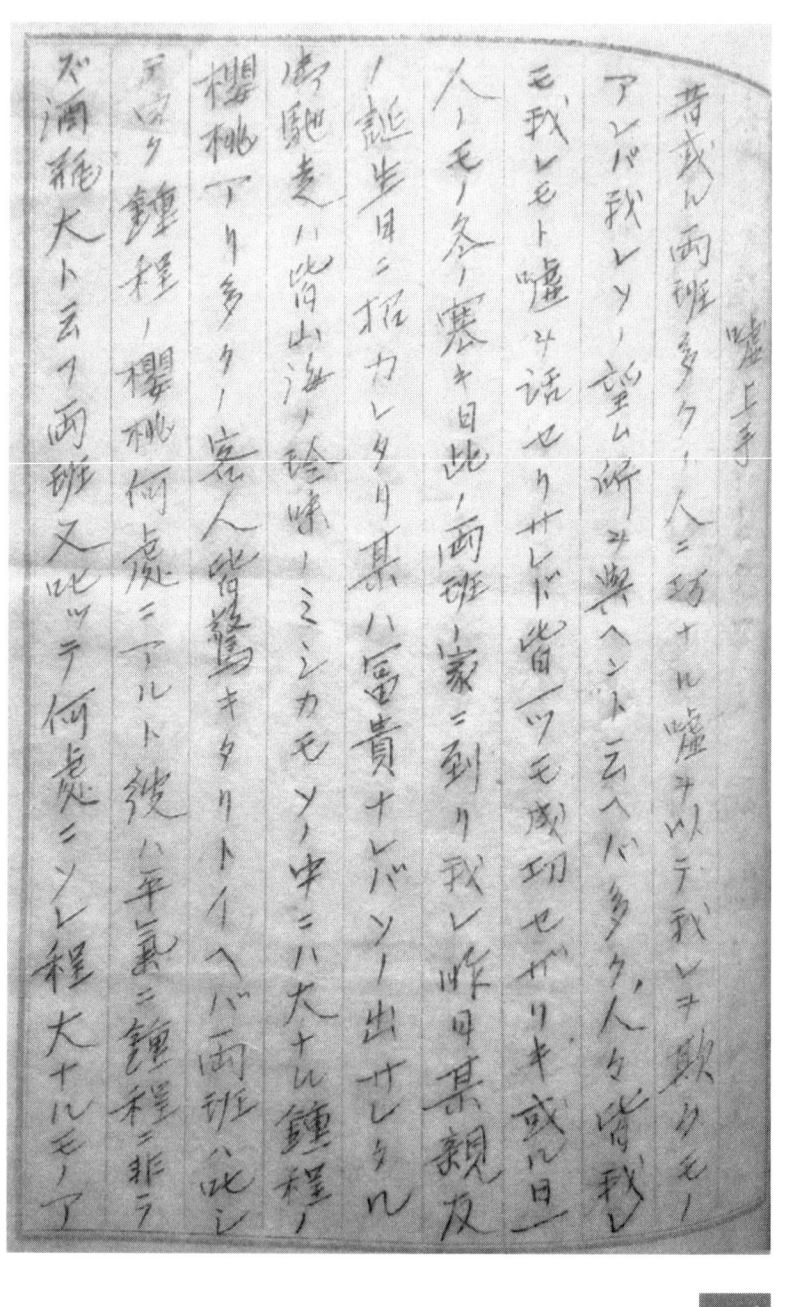

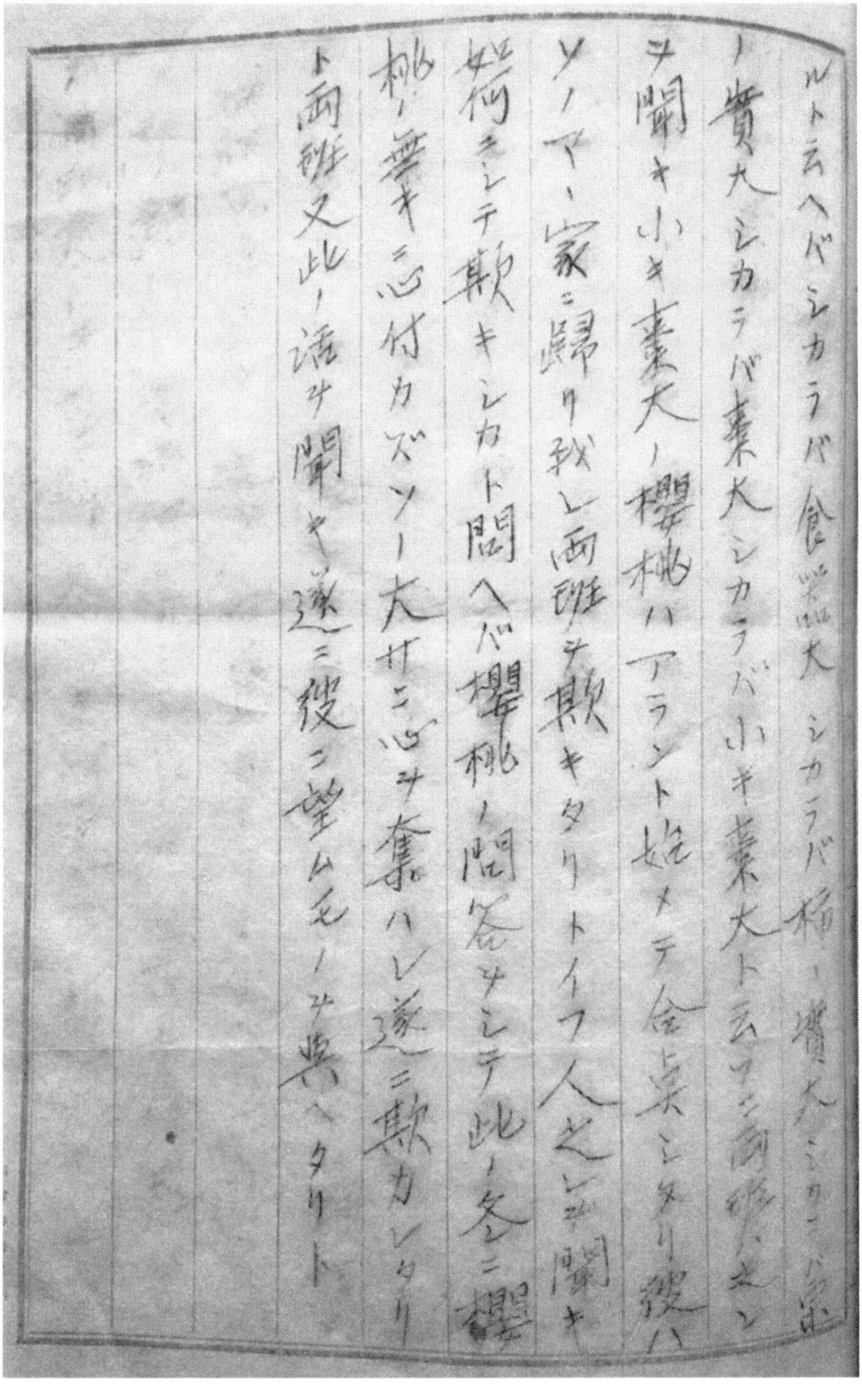

ルト云ヘバシカラバ食大シカラバ稲ノ増大シカラバ出
ノ賛大シカラバ素大シカラバ小ギ素大ト云フニ両班ハ之ニ
ヲ聞キ小キ素大ノ櫻桃ハアラント始メテ合点シタリ彼ハ
ソノマヽ家ニ帰リ秋レ両班ヲ欺キタリトイフ人之レヲ聞キ
如何ニシテ欺キシカト問ヘバ櫻桃ノ問答ヲナシテ此ノ冬ニ櫻
桃ノ無キニ心付カズソノ大サニ心ヲ奪ハレ遂ニ欺カレタリ
ト両班又此ノ話ヲ聞キ遂ニ彼ニ望ムモノヲ與ヘタリト

解語篇

父ニ死別レタル二人ノ兄弟アリ兄ハ欲心多ク父ノ遺産
ハ皆獨リ占メ弟ニハ何物モ與ヘズノミナラズ母弟妹
遺族ハ總ベテ弟ニ推シ付ケ自ラハ妻ト二人限リ暮
ラシ居タリ弟ハ一生懸命ニ働キ晝ハ山ニ夜ハ縄綯
ヒニ稼ゲドモ家族多ク其ノ日ノ糊口ニモ差支ヘタリ或ル
日例ノ通リ山ニ行キ落葉ヲ掻キ集ルニ傍ノ楢ノ木ノ
實一ツ落チ来レリ彼ハ之ヲ拾ヒ我ガ母ニ持チ帰ラン
ト獨言スレバ不思議ヤ楢ノ木ノ根元ニ一匹ノ龜アリ我
ガ母ニ持チ帰ラント口真似ス又一ツ拾ヒ姉ニト言ヘバ龜

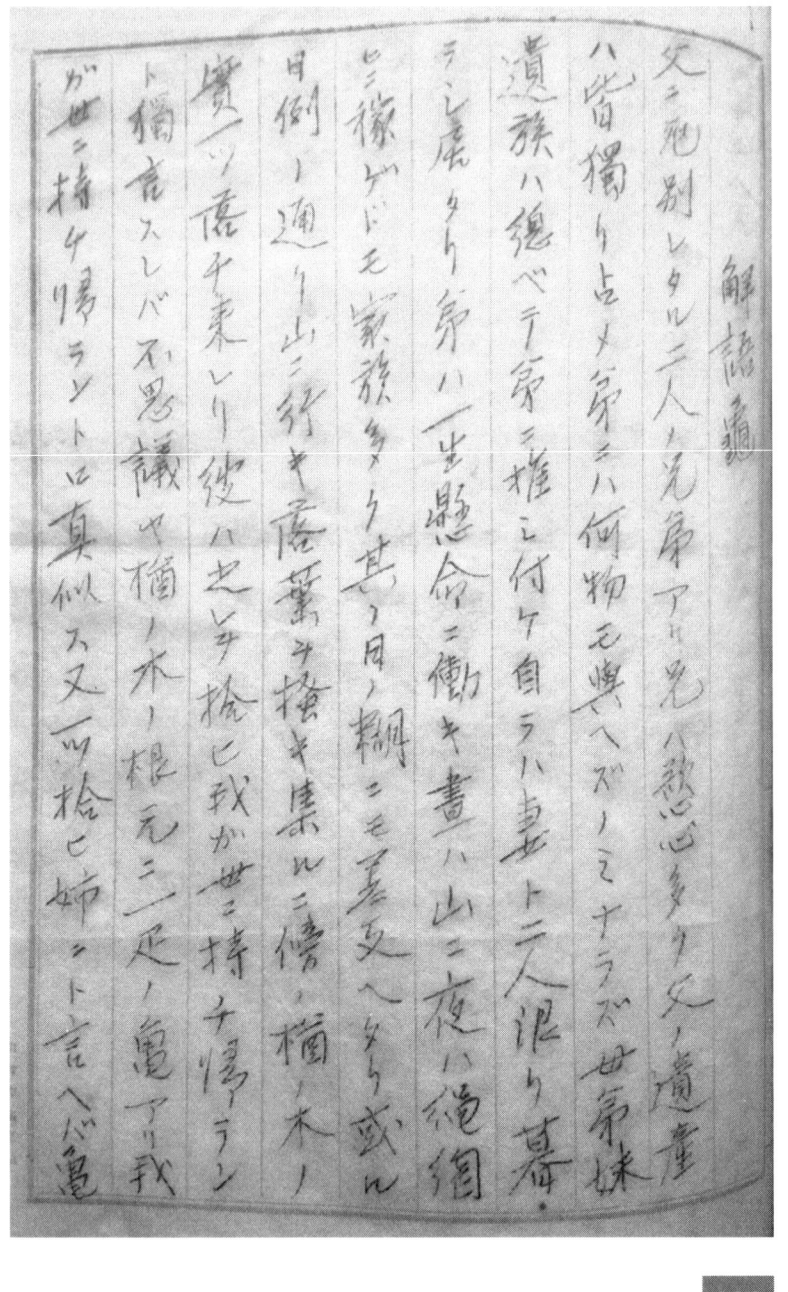

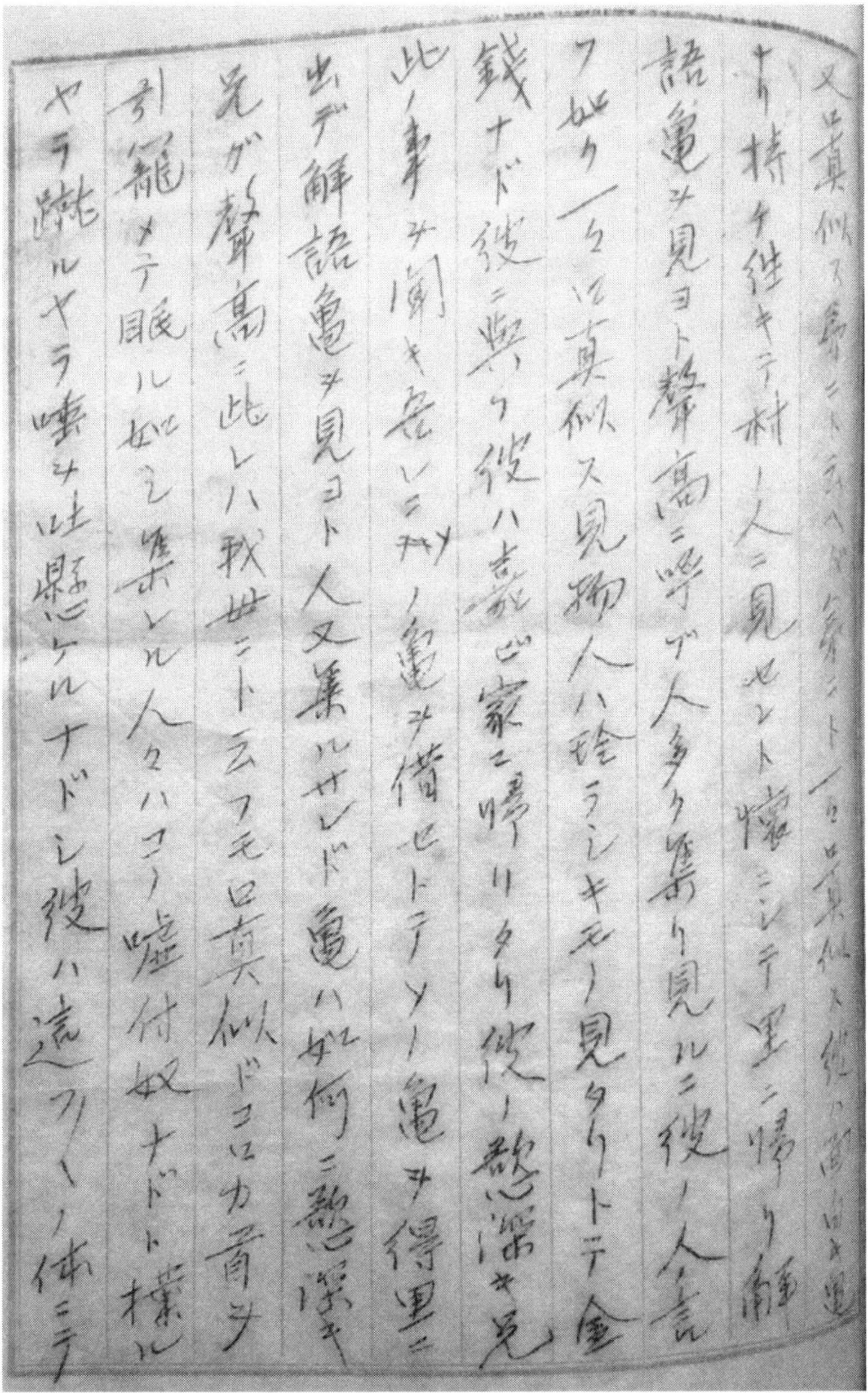

又ハ真似スル[illegible]
ナリ持チ往キテ村ノ人ニ見セント懐ニシテ里ニ帰リ隣
語亀ヲ見ヨト声高ニ呼ブ人多ク集リ見ルニ彼ノ人ノ言
フ如ク一々ハ真似ス見物人ハ珍ラシキモノ見タリトテ金
銭ナド彼ニ与ヘタ彼ハ喜ビ家ニ帰リタリ彼ノ欲深キ兄
此ノ事ヲ聞キ吾レニモ其ノ亀ヲ借セトテ其ノ亀ヲ得里ニ
出デ解語亀ヲ見ヨト人又集ルサレド亀ハ如何ニ欲深キ
兄ガ声高ニ叱レバ我如ニトテ云フモ口真似ドコロカ首ヲ
引籠メテ目眠ル如シ集レル人々ハコノ嘘付奴ナドト撲ル
ヤラ蹴ルヤラ唾ヲ吐懸ケルナドシ彼ハ這フ／＼ノ体ニテ

家ニ逃ゲ帰レリ家ニ帰リテ彼ハ憎キ亀ヲ大害ニ石
テ打チ殺シタリ弟ハ大切ノ亀ヲ兄ガ返サネバ一日取リニ
行キタルニ兄ノ怒猶烈シク手モ着ケラレズ泣ク泣ク亀
ノ死骸ヲ拾ヒテ家ノ隅ニ亀塚ヲ作リテ祭リタリ程ナク塚
ノ真中ヨリ一本ノ木生ジ烈シキ勢ニ生長シテ天迄モ届キ
タリト見エヌ其ノ後ハ夜晝ソノ幹ヲ傳ハリテ金銀財寶
降リ来リ家ト言ハズ庭ト言ハズ泉ノ如ク使ヘドモ減ラ
ズ忽チ國内第一ノ長者トナレリ慾深キ兄ハ又之レヲ見
羨望ニ堪エズ一日弟ニ乞ヒテ其ノ木ノ一枝ヲ得我ガ庭
ノ隅ニ亀塚ヲ築キ挿シタリ此ノ枝又見〱生長シ

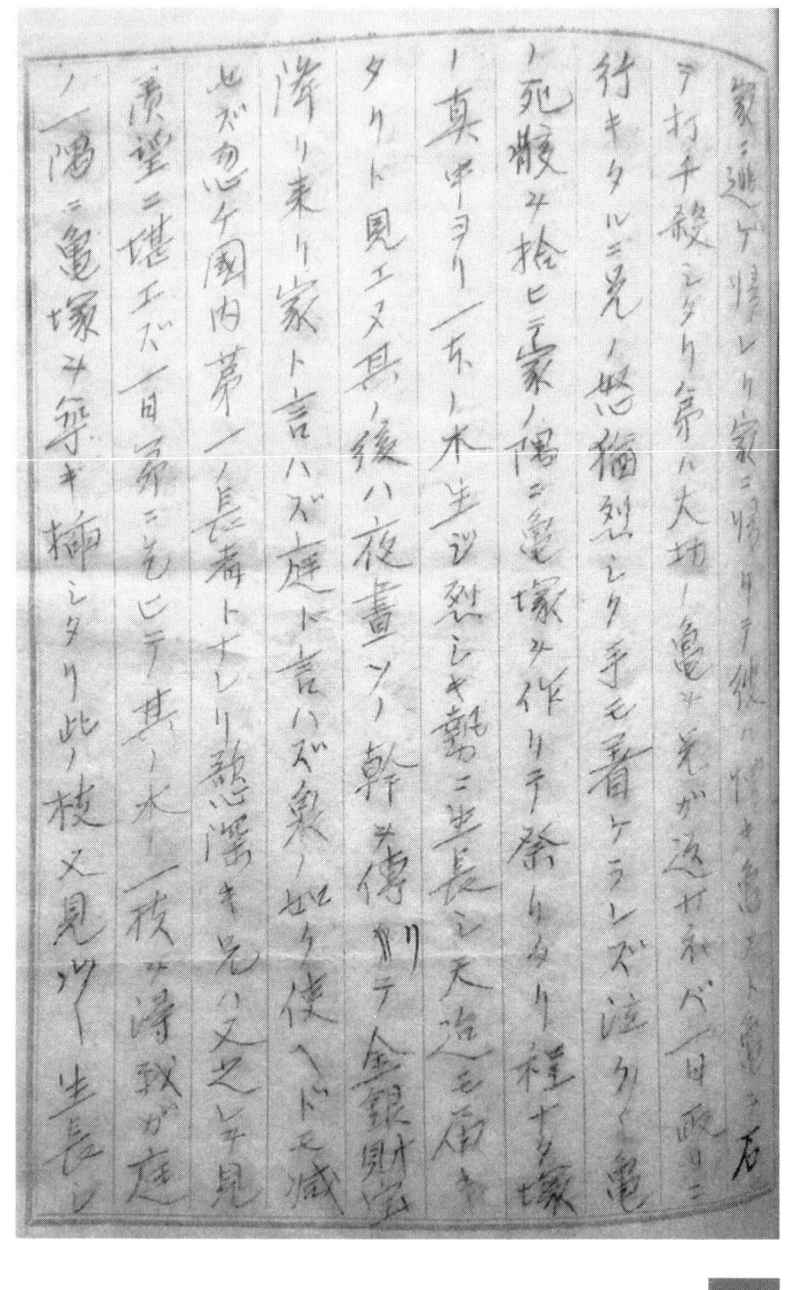

タリ昼夜ビデ明日アタリヨリハ空ノ雨モ降ルナラン言ヒシモ
来レ子モ来レト三日三晩睡リモセズ守リタリ木ハヤ天迄
モ届キシナラン遠カ高ク黄色ノモノ降リ来ルヲ見ルコノ
降リ来ルモノ色コソ同ジナレ黄金ナラズ糞家ニテ家
モ庭モ埋メラレ家族ハ泣ク泣ク逃レ弟ノ家ニ厄介ト
ナレリト

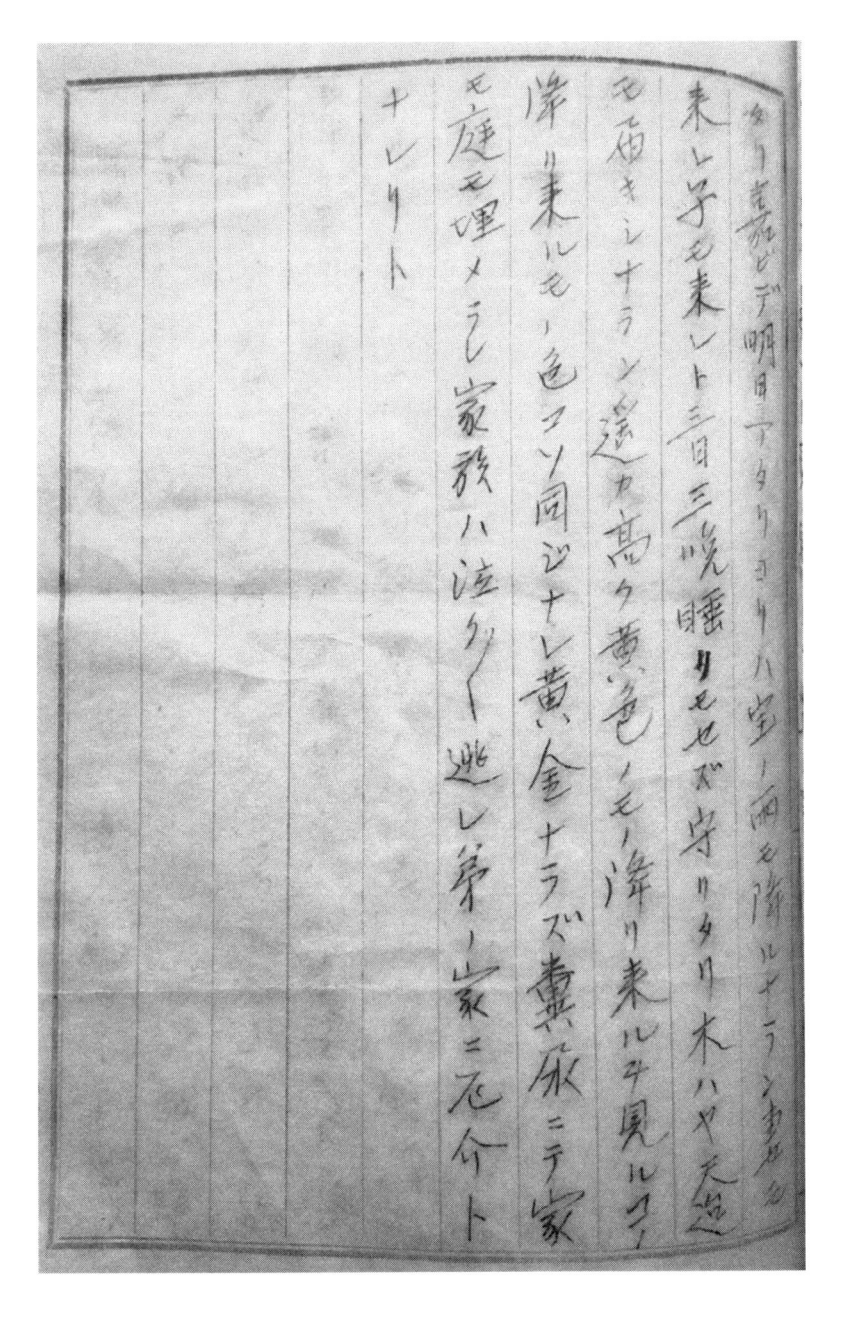

海水鹹シ

太古一塩商海辺ヲ通レリ偶ニ鰐魚一匹出デ来リ悪口シテ塩商ハ我カ子ナリシト云フ塩商怒リ殺サントス鰐ハソノ罪ヲ謝シ又鰐魚悪口ス塩商ハ立腹シテ鰐ヲ海中ニ投ズ鰐魚ハ海中ヨリ又悪口ス塩商ハ也ン憎キ奴引キ捕ヘ殺サントソノ下ノ鰐ヲ追ヒテ海中ニ入ル負ヘル塩ハ溶ケテナシ以后海水ハソノ味鹹シ

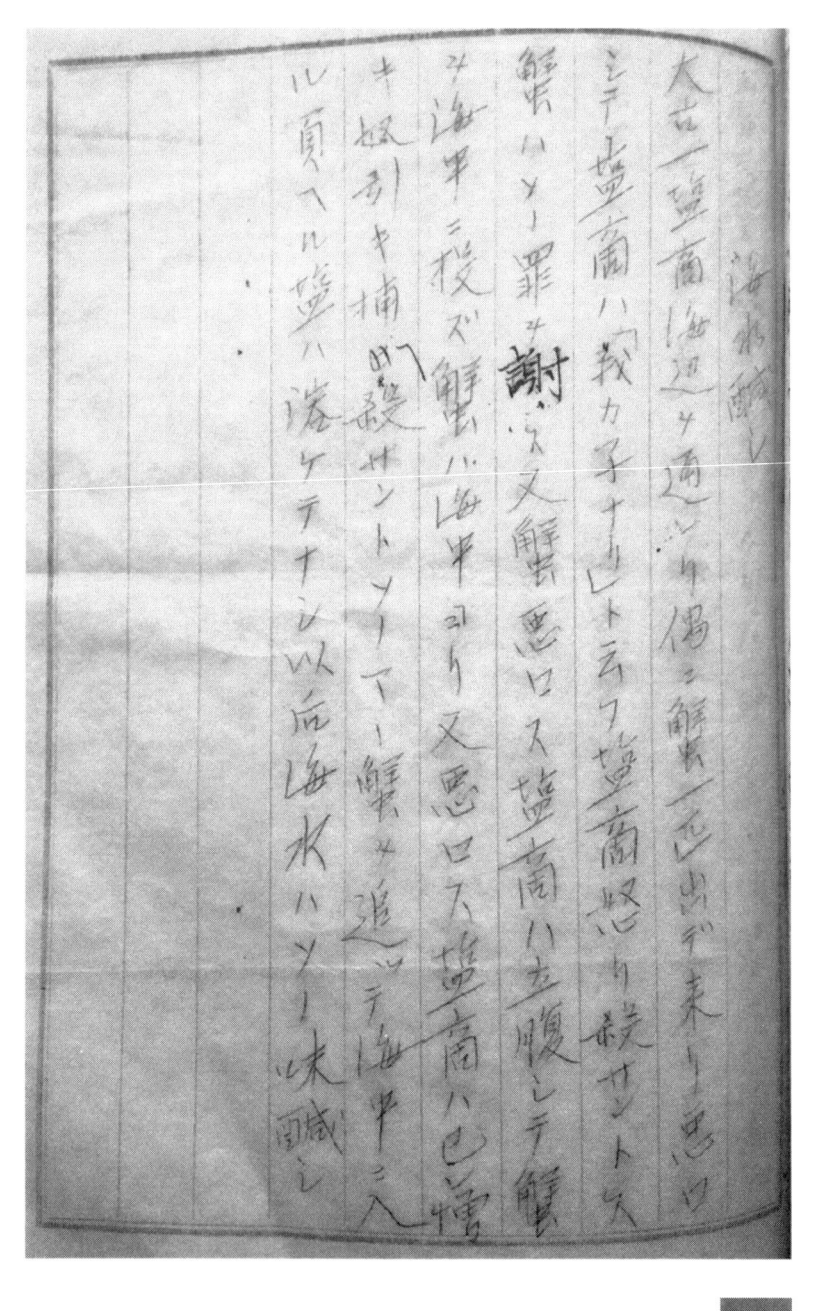

正直ノ徳

一老爺池辺ノ柳ヲ伐リ居タリシニ如何ナル機ニヤ斧ノ柄抜ケ斧ハ池中ニ落チ入リタリ此ノ辺元ヨリ深クシテ入ルベクモアラズ池辺ニ佇ミテ如何センカト思案シ居タリ暫クニシテ水神池上ニ現ハレ金銀銅三種ノ斧ヲ示シ汝ノモノ何レナリヤト問フ爺ハソノ何レニモ非ラズ鉄ニテ作リシモノナリト答フ水神其之ヲ賞シテ金銀銅ノ斧皆与ヘタリ近隣ノ爺之ヲ聞キ池ニ到リ故意ニ斧ヲ池中ニ投ゲ入レ先ノ爺ノ如クニナセリ水神現ハレ金ノ斧ヲ示シコレナラズヤ

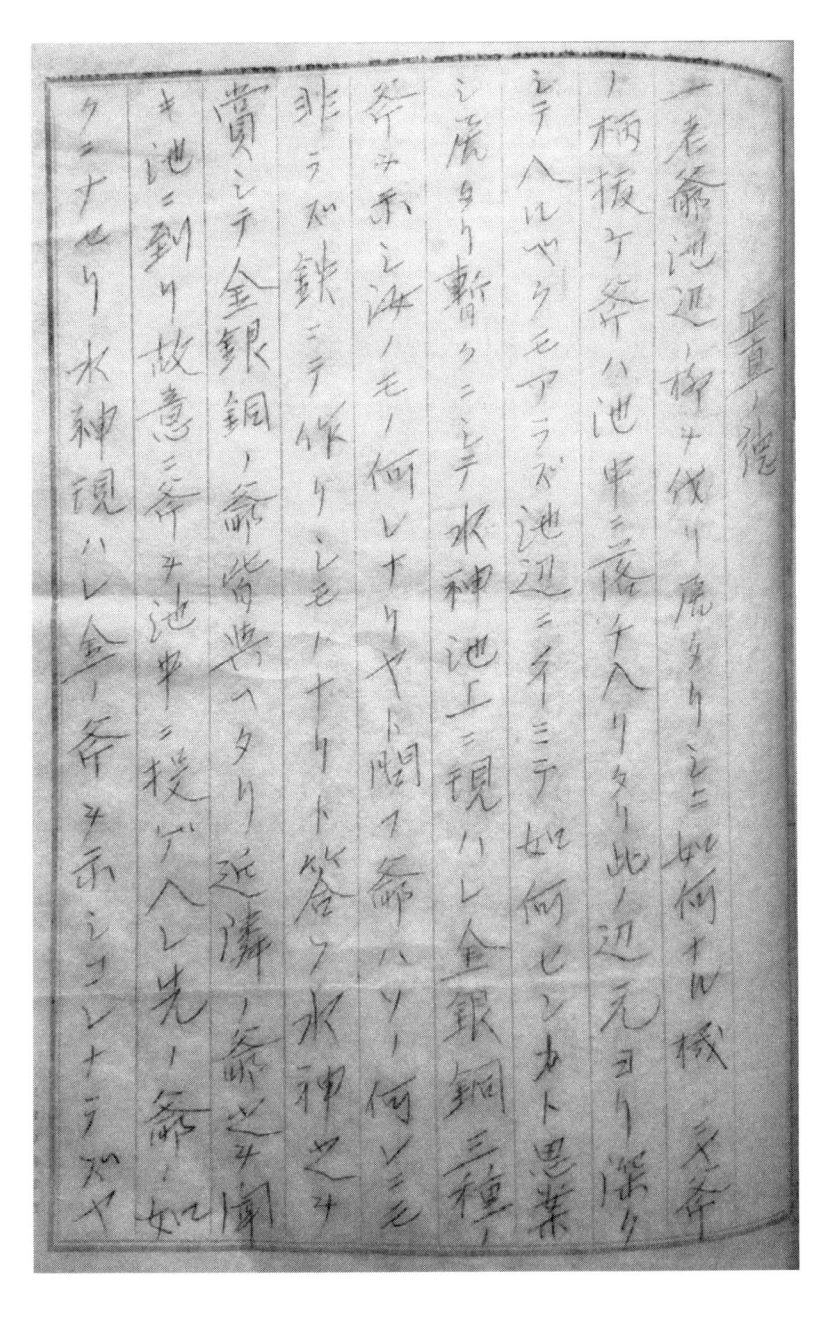

ト云フニ彼ソノアヤシニ然リト答ケレバ不利ハ少シ

不正直ヲ責メ余又ロニ非業ヲ尭ナシムナト

明者欺盲者

一人ノ無法者アリキ常ニ盲目共ノ集マル家ニ行キテハ馳走ニアリ付キ饑腹ヲ肥シ居タリ或ル日盲人共合議シテ籤抽キニテ順序ヲ定メ一人宛代ル代ル皆ヲ招キ馳走スルコトニセントシタリ順番ハ明者ニ廻レリケレド明者ハ盲人共ヲ欺キテ其ノ餘リヲ食フホドナレバ濁酒一杯モ買フコトモ叶ハズ如何セシカト妻ニ相談シ漸ク一妙計ヲ案出シ早速ニ明日ハ粗酒一献差上ゲタケレバト叮嚀ニ招待シタリ當日ハ彼處此處ニテ捨テタル牛骨ヲ数多買ヒ来リ瀬戸物屋ヨリハ瀬戸物素焼ノ

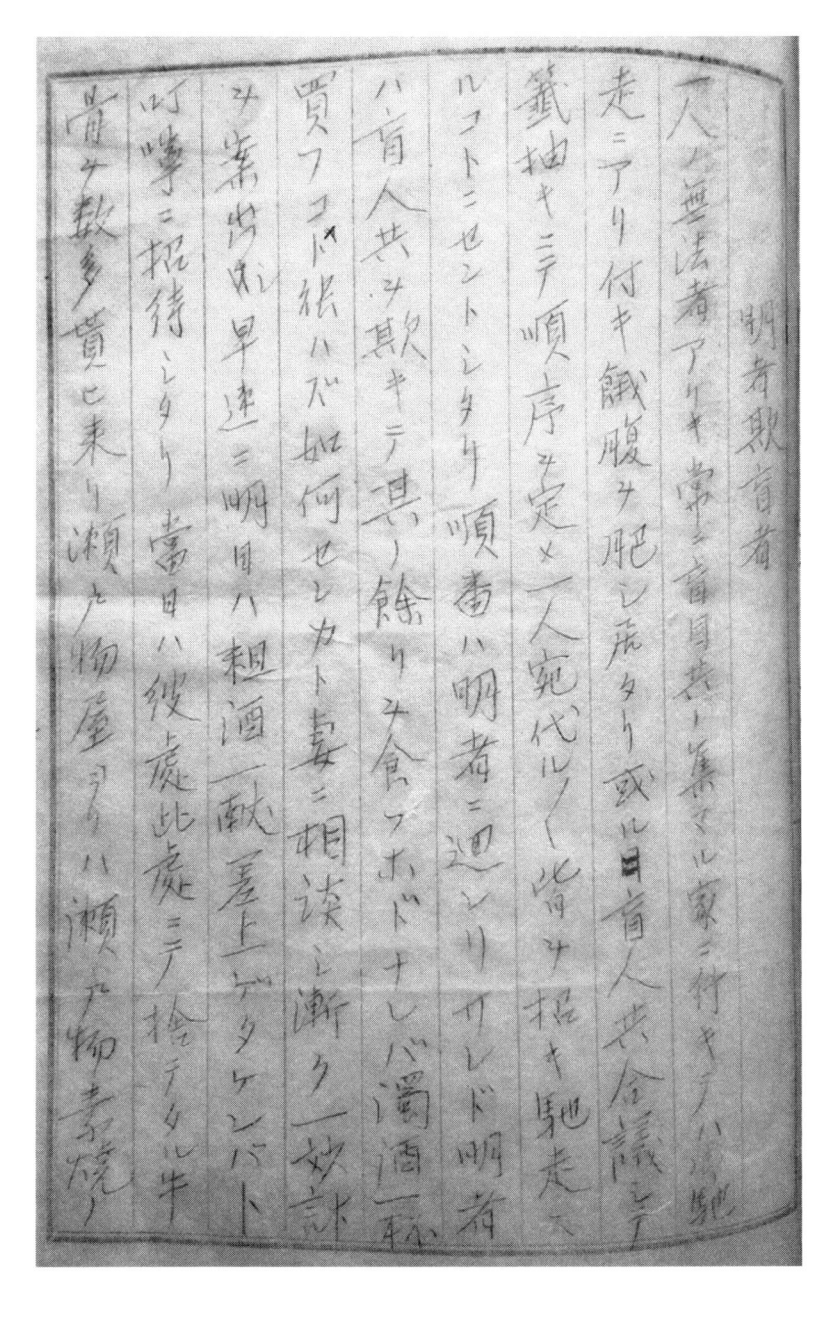

壊レタ貰ヒ来リ盲人共ノ来ラン時刻ヲ待チ居タ
来ル盲人共ハソノ甚キ臭ヲ嗅キナガラ今日ハ御馳走
ハ大笑ナリト打チ歓ビ居タリ明者ハ棒ノ先ニ新シ
キ糞ヲナスリツケ一盲人ノ鼻尖ニサシ出セバ盲人ハ
臭キ屁ナリ某氏放屁セシナト云フ又他ノ盲人ノ鼻
尖ニサシ出スアナ臭シ某氏放屁セシナト罵ルカラ頻
次ニ皆ノ鼻先ニサシ出ス内或ル一盲ハ某氏ニ向ヒ自分ヲ
放屁シナガラ我ガ目見エヌトテ我レニカヽル臭キ屁シ
タリトイヒ懸ケルハ怪シカラントソノ名ヲ呼バレシ
某又負ケズ汝コソ放屁シタルニ何ノ證據ヲ以テ我ヲ

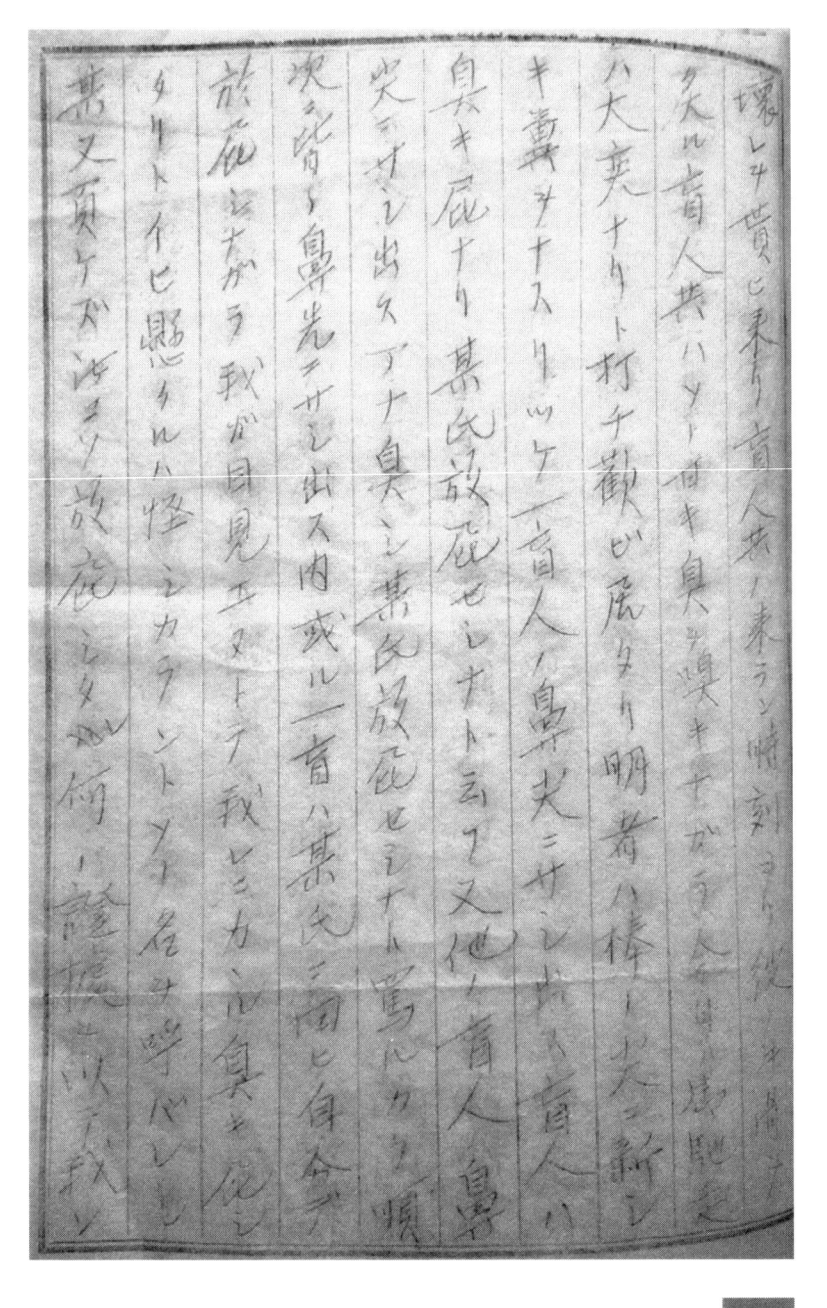

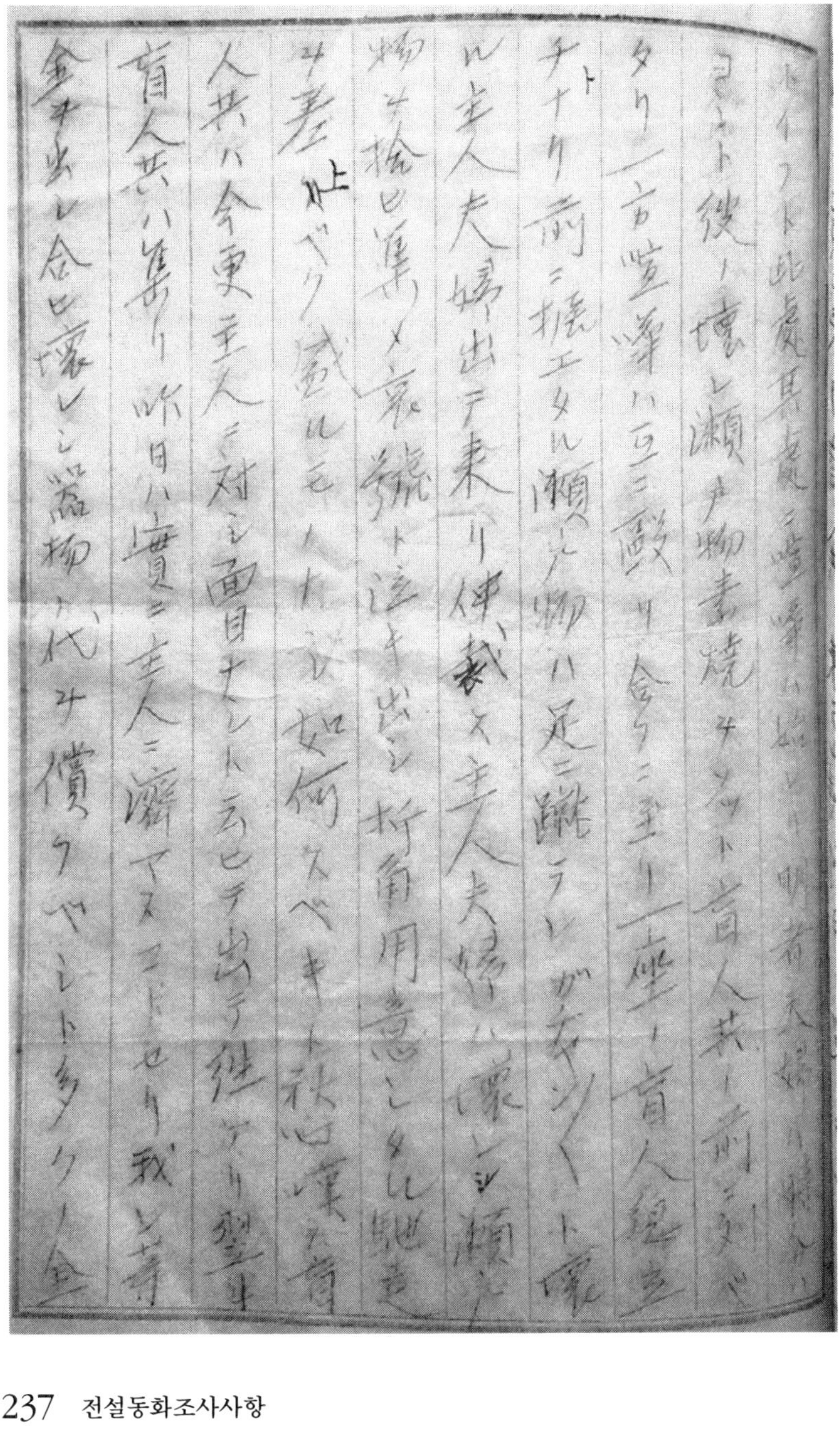
ルトイフト此處甚ダ喧嘩ニ始メ明ケ方夫婦ハ驚キ
ヨイト後ハ壞シ瀬戸物盡ク燒キタルト盲人共ノ前ニ並ベ
タリ一方喧嘩ハ互ニ激シク合フニ至リ一座ノ盲人總立
チトナリ前ニ据エタル瀬戸物ハ足ニ蹴ラレガチャンくト壞
ル主人夫婦出テ來リ仲裁シ主人夫婦ハ壞レシ瀬戸
物ヲ拾ヒ集メ號泣ト泣キ出シ折角用意シタル馳走
ヲ差上ルベク試ルモ人ハ如何スベキト心配シテ盲
人共ハ今更主人ニ対シ面目ナシト云ヒテ出テ行ケリ翌年
盲人共ハ集リ昨日ハ實ニ主人ニ濟マヌコトセリ我等
金ヲ出シ合ヒ壞レシ器物ノ代ヲ償ハヤレト多クノ金

ヲ發明者ニ贈レリト

論天之高低

某學者嘗テ田舎ヲ旅行ス二童アリ天ノ高サヲ
論ズ曰ク一童中天ハ高クシテ天ノ端低シト他童ハ
之ニ反対ス某學者ソノ理ヲ云ハシムルニソノ語ル處左
ナリ一童ノ曰ク太陽東天ニ上ル始メ大ニシテ中天ニ小
ナリコレ中天ノ高キニ依ルト他童ハ曰ク太陽東天ニ上
ル際ハ涼シク中天ニ至レバ暑サ甚シコレ中天低キガ故
ニソノ熱ヲ受クルコト大ナレバ暑キナリト何レモ互
ニ譲ラザリシト

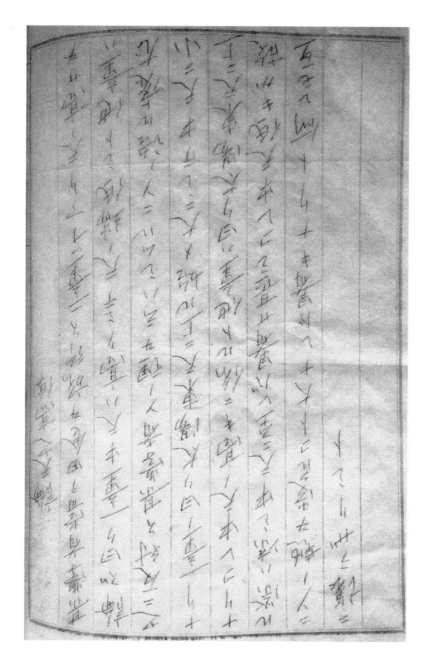

鬼ト金ノ銀棒

山里ニ貧シキ正直ナル爺アリ或ル日山ニ薪取リニ行キシニ樫ノ實一ツ落チ来レリコハ世ニコハ爺ニコハ婆ニト拾ヒ居ル内日ハ既ニ暮レタリ路傍ニ傾キタル一家アリコレ幸ト内ニ入リ見ルニ住ム人ナシ奥ニ一層ノ樓アリコヽゾヨカラント寝ントセリ夜更ケテ下ノ廣間俄カニ騒タシ耳傾ケ聞クニ鬼共集リ重キ棒ニテ床ヲ打チナガラ金出ヨ銀出ヨト罵リツヽク爺ハカヽル處ニテ何時何事ノ起ランモ知レズ恐シサイフ許リナシ爺一計ヲ案ジ先キニ拾ヒシ樫ノ實一ツ取リ出シ力ヲ極メ

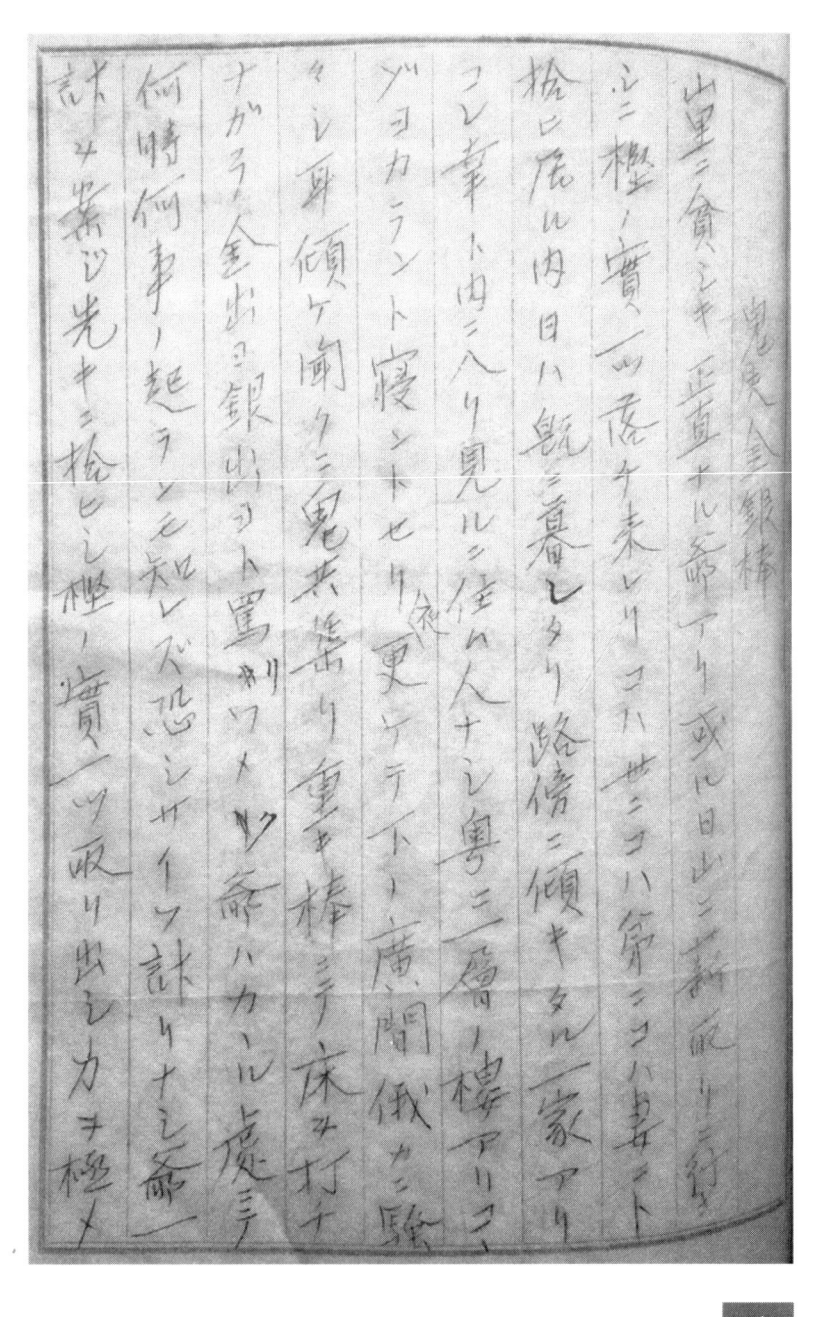

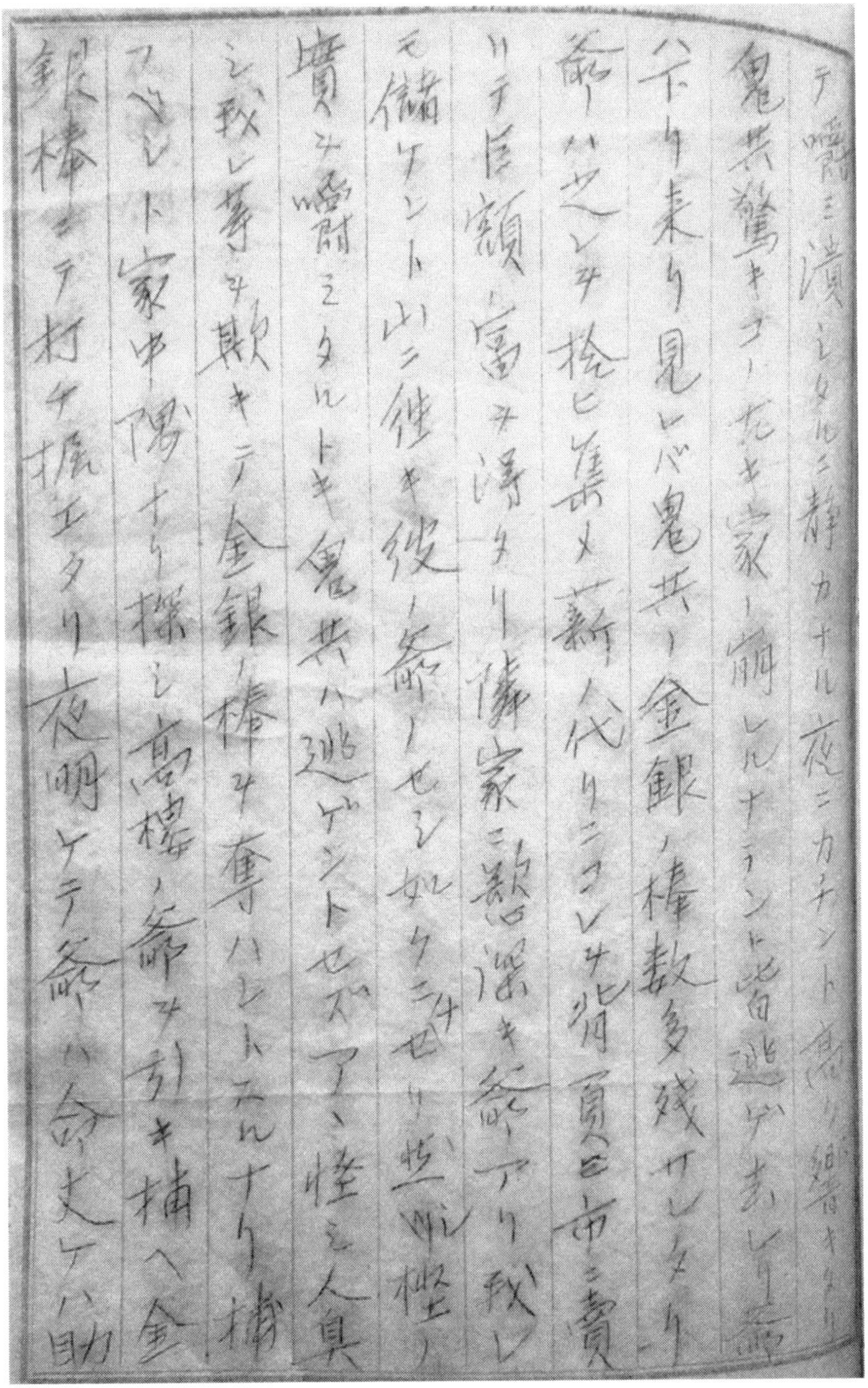
テ噛ミ潰シタルニ静カナル夜ニカチンカチント音ノ響キタリ
鬼共驚キコノ家ノ崩レルナラント皆逃ゲ去レリ爺
ハ下リ来リ見レバ鬼共ノ金銀ノ棒数多残サレタリ
爺ハ之レヲ拾ヒ集メ薪ノ代リニコレヲ背負ヒ市ニ賣
リテ巨額ノ富ヲ得タリ隣家ニ慾深キ爺アリ我レ
モ儲ケント山ニ往キ彼ノ爺ノセシ如クニナセリ些シ樫ノ
實ヲ噛ミタルトキ鬼共ハ逃ゲントセズアヽ怪シ人臭
シ我レ等ヲ欺キテ金銀ノ棒ヲ奪ハントスルナリ捕
ヘヨト家中隈ナク探シ高樓ノ爺ヲ引キ捕ヘ金
銀棒ニテ打チ据エタリ夜明ケテ爺ハ命丈ケハ助カ

カリ歸ラントセシニ身丈延ビテ昨日ニ倍ス漸クニシテ
歸レリ見マシトスレバ身丈延ビテ他人ノ内房迄覗
キ家家ノ人何處ノ背高盜賊ナルヤト各各棍棒持
チ來リ彼ヲ打チ捕エタリ彼ハ事情ヲ打明ケテ許
シ請ヒタリ

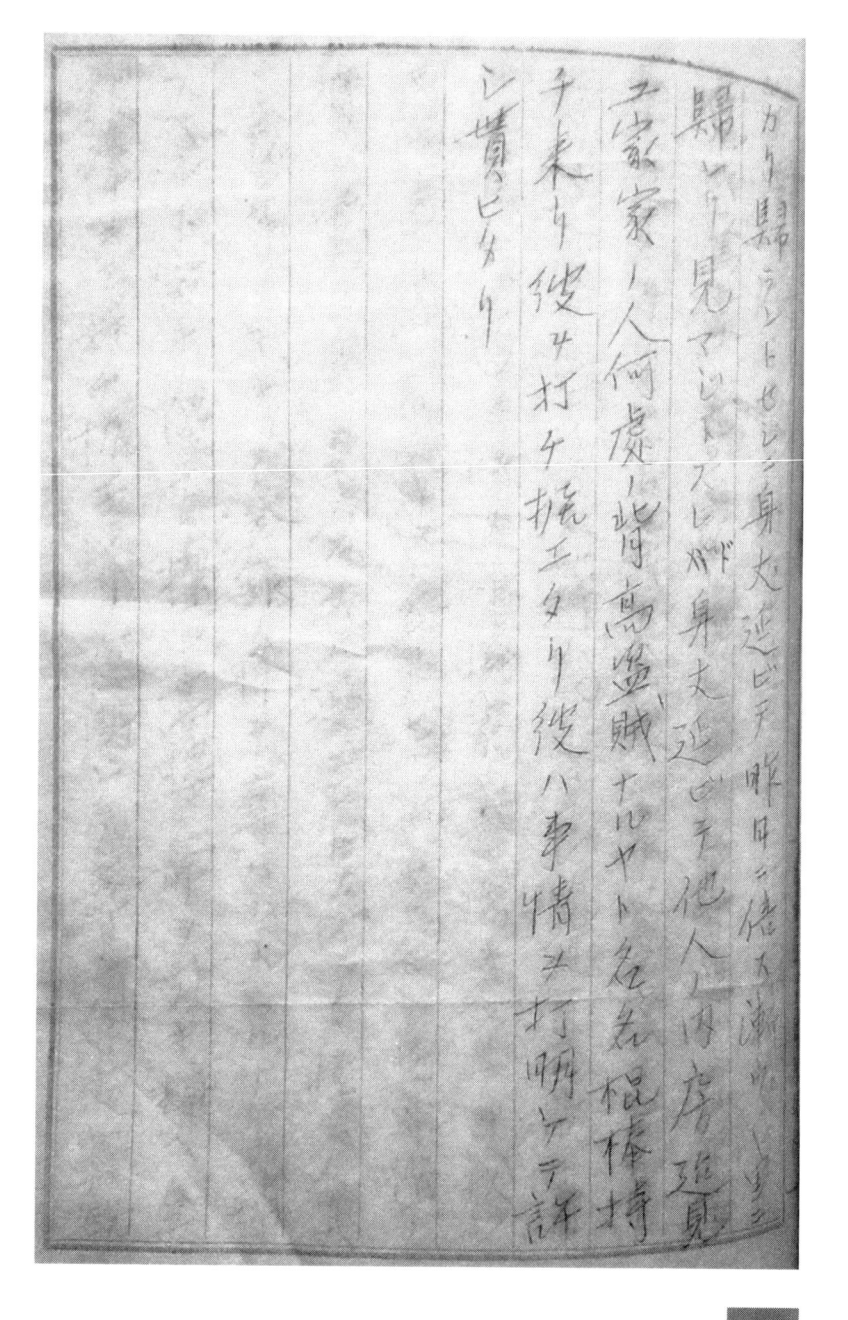

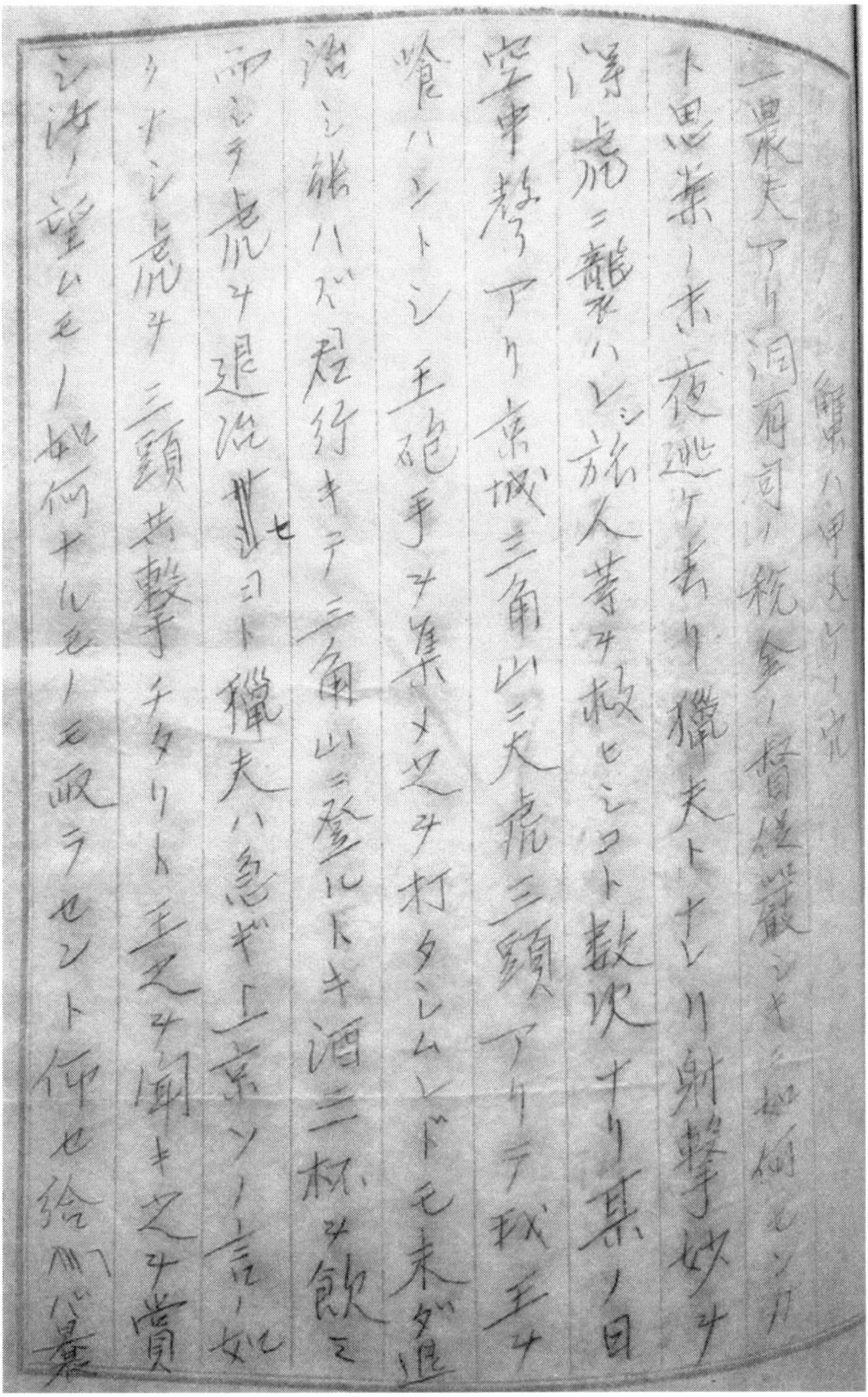

鮮ハ甲大ナノ究
一農夫アリ洞有司ノ税金ノ督促厳シキニ如何センカ
ト思案ノ末夜逃ゲ去リ猟夫トナレリ射撃妙ナ
ノ諸虎ニ襲ハレシ旅人等ヲ救ヒシコト数次ナリ某ノ日
空中声アリ京城三角山ニ大虎三頭アリテ我王ヲ
喰ハントシ王砲手ヲ集メ之ヲ打タシムレドモ未ダ退
治シ能ハズ君行キテ三角山ニ登ルトキ酒二杯ヲ飲ミ
而シテ虎ヲ退治セヨコト猟夫ハ急ギ上京ソノ言ノ如
クナシ虎ヲ三頭共撃チタリト王之ヲ聞キ之ヲ賞
シ汝ノ望ムモノ如何ナルモノモ取ラセント仰セ給ヘバ農

閫府司ノ統全ヲ留保スルメノ権能ノ大ナルヲ見ルヘシ
ノ願ニ一日タリトモ閫府通ニナリタシト思ヒ居タリ
ヒ然カモ恐ルヽくノ事ヲ言ヒ上ケシタリト

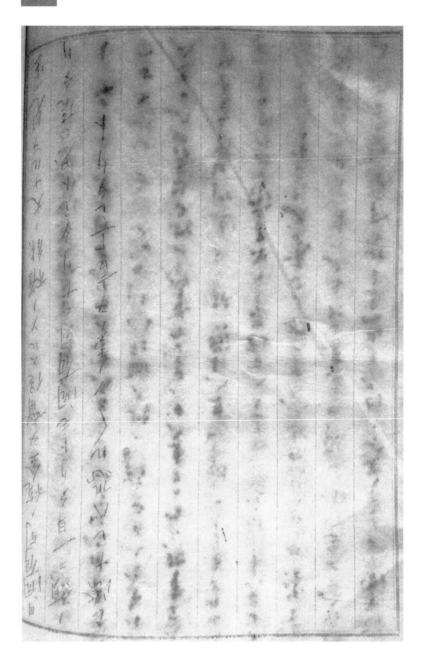

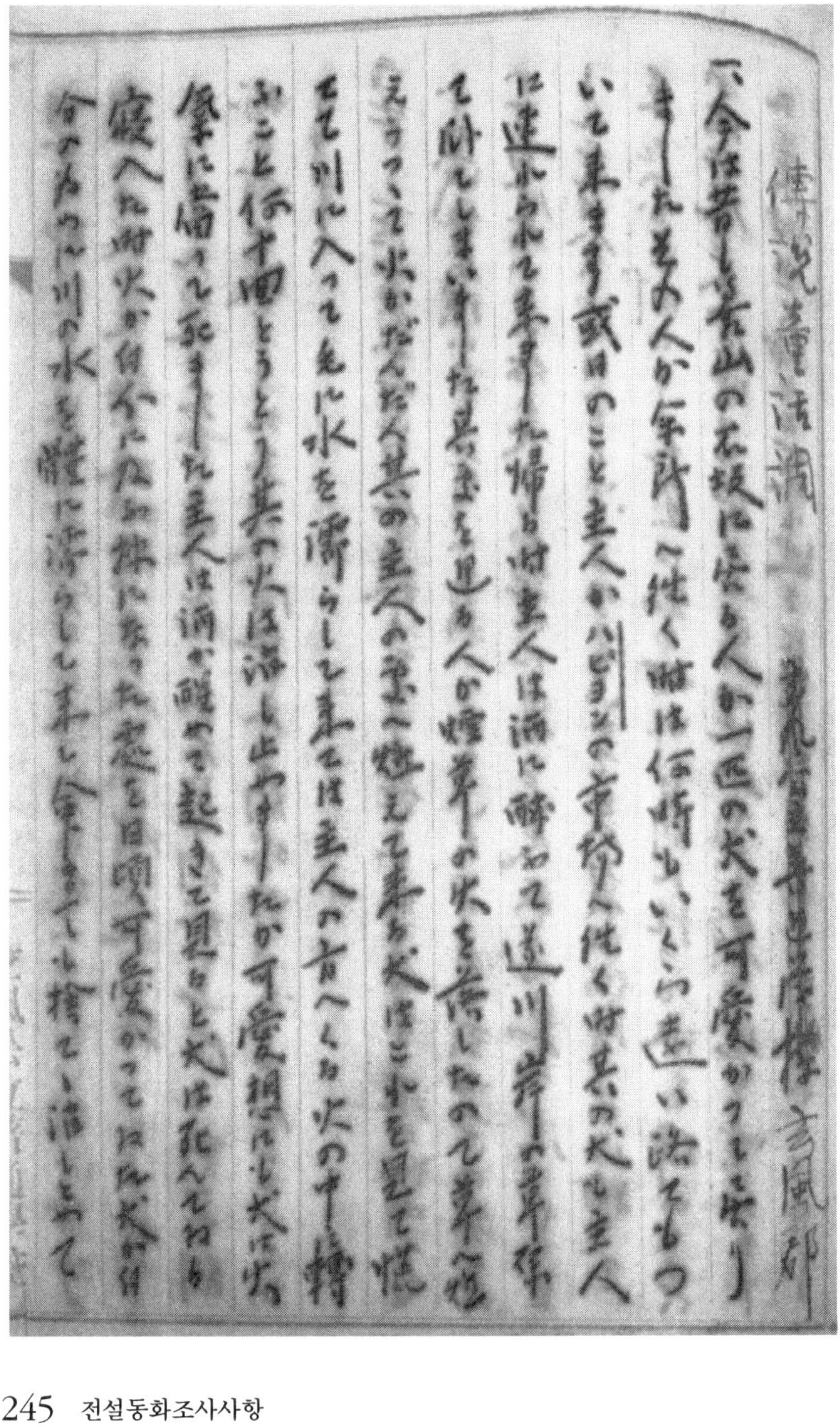

傳說童話調

一、今は昔しある山の坂に住る人が一匹の犬を可愛がつてをり
ました其の人が年始へ往く時は何時もいくら遠い路でもつ
いて来ます或日のこと主人がハビヨンの市場へ往く時其の犬も主人
に連れられて来ました帰る時主人は酒に酔ふて途川岸の草原
で酔てしまいました其處を通る人が煙草の火を捨したので草へ燃
えうつつて火がだんだん其の主人の處へ燃えて来る犬はこれを見て慌
てゝ川に入つて毛に水を濡らして来ては主人の首へくる火の中へ轉
ぶこと何十回ともなく其の火は消し止めましたが可愛相にも犬は火づ
氣に當つて死ました主人は酒が醒めて起きて見ると犬は死んでゐる
寝入た時火が自分になる様になつた處を日頃可愛がつてゐた犬が自
分のために川の水を體に濡らして来て命をまでも捨てゝ消しとめて

自分を助けたかと思ふと可愛いやら悲いやら堪へられない。川道の砂の上には犬の足痕が沢山である。主人は其所に地を掘って厚く葬りました。翌日石屋を呼んで二尺の石に義狗塚の三字を刻んで狗塚の前に建てました。其の後此地の名を狗塚野と云って今でもあります。

六、昔し一匹の兎が二匹の虎を殺しました。訳があります。虎は何時も自分の威勢の強いのを考へて弱いものをいぢめておる。或時一匹の兎が冬の一番寒い日に何處からか泳んで来た魚を一尾取って来て虎にやりました。虎は今魚を見ると早く食ひながらこの魚は何處から捕って来たのかと聞いました。兎は私が何時も川に往って氷を砕いて其の穴に尾を入れて坐って居ると魚が沢山やって来て尾を噛みます。た其の時早く揚ると一尾も逃さないでとれました。それを聞いては自分

か従って捕って来ることが出来ないで兎はさあ一緒に往きまし
ようと虎を誘って川に行って氷を砕いて穴を穿って置いてから虎
貴方なたは此の穴の中に尾を入れて坐って居りなさい、私は上流
の方に往って魚を追ふて来ますからと云って自分は何の方に往つ
て魚を追ふ振りをして遠くから虎さんなるたけ体を動かさない
で居りなさい、此處から魚が沢山下りて来ますよとそうして二三時間
経つと水が凍って虎の尾も凍ってしまいました、そこで兎は虎さん立
つてごらんと云いました虎は忽ち起上らうとしましたが中々立つことが出
来ないで遂には死んでしまいました其後牝虎が度々兎の方に
来て貴君は何故私の夫を欺して殺したかと云っていぢめました兎は
雀を一羽捕って来て牝虎にお詫をしましたすると虎はその雀
を食べて見て今までのより旨いから兎に向って死んだ虎は仕方はない

ませんお前は私と一緒にこれから山へ行って雀を捕って呉れませんか
と云ひました 兎はああ又一つこれし殺してやらうと思って大喜びして
牝虎を山の中に連れて往って虎さん私は雀を追って来ますか
らあなたは目をつぶして口を開けて居りなさい 虎は兎の云ふ
がまゝに口を開けて目をつぶして坐って居ります その時兎は燐寸
をすって虎の坐って居る周りの草に火をつけました 火は益々盛
んに燃えて来ました 兎は虎さん何か音が聞えはしませんか今雀を
沢山追って来ますが許しますには大く開けて目はきっとなりつぶして少
しも動いてはいけませんよと云って火が近くなって牝虎は遂に焼
け死んで仕舞ひました
三、請世祖大伏を取らむとして鎮将李宣祖両系書に将を遣はし
て征伐しようとしました 其の時義州府尹林慶業と云ふ大将の

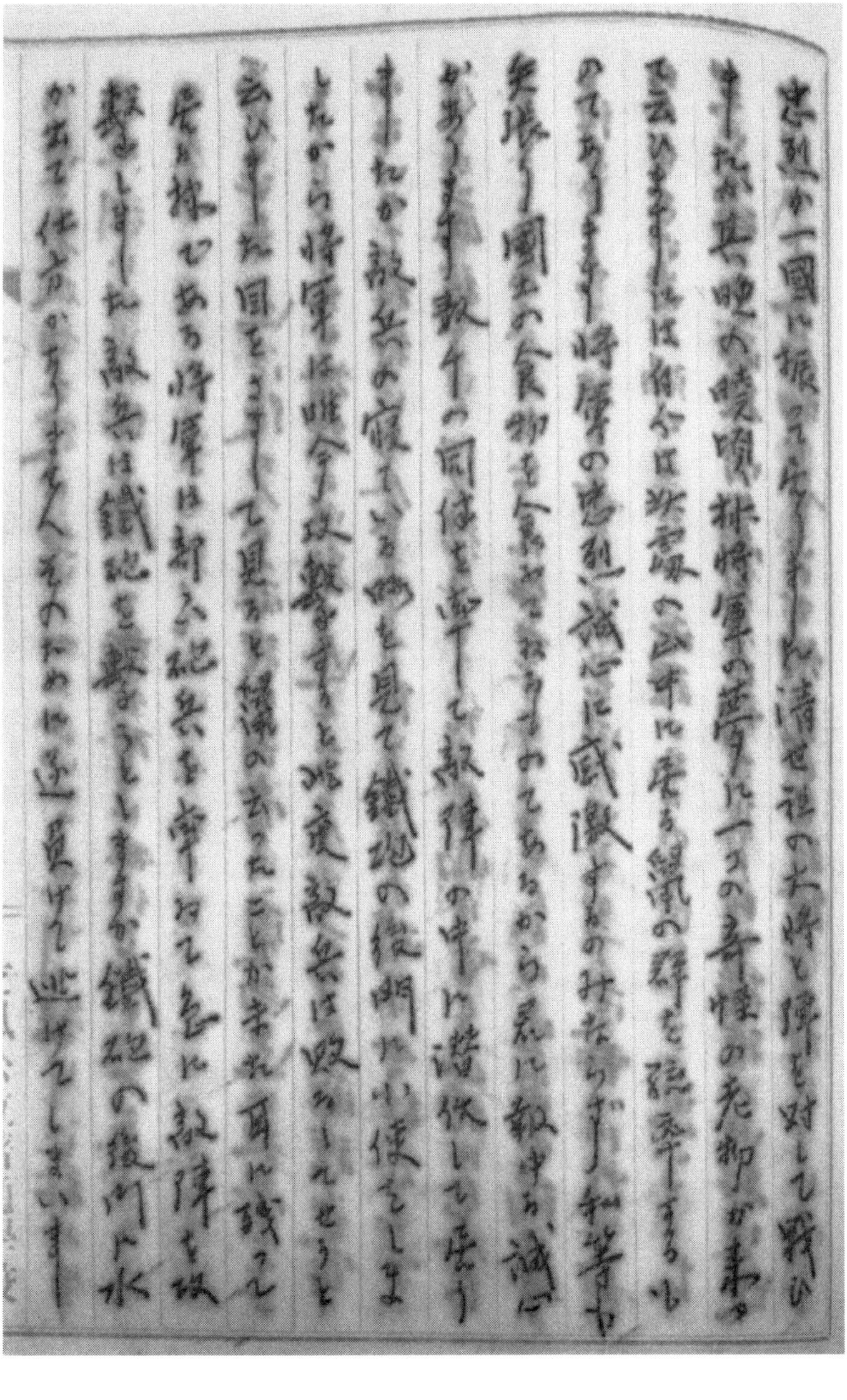

忠烈が一國に振ってゐました 清世祖の大將と陣を対して戦ひ
ました 其の晩の暁頃 林将軍の夢に一つの奇怪の老爺が来て
て云ひますには 自分は次雲峡の山中に居る鼠の群を統率するも
のであります 将軍の忠烈誠心に感激するのみならず私等も
矢張り國王の食物を食みておるのであるから君に報ゆる誠心
があります 数千の同伴を率ゐて敵陣の中に潜伏して居り
ましたが敵兵の寝ている内を見て鐵砲の後門に小便をしま
したから将軍は唯今攻撃すると必ず敵兵は敗るるでせうと
云ひました 目をさまして見ると鼠の云ったことが事実に成って
居る様であるから将軍は部下の総兵を率ゐて急に敵陣を攻
撃しました 敵兵は鐵砲を撃たうとしますが鐵砲の後門に水
が出て仕方がありません そのために遂に負けて逃げてしまいました

元兵を破り大捷は鎮の功臣と云って忠州達川江林将軍
達理祠に留め像を書いて林将軍に祀信したということであり
ます。
忠清江原道江陵の人が麻種の商売で慶尚道に放売しよ
うとしましたが播種の時期が遅くなるまで一升の麻種も売れ
ないので村々に乞食をして帰りますと醴泉金龍谷まで
来て麻種を負って往きましたがその荷物は重く山村に乞食
するにもひどくなって仕方がありませんから空家の隅に棄
て往きました麻種を棄てて去った田の田主が丁度野に行きましたそれ
たが自己の畑の隅に空家に麻種のあるのを見てこう思いました
是れは確かに麻種商が売りに行きましたが播種の時期は遅
れておまけに荷物が重いので例へ之れを持帰っても翌年には売り

たして人の麻畑の蒔實になると思ってこゝに棄てたのに違ないと
其の麻種を拾って帰って油を取って使った何時かまた
麻種商に遣ふから讃岐としても出さうと思って之れを持ち帰り
ましたが貴郷りする處が沢山降って數貫の麻種は悉彼
は主なき人誰になったところで麻種を拾った人は十俵の價にも余り
大層な金をもうけたこの主人は今麻種を賣った錢をは資本に
但今の財産とはなったから儲しには但今の財産になると即て彼には
災が出来るかもしれない然し麻種室を探す事も出来ないから矢張
の錢で田畑を買って益々當して種室が今ったから之れを主としよう
と決心して幾十町歩の畑を買って當分また其の年々にこの田
畑から取れた穀物は少しも費さないで全部賣って其の錢
で又田畑を買ひまた但種室を待ってもし来たなれば返して出立

今し話しましたから又田畑から取れた穀物が数百石に及しま
しん或日三月天気の暖い時野菜の草を刈ようとして野の
中に掃除をいたしました所が或人が友達二人を連れて数し
前麻種を蒔て置いた田の隅に休んで居ますと何か話をしておりま
す。近寄って聞いて見ると一人の話は何年何月に麻種を蒔く
りしましたが時期が遅れたので一升も当らなかったが此所は常に困
って麻種は此の田に蒔いて帰ったが其れを思ひ出すと麻種
高ならば学問やうなくないので去年一同に今度此所を
通るものであると其の当主は(こんどが)麻種を蒔ていた人であると云って
此所の麻種而に種蒔もして何分の分に警告しながら其の後
の事を一々話をして田畑の文化を說しておると麻種高か
戦々この田畑は此所の跡では無いとどうし

ても受け取らない當主は然しへあなたの畝產物を全く自分が取る訳
にはいかないと龍王[illegible]を護らうといふ事で斯うして數年もたつたれかと
うとう其の田畓を裁判をして証據の人が偽りして其の田畓を借
己の[illegible]に適當に耕作して外に義庫に入れて公に用いて兩家は
世々子孫が其の義務を忘れないで墓に於て護つて居て大層な財
產になつたと云ふことである。
昔或村に女の子供が野原に行つて遊んで居ると一匹の蛇
が人に踏まれて死にかかつてゐるのを可愛想に思つて其の蛇を抱いて帰つて
食べ物をやつたりして體を洗つてやつたりして能く育んでやりました
が其の村では毎年一度祈禱せねばならない事がありまして
祈禱をしないと村の人が病氣に罹るとか又は牛が斃れるとか[illegible]
々出來るので仕方なく祈禱をすることにしてありました處がそこへ其

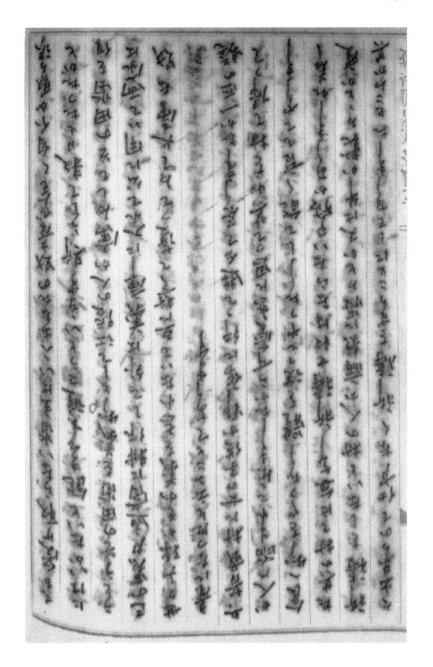

の當番に當ったものは必ずそこで死んでしまうのです ナ其れに
或年の七月には前に野良に行つて蛙を助けてやった女が當番になった 女
は泣きながら其の祈禱所へ連れられて行きましたがいつの間にか彼の言
ついた蛙がついて來て居りました 其の晩果して夜半になると天井
の中から一尾の大きな蜈蚣が出て來て其の女を呑もうとします
蛙は蜈蚣の方へ向って勢よく坐って居りましたが なかなかどうして
も呑むことが出來ない 遂に蛙のために死んでしまいました 女は無
事で家に歸ることが出來たと云ふことです
六 昔し或人が大い木の下で遊んで居りましたが丁度其の時大きな
蛇が木の上の鵲の巣にはいって居る卵を呑もうとしましたから
其人が其蛇を殺して草畑の傍に埋めてやりましたが其の年の秋其の
何かがこれで其の蛇の埋められた處の野菜を取って生で食べよ

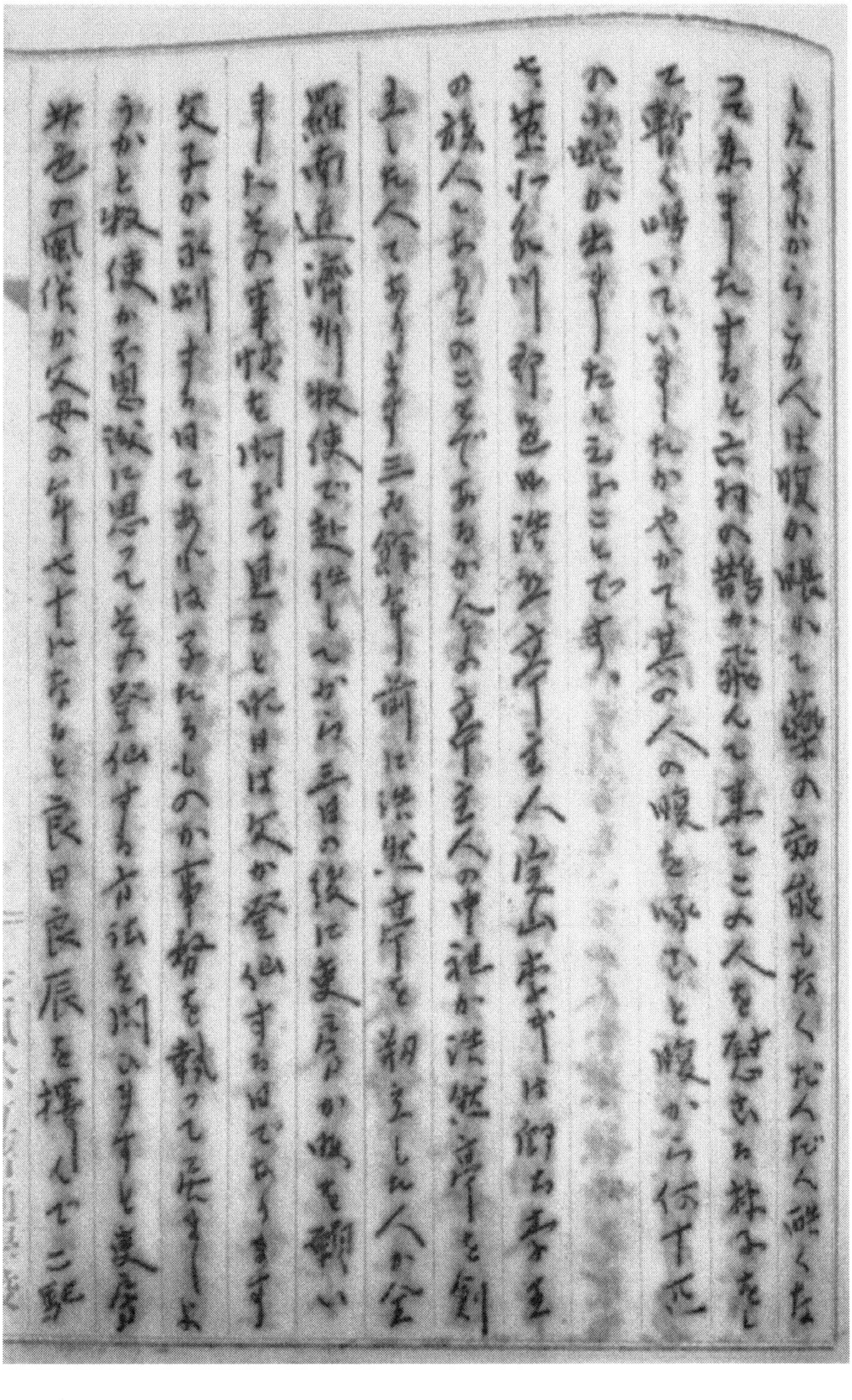

したそれからこの人は腹が膨れて薬の効能もなくだんだん酷くなり
又来ました。すると一羽の鵲が飛んで来てこの人を慰さめる様子をし
て暫く鳴いていましたがやがて其の人の腹を啄ひと腹から何十匹
の小蛇が出ましたと云ふことです。
七、黄州郡谷邑の洪益亨主人堂山李中は御存知至
の族人であるとのことであるが今の洪主人の中祖が洪然亨を創
立した人であります。三百餘年前には洪然亨を創立した人が全
羅南道濟州牧使で赴任してから三日目の後に更房が職を願い
ましたが其の事情を聞いて見ると明日は父が登仙する日でありますので
父子が訣別する日であれば子たるものが事務を執って居ましょ
うかと牧使が不思議に思ってその登仙する方法を問いますと更當
此邑の風俗が父母の年七十になると良日良辰を択んで二駄

妻を伴って父母を漢挐山大澤の辺三會壇上に坐禅してそこで馳走を父母の前へ陳列して置いて外の人は皆家に帰って了いますそうして其の翌日往って見ると肉身天に昇って居らないです之を登仙會と云ひます」牧使直ちに衙をやって吏之等の親と一緒に漢挐山に行って三會壇上に坐って居った吏之等と其他の人は皆帰ってしまった夜中に大澤の中から蛟龍が出て来ましたが牧使が居るのを見て驚いて敢て進んで来ない牧使は直ぐに呪を書いて澤の中に投入れておくと何の障りもない郡吏等の家族が登って来て見ると天に昇らないで二人が決議して居れ吏之等は大層驚きました牧使は下りて吏之等と一緒に帰って邑民を集めて登仙の事を説明して聞かせてやりましたそれから其れ大澤の辺に在る神壇を毀してしまいましたと云ふことである

八、高麗末年に鄭圃隠と云ふ人が居りました。彼は常に圃隠で
ある学行と忠烈が一国で第一であり。ましたが李王の太祖大王が群卿を
招集して圃隠が開城繕竹橋上で李太祖を攻めて殺しました
か李太祖の息の侍に使ひ趣旨が鐵鎚で圃隠の腰を擊ち
て殺しました。圃隠の屍體が橋下に落ちて脳血が橋石へついてね
ました李王の代の終りになつて脳血が不識今も遺跡か
此か今もあるので京城に大学が出来て掃却すると圃隠の殺された日
表彰した所が然るに其れから其の橋の名を善竹橋とい
ひます。
な者と今と朝と李姓の三人が集まつて納涼をしました處
この三人の内何れが早く死んだのかわかつたら甚く氣の毒の子供は斉
をやらうとすれかからない。斉と云ふ人か一番早く死んだので下

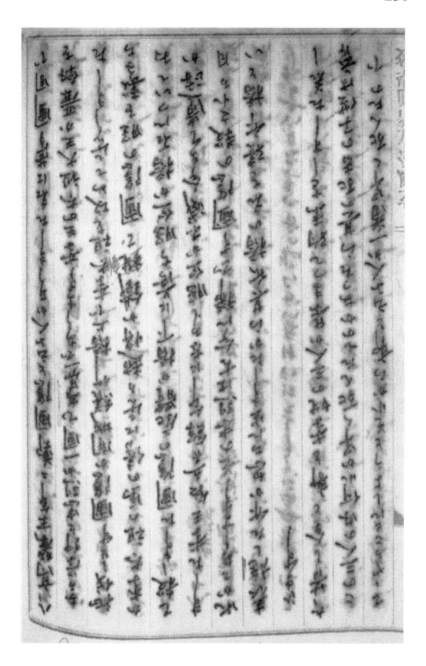

その子供は金の家に這入て育てられ金も取入て當今は豊裕

は自分の子供と妻達の郭の子供と二人に學問をさせて居りました

が李が為て云ふ許達は紅が無いから農業して居ても宜いが両班の

子供が學問をせずにしてはいけないから私の方に来なさいと書物

も教へてやるからと云ひました其中で其の二人は李の家に来て勉強

しました處が試験に於て金姓の子供は及第しましたそうして役

人になれたが郭は落第しましたそこで金は郭に云ふにはあな

たは私の父になりますから之の役所へ入の詩会はお呼ばれ出来ませ

れてならないと云って自分は行かず通行で嫌ふと郭は反逆になりまし

したのでとうとう監獄に任難って後その役所に行きましたが其付

かが言語を侮辱したと云ふので困ると思って郭は途に金を殺し

た武の刑に拘止されとしなりました其の時その門近に入つた私證書

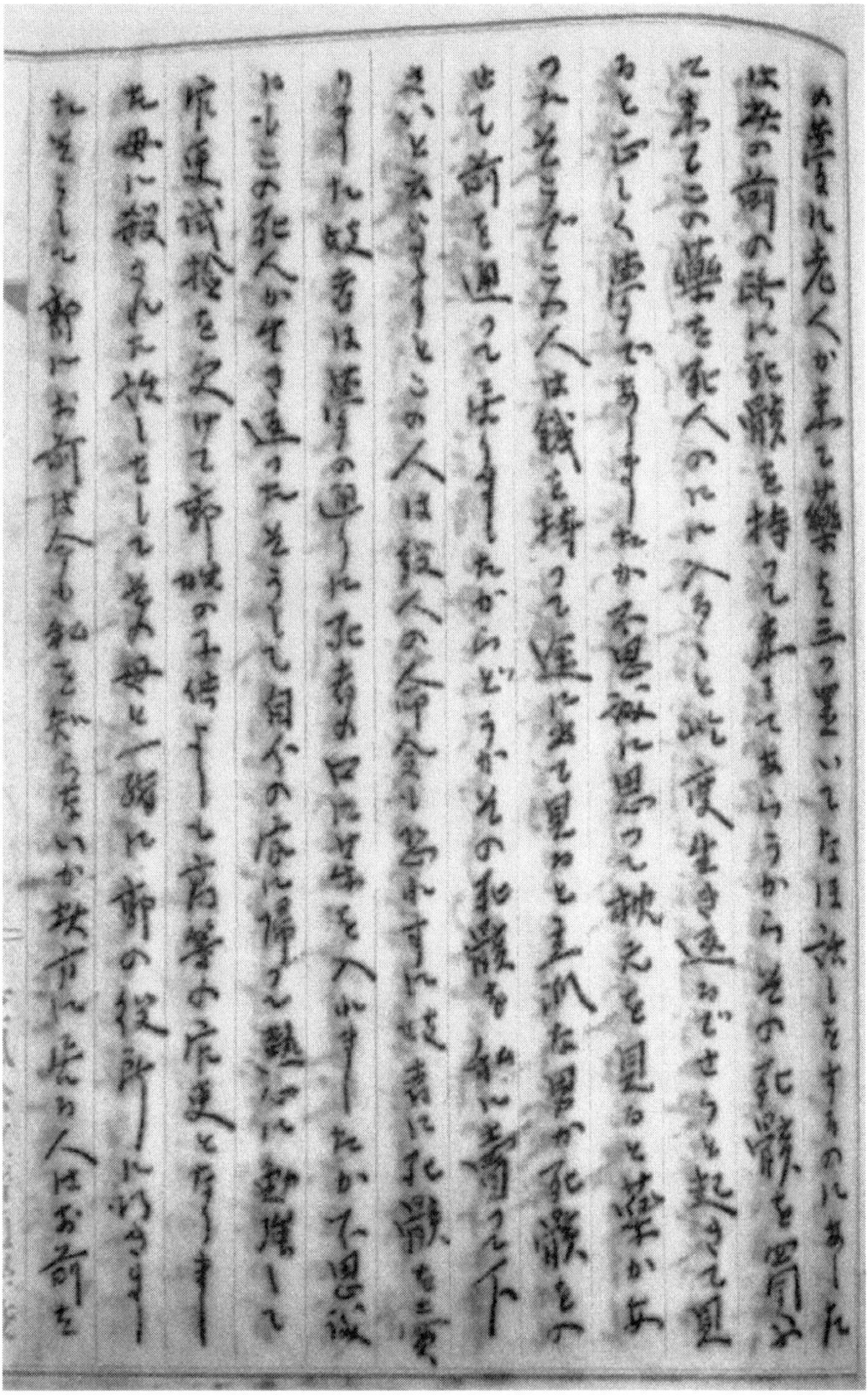

へ蒙まれ老人が來て藥を三つ置いてなほ許しをするのにあった
は妹の前の許に死骸を持って來まてならうからその死骸を罰ふ
て來てこの藥を死人の口に入らうと此度生き返らせうと起きて見
ると正しく夢であったか不思議に思って枕元を見ると藥がある
つたそこで其人は錢を持って途に出て見ると立派な男が死骸を背
負て前を通って居りましたからどうかその死骸を私に賣って下
さいと云ひますとこの人は殺人の命令を盗みすれば責に死骸を賣
りました姑者は謹んで通しに死者の口に其藥を入れましたが不思議
にもこの死人が生き返ったそうして自分の家に帰って熟心に勉強して
官吏試驗を受けて郡城の子侍しも高等の官吏となりまし
た母に報えんと欲しをしてその母と一緒に郡の役所に行きまし
たそうしても郡にお前は今も私を知らないか秋市に居る人はお前を

育てゝやった母ではありませんかお前の様な恩知らずは殺すより
はありませんと云って其の人を殺して前の川にその死骸を投込み
ましたと云ふことです

一、昔し武具山に住って居た人が息子を寧し可愛がって母の方
はお前のおとうさんの頭を叩きなさいと云ったり又父の方はおかさ
んの髪の毛をとりなさいと云ったりしてさう云ふことをさせましたから
それが習慣となって何時も母をたゝいたり髪の毛を引いたりします
その父親は死んでからその子供は嫁をもらふことになり大人となっても
矢張り前の様に母をたゝいたりしますので其の母はもてあまして
遂に役所に訴へました役人はお前はなぜ自分の母をたゝいた
りするのかと問ひますと其の子供の話しには母をたゝくのはよい
ことではありませんが私は小さい時から今迄たゝききたえたから立派

な親孝行ではありませんかと云ひました役人は親孝行とはそんな
ことではないかようであるとよく云つて聞かせましたところがそれではな
い私の母は私の子供の時に自分をたゝきなさい髪毛をとりなさい
と云ひますか親の言ひ付けでありますから親孝行かと思つたのであり
ますがそれからは役人へ云つたことを守つて立派な孝行ものにな
つたと云ふことです

一、玄風郡瑜伽面琵瑟山とて郡の東壁に聳えた高山があり
ますそこには瑜伽寺とて有名な禅庵があります其の一番高い
峠を大見峠と云ひます昔唐の張一行と云ふ人が其人に登つて
見て此の峠は中華までは見えると云つて照華峠と云ふ名を
付けたそうで今も照華峠と云ふ文字が其所の岩に刻し
てあり、

一、玄武琵琶山下龍淵に於て一つの底穴がありますが其深さは知らないといつてゐる盛暑の時も其の穴の上に臨むと寒気凛然として身戦慄を覚ゆ中古村王氏と称してゐる其下に龍潭ありて其水深くして又測り難いと伝へてゐる
其他之れに類する伝説多し迷信に偏することを避くるために略す

一　傳說　　比安部

(一)民族移動及閥閲ニ関スル傳說

イ　朝鮮ノ種族

朝鮮ノ種族ハ韓族、穢、貊、沃沮、及扶餘等トス扶餘ノ南下シタルコトハ歴史ニ其ノ證迹アルモ其ノ他ノ種族ニ至リテハ其ノ年代モ移住前後ノ狀態ヲモ之ヲ詳知スルニ由ナキモ何レモ扶餘ト同ジク滿州方面ヨリ南下シタルモノナルベク隨テ其ノ血統ハ頗ル相近キモノナラント想像セラル而シテ沃沮ハ咸鏡ニ穢、貊ハ江原道ニ根據ヲ有シ韓族ハ其ノ西南ニ蔓延シ扶餘ノ南下スルニ及ビテ半島ノ西方一帯ハ其ノ征服スル所トナリ西紀第七世紀ノ初新羅半島ヲ一統シテヨリ最モ古キ種族タリシ韓族初メテ半島ノ主トナリ以テ最近ニ及ベリ此ノ外漢族、蒙古族及女真等ノ種族多少混在セルコトハ疑フベカラザル事實ニシテ殊ニ我古代ノ出雲種族カ新羅即チ韓族ト頗ル密接ナル関係ヲ有スルコトハ已ニ識者論ズル所ニシテ江原道春川ハ往時貊國ノ故都ニシテ我國ノ史家カ素盞嗚尊ノ遺蹟トナスハ即チ此地ナリ

ロ 檀君朝鮮

童蒙先習ニ「東方初無君長有神人降于太白山檀木下國人立以為君與堯並立國號朝鮮是為檀君」トアリ即チ檀君朝鮮ノ意義ナリ朝鮮世紀ニモ同様ノ意味ヲ以テ記シ平壌ニ邑セルコトヲ述ベタリ而シテ之ヲ殆ト神話ニ近キ傳説ニシテ史家之ヲ採ラズト説ク者アリ

ハ 箕子朝鮮

史記ニ曰ク「武王既克殷、訪問箕子、箕子對鴻範、於是武王

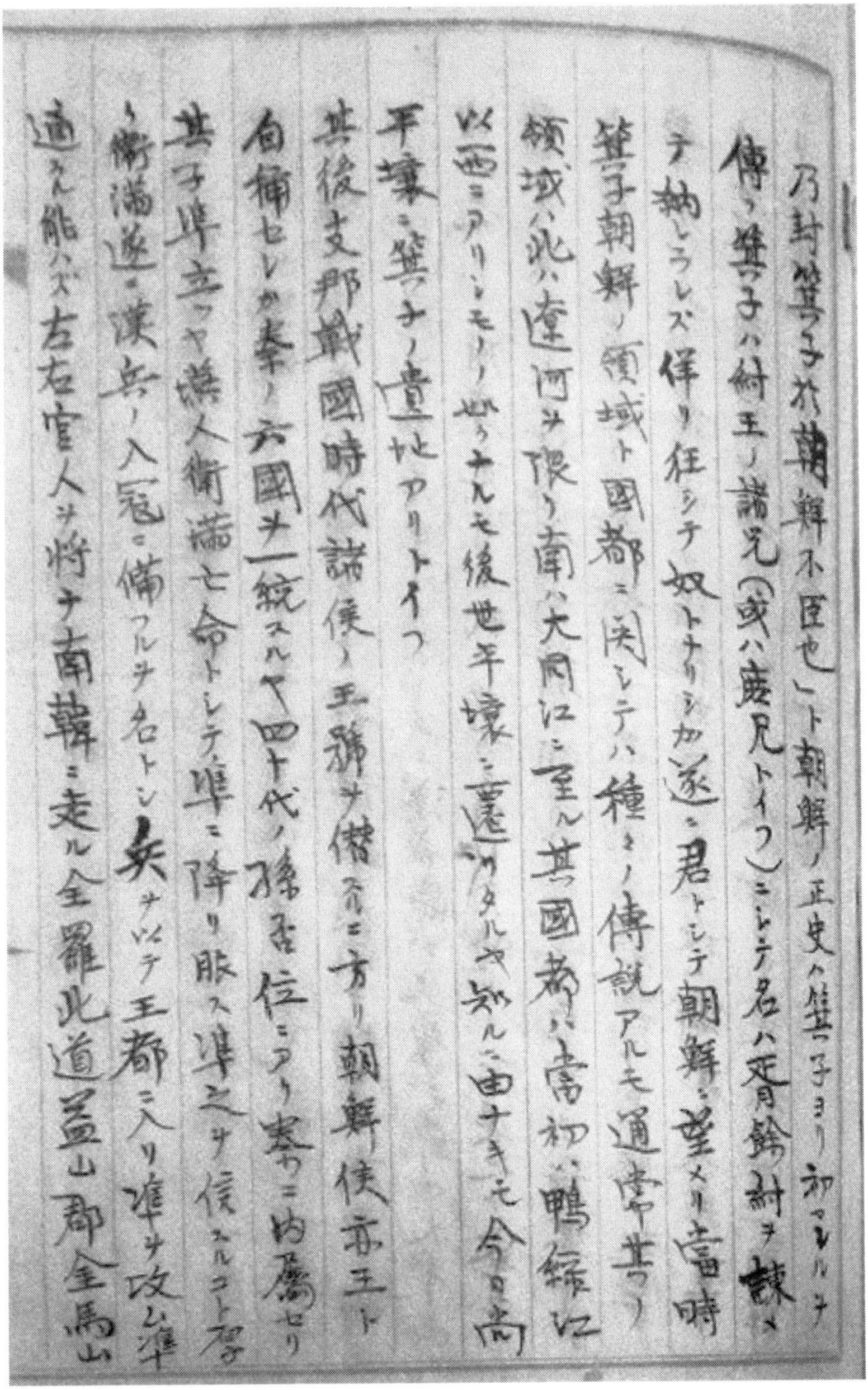
乃封箕子於朝鮮不臣也」ト朝鮮ノ正史ハ箕子ヨリ初マルヲ
傳ヘ箕子ハ紂王ノ諸兄（或ハ庶兄トイフ）ニシテ名ハ胥餘紂ヲ諫メ
テ納レラレズ佯リ狂シテ奴トナリシカ遂ニ君トシテ朝鮮ニ望メリ當時
箕子朝鮮ノ領域ト國都ニ関シテハ種々ノ傳説アルモ通常其ノ
領域ハ北ハ遼河ヲ限リ南ハ大同江ニ至ル其國都ハ當初ハ鴨緑江
以西ニアリシモノヽ如クナルモ後世平壌ニ遷リタルヤ知ルニ由ナキモ今日尚
平壌ニ箕子ノ遺址アリトイフ
其後支那戰國時代諸侯ノ王號ヲ僭スルニ方リ朝鮮侯亦王ト
自稱セシカ秦ノ六國ヲ一統スルヤ四十代ノ孫否位ニアリ秦ニ内屬セリ
其子準立ツヤ燕人衛滿亡命トシテ準ニ降リ服ス準之ヲ信スルコト厚
ク衛滿遂ニ漢兵ノ入寇ニ備フルヲ名トシ兵ヲ以テ王都ニ入リ準ヲ攻ム準
適スル能ハズ左右宮人ヲ將テ南韓ニ走ル全羅北道益山郡金馬山

ハ箕遺址ナリト傳ヘラル朝鮮世紀ハ之ヲ馬韓王トナセリ

二　衛滿朝鮮

衛滿箕子ヲ逐ヒ朝鮮ヲ奪フヤ漢ノ惠帝正ニ即位シ天下初メテ定リタレバ滿詔シテ外臣トナス是ニ於テ滿近傍ノ小邑ヲ降シ方數千里ト稱ス其國都ハ平壤ニアリテ其ノ疆域ハ大同ヲ越エテ南方ニ擴張ス滿ノ子ヨリ孫右渠ニ至ルトキニ漢武帝カ文景二帝ノ太平ノ治ヲ承ケテ府庫充實シ武ヲ四方ニ用ヰントスル時ナリ右渠之ヲ奉セズ屢リニ漢ノ亡人ヲ誘ヒ或ハ南韓ノ朝貢セシメントスルモノヲ梗塞シタレバ漢ハ使者ヲ遣リテ之ヲ諭サシム然ルニ使者朝鮮ト葛藤ヲ起シテ殺サレタレバ武帝意ヲ決シテ海陸相應シテ之ヲ攻ム戰フコト久シキニ亘リタルカ遂ニ朝鮮ノ將相ハ王ヲ殺シテ漢ニ降レリ是ニ於テ漢ハ朝鮮ヲ直轄地トナシ四郡ヲ置キテ之ヲ管轄ス

ホ 三韓（南方朝鮮）

以上ハ太古北朝鮮ノ状態ナルモ全ク之ト関係ナク南部朝鮮ニ別種ノ
獨立起リテ各其發達ヲナシタルモノヲ馬韓、辰韓、弁韓ノ三韓トス
馬韓ハ西方ニアリテ今ノ全羅南北、忠清南北及京畿ニ跨リ五十四國アリ
後世日本ト密接ノ関係ヲ生ズルニ至レル百濟國ハ百濟國ノ名ヲ以テ五十
四國ノ一ニ列セリ
辰韓ハ北ハ穢貊ト接シ十二國アリ今ノ慶尚北道大部慶南ノ東部
ヲ有シ後ニ半島ヲ統一スルニ至レル新羅ハ斯盧國ト稱シテ十二國ノ一ニ列
セリトイフ
弁韓ハ亦弁辰トモ稱シ馬辰二國ノ間ニ介在シ凡ソ慶南西半ト慶北
ノ小部ニ跨リ南ハ倭ト接シ十二國アリタリトイフ
以上三韓凡ソ七十八國アリ何レモ王アリテ之ヲ統治セシカ如クナルモ王統ハ王

名及三韓相互ノ関係ヲ知ルニ由ナク唯官名風俗ニ就キ零砕ノ傳
説アルノミ

(一)道ノ名稱起源

朝鮮八道ノ名稱ハ往時監司府使牧使等ノ地方官アリシ際其ノ官
廳ノ所在地ノ名稱ヲ合セテ道ニ為シタルモノナリトイフ

慶尚道　慶州ノ慶字ト尚州ノ尚字ヲ合ス

全羅道　全州ノ全字ト羅州ノ羅字ヲ合ス

忠清道　忠州ノ忠字ト清州ノ清字ヲ合ス

京畿道　京畿ハ王城所在ノ意義ヨリ出ヅ

黄海道　黄州ノ黄字ト海州ノ海字ヲ合ス

平安道　平壌ノ平字ト安州ノ安字ヲ合ス

江原道　江陵ノ江字ト原州ノ原字ヲ合ス

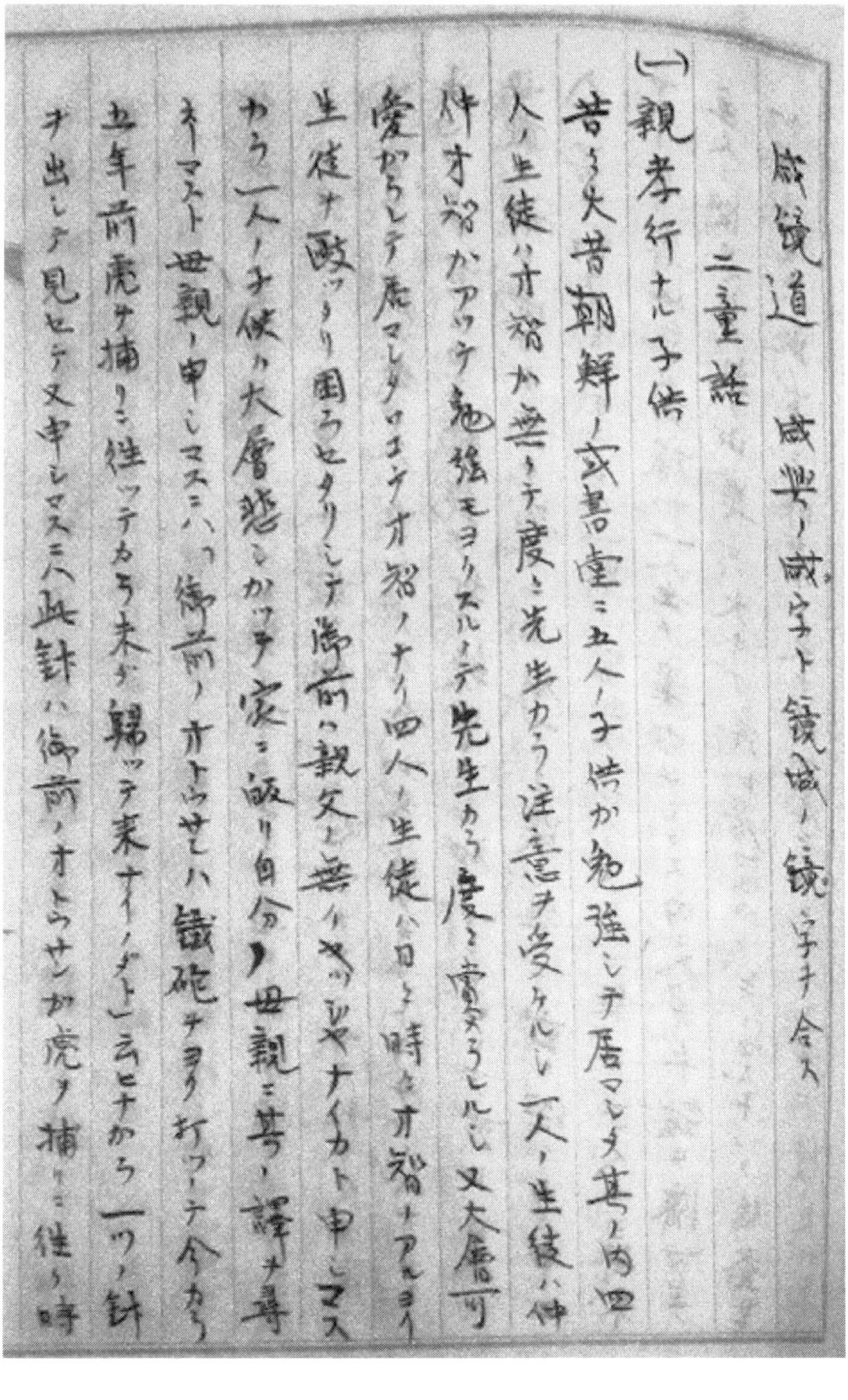
咸鏡道　咸興ノ咸字ト鏡城ノ鏡字ヲ合ス
二童話
(一)親孝行ナル子供
昔々大昔朝鮮ノ或書堂ニ五人ノ子供ガ勉強シテ居マシタ其ノ内四人ノ生徒ハ才智ガ無クテ度々先生カラ注意ヲ受ケルシ一人ノ生徒ハ仲仲才智ガアツテ勉強モヨクスルノデ先生カラ度々賞メラレルシ又大層可愛ガラレテ居マシタ。ソコデ才智ノナイ四人ノ生徒ハ日々時々才智ノアルヨイ生徒ヲ殴ッタリ困ラセタリシテ御前ハ親父モ無イ奴ヂヤナイカト申シマスカラ一人ノ子供ガ大層悲シガッテ家ニ帰リ自分ノ母親ニ其ノ譯ヲ尋ネマスト母親ノ申シマスニハ御前ノオトウサンハ鐵砲ヲヨク打ッテ今カラ五年前虎ヲ捕リニ往ッテカラ未ダ帰ッテ来ナイノダト云ヒナガラ一ツノ針ヲ出シテ見セテ又申シマスニハ此針ハ御前ノオトウサンガ虎ヲ捕リニ往ク時

此處ニ挿シテ置イテ此針ニ差シ黒イ錆ト青イ錆トガ付タナラ私ガ
死シダト思ッテサヘナケレバ故ルニ違イナイト見ッテ居給ヘトオッシャッタモ
ノダト云ヒマシタ ソコデソノ針ヲ見マスト黒ト青ノ錆ガ澤山付テアル子
供ハ非常ニ大キナ聲ヲアゲテ父親ノ死ダコトヲ思ヒ出シテ泣キマシタガ暫
ラシテ考ヘマスニ最早イクラ歎キ悲ミテモ仕方ガナイサカ私ノ父ガ虎ニ
食ハレタカラ虎ハ我ガ父ノカタキデアル我ガ父ノカタキヲトラナケレバナラヌト
決心サレテ其日カラ鐵銃ヲ打ツ練習ヲシ初メマシタソシテ或日自分ノ
母親ノ許ヲ受ケテ虎ヲ捕リニ出掛マシタ段々往ッテ或ル深イ山ノ中ニ
入リマスト向フニミスボラシイ一軒ノ家ガアリマスノデソコニ往ッテ主人ヲ尋ネ
マスト年寄ノ御爺様ガ一人出テ案内ヲシマス内ニ入ッテ午飯ヲ濟マシテ
主人ニ聞ヒマシタ此ノ山奥ニハ大キナ虎ガ居マスカトキヽマストソノ御爺サ
ンガ申シマスニハ此ノ山ニハ非常ニ大キナ虎ガ居テドンナ上手ナ猟人ガ來

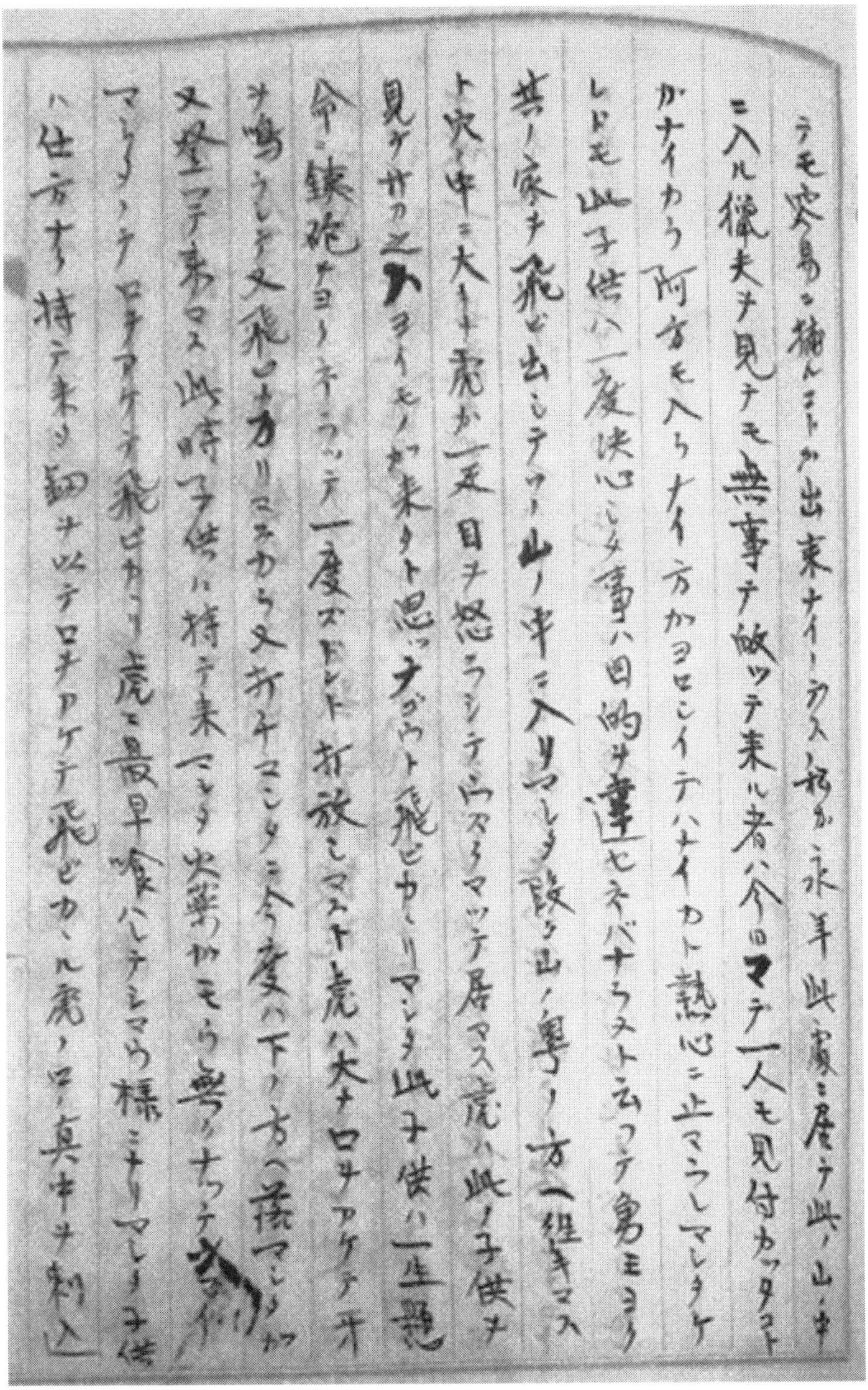
テモ容易ニ捕ヘルコトガ出来ナイノデス私ガ永年此處ニ居テ此ノ山ノ中
ニ入ル獵夫ヲ見テモ無事デ帰ッテ来ル者ハ今日マデ一人モ見付カッタコト
ガナイカラ阿方モ入ラナイ方ガヨロシイデハナイカト熱心ニ止マラシマシタケ
レドモ此ノ子供ハ一度決心シタ事ハ目的ヲ達セネバナラヌト云ッテ勇ミヨロコビ
其ノ家ヲ飛ビ出シテソノ山ノ中ニ入リマシタ段々山ノ奥ノ方ヘ往キマス
ト穴ノ中ニ大キナ虎ガ一疋目ヲ怒ラシテ向ッテマッテ居マス虎ハ此ノ子供ヲ
見ツケタカラ之ハヨイモノガ来タト思ッテ大ガラト飛ビカカリマシタ此ノ子供ハ一生懸
命ニ鉄砲ヲヨクネラッテ一度ズドント打放シマスト虎ハ大キナ口ヲアケテオ
ナ鳴シテ又飛ビカカリマシタカラ又打チマシタニ今度ハ下ノ方ヘ落チマシタガ
又登ッテ来マス此ノ時ニ子供ハ持テ来マシタ火薬ガモウ無クナッテシ
マイマシテ口ヲアケテ飛ビカカリ虎ニ最早喰ハレテシマウ様ニナリマシタ子供
ハ仕方ナク持テ来タ鉤ヲ以テ口ヲアケテ飛ビカカル虎ノ口ノ真中ヲ刺込

ニマレテヘット虎ヲ殺シテシマイマシタソコデ子供ハ其ノ虎ノ肝ヲ出シテ
食ベテカラ穴中ニ入ッテ見マスト鐵砲ト大人ノ頭ガ沢山アリマスケレドモ自分
ノ父親ノ頭ト鐵砲ハ見付カリマセンカラ天ニ仰イデ父親ヲ呼ビナカラ泣
イテ居マスト父ノ頭ト鐵砲ガイツノ間ニカ自然ニ自分ノ目ノ前ニ来テ居
マス子供ハタイソウ嬉シクオモイ父親ノ頭ト鐵砲トヲ以テ急イデ家ニ皈
リマシタガ母モ大変ヨロコンデ子供ノ勇気ノアルノヲホメマシタカラ後モ
子供ハ一人ノ母親ヲダイジニ〳〵トシテ孝行サレマシタガ成長シテ仲々エ
ライ人ニナッタトイヒマスデスカラ誰デモ小供ノ時ヨリ決心シタコト
ハ目的ヲ遂ゲルヤウニ勉強シテ父親ニハ必ズ孝行ヲセネバナリマセン

以上

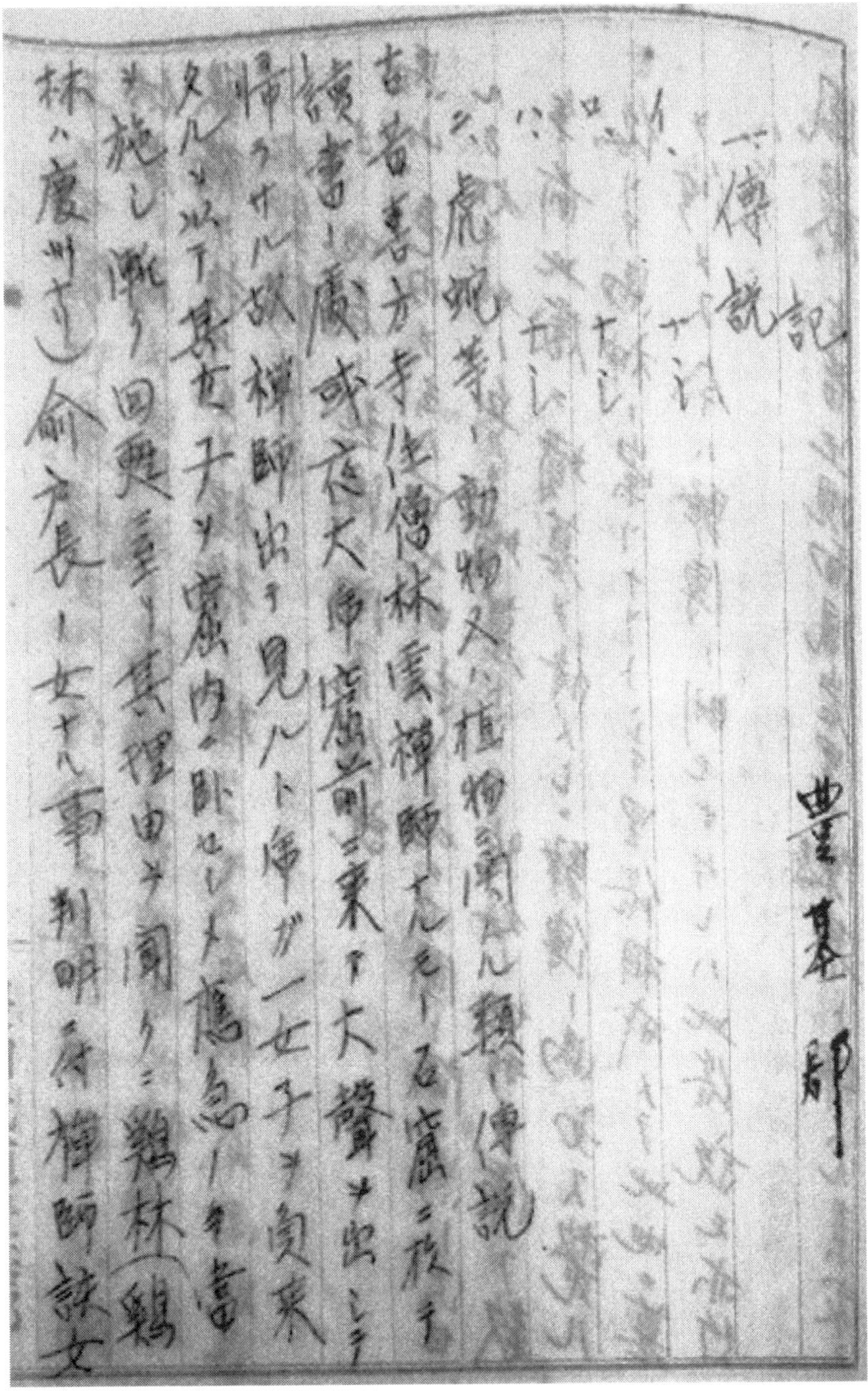
記

豐基郎

一、傳說

ニ、虎蛇等ノ動物又ハ植物ニ關スル類ノ傳說

古昔喜方寺ニ住僧林雲禪師ナルモノ石窟ニ夜ヲ

讀書ノ處或夜大虎窟前ニ來テ大聲ヲ出シテ

帰ラサル故禪師出テ見ルト虎ガ一女子ヲ負來

タルヲ以テ其女子ヲ窟内ニ臥セシメ應急ノ手當

ヲ施シ漸ク回甦ミ其理由ヲ聞クニ鷄林（鷄

林ハ慶州ナリ）ノ命ノ長ノ女ナル事判明シ禪師該女

子ヲ生家道寧帰スルニ付命シテ長ハ禅師ノ功徳
供養ノ為メ西門洞ノ槿橋及昌泰面水鉄洞ノ水
鉄橋ヲ設ケタリ槿橋ノ橋ハナキモ石橋ハ今尚残存
シ水鉄橋ハナシ
ホ、地名ノ起源ニ関スル伝説
馬山、邑内ヲ去ル西七町許リノ地ニ周囲ノ間ニ馬ノ伏セ
ルカ如キ形ノ丘アリ墳墓トシテ皆好ム地形ヲ備フ数
年前此處ニ墳墓ヲ作メシニ駅伝ノ馬次々斃ル
依リテ馬神ノ崇リナリトシテ里俗相戒メテ此地ニ墓
ヲ修メス今ハ駅伝ノ制モナケレハ此俗説モ亦行
ハレス
鳳巌、古昔生祠面鳳岩里ニ隠棲ト称スル棄家ア

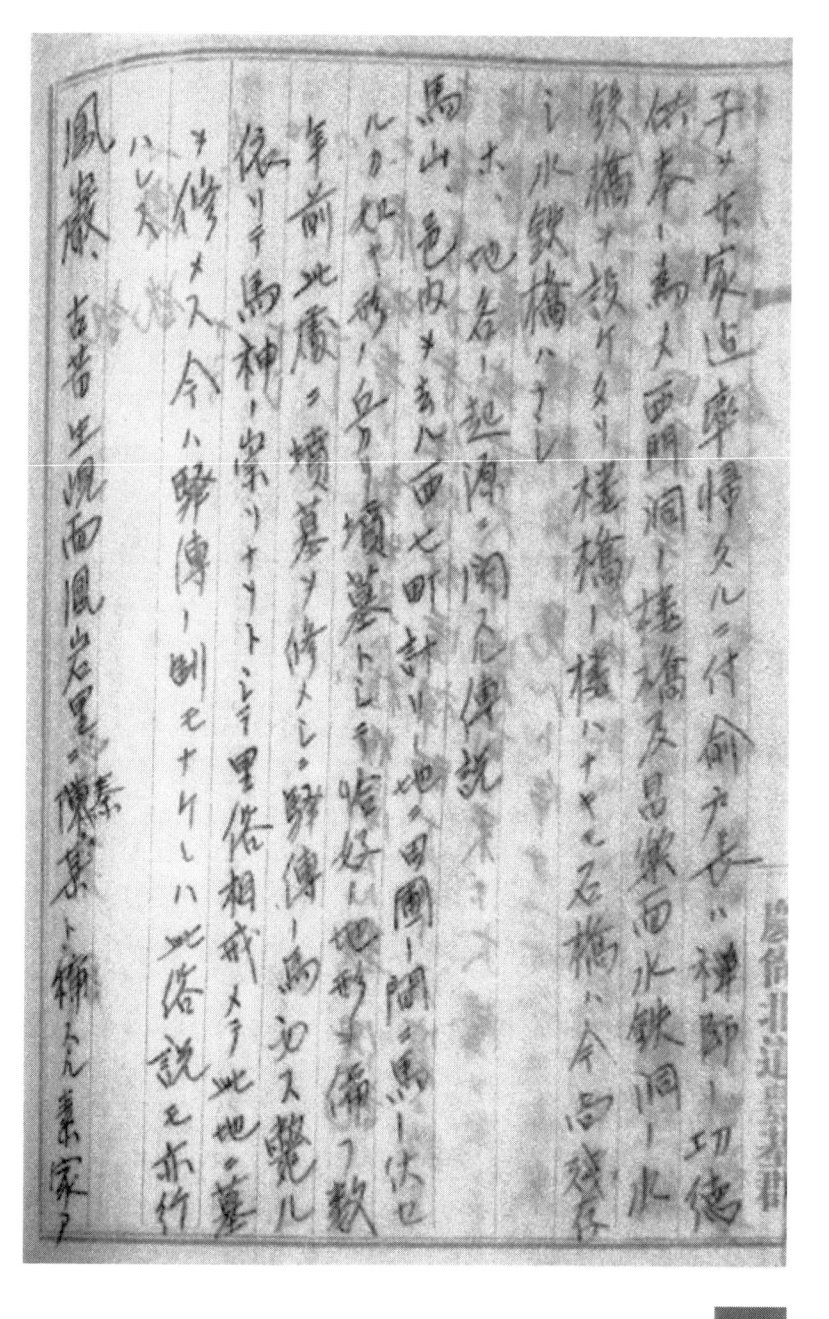

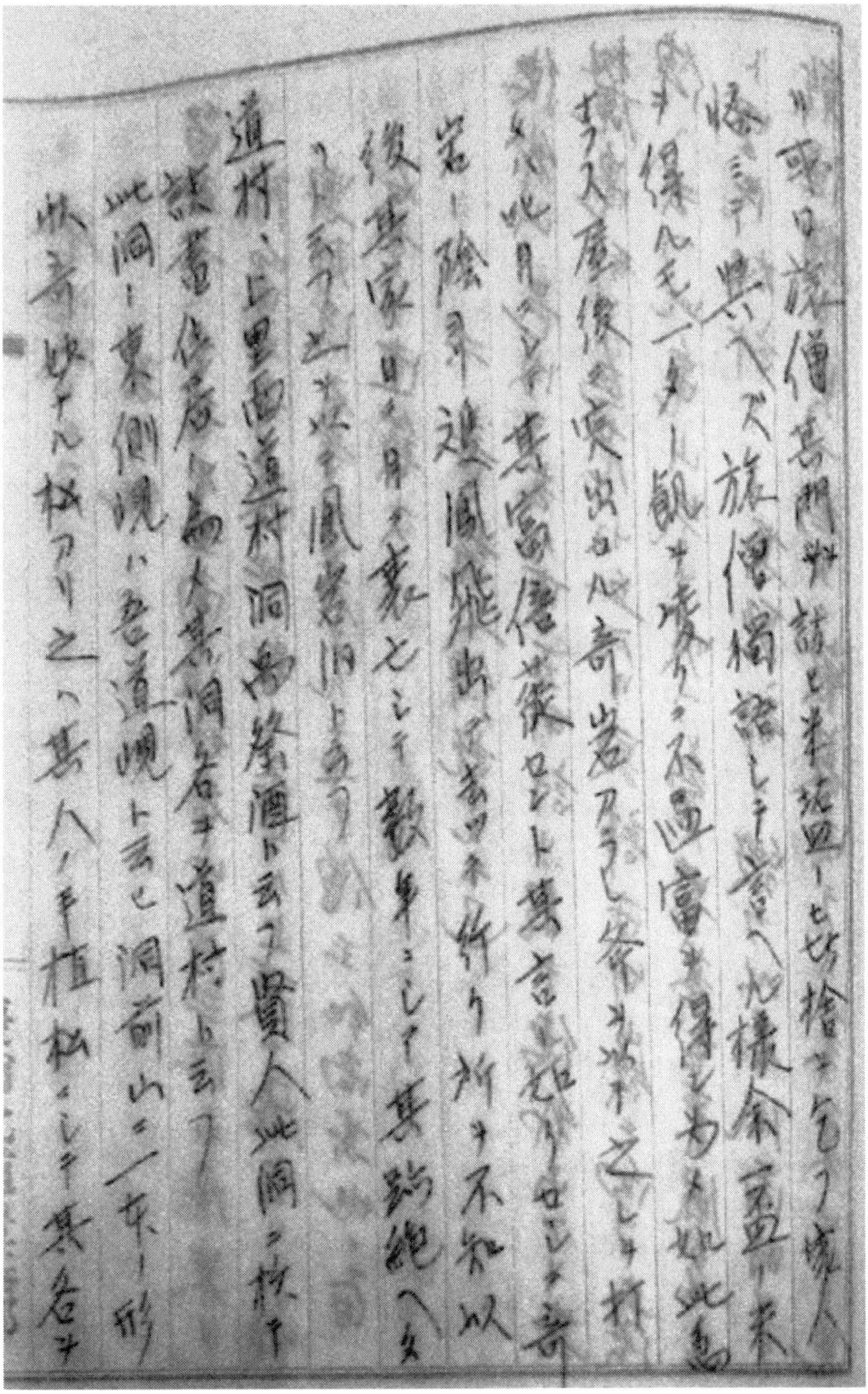

除酒村ト云フ

一、其他

留石寺、古昔平安南道妙香山ニ浮石飛来シ
浮留石寺基址ニ留リ而シテ上更ニ飛去リテ順
興郡浮石寺ニ着スルナリト傳ヘ王和尚其地ニ而
石寺ヲ建築ス

六、童話（傳説トモ云フ）

使於山邑ヨリ東五町許リ龍德於山アリ其
根麓亀形ヲ為セル双丘アリ頭部西於山嶺ニ向テ長
傳ヘ云フ此亀山気ヲ吸フ為大豊基吉業風多シ
ト里民ハ相計リテ其頭部ヲ截リ以来風雨時ナラ
乾溢頻リ起リ不為ニ穀菽成ラス業萬葉花ヲ見

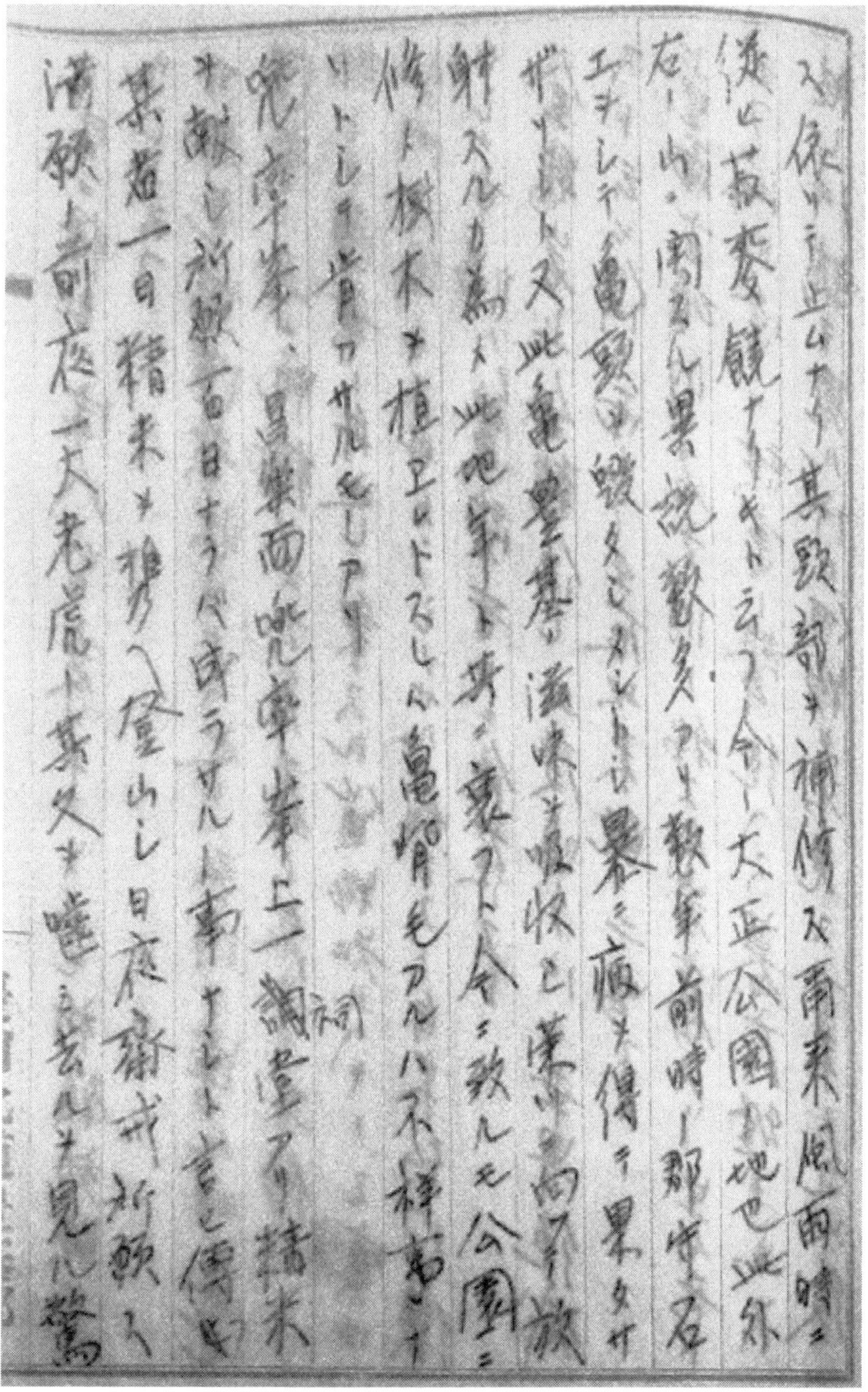
ニ依リテ止ムナリ其頭部ヲ補修ス爾来風雨時ニ
従ヒ荒廢饑ナリキト云フ今ノ大正公園ノ地也此外
右ノ山ノ閣ニ於ル異説數多アリ數年前時ノ郡守石
工ヲシテ亀頭ヲ毀タシメシトモ暴ニ病ヲ得テ果タサ
ザリキト又此亀ハ豊基ノ滋味ヲ吸收シ栄州ニ向テ放
射スルカ為メ此地ハ年々衰フト今ニ致ルモ公園ニ
修ト桜木ヲ植エレドスレバ亀背ニ毛アルハ不祥ナ
リトシテ皆カサルモノアリ
昆字峯 昌楽面昆字峯上ニ祠堂アリ精米
ヲ献シ祈願百日ナラバ成ラザル事ナシト言ヒ傳ヘ
某者一日精米ヲ携ヘ登山シ日夜齋戒祈願スル
満願ノ前夜一大老虎ノ其欠ヲ嗟ニ去ルヲ見テ驚

ヲ家ノ悵ヒハ家人皆疲ソナカリシモ祈願効験ナカ
リシト云フ
東郡邑廬蓮葉状ヲナス之レニ弘門ヲ建ツル時ハ皆モ
蓮葉ノ舟ノ帆檣ヲナステ名カ如シ叙リテ某傳之レナ
相シテ蓮葉ノ舟之レニ乗スル貨物知ルヘキノミ辨嘆口
弘門ヲ徹シテ舟ヲ容ラシメサルニ如カスト自来弘門ヲ徹
ナシニ市場ノ繁榮昔日ニ倍蓰スト云
金鶏岩上金鶏住ミ三度鳴クトキハ世界絶滅
スト云ヒ傳ヘテ而シテ壬辰以来既ニ二鳴スト
上皇面古墳洞ニ石大洞ト稱スル岩窟アリ昔ト
云フ洞内常ニ讀書ノ聲絶ヘス暮夜燈火点スト
隠レ住ミノ跡ヲ見ルモノハ何物ヲ不見ス丁未ノ乱以後

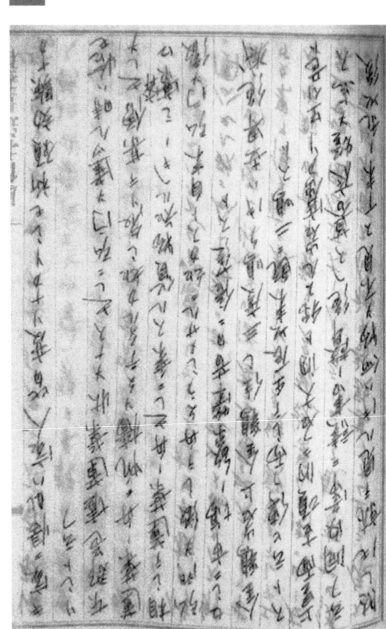

如何去ツテ行ク所ヲ知ラス今唯遺跡トシテ田圃ノ
間ニ石ニ刻セル十家文ヲ指フコトアリ其下流沿山尾ニ
朱熹ノ武夷峰ノ詩九曲ヲ刻セル碑今ニ存シ土俗
ノ信仰ヲ受ケツヽアリ

以上

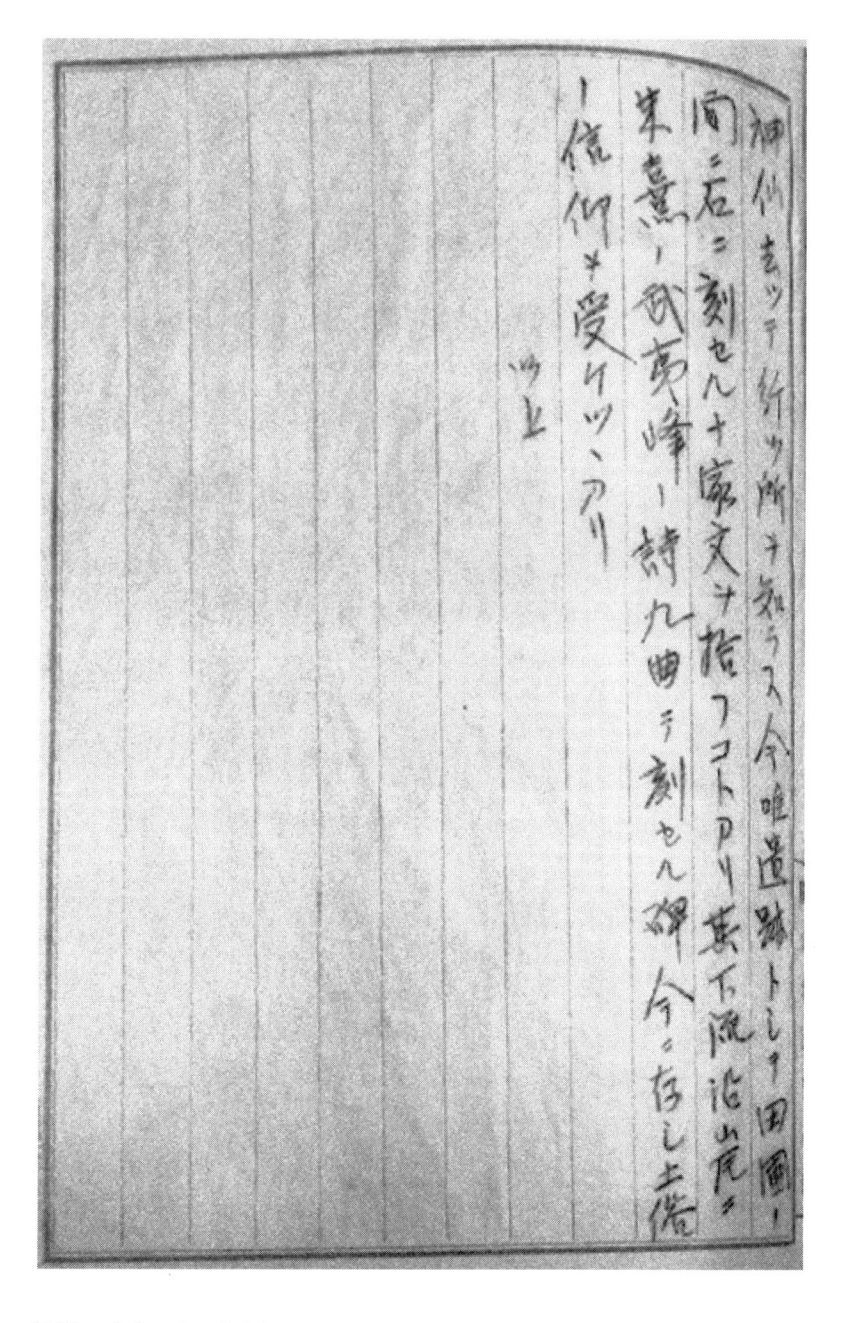

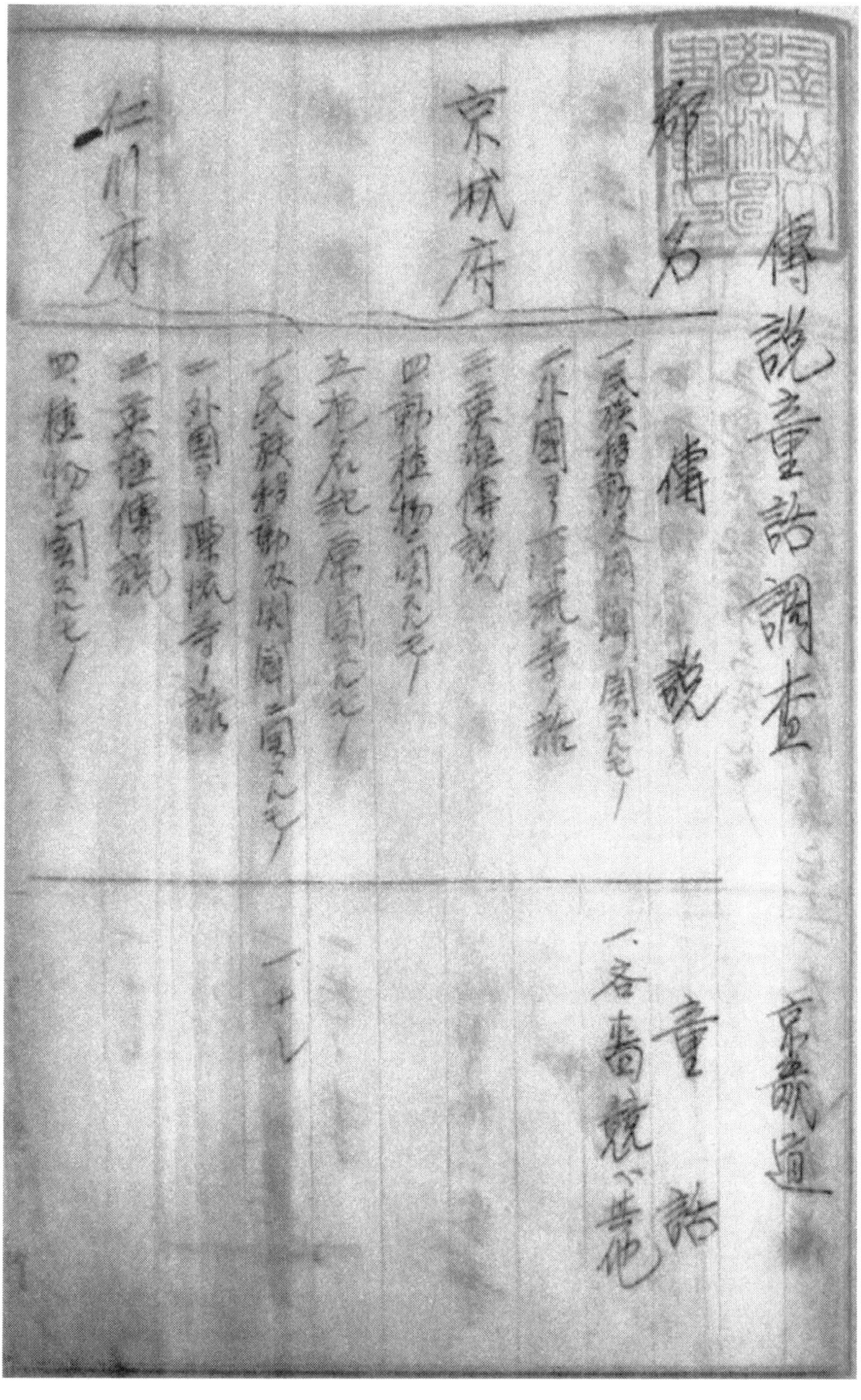

傳說童話調査 京畿道

郡名

傳說

京城府

一、民族發祥及開國ニ關スルモノ

三、英雄傳說

四、動植物ニ關スルモノ

仁川府

三、英雄傳說

四、植物ニ關スルモノ

童話

三、地名起原ニ関スルモノ　一、十七

楊州郡　一、人種ノ始ハ何

二、電、雷、風其他

一、山鳴ノ説　一、孝子ノ天恵

抱川郡　二、佛像地中ヨリ湧出ス　二、昔ノ李

三、山雪里ノ禍

一、民族移動及開闢ニ関スルモノ　一、病死ノ物不食事

二、外國ノ侵入寺燒

三、英雄傳説

永平郡　四、動植物ニ関スルモノ

五、地名起原ニ関スルモノ

一、民族移動及開闢ニ関スルモノ　一、大人ノ子傍生之處

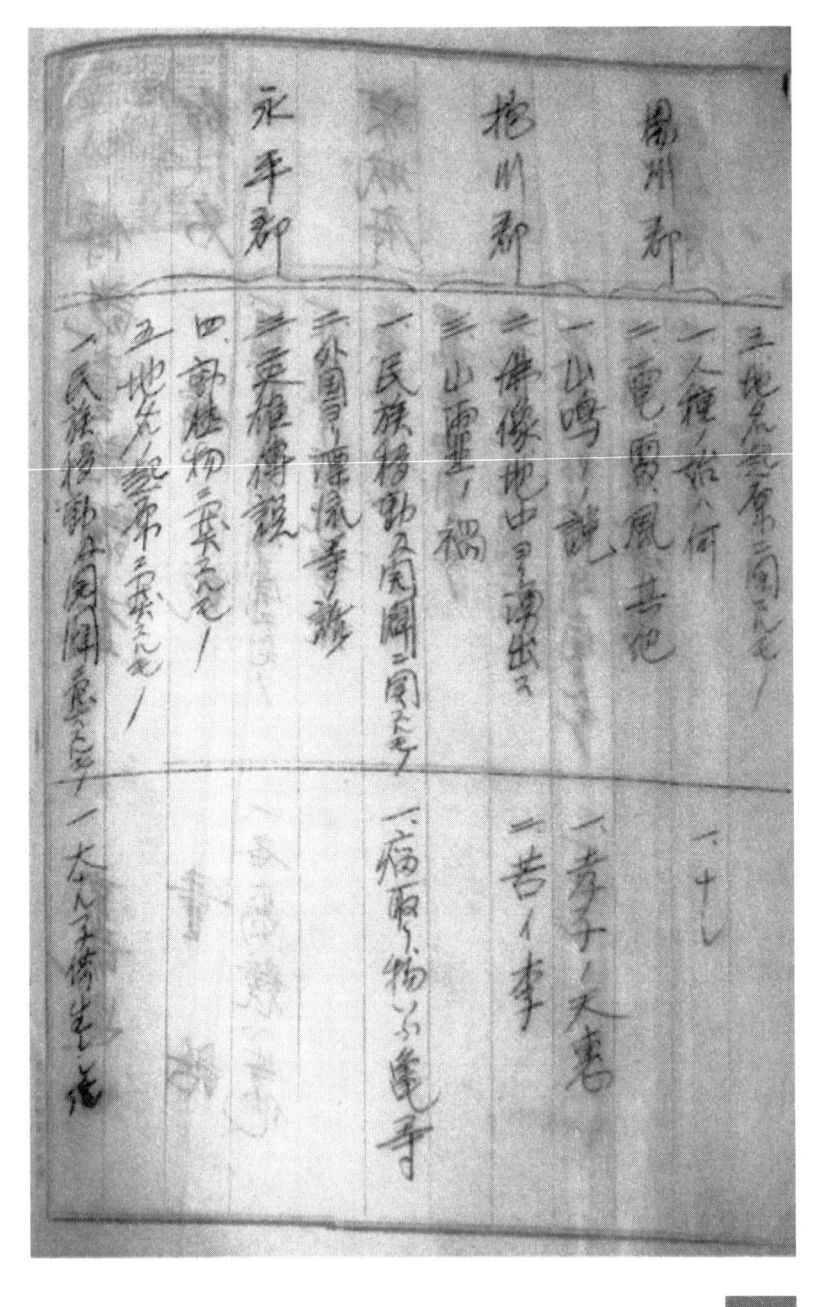

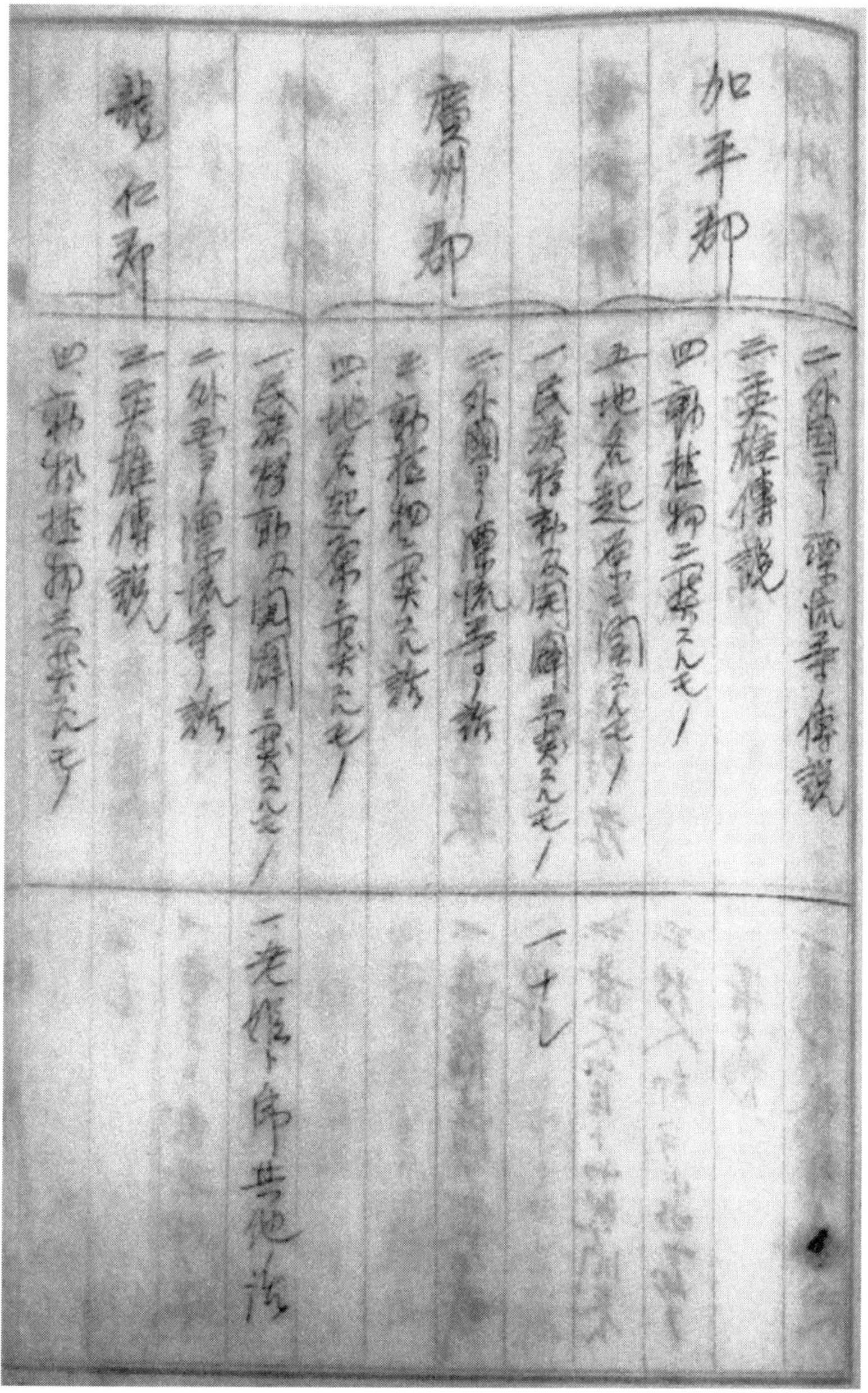

加平郡

二、外國ヨリ還流等ノ傳說
三、英雄傳說
四、動植物ニ關スルモノ
五、地名起原ニ關スルモノ
一、民族習慣及風俗ニ關スルモノ

廣州郡

二、外國ヨリ還流等ノ說
三、動植物ニ關スル說
四、地名起原ニ關スルモノ
一、民族習慣及風俗ニ關スルモノ

龍仁郡

二、外國ヨリ還流等ノ說
三、英雄傳說
四、動植物ニ關スルモノ

高陽郡

利川郡

楊平郡

驪州郡

五、地名起原ニ関スルモノ

一十七

一、民族俗部

二、童謡俗説

三、郷社祠堂ニ関スル説

四、地名ニ関スル説

一、民族種部及風俗ニ関スル數

二、童謡俗説

三、龍、墓所、橋、石、採樹、孝

子ト虎ノ説

四、地名起原

一十七

一十七

一、童子ト鬼其他ノ説

一、遊蕩情ナル人ノ戒

山ノ説

二、抜大山僧ト呪ノ関係ル

三、狩人郡守ト宗ノ夢

害セル

一十七

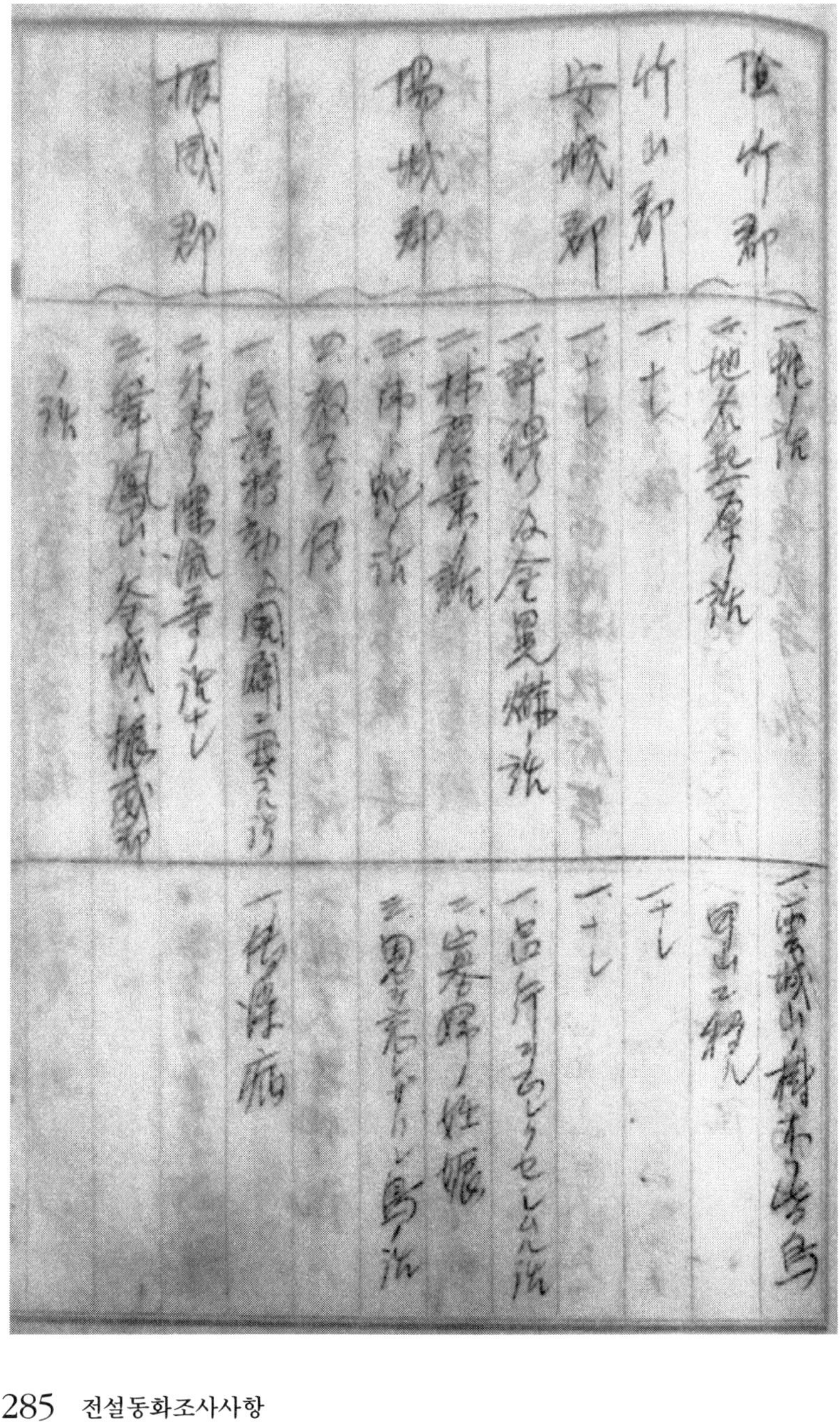

陰竹郡

一、ノ話

二、地名起原ノ話

竹山郡

一、十七

安城郡

一、十七

一、ノ話

二、林慶業ノ話

陽城郡

三、ノ話

四、ノ

一、將軍

二、ノ話十七

振威郡

三、舞鳳山、安城、振威郡ノ話

一、雲城山

一、十七

一、十七

一、品行

二、寡婦ノ妊娠

三、恩ヲ忘レザリシ烏ノ話

一、

南陽郡

一、民族移動及関係ニ関スル説
二、外寇ノ漂流者ノ伝説
三、英雄伝説
四、地名ノ起原ニ関スル説

一、樵夫其他ノ説

水原郡

一、民族移動及関係ニ関スル説
二、李浣大将、金沙陵、妻
卯楼ノ沿
三、植物ニ関スル説
四、水原、西湖畔杭眉亭
等ノ説
一、民族移動及関係ニ関スル説
二、外寇ノ漂流者ノ説

一、雉ヲ殺シシ説
二、病百方ノ公明説

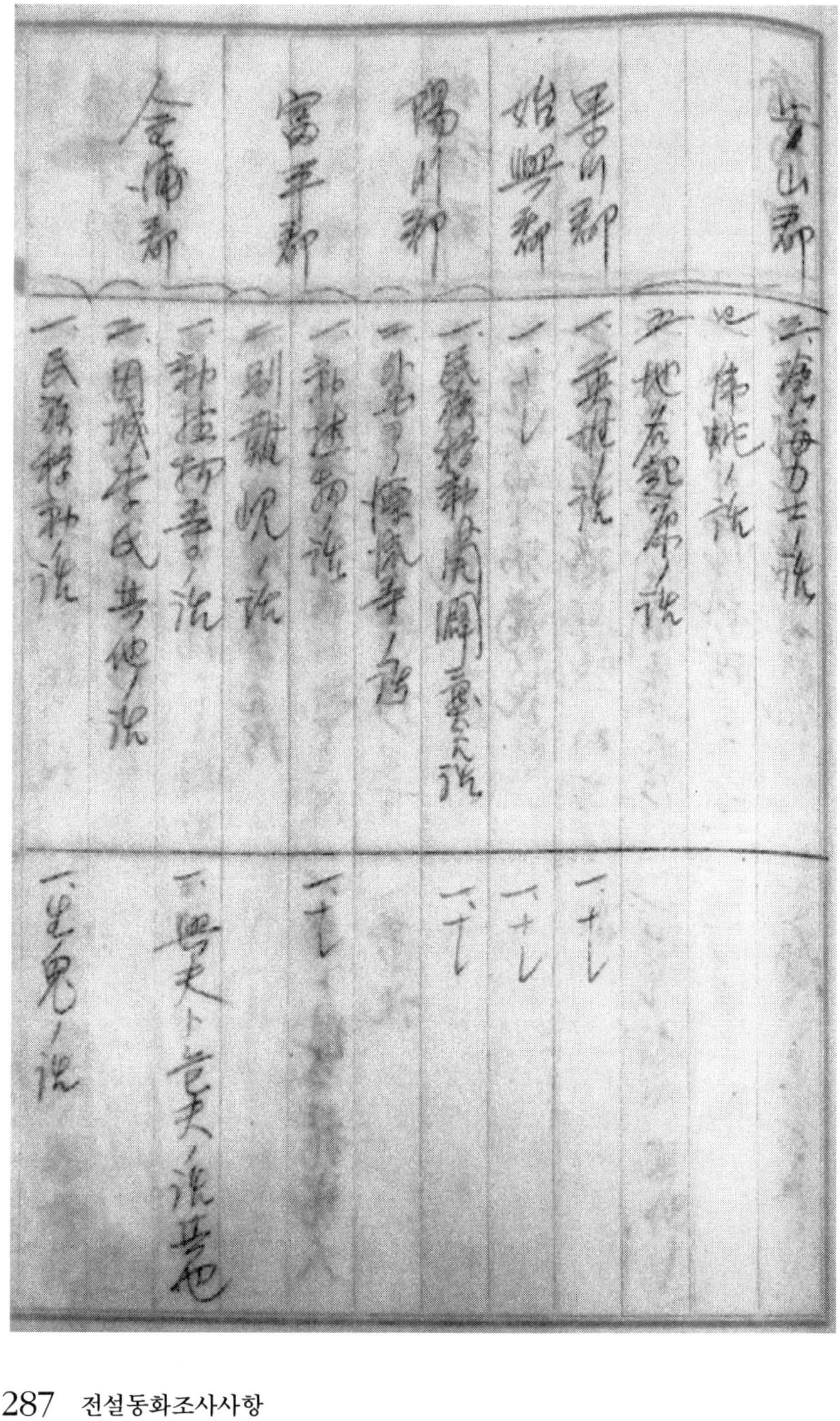

[illegible]山郡
三、[illegible]力士ノ說
七、佛[illegible]ノ說
五、地[illegible]ノ說

[illegible]川郡
一、[illegible]ノ說
一、十七

始興郡
一、十七
一、十七

一、[illegible]ノ說
一、十七

陽川郡
二、[illegible]ノ說

富平郡
一、[illegible]ノ說
一、十七

三、別[illegible]ノ說

一、[illegible]ノ說
二、[illegible]ノ說

金浦郡
二、[illegible]氏[illegible]ノ說

一、民[illegible]ノ說
一、[illegible]ノ說

漣川郡

一、義龍傳說
三、鄭勘ト三萬元ノ話
七、桂翁ト三萬元ノ話
五、地底ノ寶一萬元ノ話
一、民族精神ノ話

江華郡

六、外寇ト徐氏哥ノ話
三、義龍傳說
七、崔大臣ト布商ノ話
五、傳說ノ話
一、民族精神ト高麗三萬元ノ話

高陽郡

二、外寇ト徐氏ノ話
三、義龍ノ話

一、弟ト姉ト猫大

王ノ話

一、十七

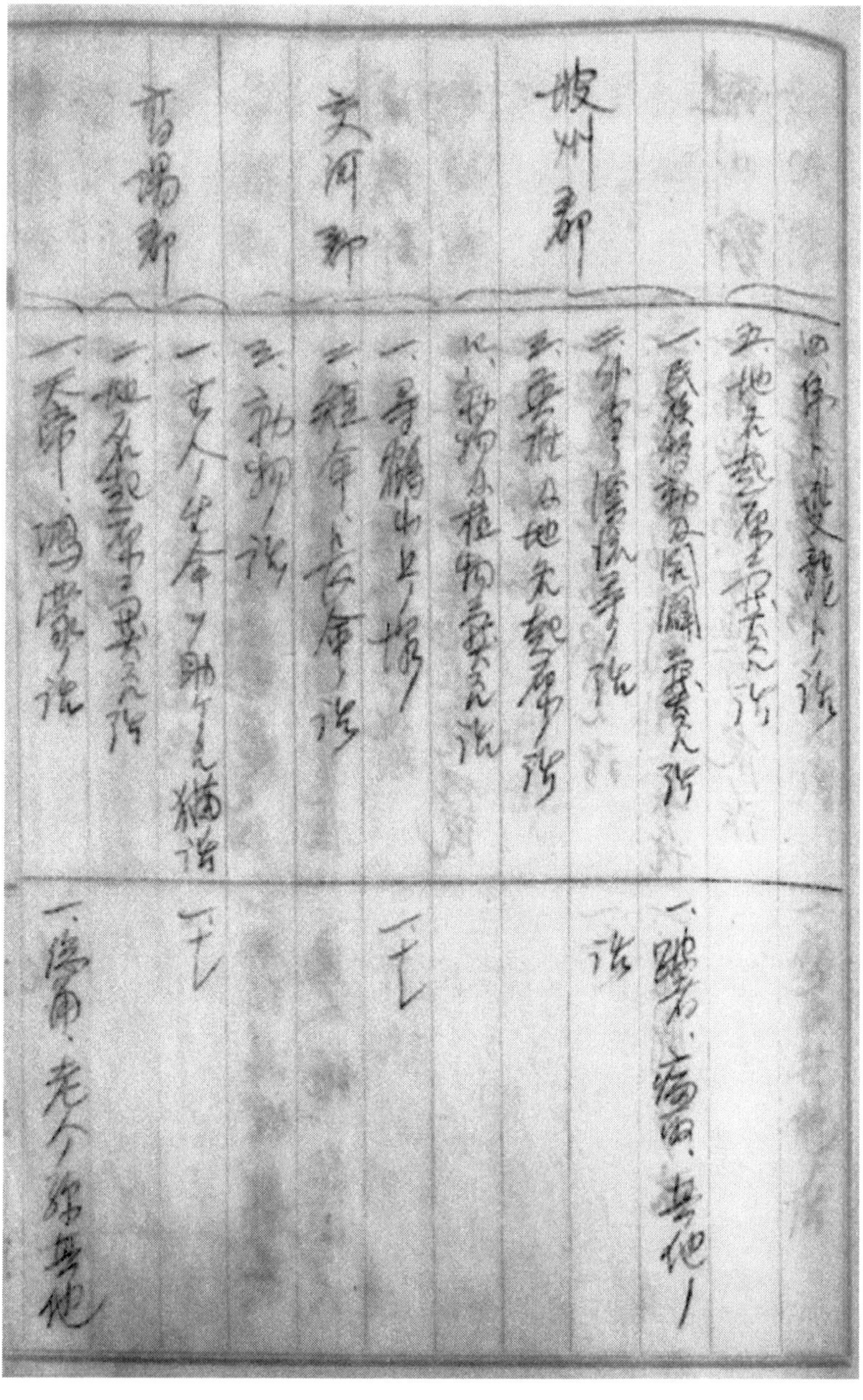

坡州郡

交河郡

高陽郡

四、[illegible]龍ノ話

五、地名起原ニ関スル話

一、民族移動ニ関スル話

六、外[illegible]ニ関係アル話

五、其他ノ地名起原ノ話

四、動物植物ニ関スル話

一、寺鶴山上ノ[illegible]

二、短命ト長命ノ話

三、動物ノ話

一、主人ノ生命ヲ助ケシ猫ノ話

一、地名起原ニ関スル話

一、[illegible]鳴[illegible]ノ話

一、賭博、瘋病、其他ノ

一話

一七

一七

一、[illegible]、老人ノ[illegible]其他

豐德郡

一、英雄傳說
談

三、動植物ノ談

四、地名起原ニ就テノ談

一、民族ト動物トノ關係ニ就テノ談

~~一、民族ト動物トノ關係ニ就テノ談~~

一、金桂、朴性龍、王

商人ノ談

開城郡

二、外國ノ風俗ノ談

三、美術其他工藝ノ傳說

四、動植物ノ談

五、地名ノ起原ニ就テノ談

一、民族ト動物トノ關係ニ就テノ談

一、金鼎燮ノ談

漣川郡

六、修養ノ德、金山ト虎ノ談

七、農作物ノ談

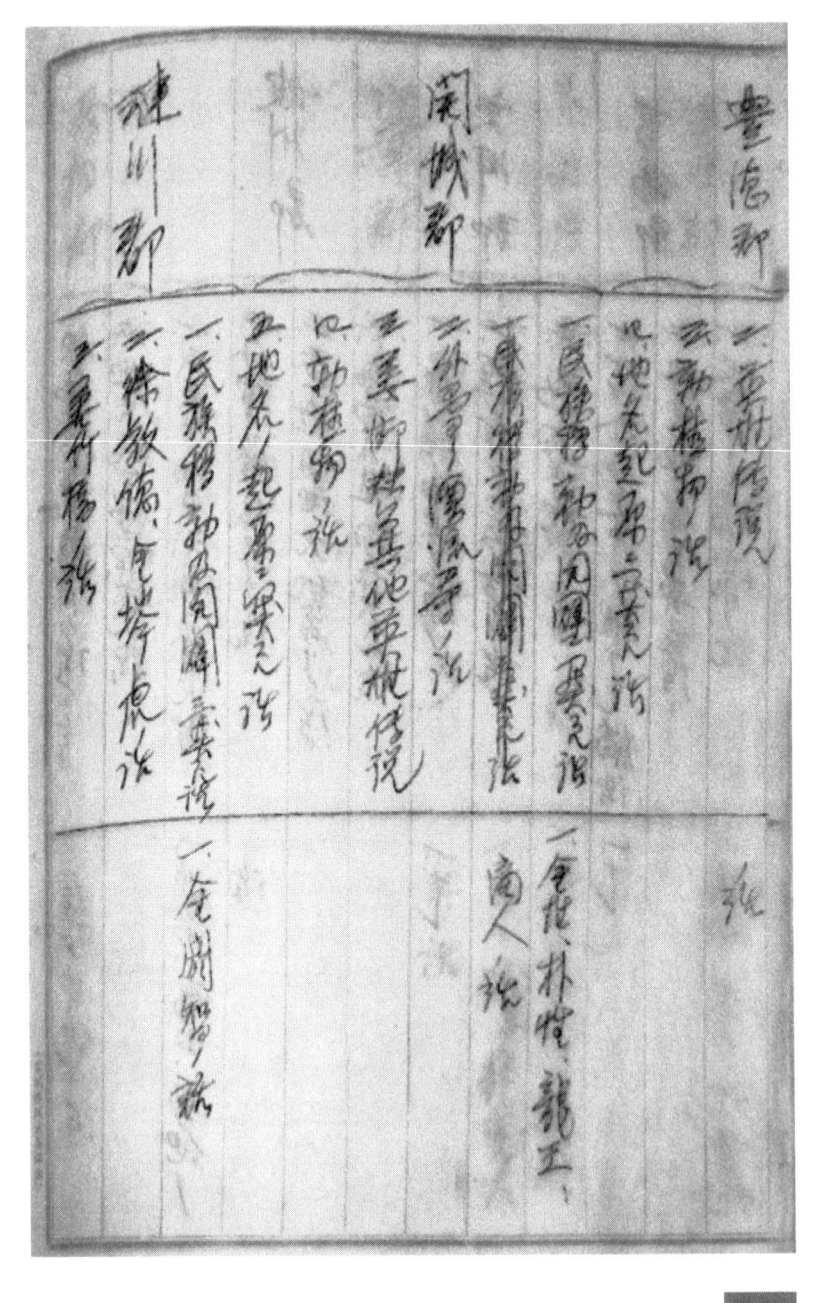

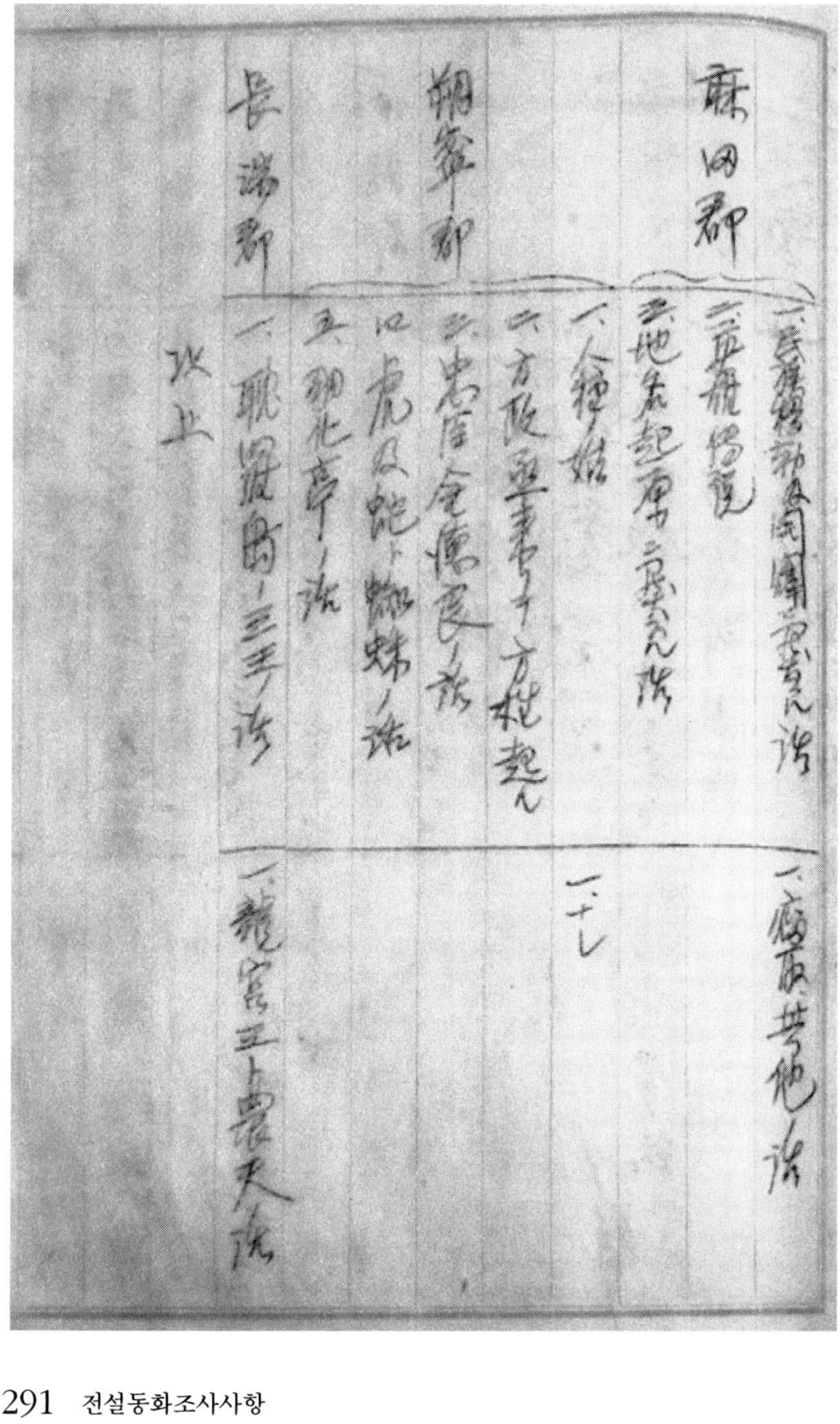

麟蹄郡

一、[illegible]外國ニ[illegible]ル話
二、五飛將說
三、地氣起[illegible]ニ[illegible]ル話
一、[illegible]姑
六、方段面主事ト方姓起ル
三、忠臣金德良ノ話
四、虎及蛇ト蜘蛛ノ話
五、卵化亭ノ話

楊口郡

一、[illegible]

長湍郡

一、[illegible]ノ三王ノ話

一、龍宮王ト農夫ノ話

以上

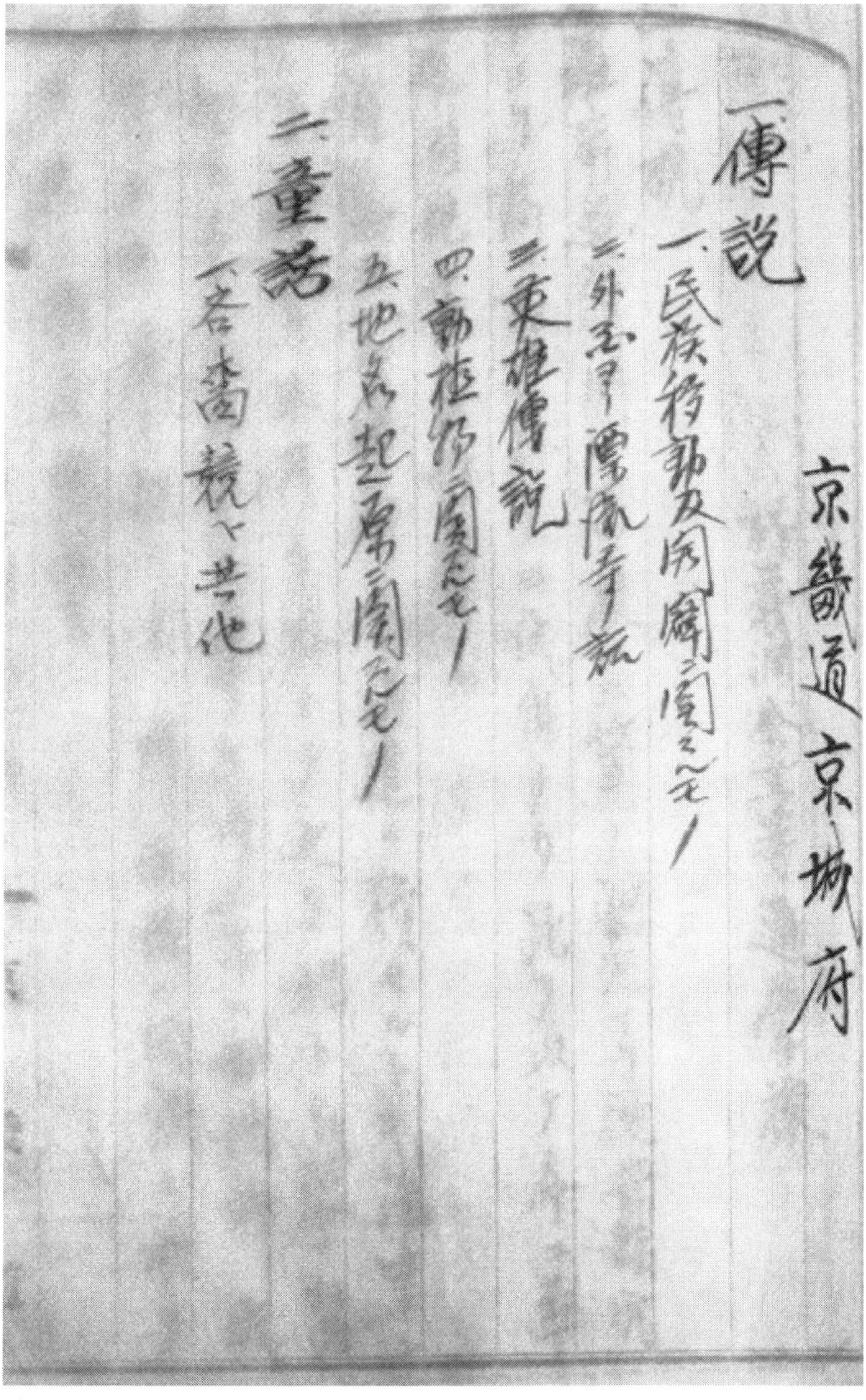
京畿道 京城府

一、傳說

一、民族移動及開闢ニ關スルモノ

二、外寇ト戰爭ノ話

三、英雄傳說

四、動植物ニ關スルモノ

五、地名起原ニ關スルモノ

二、童話

一、各種競ヒ其他

姓ノ傳説　　於義洞公立普通學校

一、全羅南道濟州ノ某處ニ三箇ノ洞穴アリ從昔該穴中ヨリ高、夫、良ノ三氏出タリ此ヲ以テ今ニ至ル迄同地方ニ三姓多シ

二、金首露王（金海ニ都ス）海邊ニ狩セルトキ海中ニ一女子浮ヘリ王乃チ容レテ之ヲ妃トシ琴瑟相和ス遂ニ九王子ヲ擧ケ内二子ハ母姓許氏ヲ冒セリ是ノ故ニ金、許両姓ハ同族ノ故ヲ以テ互ニ相通婚セス

三、隴西李氏ハ元來支那族ナリシカ朝鮮ニ移住シタルモノニシテ漢ノ李廣、李陵、及清朝ノ李鴻章ハ皆同族ナリト謂フ

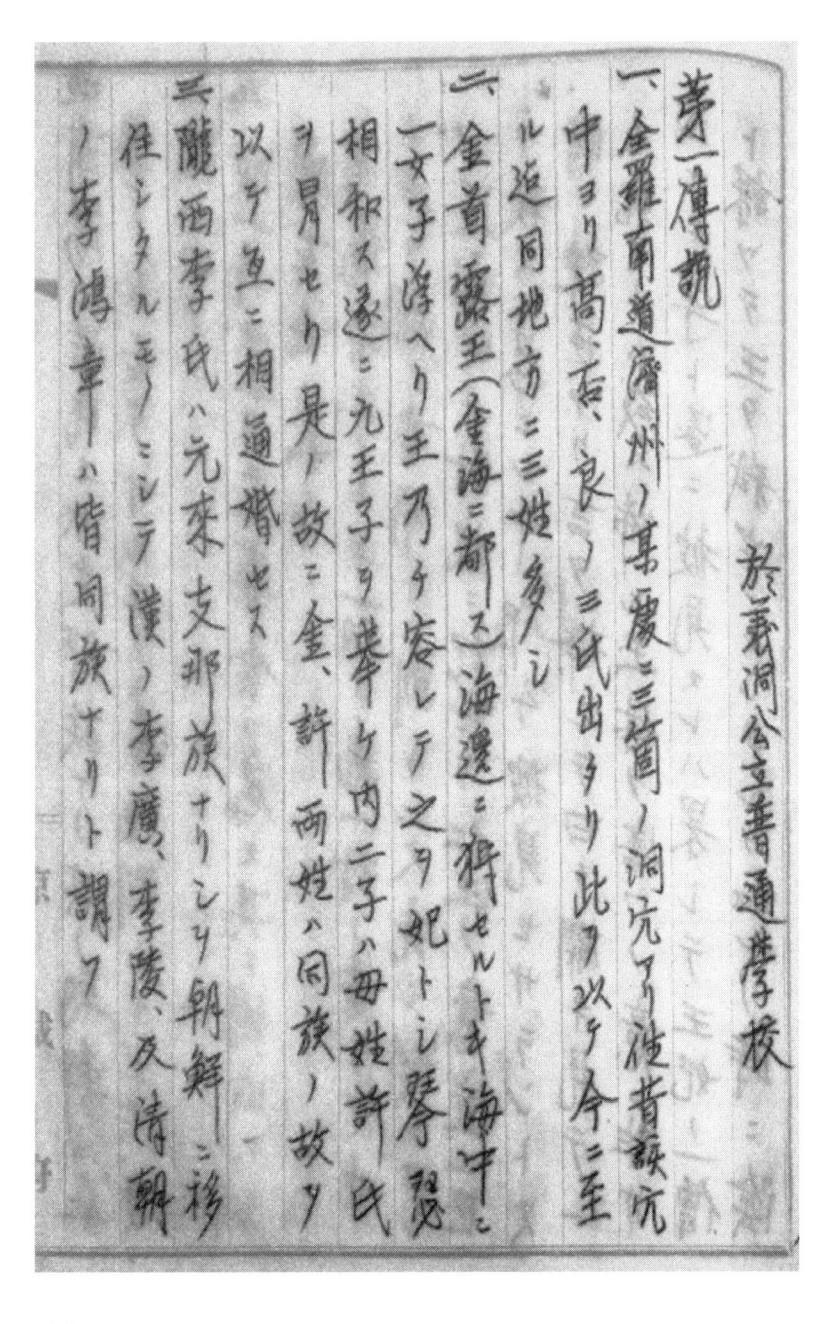

四、南陽ノ洪氏モ亦支那族ナリ其ノ朝鮮ニ在ルモノト否ラサルモノトヲ區別シテ土洪、唐洪ト曰フ

五、陰一月十五日ニハ薬食ヲ享ス其ノ因由スル處左記ノ如シ

高麗甚王ノトキ一羽ノ烏一封ノ書ヲ嘴中ニ運ブ「此ノ書開ケハ則チ二人死シ開カサレハ一人死ス」ト封皮ニ記セリ仁王ノ意豈ニ臣ヲ殺スニ忍ヒンヤ即チ披見セサラントス時ニ諫臣アリ言ヲ捧シテ曰ク開キ見テ一人死ストハ或ハ怖ルル王体ヲ害フノ意ニ非サルナキ乎ト遂ニ披見スレハ果シテ王妃ノ一僧ト謀ツテ王ヲ弑セントシタルヲ知レリ時ニ陰

暦一月十五日高後ノ踏ノ鳥ヲ徳トシ年々其ノ時ヲ期シ糯飯ヲ設ケテ之ニ饗食スルニ至レリ

六、京城ニ不吉ノ家アリ人ノ居住スルコトアレハ必ス死スルカ故ニ之ヲ借ルモノナシ一貧人アリテ之ニ住ス父母悉ク他出シ少女一人家ニ在リ深更ニ及フ頃突然屋壁ヨリ怪物出デ少女ノ脚ヲ扼シテ臥ス少女静カニ鑊ヲ赤熱シテ以テ其ノ額ヲ刺セハ忽然トシテ壁中ニ隠ル翌父母ト共ニ強テ壁ヲ壊ルニ一筒アリ中ニ財宝ヲ蔵ス貧人為メニ富メリト謂フ

七、咸平李氏ノ祖先ニ孝子アリ慈親ノ病ニ際薬ヲ購フ途中猛虎ノ蹲ルニ遭フ敢テ進ンハ虎大ニ其ノ口ヲ開ク之ヲ見ルニ一大骨口腔ニ立

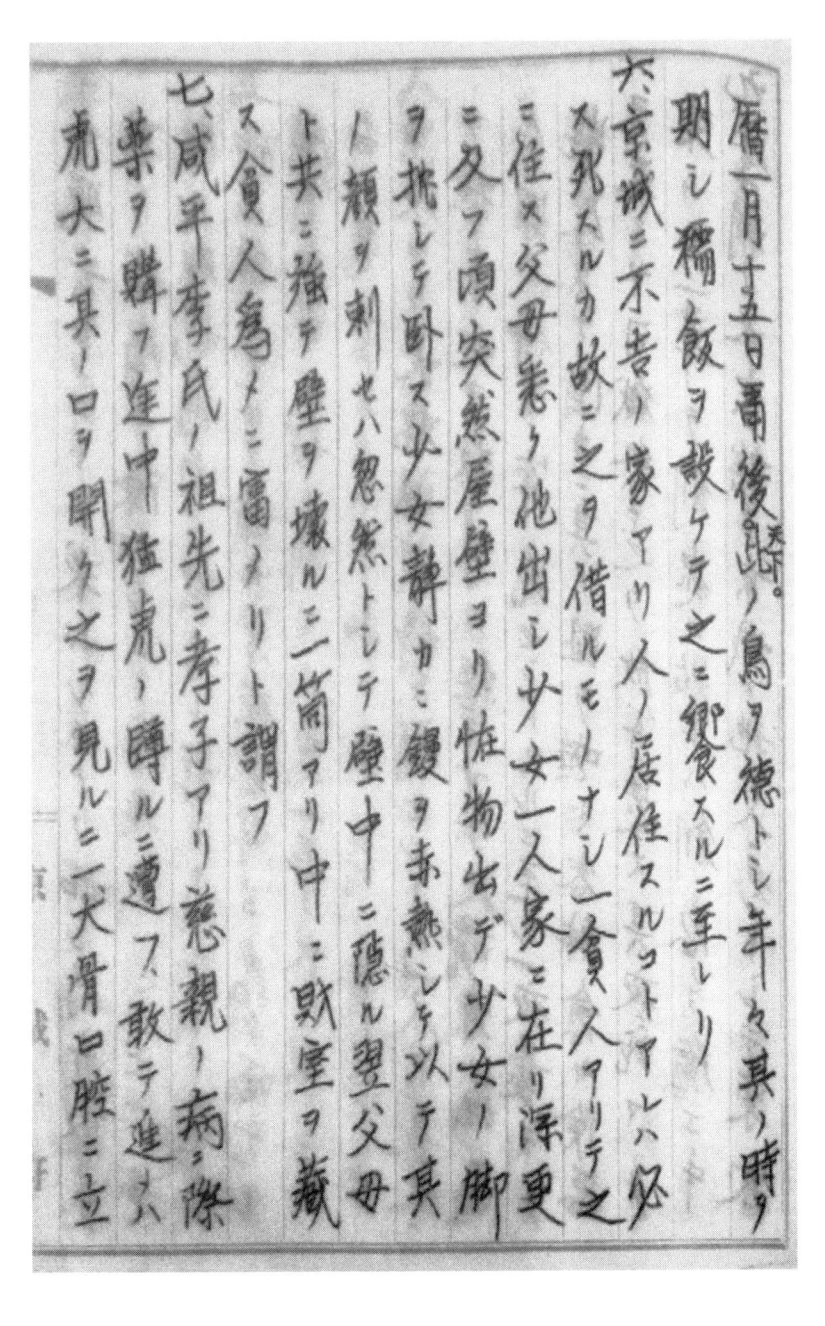

チ暁去セントヲ求ムルモノヽ如シ乃チ取リテ
其ノ苦痛ヲ除カシム
後日双親狗肉ヲ望ムコト荐リナリ而シテ遽カニ
得ル能ハザルヲ憾ム半夜窓外ニ虎ノ吼エルヲ
聞ク出テ見ルニ前日ノ虎一匹ノ犬ヲ投シテ
去レリ
八、洪水アリ大蛇漂流将ニ溺セントス一人アリ長木
ヲ投シテ之ヲ救フ日ヲ経テ其ノ人讒者ノ搆為
メニ罪ヲ得テ牢ニ死セントスルニ至ル一夜曩日ノ
蛇来リテ潜カニ其ノ趾ヲ噬ミ容躰愈々険悪
ヲ来スヤ司獄終ニ之ヲ放チ還ス其夜蛇又タ
来リテ一草ヲ創處ニ貼レハ創忽チ癒エキ
九、李朝ノ太宗始テ京城ノ地ニ入ラントシテ東大

門外十里ノ地ニ到リ其ノ廣濶偏ニ王者ノ首都タルニ恥チサルヲ見テ心大ニ喜ブ老農アリ更ラニ十里ヲ往クヘシト往テ終ニ今日ノ京城ヲ得タリ往十里ノ名此ニ始マル

一〇、既ニシテ都ヲ京城ニ定ムルヤ地險シクシテ城壁ヲ築クノ地ヲ求メテ容易ニ得難シ夢ノ裡山人現レ告ケテ曰ク明日宜シク雪アル處ヲ擇ンテ之ヲ築クヘシト乃チ其ノ言ノ如クス雪藩(ソウル)ノ名茲ニ起ル

一一、水原ニ遅々臺アリ
李朝ノ正宗暫々健陵(父王陵)ニ微行ス往ク時ハ疾クシテ還ルトキハ遅々タリ故ニ名ツケテ謂フ

一二、東部面蓮洞(本校所在地)ノ名アル所以ハ此ノ地曙青

蓮池アリシヲ以テナリ

三、林慶業ハ朝鮮屈指ノ名将ニシテ而カモ卑臣金自點ノ殺ス處トナル

一日林将軍金カ祖先ノ塋域ニ遊ヘハ墓中ヨリ龍出ツ将軍乃チ剣ヲ抜テ其ノ腰ヲ切テア發ス之カ為メ遂ニ天文ヲ知ルノ明ヲ失ヒ金自點カ宮門外ニ構ヘタル陥井ニ落チテ死ス

第二童話

一、吝嗇競ベ

昔全州ノ某ト京城ノ某ト互ニ其ノ節用振ヲ比較セリ

京「試ニ問ハン公ノ節用法如何

全「吾侍扇子ヲ用ウルニ毎年其ノ一間隔ツ開キ

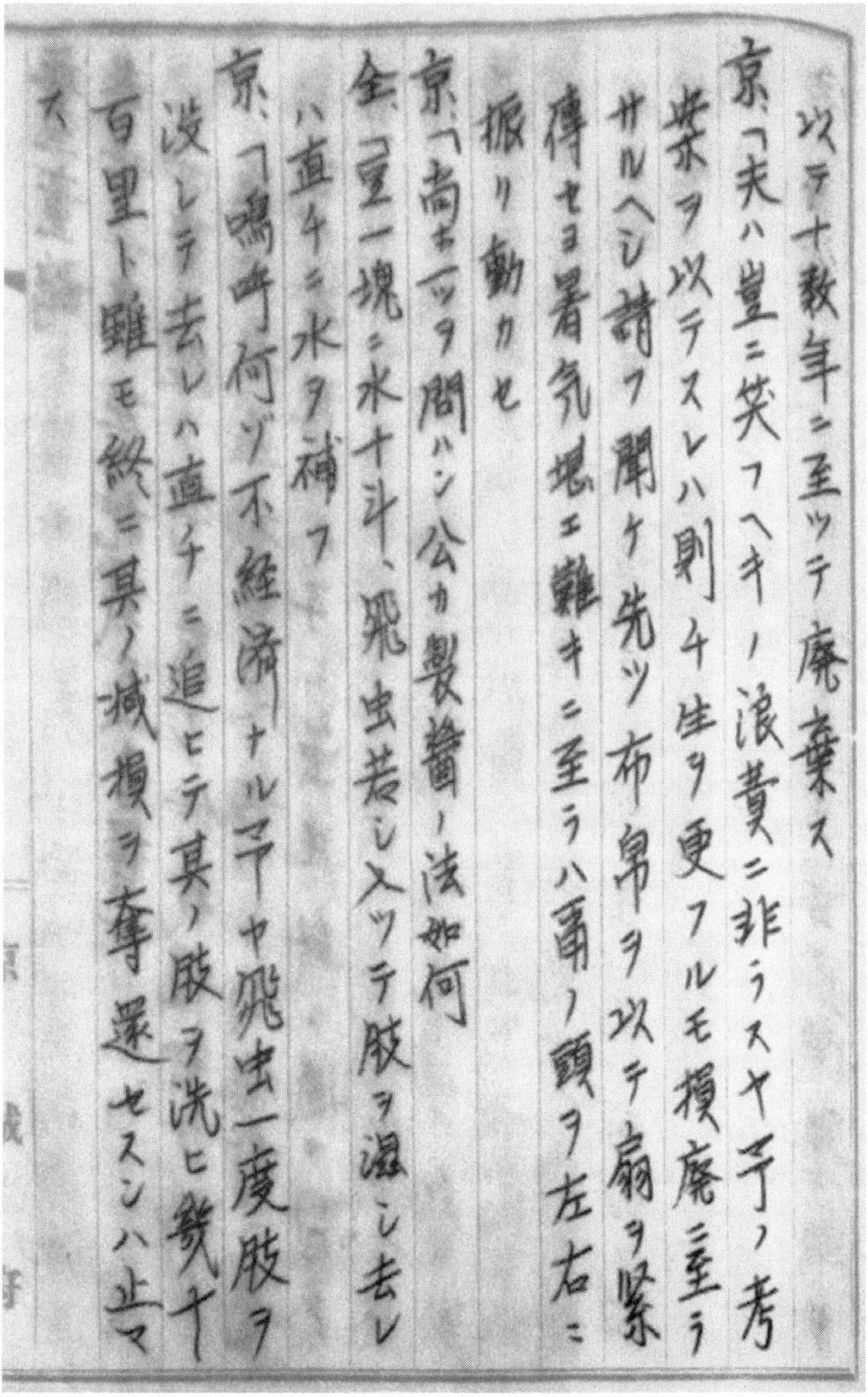
以テ十數年ニ至ッテ廢棄ス
京「夫ハ豈ニ笑フヘキノ浪費ニ非ラスヤ予ノ考
案ヲ以テスレハ則チ生ヲ更フルモ損廢ニ至ラ
サルヘシ請フ聞ケ先ツ布帛ヲ以テ扇ヲ緊
縛セヨ着気堪エ難キニ至ラハ扇ノ頭ヲ左右ニ
振リ動カセ
京「尚ホ一ツヲ問ハン公カ製醬ノ法如何
金「豆一塊ニ水十斗、飛虫若シ入ッテ股ヲ濕シ去レ
ハ直チニ水ヲ補フ
京「嗚呼何ゾ不經済ナル乎ヤ飛虫一度股ヲ
浸シテ去レハ直チニ追ヒテ其ノ股ヲ洗ヒ幾十
百里ト雖モ終ニ其ノ減損ヲ奪還セスンハ止マ
ス

第三童謠

参考マテニ左ニ記載ス（意譯）

四書三經ヲ舟ト爲シ仁義禮智ヲ帆ト爲シ孔孟顔曾之ニ棹シ尚徳村ニ進ヘバ芳思ハ小子ト雖圧終ニ道ニ向ン

水下洞公立普通學校

傳說

一、民族移動及開闢ニ關スル類ノ傳說

檀君朝鮮記

檀君、桓姓、名王儉、上世我邦之民、草衣木食、夏巢冬穴、群聚以居、未有統攝、有人生于太伯山（今妙香山）檀樹下、靈秀明智、衆以爲神、戊辰歲（即支那唐堯二十五年）推立爲王、以其生於檀、號爲檀君、既立、都於平壤、名其國曰朝鮮（古者東方之地先受朝日光鮮、故謂之朝鮮）教民編髮蓋首、飲食居處之制、聞夏禹會諸侯于塗山、遣子扶婁往會之、季年移居白岳（今九月山）以次子孫相傳、凡千有十七年（商武王

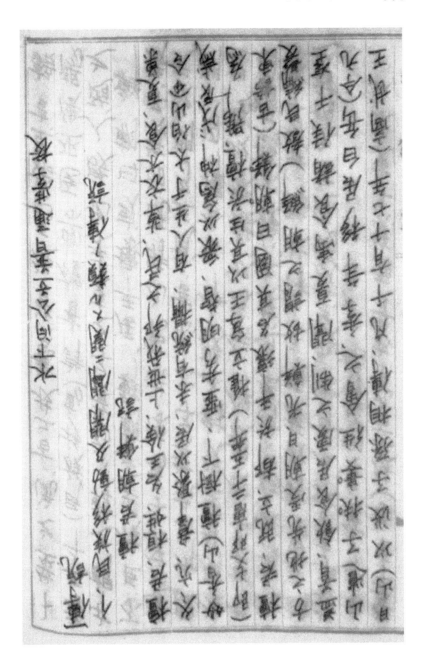

(年甲子)後一百九十六年而箕子東來云

箕子朝鮮記

箕子、子姓名胥餘、殷王成湯之苗裔、紂之諸父也、封於箕而子爵故、號箕子、當紂為太師、紂無道、箕子、諫不聽而囚之、箕子被髮佯狂、為奴、鼓琴以自悲及周武王伐紂入殷、命召公釋囚、問殷所以亡、箕子不忍言、武王乃問以天道、箕子為陳洪範九時既而箕子、義不臣僕、走之朝鮮、居平壤或曰朝鮮亦謂之韓、初箕子之東来也、殷人、隨之者五千(民族移動)詩書禮樂医巫陰陽卜筮之流、百工技藝、皆從焉、始至、言語

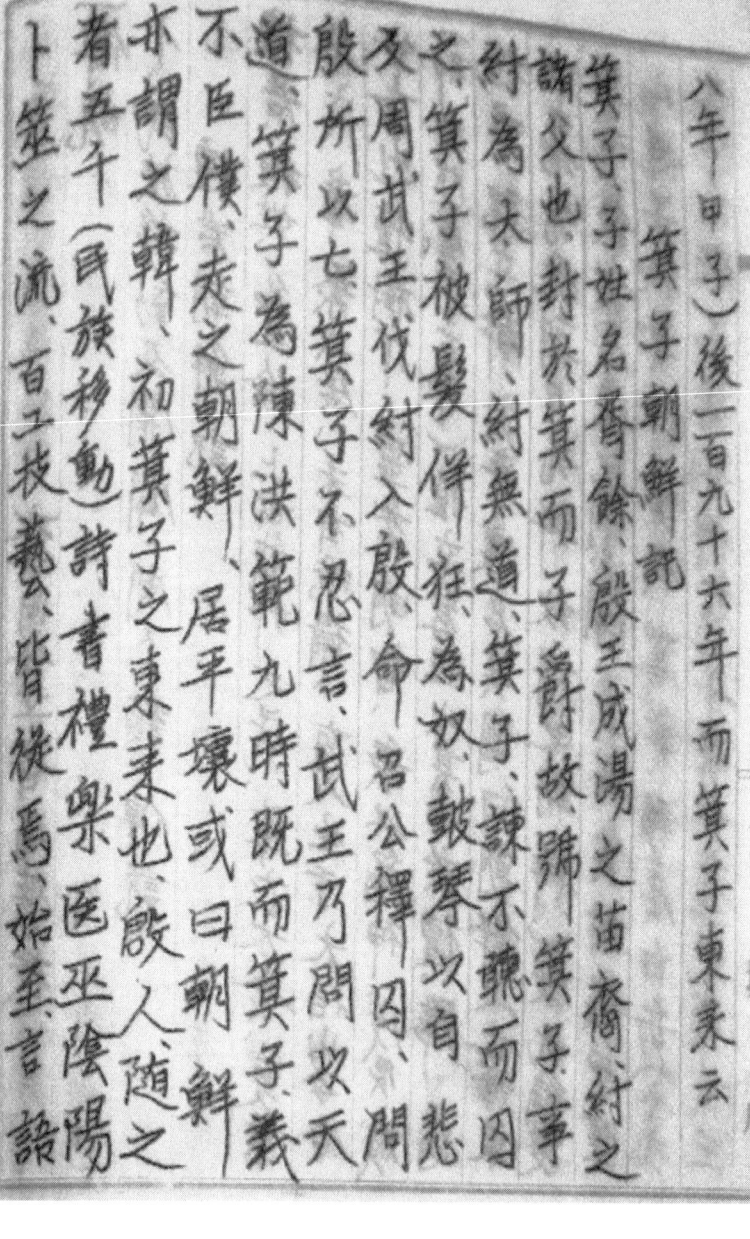

不通、譯而後知之、箕子乃教其民以禮義田
蠶、織作、用玉。受就爲士師、施八條之禁(刑法)
燕人衛滿記
箕子朝鮮丙午二十七年(漢高祖十二年)漢燕
王盧綰、反漢入凶奴、綰之臣有燕人衛滿者
當亂去命、聚黨千餘人(民族移動)渡浿
來投、王寵之、拜滿爲博士
新羅始祖三十八年、新羅有遣使(馬韓)、瓠
公來聘之事、瓠公、本日本人、以瓠渡海故
名之。辰韓有右渠師廉斯鑡者(漢王
莽地皇時)聞漢樂浪郡、土地美、人民饒樂、
投降樂浪、出其邑落、見田中、驅雀男
子一人、問之、男子曰我是漢人、名戶來、我

等五百人伐材木、為韓所擊、得來、皆斷
髮為奴、積三年矣(民族移動)
箕子朝鮮、明王十七年、濊貊(今江陵)者、其
地、南與辰韓、北與沃沮接、南窮大海、西
至樂浪、本朝鮮之地也、後有濊貊(北夫餘古國
今清奉天府原縣)來居称王、仍歸濊貊、屬
於朝鮮、是為東濊、後濊王、南閭、率男女
二十八萬口投遼東而去(民族移動)
我朝鮮、古有九種夷、棲身岩穴、草衣木食、
其有君長、自檀君始、按魏書、乃往二千載、有
檀君王儉立、都阿斯、開國號朝鮮、與
唐堯同時、東史云、有天神、降于太白山
頂神檀樹下、時有一熊、祝于天神、願作

人身天神遺靈藥、使食熊食之爲女、
天神交之而生子、是爲檀君、名王儉、以唐堯
二十五年戊辰都平壤、始稱朝鮮
昔ノ耽羅國ト云フ國ニハ(今濟州島)人ガ一人モ居テ
ナカッタサウデスガ或日地ノ中カラ三人ノ人ガ生レ
出デ一人ハ良乙那ト云ヒ一人ハ高乙那ト云ヒ又一人
ハ夫乙那ト云ッテ何レモ皮ノ着物ヲキテ肉ヲ
食ッテ生活シテ居リマシタ一日赤イ泥ヲ塗ッタ
木ノ箱ガ海中カラ流レテ來タノデ開イテ
見ルト内ニ石ノ箱ト一人ノ使者ト入ッテ居リマ
シタ、ソシテソノ石ノ箱ノ中ニハ女子三人ト多クノ
駒ナ犢ナ五穀ノ種子ガ有リマシタ、ソシテ使
者ガ言フノニ私ハ日本ト云フ國ノ使臣デスガ

私ノ王様ガ此ノ三人ノ女ヲ生ンデ私ニ云フノニ西ノ海中ニ神ノ子ガ三人アッテ國ヲ開イテ居リマスガ、マダ配偶ガ無イノデ非常ニ心配シテ居ルカラ此ノ三人ノ女ヲ連レテ神ノ御子ノ配偶トセヨトノコトデシタカラ連レテ参ッタノデス何卒其配偶ヲ持タセテ神ノ御子ニ大業ヲ成サシメルコトヲ願ヒマスト云ッテ使者ハ見エナイヤウニナリマシタソレカラ此ノ三人ノ女ハ神ノ御子ト結婚シテ五穀ヲ植エタリ駒ヤ犢ヲ牧シタリシテ漸々ト富ミマシテ後ニ小サナ國ニ成リマシタ、ソシテ國ノ名ハ耽羅國ト云ヒマス

ロ、ナーレ

ハ、英雄傳說

高句麗王高朱蒙、子類利、立上號曰東明聖
王、初朱蒙、在東夫餘、娶礼氏、有娠既去、乃
生類利、有奇節、喜彈丸、嘗出彈雀誤
中汲婦盆、婦罵曰此兒無父、頑如此類
利有奇節、喜彈丸、嘗出彈雀誤中汲
婦盆、婦罵曰此兒無父、頑如此、類利歸問
母曰我父何人、今何在、母曰汝父之南奔也
語我曰有遺物、藏在七嶺七谷石上松下、
得此者乃吾兒也、類利遍索不得一日
見柱礎石、有七稜、自解曰七嶺七谷者
七稜也石上松者柱也乃搜柱下、得斷
劍一段、至卒本、見王以進、王出所藏斷
劍合之、大悅立以爲嗣

二、童話

ムカシ一人老媼ガゴザイマシタ、年ヨッテ歯ガ次第ニ抜ケ落チテシマヒマシタカラ、固イ食ベ物ハナンニモ食フコトガ出来ナクナッテシマヒマシタ

老媼ハ我ガ家ノ息子ノ嫁ノ乳ヲ貰ッテ夫レヲ飲ンデ喜ンデ居リマシタ。コノ御嫁サンハ、マダ、先頃産マレタバカリノ、小サナ子供ガアリマシタノデ、折角ノ乳ヲ老媼ニミンナ飲マレテハ赤ン坊ノ飲ム分ガナクナルト思ヒマシタガ老媼ニ孝行スルノハ自分ノ務ダト思ヒ乳ノ有ル丈ハミンナ老媼ニノマセ赤ン坊ニハ少シヅヽ飲マセテ居リマシタ。ヤガテ、此ノ事ガ政府ヘ知レ

木塚サンノ孝行ハ感心行ダト云フノデ其ノ筋ト
赤ン坊ガ大キクナルマデ扶持ヲ貰ヒマシタト云フ
コトデス。

昔シ悪者ガ居マシテ自分ノ御母様ハ年ヲ取ッテ
仕事ハ出来ズ食フバカリダカラドウカシナケリ
ナイケナイト思ッテ或日子供ヲヨンデ「チゲ」ヲモ
ッテコイト云ヒマシタ子供ガ云フノニ何カ御用
デスカト云フト親ガ云フノニハ婆様ハ年ヲトッテ
ドウモ邪魔ニナルカラ何処ヘカツレテ往ッテス
テヨウト思フカラオ前ハ婆様ヲ「チゲ」ニノセ
テ私ト一緒ニ往キマセウト云ヒマシタ子供ハドウモ
悪イ事トハ思ヒマシタケレドモ親ノ云フ話ダカ
ラ何ト云フ事モ出来ズ婆様ヲ「チゲ」ニノセテ

背負ッテ親ニツレラレテ歩キナガラ「ヲノ事ヲ考
ヘ出シタノデアリマストコロガ何時ノ間ニカ山ノ奥
ノ方ニ參リマシタ其處ニステ、喰ラウトシマシタ其
ノ時ニ子供ハ「チゲビヲ持ッテ家ヘ歸ラウトシマシタ、
親ガ云フノニハ、ソンナ、キタナイ「チゲビ」ヲバステヨ、持ッ
テ歸ッテモナンノ役ニモ立ツモノカト云ヒマシタ、スルト、
子供ガ云フノニハ此ノ「チゲビ」ヲモッテ歸ッテ御父樣
ガ年ヲトレバ又コノ「ムチゲビ」ニノセテ山ノ奥ニステルツ
モリデアルト云ヒマシタ、スルト、親ハ喫驚シテ暫クノ
間考ヘテ云フノニ私ガ實ニ悪カッタ今コソ悪カッタ
ノヲ悟ッタト云ッテ姿樣ヲ靜カニ「チゲビ」ニノセテカ
ヘッテ孝行ヲ盡シタト云フコトデス
或ル家ノ裏ニアッタ梨ノ樹ガソノ隣ノ家ノ庭ニ曲

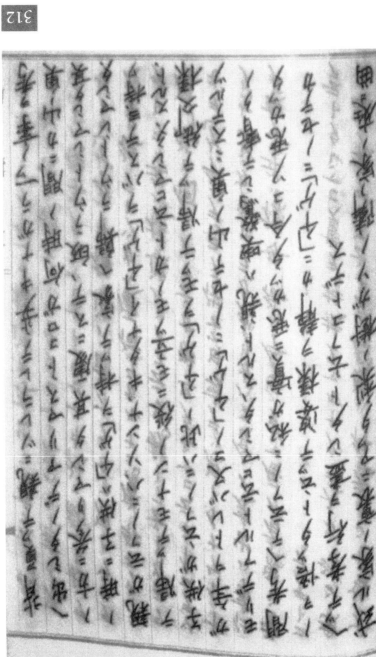

ッテアリマシタ、毎年ソノ梨ノ實ヲ隣ノ家ノ人カラ
皆摘ンデ食ベテ仕舞ハレルカラ梨ノ樹アル家ノ小
イ子供ガソレヲ怒ッテ或日其ノ隣ノ家ニ往ッテ新ニ
貼ッタ障子ニ腕ヲソット突キ出シテ此ノ腕ハ誰ノ腕デ
スカト云ヒマシタ、ソノ時其ノ家ノ主人ハ腹ヲ立テ、ソレ
ハオ前ノ腕ヂヤナイカト云ッタ其ノ子供ガ云フ
ノニソレデハ、何ノ譯デ私ノ家ノ梨ノ樹ニナッテヰル
梨ヲ皆取ッテオ上リマシタカト云ヒマシタガ、ソノ家
ノ主人ハ其ノ子供ノ智慧ニ感服シテ自分ノ家族
ニ言付ケテ、ソレカラ、其ノ梨ノ實ヲ取ラナカッタ
ソウデス

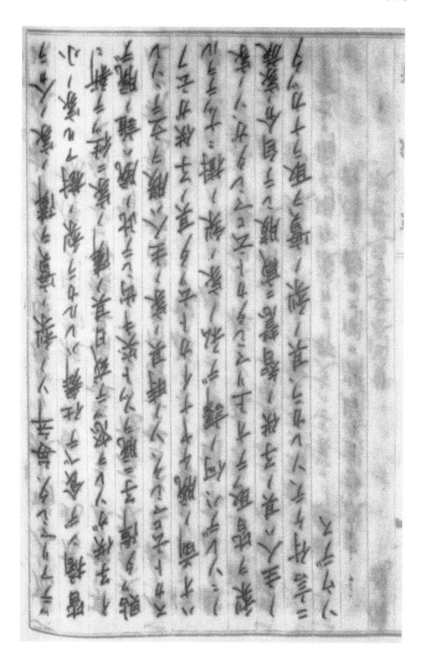

傳說

民族移動又ハ關聯ニ關スル類ノ傳說　貞洞公立普通學校

一、上古朝鮮ニ箕子ハ支那ヨリ渡リ周ノ國ニ亡命ノ客トナリテ諸職工五千餘人ヲ連レテ平壤ニ都ヲナセリ

一、三國時代ニ王仁ハ文學士トシテ內地ニ渡リテ住ミ其ノ他ノ職工等モ多ク雇ハレテ往ミ又朝鮮ハ支那ヨリ佛教ヲ傳ヘ來シ朝鮮ヨリコレヲ傳ヘル爲メニ九州地方ニ移住レタルモノ多シト云フ傳說アリ

一、今ノ知夫、良、三姓ハ古濟州島ノ漢拏山麓ノ或ル處ニ天然製ノ石籠ナリテ其ノ中ヨリ出テタリト云フ其レ故ニ今ニモコノ三姓ハ相互ニ結婚セザル約束ナリ

虎、蛇等ノ動物又ハ植物ニ關スル傳說

一、虎ハ人ヲ喝ミ殺シタル後ハ必ズ自分ノ耳殻ヲ似ヲ以

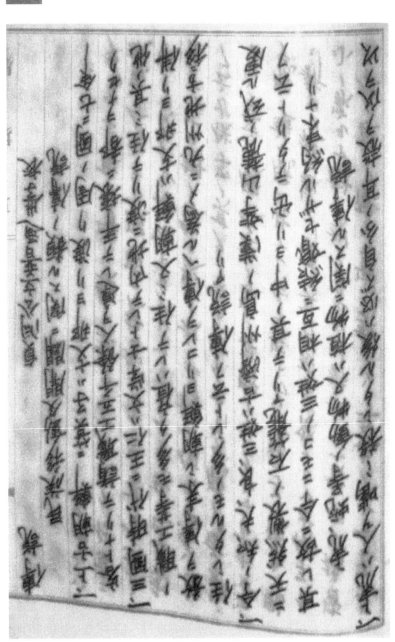

テ裂クト云フソレ故ニ耳殺ノ澤山裂ケタル虎ハ人
ヲ多ク害シタルモノト認メルナリ
一、虎ハ所謂山靈ノ使者ナリ自ラ無闇ニ人ヲ害スルコ
トハナク必ズ山靈ノ指揮ニ從ヒテ人ヲ害スルト云フ
傳説アリ
一、毒蛇ガ陸地ニ於イテ何千年ヲ經レバ體ハ益ミ圓ク
ナリ愈々羽ヲ具ヘテ飛ブコト頗ル早シト云フコノモノ
ノ糞ハ石ヲモ腐リ人ノ體ニ障レバ直チニ致斃スルノ
云フ傳説アリ
一、昔或ル處ニ一匹ノ蛙アリ長雨降リ續ケテ母ニアタル蛙
水ニ流サレ遂ニ死ニタレバソノ子ニ當タル蛙ハ非常ニ
悲シウ考ヘテ雨ガ降ラントスレバ直チニ木ノ葉
ノ上ニ宿リテ鳴クト云フ

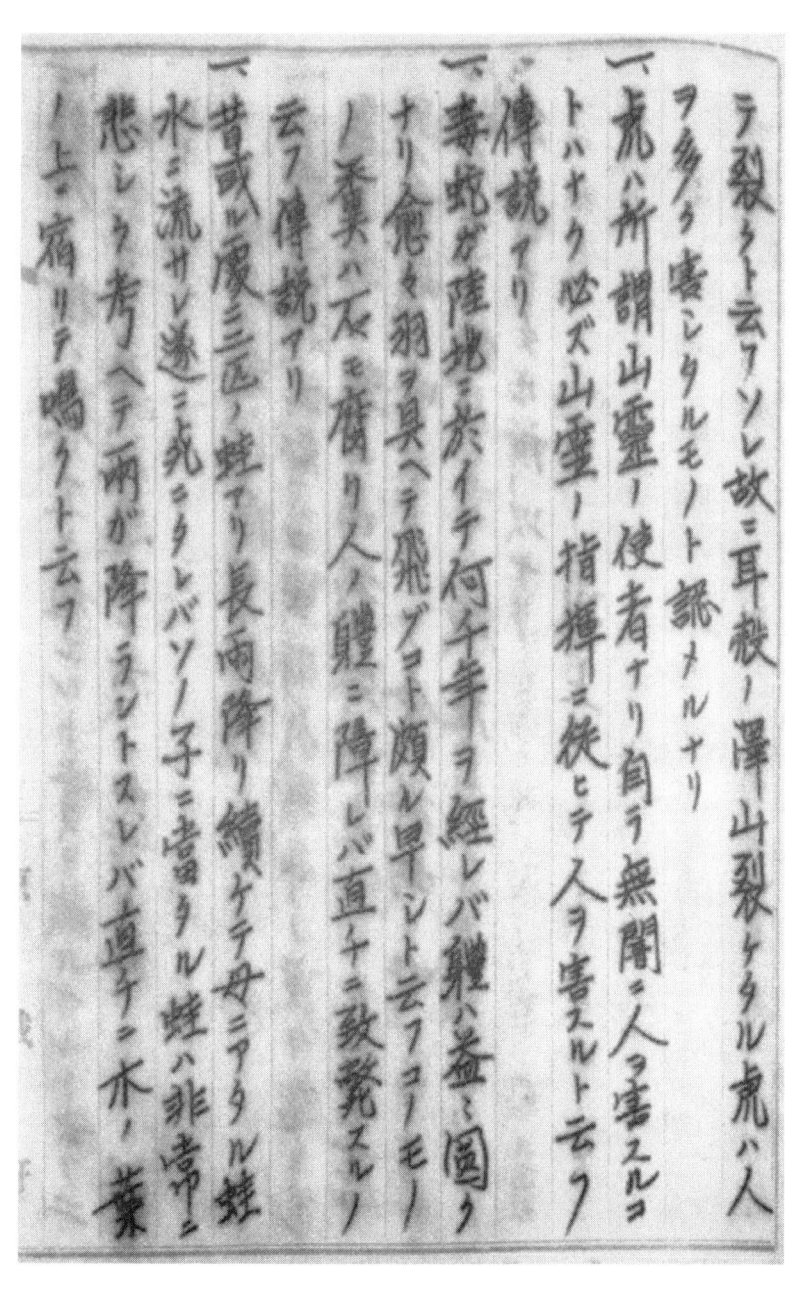

一、銀行ノ樹ハ一株丈ケ植エルト實ヲ結バザルト云フニ
株對立スル幾何遠シト云ヘトモ實ヲ結ブモノト認メ
ルナリ

地名ノ起源ニ関スル傳説

一、京畿道積城郡ハ三國時代戰争ノ度々起リシ
為ノ城ヲ築キ内城ハ外城トナリシガバ近世マ
デハ重城ト呼ビシモノヲ今ハ積城ト呼ブモノナリ

一、江原道ノ鐵原ハ昔シ鐵ノ産出多キガ為メニソノ
名ノ出テタル所以ナリ

以上

一、傳説　　典洞公立普通學校

イ、民族移及ビ開闢ニ關スル類ノ傳説

咸北ハ凶荒ノ時代ニ豆満江ヲ渡タリテ住ヰシモノ
多シト云フ今満洲地方ニ大半ハ朝鮮民族ナリ
百濟時代ニ陶工縫女ト儒佛教徒内地ニ移住シタルモノ
多シト又王仁ガ論語ト千字文ヲ持テ内地ニ往タリ

ロ、外国ヨリ漂流等ノ傳説

箕子東来時支那男女従者五千人トナリ衛満ハ漢、
燕亡命黨数千人ヲ連レテ来タリシト云フ
新羅時代ニ内地人ハ馬山、高灵、東莱、蔚浦等
地ニ来住シタルモノ多シ

ハ、英雄ノ傳説

滄海力士黎董ハ張良ヲ世話シ百二十斤鉄椎ヲ

以テ秦始皇ヲ博浪沙中ニテ狙撃シタリシト。
高句麗乙支文德ハ平南石多山ヨリ生長シテ
隋兵三十万ヲ清川江ニ於テ撃破シタリシト。
高朱蒙ハ扶餘國ヨリ生長シテ七才ニ弓矢ヲ
自造シ善射ノ故百發百中スルガタメ扶餘王子
等ガ忌ミテコロサント思ヒシガ卒本(今成川)ニ
逃去シテ高句麗國ヲ建シタリト云フ。

二、虎、蛇、等ノ動物又ハ植物ニ関スル類ノ傳説
トカゲハ人ヲ不咬シ四足ニテ善ク走ル或ハ枯タ枝
ニ其ノ頭ヲ自貫自死シテカラ翌年ノ春ニ成シ
バ復甦スルト云フ。
人蔘トハ蒜ハ地氣ト土膏ヲ多ク吸収スルガ故其地
ニハ五穀ガ不植シ人傑ガ不生スルト云フ

一、傳說　洪川公立普通學校

イ、民族ノ移動及開闢ニ關スル類ノ傳說

ノ、民族ノ移動

支那ノ秦始皇時代ニ徐市ト云フ人ガアル、當時始皇ガ仙薬ヲ求メル爲ノ東西ニ忙レクテ方士ヲ求メノルデアル、徐市ハ一ツノ方士デ帝命ヲ承ハッテ往カウト稱シテ童男童女各五百人ヲ率ヰテ東方海ノ島中ニ往ッタト云ッタノデ更ニ歸ラナカッタノデアル、其海島ハ今日本ノアル地ダト云ハレル。

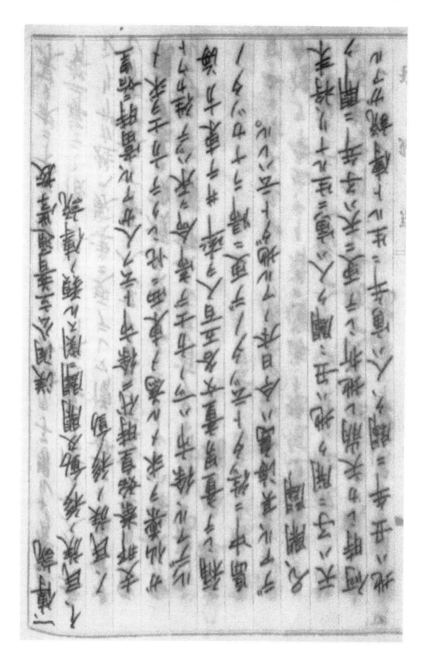

ろ、開闢

天ハ子ニ開ク地ハ丑ニ闢ク人ハ寅ニ生ルナリ、將來何時シカ天崩レ地折レテ更ニ天ハ子年ニ開ク地ハ丑年ニ闢ク、人ハ寅年ニ生ルト傳說ガアル

ロ、外國ヨリ漂流等ノ傳説
昔シ或ル時西班牙人ガ航海シテ朝鮮東海ニ於イテ破船シ其ノ中ノ人ガ片木ノ上ニ載セラレテ江原道何地ノ海濱ニ着イテ生命ヲ保チ因テ其ノ土地ニ留ツテ居ツタノデ其子孫モ今日マデ居ルタラウト云フ

ハ、英雄ノ傳説
高麗ニ名將トシテ有名ナル姜邯瓚ト云フ人ガアル。身長矮小ナルノミナラズ其ノ顔貌ハ甚ダ醜悪ナリ年十五六ニ至リテ某人ノ第二ノ婿ニナリシガ其妻ノ父母ニ憎マレテ更ニ妻家ヘ往カザリシ、妻ノ父母ハ常ニ第一婿ノ不遇ヲ恨ミテ第二婿ハ俊秀ナル男子ヲ棒バントシテ廣ク天下ニ求メ某

日一男ヲ得、其ノ顔貌秀麗ニシテ實ニ天下絶代
ナル一色ナリシ、早ク良辰ヲ期シテ醮禮ヲナサント
ス其ノ時姜邯瓚ハ其ノ説ヲ聞キテ醮禮日ニ
往キタリ兩婿同席スレバ其ノ顔貌ノ醜好ハ實ニ
霄壤ノ差アリ、ソレガ故ニ妻ノ父母ハ何ニモ知ラズ邯
瓚ヲ目シテ悪ムコト益々甚ダシキナリ、邯瓚ハ其
レニ關ハラズ唯新郎ノ側ニ近寄レバ其ノ新郎ノ
顔色ハ段々變化シテ赤クナリ黒クナリシテ遂
ニ大蛇ニ化シタリ邯瓚直チニ劔ヲ以テ打チ殺シ
テ其ノ大禍ヲ避ケタリト

二、虎、蛇等ノ動物又ハ植物ニ關スル類ノ傳説

1、虎

或ル山中ニ一ツノ家ガアッテ一人ノ娘ヲ持ッテ居ッタノデ

アル、ソレデ或ル日ハ其ノ娘ノ結婚日デアッテ夫ヲ迎エテ
禮ヲ畢ッタ後一緒ニ寝ル時分デアル。然ルニ其ノ山
村ハ前ヨリ虎ガ多クアッテ夜ニナレバ門外ニ出ル
事ガ出来ナイノデアル、併シナガラ其ノ夜ニハ
新郎ガ大便シタイトイッテ門外ニ出ルノデ
アル、娘ハ心配ニナッテ出テ見レバ新郎ハ虎ニ捕
ラレテ往ッタノデアル、娘ハ大ニ驚イテ其ノ跡ヲ
追ニ往ッテ見ルト或ル山麓ニ新郎ヲ置イテ
戯レテ居ル、娘ハ虎ヲ見テ少シモ恐レズ眼ヲ赤
クシテ其ノ前ニ往ッテ自分ノ着テイル紅衣裳
ヲ脱イデ夫ヲ掩フタノデアル、ソレデ虎ハ紅
イモノヲ恐レルカラ驚イテ逃ゲテ仕舞ッタノ
デアル、娘ハ其ノ夫ヲ負ヒテ家ヘ帰ッテ百年ヲ暮シ

タト云フ

七、蛇

昔或ル一人ガアッテ鶏ヲ養ッテアル、母鶏毎日舎前ノ巣ニテ卵ヲ産ンデ居ルガ産ム毎ニ無クナッテ主人ハ仕方ガナイノデ一日巣ノ側ニ居ッテ番ヲシテ見ルト大蛇アッテ卵ヲ食フノデアル、ソレデ木デ卵ヲ作リテ巣ノ中ニ入レタノデアル、其蛇又出デ呑ンデ非常ニ苦シイノデ舎ヨリ落チテ後ノ草園ニ往ッタノデアル、主人ハ其レヲ窺ッテ見レバ他ノ蛇ガ多ク来テ相互ニ慰メテ色々ナ草葉ヲ取リテ食ハセルノデアル、ケレドモ数日ニシテ蛇ハ死ンデノ仕舞ッテ衆蛇ハ更ニ来ナイノデアル、其人ハ死ンダ蛇ヲ解剖シテ見レバ其ノ木卵ハ半分腐ッタ

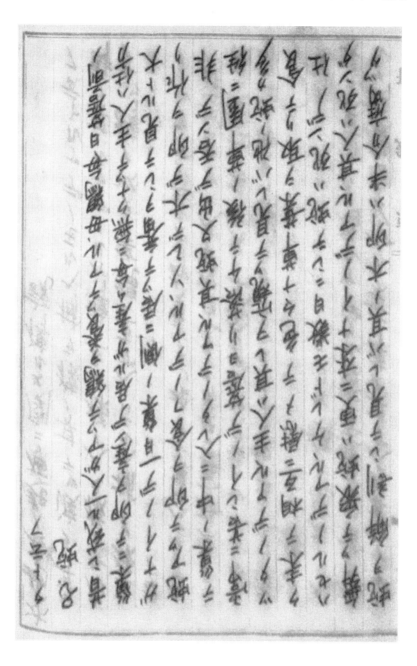

ノデアル其ノ人ガ其ノ草ノ葉ヲ拾ッテ心腹病アル人ニ食ハセバ直グ癒ルノデアル爲ナニ里人ハ其人ヲ名医ト稱セリ

3. 猿

猿ハ人ノ真似ヲヨクスルモノナリ、猿ハ支那ノ江南ニ多クアルト云フ、ソレデ人數十名ガ其ノ江邊ニ往ッテ朱砂(薬ニ使用スルモノ)ヲ以テ人ノアルトコロニ投グルカラ人ハ其レヲ拾ッテ賣却スルモノデアルト云フ、

又猿ヲ捕ヘルニハ人ガ互ニ縄等ヲ以テ縛ッテ居ルト猿モ人ノ様ニ互ニ縛バルノデアル、其ノ時ニ草ヲ渡ッテ其ノ猿ヲ捕ヘルモノデアルト云フ

六、地名ノ起原ニ関スル傳説

一、京城ノ木覓山名ノ起原

李太祖松京ヨリ漢陽ニ遷都セラレル時僧無學ヲシテ都基ヲ占定サセタノデアル、ソシテ無學ガ漢陽ニ來テ四方ヲ望ムト金土水火ノ地體ハ備ヘテアルガ漢陽ニ來テ唯木體ガ無イノデ木體ヲ探スニ非常ニ苦カッタノデオルトコロガ今南山ノ上ニ登ツテ始ノ木體ヲ探シタノデ南山ヲ木覓山ト云フノデアル。

一、京畿ノ薛馬馳

薛馬馳ハ鐵嶺ノ連脈ニテ紺嶽山ノ起餘脈デアッテ天ニトドク様ナ高嶺デアル、其ノ中ニ一線ノ道路ニ三里位出來タノデアル、其險悪ハ甚ダシイノデ何トモ形容スルコトガ出來ナイノデアル、昔シ薛仁

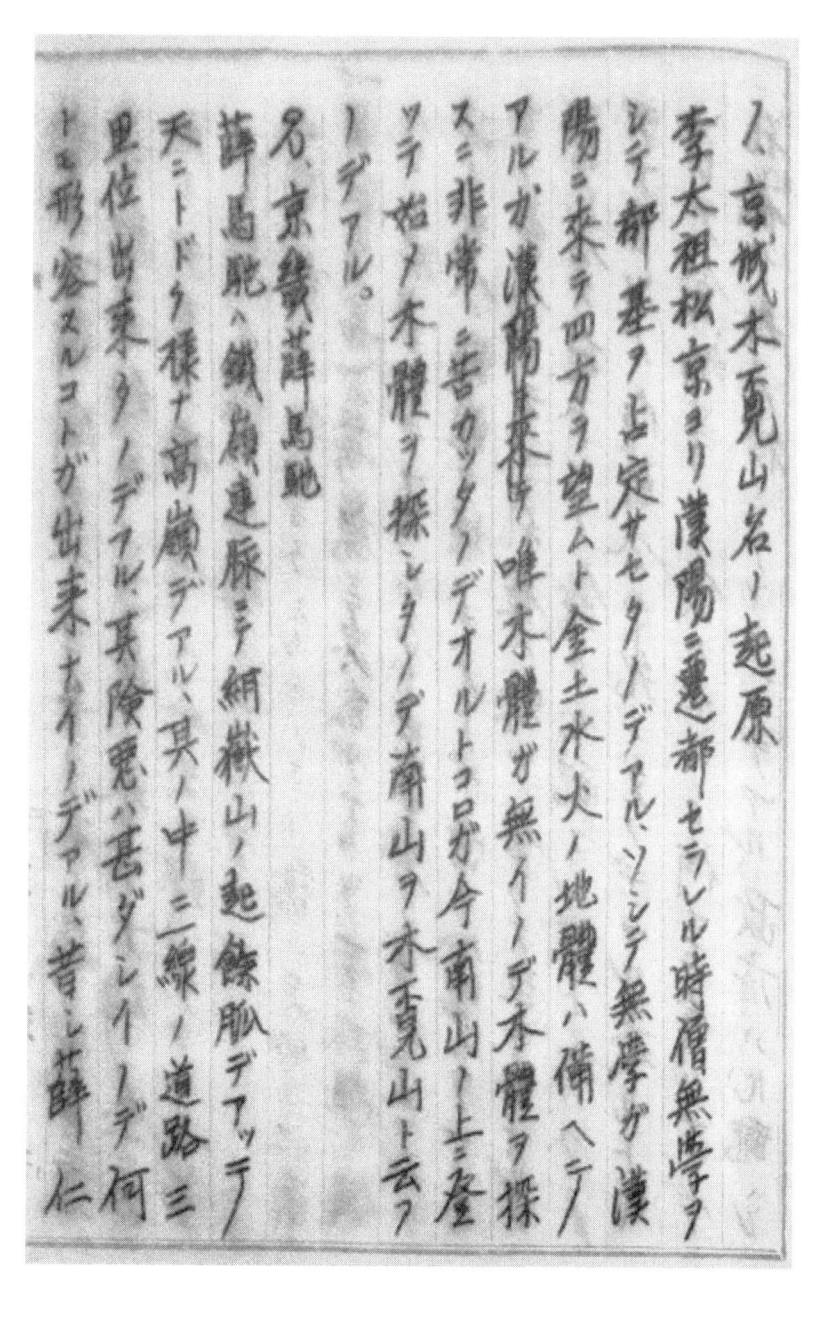

貴ガ百済國ヲ攻メテカラ其ノ嶺ヲ馬ニ乗リテ越エテ紺岳ノ高峯ニ登ッテ石碑ヲ立テタノデアッテ其ノ碑ハ今デモ残ッテアル、ソレデ其ノ嶺ヲ薛馬峙ト云フノデアル。

二、童話

一、黄政丞(喜)ハ高麗ノ忠臣デアッテ李太祖ニ使ハレテ居ッタノデアル、ケレドモ家勢ハ貧乏デアッテ其ノ夫人ハ艱難ニ堪ヘナイノデ常ニ心配シテオルカラ黄公ガ云フニ孔雀ハ蛛ヲ食ッテ生キテオルノデアル貧乏トシテ餘リ心配スルナトイッタノデアル、ソノ后黄公ハ死ンダノデアル、或ルトキソレデ食物等ヲ食ハセルト何ニモ食ハナイ孔雀ハ死ヌ様ニナッタノデアル、政府ハ心配シ

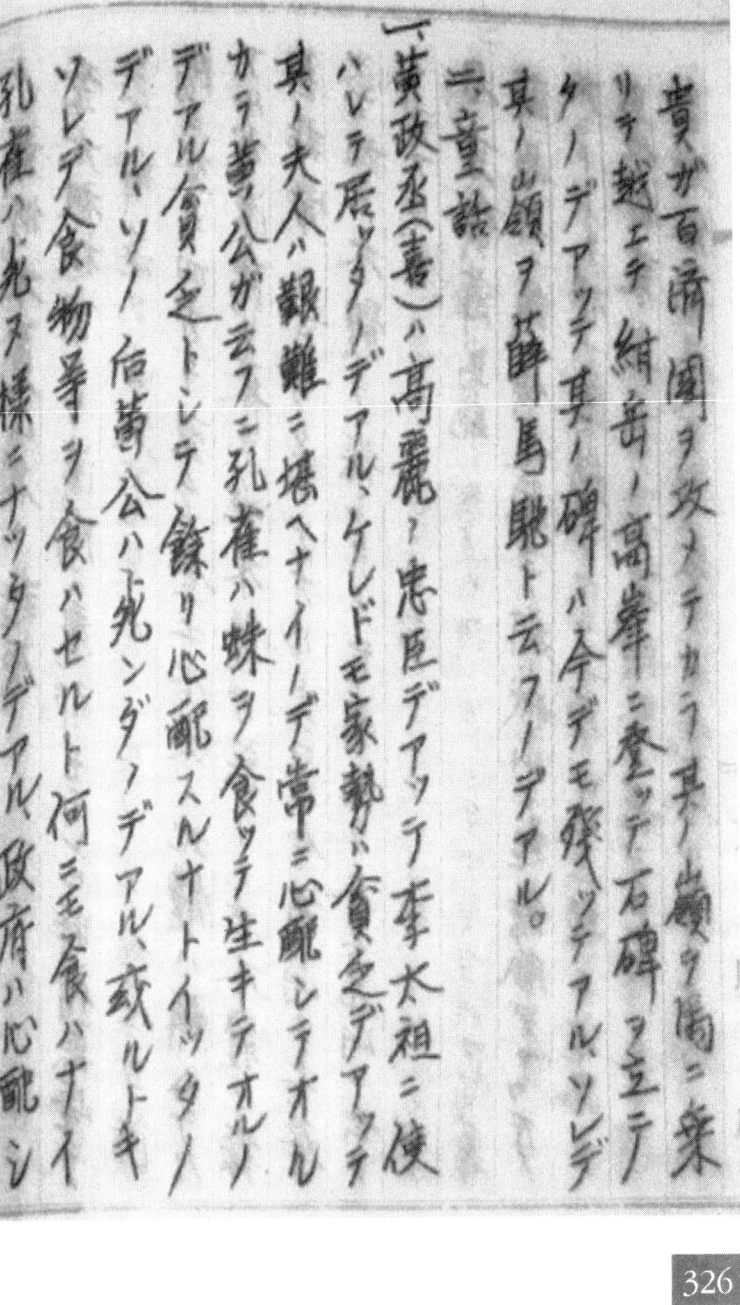

テ黄公ノ夫人ニ聞クト果シテ孔雀ハ蛛ヲ食ッテ
生キテ居ルト常ニ云ハレテオッタノデアルト云フカラ
蛛ヲ取ッテ孔雀ニ食ハセタト云フ
二、昔シ或ル樵夫ガアリマシテ薪ヲ採リニ山ニ往ッタ
ノデアル薪ヲ採ルニ榛ノ實ガ轉ンデ来ルノデアル
其レヲ取ッテ此レハ我ノ父上ニ上ゲヨウ又一ツヲ取ッテ
此レハ我母ニ上ゲヨウ、又一ツヲ取ッテ此レハ我兄ニ上ゲヨ
ウ、又一ツヲ取ッテ此レハ我ガ食ハウ、又一ツヲ取ッテ此レハ我ノ
妻ニ遣ラウトシテ拾ッテ持ッタノデアル日ハ已ニ暮
レテ帰ヘルコトガ出来ナイノデアル、ソシテ愈々
帰ヘルニ或ル處ヘ一ツノ空キ屋ガアル、仕方ガナク、
ソコニ入ッテ寢ヨウトシテ居ッタトコロガ夜ノ中ニ
魑魅ガ群ヲナシテ来テ金棒等ヲ持ッテ

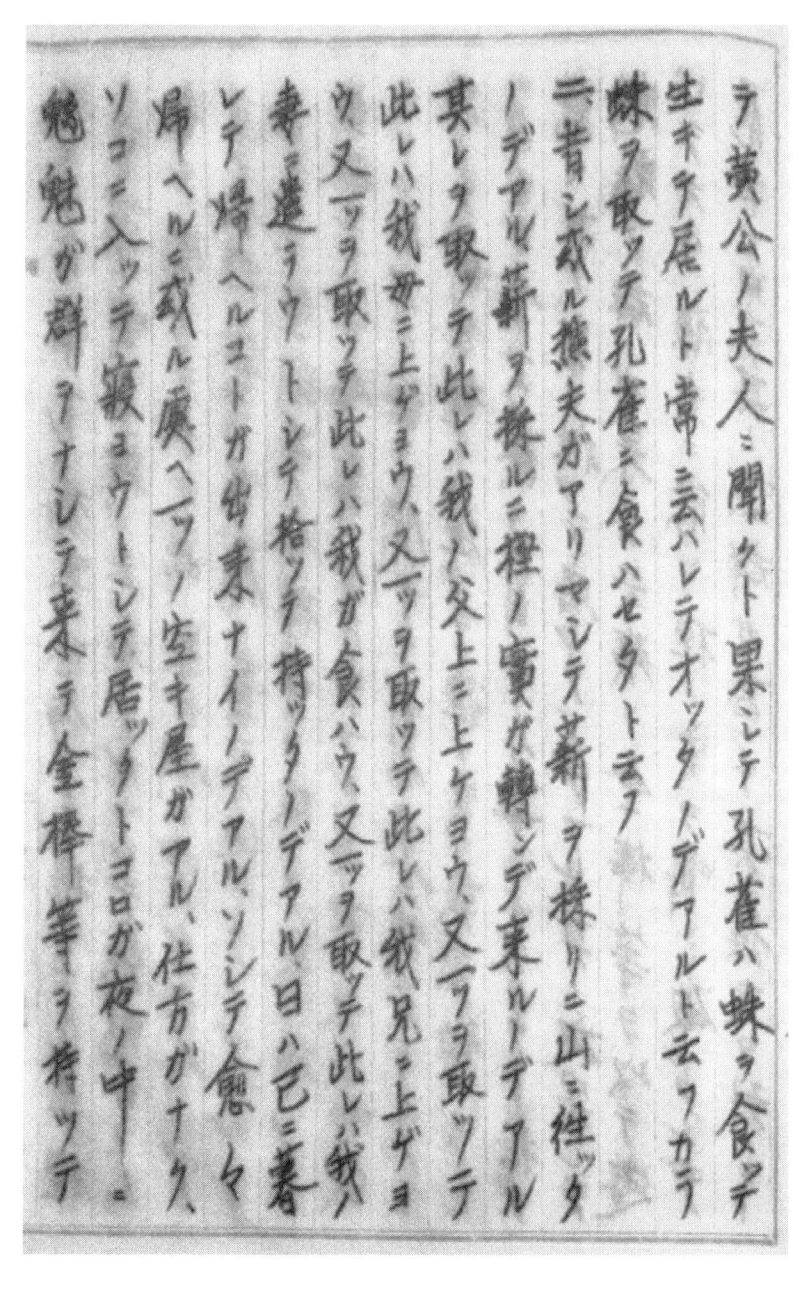

遊ビラスルノデアル、樵夫ハ恐怖シテ堪ラナイノデ樫
ノ實一ツヲ噛ンデ破ッタノデアル、ソレデ魑魅ガソノ
音ヲ聞イテヤア此ノ家ガ倒レルノダトイッテ
其ノ金棒等ヲ其ノ侭ニ棄テ、逃ゲタノデアル、ソ
レダカラ翌朝其ノ金棒等ヲ取ッテ家ヘ帰ッテ
金持ニナッテ裕ニ暮レタノデアル、其村ニ悪イ樵夫
ガアッテ其ノ話ヲ聞イテ自分モ金持ニナラウト
思ッテ薪ヲ採リニ往ッテ樫ノ実ヲ取ルニ初ノモノ
ハ自分ガ食ハウ終リニ自分ノ父母ニ上ゲヨウト拾ッテ
態々其ノ家ニ往ッテ居ッタノデアル、其ノ夜果シテ
魑魅ノ群ガ来テ矢張リ金棒等ヲ以テ遊
ビラスル、樵夫ハ態々樫ノ実ヲ噛ミ破ッタンデ
アルトコロガ其ノ魅群ガ怒ッテ其ノ樵夫ヲ引キ

出ルテ金棒ヲ以テタヽイタノデアル。
一、宣朝ノ時代ニ李鰲城(恒福)李漢陰(德馨)張大
將(知衛)ノ三人ガアッテ幼年時代ニ京城ニ於テ一
緒ニ勉強シタノデアル、當時ニコンナ傳說ガアッテ
タノデアル其ノ說ハ慕華館ニ鬼魅ガ多クアッテ
人ノ一生ヲヨク知ルモノダト傳ヘテアル、此ノ三人ハ試ミ見
ヨウト思ッテ先ッ鰲城ガ慕華館軒上ニ往ッテ臥
テ居ルト鬼魅等ガ來ナガラ此ノ大監ガ何ノ為ニ
御出ニナッタト云ッテ挨拶シタノデアル、鰲城ハ心ニ
喜ビテ家ヘ帰ヘッタノデアル、李漢陰ガ又往ッテ
見ルト鰲城ト同ジク挨拶ヲスル、張大將ガ往ク
ト鬼魅等ガ何ンナ人ガ來テ居タカトイッテタ
タイタノデアル、張大將ハ落胆シテ學業ヲ廃シ

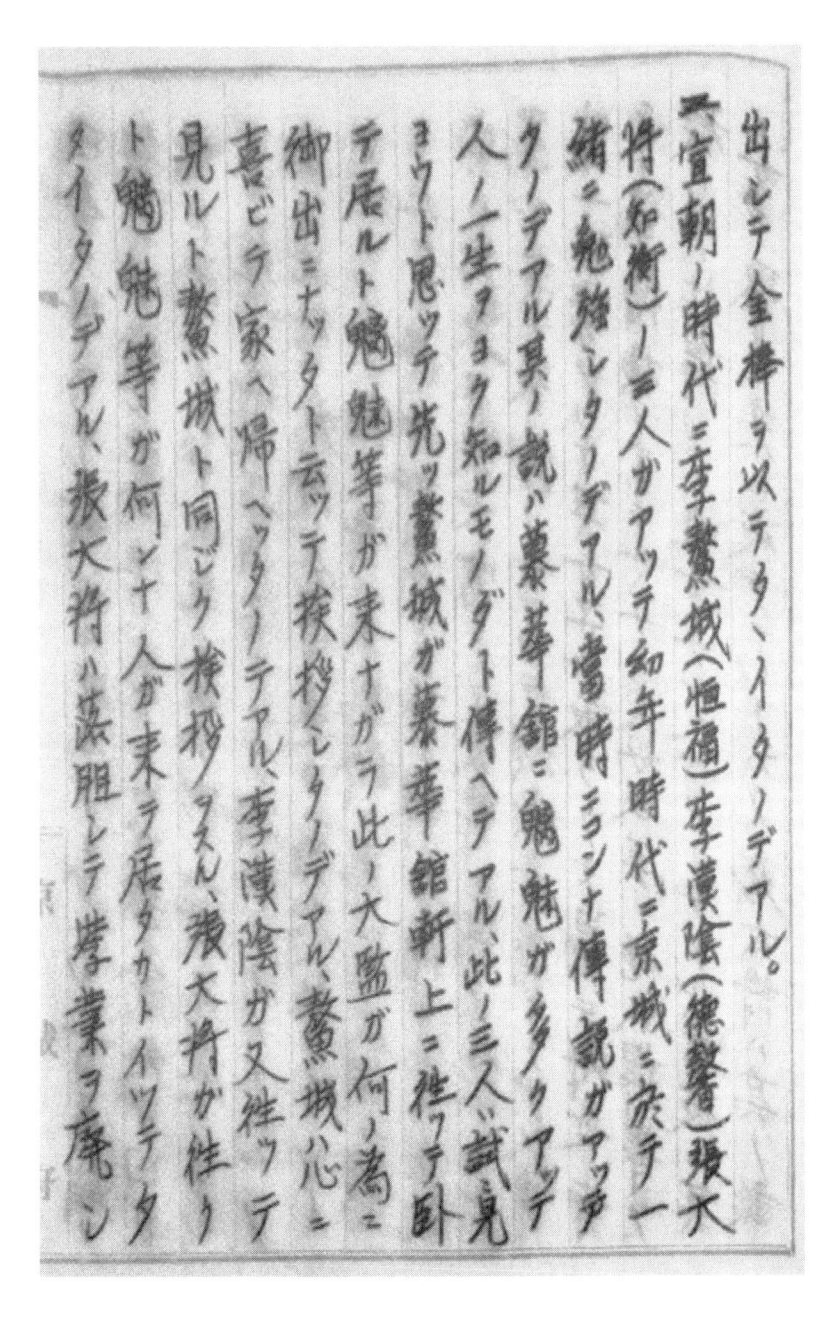

田舎ヘ帰ヘッテ射法ヲ学ンダノデアル、一日弓箭ヲ携ヘテ或ル處ニ往ッタトコロガ無人ノ処デ日ガ暗クナッタノデ数里ヲ来ルト一軒屋ガアル、ソコニ往ッテ一夜宿泊スルコトヲ願フト内カラ云フ誰カ此処ハ危険ダカラ速カニ他処ヘ往キナサイト云フノデ張大将ハ不思議ニ思ッテ又固ク願フト止ムヲ得ズ許シタ、其ノ譯ヲ聞キマスト此家ハ元来巨族大富ニシテ奴婢モ甚ダ多クアルノデアル、其ノ家ニ一ツノ女アッテ顔貌奇麗ナノデ奴婢中一ノ士ガアッテ其ノ女子ヲ取ラウト思ッテ附近ノ寺ニイッテ僧様ニナッテ女子ノ父母及其ノ他奴婢等ヲ殺シテ仕舞ッテ唯女子一人バカリデアル、毎夜ハ其ノ女ヲ取リニ来ル夜デアルト云フ、張大将ハ其ノ話

ヲ聞イテ毛骨竦然トシテ怒氣加ハリテ打チ殺サ
ウト思フガ奇策ナイノデアル、ソレデ其ノ女ト相談
シテ祠堂龕室ノ内ニ入ッテ居ルト夜ノ中ニ果シテ
一人ノ力士ガ入ルノデ張大將ガ弓ヲ以テ射ルト四
遍皆ナ其ノ矢ヲ折ッテ棄テルノデ仕方ナイカラ
射法ヲ考ヘ出スト矢ノ鏃ヲサシ抜イテ射ヨト云
フノガアルノデ其ノ風ニスルト力士ノ胸部ニ中テ
直ク死ンダノデアル翌日其ノ女ト兄妹ノ誼ヲ結
ンデ共ニ家ヘ帰ヘッタノデアル、其ノ後京城ニ来テ
鰲城漢陰ニ逢ッテ話ヲスルト將来ニ大將ニ
ナラウト云ッタトコロガ終ニ大將ニナッタノデアル
ソレハ其女爲ノ德ト云フ。

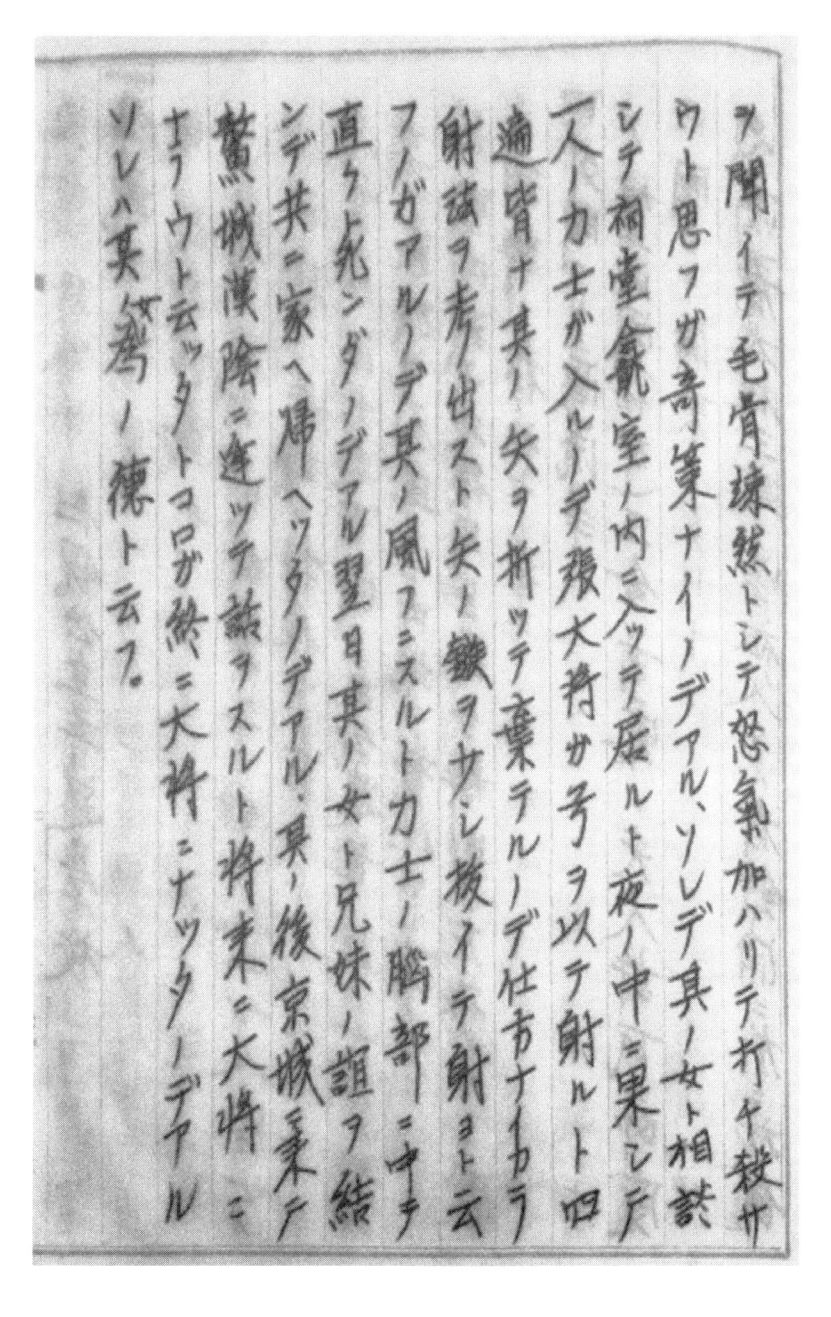

仁峴公立普通學校

一 傳説

イ、民族移動

1、殷國滅亡ノ同時箕子ト云フ人五千人ノ男女ヲ引率シ平壌ニ移住セシ事

2、百濟滅亡後百濟ノ王公遺貴族ノ大多ノ數ハ其ノ家族ヲ引率シ内地ニ移住セシ事

3、明國滅亡以後同臣民ガ辮髪左衽スルヲ厭ヒ朝鮮ニ移住セシ事

ロ、外國ヨリ漂流事

1、駕洛國(金海)王金首露ノ夫人許氏ハ印度國ヨリ渡來シタリト

2、高麗太祖王建ノ曾祖父タル者鐵浦ニ於テ旅舘

ヲ営業シ一人ノ娘ヲ有セリ此ノ娘ノ幼キ時一人ノ
僧侶アリ一ノ石造狗ヲ贈リテ曰ク此ノ石造狗
ノ動キタル後此ノ娘ヲ嫁セバ必ズ貴男ヲ出
産スルト其ノ父タル者コノ事ヲ確信シ居タリ
其ノ後娘ノ年長ズルモ配偶者ヲ與ヘズ然ル
ニ娘ハ其ノ春情ニ堪エズ或ル日該石造狗ヲ撫
シツヽ曰ク汝一度動カバ我レ嫁スルコトヲ得何卒
一度動ケト云ヒシニ幾日モ經タズシテ此ノ石造狗
忽チ振動セシヲ家内一同驚キタリシニ其ノ日
ノ夕方唐國ヨリ多数ノ商舩碇泊シタリシガ
其ノ商人ノ一人ニシテ顔容普通ナラザルモノ王
氏ノ旅館ニ宿泊シ王氏ニ曰ク我ハ商人ニアラズ
貴國ノ金剛山ヲ觀覧セントシテ商舩ニ依頼

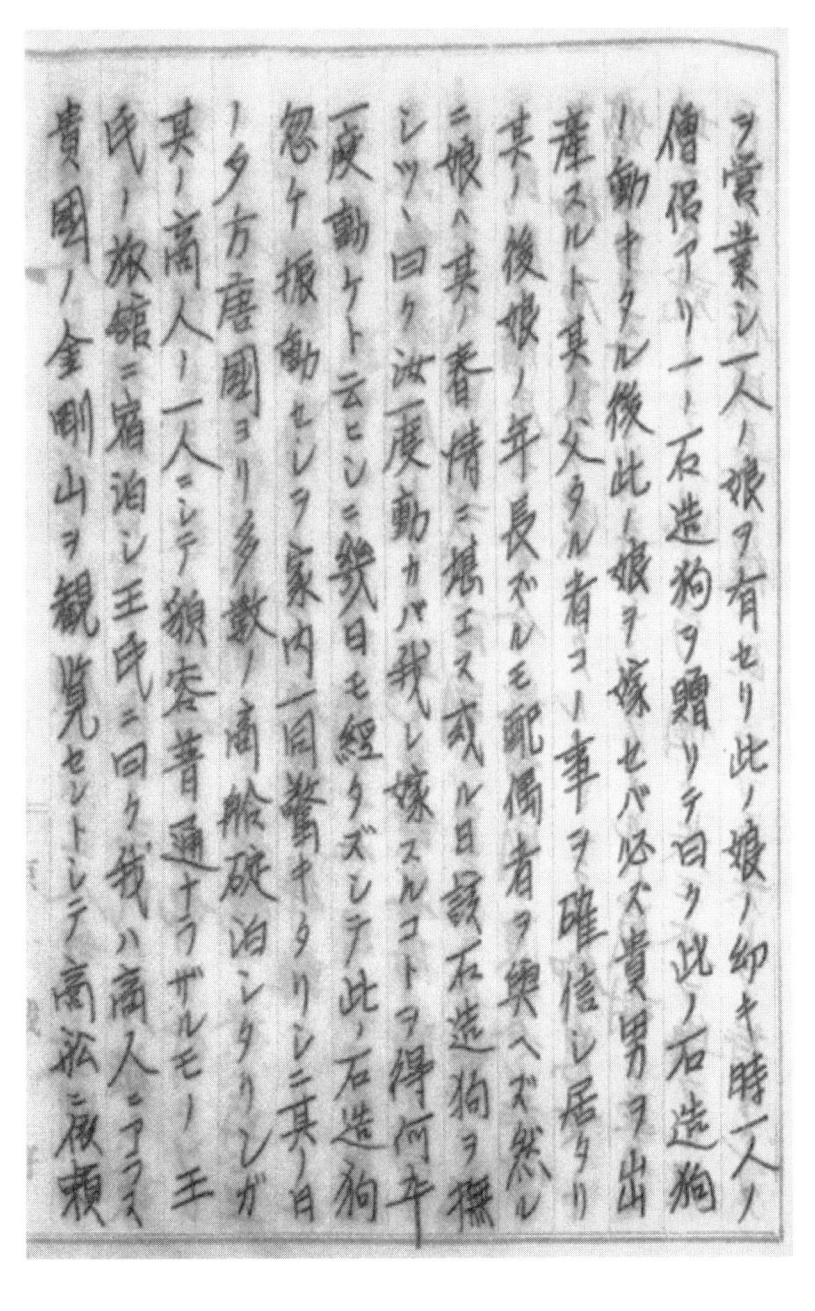

シ渡来シタル者ナレバ願クバ主人我ニ金剛山
ノ道程ヲ指示アルベシト由テ王氏ハ承諾シ、該
客ヲ逗留セシメ数月後娘ト結婚ヲ行ヒソレ
ヨリ王氏ト同行シ金剛山ノ奇観ヲ終ヘ再ビ王
氏ノ旅館ニ帰リタルモ便船ヲ得難キタメ一
年餘リ逗留センガ其ノ間ニ一人ノ男子ヲ出産
ス客貌衆ニ勝レタリ或ル日該客帰國ノ席ニ
臨ミ王氏ニ曰ク我ハ唐國ノ皇子ニシテ罪ヲ犯
シ民間ニ潜居セシガ今般貴國ニ渡来シ非常
ナル御厚意ヲ蒙リタルノミナラズ御息女ト
婚シ男子ヲ出産セシメタルハ感謝ノ至リニ
堪エズ就イテハ此ノ弓一個ト矢三本ヲ與フル程
ニ此ノ子供成長ノ後ハ此ノ弓ト矢トヲ持タシメ

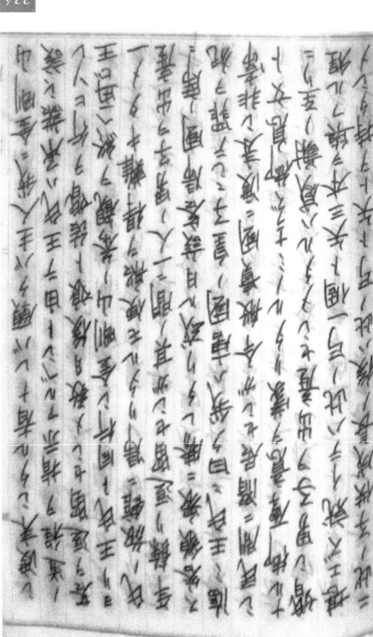

我ヲ訪問セシムル様言ヒ付ケラレタシト云ヒ去
リタリ其ノ後子供ハ十余才トナリ弓ノ名人ニ
ナリシガ十八才ノ時其ノ父ヲ訪問セントセシカバ母
親ガ彼ノ弓與矢ヲ與ヘ告ゲテ曰ク汝ハ此ヲ持チ
テ中國ニ参リ汝ノ父ヲ訪問スベシト由テ子供ハ一弓
三矢ヲ持チ便船ヲ求メ渡航中突然大浪起リ
船ヲ碇泊セシメシガ暫時経チテ大浪モ止ミシカバ
漕ギ出サントスルモ尚動カザリシカバ乗客不思議
ニ思ヒ之レ乗客中不正者ノ居ル為メ波ノ神ガ怒
リタルモノナリ我等ハ各々自分ノ着物ヲ一枚ツヽ水
中ニ投ゲ浮クモノハ罪無ク沈ムモノハ罪人ト定メ
ソレヨリ水中ニ投ゲシニ獨リ例ノ子供ノ着物
沈ミタレバ船客等例ノ子供ヲ水中ニ投ゲント

欲セシモ其ノ年幼ナニヨリ一岩礁ノ石上ニ棄テ置キ給ハ直チニ動キ去リタリ然ルニ子供ハ独リ石上ニ泣キ居タルニ一人ノ老人水中ヨリ現ハレ子供ニ曰ク此度君ヲ此處ニ差上ゲタルハ弓ノ名人ナレバナリ我ハ此ノ海ノ黄龍ニシテ近處ニ住ム一匹ノ白龍ノタメ將ニ我ガ窟穴ヲ奪ハントスルヨリ度々合戰シタレドモ未ダ勝負ヲ決セズ又明日正午ニハ戰アラン若シ君ニシテ我ガ爲メニ一發ヲ惜マザレバ其ノ恩ハ厚ク報スベシト云ヒタレバ例ノ子供ハ快ク承諾セシニ翌日ノ正午果シテ風雨劇シク起リ海中ヨリ黄、白ノ両龍空中ニ飛ビ上リ將サニ戰カハントスル處ニ一箭ヲ發セシニ不思議ニモ風雨ハ止ミ例ノ老人再ビ現ハレ一人ノ女児ヲ献ゲテ曰ク御礼

ニ差上ゲル程ニ莫箒ノ妻ニセヨト云ヒ忽チ海中ノニ
帰レリ時ニ下度~~莫箒妻ヲ村~~一商船通過
スルヲ止メ女兒ト同乗シテ帰宅シ直チニ夫婦ト
ナリソレヨリ三年ヲ経テ一男子ヲ出産セシニ例ノ
女兒暇ヲ乞ヒテ曰ク妻ハ元ト水中ノ龍女ニシテ
萬龍即チ父ガ救恩ノ為メ命ヲ受ケ殿ノ妻ト
ナリタルナリ今一男子ヲ出産シタルハ實ニ其ノ報
恩ニシテ此ノ男児ガ後世ニハ成功スルナラント云ヒテ直
ケニ立チ去リタリ此ノ男児ハ即チ太祖王建ノ父ナリ
ソレヨリ王氏ノ子孫ニハ必ズ左腋ニ龍鱗アリテ高
麗王氏五百年以来他姓ト結婚セザルハ又此ノ
龍種ヲ繼グガ為ナリト後朝鮮ノ太祖李成桂
王氏ノ家ヲ簒ハントシテ高麗後王王禑、王昌ヲ稍シテ辛禑、辛昌ト称シ殺サントセシガ、バ禑、昌ハ脉ヲ挙ゲ鱗ヲ示シテ曰ク此レヲ看ルベシ我ハ決シテ辛氏ノ子ニアラズト云ヒ証拠ヲ立テ通シタリト云フ

八英雄ノ傳説

(1)昔シ高麗顕宗ノ時代ニ姜邯賛ト云ウ者アリ幼少ノ時ヨリ賢明正粛ナリシガ長スルニ及ビテ慶州府尹ニナリ、本府城内ニ大ナル池アリ或ル夏ノ夜池ノ邊ヲ過シカバ時ニ衆蛙乱鳴シテ城民ノ睡眠ヲ防害ス姜邯賛ハ池ニ臨ミテ一符ヲ池中ニ投ジ綸ニ蛙ノ罪ヲ諭セリ以後ハ慶州ノ一境ニ於テ蛙声永絶シテ聞エザリキ

(七)朝鮮孝宗ノ時代ニ眉叟先生許穆ハ江原道三陟府使ニナリシ後府ハ海辺ナルヲ以テ東海ノ潮水頻リニ溢入レテ以来人民ノ害ニナルコト尠カラザリ先生ハ爰ニ退潮文ヲ作リテ石碑ニ刻ミテ之ヲ海辺ニ立テタリシレカバ以後数十年間潮水ノ患無カリシガ時ノ政府ニ於テ西南ノ黨ハ派アリ先生ハ南人ナルヲ以テ後代ニ至リテ西黨ノ一人三陟府使ニナリテ先生ノ遺績ヲ毀損シ退潮碑ヲモ破砕シテ海中ニ流シタリ翌朝潮水大ニ溢溢シテ人民流死セラレタルモノ数ナクシテ家屋作物等ノ損害ヲ受ケルコト甚シクタナリ如何ニ無理無情ナル西人ノ府使モ大イニ驚キ手足ノ措ク所ヲ知ラズ時ニ老椽吏一人ア

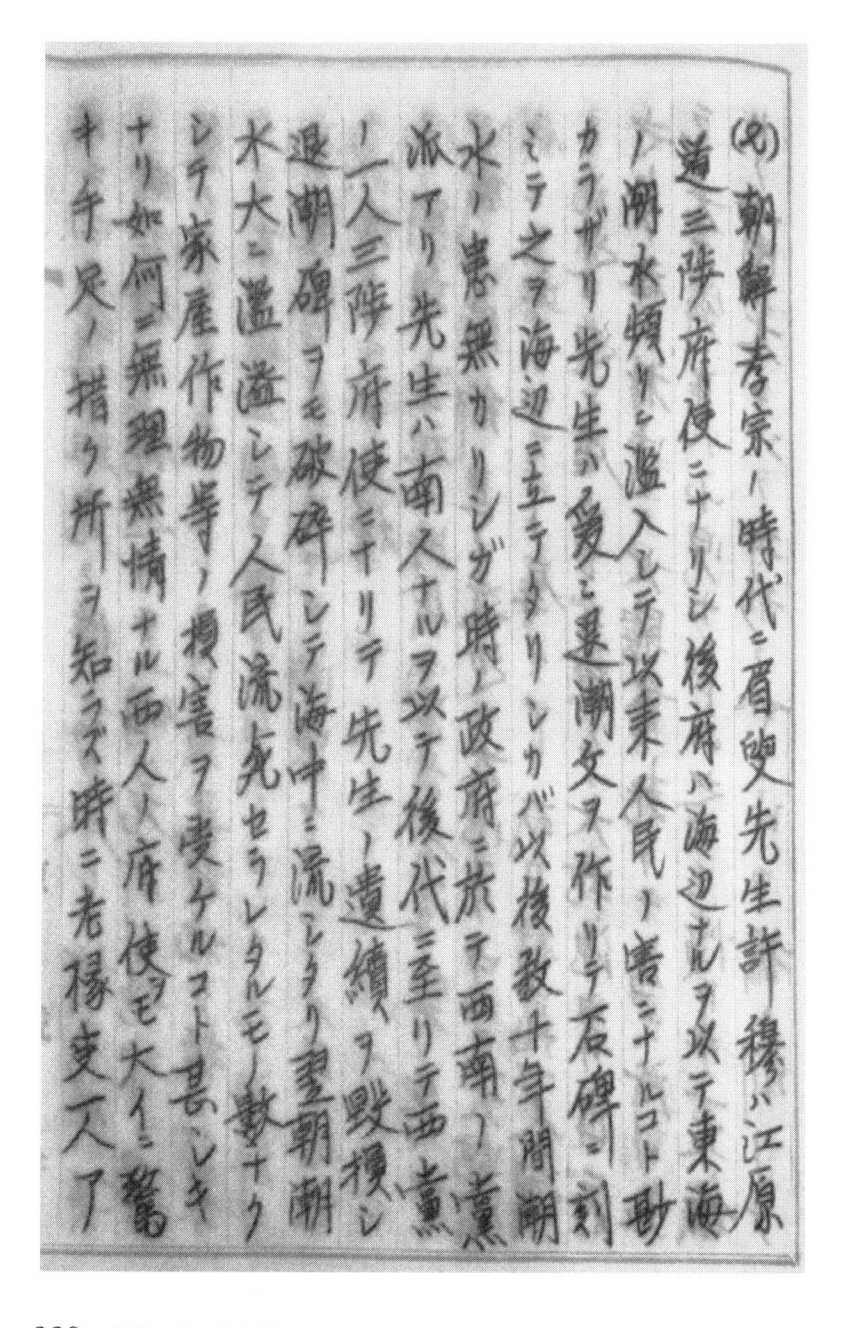

リテ曰ク我々ガ祖先ノ傳言ヲ承レハ許先生ハ其
ノ時石碑ヲ二個造リテ一個ハ元所ノ地中ニ埋メ
置カレタリトノコトナリ最近該地ヲ掘レバ果
レテ石ニ碑一個ヲ取リ出シテコレヲ元ノ海岸ニ
立テ置キシレガ今日マデ潮害ナクシテ人民ハ安楽
ニ生活スルコトヲ得

(3)朝鮮宣祖ノ時代ニ忠武公李舜臣ハ十
四歳ノ時郷里ノ近辺ニ大池アリ中ニ一大蛇潜
伏シテ害ヲナスコト屢々アリ或日村児一人例
ノ池辺ニ遊ビ居リシガ忽チ大蛇池ヨリ出デ
之レヲ呑ム村中ハ大騒動起リテ為ス所ヲ知
ラズ李舜臣ハ小児ナレドモ之レヲ憤リテ一丈餘
リノ一圓木ヲ以テ舟形ノ如ク中ヲ掘リ削リテ

月夜ニ乗ジテ舟形木ノ中ニ潜臥シテ大声ニテ
歌ヲ歌ヘバ大蛇ハ驚キ出デ舟形木ヲ確リト
絡ミ付ケバ李舜臣ハ舟形木ノ中ヨリ剣ノ利
刀ヲ取リ出シテ大蛇ノ腹部ヲ切断シテ之レヲ
殺セバ村民ハ大ニ驚歎シタリト

二、虎、蛇等ノ動物又ハ植物ニ関スル類ノ伝説

(1)、或ル部落ノ近傍ニ住居セル女子五六人或ル
春日共ニ隣キ山ニ登リ草ヲ摘ミ遊ベル内一岩石
ノ下ニ虎子五六匹ノ遊ブヲ見テ虎子トハ知ラ
ズ無邪気ニ撫シ其ノ可愛サヲ誉メ居タリシニ
傍ノ林中ヨリ一匹ノ虎之レヲ見テ大ニ喜ビ大
声ヲ発シ来リシカバ女子等ハ大ニ驚キ草籠ヲ
棄テ置キ急ギ逃ゲ帰リタリサテ翌朝門ヲ

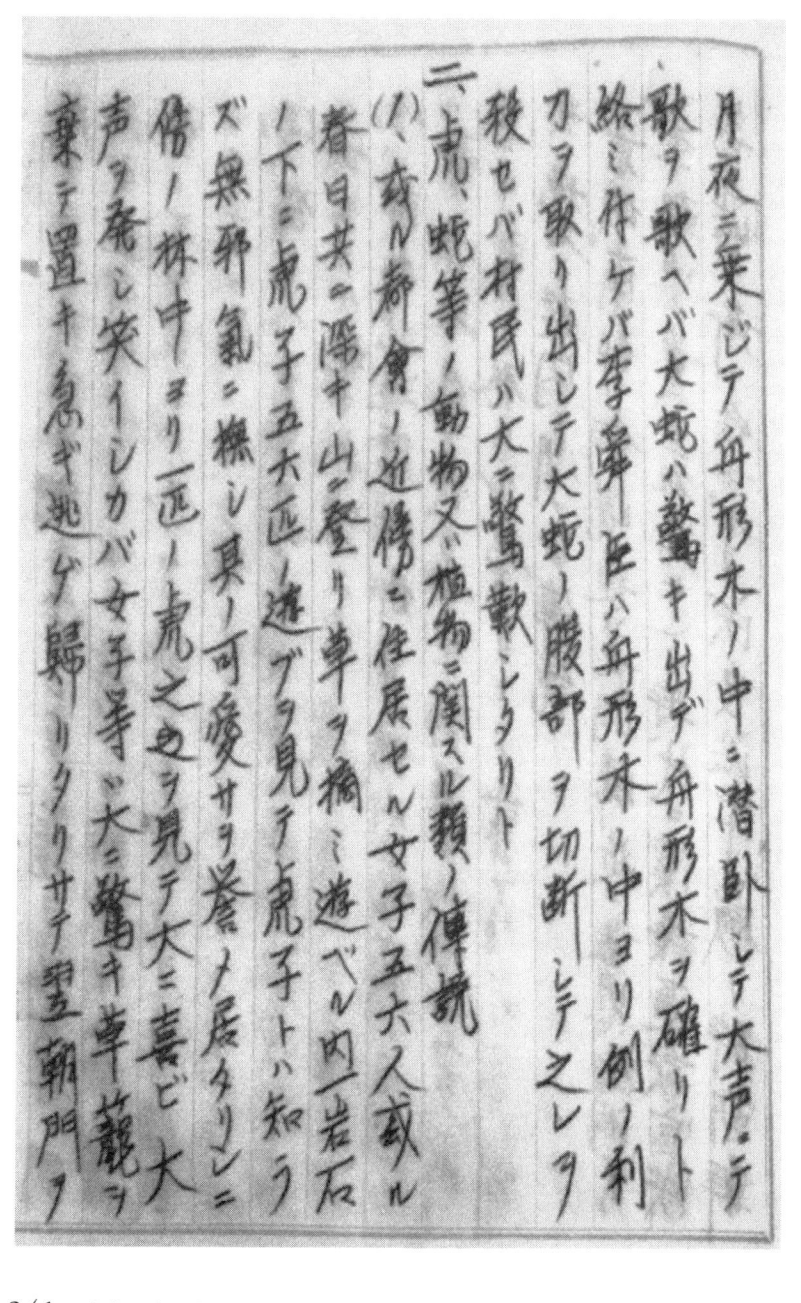

開キ見レバ前日拋棄セシ草籠ヲ各女子ノ門前ニ並ベ居タリト云フ斯カル猛獣サヘ能ク自分ノ子ヲ愛スル人ヲ了解スルモノナリト云フ傳説アリ

(2)、猫ガ人ノ屍ヲ飛ビ越ストキハ屍起立スト云ヒ喪家ニテハ猫ノ往来スルヲ嚴ニ禁ズトノ事ナリ

(3)、慶尚北道慶州郡月城山ニ松一株アリ此レ其ノ根本ヨリ伐リテモ尚其ノ伐口ヨリ又新シキ芽ヲ發スル為ナリトノ事アリ

ホ、地名ノ起因ニ関スル傳説

京城南部銅峴通美洞附近ニ報恩緞洞アリ李朝中葉(宣祖ノ初年)ノ時代ニ漢語通訳官洪良浩ノ所住地ナリ洪良浩二十歳ノ時朝鮮

使臣（今大使）ノ譯官トナリテ明國ニ往キタリシ舊
例ニ譯官ハ支那ノ物貨貿易商販權ヲ兼ネタル
故洪良浩ハ幾萬金ヲ帯ビテ北京ニ入リシカ月
夜與ニ乗ジ市街ヲ周覽シテ曰ク此處ハ大國
ナリ男女少壯ノ時ニ客窓独宿ヲ好マザルハ当然
ナルニ況ンヤ明ハ大國ニシテ北京ハ大國ノ首府ナ
リ我ハ小國ノ生レニシテ再ビ来リ難キ今行ナラ
ン遂ニ青樓坊ヲ見過リテ北京第一等ナル美人
ヲ求メントス或坊曲ヲ過グルニ一棧小ナル精舎
アリテ優静ニシテ普通ノ藝者屋トハ異ナリ
望ミテ見レバ一夜萬金ト云フ花債額ノ看板ア
リ此ハ乃チ北京内有一無雙人ノ高價ナリ洪
氏ハ思ヒ切リテ門ヲ叩キテ宿ヲ請フニ主人

ハ一老婆ナリ之レヲ迎ヘテ而シテ少女ヲ使テ之
レヲ見セバ直チニ絶代佳人ト謂フ可キモノナ
リ洪氏ハ因リテ之レヲ與ヘテ語リテ因動作ヲ
觀察スレバ苟モ娼妓ノ態度ハ假初ニモ無之
シテ必ズ是ハ公卿ノ閨娥ナレバ洪氏ハ容ヲ
改メ詳ニ其ノ故ヲ問フニ女ハ襟ヲ整ヘ涙
ヲ含ミテ曰ク妾ハ元南京人ナリ妾父当地
ニ来リテ官トナリシ故妾母妾ヲ與ニ随ヒテ
至リタルニ今般不幸ニシテ妾父母世ヲ棄ツレ
バ将ニ屍体ヲ運ビテ故郷ニ返ラントスルニ思ヘバ
萬金ノ巨額ニアラザレバ萬里ノ遠途ヲ往キ能
ハズ百両之レヲ思ヘド一策ヲモ得不遂ニコノ業ヲ
開キ一夜ニ限リテ廣徳厚恩ナル君子ヲ待チ

賤身ヲ賣ラントセバ愚フニ餘リ一夜高價ナル故ナランカ開業以来最早月ニ近ケレド終ニ一人来問スルモノモナカリシガ天其ノ便ヲ哀ヘ今夜幸ヒ貴客ニ侍ヘラレタリト洪氏ハ之レヲ聞キ深ク其ノ意ヲ憐ミテ遂ニ萬金ヲ出捐シ女ヲ辞ミ其ノ夜宿ラズニ帰リテ使臣ニ随ヒテ朝鮮ニ還リタリシガ少女ハ多額ノ義捐金ヲ貰ヒテ無事ニ父ノ葬式ヲ済マシ其ノ後尚書石星ノ妻トナリテ安楽ニ生活シオルモ洪氏ノ鴻恩ヲ一心ニ刻ミ願ヒテ一見ヲ欲スルモ恩人ノ姓名ハ覚エタルモ住所ヲ詳カニセサル故毎々朝鮮使臣ノ使ヲ得テ探問シタルモ遂ニ知リ能ハザリシニ爾来二十年後ニ洪氏ハ再ヒ譯官トナリテ明國ニ往キタリ是ニ於テ石星妻ハ門ニ出テ

之レヲ迎ヘ洪氏ノ手ヲ握リ嬉シキ涙ヲ溢シテ嗚呼兄上ハ安ゾ相遇フコト難シキヤ」ト尚書モ亦夫大義ニ服セリ遂ニ使臣ニ随逐シテ帰国スルニ及ビテ石星ハ妻ト共ニ山海関マデニ見送リ已ニ支那珍奇宝物数十輌ヲ準備シ之レヲ付スレバ洪氏ハ大ニ笑ヒテ之レヲ譲リテ絶謝ス尚書妻ハ遂ニ諦メテ其ノ内ノ三疋ノ反物ヲ取出シテ曰ク兄上コレハサ妾ノ丹精ナレバ何分ニモ受領ヲ願フト洪氏コレヲ受ケテコレヲ見レバ報恩ト二字ヲ以テ織立テタルモノナレバ洪氏ハ之レヲモ拒ム能ハズ之レヲ受ケテ帰国シタルニ朝鮮宣祖之レヲ聞キテ之レヲ嘉ビ洪良浩ノ住地ヲ賜名シテ報恩緞洞ト云ウコト

二、童話

1、或人ガ町ヘ往ク途中ニ卒爾ト聞クト道傍デ何カ
ガブ〳〵ト飲ム音ガスル、駐歩デ徘ッテ見ルト蛙ガ朝
出産シタトテ灌ノ裏ヲ焚イテ飲ミ居ッタ所タッタ
ソウデシタト

2、此目ト云フ魚ハ自分ノ父母ニ不孝ヲシテ睨見ヲシタ
ノデ昵イ目ニ逢ッテアンナ目ニナレタト云ウコト

3、子曰聽訟吾猶人也必也使無訟乎　本文中無
訟乎ト云ウ乎ハ狐ノ誤字ナリ

4、或所ニ虎ガ大ナ罟ニ罹カレテ「フン〳〵」ト吼ッテ居ル所
二人慈悲深イ樵者ガ其ノ前ヲ通ッタガ虎ハ頻リニ
助ヲ乞フ、樵者ハ之レヲ憐ミテ罟ノ戸ロヲ開ケテ
出シテヤッタハスルト虎ハ非常ニ腹ガ空イテオッ

タト見エテ盗ッテ其猟者ヲ喰ウトシタ如何ニ
猛イ猟者デサヘモ之レニハ閉口シテ互ヒニ議
論シオッタ所ヘ、拍子ヨク向カラ狐ガ「キョロ〳〵」
見テヤッテ来タ、虎ト猟者ハ最速狐ニ向ッテ裁
判ヲ願フニ狐モ例ノ虎ハ元ヨリ怖イモノダーニ
又タ今度ノ無理千萬ナ蠻行ハ大ニ懲シテヤラ
ナケレバナランレトハ思ヒナガラモ一寸考ヘツカンーデ
頭ヲ掻ッテ居タガ「イヤコレハ此實際ヲ見ナケレバ
話ダケ聞イタッテヨク解リマセンカラ虎君本
ノ處ヘ往ッテ見ヨウヂヤナイカ」ト云ウテ例ノ宮ノ
處ヘ往ッテ「ナルホド虎君ガコーヘ這入ッテ居ッタカ
ネソレデハコノ中デドウ云ウ風ニシテ居ッタノカ
サア虎君這入ッテ其ノ様子ヲヨク見セテ呉レ

ソシテ旅者其ノ方ハ何処ヘ立ッテドンナニシテ居ッ
タカ」ト云ウト虎ハ「早ク裁判ヲ定メテ貰ハナケレバ
腹ガ減ッテ仕様ガナイ」ト云ッテ一先罟ノ戸ヲ開ケテ
躍ビ込ンデ「コウコウシテオッタヂヤナイカ」ト云ウト
アア悲シイカナ猛獰無双ナ虎ガ再ビ罟ノ中ニ
陥ッテ了ッタ
狐ハ早速罟ノ戸ヲ閉メテ「コレナラ訟ナシ」ト
曰ク必ズシモ訟ヲ無クセシムルモノハ狐ナルカナ

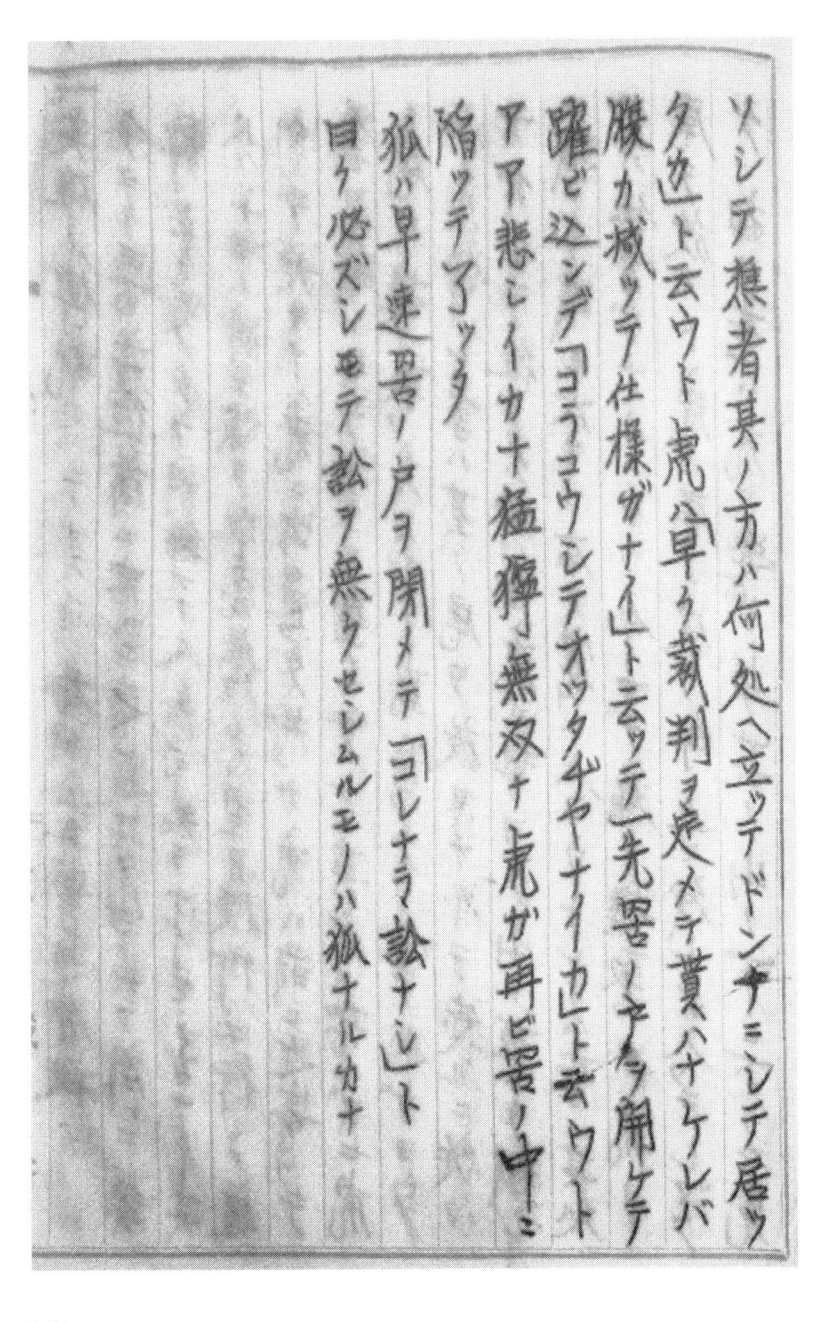

一、英雄ノ傳説　梅洞公立普通學校

今ヨリ三百年位前ニ忠清南道牙山ト云フ所ニ李
舜臣ト云ッタラ朝鮮ノ人ハ殆ンド知ラナイモノガナイ、其
人ノ十四ノ時ニ稼ヲ取リニ往ッタ、望日便所エ行ク道
中デ大キナ虎ニ出遇ッタ所ガ虎ハ前ニ近寄ッテ
李ヲ戯レル、ケレドモ李ハサヘレモ其レヲ恐レズニ虎
ノ尾ヲ握リ取ッタ、スルト虎ハビックリシテ逃ゲヨウ
トスル、併シ李ハ其ノ尾ヲ放サナイデ走ルニ從ッ
テ付イテ往ッタ、所ガ虎ハ勢ヨク山ト坂トヲ越シ
ニ越シテ或ル大キナ石ノ窟ニ入ラウトシタ、李ハ其処
デハ仕方ガナイカラ今マデ強ク握取ッタ虎ノ
尾ヲ放スト虎ハ尾ノ皮ヲ手上ニ残シテ入ッテシマッ
タ、毎テ李ハ虎ヲ逃ガシテ其ノ山ノ下ニ下リテ見

ルト、オヤ、此処ハ江原道ノ伊川ト云フ所デアル、忠
南牙山ニ居ッタモノガ僅カ四五時間ノ中ニ三四百
里ノ江原道ノ伊川ニ来テ居ル、李ハユックリト道
ヲ尋ネテ元ノ所エ帰ッテ来タト云フ話ガアル。

一、地名ノ起因ニ関スル傳説

京城カラ一里位ノ東ノ方ニ往十里ト云フ所ガアル此
処ハ昔李朝ノ太祖高皇帝ガ始メ國内ヲ平
定シテ首府ヲ定メヨウトシテ其処ノ邊ニ来ラ
レタ、其ノ夜ノ夢ノ中ニ或一人ノ老人ガ偉然ト
ヤッテ来テ「此処カラ西方ニ十里ヲ往ケバ其処ガ
首府トナルベキ所ダ」ト云フノデ夢ノヲ覺レテ
其ノ翌日ニ果レテ今京城エ来テ首府ヲ定メ
後各地名ヲ定メルトキニ其ノ夢ノ見タ所ヲ

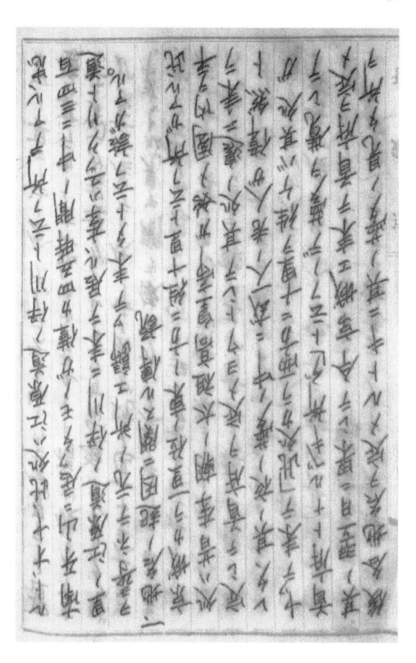

徃十旦ト名付ケタト云フ話ガアル

一、蛇ニ関スル傳説

京黄道長湍郡ニ尹姓ノ人ガ多ク居ル、昔其ノ中ニ金持ノ人ガ一人居ッタ其ノ主人タルモノガ前ハ非常ニ貧乏デアッタガ或日妻君ノ親ノ所ニ籾ヲ借リニ徃ッタ、所ガ其ノ話ヲスルト妻ノ親ハ彼処ノ倉ノ中ニ籾ガ積ッテアルカラ其ノ中デ一石持ッテ徃ケヨト云ッタ尹ハ何ントモ思ハズニ一石ヲ背負ッテ帰ッテ来タ、サテ俵ヲ開テ見ルト、オヤ、コラ大キナ一匹ノ蛇ガ其ノ中ニ伏シテ居ル、一家ガビックリシテ追出サウトシタガ妻君ガ「オ止シナサイ彼ガ福トナルモノカモ知レナイカラ其ノ儘置イテ見マセウヨト云フノデ倉ノ中ニ其ノマヽ

置イタ、所ガ其ノ時カラ何事ヲシテモ失敗ハセナ
イ家財ガ段々殖エテ後ニナッテハ其ノ近所デ一二ト
指ヲ折ラレル金満家ニナッタト云フ話ガ傳ハレテ
アル。

一、虎ニ關スル傳説

或ル所ニ一匹ノ悧巧ナ獺ガ居ッタ、此ノ獺ガ旅
行ガ好キデ朝鮮到ル処ヲ廻ッテ見タ、ソコデ
終ヘリニ金剛山ツツ見ナカッタノデ一萬二千峯ニハ
萬九ツノ寺ヲモ一ペンデ見廻レタ、スルト腹モヘリ足
モ痛クテ或ル峯ノ上デ休ンデ居タ、丁度其ノ時
ニ匹ノ飢エタ虎ガ其ノ獺ノ坐ッテ居ルノヲ見テ
「コレハヨイゾワイ」ト思ッテ近クヤッテ来タ所
ガ疲レタ獺ハ逃ゲヨウトシテモ出来ナイカラ遂

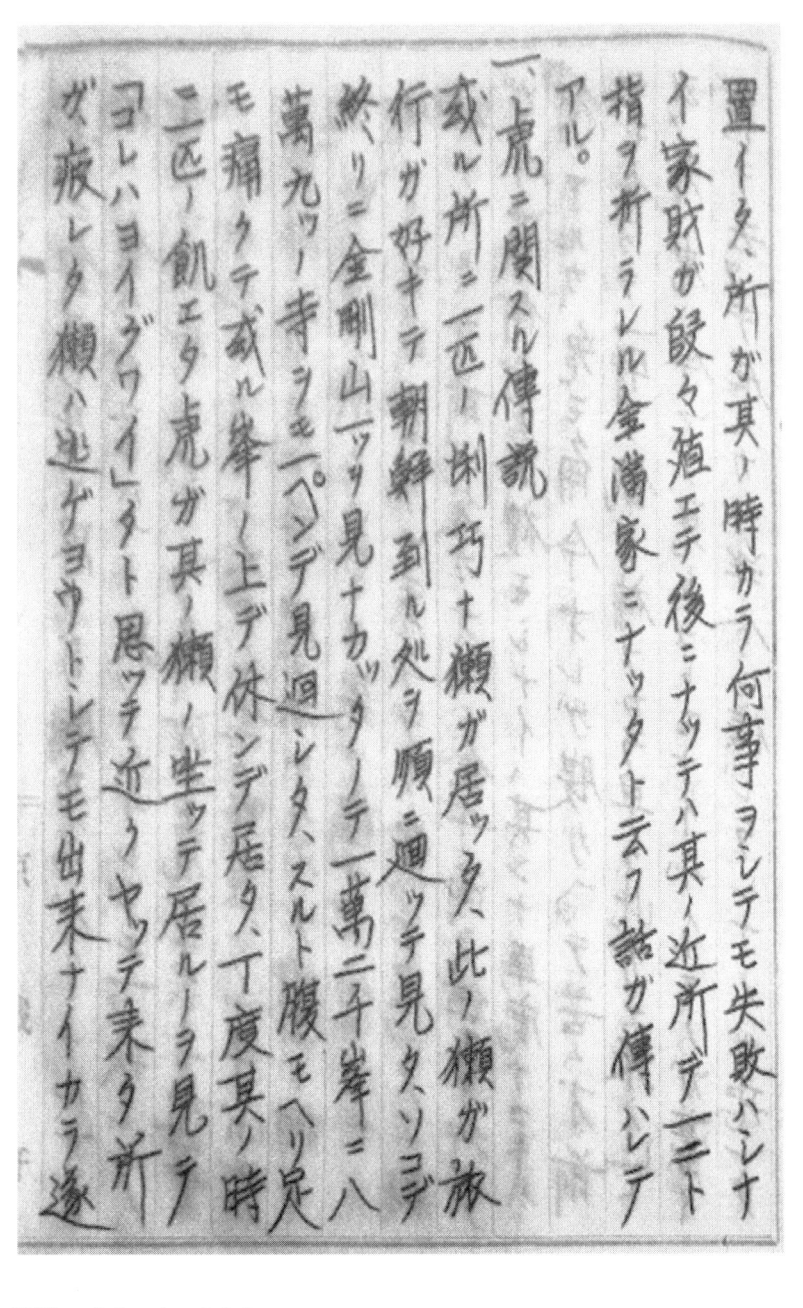

ニ虎ニ食ワレルカト思フト胸ガイッパイニナル、サア彼レニ食ハレルコトハマー定ッタ、ケレドモ一ツ欺シテ見ヨウト思ッテコウ云ッタ「汝ハ虎デナイカ、汝オレヲワカルカ、オレハ水デ千年、野原テ千年、山デ千年、都合テ三千年ノ間ニ水デハ小イ蝦ヨリ鯨マデ、野ノ原デハ小イ虫ヨリ飛ブ鶴マデ山デハ小イ兎ヨリオ前ノヨウナモノマデヲ食ッテ居ッタオ獺様デアル、オ前ノ父ガオレニ金千両ヲ借リテ行ッタガ今マデ何ントノ禮モシナイ、其ンナ馬鹿ナコトハ何処ニアルカ、兎モ角今オレガ腹ガヘッテ苦ムオ前デモ食ッテ一時ノ飢ヲ補フカラ早ク此方エ来イ」ト云ッタ、虎ハ今マデ見タコトモナイ小イモノガ豪イコトヲ云ッテ居ルカラ半分モ信ジラレナイガ恐レタ

ナッテ逃ゲテシマッタ、其ノ時丁度一匹ノ兎ガ出テ来テ
「虎様何故デスカ」ト云フノデ虎ハ其ノ獺ノ云ッタコト
ヲ一通リ話スト兎ハ「其ハ獺ト云フ一ツノ弱イモノガ詐ヲ
ヲ云ッタノデスカラ早ク往ッテ殺シテ御食リナサイ、
サウシテサシ残シテ下サイ」ト云フト虎ハ猶ホ信ジ
ナイ、兎ハ「ソレジャ」「私ト尾ヲ相結ンデ一所ニ往キマセウ」
ト云フカラ、ソコデ虎ハ兎ト尾ヲ相結ンデ獺ノ居ル所
ニ出掛ケタ、其ノ時獺ハアレ又来ルゾ、今度ハモウ
一ツ欺マシテ見ヨウト思ッテコウ云ッタ、「オイ兎、オ前ノ
祖父ガオレノ方カラ金三千両ヲ持ッテ往ッタガ漸ク
オ前ノ父ガ其ノ利子ダケヲ持ッテ来タバカリデ今
オ前ハ其ノ代ニ生キテイル虎一匹ヲ持ッテ来ルノカ、ソ
レチヤ早ク持ッテ来イ、今丁度腹ガ減ッテ困ルカラ」

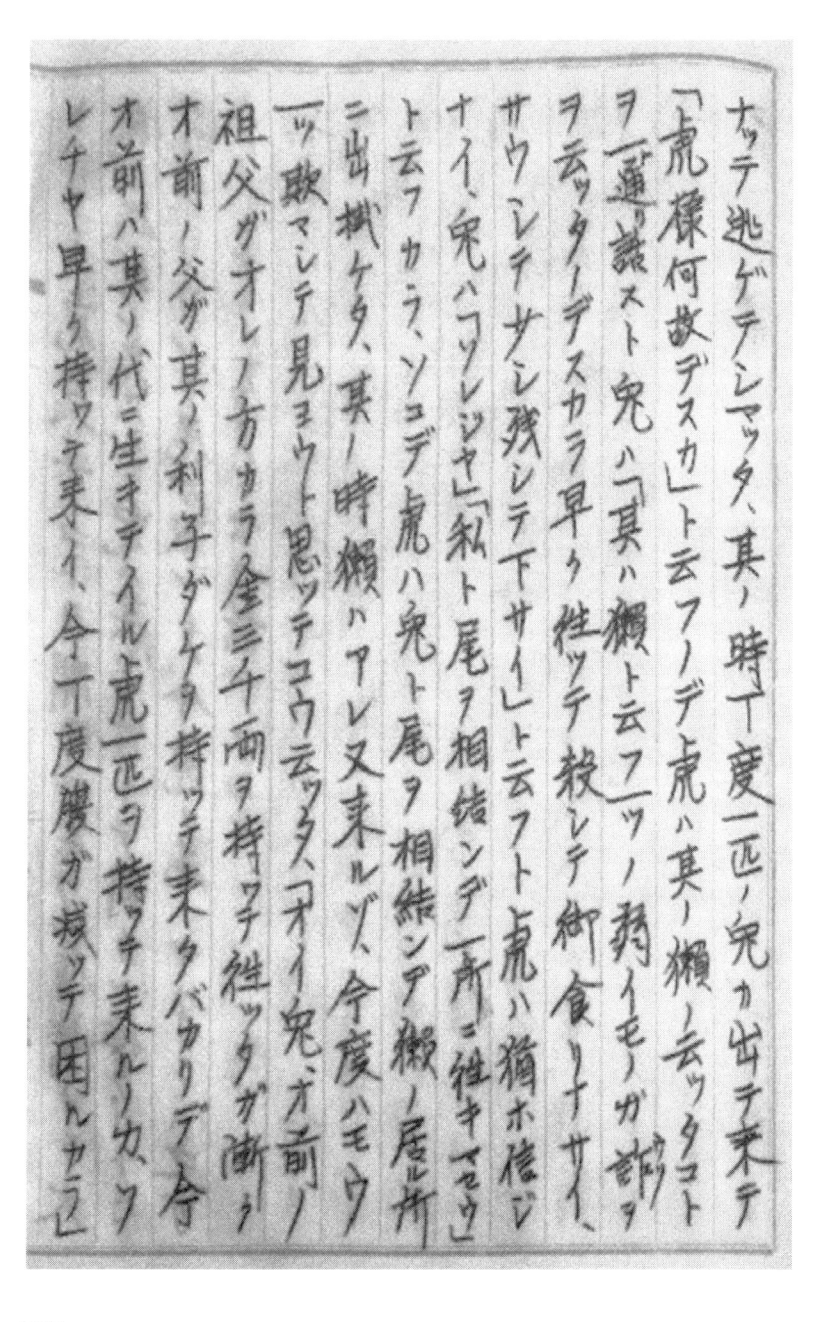

ト云フト虎ハ又其ノコトヲ聞イテモウ一層驚イテ大足デ逃出シタ、スルト兎ハ其レニ付イテ引カレ往クコトニナッタ、ソウシテ尾ガ取レタ今兎ノ尾ノナイノハ之ガタメニナクナッタト云フ話デアル、

齊洞公立普通學校

一、傳説

イ、民族移動及開闢ニ關スル類

イ、太古天ト地ト相合シテ茫々タル大海トナリテ萬物ヲ皆殺シテ後又元ノ如ク二ツニ分レタリソレガ中ニ一匹ノ牛ガ生キ殘リテソレガ人ヲ産ミテ漸々ト繁殖シタルモノナリ故ニ牛ハ人間ノ祖先ナリ

ロ、何萬年カ後ニハ長キ間、雨ガ降リテ其ノ雨水ガ世界中一杯ニナリテ人間ハ皆死ネドモ其ノ内ヨリ孝子ノ如キ一番善イ人ガ生キ殘リテ漸次繁殖ス。

ロ、動植物ニ關スル類

イ、虎、狐、等ハ百年間經テバ尾十頭カ九ツニ

出来テ諸種ノ変態ヲナス即チ女トナリ、男ト
ナリ僧トナリテ[illegible]幾度変シテ人間ヲ喰ヒ殺
ス。
夕維ハ三年間、猫ハ十年間経テハ諸種ノ変態
ヲナス、故ニ家ニ飼ハル、モノモ以上ノ年限ヲ経ザル
内ニ殺ス
3、猫ヲ殺シタルモノハ猫ヲ殺シタル崇ニテ猫ノ真
似ヲシテ遂ニ死ス
4、文蛤ハ雀ノ老ヒタルモノガ海中ニ入リテ変態ス
5、飯粒花（밥풀꽃）ト云フ草ハ悪イ姑ガ居テ其ノ
嫁ヲ虐待スル事度々ナリシガ或ル日嫁ガ飯ヲ喰
ヒ居ル處ヲ棒ニテ打チ殺シテ埋葬シタリシガ
其ノ後其ノ墓ヨリ一株ノ草花ガ生エテ奇麗ナ

ル花ガ咲ケリ其ノ花ノ形ハ人間ノ口ニ飯ヲ喰ヘタ
ルガ如シ
又海棠ヲ屋敷内ニ植エルト其ノ家庭ヨリ淫賣ヘ
女ガ出来ルト云フ
又何百年ト云フ古キ樹木ニハ神ガ宿ル故ニ其
ノ木ヲ祈リタルモノハ死ヌト云フ又斯ノ如キ樹
木ニハ飲食物ヲ上ゲテ自身ノ幸福ヲ祈ル
ハ、地名ノ起因ニ關スル類
イ、斷髮嶺、江原道淮陽郡ニアリテ金剛山
ニ登ル嶺ナリ新羅王ノ子金地藏世ヲ逃ゲ
テ山ヘ入ル時此ノ嶺ニ於イテ髮ヲ斷リタル
ニ依ル
又往十里、朝鮮李朝ノ太祖都ヲ定メル時

始メハ今ノ往十里ト云フ所ニ假定シテ宮殿ヲ建テル時地中ヨリ一ツノ石碑ヲ拾得セシガ碑ニ「妖僧舞鶴往十里」トアリ(妖僧舞鶴ハ都ヲ定メル時ノ指導者ナリ)因ッテ本所ヨリ十里ヲ往キテ都ヲ定メタリ即チ今ノ京城是ナリ

二、童話

ノ或ル處ニ良イ人ト悪イ人ガ居リマシタ善人ハ或ル日近傍ノ空屋ニ入ッテ寝テ居リマシタガ夜中ニ化物ガ沢山集ッテ来ルカラ驚イテ天井ノ中ヘ飛ビ込ンデ大キナ声デ金ヲ出セ、銀ヲ出セト云ヒナガラ天井ヲ叩キマシタガ化物達ハ此ノ音ヲ聞イテ驚イテ持ッテ居ッタ金銀ノ棒ヲ棄テ、逃ケマシタカラ其ノ人ハ悦ンデ其ノ金銀ノ棒ヲ家ヘ持チ帰ッテ大キナ金持ニナリマシタ、悪イ人ハコレヲ聞イテ其ノ空屋ニ這入ッテ寝テ居リマシタガ夜中ニ化物ガ集ッテ来ルカラ善ヒ人ノヤッタ様ニシテ天井ヲ叩キマシタガ化物達ハ此奴前ニ来タ曲者ダト云ッテ散々ニ打チ殺シマシタ。

2、漁夫ガ或ル夜河ヘ蟹ヲ取リニ往キテ河辺ニ眠ッテ居リマシタ夜明ニ皆帰リマシタカラ起キテ見ルト一ツノ帽子ガ落チテアッタカラソレヲ冠ッテ家ニ帰リマシタ家内ノ人々ハ一言ノ挨拶モアリマセンカラ怪ンデ覗イテ見タラ何モ形ガ見エセマントニ云ヒマシタソレヨリ此漁夫ハ此帽子ヲ冠ッテ方々

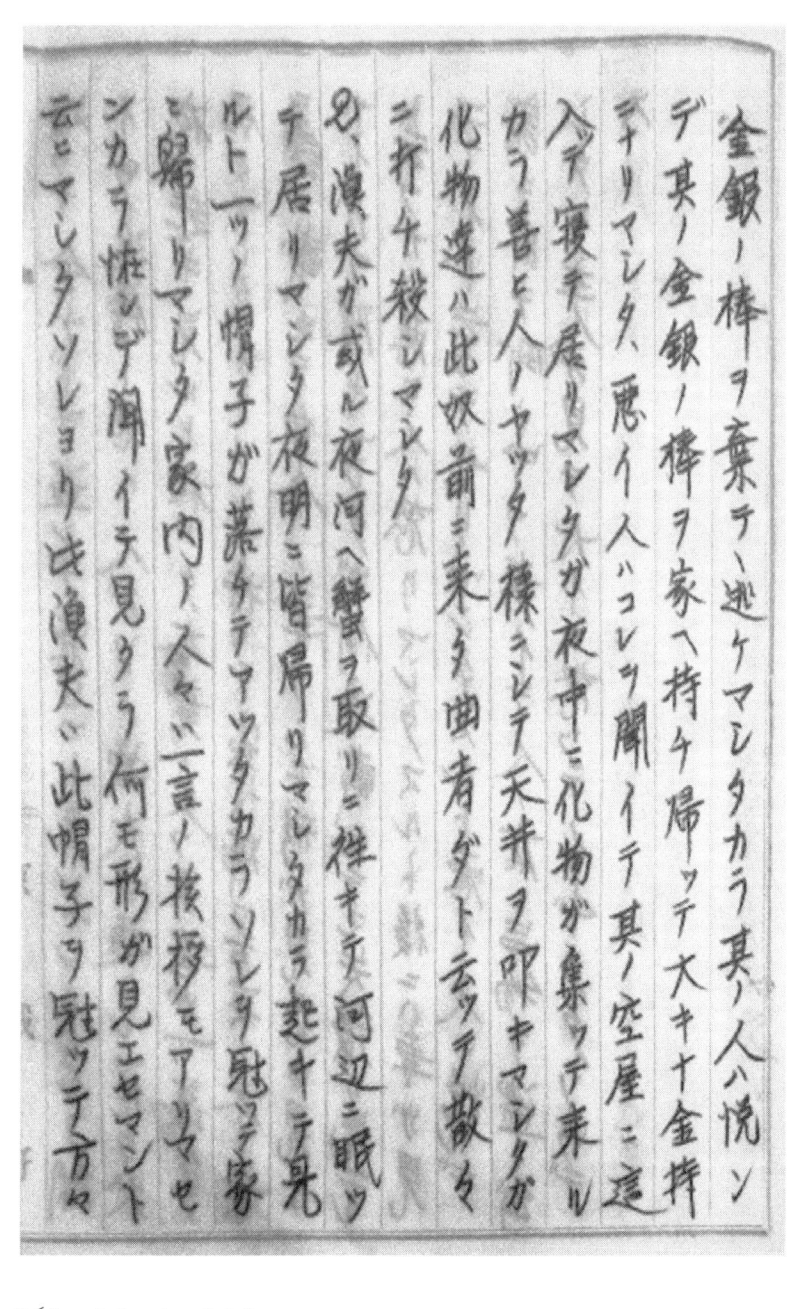

廻ッテ金ナドヲ盗ンデ悪ヒコトヲシマシタコレヲ聞
イタ近傍ノ悪イ人ガソノ漢夫ノ通ニシマシタ処
夜ニ起キ見ルト枯レタ木葉ノ入ッタ笹ガ落チテ
居リマシタカラソレヲ持ッテ家ヘ帰ッテ其ノ木ノ葉
ヲ頭ニ載セテ自分ノ妻ヲシテ形ガ見エルカ見エ
ナイカヲ聞キマシタガ何遍載セテモ矢張リ見エル
ト云フカラ悪ヒ人ハ怒リマシタスルト後ニハ妻ガ見
エナイト云ッテヤリマシタスルト悪イ人ハ悦ンデ
家ヲ出テ町ノ中ヲ歩イテ人ノ店ノ品物ヲ盗ミ出
シタラ主人ガ見テ大イニ怒ッテイヂメタソウデ
大

麻浦公立普通學校

記

一、京城ハ内地ト親密ノ関係生ジテ以来ノ名ニテ
其前ニハ셔울塵藩（京ノ漢字ヲ充用シタレド）
ト云ヒキ

二、薬峴ハ約三百年前徐敬命堂号薬峴ト云
ヒシ人（本城京城ノ人ニテ官政丞ニ至レリ）ノ住ミシ処
ナルヨリ採リテ名ツケタリト云フ

三、西大門外ノ慕華館ハ独立門附近ノ地方ナリ
中華ヲ慕フノ意ヲ採リテ呼ビナセルモノト云フ

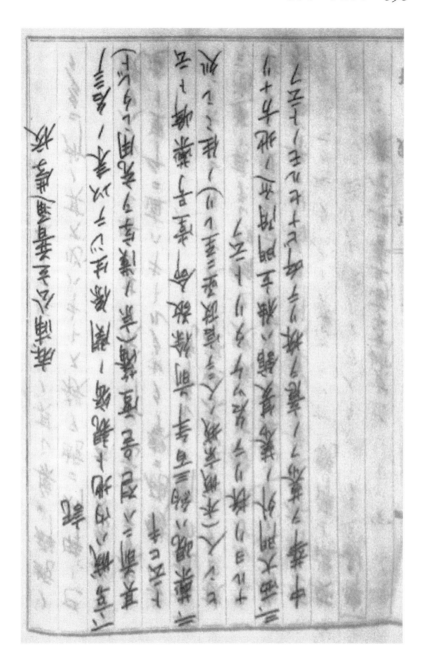

京城女子高等普通學校

一、傳説

英雄ノ傳説

李朝林慶業氏義州白馬山ヲ守ル時其ノ前庭ノ蓮池蛙聲囂々トシテ夜寢ムコト能ハザルガ故數草數束ヲ細切シテ其ノ蓮池ニ投ジタリシニ爾来蛙聲更ニナカリシト云フ

二、動植物ニ關シタル傳説

虎ハ鐵砲ニ撃タレタルトキハ直ニ千里ノ道ヲ走リテ又元ノ所ニ戻リ其ノ害シタル人ヲ殺シ後死スト云フ

巳ノ時刻ニ蛇ヲ殺ストキハ必ズ其ノ所ニ多クノ蛇群リ集シ其ノ人ヲ害スト云フ

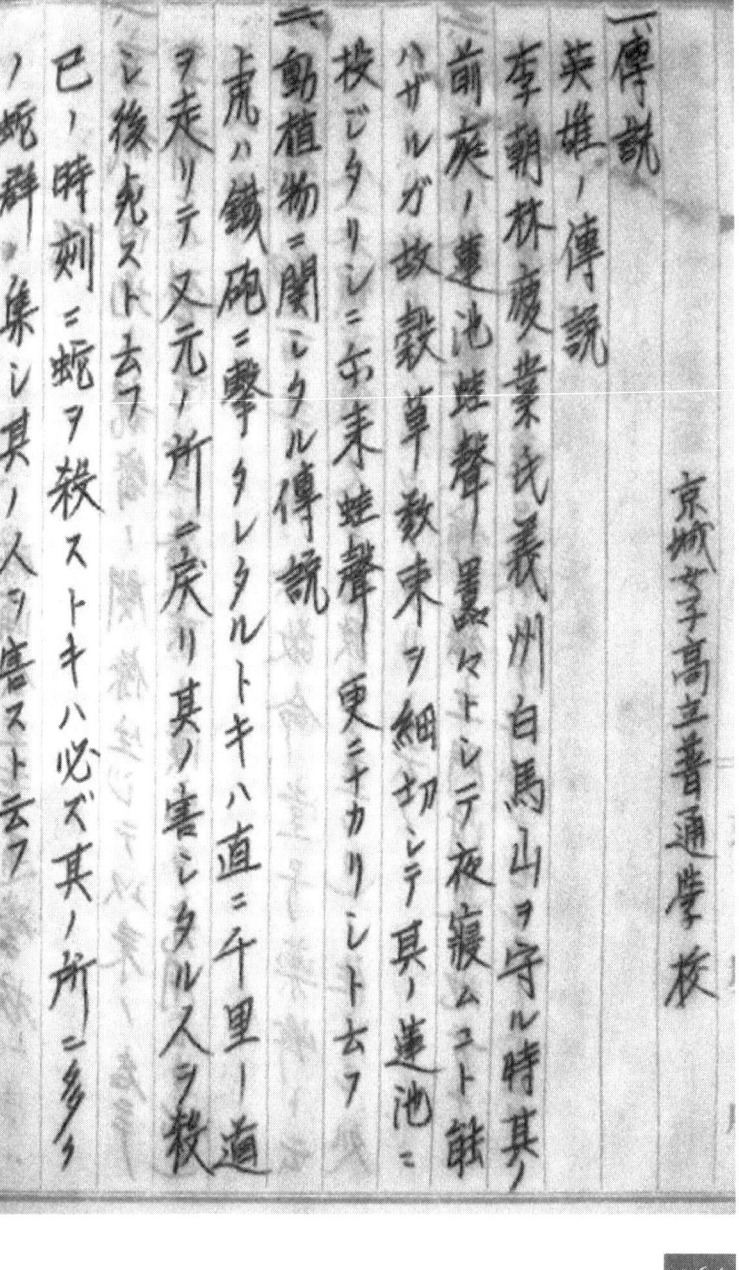

柳ノ木ヲ家ノ近傍ニ植エルトキハ鬼畢山集マ
ルト云フ

地名ノ起原ニ関スル傳說

平壤ハ其ノ地ノ田地ノ土壤殊ニ細カク且ツ平坦
ナルニ依リ其名アリト云フ

童話

未成年者米ヲ持ッテ戯ルトキハ必ズ「アパタ」ヒノ
アル婦人ヲ娶ルト云フ

幼時群児遊戯スル時叙ヲ待ッテ遊ブモノハ
成長ノ後大持ニナルト云フ

以上

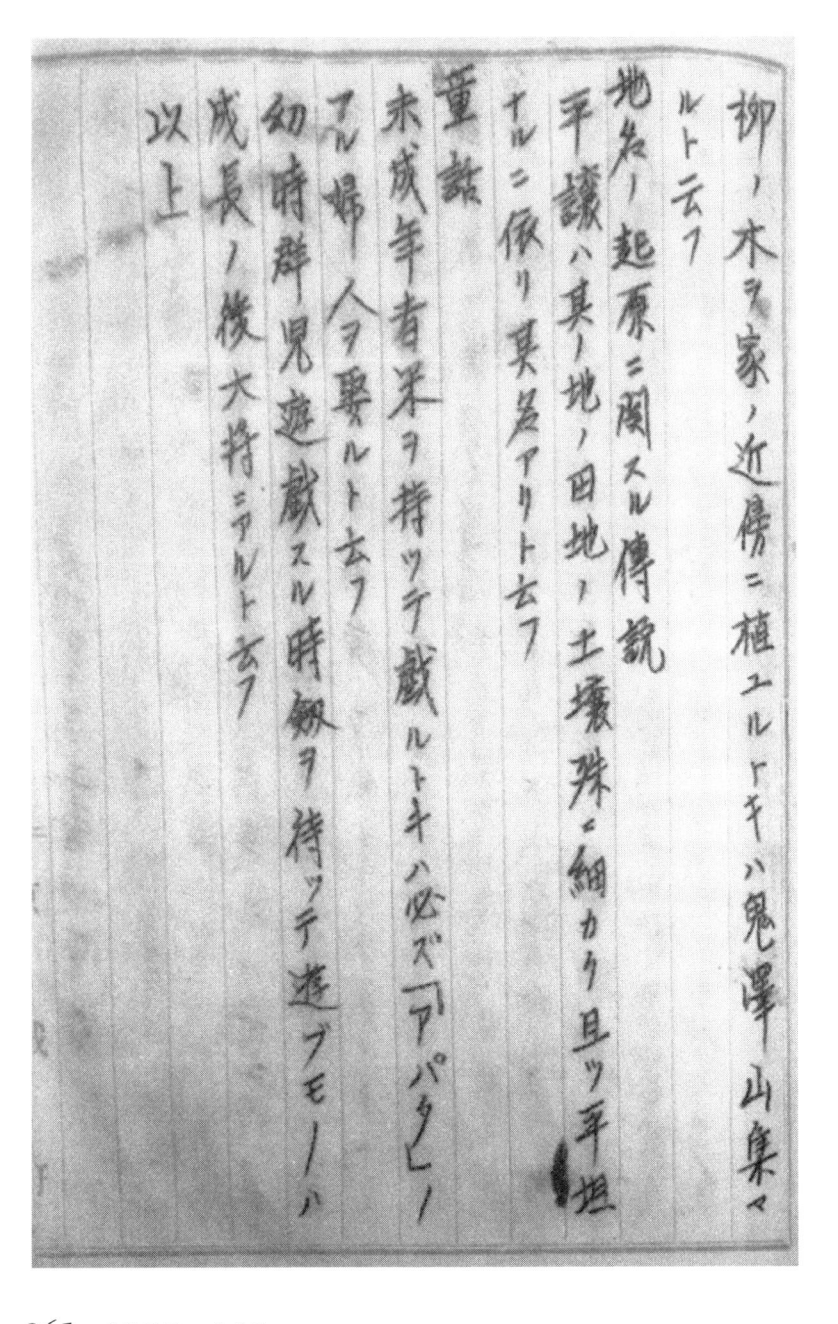

京城府南部部長

記

1、朝鮮開闢ノ初メニハ人種ガアリマセンデシタガ天ノ上カラ黒イ牝ノ牛一匹ガ下リテ来テ男女二人ヲ産ミマシタガ其ノ男ト女二人ガ段々大キクナッテ来テ自然ニ夫婦トナリマシタソレカラ追々人種ヲ蕃殖スルヤウニナリマシタト

地名ノ起原ニ関スル傳説

2、今カラ一千年前ニ西方天竺國カラ五十三ノ佛祖ガ海ノ上ニ浮ンデ朝鮮嶺東ニ来マシタ其ノ時金剛山九竜沢ニ住ンデ居タ九ノ竜ハ沢山ノ佛祖ガ此ノ方ニ来テ神霊ナル権利ヲ握ッテ仕舞ヘバ我々ノ権利ハ残ラズ消滅サ

367 전설동화조사사항

シルチヤウト大イニ心配シテ居リマシタガ色々ト
相談シテ九ノ竜ハ一層ニ團体ヲ組織シ大雨
ヲ汲ミ入レテ海水ヲ一杯ニシマシタ五十三ノ佛祖
ハ洪水ノ為メニ住ム處ガナクナリマシタカラ又向
シテ團体ヲ組織シテ一緒ニ楡岾寺ノ楡木ノ
上ニ坐ツテ神聖ナル法術ヲ講シマシタスルト
間モナク荒々ナル東海水ガ一時ニ沸騰シテ
熱クナリマシタカラ九ノ竜ハ水ノ中ニ居レナク
ナリマシタ所皆ハ一生懸命ニ岩ヲ掘ツテ其ノ
中ヘ隠レマシタ今此岩ノアル池ヲ九竜淵ト
云ヒマス
其ノ当時ノ該郡守ハ佛祖ヲ出迎ヘヤウトシテ
石造ノ舟ニ乗ツテ往キマシタガ道中デ佛祖ニ

変化シタソウデス

畧、動物ニ関スル傳説

3、中古時代ニハ毎年ノ冬ニ朝鮮カラ使者ヲ支那ニ遣リマシタガ或ル年ノ使者一行中ニ医者ガ一人居リマシテ一緒ニ道ヲ出マシタガ黄海道洞仙嶺ヲ通ルト忽ケ松林ノ中カラ一匹ノ白イ虎ガ飛ンデ来テ一行中ノ医者ヲ噛ンテ走ッテ往キマシタ一行ノ者ハ皆吃驚シテ居リマシタシ医者モ丸デ夢ノ中トナッテ居リマシタガ或ル高イ峯ノ上ニ登リマシテ漸ク気ヲ付ケテ見廻ハシマスト大キナ岩ノ上ニ一匹ノ牝虎ガ口ヲ開ケテ合ハスコトガ出来ヌデ非常ニ苦シイサウナ模様ヲシテ居リマスシ牡虎ハ前足デ始

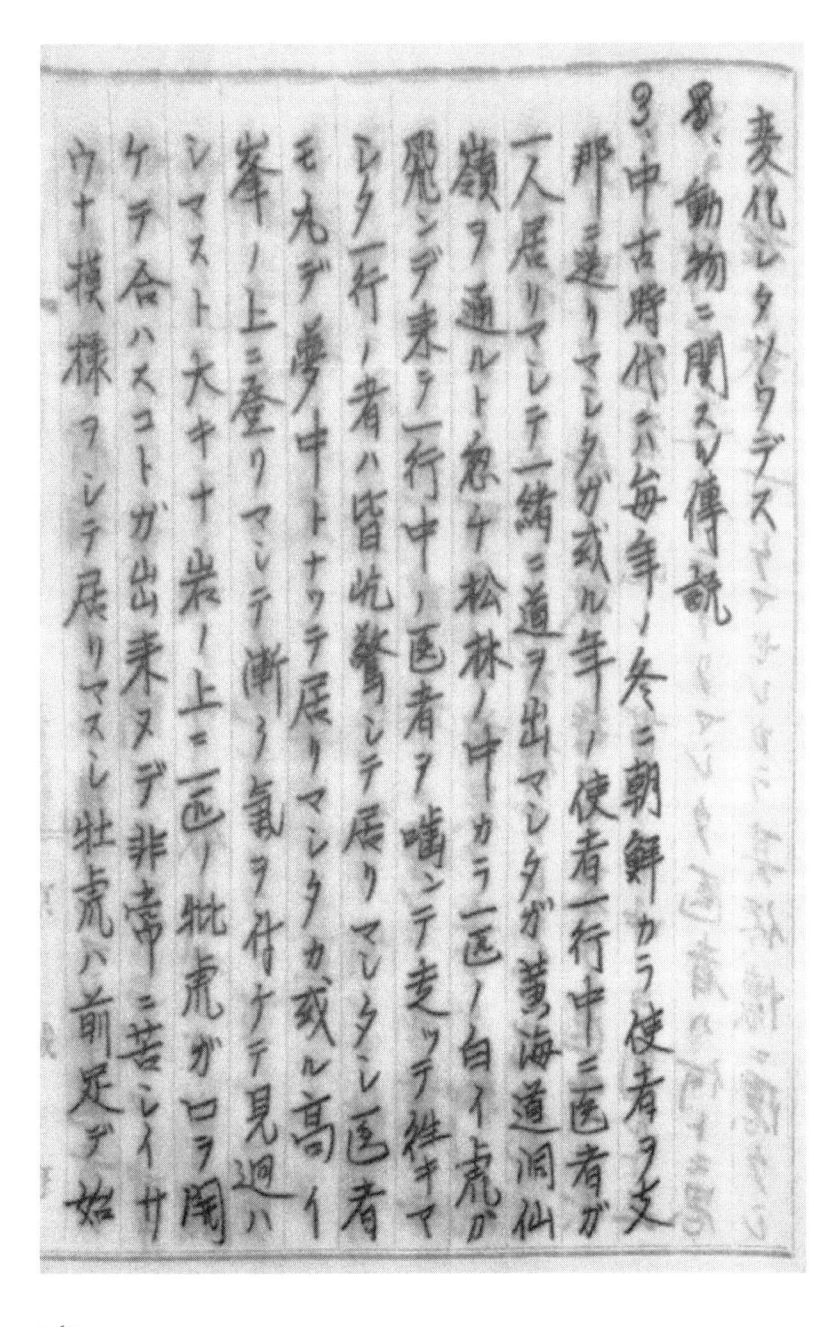

終牝虎ヲ脂指スヤウナ風ヲシマシタ医者ハ如何ガシサウニ思ッテ開ケテ居ル虎ノ口ノ中ヲ好ク〳〵見マスト喉ノ中ニ銀ノ「カンザシ」ガ横ニ挿サレテアリマシタ医者ハコンナ事ガアッテ自分ヲ連レテ来タナト安心シテ直グニ手ヲ口ノ中ニ入レテ「カンザシ」ヲ取リ出シテ仕舞マシタスルト二匹ノ虎ハ大イニ喜ンデ言葉ハ云ヘナイケレドモ叮嚀ニ前足ヲ上ゲテ御礼ノ挨拶ヲスルヤウナ有様デシタガ牝虎ハ岩ノ中カラ竹ノ枝ヲ持ッテ来テ医者ニ呉レマシタ医者ハ此レヲ貰ッテ中ヲ見ルト三ツノ針ガ這入ッテアリマシタ医者ハ何トモ思ハズ捨ル訳ニモ可ケマセンカラ其侭懐ニ隠クシ

マレタ虎ハ前ノヤウニ医者ヲ噛ンデ元ノ処ニ送ッテ呉レマシタカラ医者モ嬉シク思ッテ使者ト一行ト一緒ニ支那ノ都ニ往キマシタガ丁度其ノ時大官ノ一人ガ背中ニ腫物ガ出来マシテ実ニ命ガ危イ処デアルケレド其ノ方ノ医者デハ中々利ケマセンデシタ処ガ朝鮮カラ医者ガ来タト云フコトヲ聞イテ診察ヲ願ッタラ此ノ医者ハ虎カラ貰ッテ来タ針ヲ以テ「腫物《デキモノ》レヲ刺シテ膿ヲ搾ッテ仕舞ヘバ二三日ノ内ニ悉皆イ直リマシタ大イニ感謝シテ沢山ノ賞品ヲ医者ニ呉レマシタ医者ハ大官カラ貰ッタ宝物ヲ持ッテ國ニ帰ッテ来テハ大キナ金満家ニナリマシタコレカラ段々名誉ガ世間ニ高マッテ何ニモ不自

由ナコトナク一生安楽ニ暮シタソウデス

童話

慶尚道ノ或ル郡ニ於テ殺人事件ガアッタ
此レハ或ル薮ノ中ニ人ヲ殺シテ置イタモノガ
発見サレマシタカラ尸骸ヲ其ノ侭置キマシテ
其ノ犯人ヲ捜索スル為メ其ノ附近ノ幽僻ナル処
ニ番人ヲ隠シテ其尸骸ニ対シ異状有無ヲ偵察
スル際ニ十二三ノ年頃ノ或ル小供ガ態々其ノ薮
ノ中ニ這入ッテ来テ其ノ尸骸ヲ見ルヲ以テ直ダノ
様逮捕シテ其ノ郡衙ノ法庭ニ於テ取調ベニ
掛リマシタ

郡守 汝ハ何故人ニ殺サレテ居ル尸骸ノ側ニ往ッテ
見ルノカ

小供 私ハ特ニ往ッテ見ル訳デモゴザイマセンケレドモ
数年前或ル異人ニ遇ッテ禽鳥ノ言葉ヲ
解釈スルコトヲ習ヒマシタガ今其ノ薮アル
處ヲ通ル際ニ鳥ガ澤山集ッテ騒ク聲ヲ
聞クト「林下肉ナシ」ト云フモノダカラ或ヒハ人
間ノ喰フベキ肉類デモアルカト思ッテ試ミニ参ッ
テ見レバ思ヒモ掛ラザル處ノ不幸ニ被害サレ
タ尸骸ヲ見付ケマシタノデ自分モ吃驚リシ
タバカリデ外ニハ何ノ事情モゴザイマセン
爺守 ソンナラバ汝ハ今デモ何鳥ガ鳴クデモ聞違ヒ
ナク解釈ガ出来ルカ
小供 間違ナク解釈ヲシマス
爺守 丁度其ノ時一群ノ雀ガ騒ギナガラ通ッテ

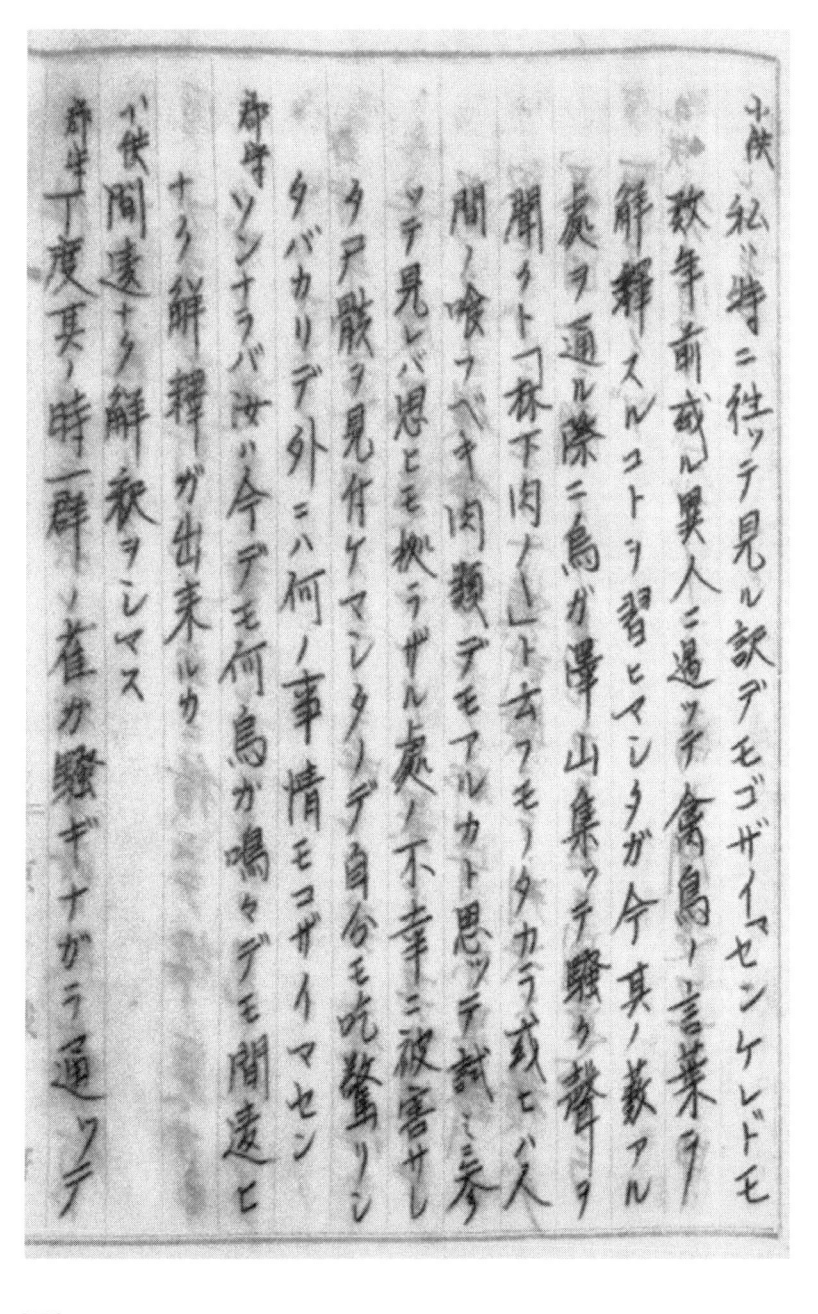

徃タノヲ見テ其レヲ指シテ汝ハ彼ノ徃ガ何ト
云フテ徃タノカ

大方其ノ行先デハ車ニ積ンデ徃ク栗ガ中
クヅレテ道邊ニ散ラシテアルノヲ見テ徃タンデ
アリマセウ

郡守早速之ノ早イモノヲ呼ンデ其ノ在ノ徃キ
止マル處マデ遣リマシタガ果シテ其ノ通リデ
アッタト復命シマシタ郡守ハ不思議ニ
思ヒナガラモート一遍試験シテ判決スル積リデ
「又一回汝ニ聞イテ見ルカラ若モ間違ッタラ
可ケナイゾ」

小供ハイ宜シウゴザイマス萬々間違フ事ハ申
シマセン

郡守ハ直グニ郡衙ノ軒ノ端ニ巣ヲ造ッテ雛ヲカヘテ
居ル燕ノ雛子ヲ一ツ密カニ取ッテ隠シ置キマシタラ
母燕鳥ハ非常ニ騒ギテ居ッタ郡守其レヲ指
シテ
マー燕ハ何ヲ云フテ居ルノカ
小使　彼ノ燕鳥ハ「救我子」ト云ッテ居リマス
郡守モ大イニ感心シテ放釋ヲ命シタソウデス

京城府豆毛面長

傳說

本面管内水鐵里エ高麗古墓로其時岩石이重々疊々を山樹木이森々鬱々を데忽然雷聲霹靂에大雨가暴注터니即時晴を後一大彩龍이昇天云云

京城府崇信面長

傳說

一、崇信面ハ元崇信坊ト唱ヘシニヨリ此ノ名アリ

二、管内牛耳洞ハ山ガ牛ノ形ヲナシ洞ニ流レシ川ハ牛ノ耳形ヲナシ其ノ河ノ辺リニ昔ニ墓ヲ造レ為メ此ノ名アリト傳フ

3、孫哥亭ハ高麗時代ニ孫氏ト云フ家臣アリ孫哥
停ニ侍住セシメタル後李朝ニ至リ此ノ地ヲ同氏ノ
領分トナス現住者其ノ子孫ナリト云フ依テ此ノ
名アリ

二、童謡ナシ

京城府 漢芝面長

一、傳説

イ、芝面梨泰院洞内ノ鄭氏及梁氏ハ今ヨリ約四
百年前日本國ヨリ来リタルモノヽ血統ナリト
云フ説アリ
只不分明

ハ、今ヨリ五百年前漣川郡内ニ許穆懐徳郡

内ニ宋時烈ト云ヘル二人ノ英雄アリ両者常ニ関シ意見合ハス然ルニ宋時烈ノ父臨終ニ宋氏ヲ枕辺ニ呼ヒ寄セ汝許氏ト意見合ハス互ニ疎隔スト雖モ許氏ハ稀代ノ書家ナルヲ以テ吾カ死後直ニ同人ニ請フテ碑面ニ揮毫セシメヨト依テ宋氏ハ許氏ヲ招キ亡父ノ言ニ基ツキ海中ノ石ニ碑文ヲ書セシム然レトモ宋氏ハ許氏ト従来意志ノ相合ハサルヲ以テ三ケ月ノ後更ニ能書ノ人ヲシテ改書セシメントシ最ニ許氏カ書スル處ノ碑面ヲ削ルニ墨痕深ク石裡ニ透シテ除クコト能ハサルヲ以テ之ヲ地中ニ投シタルニ其石碑ヲ抜棄シタル箇所ヨリ赤色ノ気炎ヲ発シ不思議ニ堪ヘサルニヨリ

宋氏ハ毎ヒ石碑ヲ池中ヨリ引揚ゲ之ヲ旧位
置ニ復シタルトキ全ク池中ヨリ発スル気大ク
ハ除却セラレタリト云フ
今ヨリ四百年前慶尚北道醴泉郡高坪ノ洞
ニ鄭琢ト云フ英雄アリ身丈四尺眸中白点ア
リ夜中ニハ眼中ノ光ヲ発シ燈火ヲ交エズシテ
書見ヲナス又我家ニ帰ル石上ヲ歩行スレハ
足下ノ石皆粉砕セラル、道ヲ歩スルニ当リ
其距離遠キ時ハ道路ヲ扇子ヲ畳ミタ
ルカ如ク短縮シテ歩行シタリト云フ

二、京城光化門ノ前方ニ冠岳山ト云フ山アリテ
此ノ山ヨリ虎群ヲナシテ出来リ屡々城内ノ
人ヲ噛ミ殺シタルニヨリ之ヲ征クニ石造ノ虎ヲ

門ノ左右ニ振置キタル後虎ノ来襲全ク止ミタリト云フ

又虎ハ人ヲ噛ミ殺ス毎ニ自己ノ耳ヲ爪ニテ必ス裂クト云フ

本不分明

今ヨリ三百年前或ル人此朝鮮ノ國ハ鉄軌ノ音聲ヲ聞ク時代ニハ國亡スセフト豫言ヒタリト

二、童謡不明

以上

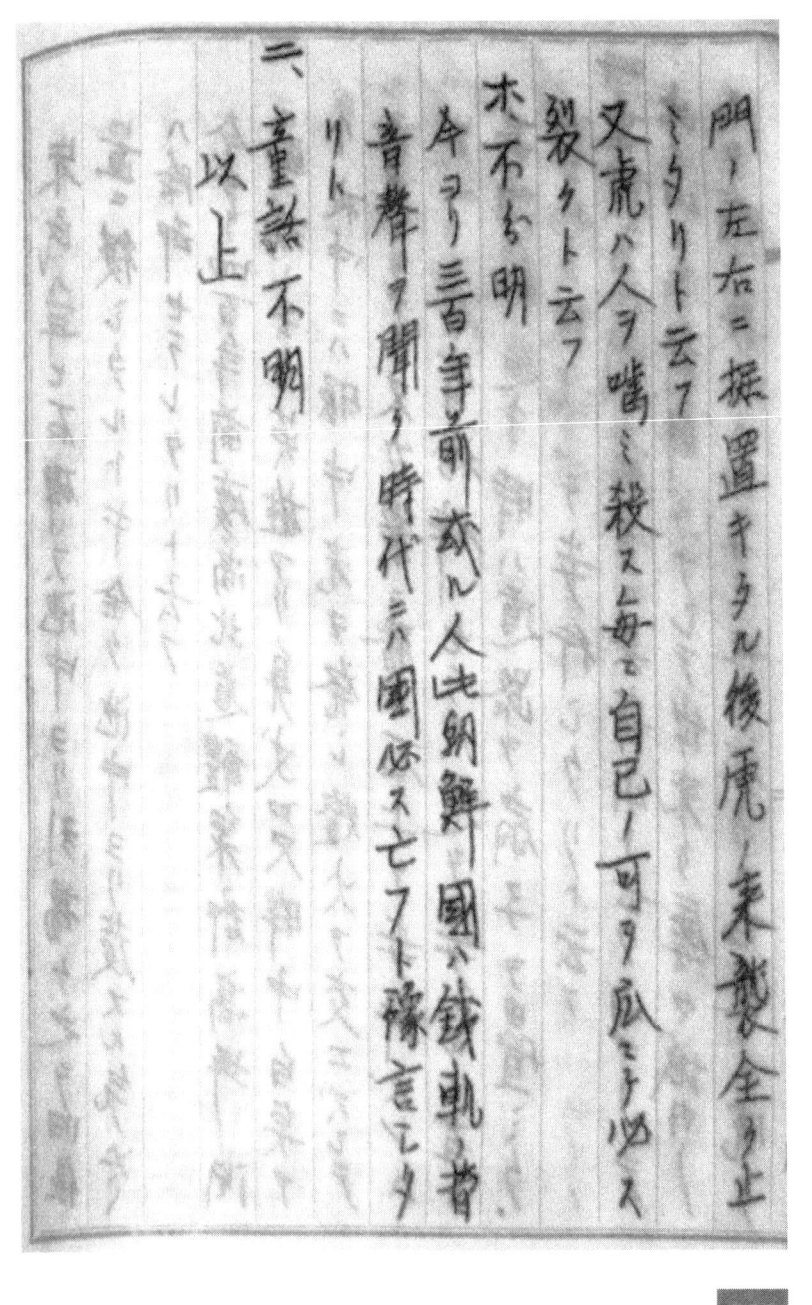

ホ、地名ノ起原ニ關スル傳説　京畿府仁昌面長

崇信面東小門外三仙坪ノ傳説

一、傳説曰ク三仙坪ハ昔ノ時ニ仙ガ雲霄ヨリ降來
シテ娯遊シマシタノデアル爲メニ三仙坪ト名稱シ
テ居ル其レデ其ノ附近ヲ過仙洞ト云フモノガ有
ルノニ此ノ地方ヲ時々ニ降遊シ塔洞尼寺ニテ
ニ仙坪ヨリ通過スル阪谷小峴ト云フモノガアルマシ
テ如此ノ名ハ琵琶峴トアル其レデ仙人ガ琵琶
ヲ彈シタトシテ斯タノ如キ傳名シ有ッタノ
デアル

二、童話　朝鮮昔噺　片身奴

昔シ或ル田舍ノ両班ニ仕ヘテ居タ片身ノ下

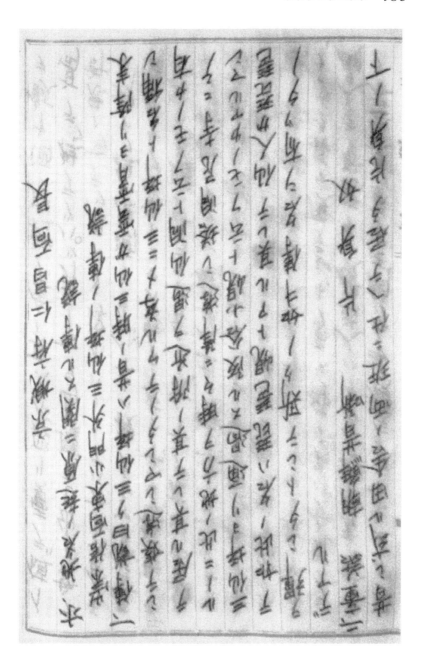

男ガアリマシタ。顔ハ半分、胴モ半分、足モ一本ノ
片輪者デ心バカリハ人並優レテ悪賢ク人ヲ倒
シテ自分バカリ得ヲセウトシテ度々善クナイ
事ヲ致シマシタ。一年主人ノ両班ガ科挙ニ應
シテ都ヘノ旅ニオ供ヲシテ驢馬ノ口ヲ取リ途
中デ幾泊マリカシテヤウヤク京近クマデ来
マシタ。一日ノ午時ニ主人ガ彼レニコレハ彼所ニ
見エル酒店デ午飯ヲ食フカラ汝ハ驢馬ヲ連レ
テ山ニ往ッテ十分草ヲ喰ハセヨト云ヒツケテ酒
屋ニ入リマシタ。彼ハ主人バカリ酒屋ニ往ッテ我ニ
モ食ヘト云ハナイノハ不淳ダト思ッテ一ツノ悪計
ヲ案ジ出シテ驢馬ヲ市ニ引ッパッテ往ッテ高
イ値デ賣リ飛バシ、其ノ金デ鱈腹酒ト飯ヲ

飲ンダリ喰ッタリシテ居ルト手綱ヲ外シテ次ノ
山ニ馳登ッテ手綱ヲ確カリ握ッテ亂棒ヲサウ
ニ千騎デモヤッテ居ルネ」ト思ッテ山マデ探ネテ
来テ見レバ其ノ下人ハ草ヲ葦ニシテガウ〱ト高
鼾テ寝テ居ルガ驢馬ハナイデ手綱バカリ確リ
握ッテ居マス、主人ハ吃驚シ強ク蹴ッテ彼ヲ起シオ
ノレ不届者奴驢馬ハドウシタカ」ト叱リ付ケルト僕ハ
驚イタ風ヲシテ哀号々々泣キ出シテ驢馬奴私
ガチョット午睡ヲシテ居タ隙ニ轡ヲ外シテ逃ゲ失
セタモノト見エマス大変ナ事ヲシマシタ、日ガ暮レ
テモ構ハナイカラ山ノ中ヲ残ラズ探シテ連レテ
来マスカラドウカ命丈ハ助ケテ下サイト云ッテ足
早クニ駈ケ出サウトシマシタカラ主人ハ許暑トモ

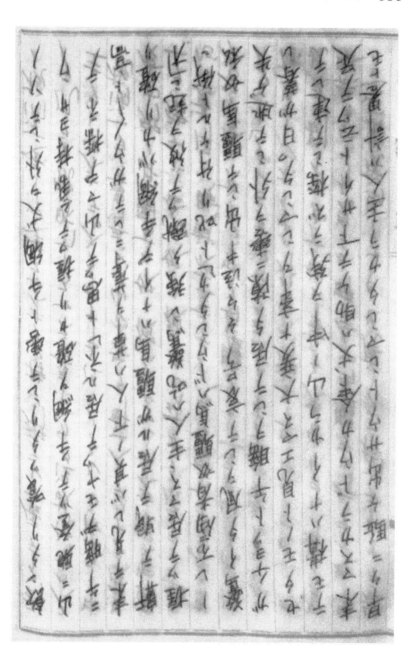

知ラナイデ一ヿ待テ〳〵廃セ〳〵コノ馬鹿者、遠ヨリ
早速ケテ行ッテ驢馬カ今時分ニ見付ソウカ無駄
骨ヲ折ルヨリ出来タ事ハ仕方ガナイ別ニ又此
所一匹買ッテ早ク都ヘ出外ハナイホントニ馬鹿
ニ付ケル薬ガナイトハヨク云ッタモンダ」ト云ッテ
情然ト山カラ下リテ驢馬ヲ買ッテ京ヘ登リマシタ
京ニ登ッテ下宿ヲ定メテ晝夜試験ノ用意ニ心
ヲ苦メテ居タガ或ル日彼ノ奴ニ命ジテ粥ヲ一
盃買ッテ来サセマシタ、彼ノ奴ハ不圖此ノ粥カ食
ヒ度クナッテ人一計ヲ案ジ出シ、青鼻汁ヲ一滴椀ノ
中ヘ落シシク〳〵泣キナガラ入ッテ来マシタ主
人ハ何故泣クカ」ト尋ネマスト「昨晩カラ爪ヲ
剥イテ居マシテ粥ヲ持ッテ来マス途中ノ遂ニ一滴椀ノ

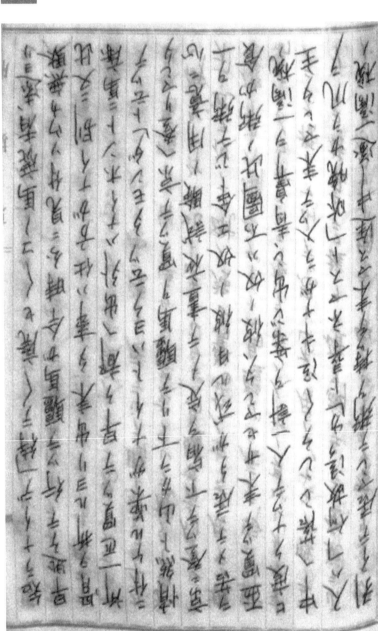

中ニ鼻汁ヲ落シマシタ」ト申シマスレバ「汚イ奴其ノ粥ヲ誰ガ喰ハリヨウカ仕方ガナイ、貴様ニ呉レテ遣ラウゾ」ト云ハレテスガ粥ニ有リツキマシタ、斯シテ悪イ事バカリ續キマシタガ、主人ハ不吉ナ神ニ憑カレテカ首尾悪ク落魄シテ仕舞ヒマシタ、憎イ片輪奴、貴様故ニ己ノ運ガ無クナッタ」ト云ッテ或奴ヲ呼ビ出シテ其ノ背ニ墨ヲ以テ此ノ奴ノ為メニ落魄シ途中デモ費用ガ大変ニ掛ッタ、此儘生カシテ置ク訳ニ行カナイカラ早ク葛籠ニ詰メテ河ニ沈メテ仕舞ヘ」ト言イテ己レハ京ニ少シ用ガ残ッテ居ルカラ貴様ハ先ツ郷里ヘ歸レ、歸ッタナラ貴様ノ背ヲスグ家者ニ見セヨ、其レハ極ク秘密テ大事ナ用デアルト堅ク吩付ケマシタ、彼ノ奴ハ途中ハ

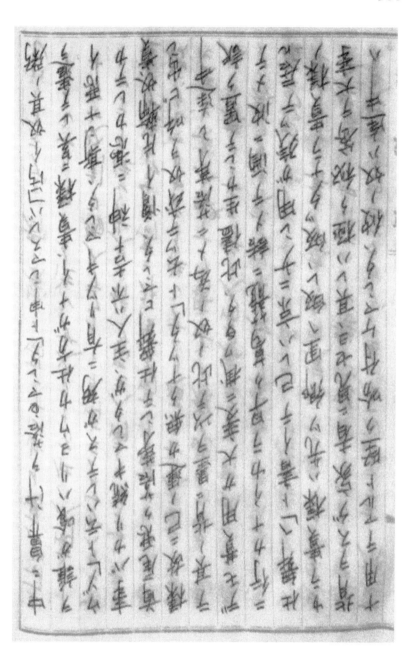

一人旅ノ事デ元気ナモノダカラ面白イ可笑シタ
道中ヲシマシタガ唯心ニ懸ルノハ背中ニアル生人ノ
文字デアル、此レハ屹度自分ノ為ノニ善クナイ事
ヲ限ッテ居ル何カシテ知リタイモノダト思ッテ居
マシタ或ル日急ニ蜜ガ欲クナッテ来タカラ務ノ
務ヲ十文許買ッテ蜜商人ヲ呼ビ止メテ務ノ入
物ヲ出シテ此ノ務ノ上ニ蜜ヲ十文分呉レト云ヒ
マスト商人ハ云フ通リニサシ注イデヤリマシタ、彼
奴ハ「ソレハ高イ高イ法外ニ高イモチット注ゲ」
ト云ヒマスカラ商人モ已ヲ得ズ又サシ注イデヤリ
マシタ、ガマタモ高イトイッテ入物ヲ引込マサナ
イ、商人ハ仕方ナク又サシ注イデヤリマシタノ
ニマダ高イ此ンナニ高イ蜜ハ都ニデモアリハシ

ナイ」ト云ッテ止ナイトウノ商人ハ怒ッテ「無法ノ
人モアレハアルモノダ、ソンナラモウ賣ラナイ」ト云ヒマシタ
彼奴ハハッハッハット笑ッテ已レモ此ンナ高イ蜜ハ買ハナ
イソーラ持ッテ皈レ」ト容物ヲ突キ付ケマシタ、ケレ
ド蜜ハモウ麥ノ粉ニ浸ンデ居リマシタカラ取出ス訳ニ
モ行カズ商人ハ其ノマヽ悪口ヲ云フバカリテ立チ去リ
マシタ、其処デ奴ハ蜜ヲ混ッタ麥ノ粉ヲ錬ッテ佛ノ
像ヲ拵ヘテ其レヲ嘴ミ〳〵歩イテ居マスト途中デ
一人ノ旅僧ニ出逢ヒマシタ、旅僧ハ彼奴ガ佛像ヲ
バサモ旨相ニ嘴ムノヲ見テ大層不思議ニ思ッテ「佛
像ガ旨イカ」ト聞ヒマスト彼奴ハ笑ヒナガラ「甘イトモ〳〵
私ハ毎日此ンナニ佛像ヲ食ッテ腹ヲ膨ラスノニ
御僧デアリナガラ佛像ヲ食フコトヲ知ランノハオカ

シイ」ト云フ、僧ハ「ソレヂヤ己レニモ少シ嘗ラセテ見ヨ」ト云ッテ、嘗ミ嘗メバホントニ甘イ「モット食セヨ」ト云フト「ソレナヤ私ノ背ニ書イテアル文字ヲ読ンデ下サイ」ト云ッタ其ノ僧ガ見テモラウト大変飲呑ナ事ガ書イテアル、ソコデ奴ハ僧ニ向イテ「此ノ佛像ヲ公ニ曲上ゲマスカラ背中ノ文字ヲ消シテ此ノ奴ノ為メニ澤山仕合ヲ得タカラ背中ノ文字ヲ消シテ(此ノ奴ノ為メニ沢山仕合ヲ得タカラ其ノ褒美ニ直様娘ヲ配セヨ」ト書キ直シテ下サイ」ト云ッテ書キ直サセマシタ、ソコデ心モ落チ付キ意気揚々トシテ主人ノ家ヘ着キマシタ、主人ノ妻ハ奴ガ出シタ背ヲ見テ何テモ不思議ナ主人ノ御命令デアル、人モアラウニ此ノ奴ノ

様ナ片輪者ニ花ノ様ナ娘ヲ妻ハセトハドウシタ事
デアラウ、コレニハ何カ仔細ガアルダロウ兎ニ角主人ガ
帰宅セラレタ上ニセウ」ト有ノ言ッテ日ヲ延バシマシ
タ。三日後ニナッテ主人ハスゴスゴトシテ帰ッテ来テ
イチ早ク彼ノ下男ノ姿ヲ見付ケテ大変機嫌
悪ゲニ「ナゼ今ニアノ奴ヲ生カシテ置クカ」ト叱リ付
ケルト家ノ人等ハ益々合點行カズカナウノデアッ
タト答ヘマスト主人ハ非常ニ怒リマシテ「オノレ又シ
テモ〳〵悪事バカリエム、最朝許シテハ置ケヌ、ソレ
此奴ヲ引ッ捕ヘヨ」ト云ッテ下人ニ言イ付ケ葛籠ノ
中ニ入レサセ上カラ確カリ縛ッテソレカラ河ノハ
タニ擔イテ持テイテ柳ノ枝ニ吊リ下ゲサセマシタ
ソレテ「明日ハ自分ガ行ッテ縄ヲ打チ切ッテ河ニ

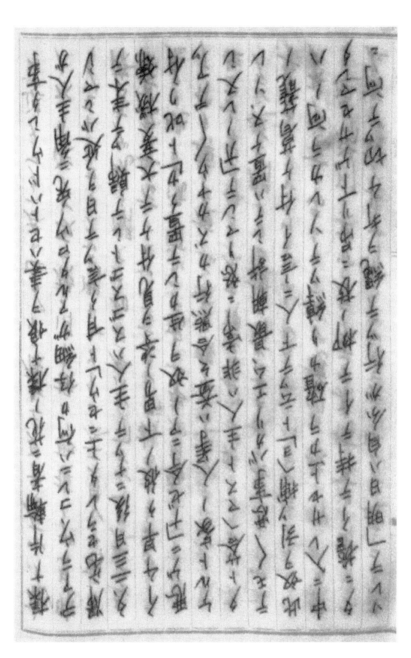

落レテ遺ルノダ」ト云ヒマシタ、所ガ其ノ村デ有名ナ目腐レ婆ノ何某ト云フモノガ其ノ川端ニ通リ懸ッテ柳ノ枝ニ葛籠ガブラリト吊リ下ッテ其ノ中ニ人ノ居ルケハイガスルノデドウシタノカト尋ネマシタ、其ノ奴ハオ前ハ誰レカト問ヒ返シテ其レテニッコト笑ッテ「私ハ此濱ノ主人ノオ伴ヲシテ京ニ住ッテ来マシタガ途中デ眼ヲ病ンデ種々ノ薬ヲ付ケテモトント効目ガ第一ノ呪テアル河ノ流レヲ眺メテ居ルノダ」ト サモ識ラシク言イマスト老婆ハ忽其ノ手ニ乗リマシテ「ソレハ今日初メテ聞ク呪ダ実際オ前ナレ目ハ工合ヨイカ」ト問ヒマスト「ヨイトモ〱昨日マデノ模糊ハ拭キ消ス様ニ取レテ深イ水ノ底ノ小石マデ見エル様ニナッタ」ト答ヘタマタ婆ハ堪ラナクナッテ「ドウデシヨウ私モナレシ其處ヘ帰ッテ河ノ流レヲ眺メサセテハ下サラヌカ」ト願ヒマスカラ「ソレヂヤホンノチヨットノ間ダゾヨイカ」ト云ッテ葛籠ヲ婆ニ卸ロサセテ早ク婆ヲ詰メ替ヘテ「明日ハ早ウ来ルカラネ」ト言ヒ捨テテ雲ヲ霞ト逃ゲテシマヒマシタ、可哀相ノハ目腐婆デ前世ノ悪業ガ深カッタノデシヨウカ翌日ノ早朝ニ両班ノ為ニ彼ノ奴ノ身代リトナッテ早瀬ニ流サレテシマヒマシタ、主人ノ両班ハ「先ヅコレデ悪魔ヲ拂ッテ安心シタ」ト家内ノ人達ト喜ンデ居ルト其ノ二日目ニ片輪ノ彼ノ奴ハ莞爾トシテサモ得意気ニ入ッテ来マシタカラ「コレハドウシタコトカ」ト一同呆レテ開イテ口モ塞ガラナカッタ、彼ノ奴ハ怨愁トシテ驚ク人々ヲオシ静メテ「マアソンナニ驚クコトハアリ

マセン、奴ハ許ラズモ御主人様ノオ蔭デ龍宮城ヘ
参リマシテ乙姫ノ婿トナリマシタ、斯様ナ富貴ヘ
栄華ガ出来ルノモ皆御主人様ノ御蔭ダト思
ヒマスレバ誠ニ有難イツテ昨夜妻ナル乙姫ニ打明ケ
テ御主人ノ一家ノ御方ヲ皆様ヲ此ノ龍宮城ヘ引取
ルト云フコトニ許ヲ受ケマシタカラ急イデ迎ヘニ参
リマシタ」ト真テレク申シマスノデ主人モ此事ハ吃
度嘘デハアルマイト思ヒマシテ、科挙ニ落第シタ
田舎秀才、迚モ此ノ世デ芽ヲ出スコトハ六ケシカ
ラウ一層（寧）龍宮ニイツテ安楽ニ暮スカ何ヨリ
上分別ダト考ヘマシテソレヂヤオ前ニツイテオレモ
龍宮ヘ往カウ奥ヨソナタモ伜モ娘モ往カウ」ト
家中ノ下女下男ト別レノ盃ヲ酌ミ其レ〳〵ノ紀

念ノ品ヲノヤッテ家職ハ大取集メテ葛籠幾ガ
ニ容レテ其ノ日ノ暮頃ニ彼ノ奴ニツイテゾロゾロト河
迄ヘ往キマシタ、彼ノ奴ガ教エマスノニ「御主人様此
ノ柳ノ木ノ下ガ龍宮通ヒ道デゴザイマス、疑ハナイ
デ御主人様カラ先ニオ入リナサイマセ、オ入リニ
ナルニハ大キナ笠ヲ冠ッテ四方ヲ見ナイデオ入リ
ナサイマセ、ソレガ法デゴザイマス」トイッテ頭ヲ埋
メル様ナ大キナ深イ笠ヲ冠ラセテ推シ遣ル様ニ
河ニ案内ヲシマスレバ主人ハ此ノ通リ大河ノ中流
ノ方ヘ歩イテ行キマスダン〳〵ト水ガ深クナル
ノニ従ッテ笠ノ縁ヲ水ガ浸シマスノデ主人ハ笠
ヲ手デ差シ上ゲテ猶深ミノ方ヘ進ンデ参リマ
ス笠ハ大キナ笠デアルシ河風ハ強ク吹クシソユ

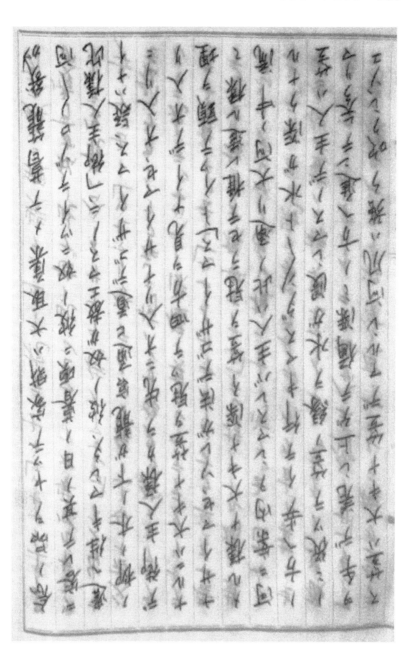

デ笠ガ揺ラレテ丁度人ヲ招イテ居ル様ニ見エマシタ「サア御主人ガ招イテイラッシャイマス奥様早クイラッシャイマセ奥様ニハ笠ハ似合マセン其ノ方ガイイデセウ、其ヲ冠ッテイラッシャイマセ」ト云ッテ河ノ方ヘ推シ進メマシタ、ソシテ其ノ揺ルノヲ指シテ「サアオ母様ガオ招キニナッテ居マス、早クオイデナサイマセ」ト云ッテ息子サンヲセリタテテマレモ其ノ儘深ミヘハマッテ死ニマシタ、アトニ残ッタノ娘サンハ何モ知ラナイカラ「私モ父君ヤ母上ノ後ニツイテ参リマセウ」ト云ッテ歩キ出スト「コレマアオ待チナサイ公ハ龍宮ニイラッシャル必要ガアリマセン、此ノ世デ此ノ私ガ可愛ガッテ上ゲマセウ」ト云ッテ抱キ止メテ柴理ニ處ヘ引

キ返サセ澤山アル家財モ運ヒ返レトウ〳〵娘ノ婿ト
ナッタト云フ事デゴザイマス

一英雄의 傳說　恩津面長

朝鮮中葉의 仁祖大王之英傑의 天質이라 칠亨 布衣寒生으로 閭巷에 跡을 隱ᄒᆞᆫ 人을 時에 京城北部의 新營洞尋地에 徘徊ᄒᆞ다가 川의 流의 瀑洌ᄒᆞᆷ比 岩石의 秀比ᄒᆞᆷ을 見ᄒᆞ고 奮然히 其從者에게 言ᄒᆞ야 曰 余가 劍을 此川과 此石에 磨ᄒᆞ야 去向不正의 徒를 除却ᄒᆞ고 彼蒼生을 納正道에 齊進케ᄒᆞ리라ᄒᆞ더니 마참 大業을 成ᄒᆞ시니 臣僚가 此地에 一亭을 建ᄒᆞ고 名曰洗劍亭이라ᄒᆞ고 亭前巖石에 鍊武臺라 題ᄒᆞ야 旧蹟을 表ᄒᆞ니라

一、地名起原에 関한 傳說

一 龜岩谷

旧 墓洞 北界에 一大龜形의 岩石이 有한니 此는 高麗初葉에 公州 王氏의 墓碑 建立한 것으로 跡이라 今에 九百有餘年이라 墓碑난 壞破한 것이나 龜岩은 當今 其形不変하고 아 依然히 存在함으로 人이 此地를 稱하되 龜岩谷이라 한다

二、地名起原에 関한 傳說

一 付岩洞

朝鮮初葉부터 當地에 一大岩石이 有한데 有한데 此岩에 小石을 磨한 水 此가 自然付着한 時 男子를 生한다 함을로 遠近男女가 鱗

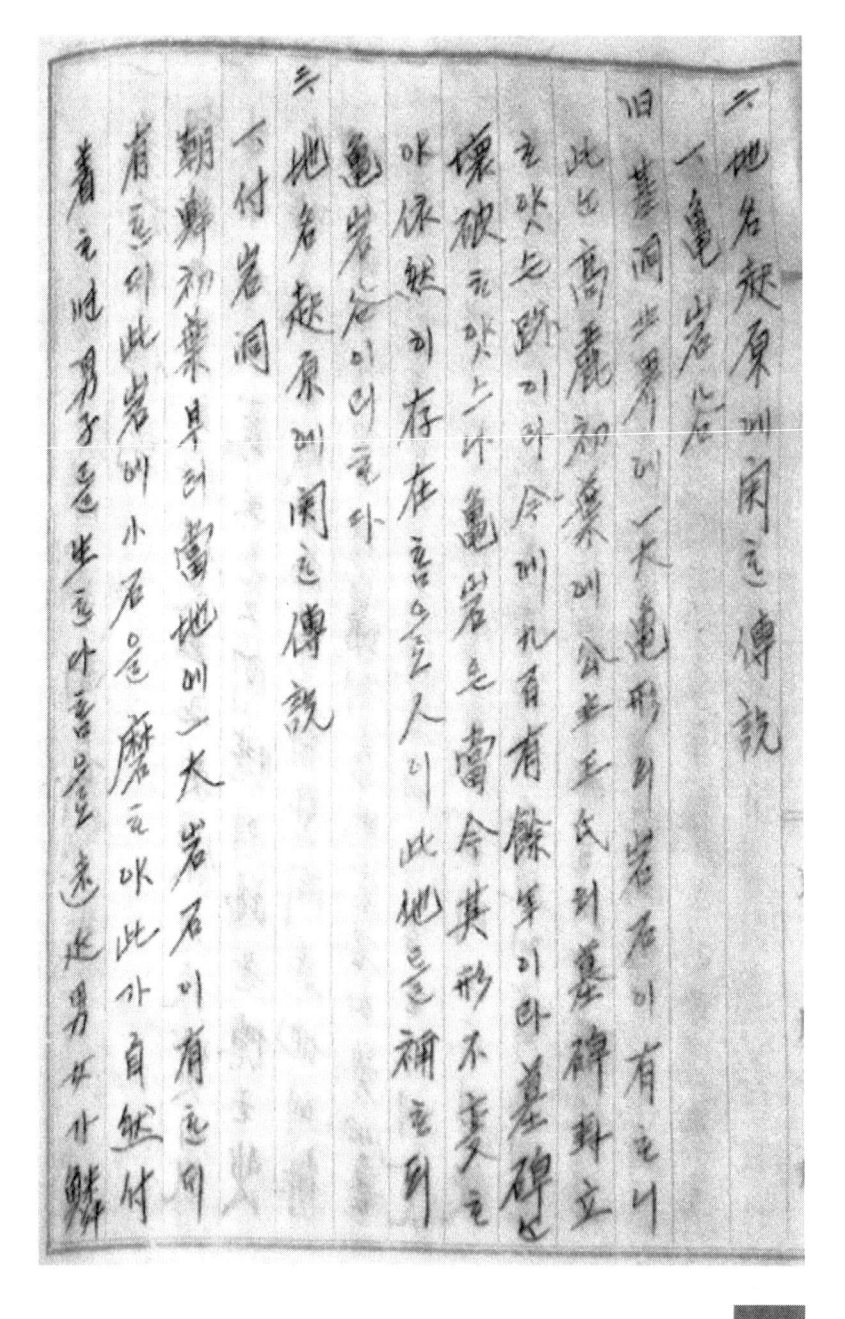

次驕傲홈을仍하야地名을付岩洞이라홈

二、延曙川

延曙川의延原은朝鮮仁祖大王延政의際에
其同謀人長湍府使李曙은此地에延入
하야延히大事을共議하야合흠으로其後仍
하야此處에延曙驛을置하야其功을
表흠으로地名을延曙川이라하다

並部長

一、地名延原에関한傳說

順化坊白狗洞 白狗洞의延原은北으山一名은
白岳山이니此山谷으로流下하는小川이此洞里
前으로橫流하는고로白岳으로流下흠을因名白
浦川이요川上有村흠으로亦曰白浦洞이러니

伏音이 白浦與白狗相似함으로 誤傳하야
白狗洞이라하나 本是는 白浦洞也
順化坊西觀橋 尊周大義 宗朝時에 姚
廟紀祥宮에 奉祀하시든 御路中에 在하고
佐敬祥宮이 大明之西에 在함으로 名曰西觀
橋러니 俗諺의 訛傳이 齊橋라 稱하나 西
觀이 [illegible]然은 齊數라 音同한 所以라
暎旋洞 北部 鎭光坊에 在하니 昔時에 暎旋
署라하고 盲署를 置하고 奉事라하는 盲人을
盲者를 組織하야 專히 卜蓍 誦經을 攻習하야
納之 清晨에 醮禳을 掌케하는 事가 有함으로 因
名爲旋洞하다
孟峴 顯廟時에 有孟胄瑞孟萬澤父子二人

이世居于齊洞之上而俱宦監司之職흠은時
人이仍呼爲孟峴한다

三、童話

古昔에一郡守가其下吏의憾情이不好한야
無理한命令을下한되茯苓子를納上한라
若期限內不納한면杖殺之한리라한니時
値隆冬에田園山處난이非時珍物을何處
可求리오寢食不安한고水莫知所措이던其
子在傍하가見其動靜한고疑問之한되父以
實告之되니子對曰此此易事오니何憂之
有인고請爲代辨한리니다한고送進伏于郡
守告曰小童之父가受命入山求茯苓子타가
爲毒蛇所咬한야方在痛床에未得復命한나

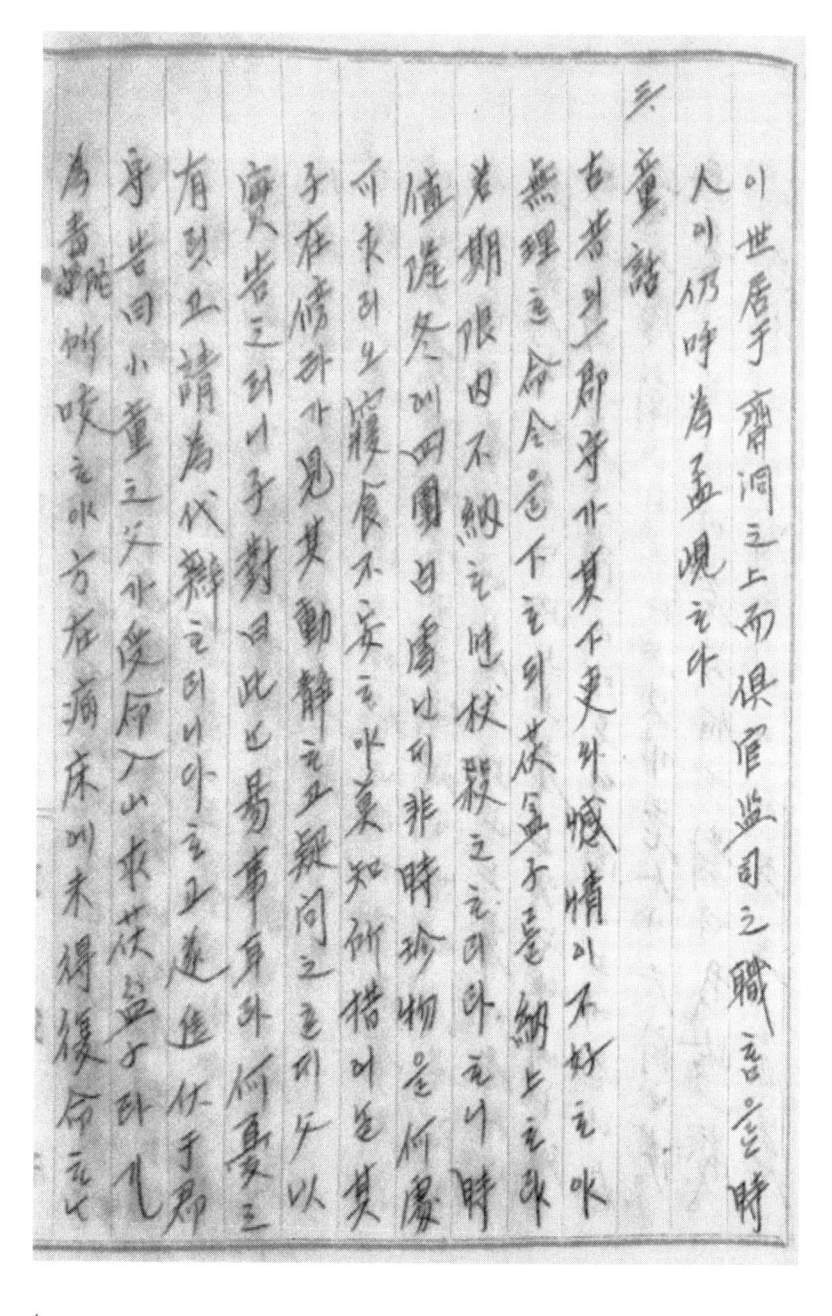

이다 君守聽罷에 笑曰 如此隆冬에 豈有蛇
咬之理耶 이 童子曰 雖然冬節에는 毒蛇도 猶
不能動이온 而況如炎之夏生物이잇가
君守此兒의 對答有理ᄒᆞ믈 聞ᄒᆞ고 驚歎
乃止ᄒᆞ다 其兒年甫十歲云이라
昔時에 一老人이 南山에 登이라가 見兩童ᄒᆞ고 美
姝ᄒᆞ고 其中에 首童을 對ᄒᆞ야 姓名을 問ᄒᆞ니
니 答曰 小童의 姓名은 此山上峯이옵시다
老人曰 人之姓名이 此山上峯도 잇ᄂᆞ냐 예 제
姓은 高오 名은 南山이온데 南山上에 올나 人
으니 上層南山이 아니오잇가 老人이 又問曰 汝
兩童의 年齡이 若幾何오 對曰 我齡一歲
은 結於彼兒則 年齡이 相等ᄒᆞ고 若

彼兒의年齡에서一歲를我年에加ᄒᆞᆫ바我가
彼兒에게年倍尊長이되ᄂᆞᆫ이다. 老人이解得치못
ᄒᆞ거늘彼兩童曰我兩童의年齡을合ᄒᆞᆫ水九九法을
詳算ᄒᆞᆫ바今五歲가되나이다老人이方知兩兒
의年齡이八歲와五歲됨을알고稱讚ᄒᆞ되에
ㅣ고약ᄒᆞᆫ놈이로고童子曰예ㅣ列姓은高齊
오나아ᄒᆞᆸ小童이오弱冠은아니되얏ᄂᆞᆫ걸이오

東部長

一、英雄傳說

白沙李相公及漢陰李相公이共同業者
一人으로讀書城中ᄒᆞ시三人이終日訓鍊院大
廳에有ᄒᆞᆫ獨脚鬼가甚히有名ᄒᆞ다ᄒᆞ나늘
住識之라ᄒᆞ고白沙先生이先往ᄒᆞᆫ바大廳

이러니 夜深後 灯燭이 煇煌ᄒᆞ며 臭頭鬼

面之卒이 擧一金穿紫袍者ᄒᆞ고 呵喝而來

ᄒᆞ야 至門外에 忽驚曰 汝相父이 在此라ᄒᆞ

고 散而去러니 其翌日에 漢陽李先生이 大

往則 果如白汝之所見而鬼亦退去러니 其

翌夜에 同業者又往이러니 鬼卒이 前庭

後擁而入ᄒᆞ야 曳其人於糞坑之中而罵之曰

汝一個生員으로 何敢在是리오ᄒᆞ엿다더라

武人梁翼彪ᄂᆞᆫ 使氣任俠이라 嘗詬揚케ᄒᆞ야

訟山地ᄒᆞᆯᄉᆡ 牧使ㅣ 受人所囑ᄒᆞ고 以直爲曲ᄒᆞ야

於鄕梁訟이어ᄂᆞᆯ 彪大憤ᄒᆞ야 以拳批頰이러니

朝廷이 以爲武夫之手搏宰臣은 声罪治之에

笞彪俠云 張翼德이 鞭督郵而不死ᄒᆞ고

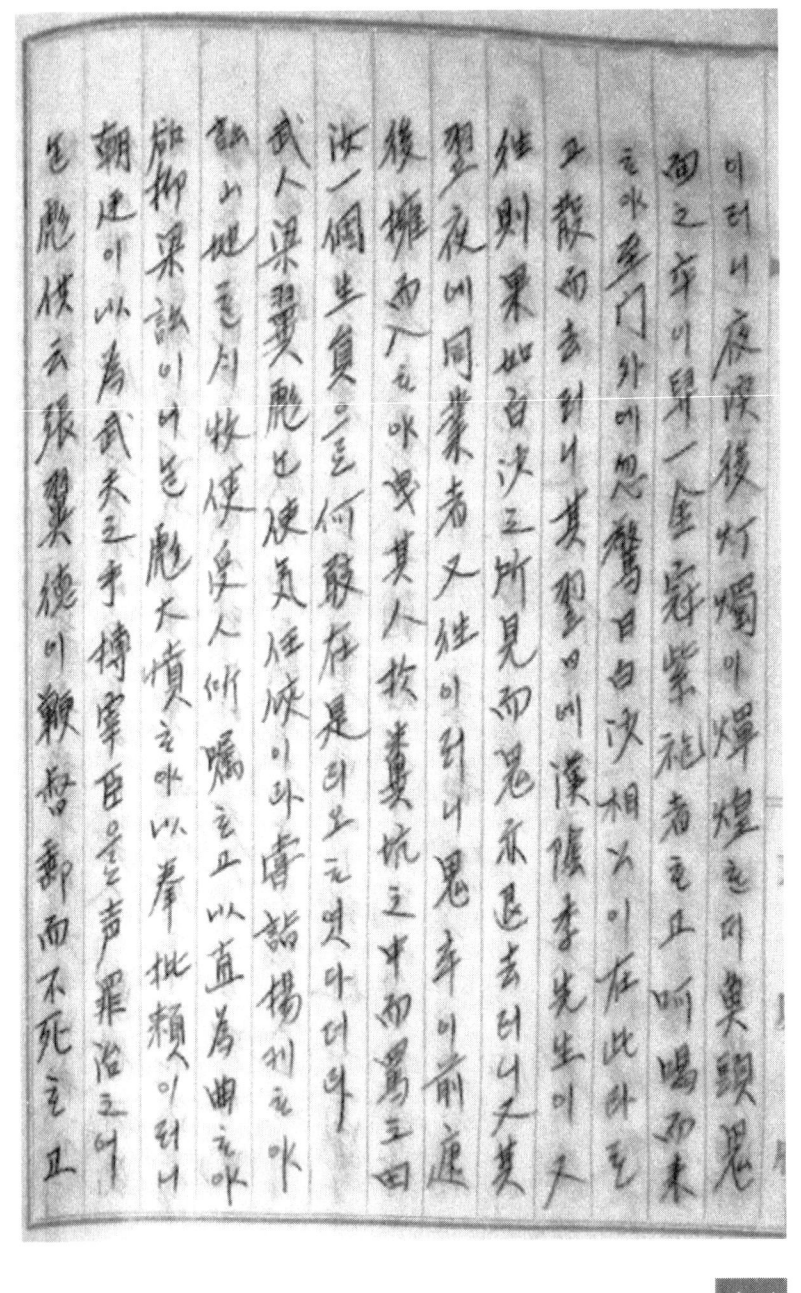

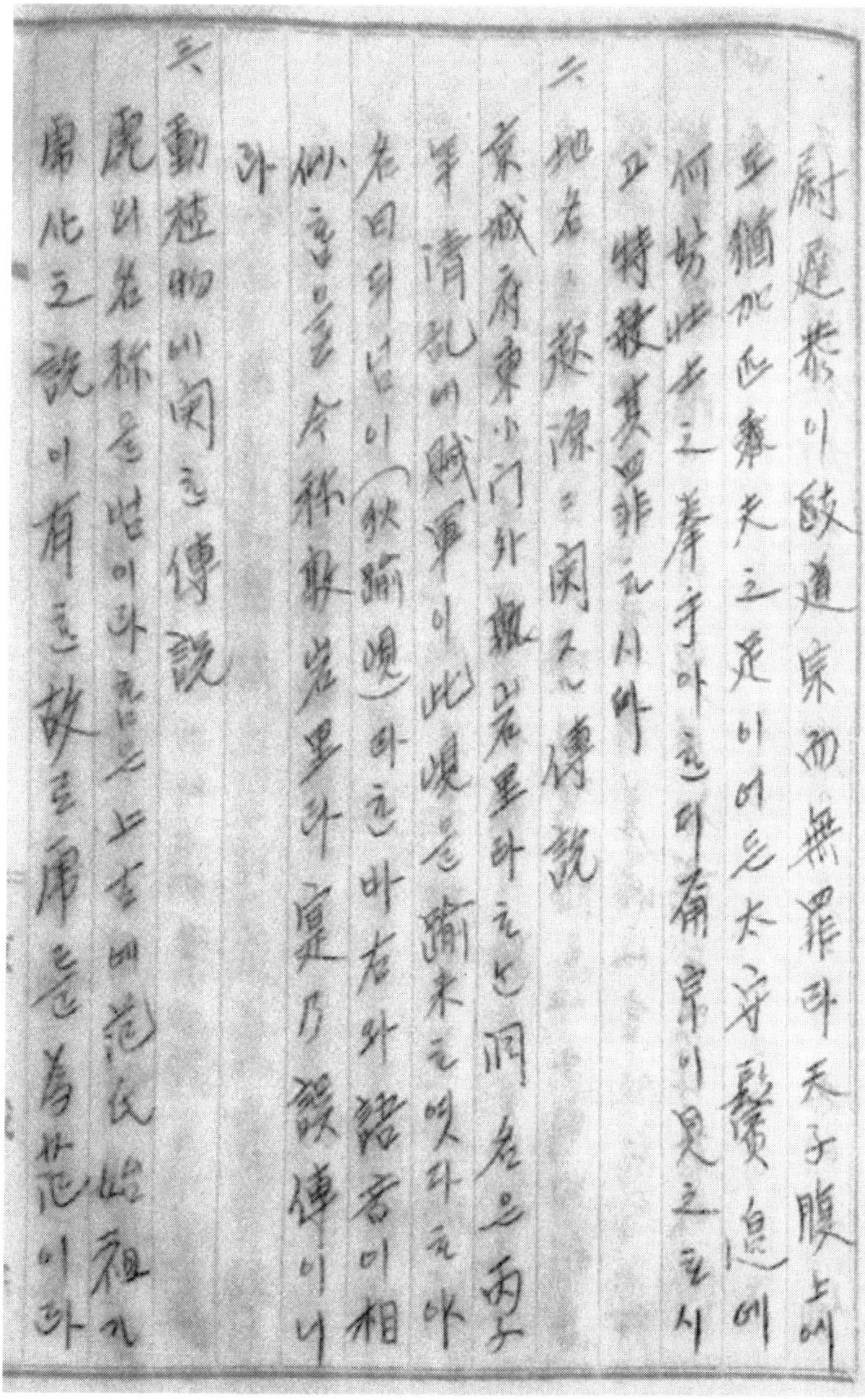
尉遲恭이 毆道宗而無罪라 天子腹上에
도 猶加匹夫之足이어든 太守 嚴貴息에
何妨壯士之拳乎아 호며 肅宗이 是之 호시
고 特赦其罪 호시니라

二、地名、敬源에 関혼 傳說
京城府東小門外 敦岩里라 호는 洞名은 丙子
年 清亂에 賊軍이 此峴을 踰來 호엿다 호는
名曰 되넘이(狄踰峴)라 호 바 右와 語音이 相
似혼 故로 今稱 敦岩里라 定 乃 說傳이니
라

三、動植物에 関혼 傳說
虎此名稱을 범이라 홈은 上古에 范氏始祖가
虎化之說이 有혼 故로 虎를 爲范이라

稱ᄒᆞᄂᆞᆫ 范氏의 子孫은 樊浦厓卧를 蛇의 名稱은(배암이라ᄒᆞᄂᆞᆫ)은 上古時에 有靈蛇ᄒᆞᆫ바 象岩向에 上人이 畏其靈ᄒᆞᆫ바 來往之人이 過岩에 必拜之ᄒᆞ니 名其岩曰拜岩이라ᄒᆞᆫ바 蛇를 曰 拜岩이라ᄒᆞ니라.

京畿道楊州郡에 古有血ᄒᆞᆫ木ᄒᆞ니 朝鮮時代에 大駕幸行ᄒᆞᆯ시 先廟陣이 見路傍에 엄나무(海桐木)가 碍於輦路ᄒᆞ야 伐其木而過之러니 火頃에 駕臨ᄒᆞᆫ사 下向曰 何為伐此老木고ᄒᆞ시고 甚有差惜之言이러니 忽然其新痕으로서 血ᄒᆞ야 湧ᄒᆞ얏다ᄒᆞ더라.

四 童謠

文化郡將校柳姓者不知其名이라 昔에 方伯

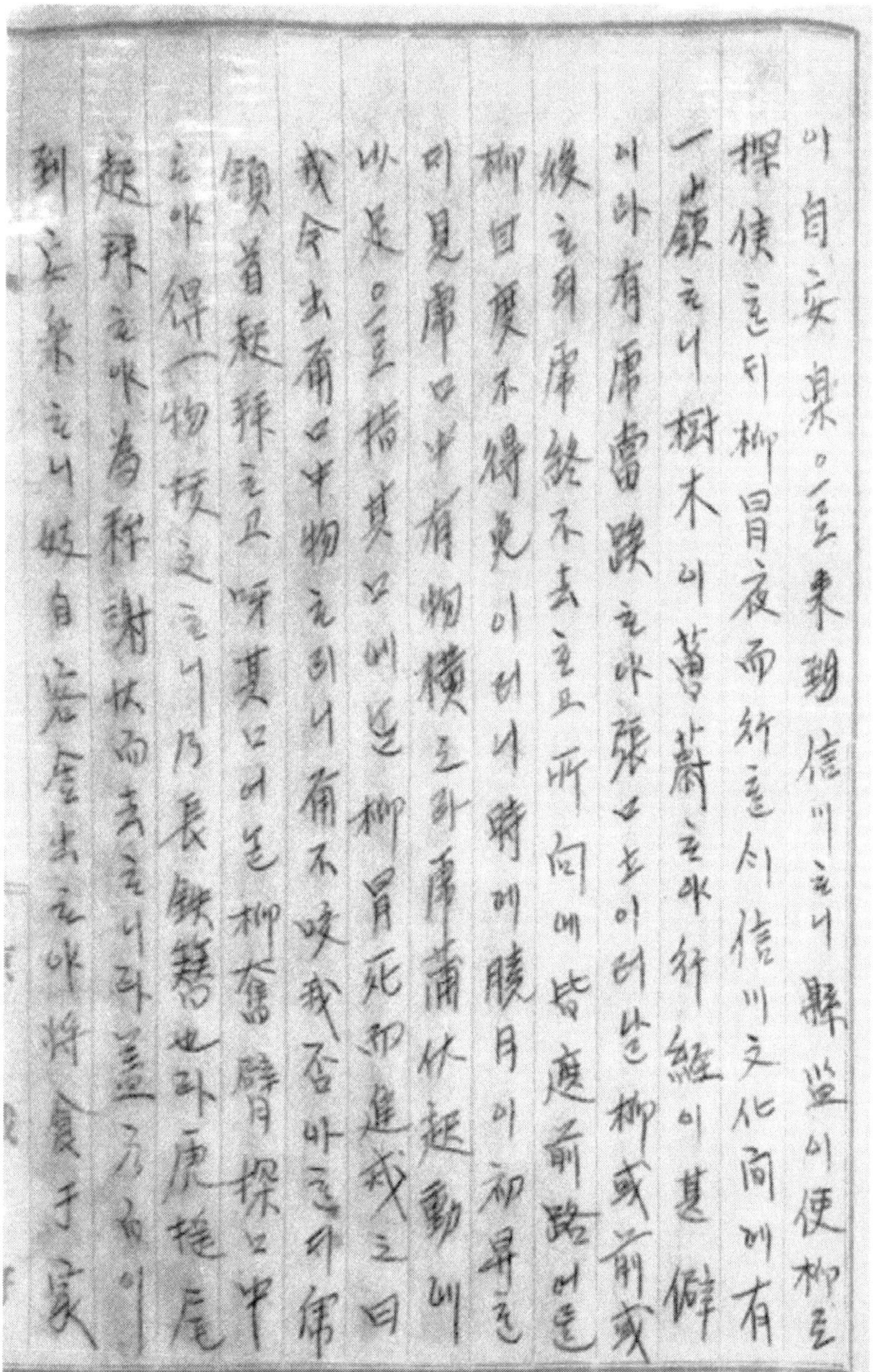

이自安県으로來到信川ᄒᆞ니縣監이使柳로
探偵ᄒᆞᆫ디柳冒夜而行ᄒᆞᆯ시信川文化間에有
一嶺ᄒᆞ니樹木이蒼蔚ᄒᆞᆫ지行經이甚僻
이라有虎當蹊ᄒᆞᆫ지張口ᄒᆞ이어ᄂᆞᆯ柳或前或
後ᄒᆞᆫ지虎終不去ᄒᆞ고所向에皆遮前路어ᄂᆞᆯ
柳回旋不得免이러니時에朦月이初昇ᄒᆞᆫ
지見虎口中有物橫ᄒᆞᆫ지라虎蒲伏延頸ᄒᆞ
以是으로指其口에ᄂᆞᆫ柳冒死而進ᄒᆞ야戒ᄒᆞ야曰
我今出爾口中物ᄒᆞ리니爾不咬我否아ᄒᆞᆫ디虎
頷首疑拜ᄒᆞ고呀其口어ᄂᆞᆯ柳奮臂探口中
ᄒᆞᆫ지得一物拔之ᄒᆞ니乃長釵簪也라虎搖尾
疑拜ᄒᆞᆫ지爲稱謝狀而去ᄒᆞ니라蓋虎ㅣ
到安岳ᄒᆞ니妓自簪金出ᄒᆞᆫ지將食于家

而爲年所呑이러니乃長欽錯은吳余嫂生
의看餘也러라未幾에柳又死호대其族으로
有虜爲良호야有若禁嗣之狀者然이러니
虜又從他處호야攫又其地호고有者甫良
者然이어늘卽姪其他호고新ㅣ虜攫之地
에葬焉이러니厥後에生柳東遠호야爲嗣
相호니今之化之柳姓者皆東遠之後也라

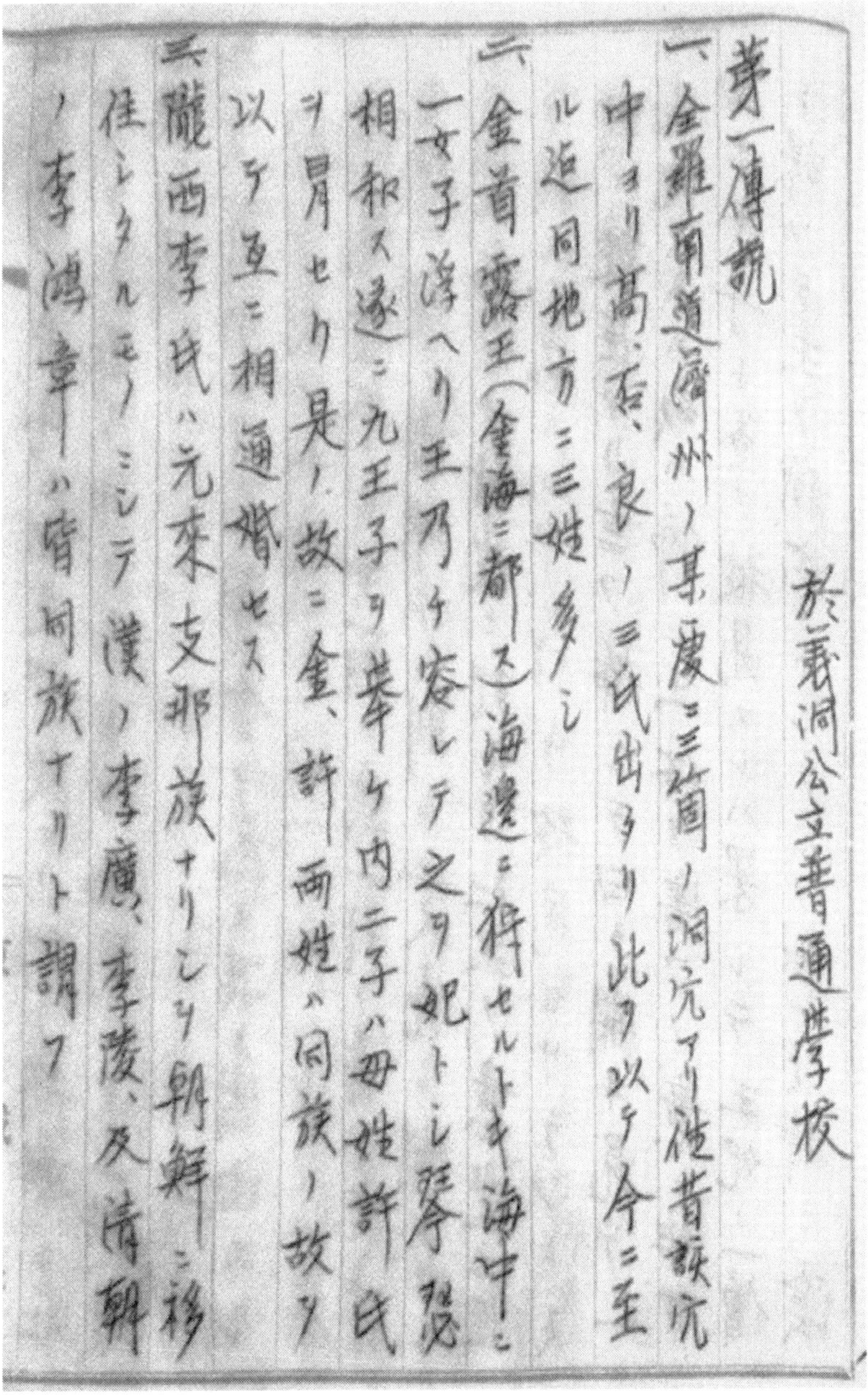
於義洞公立普通學校

第一傳說

一、全羅南道濟州ノ某處ニ三箇ノ洞穴アリ從昔該穴中ヨリ高、夫、良ノ三氏出タリ此ヲ以テ今ニ至ル迄同地方ニ三姓多シ

二、金首露王（金海ニ都ス）海邊ニ徉セルトキ海中ニ一女子浮ヘリ王乃チ容レテ之ヲ妃トシ琴瑟相和ス遂ニ九王子ヲ挙ケ内二子ハ母姓許氏ヲ冒セリ是ノ故ニ金、許両姓ハ同族ノ故ヲ以テ互ニ相通婚セス

三、隴西李氏ハ元來支那族ナリシヲ朝鮮ニ移住シタルモノニシテ漢ノ李廣、李陵、及清朝ノ李鴻章ハ皆同族ナリト謂フ

四、南陽ノ洪氏モ亦支那族ナリ其ノ朝鮮ニ在ルモノト否ラサルモノトヲ區別シテ土洪、唐洪ト曰フ

五、陰一月十五日ニハ薬食ニ羞ス其ノ因由スル處左記ノ如シ

高麗某王ノトキ一羽ノ烏一封ノ書ヲ宮中ニ運フ「此ノ書開ケハ則チ二人死シ開カサレハ一人死ス」ト封皮ニ記セリ仁王ノ意豈二臣ヲ殺スニ忍ヒンヤ即チ披見セサラントス時ニ諌臣アリ言ヲ捧ケテ曰ク開キ見テ一人死ストハ或ハ怖ル王体ヲ害フノ意ニ非サルナキ乎ト遂ニ披見スレハ果シテ王妃ノ一僧ト謀ッテ王ヲ弑セントシタルヲ知レリ時ニ陰

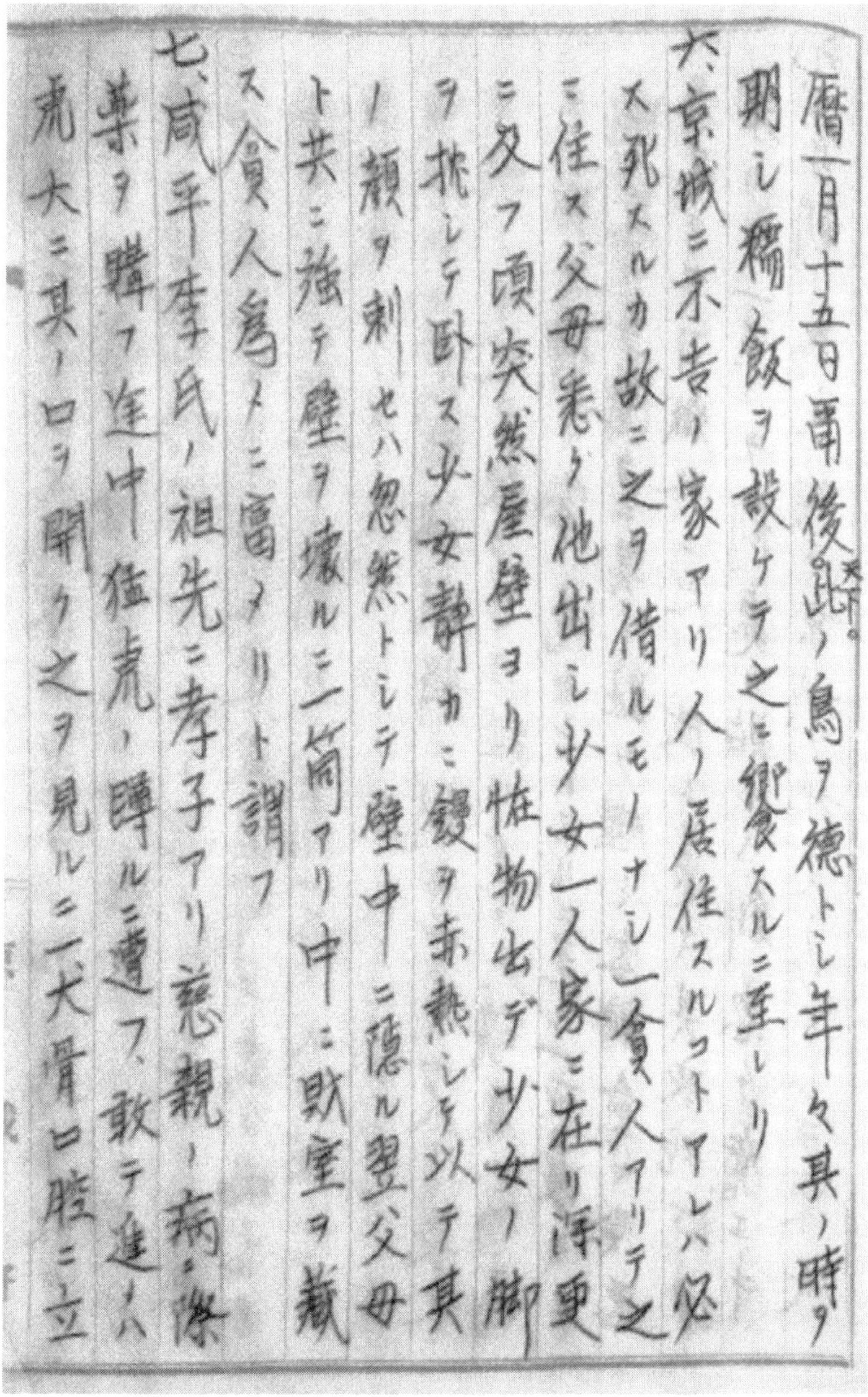

暦一月十五日再後蹊ノ鳥ヲ徳トシ年々其ノ時ヲ
期シ糯飯ヲ設ケテ之ニ饗食スルニ至レリ
六、京城ニ不吉ノ家アリ人ノ居住スルコトアレハ必
ス死スルカ故ニ之ヲ借ルモノナシ一貧人アリテ之
ニ住ス父母悉ク他出シ少女一人家ニ在リ深更
ニ及フ頃突然屋壁ヨリ怪物出デ少女ノ脚
ヲ枕シテ臥ス少女静カニ鏝ヲ赤熱シテ以テ其
ノ額ヲ刺セハ忽然トシテ壁中ニ隠ル翌父母
ト共ニ強テ壁ヲ壊ルニ一箇アリ中ニ財宝ヲ蔵
ス貧人為メニ富メリト謂フ
七、咸平李氏ノ祖先ニ孝子アリ慈親ノ病ニ際
薬ヲ購フ途中一猛虎ノ蹲ルニ遭フ敢テ進メハ
虎大ニ其ノ口ヲ開ク之ヲ見ルニ一大骨口腔ニ立

チ睨去センコトヲ求ムルモノヽ如シ乃チ取リテ
其ノ苦痛ヲ除カシム
後日双親狗肉ヲ望ムコト荐リナリ而シテ遽カニ
得ル能ハザルヲ憾ム半夜窓外ニ虎ノ吼エルヲ
聞キ出テ見ルニ前日ノ虎一匹ノ犬ヲ投シテ
去レリ

八、洪水アリ大蛇漂流將ニ溺セントス一人アリ長木
ヲ投シテ之ヲ救フ日ヲ經テ其ノ人讒者ノ為
メニ罪ヲ得テ牢死セントスルニ至ル一夜曩日ノ
蛇来リテ潜カニ其ノ趾ヲ噬ミ容躰愈々険悪
ヲ来スヤ司獄終ニ之ヲ放チ還ス其夜蛇マタ
来リテ一草ヲ創處ニ貼レハ創忽チ癒エキ

九、李朝ノ太宗始テ京城ノ地ニ入ラントシテ東大

門外畢ノ地ニ到リ其ノ廣闊偏ニ王者ノ首
都タルニ恥チサルヲ見テ心大ニ喜ブ先農アリ更
ラニ十里ヲ往クヘシトシ往テ終ニ今日ノ京城ヲ得タ
リ往十里ノ名此ニ始マル

一〇、既ニシテ都ヲ京城ニ定ムルヤ地険ニシテ城壁
ヲ築クノ地ヲ求メテ容易ニ得難シ夢ニ禅山人
現レ告ケテ曰ク明日宜シク雪アル處ヲ択ンデ
之ヲ築クヘシト乃チ其ノ言ノ如クス雪籬(ソウル)ノ
名茲ニ起ル

二、水原ニ遅々臺アリ
李朝ノ正宗暫ヽ建陵(父王陵)ニ微行ス往ク時ハ疾
クシテ還ルトキハ遅々タリ故ニ名ヲケテ謂フ

三、東部荷蓮洞(本校所在地)ノ名アル所以ハ此ノ地曽昔

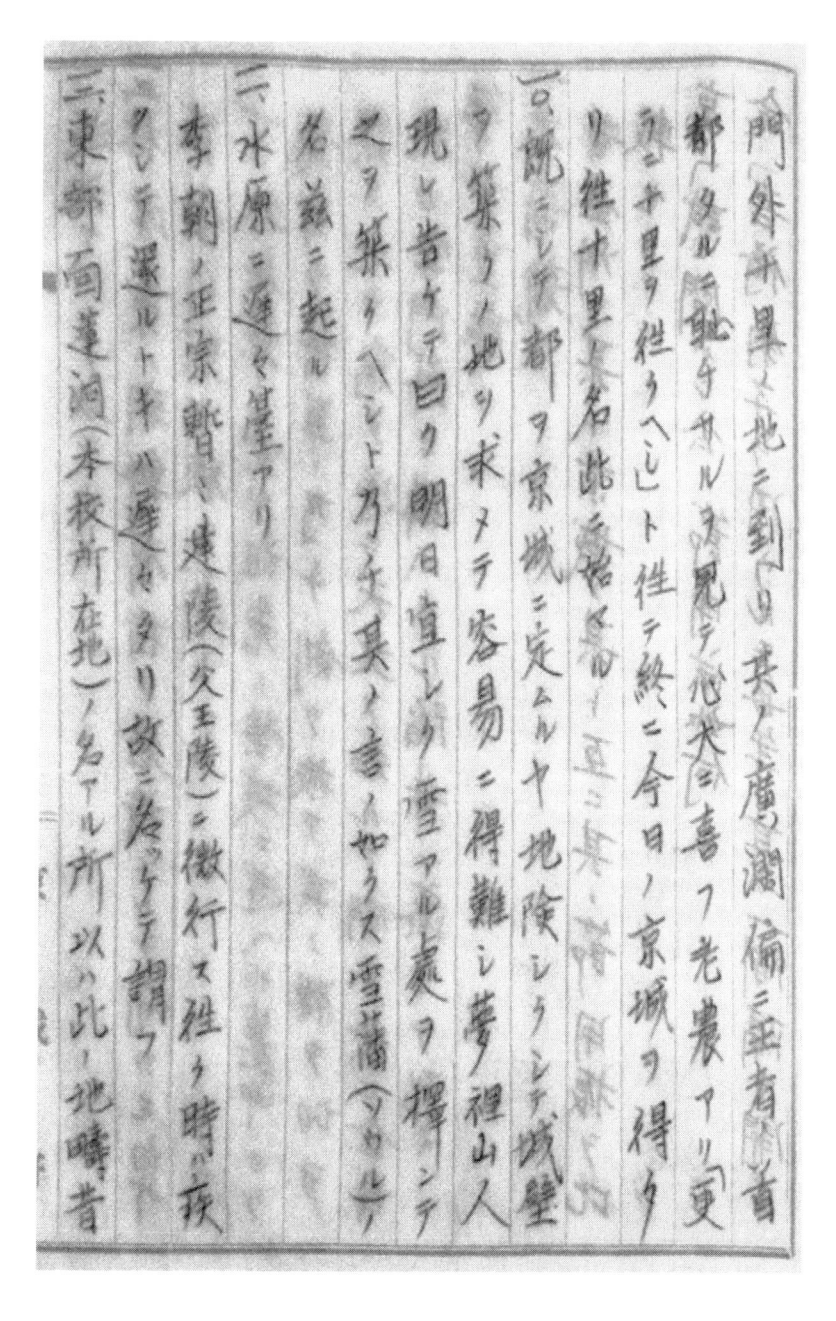

蓮池アリミヲ以テナリ

三 林慶業ハ朝鮮ノ名将ニシテ而カモ卑
臣金自點ノ殺ス處トナル
一日林将軍ノ金ガ祖先ノ塋域ニ遊ヘハ墓中ヨリ
龍出ツ将軍ノ乃チ剣ヲ抜テ其ノ腰ヲ切テ
斃ス之カ爲メ遂ニ天文ヲ知ルノ明ヲ失ヒ金自
點カ宮門外ニ構ヘタル陥井ニ落チテ死ス

第二童話

一 吝嗇競

昔全州ノ某ト京城ノ某ト互ニ其ノ節用振ヲ比
較セリ
京「試ニ問ハン公ノ節用法如何
全「吾何扇子ヲ用ウルニ毎年其ノ一間隔ヲ開キ

以テ十数年ニ至ツテ廃棄ス
京「夫ハ豈ニ笑フヘキノ浪費ニ非ラスヤ予ノ考
案ヲ以テスレハ則チ生ヲ更フルモ複廃ニ至ラ
サルヘシ請フ聞ケ先ツ布帛ヲ以テ扇ヲ緊
縛セヨ暑気甚シ難キニ至ラハ扇ノ頭ヲ左右ニ
振リ動カセ
京「高キ一ツヲ聞ハン公カ製醬ノ法如何
全「塩一塊ニ水十斗、蠅若シ入ツテ股ヲ湿シ去レ
ハ直チニ水ヲ補フ
京「嗚呼何ゾ不経済ナル乎ヤ蠅若シ一度股ヲ
没シテ去レハ直ツナニ追ヒテ其ノ股ヲ洗ヒ幾十
百里ト雖モ終ニ其ノ減損ヲ奪還セスンハ止マ

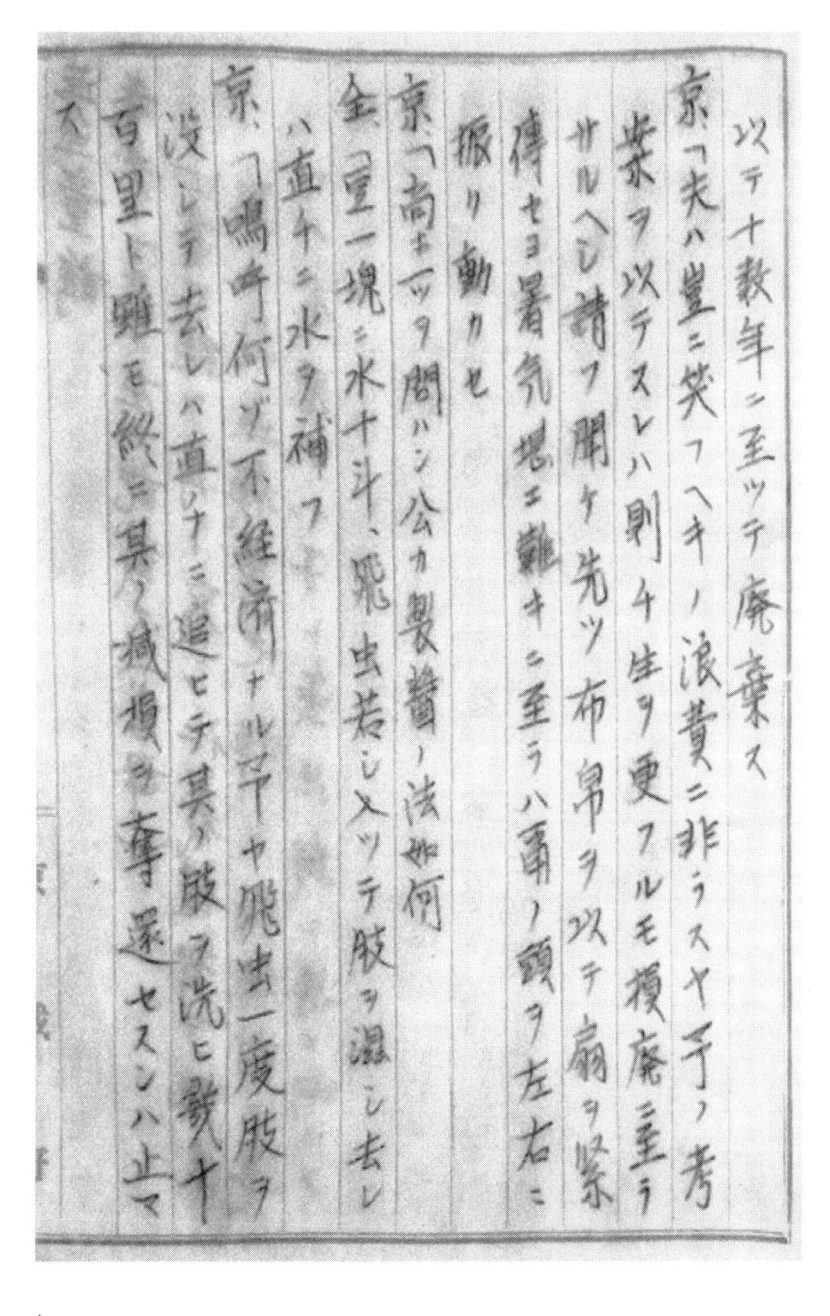

第三童謡

参考マデニ左ニ記載ス（意譯）

四書三經ヲ舟ト爲シ仁義禮智ヲ帆ト

爲シ孔孟顔曾之ニ棹シ尚徳村ニ進

ヘバ労愚ノ小子ト雖モ終ニ道ニ向ハン

[illegible]

[illegible]

[illegible]

[illegible]

[illegible]

[illegible]

京ノ夫ハ皇ニ突[illegible]

[illegible]

水下洞公立普通學校

一、傳說

イ、民族移動及開闢ニ關スル類ノ傳說

檀君朝鮮記

檀君、桓姓、名王儉、上世我邦之民、草衣木食、夏巢冬穴、羣聚以居、未有統轄、有人生于太伯山(今令妙香山)檀樹下、靈秀明晳、衆從爲神、戊辰歲(即支那唐堯二十五年)推立爲王、以其生於檀、號爲檀君、既立、都於平壤、名其國曰朝鮮(古語東方之地先受朝日光鮮、故謂之朝鮮)敎民編髮盖首、飲食居處之制、聞夏禹會諸侯于塗山、遣子扶婁往會之、享年移居白岳(今九月山)以後子孫相傳、凡千有十七年(高麗志

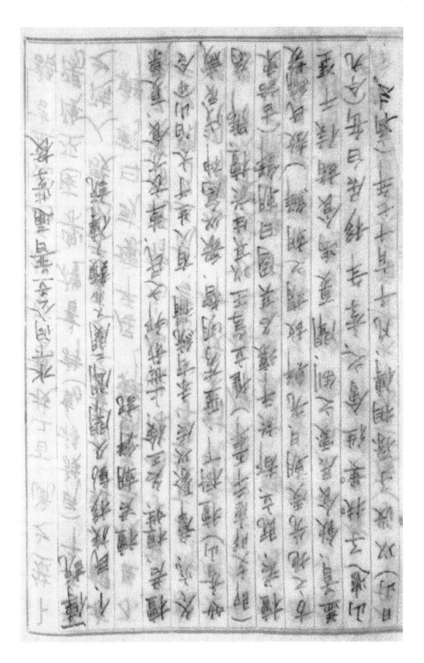

八年(甲子)後一百九十六年而箕子東來云

箕子朝鮮記

箕子、子姓名胥餘、殷王成湯之苗裔、紂之諸父也、封於箕而子爵、故稱箕子、箕紂爲大師、紂無道、箕子諫不聽而囚之、箕子被髮佯狂、爲奴、鼓琴以自悲及周武王伐紂入殷、命召公釋囚、問殷所以亡、箕子不忍言、武王乃問以天道、箕子爲陳洪範九時既而箕子義不臣僕、走之朝鮮、 居平壤或曰朝鮮亦謂之韓、初箕子之東來也、殷人隨之者五千(民族移動)詩書禮樂醫巫陰陽卜筮之流、百工技藝、皆從焉、始至、言語

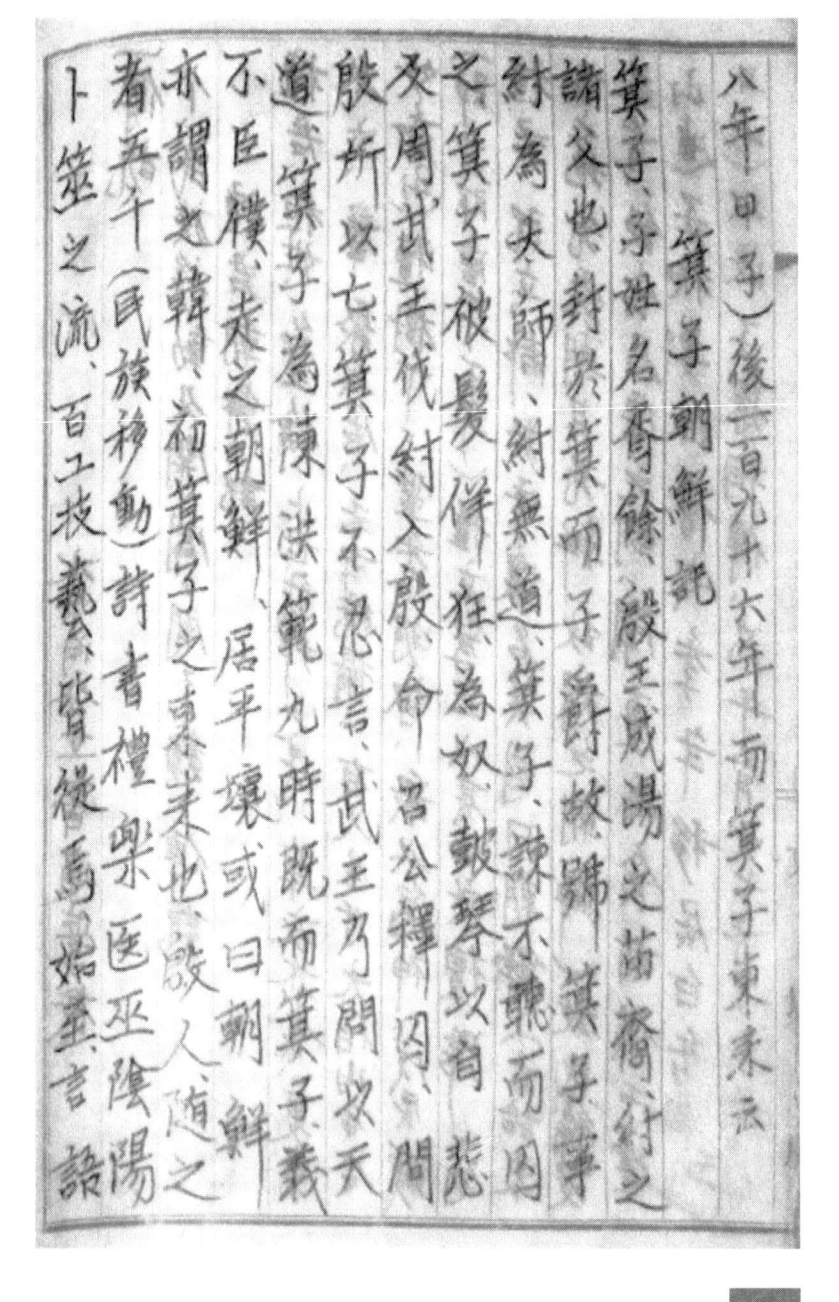

不通、譯而後知之、箕子乃敎其民以禮義田
蠶織作、用主。受就。爲士師施八條之禁(刑法)
止燕人衛滿說
箕子朝鮮丙午二十七年(漢高祖十二年)漢燕
王盧綰、反漢入匈奴、綰之臣有燕人衛滿者
當亂亡命、聚黨千餘人(民族移動)渡浿
來投、王寵之、拜滿爲博士
新羅始祖三十八年、新羅有遣使(馬韓)、瓠
公來聘之事、瓠公、本日本人、以瓠渡海故
名之。辰韓有右渠師廉斯。鑡者(漢王
莽地皇時)聞漢樂浪郡、土地美、人民饒樂
投降樂浪、出其邑落、見田中、驅雀男
子一人、問之、男子曰我是漢人、名戶來、我

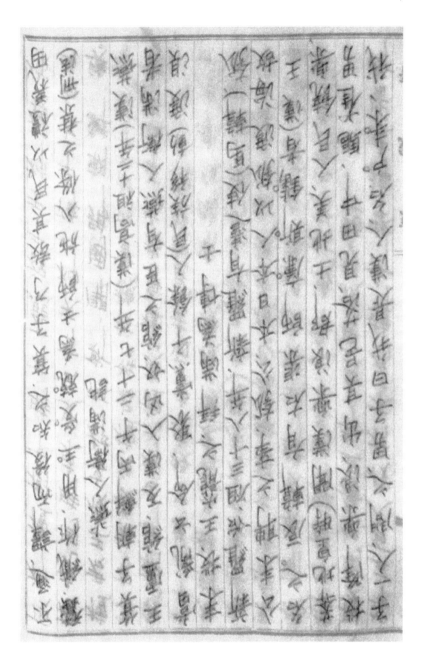

等五百人伐材木、為韓所擊得來、皆斷髮為奴、積三年矣(民族移動)
箕子朝鮮明王十七年濊貊(今江陵)者其地南與辰韓北與沃沮接、南窮大海西至樂浪本朝鮮地也、後有濊貊(王)夫餘古國今清華天府原縣)來居稱王、仍號濊貊屬於朝鮮是為東濊、後濊王、南閭叛、率男女二十八萬口投遼東而去(民族移動)
我朝鮮古有九種夷、棲身岩穴、草衣木食、其有君長自檀君始、按魏書乃往二千載、有檀君王儉立都阿斯、開國號朝鮮、與堯同時、東史云、有天神降于太白山頂神檀樹下時、有一熊、祝于天神、願作

人身天神遂遣靈藥、使態食之為女、
天神交之而生子、是為檀君、名王儉、以唐堯
二十五年戊辰都平壤、始稱朝鮮
昔耽羅國ト云フ國ニ（今濟州島）人ガ一人モ居ラ
ナカッタサウデスガ或日地ノ中カラ三人ノ人ガ生レ
出デ一人ハ良乙那ト云ヒ一人ハ高乙那ト云ヒ又一人
ハ夫乙那ト云ッテ何レモ皮ノ着物ヲ着テ肉ヲ
食ッテ生活シテ居リマシタ一日赤イ泥ヲ塗ッタ
木ノ箱ガ海中カラ流レテ來タノデ開イテ
見ルト内ニ石ノ箱ト一人ノ使者ト入ッテ居リマ
シタソシテソノ石ノ箱ノ中ニハ女子三人ト多クノ
駒ヤ犢ヤ五穀ノ種子ガ有リマシタソシテ使
者ガ言フニハ私ハ日本ト云フ國ノ使臣デスガ

私ノ王様ガ此ノ三人ノ女ヲ生ンデ私ニ云フノハ西ノ海中ニ神ノ子ガ三人アッテ國ヲ開イテ居リマスガ、マダ配偶ガ無イノデ非常ニ心配シテ居ルカラ此ノ三人ノ女ヲ連レテ神ノ御子ノ配偶トセヨトノコトデシタカラ連レテ参ッタノデス何卒其配偶ヲ持タセテ神ノ御子ニ大業ヲ成サセルコトヲ願ヒマスト云ッテ使者ガ見エナイヤウニナリマシタソレカラ此ノ三人ノ女ガ神ノ御子ト結婚シテ五穀ヲ植ヱタリ駒ヤ犢ヲ牧シタリシテ漸々ト富ミマシテ後ニ小サナ國ニ成リマシタソシテ國ノ名ハ耽羅國ト云ヒマス

八、英雄傳說

高句麗王高朱蒙、子類利、立上號曰東明聖
王、初朱蒙、在東夫餘、娶礼氏、有娠既去乃
生類利、有奇節、喜彈丸、嘗出彈雀誤
中汲婦盆、婦罵曰此兒無父、頑如此、類
利有奇節、喜彈丸、嘗出彈雀誤中汲
婦盆、婦罵曰此兒無父、頑如此、類利歸問
母曰我父何人、今何在、母曰汝父之南奔也、
語我曰有遺物、藏在七嶺七谷石上松下、
得此者乃吾兒也、類利遍遠處不得一日
見柱礎石、有七稜、自解曰七嶺七谷者
七稜也石上松者柱也乃搜柱下、得斷
劍一段、至卒本、見王以進、王出所藏斷
劍合之、大悅立以爲嗣

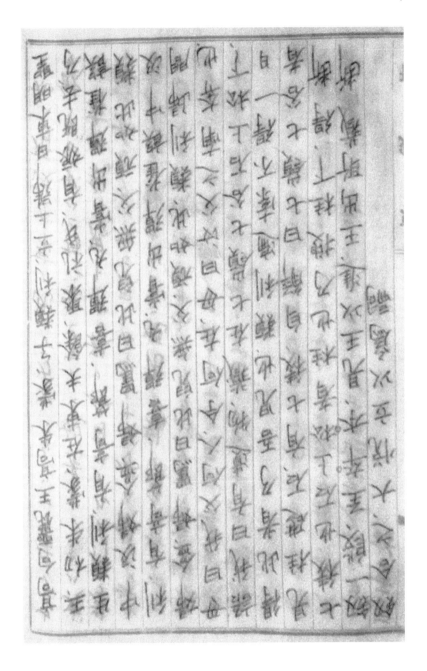

二、童話

ムカシ一人老姫ガゴザイマシタ、年ヨッテ歯ガ次々第ニ抜ケ落チテシマヒマシタカラ、固イ食ベ物ハナンニモ食ベルコトガ出来ナクナッテシマヒマシタ

老姫ハ我ガ家ノ息子ノ嫁ノ乳ヲ貰ッテ夫レヲ飲ンデ喜ンデ居リマシタ。コノ御嫁サンハ、マダ先頃産マレタバカリノ小サナ子供ガ有リマシタノデ折角ノ乳ヲ老姫ニミンナ飲マレテハ赤ン坊ノ飲ム分ガナクナルト思ヒマシタガ老姫ヘ孝行スルノハ自分ノ務ダト思ヒ乳ノ有ル丈ハミンナ老妃ニノマセ赤ン坊ニハ少シヅヽ飲マセテ居リマシタ。ヤガテ此ノ事ガ政府ヘ知レ

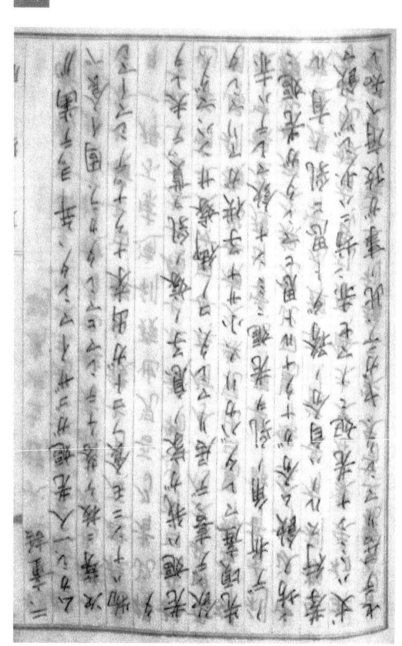

オ嫁サンノ孝行ハ貞行ダト云フデ其ノ為ニ
赤ン坊ガ大キクナルマデ扶持ヲ貰ヘヒマシタト云フ
コトデス
昔シ悪者ガ居マシテ自分ノ御母様ハ年ヲ取ッテ
仕事ハ出来ズ食フバカリダカラドウカシナケリ
ヤイケナイト思ッテ或日子供ヲヨンデ「チゲレ」ヲモ
ッテコイト云ヒマシタ子供ガ云フノニハ何カ御用
デスカト云フト親ガ云フノニハ婆様ハ年ヲトッテ
ドウモ邪魔ニナルカラ何處ヘカツレテ往ッテス
テヨウト思フカラオ前ハ婆様ヲ「チゲレ」ニノセ
テ私ト一緒ニ往キマセウト云ヒマシタ子供ハドウモ
悪イ事トハ思ヒマシタケレドモ親ノ云フ話ダカ
ラ何ト云フ事モ出来ズ婆様ヲ「チゲレ」ニノセテ

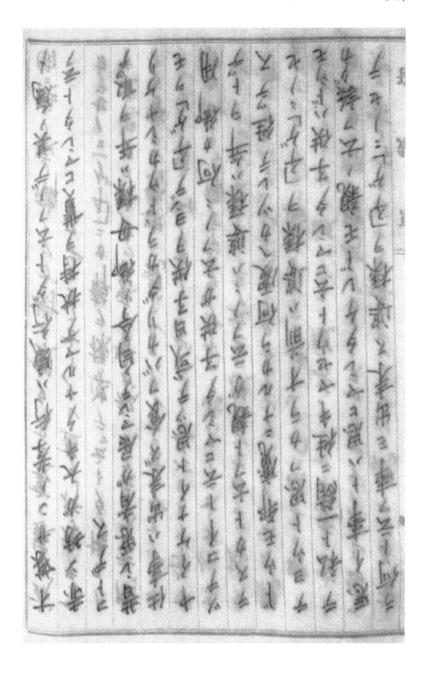

背負ッテ親ニツレラレテ歩キナガラ一ツノ事ヲ考
ヘ出シタノデアリマストコロガ何時ノ間ニカ山ノ奥
ノ方ニ参リマシタ其處ニステヽ皈ラウトシマシタ其
ノ時ニ子供ハ「チゲ」ヲ持ッテ家ヘ歸ラウトシマシタ
親ガ云フノニハソンナキタナイ「チゲ」ヲバステヨ、持ッ
テ帰ッテモナンノ役ニモ立ツモノカト云ヒマシタスルト
子供ガ云フノニハ此ノ「チゲ」ヲモッテ帰ッテ御父様
ガ年ヲトレバ又コノ「チゲ」ニノセテ山ノ奥ニステルツ
モリデアルト云ヒマシタ。スルト、親ハ喫驚シテ暫クノ
間考ヘテ云フノニ私ガ實ニ悪カッタ今コソ悪カッタ
ドヌ悟ッタト云ッテ婆様ヲ静カニ「チゲ」ニノセテカ
ヘッテ孝行ヲ盡シタト云フコトデス
或ル家ノ裏ニアッタ梨ノ樹ガソノ隣リ家ノ庭ニ出

實ガアリマシタ、毎年ソノ梨ノ實ヲ隣家ノ人々ガ
皆摘ンデ食ベテ仕舞ハレルカラ梨ノ樹ノアル家ノ小
イ子供ガソレヲ惡ンデ或日其ノ隣ノ家ニ往ッテ新ニ
貼ッタ障子ニ腕ヲグット突キ出シテ此ノ腕ハ誰ノ腕デ
スカト云ヒマシタ、ソノ時其ノ家ノ主人ハ腹ヲ立テ、ソレ
ハオ前ノ腕ヂヤナイカト云ッタ其ノ子供ガ云フ
ノニ、ソレデハ、何ノ譯デ私ノ家ノ梨ノ樹ニナッテヰル
梨ヲ皆取ッテオ上リマシタカト云ヒマシタガ、ソノ家
ノ主人ハ其ノ子供ノ智慧ニ感服シテ自分ノ家族
ニ言付ケテ、ソレカラ、其ノ梨ノ實ヲ取ラナカッタ
ソウデス

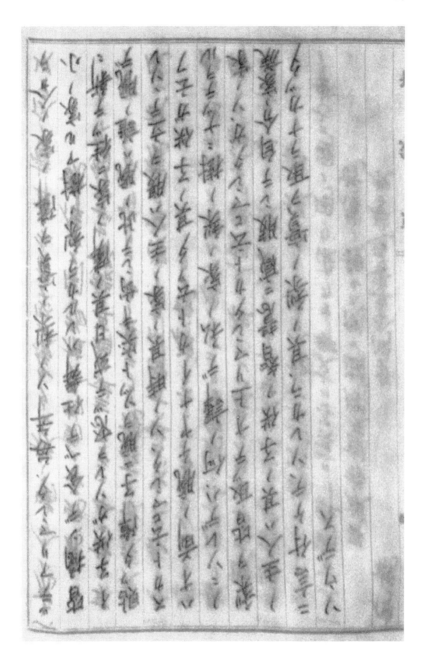

傳說　民族移動及開闢ニ関スル類ノ傳說　（貞洞公立普通學校）

一、上古朝鮮ニ箕子ハ支那ヨリ渡リ周ノ國ニ亡命ノ客トナリテ諸職工五千餘人ヲ連レテ平壌ニ都ヲナセリ

一、三國時代ニ王仁ハ文学士トシテ内地ニ渡リテ住ミ其他リ職工等モ多ク渡リテ住ミ又朝鮮ハ支那ヨリ佛敎ヲ傳ヘ来レ朝鮮ヨリコレヲ傳ヘル為メニ九州地方移住レタルモノ多シト云フ傳說アリ

一、今ノ知夫、良、三姓ハ古済州島ノ漢拏山麓ノ或ル處ニ天然製ノ石龍アリテ其ノ中ヨリ出テタリト云フ其レ故ニ今ニモコノ三姓ハ相互ニ結婚セザル約束ナリ

虎、蛇等ノ動物又ハ植物ニ関スル傳說

一、虎ハ人ヲ噛ミ殺シタル後ハ必ズ自分ノ耳殻ヲ以

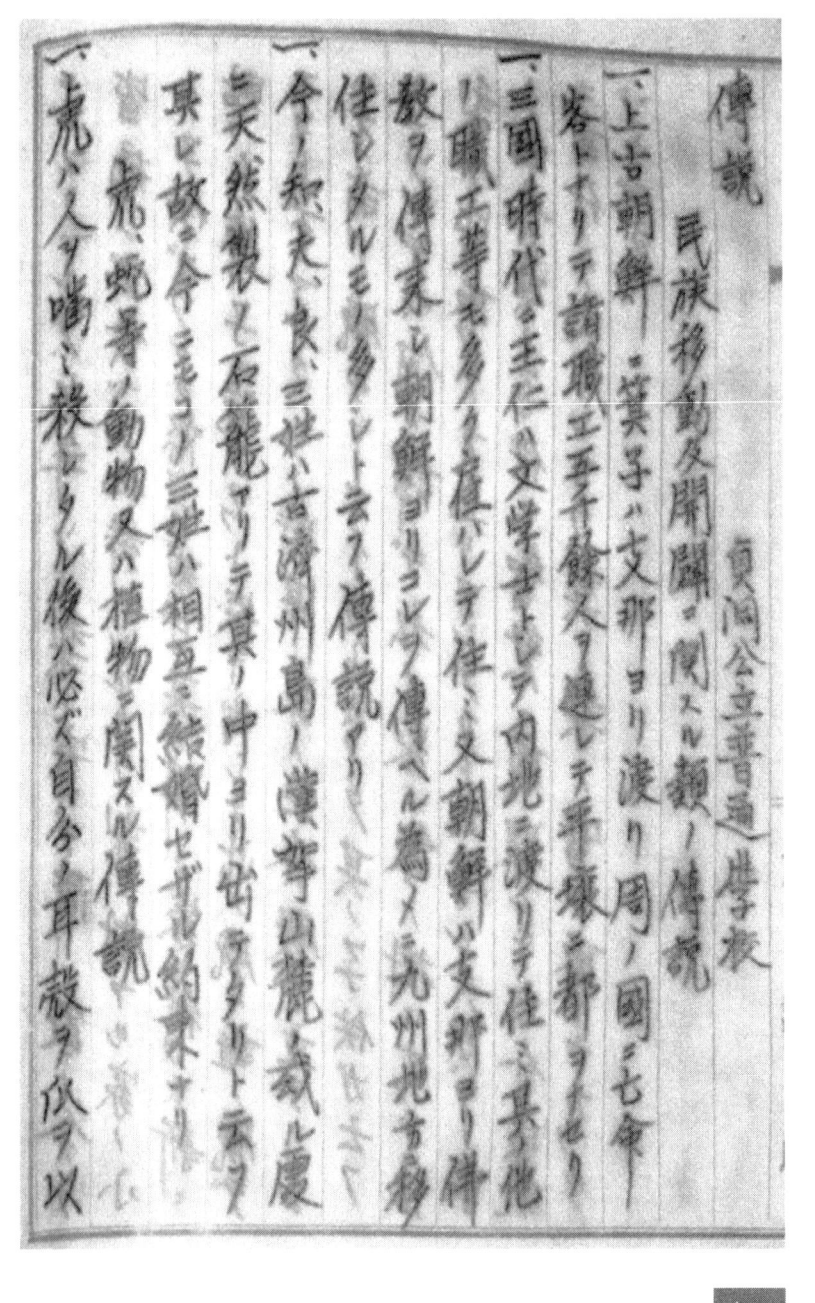

テ裂ケタト云フソレ故ニ耳殺ノ澤山裂ケタル虎ハ人ヲ多ク害シタルモノト認メルナリ

一、虎ハ所謂山靈ノ使者ナリ自ラ無闇ニ人ヲ害スルコトハナク必ズ山靈ノ指揮ニ從ヒテ人ヲ害スルト云フ傳説アリ

一、毒蛇ガ陸地ニ於イテ何十年ヲ經レバ體ハ益々圓クナリ愈々羽ヲ具ヘテ飛ブコト頗ル早シト云フコトモノノ者其ハ石ニ隱リ人ノ體ニ障レバ直チニ致斃スルノ云フ傳説アリ

一、昔或ル處ニ二匹ノ蛙アリ長雨降リ續ケテ母ニアタル蛙水ニ流サレ遂ニ死ニタレバソノ子ニ當タル蛙ハ非常ニ悲シク考ヘテ雨ガ降ラントスレバ直チニ木ノ葉ノ上ニ宿リテ鳴クト云フ

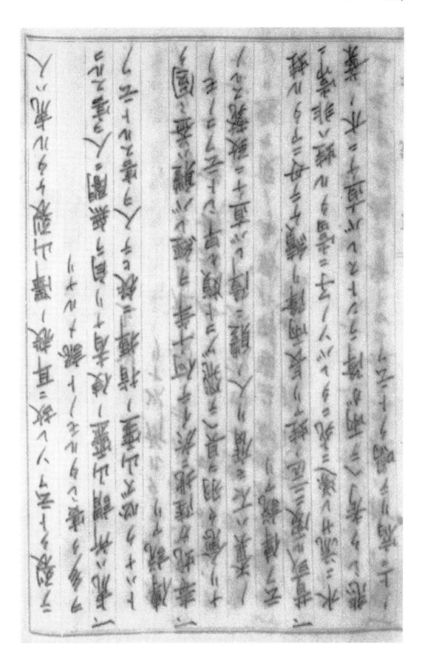

一、銀行ノ樹ハ一株丈ケ植エルト實ヲ結バザルト云フ二株對立スル勢何處シト云ヘドモ實ヲ結ブモノト說ケルナリ

地名ノ起源ニ關スル傳說

一、京義道積城郡ハ三國時代戰爭ノ度々起リシ爲メ城ヲ築キテ内城、外城トナリシガハ近世マデハ重城ト呼ビシモノヲ今ハ積城ト呼ブモノナリ

一、江原道ノ鐵原ハ昔シ鐵ノ產出多キガ爲メニ此ノ名ノ出テタル所以ナリ

以上

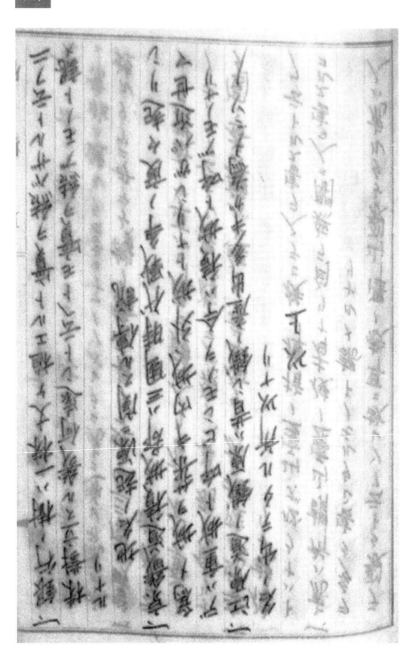

一、傳説　黄澗公立普通學校
イ、民族移及ビ開闢關スル種々ノ傳説
咸北山荒ノ時代ニ豆満江ヲ渡リテ住ミシモノ
多シト云フ今満洲地方ニ大半ハ朝鮮民族ナリ
百済時代ニ陶工縫女ト儒佛教徒内地ニ移住シタルモノ
多シト又王仁ノ論語ト千字文ヲ持テ内地ニ移タリ
ロ、外國ヨリ漂流等ノ傳説
箕子東來時支那男女従者五千人ト共ニ衛満ハ漢、
燕亡命黨数千人ヲ連レテ來タリシト云フ
新羅時代ニ内地人ハ馬山、高靈、東莱、蔚山等
地ニ來住シタルモノタシ
ハ、英雄ノ傳説
滄海力士黎秀童ハ張良ヲ世話シ百二十斤鉄椎ヲ

以テ秦始皇ヲ傳浪沙中ニテ狙撃セシタリト、
高句麗乙支文徳ハ平南石多山ヨリ生長シテ
隋兵三十万ヲ清川江ニ於テ撃破シタリト。
高朱蒙ハ扶餘國ヨリ生長シテ七才ニ弓矢ヲ
自造善射ノ故百發百中ニスルガタメ扶餘王子
等ガ忌ミテコロサントセシガ卒本(今成川)ヘ
逃去シテ高句麗國ヲ建シタリト云フ。

二、虎、蛇等ノ動物又ハ植物ニ関スル類ノ傳説

トカゲハ人ヲ不咬シ四足ニテ善ク走ル或ハ枯タ枝
ニ其ノ頭ヲ自由自死シテカラ望年ノ春ニ成レ
バ復甦スルト云フ。
人蔘トハ蒜ハ地氣ト土膏ヲ多ク吸収スルガ故其地
ニハ五穀ガ不殖シ人傑ガ不生スルト云フ。

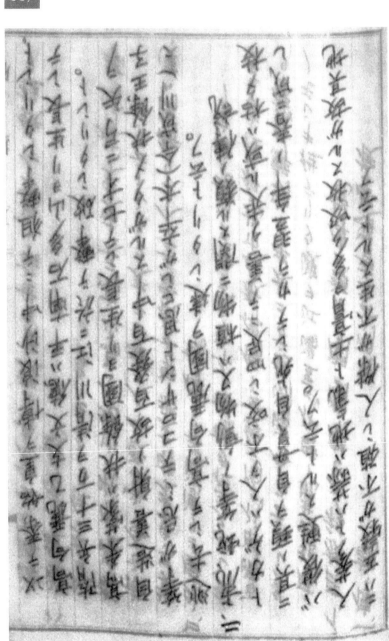

一、傳說　洪洞公立普通學校

イ、民族ノ移動及開闢ニ關スル類ノ傳說

ノ民族ノ移動

支那秦始皇時代ニ徐市ト云フ人ガアル。當時始皇ガ仙薬ヲ求メル爲メニ東西ニ忙シクテ方士ヲ求メルデアル。徐市ハ百ノ方士デ帝命ヲ承ハッテ往カウト稱シテ童男童女各五百人ヲ率ヰテ東方海島中ニ往ッタト云ッタノデ更ニ帰ラナカッタノデアル。其海島ハ今日本ノアル地ダト云ハレル。

ロ、開闢

天ハ子ニ開ク地ハ丑ニ闢ク人ハ寅ニ生ルナリ。将来何時シカ天崩レ地折シテ更ニ天ハ子年ニ開ク地ハ丑年ニ闢ク人ハ寅年ニ生ルト傳說ガアル

ロ、外国ヨリ漂流等ノ傳説

昔或ル時西班牙人ガ航海シテ朝鮮東海ニ於イテ破船シ、其ノ中ノ人ガ片木ノ上ニ載セラレテ江原道ノ何地ノ海濱ニ着イテ生命ヲ保チ因テ其ノ土地ニ留ツテ居ツタノデ其子孫ハ今日マデ居ルダラウト云フ。

ハ、英雄ノ傳説

高麗ニ名將トシテ有名ナル姜邯瓚ト云フ人ガアル。身長矮小ナルノミナラズ、其容貌ハ甚ダ醜悪ナリ。年十五六ニ至リテ某人ノ第一女ノ婿ニナリシガ、其妻ノ父母ニ憎マレテ更ニ妻家ヘ往カザリシ、妻ノ父母ハ常ニ其ノ第一婿ノ不遇ヲ恨ミテ第二婿ハ俊秀ナル男子ヲ撰バントシテ廣ク天下ニ求メ某

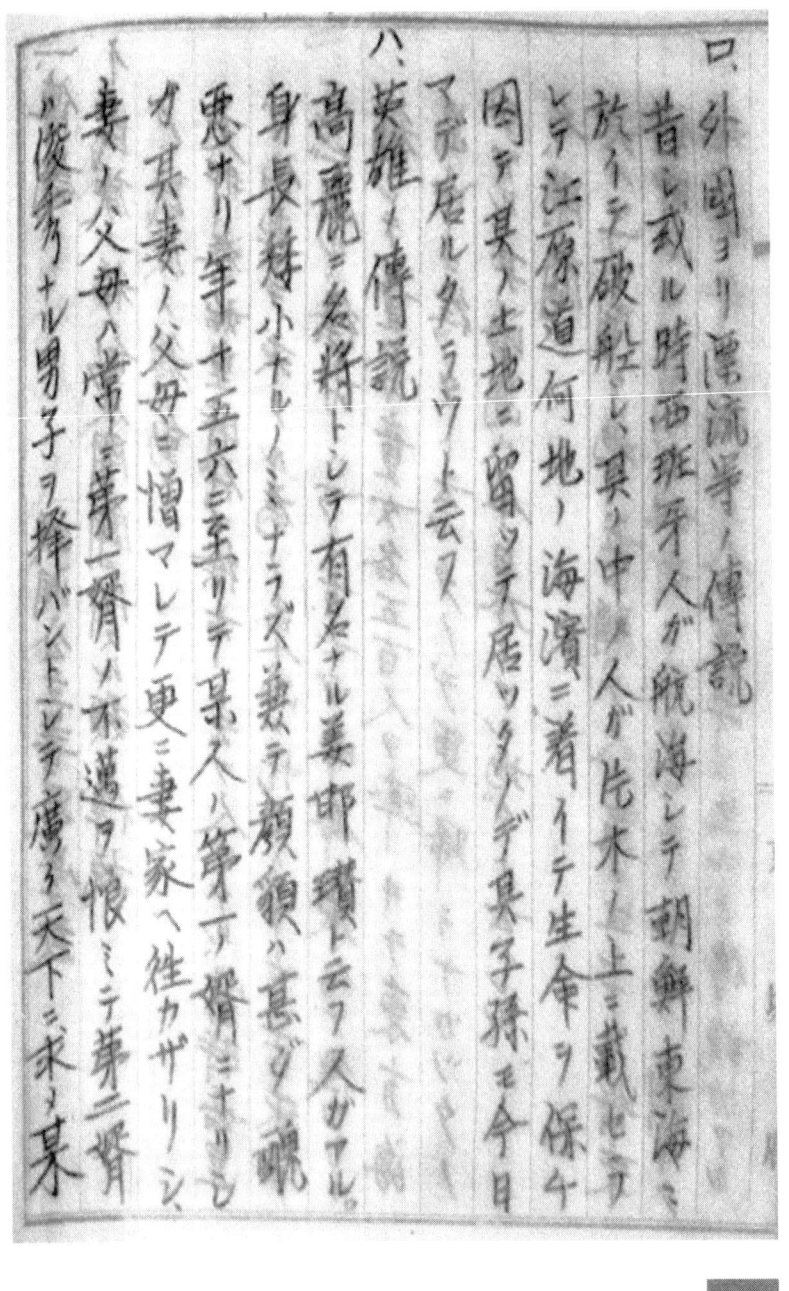

日一男ヲ得、其ノ顔貌秀麗ニシテ實ニ天下絶代
ナルニ色ナクシ、早ク良辰ヲ期シテ醮禮ヲナサシト
ス其ノ時姜聊卽壻ハ其ノ説ヲ聞キテ醮禮日ニ
往キタリ而胥同座スレバ其ノ顔貌ノ醜好ハ實ニ
霄壤ノ差アリ、ソレガ故ニ妻ノ父母ハ何ニモ知ラズ郎
壻ヲ目シテ悪ムコト益々甚ダシキナリ、卽壻ハ其
レニ關ハラズ唯新郎ノ側ニ近寄レバ其ノ新郎ノ
顔色ハ段々変化シテ赤クナリ黒クナリシテ遂
ニ大蛇ニ化シタリ卽壻ハ直チニ釼ヲ以テ打チ殺シ
テ其ノ大禍ヲ避ケタリト

二、虎、蛇等ノ動物又ハ植物ニ關スル類ノ傳説

イ、虎

或ル山中ニ二ツノ家ガアッテ一人ノ娘ヲ持ッテ居タノデ

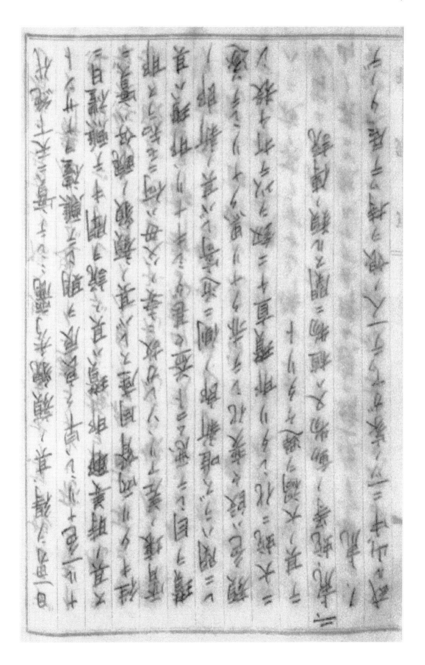

アル。ソレデ或ル日ハ其ノ娘ノ結婚日デアッテ夫ヲ迎ヘテ無事ニ畢ッタ後一緒ニ寝ル時分デアル。然ルニ其ノ山村ハ前ヨリ虎ガ多クアッテ夜ニナレバ門外ニ出ル事ガ出来ナイノデアル。併シナガラ其ノ夜ニハ新郎ガ大便シタイトイッテ門外ニ出ルノデアル。娘ハ心配ニナッテ出テ見レバ新郎ハ虎ニ捕ラレテ往ッタノデアル。娘ハ大ニ驚イテ其ノ跡ヲ追ヒ往ッテ見ルト或ル山麓ニ新郎ヲ置イテ戯レテ居ル。娘ハ虎ヲ見テ少シモ恐レズ眼ヲ赤クシテ其ノ前ニ往ッテ自分ノ着テイル紅衣裳ヲ脱イデ夫ヲ掩フタノデアル。ソレデ虎ハ紅イモノヲ恐レルカラ驚イテ逃ゲテ仕舞ッタノデアル。娘ハ其ノ夫ヲ負ヒテ家ヘ帰ッテ百年ヲ暮シ

[illegible]ト云フ[illegible]ニ関スル[illegible]
名蛇[illegible]
昔シ或ル一人ガアッテ鶏ヲ養ッテアル、母鶏毎日籠前ニ
巣ニテ卵ヲ産ンデ居ルガ産ム毎ニ無クナッテ主人ハ仕方
ガナイノデ一日巣ノ側ニ居ッテ番ヲシテ見ルト大
蛇アッテ卵ヲ食フノデアル、ソレデ木デ卵ヲ作リ
テ巣ノ中ニ入レタノデアル、其蛇又出デ呑ンデ非
常ニ苦シイノデ籠ヨリ落チテ後ノ草園ニ往
ッタノデアル、主人ハ其レヲ窺ッテ見レバ他ノ蛇ガ多
ク来テ相互ニ慰メテ色々ナ草葉ヲ取リテ食
ハセルノデアル、ケレドモ数日ニシテ蛇ハ死ンデ仕
舞ッテ衆蛇ハ更ニ来ナイノデアル、其人ハ死ンダ
蛇ヲ解剖シテ見レバ其ノ木卵ハ半分腐ッタ

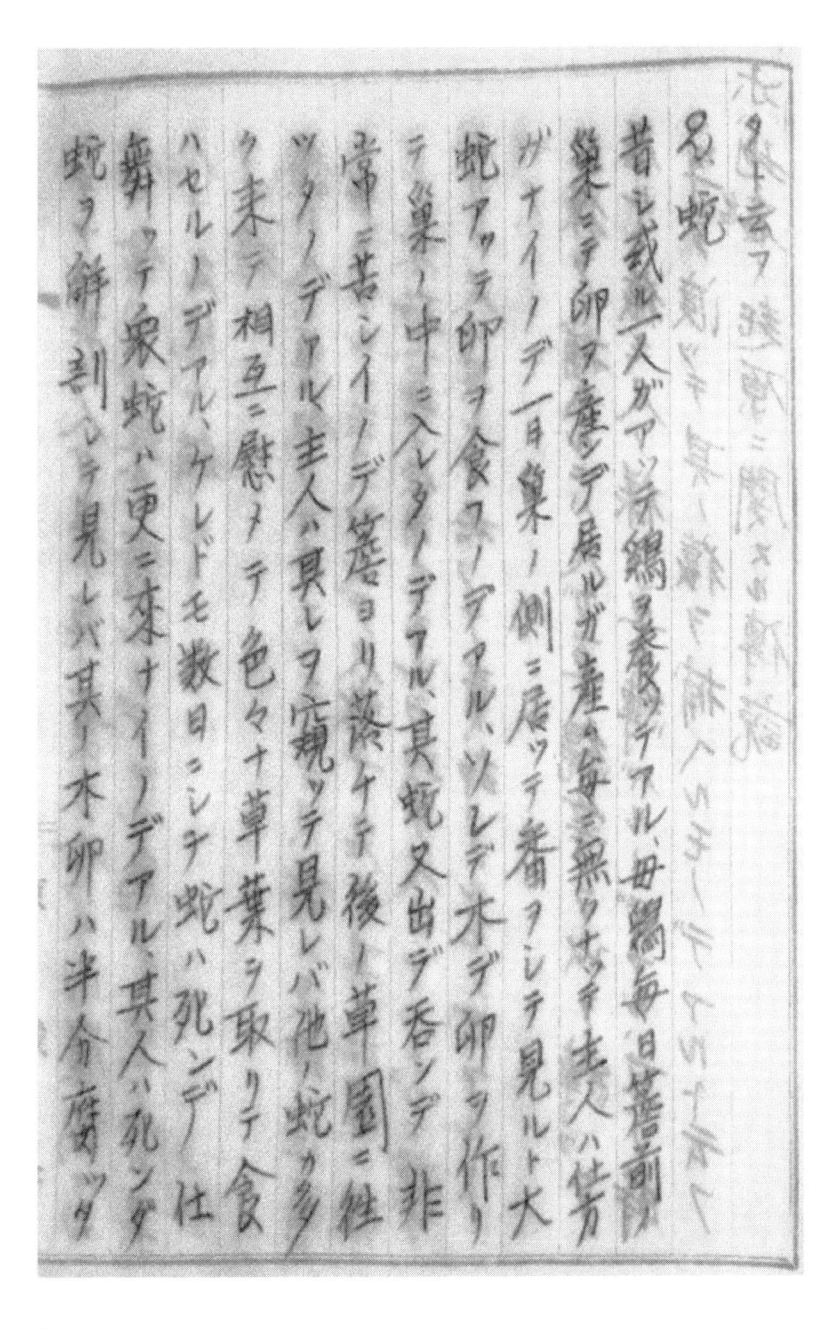

ノデアル其ノ人ガ其ノ草ノ葉ヲ拾ッテ心腹病アル人ニ食ハセバ直グ癒ルノデアル為メニ里人ハ其人ヲ名医ト称セリ

3 猿

猿ハ人ノ真似ヲヨクスルモノナリ、猿ハ支那ノ江南ニ多クアルト云フ、ソレデ人数十名ガ其ノ江邊ニ往ッテ朱砂(筆ニ使用スルモ)ヲ以テ人ガアルトコロニ投ゲルカラ人ハ其レヲ拾ッテ賣却スルモノデアルト云フ、

又猿ヲ捕ヘルニハ人ガ互ニ縄等ヲ以テ縛ッテ居ルト猿モ人ノ様ニ互ニ縛リバルノデアル、其ノ時ニ草ヲ渡ッテ其ノ猿ヲ捕ヘルモノデアルト云フ

六、地名ノ起原ニ關スル傳說

京城木覓山名ノ起原

李太祖松京ヨリ漢陽ニ遷都セントセル時愼無學ヲ
シテ都基ヲ卜定サセタノデアル、ソシテ無學ガ漢
陽ニ來テ四方ヲ望ムト金土水火ノ地體ハ備ヘテ
アルガ漢陽ニ來テ唯木體ガ無イノデ木體ヲ探
スニ非常ニ苦ンダノデアルトコロガ今南山ノ上ニ在
ツテ始メテ木體ヲ探シタソシテ南山ヲ木覓山ト云フ
ノデアル。

名、京畿薛馬馳

薛馬馳ハ鐵原連脈ニテ紺嶽山ノ起餘脈デアッテ
天ニトドク様ナ高嶺デアル、其ノ中ニ一線ノ道路三
里位出來タノデアル、其險惡ハ甚ダシイノデ何
トモ形容スルコトガ出來ナイノデアル、昔シ薛仁

昔ガ百済国ヲ攻メテカラ其ノ山嶺ヲ肉ニ乗
リテ越エテ結岳ノ高峯ニ登ッテ石碑ヲ立テ
タノデアッテ其ノ碑ハ今デモ残ッテアル、ソレデ
其ノ山嶺ヲ蒔馬跳ト云フノデアル

二、童話

一、黄政丞（喜）ハ高麗ノ忠臣デアッテ李太祖ニ使
ハレテ居ッタノデアル、ケレドモ家勢ハ貧乏デアッテ
其ノ夫人ハ艱難ニ堪ヘナイノデ常ニ心配シテオル
カラ黄公ガ云フニ孔雀ハ蛛ヲ食ッテ生キテオルノ
デアル今日モ之トシテ餘リ心配スルナトイッタ人
デアル、ソシテ后黄公ハ死ンダノデアル或ル時キ
ソレデ食物等ヲ食ハセルト何ニモ食ハナイ
孔雀ハ死ヌ様ニナッタノデアル、政府ハ心配シ

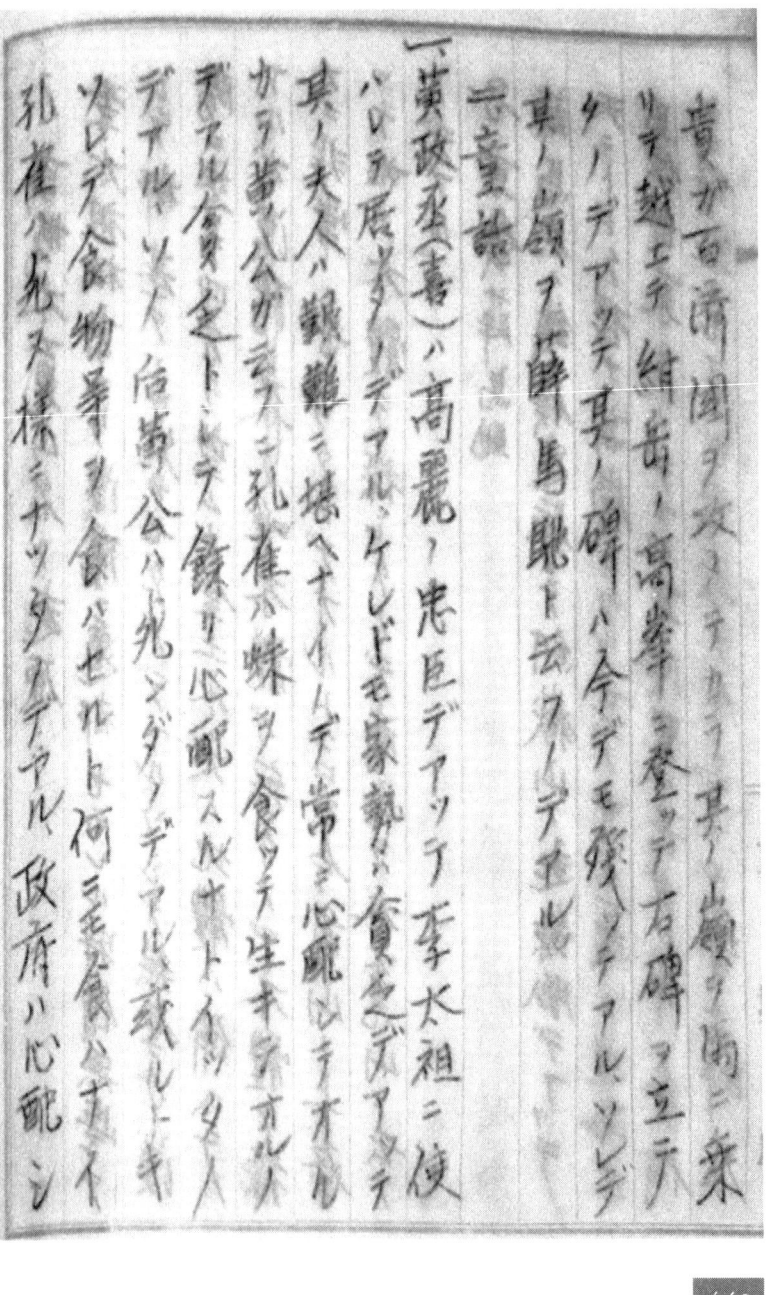

テ黄公ノ夫人ニ聞クト果シテ孔雀ハ蜂ヲ食ベテ
生キテ居ルト常ニ云ハレテオッタノデアルト云フカラ
蜂ヲ取ッテ孔雀ニ食ハセタト云フ
ニ昔シ或ル樵夫ガアリソレテ薪ヲ採リニ山ニ往ッタ
ノデアル薪ヲ採ルニ橡ノ實ガ轉ンデ来ルノデアル
其レヲ取ッテ此レハ我ノ父上ニ上ゲヨウ又一ツヲ取ッテ
此レハ我ノ母ニ上ゲヨウ又一ツヲ取ッテ此レハ我ノ兄ニ上ゲヨ
ウ又一ツヲ取ッテ此レハ我ガ食ハウ、又一ツヲ取ッテ此レハ我ノ
妻ニ遣ラウトシテ拾ッテ持ッタノデアル、日ハ已ニ暮
レテ帰ヘルコトガ出来ナイノデアル、ソシテ愈々
帰ヘルニ或ル廃ヘタノ空キ屋ガアル、仕方ガナク、
ソコニ入ッテ寝ヨウトシテ居ッタトコロガ夜ノ中ニ
魑魅ガ群ヲナシテ来テ金棒等ヲ持ッテ

遊ビヲスルノデアル　樵夫ハ恐怖ッテ堪ラナイノデ樫ノ実ヲ一ツ噛ンデ破ッタノデアル、ソレデ魑魅ガソノ音ヲ聞イテナアニ此ノ家ガ倒レルノダトイッテ其ノ金棒等ヲ其ノ侭ニ棄テ、逃ゲタノデアル、ソレダカラ翌朝其ノ金棒等ヲ取ッテ家ヘ帰ッテ金持ニナッテ裕ニ暮レタノデアル、其ノ村ニ悪イ樵夫ガアッテ其ノ話ヲ聞イテ自分モ金持ニナラウト思ッテ薪ヲ採リニ往ッテ樫ノ実ヲ取ルニ初ノモノハ自分ガ食ハウ終リニ自分ノ父母ニ上ゲヨウト拾ッテ態々其ノ家ニ往ッテ居ッタノデアル、其ノ夜果シテ魑魅ノ群ガ来テ矢張リ金棒等ヲ以テ遊ビヲスル時樵夫ハ態々樫ノ実ヲ噛ミ破ッタンデアルトコロガ其ノ魑魅ガ怒ッテ其ノ樵夫ヲ引キ出シテ金棒ヲ以テタヽイタノデアル。
宣祖朝ノ時代ニ李鰲城(恒福)李漢陰(德馨)張大
將(好衛)ノ三人ガアッテ幼年時代ニ京城ニ於テ一
緒ニ勉強シタノデアル、當時ニコンナ傳說ガアッ
タノデアル其ノ說ハ慕華館ニ魑魅ガ多クアッテ
人ノ一生ヲヨク知ルモノダト傳ヘテアル、此ノ三人ハ試見
ヨウト思ッテ先ッ鰲城ガ慕華館軒上ニ往ッテ臥
テ居ルト魑魅等ガ來ナガラ此ノ大監ガ何ノ爲ニ
御出ニナッタト云ッテ挨拶シタノデアル、鰲城ハ心ニ
喜ビテ家ヘ帰ヘッタノデアル、李漢陰ガ又往ッテ
見ルト鰲城ト同ジク挨拶ノッスン、張大將ガ往ク
ト魑魅等ガ何ンナ人ガ來テ居タカトイッテタ
タイタノデアル、張大將ハ落胆シテ學業ヲ廃シ

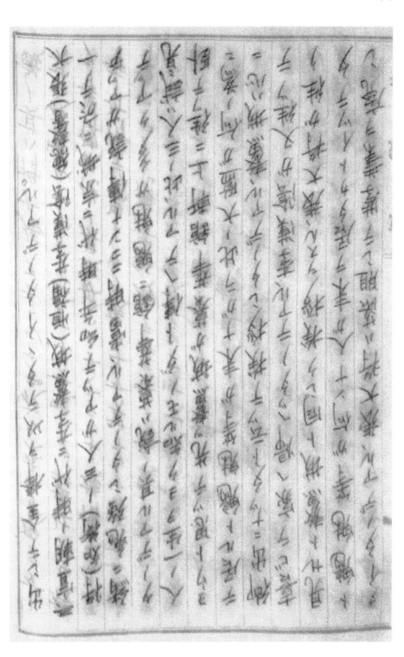

田舎ヘ帰ヘッテ射法ヲ修メンダノデアル、一日弓箭ヲ携ヘテ或ル處ニ往ッタトコロガ無人ノ処デ日ガ暮クナッタノニ数里ヲ来ルト一軒屋ガアル、ソコニ往ッテ一夜宿泊スルコトヲ願ウト内カラ云フ諾カ此処ハ危険ダカラ速カニ他処ヘ往キナサイト云フノデ張大将ハ不思議ニ思ッテ又固ク願フト止ムヲ得ズ許シタ、其ノ譯ヲ聞キマスト此家ハ元来巨族大富ニシテ奴婢モ甚ダ多クアル大デアル、其ノ家ニ一人ノ女アッテ頗ル奇麗ナノデ奴婢中ニ一力者ガアッテ其女子ヲ取ラウト思ッテ附近ノ寺ニ在ッテ僧様ニナッテ女子ハ父母及其ノ他奴婢等ヲ殺シテ仕舞ッテ唯女子一人バカリデアル、毎夜ハ其ノ女ヲ取リニ来ル夜デアルト云フ、張大将ハ其ノ談

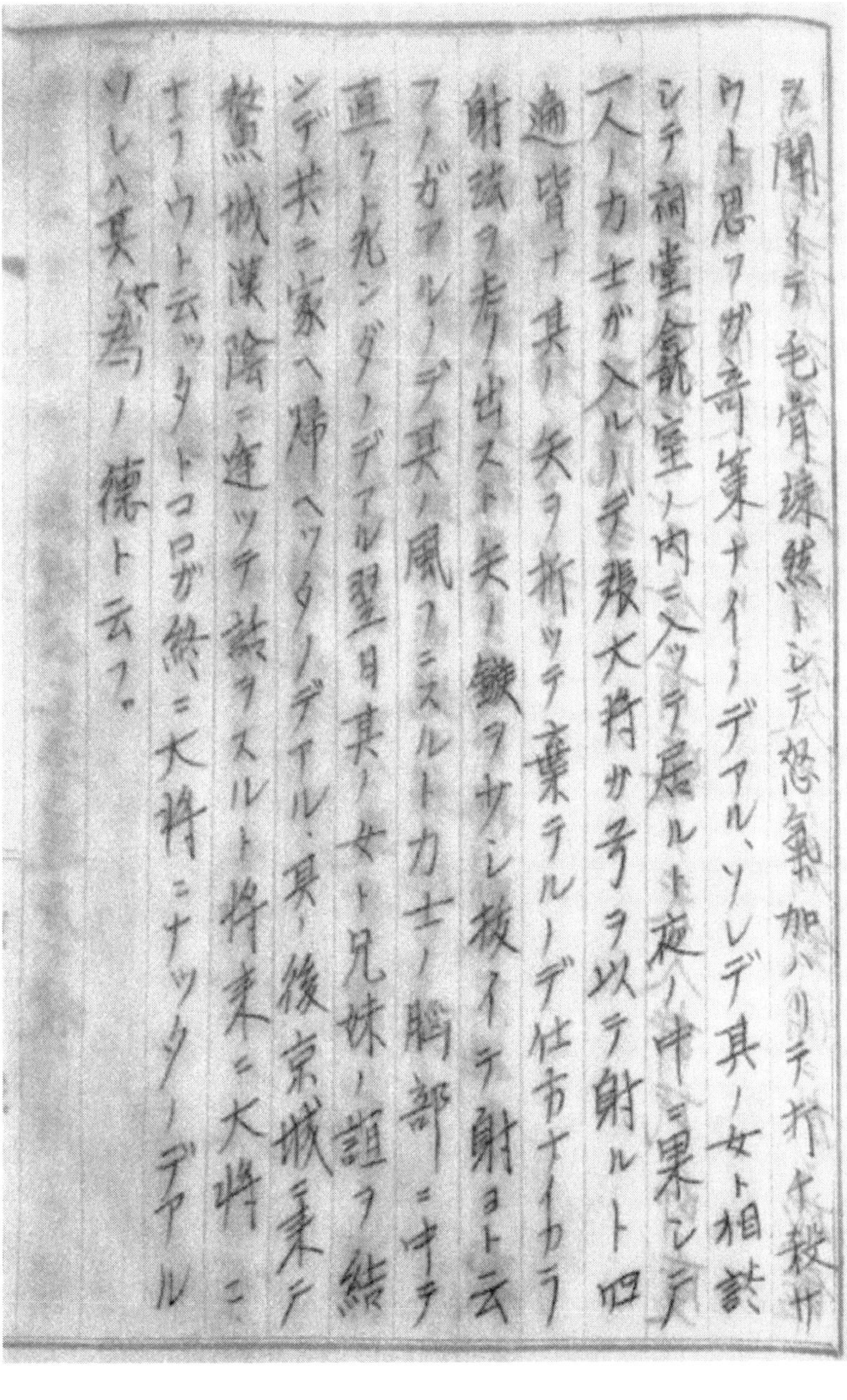
ヲ聞イテ毛骨悚然トシテ怒氣加ハリテ打チ殺サ
ウト思フガ奇策ナイノデアル、ソレデ其ノ女ト相談
シテ祠堂龕室ノ内ニ入ッテ居ルト夜ノ中ニ果シテ
一人ノ力士ガ入ルノデ張大將サ弓ヲ以テ射ルト四
通皆ナ其ノ矢ヲ折ッテ棄テルノデ仕方ナイカラ
射試ヲ走リ出スト矢ノ鏃ヲサシ抜イテ射ヨト云
フノガアルノデ其ノ風ニスルト力士ノ胸部ニ中テ
直ク死ンダノデアル。望日其ノ女ト兄妹ノ誼ヲ結
ンデ共ニ家ヘ帰ヘッタノデアル。其ノ後京城ヘ来テ
磐黙城漢陰ニ逢ッテ話ヲスルト將来ニ大將ニ
ナラウト云ッタトコロガ終ニ大將ニナッタノデアル
ソレハ其ノ篤ノ徳ト云フ。

仁峴公立普通學校

一、傳説

イ、民族移動

1、殷國滅亡ノ同時箕子ト云フ人五千人ノ男女ヲ引率シ平讓ニ移住セシ事

2、百濟滅亡後百濟ノ王公遺貴族ノ大多數其ノ家族ヲ引率シ内地ニ移住セシ事

3、明國滅亡以後同臣民ガ辮髮左衽ノ風ヲ厭ヒ朝鮮ニ移住セシ事

ロ、外國ヨリ漂流者ニ

イ、駕洛國（任那）王金首露ノ夫人許氏ハ印度國ヨリ渡來シタリト

②、高麗太祖王建ノ曾祖父タル者錢浦ニ於テ旅館

ヲ営業トシ一人ノ娘ヲ有シ居リ此ノ娘ノ幼キ時一人ノ
僧侶來リ一ツノ石造狗ヲ贈リテ曰ク此ノ石造狗
ノ動キタル後此ノ娘ヲ嫁セバ必ズ貴男ヲ出
産スルト其ノ父タル者コノ事ヲ確信シ居タリ
其ノ後娘ノ年長ズルモ配偶者ヲ與ヘズ然シ
ニ娘ハ其ノ春情ニ堪ヘズ或ル日該石造狗ヲ撫
シツヽ曰ク汝一度動カバ我レ嫁スルコトヲ得何卒
一度動ケト云ヒシニ幾日モ經タズシテ此ノ石造狗
忽チ振動セシヲ家内一同驚キタリシニ其ノ日
ノ夕方唐國ヨリ多数ノ商船碇泊シタリシガ
其ノ商人ノ一人ニシテ顏容普通ナラザルモノ王
氏ノ旅館ニ宿泊シ王氏ニ曰ク我ハ商人ニテライ
貴國ノ金剛山ヲ觀覧セントシテ商船ニ依頼

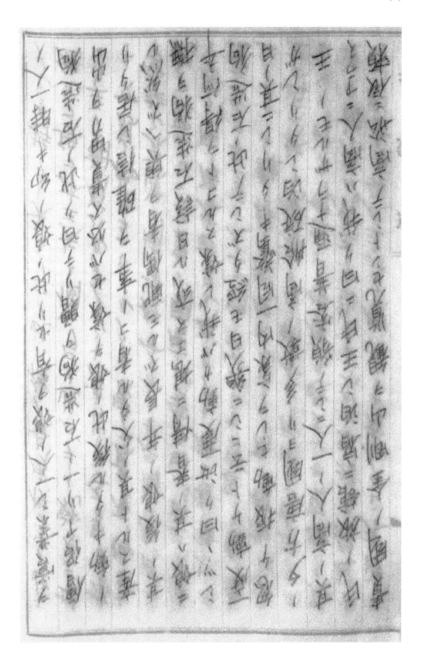

シ渡来シタル者ナレバ願クバ主人我ニ金剛山
ノ道程ヲ指示アルベシト由テ王氏ハ承諾シ該
客ヲ逗留セシメ数月後娘ト結婚ヲ行ヒソレ
ヨリ王氏ト同行シ金剛山ノ奇観ヲ終ヘ再ビ王
氏ノ旅館ニ帰リタルモ便船ヲ得難キタメ一
年餘リ逗留セシガ其ノ間ニ一人ノ男子ヲ出産
ス容貌衆ニ勝レタリ或ル日該客帰国ノ席ニ
臨ミ王氏ニ曰ク我ハ唐国ノ皇子ニシテ罪ヲ犯
シ民間ニ潜居セシガ今般貴国ニ渡来シ非常
ナル御厚意ヲ蒙リタルノミナラズ御息女ト
婚シ男子ヲ出産セシメタルハ感謝ノ至リニ
堪エズ就イテハ此ノ弓一個ト矢三本ヲ與フル程
ニ此ノ子供成長ノ後ハ此ノ弓ト矢トヲ持タシメ

我ヲ訪問セシム様言ヒ付ケテ消エタレト云
リタリ其ノ後千様ガ十二歳ノ春ニ至リテ局ノ名人ト
ナリシガ廿八才ノ時其ノ父ノ命ニテ訪問セントセシカバ母
親ガ彼ノ弓矢ヲ與ヘ告ゲテ曰ク汝ハ龍ヲ持チ
テ中国ニ参リ汝ノ父ヲ訪問スベシト而シテ子供ハ弓
三矢ヲ持チ便船ヲ求メ渡航中突然大風起リ
船ヲ碇泊セシメシガ暫時経ツテ大風モ止ミシカバ
漕キ出サントスルモ少シモ動カザリシカバ乗客不思議
ニ思ヒ之レ乗客中不正者ノ居ル為メ彼ノ神ガ怒
リタルモノナリ故ニ各々自分ノ着物ヲ一枚ヅツ水
中ニ投ゲ浮ブモノハ罪無ク沈ムモノハ罪人ト定メ
ソレヨリ水中ニ投ゲレバ獨リ例ノ子供ノ着物
沈ミタレバ乗客等例ノ子供ヲ水中ニ投ゲント

欲セシモ其ノ年幼キニヨリ一岩礁ノ石上ニ棄テ置キ
船ハ直チニ動キ去リタリ然ルニ子供ハ独リ石上ニ泣
キ居タルニ一人ノ老人水中ヨリ現ハレ子供ニ曰ク此
度君ヲ此處ニ棄去タルハ弓ノ名人ナレバナリ我
ハ此ノ海ノ黄龍ニシテ近處ニ住ム白龍ノタメ
得ニ我ガ窟穴ヲ奪ハントスルヨリ度々合戦シタレ
ドモ未ダ勝負ヲ決セズ又明日正午ニハ戦アラン
若シ君ニシテ我ガ為メニ一矢ヲ惜マザレバ其ノ恩、
ハ厚ク報ズベシト云ヒタレバ例ノ子供ハ快ク承諾
セシニ翌日ニ至リ果シテ風雨劇シク起リ海中
ヨリ黄白ノ両龍空中ニ飛ビ上リ将ニ戦カハン
トスル處ニ一箭ヲ發セシニ不思議ニモ風雨ハ止ミ
例ノ老人再ビ現ハレ一人ノ女児ヲ献ゲテ曰ク御礼

ニ差上グル程ニ莫第ノ妻ニセヨト云ヒ忽チ海中ニ
帰レリ時ニ千度莫第ノ妻ニセリ（高麗通過
スルヲ止メ女児ト同棲シテ帰宅シ直ナニ夫婦ト
ナリソレヨリ三年ヲ経テ一男子ヲ出産セシニ例ノ
女児暇ヲ乞ヒテ曰ク妾ハ元ト水中ノ龍女ニシテ
莫第龍即チ父ガ報恩ノ為メ父命ヲ受ケ殿ノ妻ト
ナリタルナリ今一男子ヲ出産シタルハ實ニ其ノ報
恩ニシテ此ノ男児ガ後世ニハ成功スルナラント云ヒテ直
ケニ立チ去リタリ此ノ男児ハ即チ太祖王建ノ父ナリ
ソレヨリ王氏ハ子孫ニハ必ズ左腋ニ龍鱗アリテ高
麗王氏五百年以来他姓ト結婚セザルハ又此ノ
龍種ヲ続ガガ為ナリシ後朝鮮ノ太祖李成桂
王氏ノ家ヲ篡ハントシ今高麗後王ニ王禑、王昌ヲ

指シテ辛禍ニ昌ト称シ教サトセレバ禍、昌
ハ腕ニ拳ゲ羅ヲ示シテ曰ク此レヲ看ルベシ我
ハ決シテ辛氏ノ子ニアラズト云ヒ証拠ヲ立テ
遁レタリト云フ
ハ英雄ノ伝説
(四)昔シ高麗顕宗ノ時代ニ姜邯賛ト云フ者
アリ幼少ノ時ヨリ賢明ニ青年ヨリモ長ズル者
又テ慶州府尹ニナリ、本府城内ニ大ナル池アリ
或ル夏ノ夜池ノ邊ヲ過グレバ時ニ衆蛙乱鳴
シテ職民ノ睡眠ヲ防害ス姜邯賛ハ池ニ依
ヒテ一符書ヲ池中ニ投ジ衆蛙ノ罪ヲ論ゼ
此以後ハ慶州ノ地境ニ於テ蛙声ノ永絶シテ聞
エザリキ

(2)朝鮮孝宗ノ時代ニ眉叟先生許穆ハ江原道三陟府使ニナリシ後府ハ海辺ナルヲ以テ東海ノ潮水頻リニ溢入シテ以来人民ノ害ニナルコト尠カラザリシ先生ハ爰ニ退潮文ヲ作リテ右碑ニ刻ミテ之ヲ海辺ニ立テタリシカバ以後数十年間潮水ノ害無カリシガ時ノ政府ニ於テ西南ノ黨派アリ先生ハ南人ナルヲ以テ後代ニ至リテ西黨ノ一人三陟府使ニナリテ先生ノ遺蹟ヲ毀損シ退潮碑ヲモ破砕シテ海中ニ流シタリ翌朝潮水大ニ溢溢シテ人民流死セラレタルモノ數ナクシテ家屋作物等ノ損害ヲ受ケルコト甚シクナリ如何ニ無理無情ナル西人ノ府使モ大イニ驚キ手足ノ措ク所ヲ知ラズ時ニ老椽吏ノ人ア

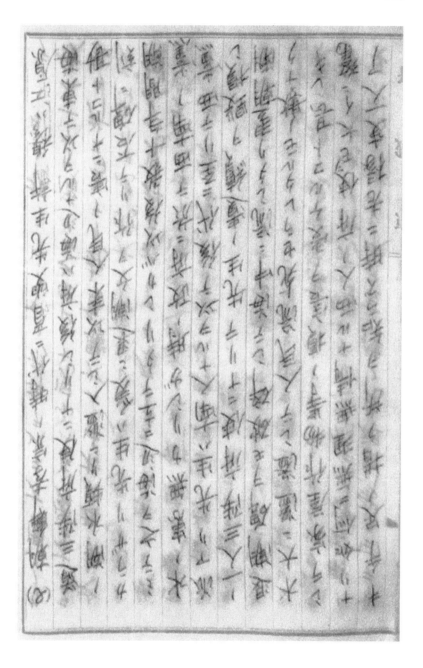

リテ曰ク我ガ祖先ノ傳言ヲ承レバ祖先ハ其ノ時石碑ヲ二個造リテ一個ハ元所ノ地中ニ埋置カレタリトノコトナリ最近該地ヲ掘レバ果シテ石碑一個ヲ取リ出シテコレヲ元ノ海岸ニ立テ置キシガ今日マデ潮[illegible]レテ人民ハ保存ニ注意スルコトヲ得タリ

(3) 朝鮮宣祖ノ時代ニ忠武公李舜臣ハ十四歳ノ時郷里ノ近邊ニ大池アリ中ニ大蛇潜伏シテ害ヲナスコト屢々アリ或日村民ノ一人例ノ池ノ邊ニ遊ビ居リシガ忽チ大蛇池ヨリ出デ之レヲ呑ム村中ハ大騒動ナリテ如何ナス所ヲ知ラズ李舜臣ハ小兒ナレドモ之レヲ憤リテ一丈餘リノ一圍木ヲ以テ井形ノ如ク中ヲ掘リ削リテ

月夜ニ来ジテ舟形木ノ中ニ潜臥シテ大声ヲ発
歌ヲ歌ヘバ大蛇ハ驚キ出デ舟形木ヲ確ト巻キ
絡ミ付ケバ李舜臣ハ舟形木ノ中ヨリ剣ノ刺
カラ取リ出シテ大蛇ノ腹部ヲ切断シテ之レヲ
殺セバ村民ハ大ニ驚歎シタリト

二、虎ト蛙等ノ動物又ハ植物ニ関スル類ノ伝説

(い)或ル郡會ノ近傍ニ住居セル女子五六人或ル
春日共ニ隣キ山ニ登リ草ヲ摘ミ遊ベル内一岩石
ノ下ニ虎子五六匹ノ遊ブヲ見テ虎子トハ知ラ
ズ無邪気ニ撫シ其ノ可愛サヲ誉メ居タリシニ
傍ノ林中ヨリ一匹ノ虎之ヲ見テ大ニ喜ビ大
声ヲ発シ笑ヒシカバ女子等ハ大ニ驚キ草籠ヲ
棄テ置キ急ギ逃ゲ帰リタリサテ翌朝門ヲ

開キ見レバ前日抛棄セシ草ハ龍ト各文字ノ門
前ニ並ベ居タリト云フ斯カル猛獣サヘ能ク自
分ノ子ヲ愛スル人ナリ了解スルモノナリト云フ傳説
アリ

(2)、猫ガ人ト屍ヲ飛ビ越ストキハ屍起立スト云ヒ又
家ニテハ猫ノ往来スルヲ嚴ニ禁ズル事ナリ

(3)、慶尚北道慶州郡月城山ノ松ノ一株ナリ此レ
其ノ根本ヨリ伐リテモ尚其ノ伐口ヨリ又新
シキ芽ヲ発スル者ナリトノ事アリ

本地名ノ起因ニ関スル傳説

京城南部銅峴通(美洞附近ニ報恩緞洞ハ
李朝中葉(宣祖ノ初年)ノ時代ニ漢語通譯官洪
良浩ノ所住地ナリ洪良浩ニ千歳ノ時朝鮮

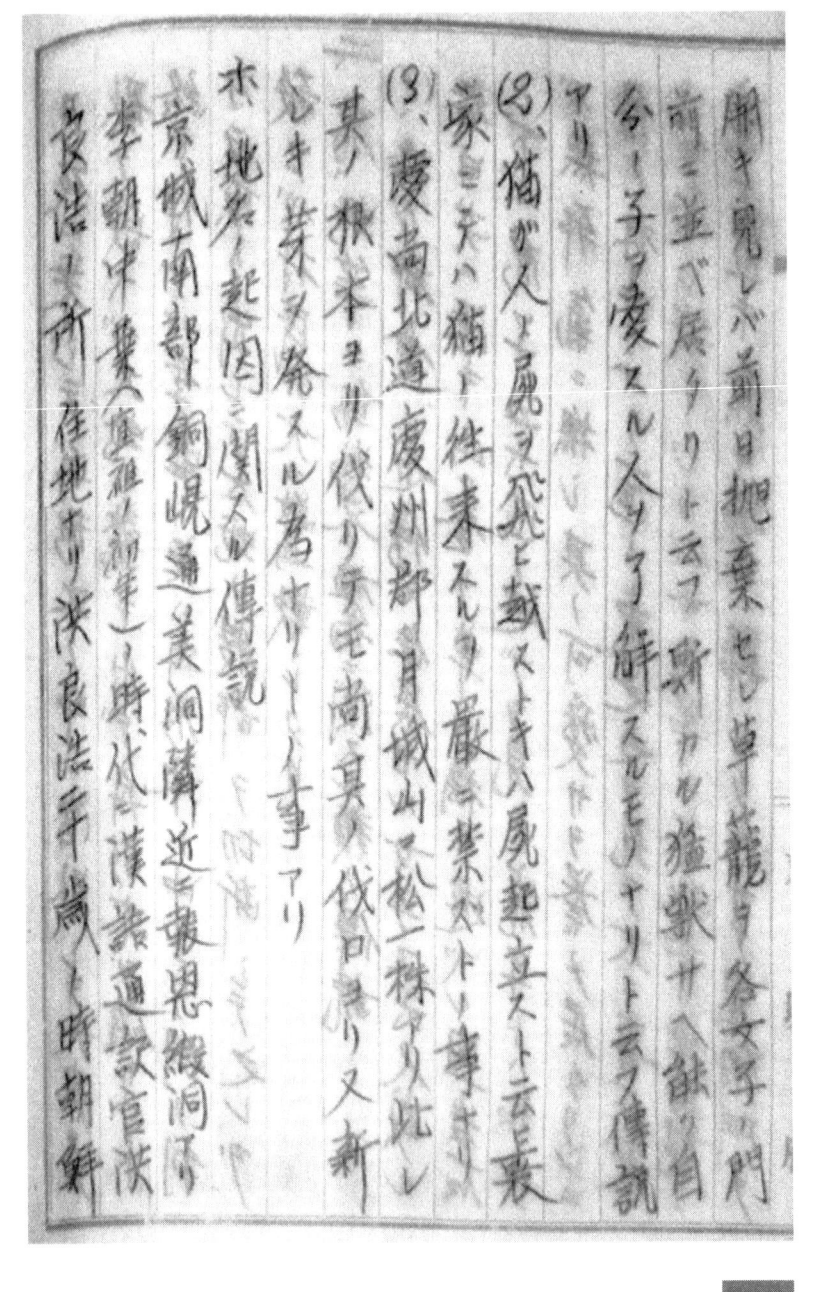

使臣(今大使)ノ譯官トナリテ明國ニ往キタル故昔
例ニ譯官ハ支那ノ物貨貿易商取權ヲ兼ネタル
故洪彦浩ハ幾萬金ヲ帶ビテ北京ニ入リシカ月
夜興ニ乘ジ市街ヲ周覽シテ回ル此処ハ大國
ナリ男女少壯ノ時ニ客窓独宿ヲ好マザルハ当然
ナルニ况ンヤ明ハ大國ニシテ北京ハ大國ノ首府ナ
リ我ハ小國ノ生レニシテ再ビ來ルノ難キ今行ナラ
ン遂ニ青樓坊ヲ見過リテ北京第一等ナル美人
ヲ求メントス武坊曲ヲ過ルニ一綾小ナル精舍
アリテ穩靜ニシテ普通ノ藝者屋トハ異ナリ
望ミテ見レバ一夜萬金ト云フ花債額ノ看板ア
リ此ハ乃チ北京内有一無雙ノ高價ナリ洪
氏ハ思ヒ切リテ門ヲ叩キテ宿ヲ請フニ主人

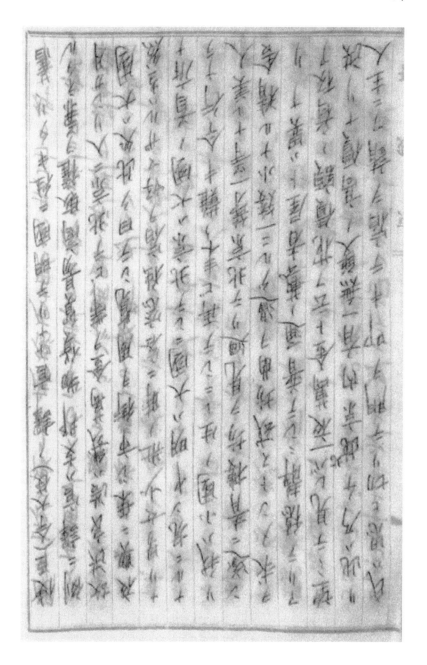

ハ一老婆ナリ之レヲ迎ヘテ而シテ少女ヲ使テ之
レヲ見セバ直チニ絶代佳人謂ツ可キモナ
リ洪氏ハ因リテ之レヲ與ヒテ談リテ図動作ヲ
観察スレバ苟モ娼妓ノ態度ハ假初ニモ無之
ジテ必ズ是ハ公卿ノ閨娥ナレバ洪氏ハ益ヲ
彼ニ詳カ其ノ故ヲ問フニ女ハ襟ヲ整ヘ涙
ヲ含ヘテ曰ク妾ハ元南京人ナリ妾ノ父曾テ地
ニ来リテ官トナリシ故妾母妾ヲ與ニ随ヒテ
至リタルニ今彼不幸ニシテ妾ノ父母世ヲ棄ツレ
バ将ニ屍体ヲ運ビテ故郷ニ返ラントスルニ思ヘバ
萬金ノ巨額ニアラザレバ萬里ノ遠途ヲ往キ能
ハズ直南之レヲ思ヘバ一葉ヲモ得不遂ニコト其業ヲ
開キ一夜ニ限リテ廣德厚恩ノ君子ヲ待チ

賤身ヲ以テ貴顕ノ厚恩ヲ蒙リ一夜高價ナル故
ナランカ此業ヲ廢シ最早月日ヲ送リテモ終ニ一人ノ來
問スルモノモナカリシガ天其ノ便ヲ與ヘ今夜華陽ノ
貴客ニ侍ヘラレタリト洪氏ハ之レヲ聞キ深ク其ノ
意ヲ憐ミテ途ニ萬金ヲ助捐シ少女ヲ拜シ其ノ
衣裾ヲ分ツテ歸リテ使臣ニ随ヒテ朝鮮ニ還リタリシ
ガ少女ハ多額ノ義捐金ヲ貰ヒテ樂章女ノ業ヲ式テ
濟マシ其ノ後尚書石星ノ妻トナリテ安ニ佈ニ生
活シオルモ洪氏ノ鴻恩ヲ一心ニ刻ミ顧ヒテ一見ヲ欲ス
セシモ恩人ノ姓名ハ覚エタルモ住所ヲ詳カニセザル故毎
ニ朝鮮使臣ノ使ヲ得テ探問シタルモ遂ニ知リ能
ハザリシニ萬暦二十年後ニ洪氏ハ再ヒ譯官トナ
リテ明國ニ往キタリ是ニ於テ石星妻ハ門ニ出テ

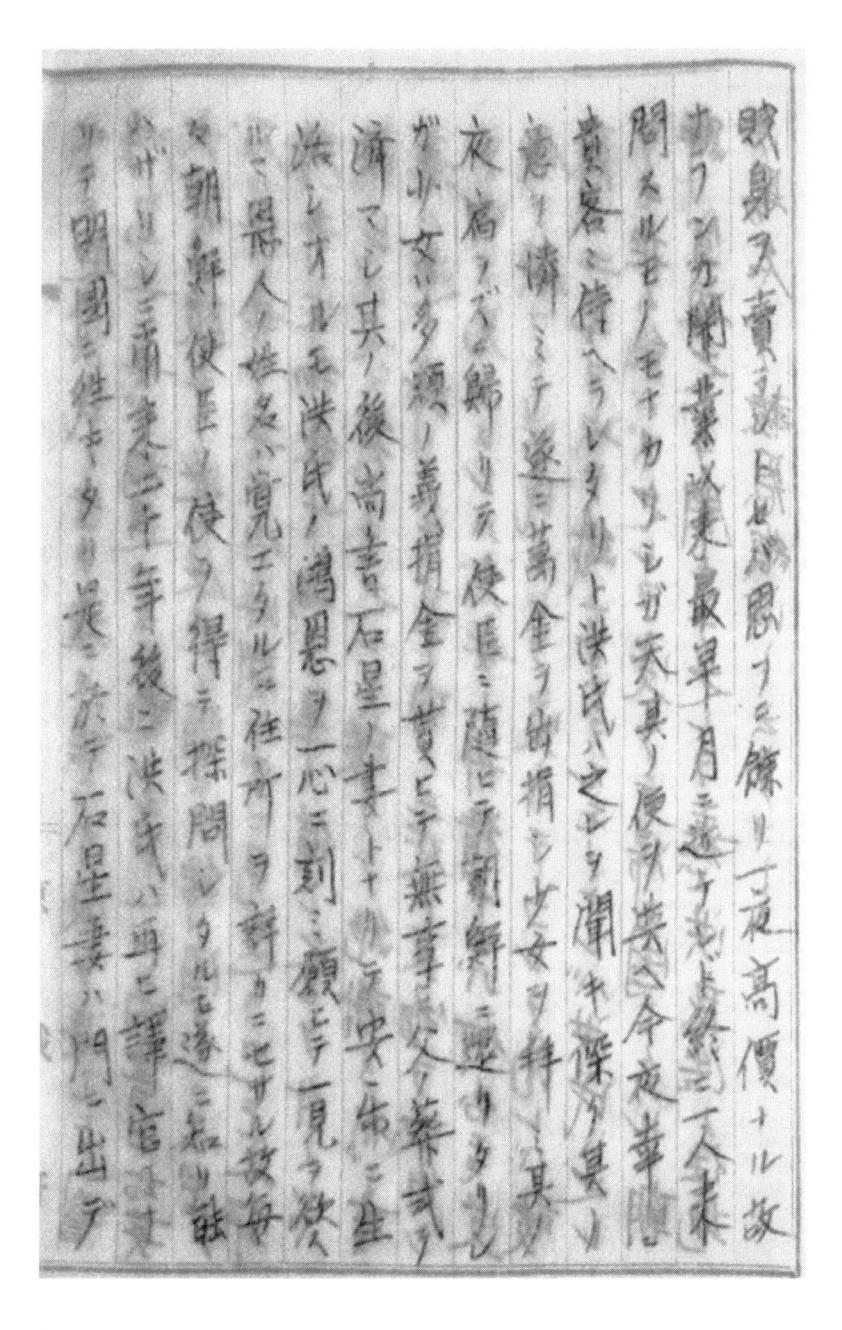

之レヲ迎ヘ洪氏ノ手ヲ握リ嬉シサニ涙ヲ流シテ「嗚呼兄上ノ安ゾ相見ルコトノ難キヤ」ト尚言モ亦哭大義ニ服セリ遂ニ使臣ニ随ヒテ帰国スルニ及ビ洪石星ハ妻ト共ニ山海関マデニ見送リ已ニ支那珍奇生物数千輛ヲ集メ備ヘ之レヲ付スレバ洪氏ハ大ニ驚キテ之レヲ譲リテ絶謝ス尚ニ書妻ハ遂ニ諦メテ其ノ内ノ三疋ノ反物ヲ取出シテ曰ク兄上コレハ小妾ガ丹精ナレバ何分ニモ受領ヲ願フト洪氏ニ渡スヤ受ケテコレヲ見レバ報恩ト二字ヲ以テ織リ立テタルモノナレバ洪氏ハ之レヲモ拒ム能ハズ之レヲ受ケテ帰国シタルニ朝鮮宣祖之レヲ聞キテ之レヲ嘉ミシ洪彦浩ナル住地ヲ賜ヘテ報恩緞洞ト云フコトト

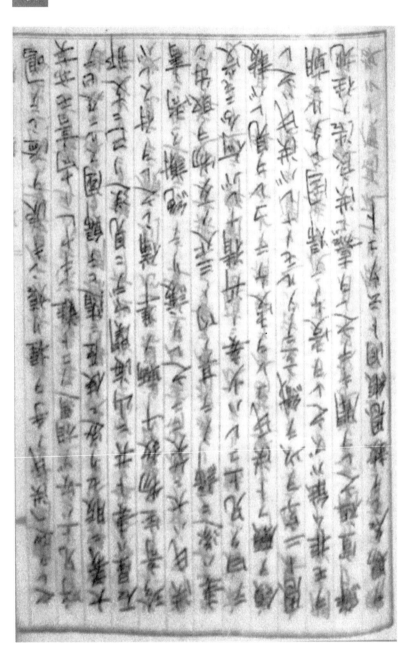

二　童話

或人ガ町ヘ往ク途中デ雨ト聞クヒト道傍デ何カ
ガブガブト飲ム音ガスル駐歩ヲ停テ見ルト蛙ガ朝
出度ト好トテ雀ヲ喪テ替ヘイテ飲ミ居ッタ所タッタ
此日ト云フ魚ハ自分ハ父母ニ不孝ヲシテ眠見ヲシレタ
ノデ眼ヲ目ニ逢ッテアンナ目ニナレタト云ウコト
又子曰聴訟吾猶人也必也使無訟乎　本文中無
訟乎ト云ウ字ガ孤ノ誤字ナリ
木ノ所ヘ虎ガ大ナ罠ニ罹レテ「ブシグレ」ト吼ッテ居ル所
[illegible]人[illegible]旅者ガ其ノ前ヲ通ッタガ虎ハ頻リニ
助ケテ呉レ旅者ハ之レヲ憐ミテ呉レノ戸ロヲ開ケテ
出シテヤッタスルト虎ハ非常ニ腹ガ空イテオッ

タト見エテ返ッテ其樵者ヲ喰ウトシタ如何モ情ニ深イ樵者デサヘモ之レニハ閉口シテ互ヒニ戯論シオッタ所ヘ、柏子ヨク向カラ狐ガ「キョロ〳〵」見テヤッテ来タ、虎ト樵者ハ最速狐ニ向ッテ裁判ヲ願フニ狐モ例ノ虎ハ元ヨリ怖イモノダーミタ今度ノ無理千萬ナ處行ハ大ニ倦レテヤラナケレバナラヌトハ思ヒナガラモ一寸考ヘツカンノデ頭ヲ掻ッテ居タガ「イヤコレハ實際ヲ見ナケレバ話ダケ聞イタッテヨク解リマセンカラ虎君本ノ處ヘ往ッテ見ヨウヂヤナイカ」ト云ウテ例ノ岩ノ處ヘ往ッテ「ナルホド虎君ガコヽヘ這入ッテ居ッタガネソレデハコノ中デドウ云ウ風ニシテ居ッタカサア虎君這入ッテ其ノ様子ヲヨク見セテ呉レ

ソシテ其者其ノ方ハ何処ヘ立ッテドンナニシテ居ッ
タカ」ト云ウト虎ハ「早ク裁判ヲ定メテ貰ハナケレバ
殿カ構ッテ仕様ガナイ」ト云ッテ一先ヅ穴ノ戸ヲ開ケテ
躍ビ込ンデ「コウコウシテオッタヂヤナイカ」ト云ウト
アア悲シイカナ猛獰無双ナ虎ガ再ビ穴ノ中ニ
陥ッテシマッタ
狐ハ早速穴ノ戸ヲ閉メテ「コレナラ訟ナシ」ト
曰ク必ズシモテ訟ヲ無クセシムルモノハ狐ナルカナ

一、英雄ノ傳説　梅洞公立普通學校

今ヨリ三百年位前ニ忠清南道牙山ト云フ所ニ李舜臣ト云フタラ剛毅ノ人ハ殆ント知ラナイモノガナイ。其人ノ十四ノ時ニ嫁ヲ取リニ往ッタ。翌日便所エ行ク道中デ大キナ虎ニ出遇ッタ所ガ虎ハ前ニ近寄ッテ李ヲ戯レルケレドモ李ハ少シモ其レヲ恐レズニ虎ノ尾ヲ握リ取ッタ。スルト虎ハビックリシテ逃ゲヨウトスル。併シ李ハ其ノ尾ヲ放サナイテ走ルニ従ッテ付イテ往ッタ。所ガ虎ハ勢ヨク山坂ヲ越シ戯レテ或ル大キナ石ノ窟ニ入ラウトシタ。李ハ其処デハ仕方ガナイカラ今マデ強ク握リ取ッタ虎ノ尾ヲ放スト虎ハ尾ノ皮ヲ李ノ手ノ上ニ残シテ入ッテシマッタ。[illegible]李ハ虎ヲ逃ガシテ其ノ山ノ下ニ下リテ見

輩ハオ十ハ此処ハ江原道ノ伊川ト云フ所デアル、忠
南某山ニ居タモノガ僅カ四五時間ノ中ニ三百
里ノ江原道ノ伊川ニ来テ居ル、李ハ益々ヘッタリト道
ヲ尋ネテ元ノ所ニ帰ッテ来タト云フ話ガアル。
一、地名ノ起因ニ関スル伝説
京城カラ一里位ノ東ノ方ニ往十里ト云フ所ガアル此
処ハ昔李朝ノ太祖高皇帝ガ始メ国内ヲ平
定シテ首府ヲ定メヨウトシテ其処ノ辺ニ来テ
レタ、其ノ夜ノ夢ノ中ニ或一人ノ老人ガ偉然ト
ヤッテ来テ「此処カラ西ノ方ニ十里ヲ往ケバ其処ガ
首府トナルベキ所ダ」ト云フノデ夢ヲ覚シテ
其ノ翌日ニ果シテ今京城ヘ来テ首府ヲ定メ
後各地名ヲ定メルトキニ其ノ夢ノ見タ所ヲ

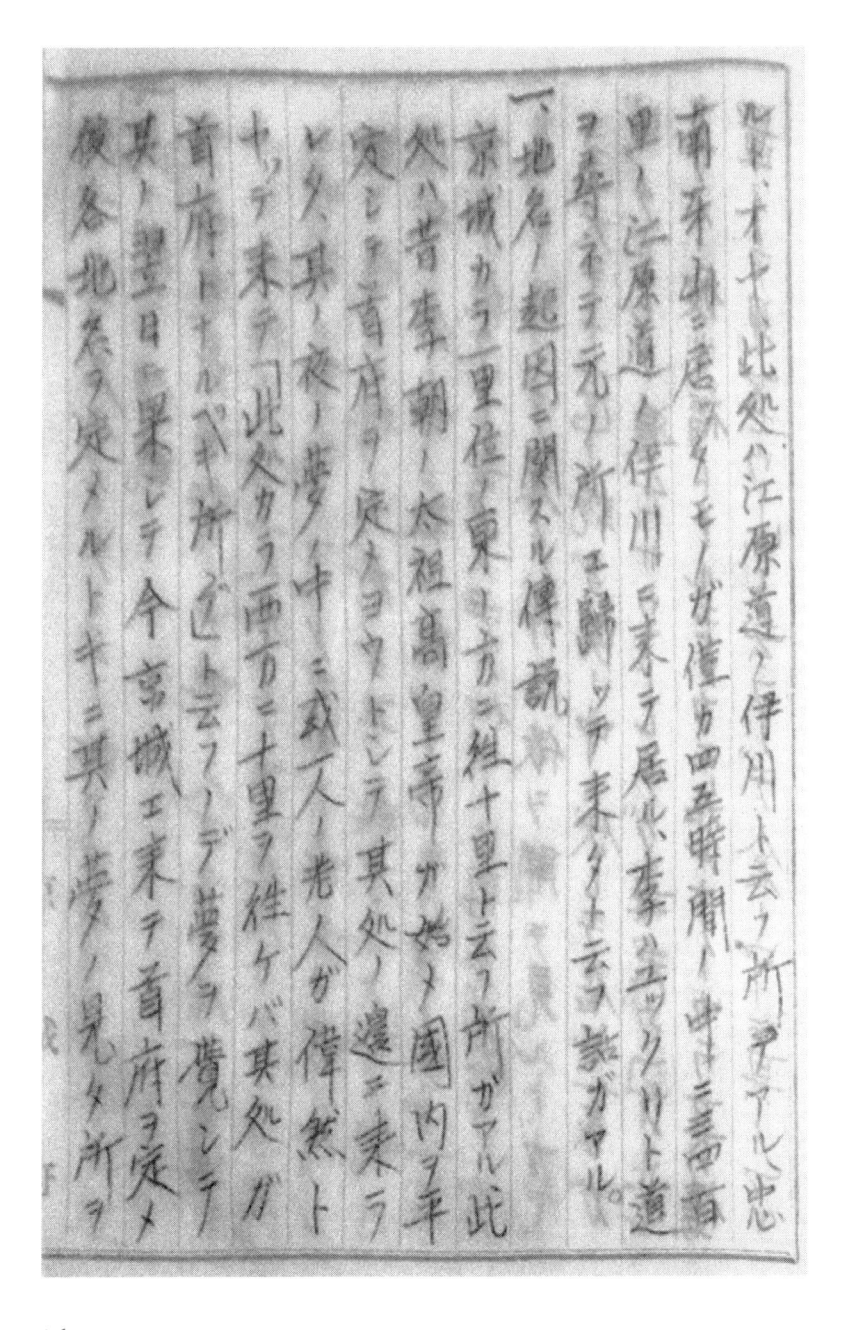

併十里ト名付ケタト云フ説カアル

一、蛇ニ關スル傳説

京畿道長湍郡ニ尹姓ノ人ガ多ク居ル、昔其ノ中ニ金持ノ人ガ一人居ッタ其ノ主人タルモノガ前ハ非常ニ貧乏デアッタガ或日妻君ノ親ノ所ニ籾ヲ借リニ往ッタ所ガ其ノ話ヲスルト妻ノ親ハ彼処ノ倉ノ中ニ籾ガ積ンデアルカラ其ノ中デ一石持ッテ往ケト云ッタ尹ハ何ントモ思ハズ一石ヲ背負ッテ帰ッテ来タ、サテ俵ヲ開イテ見ルト、オヤ、コラ大キナ一匹ノ蛇ガ其ノ中ニ伏シテ居ル一家ガビックリシテ追出サウトシタガ妻君ガ之ヲ止メナサイ彼ガ福トナルモノカモ知レナイカラ其ノ儘置イテ見マセウト云フノデ倉ノ中ニ其ノマヽ

置イタ所ガ其ノ時カラ何事ヲシテモ失敗ハシナ
イ家財ガ段々殖エテ後ニナッテハ其ノ近所デ一二ト
指ヲ折ラレル金満家ニナッタト云フ話ガ傳ハッテ
アル。

一、虎ニ関スル傳説

或ル所ニ一匹ノ怜巧ナ獺ガ居ッタ、此ノ獺ガ旅
行ガ好キデ朝鮮ヲ到ル処ヲ順ニ廻ッテ見タ、ソコデ
終リニ金剛山一ツツ見ナカッタノデ一萬二千峯ニ八
萬九ツノ寺ツモ一ペンデ見廻シタ、スルト腹モヘリ足
モ痛クテ或ル峯ノ上デ休ンデ居タ、丁度其ノ時
ニ一匹ノ飢エタ虎ガ其ノ獺ノ坐ッテ居ルノヲ見テ
「コレハヨイグワイ」ト思ッテ近ノヤッテ来タ所
ガ獺ハ逃ゲヨウトシテモ出来ナイカラ逸

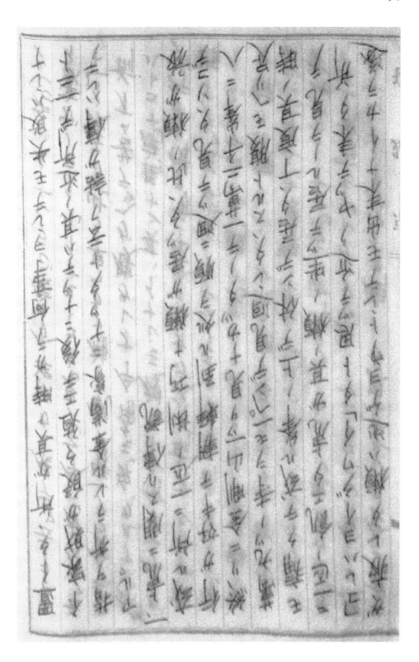

ニ虎ニ食ワレルカト思ッテ胸ガイッパイニナル、サア彼レニ食ハレルコトハマー定ッタ、ケレドモ一ツ欺シテ見ヨウト思ッテコウ云ッタ「汝ハ虎デナイカ、汝オレヲワクルカ、オレハ水デ千年、野原デ千年、山デ千年、都合テ三千年ノ間ニ水デハ小イ蝦ヨリ鯨マデ、野原デハ小イ虫ヨリ飛ブ鶴マデ、山デハ小イ兎ヨリオ前ノヨウナモノマデ食ッテ居ッタオ獺様デアル、オ前ノ父ガオレニ金千両ヲ借リテ行ッタガ今迄デ何ントノ禮モシナイ、其ンナ馬鹿ナコトハ何処ニアルカ、兎モ角今オレガ腹ガヘッテ苦ムオ前デモ食ッテ一時ノ飢ヲ補フカラ早ク此方ヘ来イ」ト云ッタ。虎ハ今マデ見タコトモナイ小イモノガ豪イコトヲ云ッテ居ルカラ半分モ信ジラレナイガ恐レタ

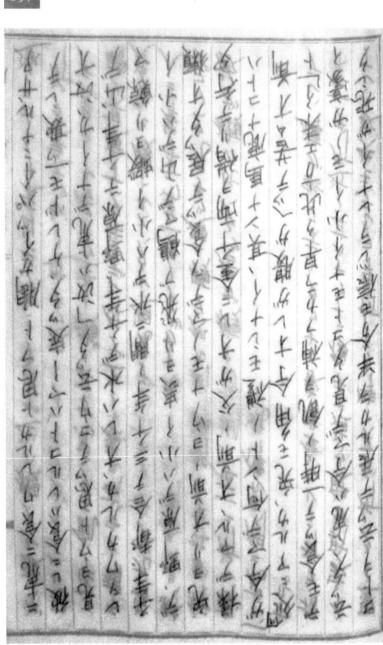

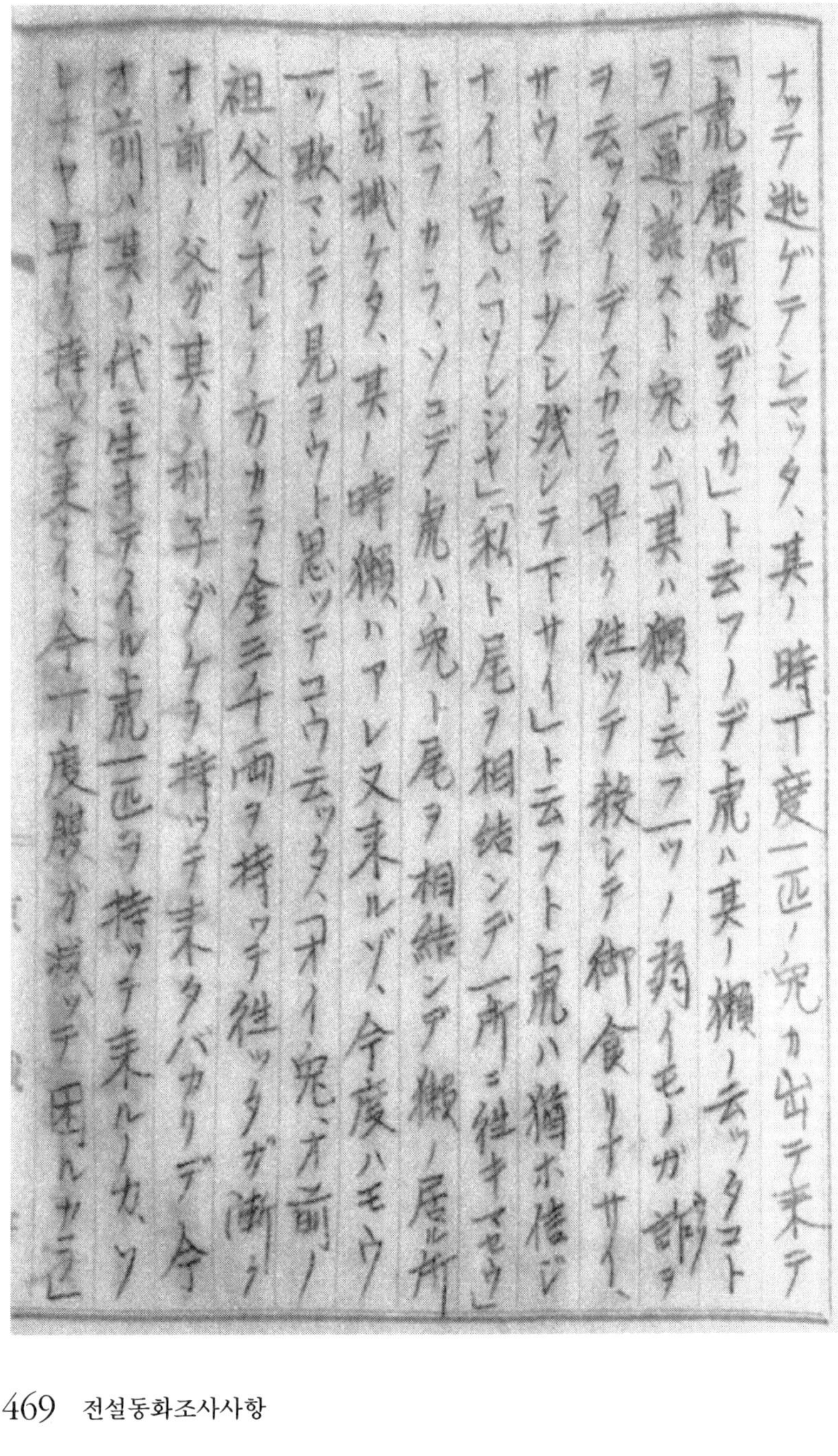

ナッテ逃ゲテシマッタ、其ノ時丁度一匹ノ兎ガ出テ来テ
「虎様何故デスカ」ト云フノデ虎ハ其ノ獺ノ云ッタコト
ヲ一通リ話スト兎ハ「其ハ獺ト云フ一ツノ狡イモノガ詐ッテ
ヲ云ッタノデスカラ早ク往ッテ殺シテ御食リナサイ、
サウシテサシ残シテ下サイ」ト云フト虎ハ猶ホ信ジ
ナイ、兎ハ「ソレジャ」「私ト尾ヲ相結ンデ一所ニ往キマセウ」
ト云フカラ、ソコデ虎ハ兎ト尾ヲ相結ンデ獺ノ居ル所
ニ出掛ケタ、其ノ時獺ハアレ又来ルゾ、今度ハモウ
一ツ欺マシテ見ヨウト思ッテコウ云ッタ、「オイ兎、オ前ノ
祖父ガオレノ方カラ金三千両ヲ持ッテ往ッタガ漸ナ
オ前ノ父ガ其ノ利子ダケヲ持ッテ来タバカリデ今
オ前ハ其ノ代ニ生キテイルト虎一匹ヲ持ッテ来ルノカ、ソ
レナヤ早ク持ッテ来イ、今丁度腹ガ減ッテ困ルナア」

ト云フト虎ハ又其ノコトヲ聞イテモウ一層驚イテ大
足デ逃出シタ、スルト兎ハ其レニ付イテ引カレ往クコトニ
ナッタ、ソウシテ尾ガ取レタ今兎ノ尾ノナイノハ之ガ
タメニナクナッタト云フ話デアル。[illegible]

[illegible]

ヲ[illegible]

[illegible]ト、兎ハ其ノ森ノ[illegible]

十[illegible]其ノ森ノ中ニ一匹ノ兎ガ出テ来テ

齊洞公立普通學校

一、傳說

イ、民族移動及開闢ニ関スル類

ノ、太古天上地下相合シテ茫茫タル大海ナリシニ萬物ヲ皆殺シテ後又元ノ如ク二ツニ分レタリシカ時ニ一匹ノ牛ガ生キ殘リテソレガ人ヲ產ミテ漸々ト繁殖シタルモノナリ故ニ牛ハ人間ノ祖先ナリ其ノ何萬年カ後ニハ長キ間、雨ガ降リテ其ノ雨水ガ世界中一杯ニナリテ人間ハ皆死ネドモ其ノ内ヨリ孝子ノ如キ一番善イ人ガ生キ殘リテ漸次繁殖ス。

ロ、動植物ニ関スル類

イ、虎、狐、等ハ百年間經テバ尾ナ頭ガ九ツニ

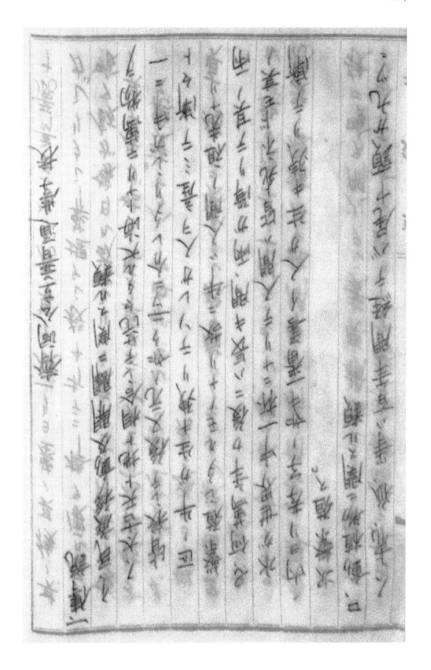

出来テ諸種ノ変態ヲナス即チ女トナリ、男トナリ僧トナリテ臨機応変シテ人間ヲ喰ヒ殺ス。

2、雉ハ三年間、狗ハ千年間経テハ諸種ノ変態ヲナス。故ニ家ニ飼ハルゝモノモ以上ノ年限ヲ経ザル内ニ殺ス

3、猫ヲ殺シタルモノハ猫ヲ殺シタル家ニテ猫ノ真似ヲシテ遂ニ死ス

4、文蛤ハ雀ノ老ヒタルモノガ海中ニ入リテ変態ス。

5、飯粒花(밥풀꽃)ト云フ草ハ悪イ姑ガ居テ其ノ嫁ヲ虐待スルコト度々ナリシガ或ル日嫁ガ飯ヲ喰ヒ居ル處ヲ棒ニテ打チ殺シテ埋葬シタリシガ其ノ後其ノ墓ヨリ一株ノ草花ガ生エテ奇麗ナ

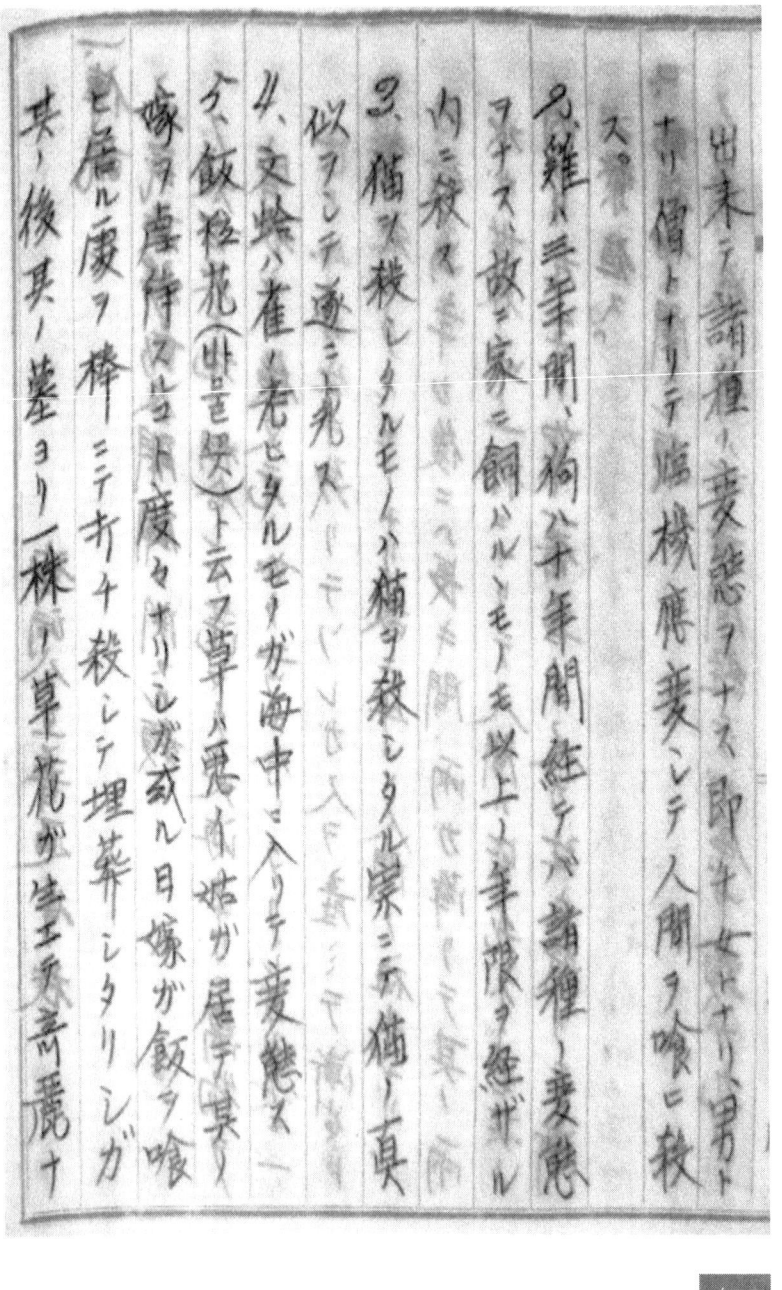

ルヤ花ガ咲ケリ其ノ花ハ形ハ人間ノ口ニ飯ヲ喰ヘタ
ルガ如シ
イ、海棠ヲ屋敷内ニ植エルト其ノ家庭ヨリハ淫賣
女ガ出来ルト云フ
タ、何百年ト云フ古キ樹木ニハ神ガ宿ル故ニ其
ノ木ヲ折リタルモノハ死ヌト云フ又斯ノ如キ樹
木ニ飲食物ヲ上ゲテ自身ノ幸福ヲ祈ル

ハ、地名ノ起因ニ関スル類
イ、断髪嶺ハ江原道淮陽郡ニアリテ金剛山
ニ登ル嶺ナリ新羅王ノ子金地藏世ヲ逃ゲ
テ山ヘ入ル時此ノ嶺ニ於イテ髪ヲ断リタル
ニ依ル
ロ、往十里ハ朝鮮李朝ノ太祖都ヲ定メル時

始メハ今ノ往十里ト云フ所ニ假定シテ宮殿ヲ建テル時地中ヨリ一ツノ石碑ヲ拾得セシガ碑ニ「妖僧舞鶴往十里」トアリ（妖僧舞鶴ハ都ヲ定メル時ノ指導者ナリ）因テ本所ヨリ十里ヲ往キテ都ヲ定メタリ即チ今ノ京城是ナリ

二、童話

或ル處ニ良イ人ト悪イ人ガ居リマシタ善人ハ或ル日近傍ノ空屋ニ入ッテ寝テ居リマシタガ夜中ニ化物ガ沢山集ッテ来ルカラ驚イテ天井ノ中ヘ飛込ンデ居ルト大キナ声デ金ヲ出セ銀ヲ出セト云ヒナガラ天井ヲ叩キマシタガ化物連ハ此ノ音ヲ聞イテ驚イテ持ッテ居ッタ

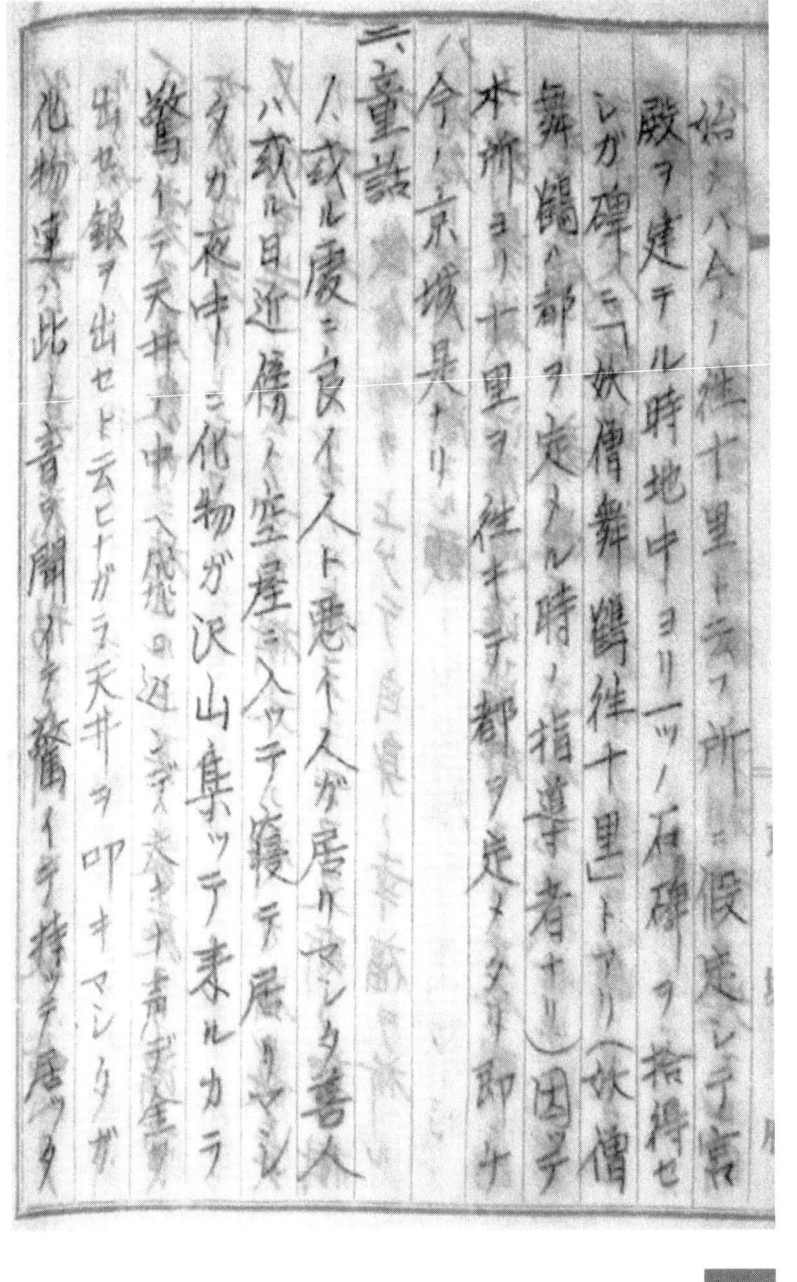

金銀ノ棒ヲ棄テヽ逃ケマシタカラ其ノ人ハ悦ン
デ其ノ金銀ノ棒ヲ家ヘ持チ帰ッテ大キナ金持
ニナリマシタ、悪イ人ハコレヲ聞イテ其ノ空屋ニ這
入ッテ寝テ居リマシタガ夜中ニ化物ガ集ッテ来ル
カラ善イ人ノヤッタ様ニシテ天井ヲ叩キマシタガ
化物達ハ此奴前ニ来タ曲者ダト云ッテ散々
ニ打チ殺シマシタ
又、漁夫ガ或ル夜河ヘ蟹ヲ取リニ往キテ河辺ニ眠ッ
テ居リマシタ夜明ニ皆帰リマシタカラ起キテ見
ルト一ツノ帽子ガ落チテアッタカラソレヲ冠ッテ家
ニ帰リマシタ家内ノ人々ハ一言ノ挨拶モアリマセ
ンカラ怪ンデ聞イテ見タラ何モ形ガ見エセマント
云ヒマシタソレヨリ此漁夫ハ此帽子ヲ冠ッテ方々

廻ッテ金ナドヲ盗ンデ悪ヒコトヲシマシタコレヲ聞
イタ近傍ノ悪イ人ガソノ漢夫ノ通ミレマシタ処
夜ニ起キ見ルト枯レタ木葉ノ入ッタ笹ガ一ッ落チテ
居リマシタカラソレヲ持ッテ家ヘ帰ッテ其ノ木ノ葉
ヲ頭ニ載セテ自分ノ妻ヲシテ形ガ見エルカ見エ
ナイカヲ聞キマシタガ何遍載セテモ矢張リ見エル
ト云フカラ悪ヒ人ハ怒リマシタスルト後ニハ妻ガ見
エナイト云ッテヤリマシタスルト悪イ人ハ悦ンデ
家ヲ出テ町ノ中ヲ歩イテ人ノ店ノ品物ヲ盗ミ出
シタラ主人ガ見テ大イニ怒ッテイヂメタソウデ
大

麻浦公立普通學校

記

一、京城ハ内地ト親密ノ關係生ジテ以来ノ名ニシテ
其前ニハ셜울壹藩（京ノ漢字ヲ充用シタレドモ）
ト云ヒキ

一、薬峴ハ約三百年前徐敬命堂号薬峰ト云
ヒシ人（本城京城ノ人ニテ官政丞ニ至レリ）ノ住ミシ処
ナルヨリ採リテ名ツケタリト云フ

一、西大門外ノ慕華舘ハ独立門附近ノ地方ナリ
中華ヲ慕フノ意ヲ採リテ呼ビナセルモノト云フ

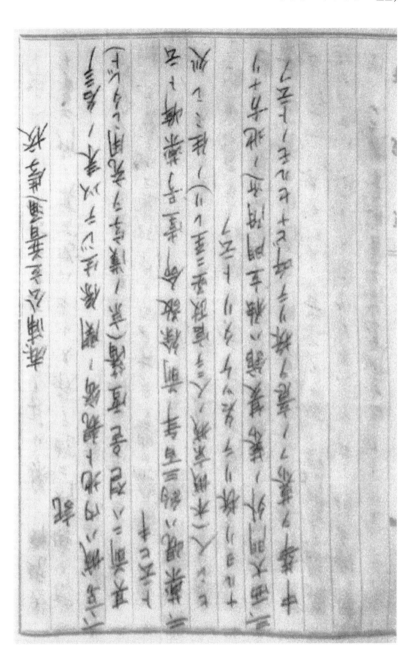

京城女子高等普通學校

一、傳說

英雄ノ傳說

李朝林慶業氏義州白馬山ヲ守ル時其ノ前庭ノ蓮池蛙聲囂々トシテ夜寝ムコト能ハザルガ故穀草数束ヲ細切シテ其ノ蓮池ニ投ジタリシニ爾来蛙聲更ニナカリシト云フ

二、動植物ニ關シタル傳說

虎ハ鐵砲ニ撃タレタルトキハ直ニ千里ノ道ヲ走リテ又元ノ所ニ戻リ其ノ害シタル人ヲ殺シ後死スト云フ

巳ノ時刻ニ蛇ヲ殺ストキハ必ズ其ノ所ニ多クノ蛇群集シ其ノ人ヲ害スト云フ

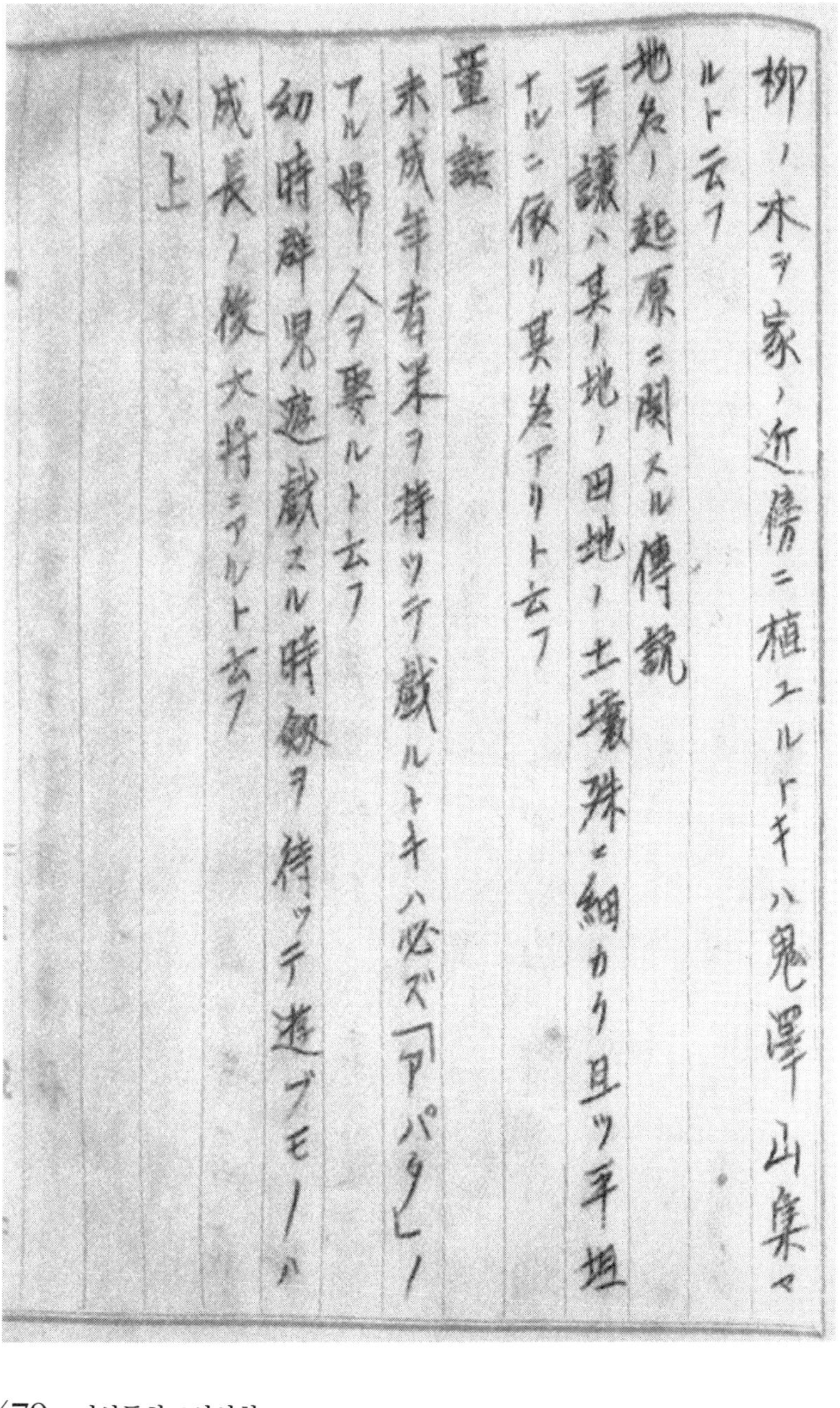

柳ノ木ヲ家ノ近傍ニ植ユルトキハ鬼澤山集マルト云フ

地名ノ起原ニ関スル傳説

平讓ハ其ノ地ノ田地ノ土壌殊ニ細カク且ツ平坦ナルニ依リ其名アリト云フ

童謠

未成年者米ヲ持ツテ戯ルトキハ必ズ「アパタ」ヒノアル婦ノ人ヲ娶ルト云フ

幼時群児遊戯スル時奴ヲ待ツテ遊ブモノハ成長ノ後大将ニアルト云フ

以上

京城府南部長

記

1、朝鮮開闢ノ初メニハ人種ガアリマセンデシタガ天ノ上カラ黒イ牝ノ牛一匹ガ下リテ来テ男女二人ヲ産ミマシタガ其ノ男女二人ガ段々大キクナッテ来テ自然ニ夫婦トナリマシタソレカラ追々人種ヲ蕃殖スルヤウニナリマシタト

地名ノ起原ニ関スル傳説

2、今カラ二千年前ニ西方天竺國カラ五十三ノ佛祖ガ海ノ上ニ浮ンデ朝鮮嶺東ニ来マシタ其ノ時金剛山九竜淵ニ住ンデ居ッタ九ノ竜ハ沢山ノ佛祖ガ此ノ方ニ来テ神霊ナル権利ヲ握ッテ仕舞ヘバ我々ノ権利ハ残ラズ消滅サ

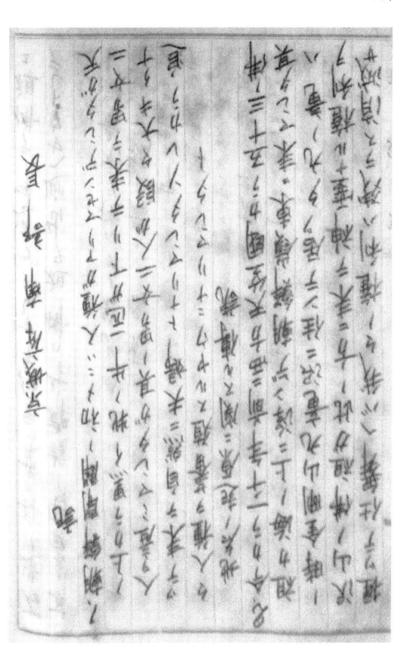

レルチヤウト大イニ心配シテ居リマシタガ色々ト
相談ヲシテ九ノ竜ハ一齊ニ團体ヲ組織シ大雨
ヲ汲ミ入レテ海水ヲ一杯ニシマシタ五十三ノ佛祖
ハ洪水ノ爲メニ住ム處ガナクナリマシタカラ又同
ジク團体ヲ組織シテ一緒ニ楡店寺ノ楡木ノ
上ニ坐ッテ神聖ナル法術ヲ講シマシタスルト
間モナク茫々ナル東海水ガ一時ニ沸騰シテ
熱クナリマシタカラ九ノ竜ハ水ノ中ニ居レナク
ナリマシ竹皆ハ一生懸命ニ岩ヲ振ッテ其ノ
中ヘ隠レマシタ今此岩ノアル池ヲ九竜渕ト
云ヒマス
其ノ当時ノ郡守ハ佛祖ヲ出迎ヘヤウトシテ
石造ノ舟ニ乗ッテ往キマシタガ途中デ佛祖ニ

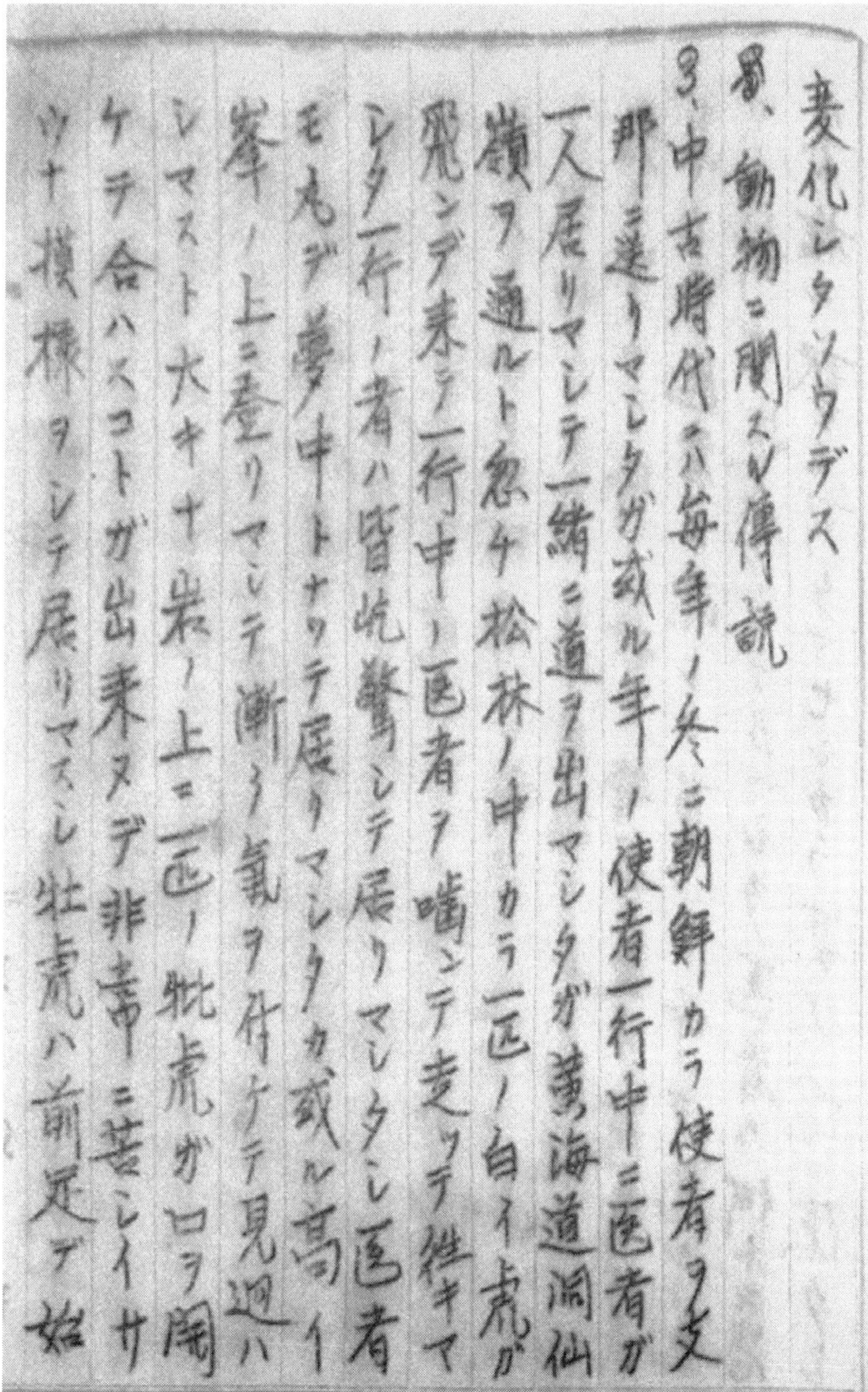
変化シタソウデス
四、動物ニ関スル傳説
3、中古時代ニハ毎年ノ冬ニ朝鮮カラ使者ヲ支
那ニ送リマシタガ或ル年ノ使者一行中ニ医者ガ
一人居リマシテ一緒ニ道ヲ出マシタガ黄海道洞仙
嶺ヲ通ルト忽チ松林ノ中カラ一匹ノ白イ虎ガ
飛ンデ来テ一行中ノ医者ヲ啣ンデ走ッテ往キマ
シタ一行ノ者ハ皆吃驚シテ居リマシタシ医者
モ丸デ夢ノ中トナッテ居リマシタカ或ル高イ
峯ノ上ニ登リマシテ漸ク気ヲ付ケテ見廻ハ
シマスト大キナ岩ノ上ニ一匹ノ牝虎ガ口ヲ開
ケテ合ハスコトガ出来ヌデ非常ニ苦シイサ
ウナ様ヲシテ居リマスシ牡虎ハ前足デ始

終ニ牝虎ヲ膳指スナウナ風ヲシマシタ医者ハ
如何ガシサウニ思ッテ開ケテ居ル虎ノ口ノ中ヲ
好ク〱見マスト喉ノ中ニ銀ノ「カンザシ」カ横
ニ挿サレテアリマシタ医者ハコンナ事ガアッテ
自分ヲ連レテ来タナト安心シテ直ダニ手ヲ
口ノ中ニ入レテ「カンザシ」ヲ取リ出シテ仕舞
マシタスルト牝虎ハ大イニ喜ンテ言葉ハ云
ヘナイケレトモ叮嚀ニ前足ヲ上ゲテ御礼
ノ挨拶ヲスルヤウナ有様デシタガ牝虎ハ
岩ノ中カラ竹ノ杖ヲ持ッテ来テ医者ニ呉
レマシタ医者ハ此レヲ貰ッテ中ヲ見ルト三
ツノ針ガ這入ッテアリマシタ医者ハ何トモ思
ハズ捨ル訳ニモ可ケマセンカラ其侭懐ニ隠クシ

マレタ虎ハ前ノナウニ医者ヲ背シテ元ノ処ニ送ッテ呉レマシタノデ医者モ嬉レク思ッテ使者ト一行ト一緒ニ支那ノ都ニ往キマシタガ丁度其ノ時大官ノ一人ガ背中ニ腫物ガ出来マシテ実ニ命ガ危イ処デアルケレ𪜈其ノ方ノ医者デハ中々利ケマセンデシタ処ガ朝鮮カラ医者ガ来タト云フコトヲ聞イテ診察ヲ願ッタラ此ノ医者ハ虎カラ貰ッテ来タ針ヲ以テ「腫物《デキモノ》」ヲ刺シテ濃ヲ搾ッテ仕舞ヘバ二三日ノ内ニ悉皆イ直リマシタ大イニ感謝シテ沢山ノ賞品ヲ医者ニ呉レマシタ医者ハ大官カラ貰ッタ宝物ヲ持ッテ国ニ帰ッテ来テハ大キナ金満家ニナリマシタコレカラ段々名誉ガ世間ニ高マッテ何ニモ不自

由ニコトナク一生安楽ニ暮シタソウデス

童話

慶尚道ノ或ル郡ニ於テ殺人事件ガアッタ
此レハ或ル藪ノ中デ人ヲ殺シテ置イタモノガ
発見サレマシタカラ尸骸ヲ其ノ儘ニ置キマシテ
其ノ犯人ヲ捜索スル為ノ其ノ附近ノ幽僻ナル処
ニ番人ヲ隠シテ其尸骸ニ対シ異状有無ヲ偵察
スル際ニ十二三才頃ノ或ル子供ガ態々其ノ藪
ノ中ニ這入ッテ来テ其ノ尸骸ヲ見ルヲ以テ直グノ
様逮捕シテ其ノ郡衙ノ法庭ニ於テ取調ベニ
掛リマシタ
郡守ハ何故人ニ殺サレテ居ル尸骸ノ側ニ往ッテ
見ルノカ

伊 私ハ特ニ往ッテ見ル訳デモゴザイマセンケレドモ
数年前或ル異人ニ逢ッテ禽鳥ノ言葉ヲ
解釈スルコトヲ習ヒマシタガ今其ノ效アル
矢ヲ通ル際ニ鳥ガ澤山集ッテ騒グ聲ヲ
聞クト林下ノ肉ヲ喰ヘト云フモノダカラ或ヒハ人
間ノ喰フベキ肉類デモアルカト思ッテ試ミニ参
ッテ見レバ思ヒモ寄ラザル旅人ノ不幸ニ被害サレ
タ死骸ヲ見付ケマシタノデ自分モ吃驚リシ
タバカリデ外ニハ何ノ事情モゴザイマセン
官 ソンナラバ今デモ何鳥ガ鳴クデモ間違ヒ
ナク解釈ガ出来ルカ
伊 間違ナク解釈ッレマス
官 丁度其ノ時一群ノ雀ガ騒ギナガラ通ッテ

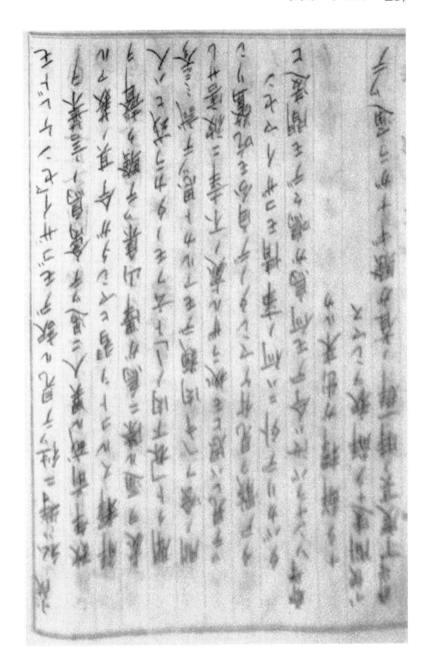

往タノヲ見テ其レヲ指シテ汝ハ彼ノ雀ガ何ト
云フテ往タノカ
大方其ノ行先ニハ車ニ積ンデ往ク粟ガ中
シヅレテ道ニ散ラシテアルノヲ見テ往タンデ
アリマセウ
郡守早速足ノ早イモノヲ呼ンデ其ノ雀ノ往キ
止マル處アデ遣リマシタガ果シテ其ノ通リデ
アッタト復命シマシタ郡守ハ不思議ニ
思ヒナガラモ一遍試驗シテ判決スル積リデ
又一回汝ニ聞イテ見ルカラ若シ間違ッタラ
可ケナイゾ
小供ハイ宜シウゴザイマス萬々間違ッタ事ハ申
シマセン

燕ハ直クニ郡衙ノ軒ノ端ニ巣ヲ造ツテ雛ヲカヘテ
居ル燕ノ雛子ヲ一ツ密カニ取ツテ隠シ置キマシタラ
母燕鳥ハ非常ニ騒ギテ居ツタ郡守其レヲ指
シテ
マノ燕ハ何ヲ云フテ居ルノカ
妓彼ノ燕鳥ハ「救我子」ト云フテ居リマス
郡守モ大イニ感心シテ放釋ヲ命シタソウデス

京城府豆毛面長

傳說

本面管内水鐵里エ高麗古墓로其時岩石이重々疊々ᄒ고山樹木이蒼々蔥々ᄒ더니忽然雷聲霹靂에大雨가暴注터니即時晴ᄒ고後一大彩龍이昇天云尸

京城府崇信面長

傳說

1、崇信面ハ元崇信坊ト唱ヘシニヨリ此ノ名アリ

2、管内牛耳洞ハ山牛ノ形ヲナシ洞ニ流レシ川ハ牛ノ耳形ヲナシ其ノ河ノ辺リニ昔シ墓ヲ造シ為メ此ノ名アリト傳フ

3、孫哥亭ハ高麗時代ニ孫氏ト云フ家臣アリ孫哥
停ニ侍住セシメタル後李朝ニ至リ此ノ地ヲ同氏ノ
領分トナス現住者其ノ子孫ナリト云フ依テ此ノ
名アリ

二、童話ナシ

京城府 漢芝面長

一、傳説
イ、本面梨泰院洞内ノ鄭氏及梁氏ハ今ヨリ約四
百年前日本國ヨリ来リタルモノヽ血統ナリト
云フ説アリ
只不分明
ハ、今ヨリ三百年以前漣川郡内ニ許穆懷徳郡

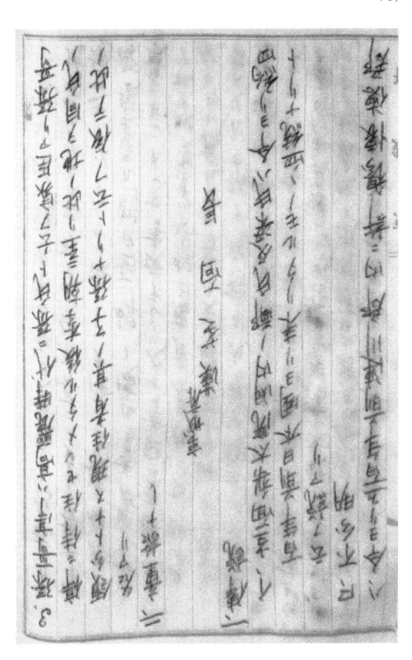

内ニ宋時烈ト云ヘル二人ノ英雄アリ両者常ニ
関シ意見合ハス然ルニ宋時烈ノ父臨終ニ宋氏
ヲ枕辺ニ呼ヒ寄セ汝許氏ト意見合ハス互ニ
疎隔スト雖モ許氏ハ稀代ノ書家ナルヲ
以テ吾カ死後直ニ同人ニ請フテ碑面ニ揮毫
セシメヨト依テ宋氏ハ許氏ヲ招キ亡父ノ言
ニ基ツキ海中ノ石ニ碑文ヲ書セシム然レトモ宋
氏ハ許氏ト従来意志ノ相合ハサルヲ以テ三ケ
月ノ後更ニ能書ノ人ヲシテ改書セシメントシ最
ニ許氏カ書スル處ノ碑面ヲ削ルニ墨痕深
ク石裡ニ透シテ除クコト能ハサルヲ以テ之ヲ地
中ニ投シタルニ其石碑ヲ投棄シタル箇所
ヨリ赤色ノ気炎ヲ発シ不思議ニ堪ヘサルヨリ

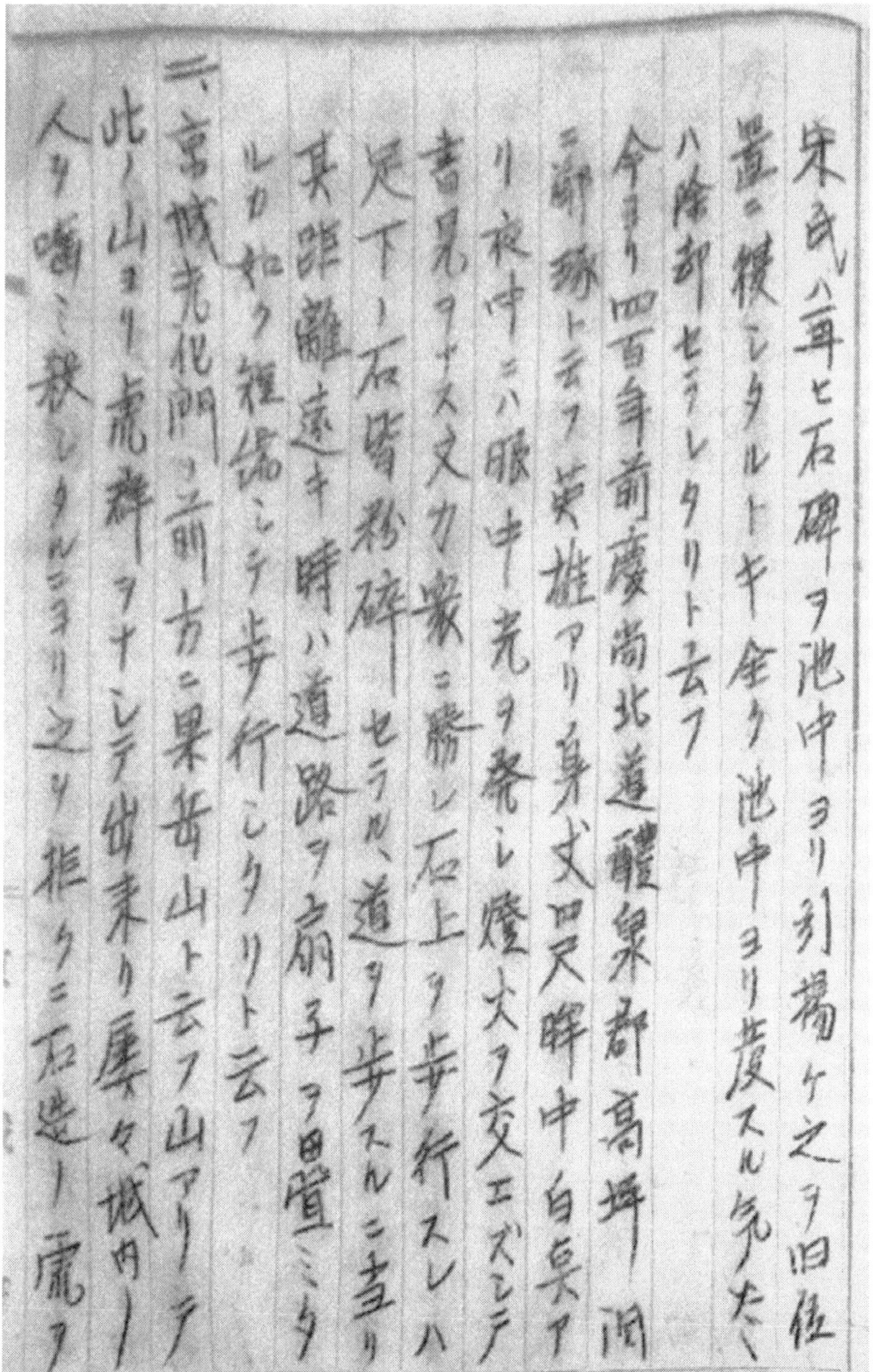
宋氏ハ再ヒ石碑ヲ池中ヨリ引揚ケ之ヲ旧位
置ニ復シタルトキ全ク池中ヨリ発スル気ナク
ハ除却セラレタリト云フ
今ヨリ四百年前慶尚北道醴泉郡高坪ノ間
ニ郭孫ト云フ英雄アリ身丈四尺眸中白具ア
リ夜中ニハ眼中光ヲ発シ燈火ヲ交エズシテ
書見ヲナス又カ家ニ帰レ石上ヲ歩行スレハ
足下ノ石皆粉砕セラル、道ヲ歩スルニ当リ
其距離遠キ時ハ道路ヲ扇子ヲ畳ミタ
ルカ如ク短縮シテ歩行シタリト云フ
二、京城光化門ノ前方ニ冠岳山ト云フ山アリテ
此ノ山ヨリ虎群ヲナシテ出来リ屡々城内ノ
人ヲ噛ミ殺シタルニヨリ之ヲ拒クニ石造ノ虎ヲ

門ノ左右ニ振置キタル後虎ノ来襲全ク止
ミタリト云フ
又虎ハ人ヲ噛ミ殺ス毎ニ自己ノ耳ヲ爪ニテ必ス
裂クト云フ
来歴不明
今ヨリ三百年前或ル人朝鮮国ハ銭軌ノ音
音聲ヲ聞ク時代ニハ国必ス亡フト豫言シタ
リト
二、童謡不明
以上

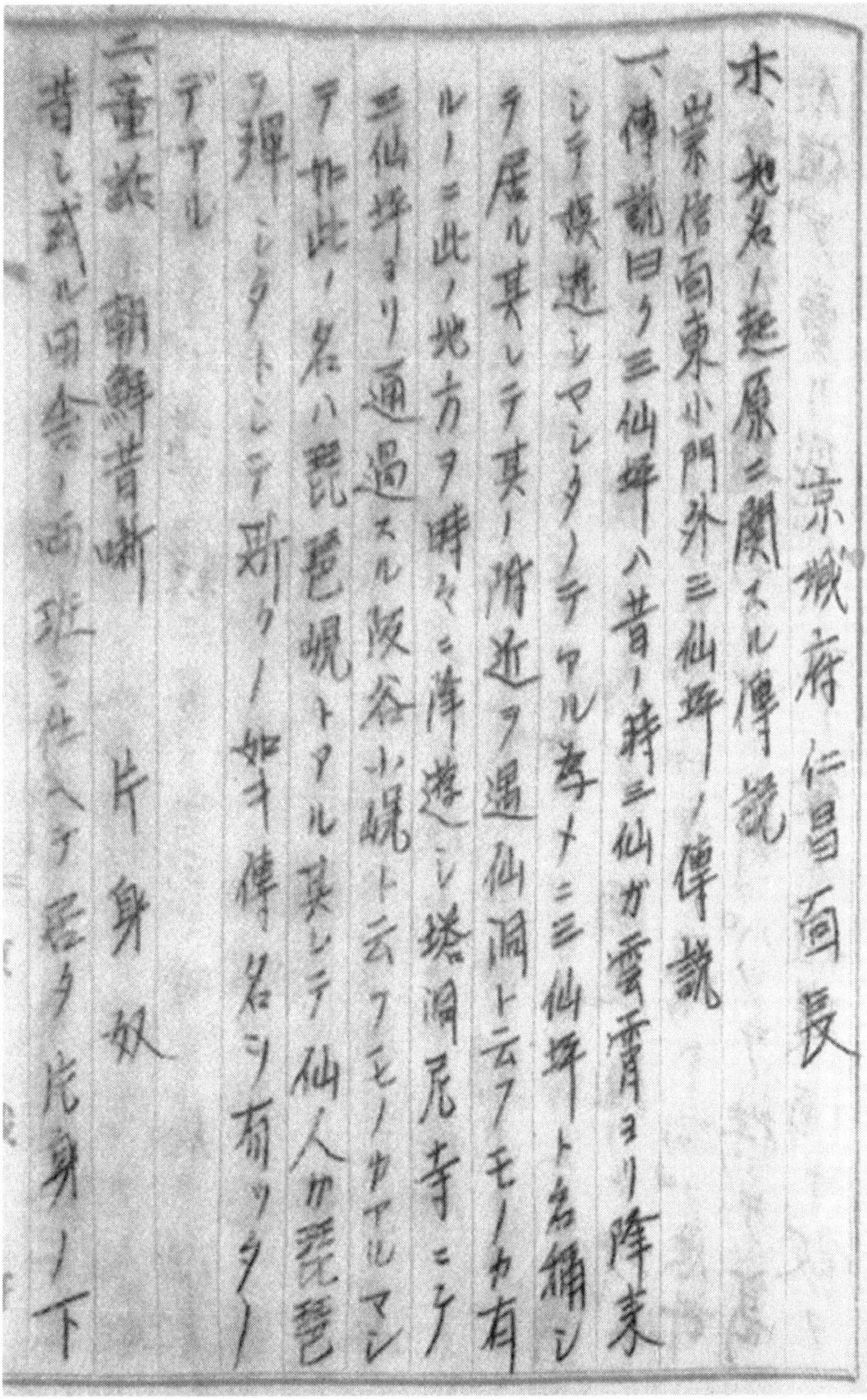
木、地名ノ起原ニ関スル傳説　京畿府仁昌面長
崇信面東小門外三仙坪ノ傳説
一、傳説曰ク三仙坪ハ昔ノ時ニ仙ガ雲霄ヨリ降来
シテ娯遊シヤシタノデアル為メニ三仙坪ト名稱シ
テ居ル其レデ其ノ附近ヲ過ギ仙洞ト云フモノガ有
ルノニ此ノ地方ヲ時々ニ降遊シ塔洞尼寺ニテ
ニ仙坪ヨリ通過スル阪谷小峴ト云フモノガアルマシ
テ作此ノ名ハ琵琶峴トアル其レテ仙人ガ琵琶
ヲ揮シタトシテ斯クノ如キ傳名シ有ッタノ
デアール
二、童話　朝鮮昔噺　片身奴
昔シ或ル田舎ノ両班ニ仕ヘテ居タ片身ノ下

男ガアリマシタ、顔、半分、胴モ半分、足モ一本ノ片輪者デ心バカリハ人並優レテ悪賢ク人ヲ倒シテ自分バカリ得ヲセウトシテ度々善クナイ事ヲ致シマシタ、一年主人ノ両班ガ科挙ニ應シテ都ヘノ旅ニオ供ヲシテ驢馬ノ口ヲ取リ途中デ勢[illegible]道マリカレテヤウヤク京近クマデ來マシタ、一日ノ午時ニ主人ガ彼レニコレハ役所ニ見エル酒店デ午飯ヲ食フカラ汝ハ驢馬ヲ連レテ山ニ往ッテ十分草ヲ喰ハセヨト云ヒツケテ酒屋ニ入リマシタ、彼ハ主人バカリ酒屋ニ往ッテ我ニモ食ヘト云ハナイノハ不埒ダト思ッテ一ツノ悪計ヲ案ジ出シテ驢馬ヲ市ニ引ッパッテ往ッテ高イ値デ賣リ飛バシ、其ノ金デ鱈腹酒ヤ飯ヲ

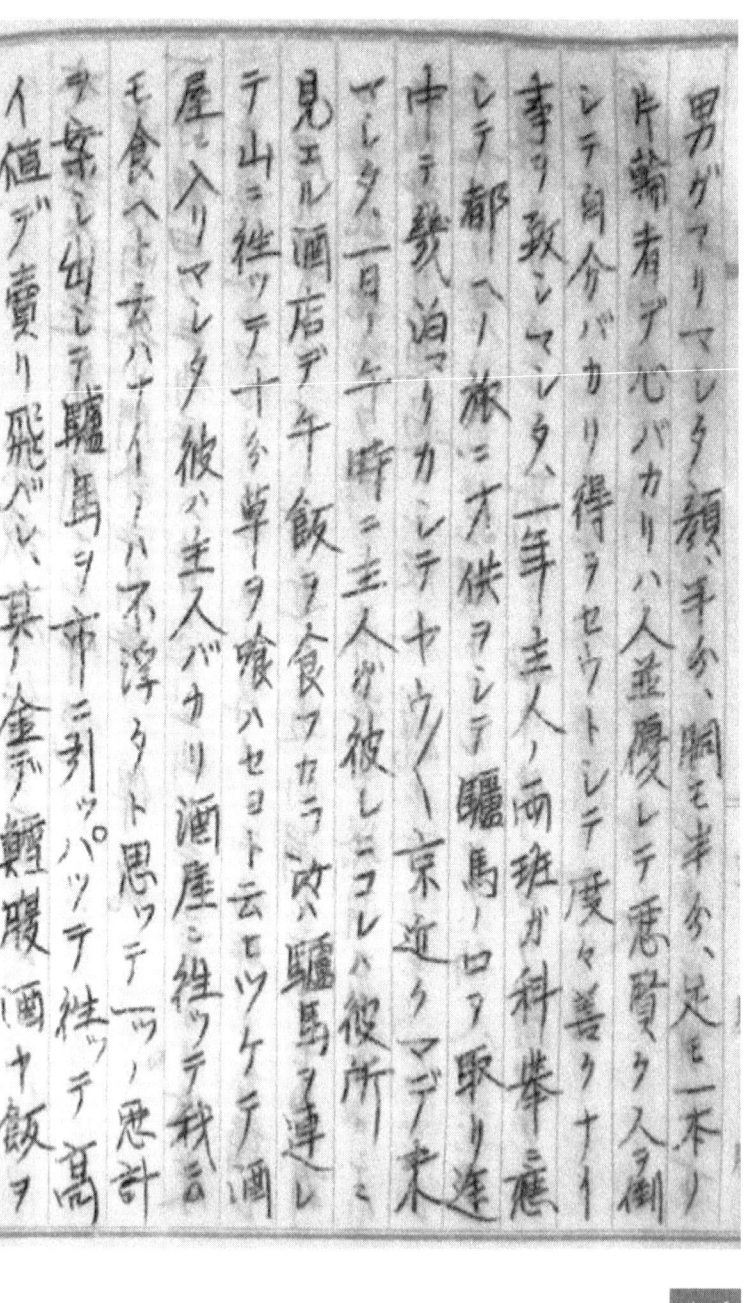

飲ンダリ喰ッタリシテ轡ト手綱丈ヲ外シテソノ
山ニ駆登ッテ手綱ヲ確カリ握ッテ氣持ヨサウ
ニ午睡デモナッテ居ルネレト思ッテ山マデ探ネテ
来テ見レバ其ノ下人ハ草ヲ蓐ニシテガウ〳〵ト高
鼾テ眠テ居ルガ驢馬ハナイデ手綱バカリ確リ
握ッテ居マス、主人ハ吃驚シ強ク蹴ッテ彼ヲ起シ、オ
ノレ不届者奴驢馬ハドウシタカト叱リ付ケルト僕ハ
驚イタ風ヲシテ哀号々々泣キ出シテ驢馬奴私
ガチョット午睡ヲシテ居タ隙ニ轡ヲ外シテ逃ゲ失
セタモノト見エマス大変ナ事ヲシマシタ。日ガ暮レ
テモ構ハナイカラ山ノ中ヲ残ラズ探シテ連レテ
来マスカラドウカ命丈ハ助ケテ下サイト云ッテ泣
早クニ駆ケ出サウトシマシタカラ主人ハ計畧トモ

知ラナイデ一待テ〱廃セ〱コノ馬鹿者、遠ヨリ早追ケテ行ッテ驢馬カ今時分ニ見付ソウカ無駄骨ヲ折ルヨリ出来タ事ハ仕方ガナイ別ニ又此所一匹買ッテ早ク都ヘ出外ハナイホントニ馬鹿ニ付ケル薬ガナイトハヨク云ッタモンダ」ト云ッテ情然ト山カラ下リテ驢馬ヲ買ッテ京ヘ登リマシタ京ニ登ッテ下宿ヲ定メテ晝夜試験ノ用意ニ心ヲ苦メテ居タガ或ル日彼ハ奴エ命ジテ粥ヲ一碗買ッテ来サセマシタ、彼ノ奴ハ不圖此ノ粥ガ食ヒ度クナッテ人一計ヲ案ジ出シ、青鼻ヲ一滴椀ノ中ヘ落シ〱泣キナガラ入ッテ来マシタ主人ハ「何故泣クカ」ト尋ネマスト「昨晩カラ風ヲ引イテ居マシテ粥ヲ持ッテ来マス途中ニ遂ニ一滴椀ノ

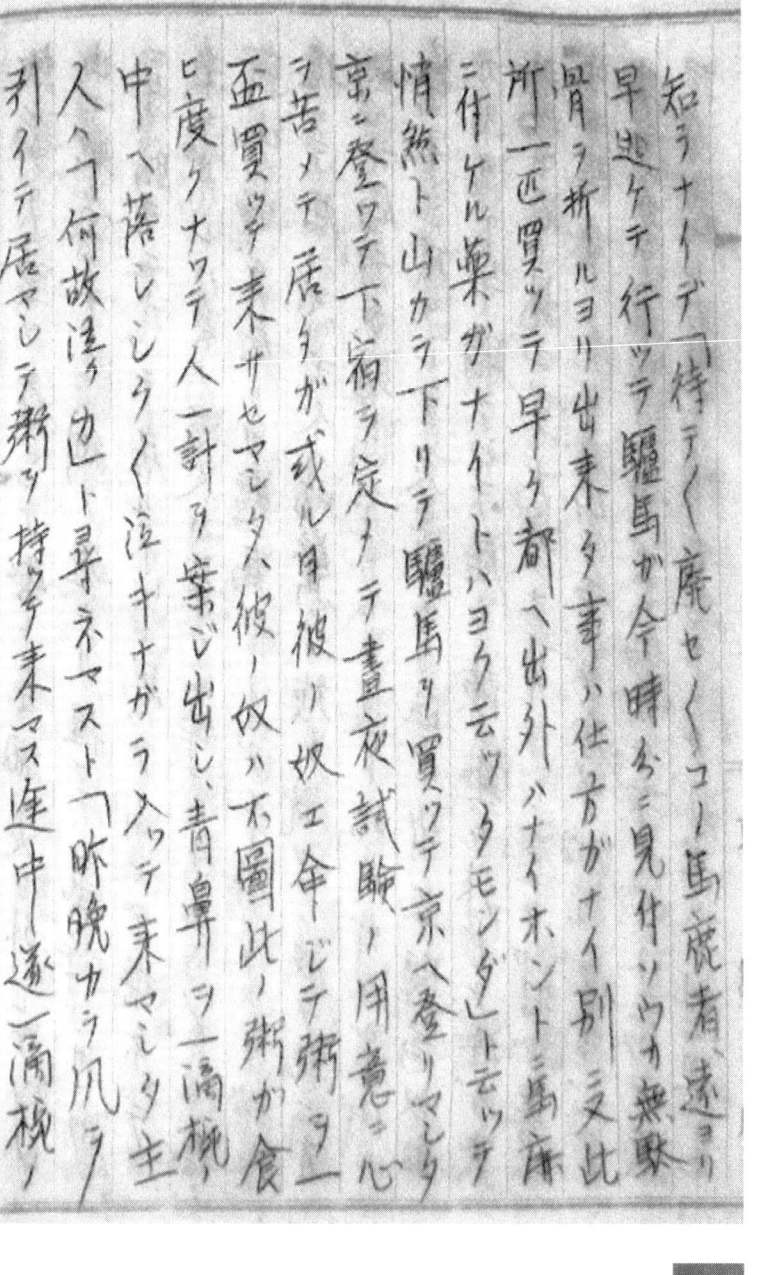

中ニ鼻汁ヲ落シマシタト申シマスレバ、一同ハ汚イ奴其ノ術
ヲ誰ガ喰ハリコウカ仕方ガナイ、貴様ニ呉レテ遣ラ
ウゾレト云ハレテ又ガ粥ニ有リツキマシタ、斯ウナ悪イ
事バカリ続キマシタガ、主人ハ不吉ナ神ニ憑カレテカ
首尾悪ク落夢シテ仕舞ヒマシタ、憎イ片輪奴ガ貴
様故ニ己ノ運カ無クナツタレト云ツテ式奴ヲ呼ビ出シ
テ其ノ背ニ墨ヲ以テ此ノ奴ノ為メニ落草シ途中ノ
デモ貴人用ガ大変ニ掛ツタ、此ノ儘生カシテ置ク訳
ニ行カナイカラ早ク葛籠ニ詰メテ河ニ沈メテ
仕舞ヘト書イテ己レハ京ニナンノ用ガ残ツテ居ル
カラ貴様ハ先ツ郷里ニ帰レ、帰ッタナラ貴様ノ
背ヲスグ家者ニ見セヨ、其レハ極ク秘密ナ大事
ナ用テアルト堅ク吩付ケマシタ、彼ノ奴ハ途中ハ

一人旅ノ事デ気楽ナモノダカラ面白イ可笑シタ
道中ヲシマシタガ唯心ニ懸ルノハ背中ニアル生人ノ
文字デアル。此レハ此度自分ノ身ノ上ニ善クナイ事
ヲ限ッテ居ル何カシテ知リタイモノダト思ッテ居
マシタ或ル日急ニ蜜ガ欲クナッテ来タカラ麦ノ
粉ヲ十文許買ッテ蜜商人ヲ呼ビ止メテ麦ノ入
物ヲ出シテ此ノ粉ノ上ニ蜜ヲ十文分呉レト云ヒ
マスト商人ハ云フ通リニサシ注イテヤリマシタ。彼
奴ハ「ソレハ高イ高イ法外ニ高モチット注ゲ」
ト云ヒマスカラ商人モ已ヲ得ス又サシ注イテヤリ
マシタ。ガマタモ高イトイッテ入物ヲ引込マサナ
イ、商人ハ仕方ナク又サシ注イテヤリマシタノ
ニマダ高イ此ンナニ高イ蜜ハ都ニデモアリハシ

ナイ」ト云ッテ止ナイ。トウく商人ハ怒ッテ「無法ノ
人モアレバアルモノダ。ソンナラモウ賣ラナイ」ト云ヒマシタ
彼奴ハハッハッハット笑ッテ「己レモ此ンナ高イ蜜ハ買ハナ
イゾ持ッテ皈レ」ト容物ヲ突キ付ケマシタ。ケレ
ド蜜ハモウ麥粉ニ浸ンデ居リマシタカラ取出ス訳ニ
モ行カズ商人ハ其ノマヽ悪口ヲ云フバカリデ立チ去リ
マシタ。其処デ奴ハ蜜ノ浸ッタ麥ノ粉ヲ練ッテ佛ノ
像ヲ拵ヘテ其レヲ嘗ジく安ンジテ居マスト途中デ
一人ノ旅僧ニ出逢ヒマシタ。旅僧ハ彼奴ガ佛像ヲ
バサモ旨相ニ嘗ムノヲ見テ大層不思議ニ思ッテ佛
像ガ旨イカト問ヒマスト彼奴ハ笑ヒナガラ「旨イトモく
私ハ毎日此ンナニ佛像ヲ食フテ腹ヲ膨ラスノニ
公僧デアリーナガラ佛像ヲ食フコトヲ知ラヌノハオカ

シイ」ト云フ、僧ハ「ソレダケ己レニモ少シ喰ラセテ
見ヨ」ト云ッテ、一嘴ミ嘴メバホントニ甘イ「モット食セ
ヨ」ト云フト「ソレダケヤナ私ノ背ニ書イテアル文字ヲ読
ンデ下サイ」ト云ッタ、其ノ僧ガ見テモフウト大
変飯呑ナ事ガ書イテアル、ソコデ奴ハ僧ニ向イ
テ「此ノ佛像ヲ公ニ申上ゲテヌカラ背中ノ文字
ヲ消シテ此ノ奴ノ孝ナニ澤山仕合ヲ得タカラ
背中ノ文字ヲ消シテ「此ノ奴ハ孝ナニ沢山仕合ヲ
得タカラ其ノ褒美ニ直様娘ヲ配セヨ」ト書キ
直シテ下サイ」ト云ッテ書キ直サセマシタ、ソコデ
心モ落着イテ意気揚々トシテ主人ノ家ヘ着キ
マシタ主人ノ妻ハ奴ガ出シタ背ヲ見テ「サテモ不
思議ナ主人ノ御命令デアル、人モアラウニ此ノ奴ノ

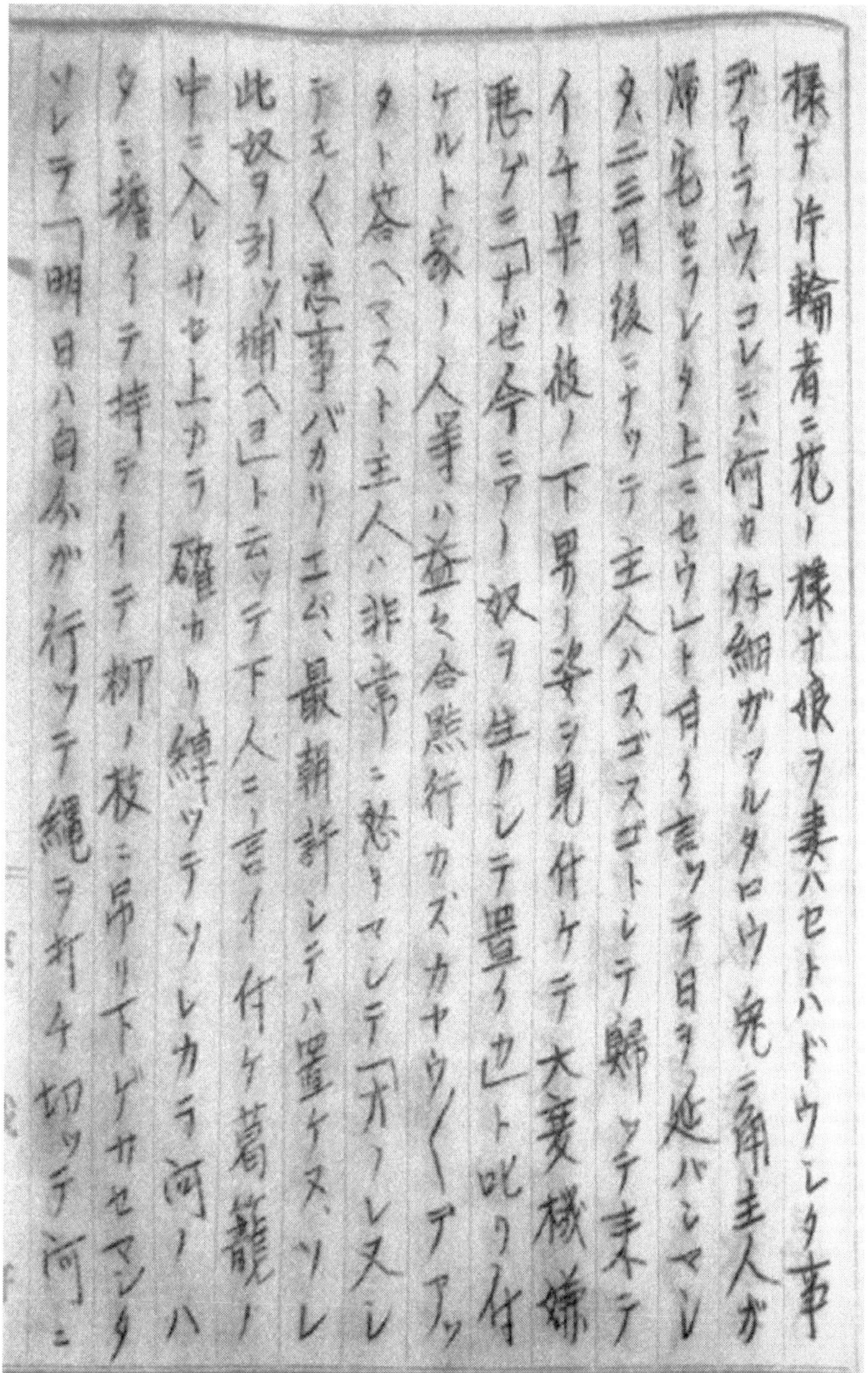

様ナ片輪者ニ花ノ様ナ娘ヲ妻ハセトハドウレタ事
デアラウ、コレニハ何カ仔細ガアルダロウ兎ニ角主人ガ
帰宅セラレタ上ニセウレト月々言ッテ日ヲ延バシマシ
タ、二三月後ニナッテ主人ハスゴスゴトシテ帰ッテ来テ
イチ早ク彼ノ下男ノ姿ヲ見付ケテ大変機嫌
悪ゲニ「ナゼ今ニアノ奴ヲ生カシテ置イタカ」ト叱リ付
ケルト家ノ人等ハ益々合點行カズカヤウくデアッ
タト答ヘマスト主人ハ非常ニ怒マシテ「オノレ又レ
テモく悪事バカリ工ム、最新許シテハ置ケヌ、ソレ
此奴ヲ引ッ捕ヘヨ」ト云ッテ下人ニ言イ付ケ葛籠ノ
中ニ入レサセ上カラ確カリ縛ッテソレカラ河ノハ
タニ擔イテ持ッテイテ柳ノ枝ニ吊リ下ゲサセマシタ
ソレデ「明日ハ自分ガ行ッテ縄ヲ打チ切ッテ河ニ

落シテ遣ルノダヒト云ヒマシタ、所ガ其ノ村デ有名ナ目腐レ婆ノ何某ト云フモノガ其ノ川端ニ通リ懸ッテ柳ノ枝ニ葛籠ガブラリト吊リ下ッテ其ノ中ニ人ノ居ルケハイガスルノデドウシタノカト尋ネマシタ、其ノ奴ハオ前ハ誰レカト問ヒ返シテ其レデニッコト笑ッテ「私ハ此頃主人ノオ伴ヲシテ京ニ住ッテ来マシタガ途中デ眼ヲ病ンデ種々ノ薬ヲ付ケテモトント効目ガ無イノ呪テアル河ノ流レヲ眺メテ居ルノダ」トサモ識ラレタ言イマスト老婆ハ忽チ其ノ手ニ乗リマシテ「ソレハ今日初メテ聞ク呪ダ実際オ前サン目ハ工合ヨイカレト問ヒマスト「ヨイトモ〳〵昨日マデノ模耶ハ搔キ消ス様ニ取レテ深イ水ノ底ノ小石マデ見エル様ニナッタヒト答ヘタマタ婆ハ

堪ラナクナッテ「ドウテレヨウ私モサレ其處ヘ吊ッテ河ノ
流レシ桃ナサセテハ下サラヌカ」ト願ヒマスカラ「ソレヂャホ
ンノチョットノ間ダゾヨイカ」ト云ッテ葛籠ヲ姿ニ節。
サセ手早ク姿ヲ詰メ替ヘテ「明日ハ早ウ来ルカラネ」
ト言ヒ捨テテ雲ヲ霞ト逃ゲテシマヒマシタ。可哀相
ノハ回齋姿デ前世ノ悪業ガ深カッタノデシヨウカ
翌日ノ早朝ニ両班ノ為ニ彼ノ奴ノ身代リトナッテ
早瀬ニ流サレテシマヒマシタ。主人ノ両班ハ「先ヅコレデ
悪魔ヲ拂ッテ安心シタ」ト家内ノ人達ト喜ンデ居
ルト其ノ二日目ニ片輪ノ彼ノ奴ハ莞爾トシテサモ得
意氣ニ入ッテ来マシタカラ「コレハドウシタコトカ」ト一同
呆レテ開イテ口モ塞ガラナカッタ。彼ノ奴ハ悠揚トシテ
驚ク人々ヲオシ靜メテ「マアソンナニ驚クコトハアリ

マセン奴ハ許ラズモ御主人様ノ才蔭デ龍宮城ヘ
参リマシテ乙姫ノ婿トナリマシタ、斯様ナ富貴ヲ
栄華ガ出来ルノモ皆御主人様ノ御蔭ゲト思
ヒマスレバ誠ニ有難イツテ昨夜妻ナル乙姫ニ打明ケ
テ御主人ノ一家ノ御方ヲ皆様ヲ此ノ龍宮城ヘ引取
ルト云フコトニ許ヲ受ケマシタカラ急イデ迎ヘニ参
リマシタ」ト真ラシク申シマスノデ主人モ此事ハ吃
度嘘デハアルマイト思ヒマシテ、科挙ニ落第シタ
田舎秀才、迚モ此ノ世デ芽ヲ出スコトハ六ケレカ
ラウ、一層（寧ロ）龍宮ニイツテ至安楽ニ暮スカ何ヨリ
上分別ダト考ヘマシテ「ソレヂヤオ前ニツイテオレモ
龍宮ヘ往カウ、奥ヨソナタモ倅モ娘モ往カウ」ト
家中ノ下女下男ト別レノ盃ヲ酌ミ、其レ〳〵絶

念ノ品ヲヤッテ家財ハ大取集メテ葛籠幾ツカ
ニ容レテ其ノ日ノ暮頃ニ彼ノ奴ニツイテゾロゾロ河
邊ヘ仕キマシタ、彼ノ奴ガ敎エマスノニ、「御主人様此
ノ柳ノ木ノ下ガ龍宮通ヒ道デゴザイマス、疑ハナイ
デ御主人様カラ先ニオ入リナサイマセ、オ入リニ
ナルニハ大キナ笠ヲ冠ッテ四方ヲ見ナイデオ入リ
ナサイマセ、ソレガ法デゴザイマス」トイッテ頭ヲ埋
メル様ナ大キナ深イ笠ヲ冠ラセテ推レ達ル様ニ
河ニ案内ヲシマスレバ主人ハ此ノ通リ大河ノ中流
ノ方ヘ歩イテ行キマスダンダント水ガ深クナル
ノニ従ッテ笠ノ縁ヲ水ガ浸レマスノデ主人ハ笠
ヲ手デ亮レ上ゲテ猶深ミノ方ヘ進ンデ参リマ
ス笠ハ大キナ笠デアルレ河風ハ強ク吹クレソコ

デ笠ヲ傾ラレテ丁度人ヲ招イテ居ル様ニ見エマシタ「サア御主人ガ招イテイラッシャイマス奥様早クイラッシャイマセ奥様ニハ笠ハ似合マセン、其ノ方ガイヽデセウ、其ヲ冠ッテイラッシャイマセ」ト云ッテ河ノ方ヘ推シ進メマシタ、ソシテ其ノ傾ルノヲ指シテ「サアオ母様ガオ招キニナッテ居マス、早クオイテナサイマセ」ト云ッテ息子サンヲセリタテテマレモ其ノ儘深ミヘハマッテ死ニマシタ、アトニ残ッタ娘サンハ何モ知ラナイカラ「私モ父君ヤ母上ノ後ニツイテ参リマセウ」ト云ッテ歩キ出スト「コレマアオ待チナサイ公ハ龍宮ニイラッシャル必要ガアリマセン、此ノ世デ此ノ私ガ可愛ガッテ上ゲマセウ」ト云ッテ抱キ止メテ柴理ニ處ヘ引

キ返サセ澤山アル家財モ運ビ返レトウノ娘ノ婿ト
スタト云フ事デゴザイマス

一 英雄의傳說 恩平面長

朝鮮中葉의仁祖大王은英傑의天質이오
일즉布衣寒生으로閭巷에跡을隱ᄒᆞᆫ少人
ᄒᆞᆯ時에京城北部의新營洞等地에徘
徊ᄒᆞ다가川流의瀑洌ᄒᆞᆷ과岩石의秀此ᄒᆞᆷ
을見ᄒᆞ고欣然ᄒᆞ야其從者에게言ᄒᆞ야曰余ᄂᆞᆫ
劍을此川와此石에磨ᄒᆞ야古向不正의彼
를除却ᄒᆞ고彼蒼生을糾正道에齊進케ᄒᆞ
리라ᄒᆞ오시니果然大業을成ᄒᆞ시ᄆᆡ臣僚가
此地에一亭을建ᄒᆞ고名曰洗劍亭이라ᄒᆞ고
亭前岩石에鍊武基址라題ᄒᆞ야旧基를表
ᄒᆞ니라

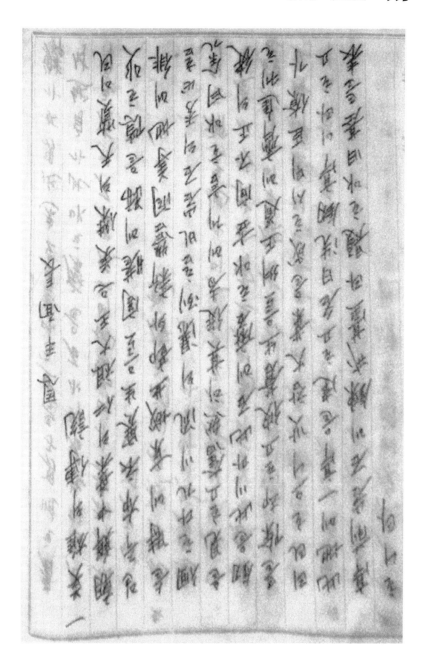

一、地名起原에關한傳說

一、龜岩 岩

旧基洞北界에一大龜形의岩石이有하니

此는高麗初葉에一金氏의墓碑를立

하얏든跡이라今에九百有餘年이라墓碑는

壞破하얏스나龜岩은當今其形不變하고

咊依然히存在함으로人이此地를稱하되

龜岩谷이라하다

二、地名起原에關한傳說

一、付岩洞

朝鮮初葉부터當地에一大岩石이有하며

有한대此岩에小石을磨로咊此가自然付

着하면男子를生한다함으로遠近男女가雜

次稱溪흠을仍ᄒᆞ야地名은村岩洞이라흠
一、延曙川
延曙川의起源은朝鮮仁祖大王反政의際에
其同謀人長湍府使李曙ᄂᆞᆫ此地에延入
ᄒᆞ야義起ᄒᆞ야大事를成ᄒᆞ얏슴으로其後仍
ᄒᆞ야此處에延曙驛을置ᄒᆞ야其殊功을
表흠으로地名은延曙川이라ᄒᆞ다
並 部長
一、地名起源에關ᄒᆞᆫ傳說
順化坊白狗洞 白狗洞의起源은北丘山一名은
白岳山이니此山谷을流下ᄒᆞᄂᆞᆫ)小川이此洞里
前을橫流ᄒᆞᄂᆞᆫ바白岳을流下흠으로因名曰白
溝川이요川上有村흠으로亦曰白溝洞이러니

俗音이白甫與白狗相似홈으로誤傳ᄒᆞ야
白狗洞이라ᄒᆞ나本是ᄂᆞᆫ白甫洞也
順化坊西觀橋韓國英祖朝時에姚
廟毓祥宮에幸行ᄒᆞ시ᄂᆞᆫ御路中에在ᄒᆞ고
毓祥宮이大廟之西에在홈으로名曰西觀
橋러니俗諺이訛傳ᄒᆞ야廢橋라稱ᄒᆞᄂᆞ니西
觀이緣은廢敗라音同ᄒᆞᆫ所以라
明哲洞은北部孝先坊에在ᄒᆞ나昔時에明哲
署라ᄒᆞᄂᆞᆫ官署를置ᄒᆞ고奉事라ᄒᆞᄂᆞᆫ官員을
盲者로組織ᄒᆞ야卑히卜筮誦經을攻習ᄒᆞ야
例三角星辰에醮祭를掌케ᄒᆞᄂᆞᆫ事가有ᄒᆞᆫ으로因
名爲明哲洞이라
孟峴은顯廟時에有孟胄瑞孟萬澤父子二人

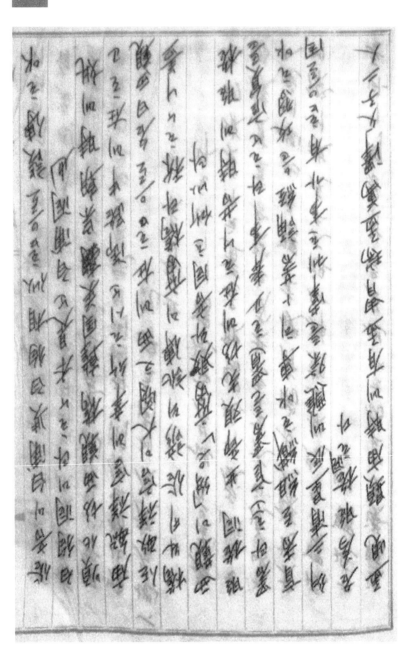

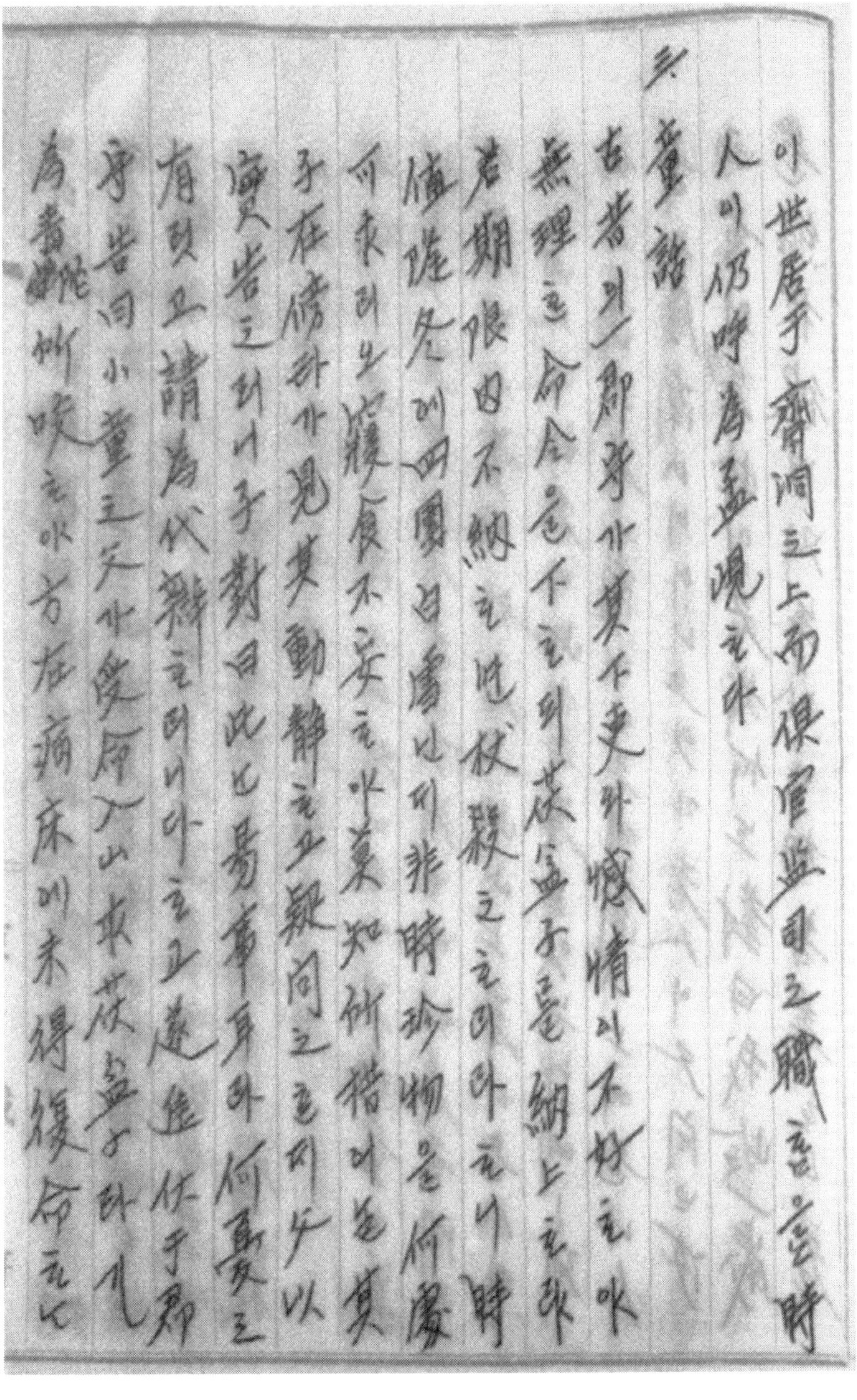

이世居于齋洞之上而俱官監司之職ᄒᆞᆷ을ᄒᆞᆫ時
人이仍呼爲孟峴ᄒᆞ나
三、童話
古昔의一郡守가其下吏와感情이不好ᄒᆞ야
無理ᄒᆞᆫ命令을下ᄒᆞ되茯盆子를納上ᄒᆞ라
若期限內不納ᄒᆞ면杖殺之ᄒᆞ리라ᄒᆞ니時
値隆冬에四圍白雪이라非時珍物을何處
에求ᄒᆞ리오寢食不安ᄒᆞ야莫知所措러니其
子在傍ᄒᆞ다가見其動靜ᄒᆞ고疑問之ᄒᆞ되父以
實告之ᄒᆞ니子對曰此ᄂᆞᆫ易事라何憂之
有리오請爲代辨ᄒᆞ리니다ᄒᆞ고遂往伏于郡
守告曰小童之父가受命入山求茯盆子타가
爲毒蛇所咬ᄒᆞ야方在病床에未得復命ᄒᆞᄂᆞ니

이다 郡守聽罷에 笑曰 如此隆冬에 豈有蛇
咬之理耶아 童子曰 雖然 冬節에ᄂᆞᆫ 毒蛇도 猶
不能動이오 而況如伏暑之夏生物乎잇가
郡守此兒의 對答有理ᄒᆞᆷ을 聞ᄒᆞ고 驚歎
乃止ᄒᆞ다 其兒年甫十歲云이라

昔時에 一老人이 南山에 登이라가 見兩童之美
妙ᄒᆞ고 其中에 首童을 對ᄒᆞ야 姓名을 問ᄒᆞᆫ
대 答曰 小童의 姓名은 此山上峯이올시다
老人曰 人之姓名이 此山上峯도 잇ᄂᆞᆫ냐 ᄒᆞᆫ대
姓은 高오 名은 南山이온ᄃᆡ 南山上에 올나ᄉᆞ
오니 上層南山이 아니오잇가 老人이 又問曰 汝
兩童의 年齡이 各幾何오 對曰 我齡一歲
을 給於彼兒則 年齡이 相等ᄒᆞ고 若

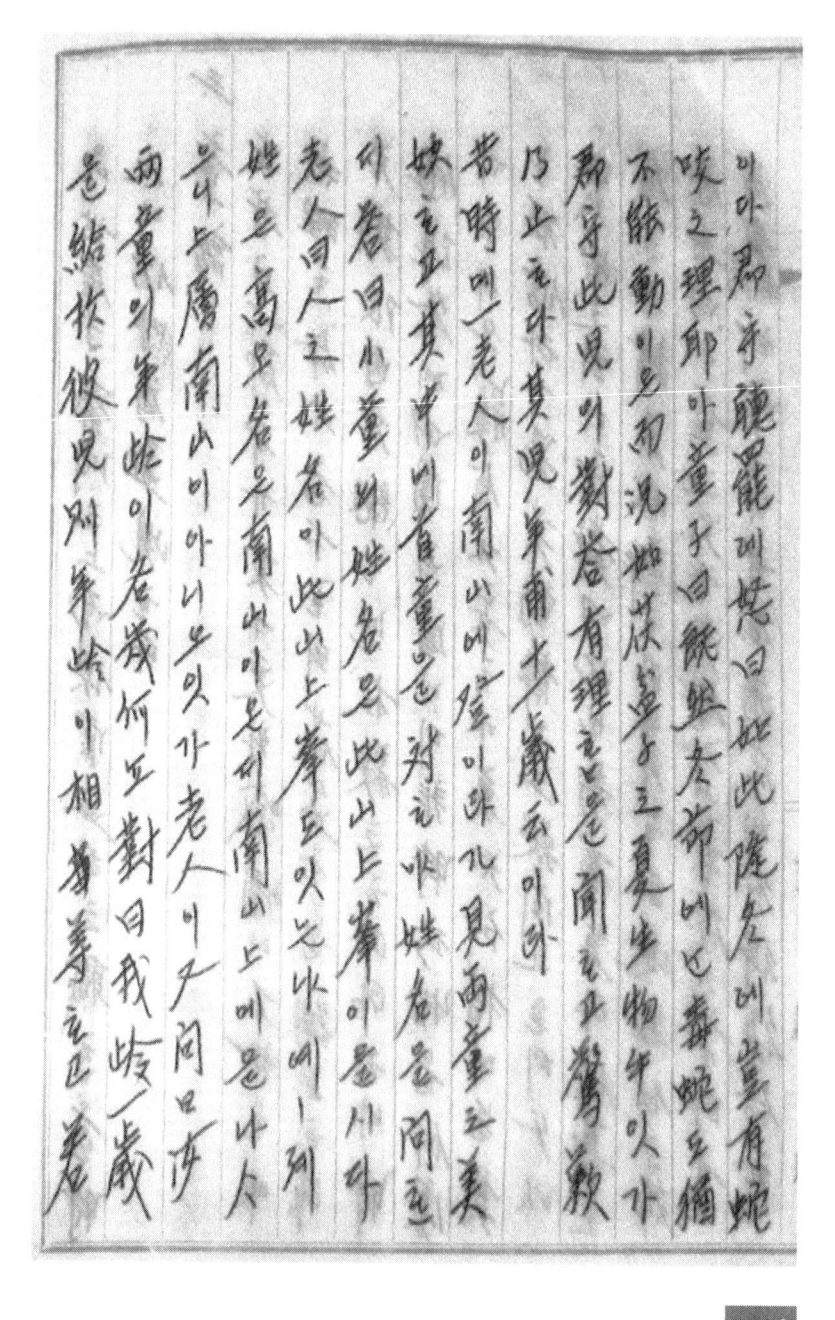

彼兒의 年齡에서 一歲를 我年에 加ᄒᆞᆫ 바 我가
彼에게 年倍尊長이 되ᄂᆞᆫ 이다 老人이 解得치 못
ᄒᆞ거ᄂᆞᆯ 乃復 童曰 我劉童의 年齡을 合ᄒᆞ면 九九法을
許算ᄒᆞᆫ 바 多五歲가 되ᄂᆞ니 이에 老人이 方知 兩兒
의 年齡이 七歲와 五歲됨을 알고 嘆愛ᄒᆞ야 曰에
ㅣ 조악ᄒᆞᆫ 놈이로고 童子曰에 ㅣ 졔 姓은 高氏
오 너ᄂᆞ 아즉 小童이오 弱冠은 아니되얏ᄂᆞᆫ 걸이오
東萊長

一. 英雄傳說
白沙 李相公 及 漢陰 李相公이 共同業者
一人으로 讀書窓中ᄒᆞ실ᄉᆡ 三人이 終日 訓鍊院 大
廳에 有ᄒᆞᆫ 獨脚鬼가 甚히 有靈ᄒᆞ다ᄒᆞᄂᆞ니 其
性識ᄒᆞ라ᄒᆞ고 白沙先生이 先往ᄒᆞᆯᄉᆡ 其大廳

517 전설동화조사사항

이러니 夜深後 灯燭이 煒煌ᄒᆞ며 臭頭鬼
面之卒이 擧一金冠紫袍者ᄒᆞ고 呵喝而來
ᄒᆞ거ᄂᆞᆯ 門外에 忽驚曰 白汝相公이 在此라ᄒᆞ
고 散而去러니 其翌日에 漢陽李先生이 入
往則 果如白汝之所見而 鬼亦退去러니 天英
翌夜에 同業者又往이러니 鬼卒이 前遮
後擁而入ᄒᆞ거ᄂᆞᆯ 其人救糞坑之中而罵之曰
汝一個生員으로 何敢在是라ᄒᆞᄂᆞ다ᄒᆞ더라
武人梁翼彪ᄂᆞᆫ 使氣任俠이라 嘗詬揚케ᄒᆞ야
訟山姓을 付牧使 見人所囑ᄒᆞ고 以直爲曲ᄒᆞ야
欲抑梁訟이어ᄂᆞᆯ 彪大憤ᄒᆞ야 以拳批頰이러니
朝廷이 以爲武夫之手搏宰臣을 声罪治之어
ᄂᆞᆯ 彪俠云 張翼德이 鞭督郵而不死ᄒᆞ고

尉遲恭이 敢道 宋而無罪라 天子腹上에
至猶加匠兼失之疋이어든 太守鄧賁息에
何妨此之奉守아 ᄒᆞ며 肅宗이 見之ᄒᆞ시
고 特赦其罪ᄒᆞ시니라

六、地名ノ起源ニ関スル傳說

京城府東小門外敦岩里라 ᄒᆞᄂᆞᆫ 洞名은 丙子
年淸亂에 賊軍이 此峴을 踰來ᄒᆞ엿다 ᄒᆞ야
名되엿넌이 (狄踰峴)이라 ᄒᆞᆫ바 右와 語音이 相
似ᄒᆞ믈 今稱 敦岩里라 定乃 誤傳이니
라

七、動植物에 関ᄒᆞᆫ 傳說

虎의 名稱을 범이라 ᄒᆞᆷ은 上古에 范氏始祖가
虎化之說이 有ᄒᆞᆫ 故로 虎를 爲 范이라

稱ᄒᆞ야 范氏의 子孫은 禁捕ᄒᆞ라 ᄒᆞᆫ
蛇의 名稱을 (비암이라 ᄒᆞᄂᆞᆫ 것은) 上古時에 有靈
蛇ᄒᆞ야 廢岩向에 土人이 畏其靈ᄒᆞ야 來往
之人이 過岩에 必拜ᄒᆞ고 名其岩曰拜
岩이라ᄒᆞ야 蛇를 曰拜岩이라ᄒᆞ니라
京畿道楊州郡에 古有血竹木ᄒᆞ니 朝鮮時
代에 大駕幸行ᄒᆞᆯ새 先廟陣이 見路傍에
잇난 海桐木가 碑於華路라ᄒᆞ야 代其人
不知過之러니 火燭에 駕臨ᄒᆞ사 下向曰何爲
伐此老木고ᄒᆞ시고 甚有差惜之言이러니 忽
然其新痕으로 付血竹如鴻ᄒᆞ얏다라

四 童謠

文化郡特枝柳性者不知其名이라 昔에 方伯

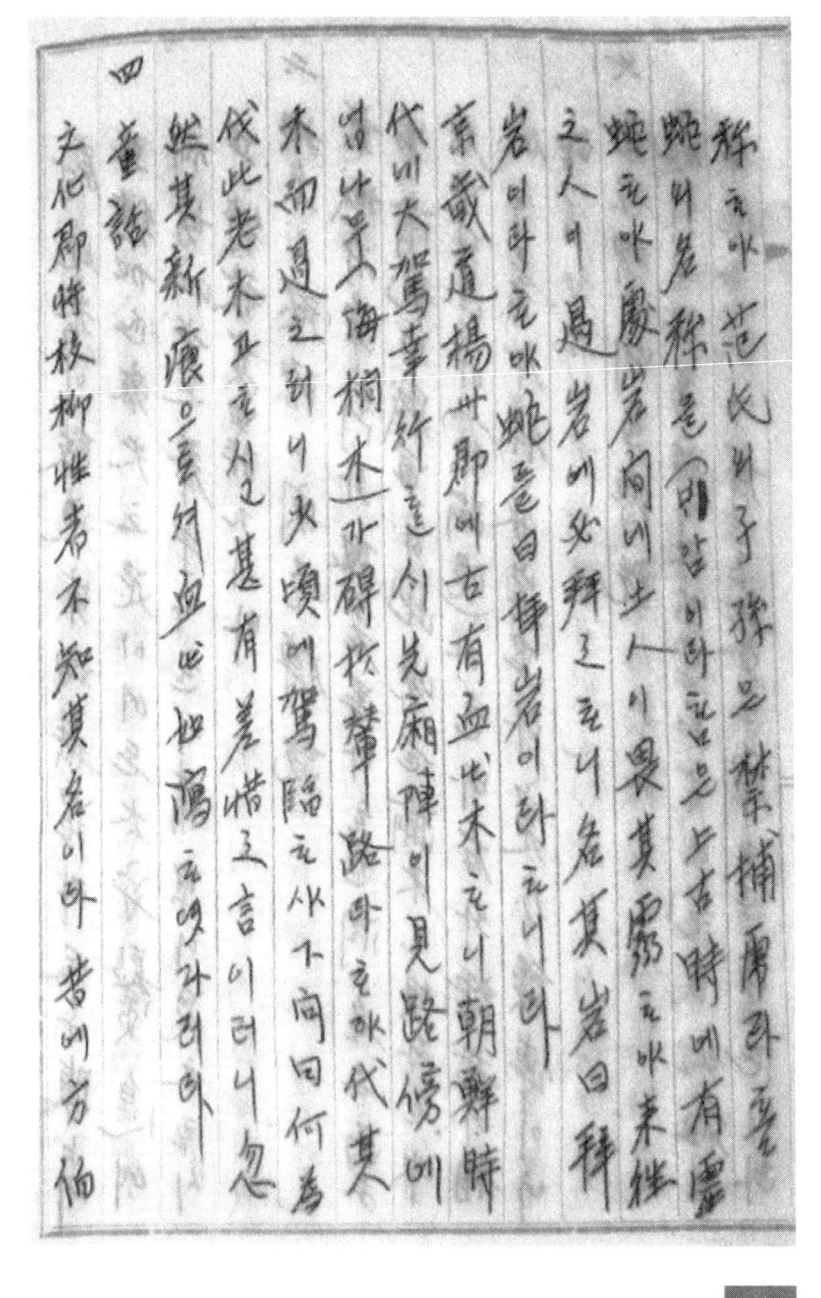

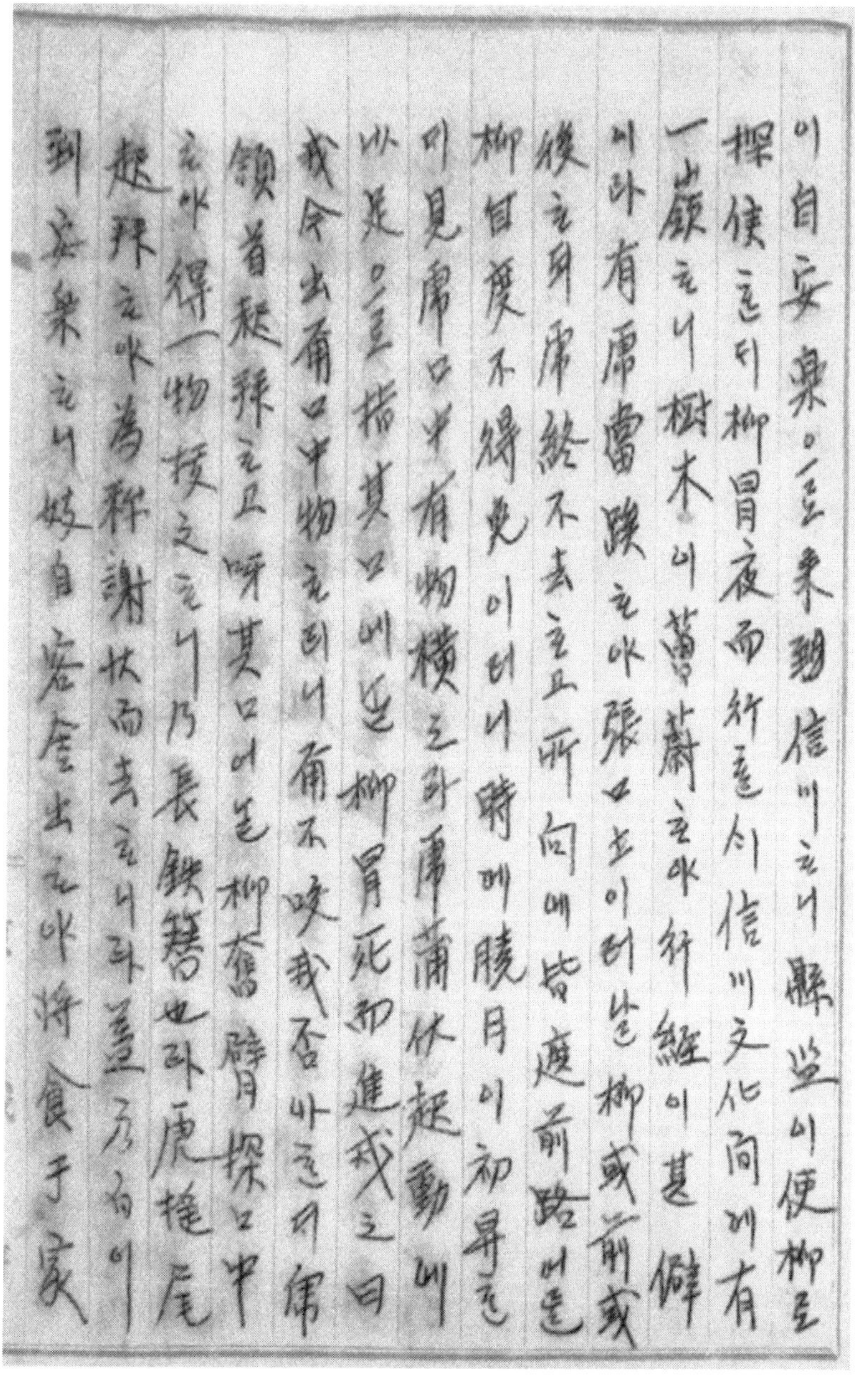

이自安東으로來到信川ᄒᆞ니縣監이使柳로
探候ᄒᆞᆫ디柳冒夜而行홀ᄉᆡ信川文化向에有
一嶺ᄒᆞ니樹木이叢蔚ᄒᆞᆫ디行經이甚僻
이라有虎當蹊ᄒᆞᆫ디張口立이러ᄂᆞᆯ柳或前或
後ᄒᆞ되虎終不去ᄒᆞ고所向에皆遮前路어ᄂᆞᆯ
柳皆度不得免이러니時에朦月이初昇ᄒᆞᆫ
디見虎口中有物横之라虎蒲伏起動에
以是으로指其口에ᄂᆞᆯ柳冒死而進戒之曰
我今出爾口中物ᄒᆞ리니爾不咬我否아ᄒᆞᆫ디虎
頷首疑拜ᄒᆞ고呀其口어ᄂᆞᆯ柳奮臂探口中
ᄒᆞᆫ디得一物按之ᄒᆞ니乃長鐵箸也라虎掩尾
起拜ᄒᆞᆫ디爲稱謝狀而去ᄒᆞ니라蓋乃白이
到安東ᄒᆞ니妓自安金出ᄒᆞᆫ디將食于家

而爲乕所呑이라乃長歎嗟으로妾果不嫁生
이有餘生이리오未幾에柳又死ᄒᆞ매葬ᄒᆞ더니
有乕常守ᄒᆞ야有若禁呵之狀者然이러니
乕又從他出ᄒᆞ야櫻又墓地ᄒᆞ고有若守宿
者然이러니一日은即墟墓地ᄒᆞ고新卜乕攫之地
에葬焉이러니厥後에生柳車達ᄒᆞ야爲丞
相ᄒᆞ니今文化之柳姓者皆車達之後也라

一、民族移動及開闢ニ関スル類ノ傳説

(1) 本郡余方面東汶坪、喜水寺ノ跡アリ此ハ高麗末ノ崔冲
(文献先生) 該寺ニ住居シ教育ヲ施シタリ 今ヨリ大七百餘
年前ノコトナレハ詳細知ルナキモ只文學(漢文)演業(商工農)
ニ者ヲ其人ノ希望ニヨリテ教育セシモノヽ如シ
寺ノ前ハ沼池ニシテ後ハ山嶽絶壁ナレハ交通不便ノ爲メニ僧
等非常ニ困難ヲ感シ師ノ教ヲ請ハス交通ヲ便ニセシコトヲ計
リシニ崔冲ハ池水ニ文シ作リヲ碑ニ刻セシメタリシニ池水ハ直ニ
何レヘカ消散セリト云フ

(2) 本郡郷校ハ昔ハ地理上何カノ関係ニヨリ明倫堂ノ校門ノ校
ハ毎年腐ルト云フ

(3) 併シ明倫堂所在地ハ四方ヨリ水ノ集マル良地ナルニ依リテ儒生ノ勢力ガ
アレト云フ

(4) 又御校ハ山地、風光ハ朝鮮中有名ノ地ナリト云フ
(5) 依ニ一般朝鮮人ガ賭博ヲシテ勝点ヲ得ルトキハ、豚成御校ノ
敗地（ヂンウィ ヒョギョウ トウ）ガ出タト云フ意ニシテ賭博ノ勝負
※ハ八点ニ一点ガアルト九点ナリ、此ハ今字ノ中ニ一点ヲ入レルト
（〈●〉）形ニ兀此ヲ鶏ガ卵ヲ抱ク形ニシテ御校ノ山地即チ金
鶏抱卵形ヨリ呼フ処トナリシナリ
(6) 三西面寺洞前峠ニアル榛山（가얌산）ハ昔大雨ノ時水原郡
ヨリ漂ヒ来リ元ノ山ニ至ル水原ヨリ来リテ曰ク此山ノ榛ハ我ガ
植エル所ナリ依テ此木ナキ故ニ此木ヲ伐ラントセハ我レニ
銭分ノ掛金ヲ出セトテ年々掛金ヲ取リシナリト云フ

「此ノ後更不用文字」ト云ヒマシタカラ郡守ハ一層怒ッテ牢ニ
入レタソーデアルカラ女妻君ハ飯ヲ炊ッテ来テ牢ノ口カラ
窺テ飯ヲ差入レテヤロウトシテ中ニ入レテヤリマシタガ未手ガ
届カナイカラ郡ガ云フニハ「汝手短我手長、我手長汝手短」
ト云フタソーデス 郡守ハ此ヲ聞イテ仕方ガナイモノダト云ッテ
許シタソーデス
ヒ、昔或所ニ金持ノ家ト貧乏ナ家ガ相隣リテアッタ貧乏ナ家
ノ垣ノ根本ニ梨ノ木ガ一本立ッテヰッタガ其レガ大クナッテ枝
ガ延ビテ金持ノ家ニ這入リマシタ実ガ沢山出来テヰッタカラ其ノ家
ノ人ガ取ッテ食ベタカラ貧乏ナ家ノ人ガ怒ッテ往ッテ主人ニ
見テドーシテ私ノ内ノモノヲ取ッテ食フカト云フト其レハ我ノ
内ニ入ッタカラ己ノ内ノモノダ取ッテ食ベテモヨイト云フカラ
仕方ナク帰ッテ来テドウモ腹ガ立ッテ色々ト考ヘテ居リ

マシタガ逆ニ一ツノ方法ヲ思イ付イテ非常ニ喜ンデ

其家ニ住ンデ門ノ上ニ手ヲ載セテ此レハ誰ノ手カト云フタラ

主人ハ君ノ手ダト云フタ ソレヲ聞イテ ソレデハ梨ノ木

ガ君ノ内ニ入ッテモ僕ノ内ノモノヂヤナイカト云フタカラ

カレハ返事ガ出来ナカッタソウデス

備考ノ

二、外國ヨリ傳流シタル傳説

三、英雄ノ傳説

四、動物（虎、蛇、等）及植物ニ関スル傳説

右傳説ハ十三ト認ム

五、地名起源ニ関スル事項

1、舞鳳山

本邑一里南ニ舞鳳山アリ本郡ノ主ノ高キ山ニシテ地形鳥ガ翼ヲ伸ヘテ入リ込ンデ如キ故ニ舞鳳山ト云

2、金城

本郡ハ高麗時代ニハ金城ト称ス 今ノ三面鳳山里ニハ甘信衛アリテ僉使(武官)ガ敵ヲ守ル所ナリト云フ

3、横城郡

本郡ハ元ハ水原觀察使ノ陸軍武庫ノ所在地ニシテ當時武器ヲ示エタル地タルヲ以テ横城ト名ヅケシナリト云フ

六、童話

1、昔或處ニ或夫婦ガ娘一人ヲ持ツテ居タ同人ガ婿ヲ貰ヒ

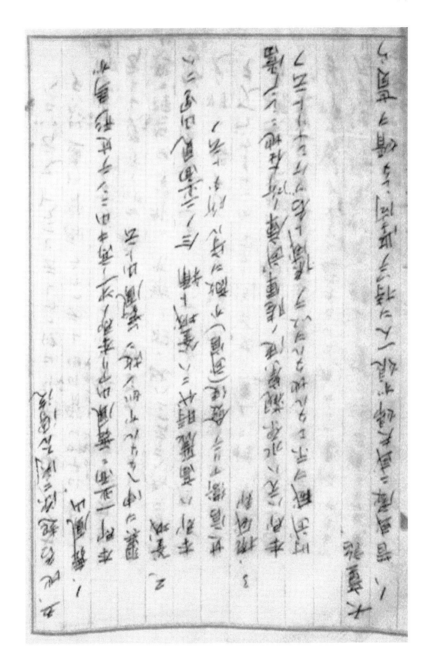

トシテ四方ニ中介人ヲ出シテ探シタガ遂ニ信ノアル婿ヲ貰ヒマシタ或日婿ト舅トー緒ニ山ヘ松葉取リニ往ッテ居リマシタガ何處カラカ虎ガ一ピキ飛ンデ來テ舅ヲ喰ハシテ往イタ見テ婿ハ非常ニ驚キ云フニハ 遠山虎近山來、吾之丈人(舅)從去登山、有槍者持槍來、無槍者持杖來、村ノ人達ガ此レヲ聞イテモ 分ラナイカラ一人モ出ナカッタカラ舅ハ終ニ虎ニ喰ハレタ ソレデ婿ハ村ノ人達ヲ怨ンデ居リマシタ處ガ其村ノ人達ハ又非常ニ怒ッテ郡守ニ訴ヘテ云フニハ此ノ村ノ誰ヤハ我等ヲ無理ニ怨ムカラドーカ一ツカレヲ呼ビダシテ臀ヲ叩イテ呉レト云ハレテ丈人ヲ呼ンデ臀ヲ叩キマシタ ソレデ丈人ハ非常ニ叩カレナガラ 아구머니《アイガミニ》 臀이야《トゥンイヤ》ト云ッカラ 郡守ハ益怒ッテコヤツ今モ又문자《モンジャ》ヲ使ッカト云ヒマスト 又云フニハ

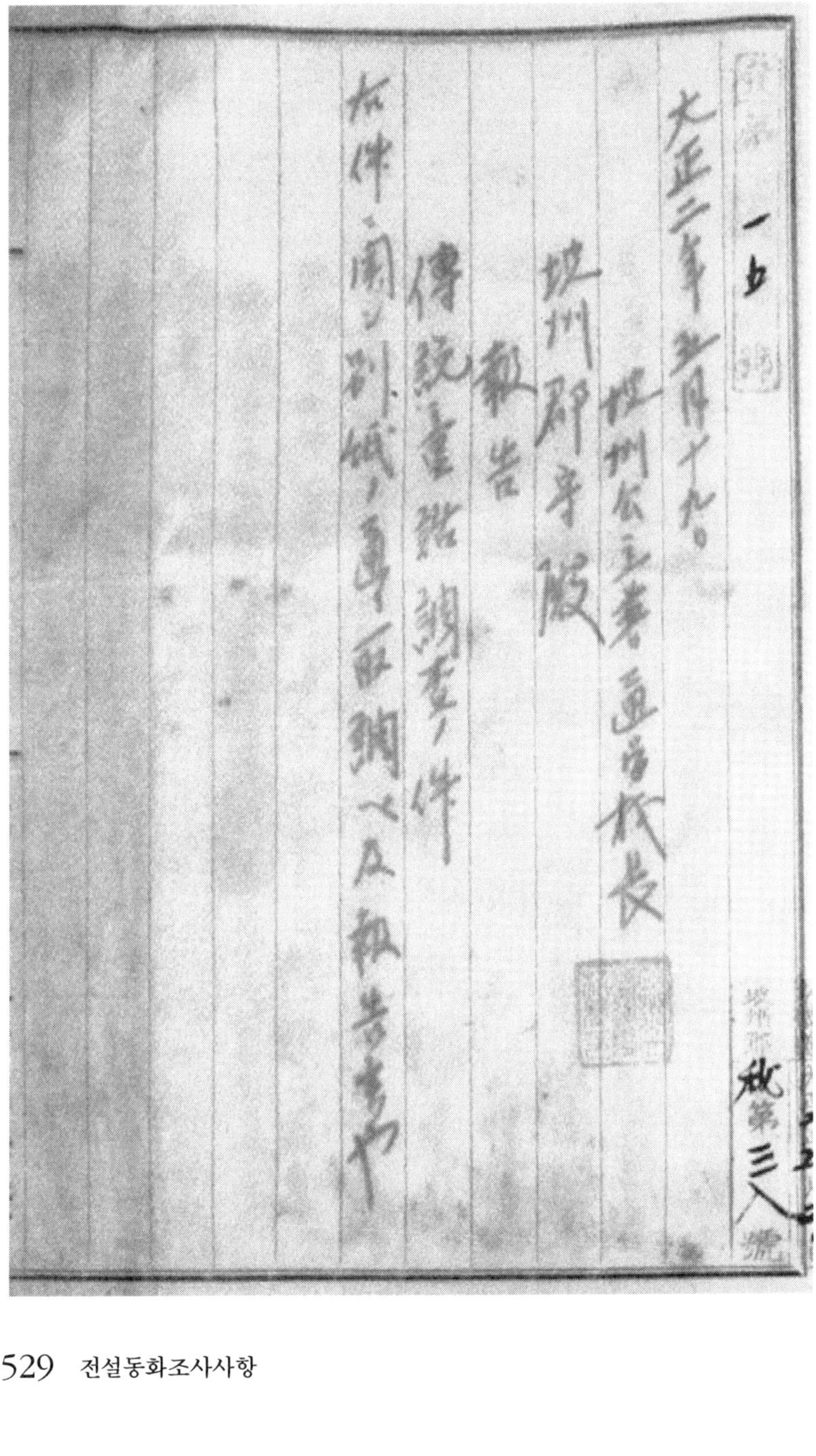

坡州郡 秘第三八號

大正二年五月十九日 坡州公立普通學校長

坡州郡守殿

報告

傳統童話調査ノ件

右件ニ關シ別紙ノ通取調ヘ及報告候也

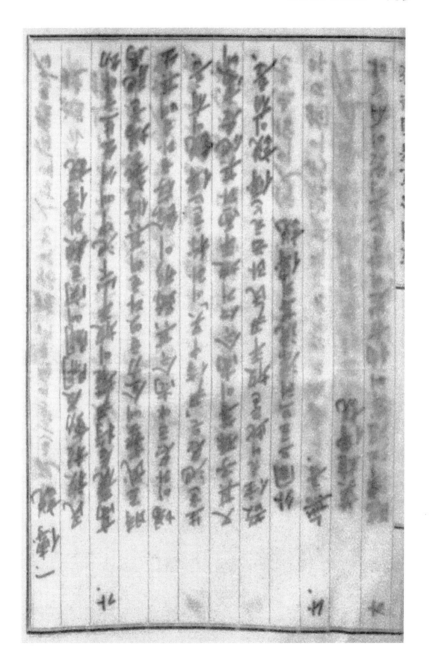

一、傳說 [illegible]

가. 民族移動及開闢에 關한 傳說

高麗[illegible]

[illegible]

[illegible]

生[illegible] 傳하나 [illegible] 有함

又其子孫[illegible]

[illegible] 民이라 하는 傳說이 有함.

外國으로부터 [illegible] 傳說

나. 無함.

[illegible] 傳說

[illegible]

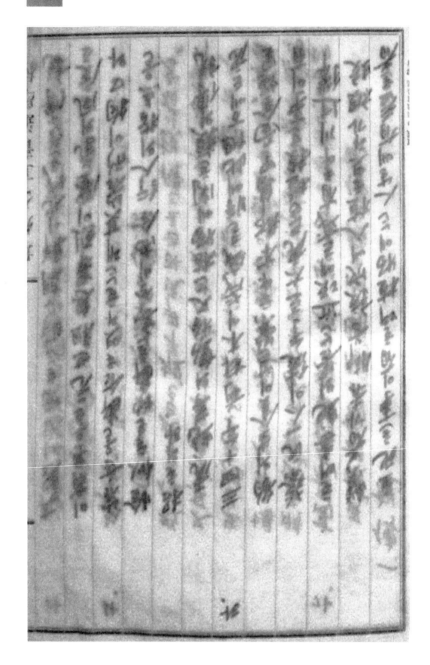

마,

數椳이 有ᄒ니 鳳凰樓山岩石間이 [illegible]生ᄒ는

(草[illegible]는 金[illegible]에 [illegible]

有ᄒ며 [illegible]

風[illegible]

는 九[illegible]

[illegible]

地[illegible]

[illegible]

[illegible]

[illegible]

[illegible]

[illegible]

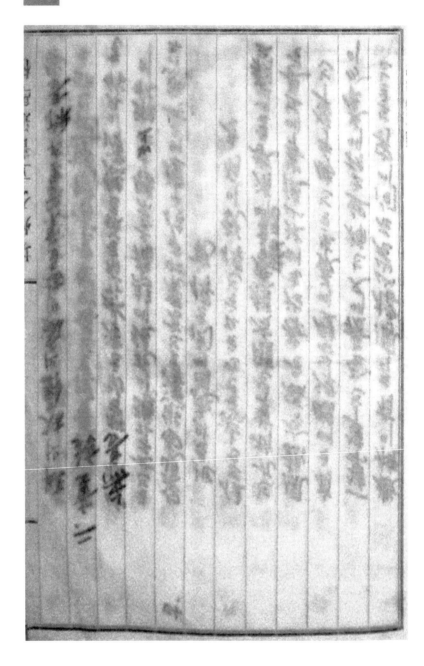

大正三年五月十日

私立普明學校長趙義淵

坡州郡守 徐相準 殿

傳說及童話調査件에依ᄒᆞ야古老等

에就ᄒᆞ야取調後古記別紙를添付ᄒᆞ야

報告書二通을提出ᄒᆞ오니

照亮ᄒᆞ심을望홈

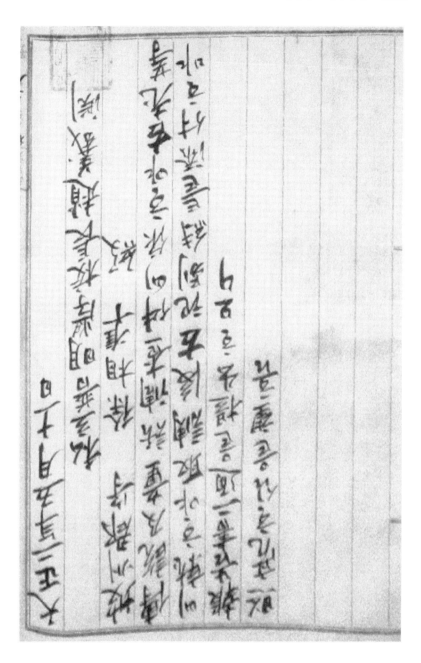

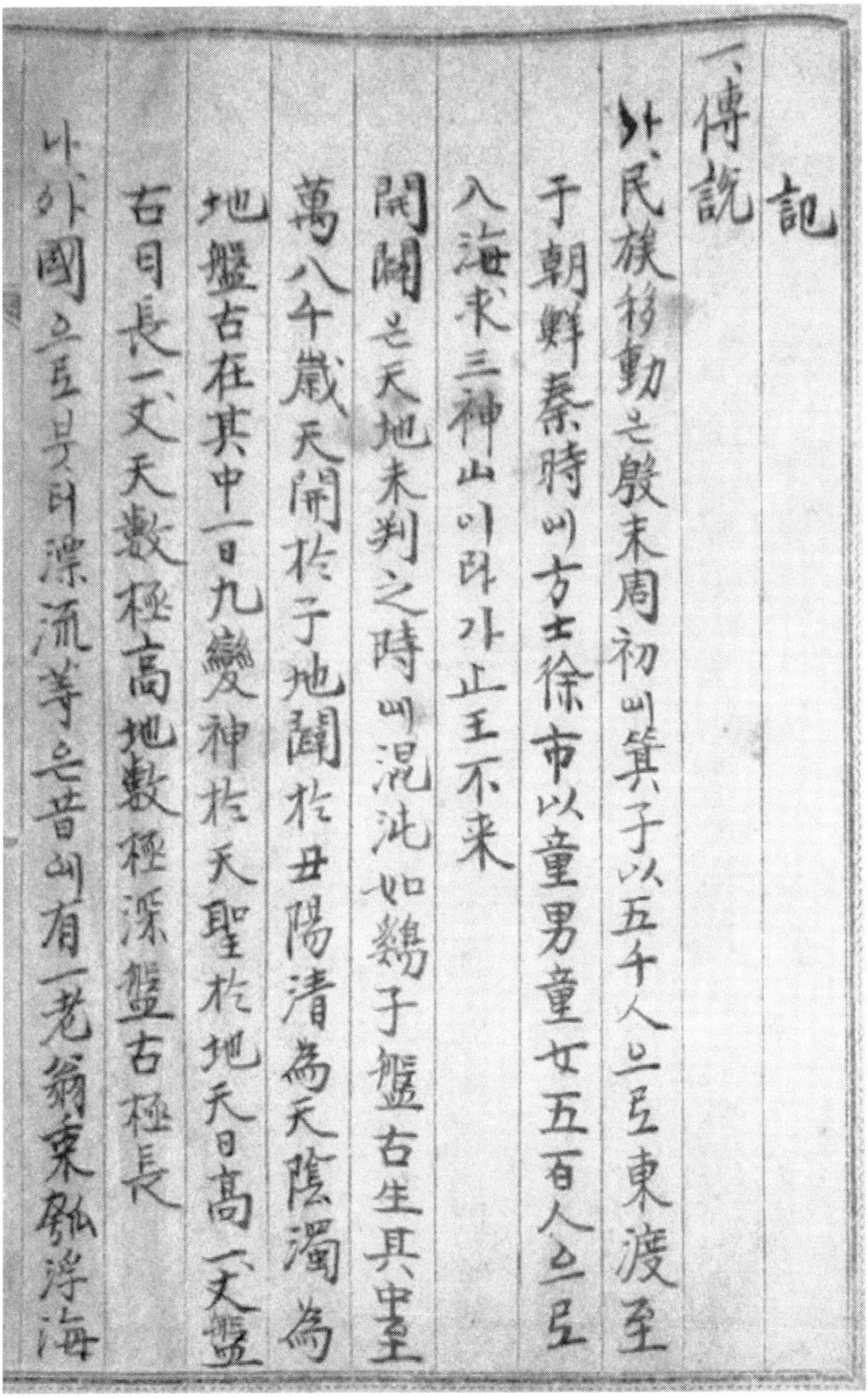

記

一、傳說

가、民族移動은殷末周初에箕子以五千人으로東渡至
于朝鮮秦時에方士徐市以童男童女五百人으로
入海求三神山이라가止王不来
開闢은天地未判之時에混沌如鷄子盤古生其中至
萬八千歲天開於子地闢於丑陽清爲天陰濁爲
地盤古在其中一日九變神於天聖於地天日高一丈盤
古日長一丈天數極高地數極深盤古極長
나、外國으로부터漂流等은昔에有一老翁東臥浮海

而至人이因稱瓠公焉又羅時에有一女子自扶桑海
로乘瓠子而至自稱天女羅祖立而為后
다. 英雄素盞嗚尊大蛇退治는昔夏卯多大蛇又生仙藥
軒轅符登焉廣成子教之佩雄黃而蛇皆退去當
堯之時水逆行汎濫於中國蛇龍居之使禹治水
驅龍蛇而放之菹劉李被酒夜過豐西澤畔有大
蛇當徑拔劍斬之劉寄奴少時行遇大蛇擊傷之
後至其所羣兒搗藥曰吾王為劉寄奴所傷裕
曰何不殺此人兒曰寄奴王者不死言訖因忽不見
라. 虎蛇等의動物又는植物은虎也者樞星之精變

則豹〻變則虎〻嘯而風列鋸牙鉤爪聲若暴雷目
如燃炬在山而百獸震恐或有人化為虎者昔涪村之
人爪甲漸變如虎爪全身生毛色斑〻然如虎文夜闖
闌逸虎食牢中之豕化雖未成氣類相感其情已
通矣　蛇也者感天地之戾氣而生天賦其形絶異
去足曲脅屈脅屢戛鉤牙穴出榛居蓄怒而蟠銜
毒而趍　東海人黃公少有幻術以赤金刀制虎蛇
天命不偕貴若草木草謂之萃木謂之榮瑞草
祥卉得天地之粹氣而生靈草指佞至德之化
瑞木有文太平之符至於金石之類氣之核也

마地名이起原은地字義加土力於乙者地之別名有九一沙泥二澤洗三征崔四下田五中田六上田七下山八中山九上山九州之外有八埏八埏之外有八紘八紘之外有八極上中下謂之三壤山林川澤邱陵墳衍原隰謂之五土 帝國在日出處故曰日本我東在朝日鮮明之下故曰朝鮮이라ᄒᆞ니地名之起原이盖類是也

二、童話

瘤取ᄂ瘤取者ᄂ飮不流之泉이며多生昔有一人病

瘤而多智故人이因號瘤曰智囊十人割瘤에九人

斃瘤有二種血瘤難治氣瘤可治而大抵塗錯

血毒之藥ᄒ야使之自枯則漸差

物イフ龜等은昔에有一人入山遇一大龜郎束之

歸龜便言曰游不良時爲君所得人甚恠之夜

泊越里襯船於大桑樹矣宵中樹呼龜曰勞乎

元緖奚事爾耶龜曰我被拘縶方見烹雖盡

南山之樵不能潰我樹曰元遜博識必求如我

之徒龜曰子明無多言禍將及汝

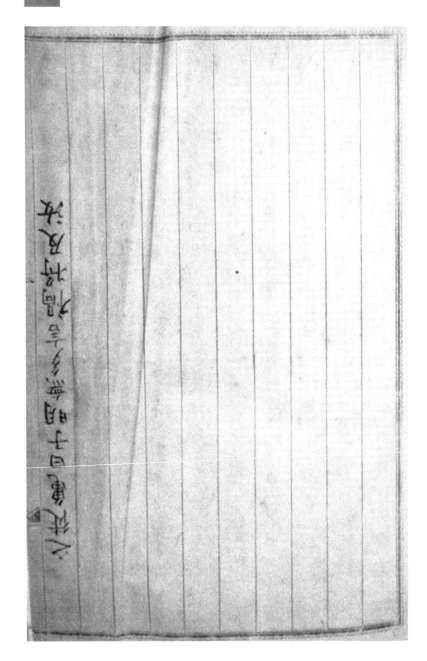

上

遊羽化亭序

羽化亭者安朔邑治之東江上亭也自臨上流數郡之界安
朔獨稱江山之勝此也絶岸叢巖斗江上人指言臺是百年
稱絶景今太守李侯以無事訪山水古事得斯文樂之作臺
上亭以臨寥廓高明遊息之具蓋亦有時而成者也前後
有茂林閒密江岸皆白礫其上平蕪江流灣洄上下渺茫東
有大川南流過峭壁合於亭下有古渡有長橋峡俗人事
絶稀首遊無人汝上有採篁持網者數人呼相語余老於瀘上
豈游朔二郡太守渭江李斯文遊相樂於此正月大寒雪古木
多枯死三月無花然時已孟夏江上多對林深陰適雨新晴
條繼自多於是李斯文作羽化亭山水記屬余為序
之八年四月甲戌孔巖許穆眉叟序
侯為郡之明年改作鄉校五架而楹一間既成禮事畢修言廢某

鳩力作臨江閣覩其勝槩欣然信之吾聞高明之域治道之所
出故古人有不謀於邑而謀於野者信矣市豈徒爲游樂之
觀而已不可以不識也候補山府發字重而延陵人穆識

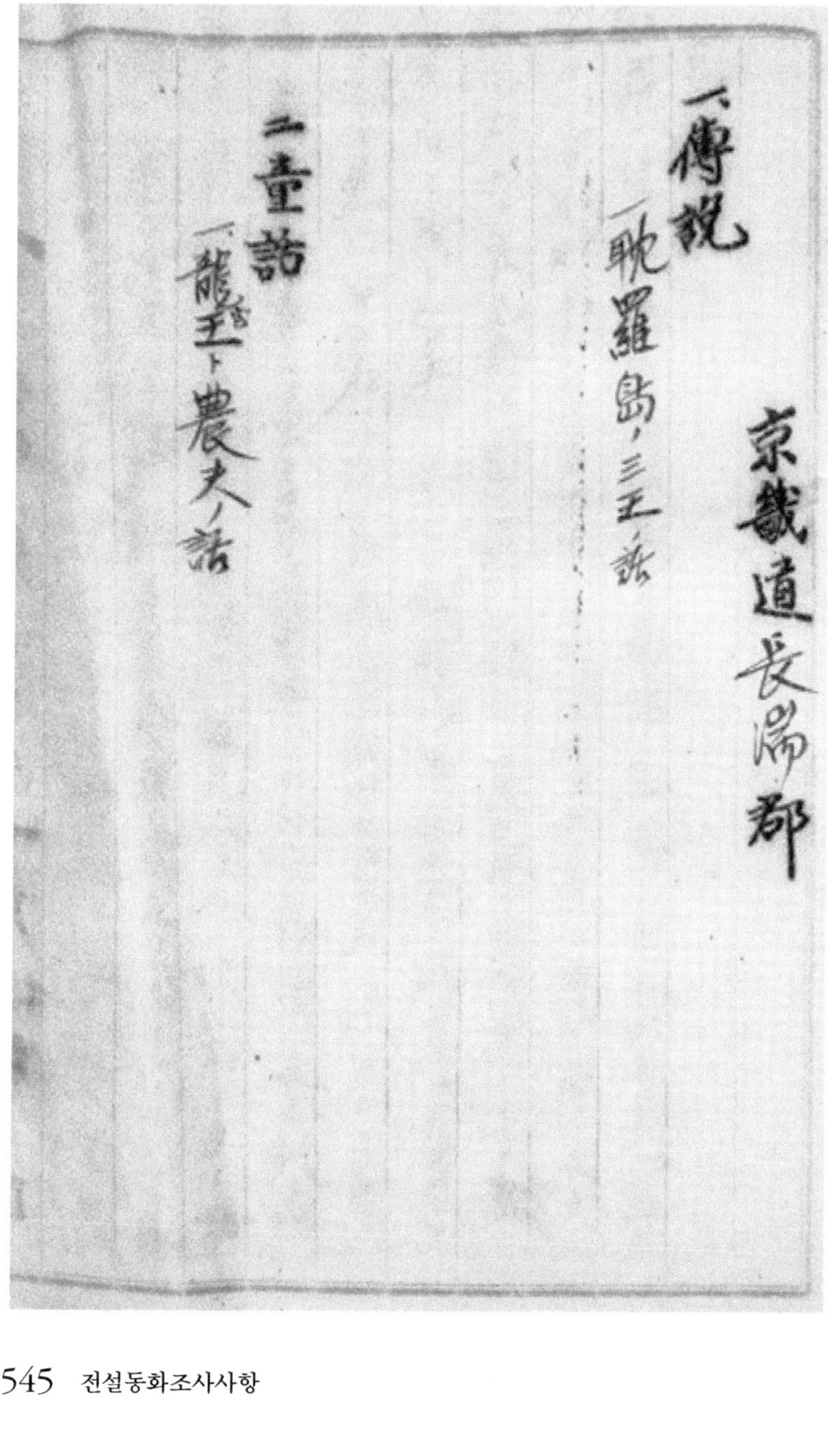
京畿道長湍郡

一、傳說

一、耽羅島ノ三王ノ話

二、童話

一、龍王ト農夫ノ話

傳說

耽羅（탐라）（現今濟州島）ハ南海ノ孤島ニシテ未ダ曾テ人ノ住ムコトナカリシガ或時三人ノ男子地中ヨリ湧キ出テ長ヲ高乙那次ヲ夫乙那三ヲ良乙那ト稱シ山野ニ獵シテ禽獸ヲ獲其ノ皮ヲ衣トシ其ノ肉ヲ食トシテ生活シテ居リシガ或時海岸ニ紫色ノ箱ノ漂着セシヲ以テ開キ見レバ中ニ石函アリ石函ノ中ニ紅帯紫衣ノ使臣アリ青衣ノ處女三人ヲ率ヒテ出テ来リ其ノ携フル処ノモノハ駒犢及五穀種子ナリ使者曰ク我ハ日本ノ使臣ナリ國王此ノ三人ノ姫君ヲ生ミ給ヒ曰ク宜シク西海ノ中岳ニ神子アリ今将ニ國土ヲ開カントスレド配匹ナシ汝此ノ三女ヲ送リテ大業ヲナサシメヨト言ヒ終ツテ雲ニ入リ行ク処ヲ知ラズ三人ノ姫ハ各三郎ニ配シ住居ヲワカチ五穀ヲ植ヘ牛馬ヲ牧ヒ漸ク子孫繁榮シテ今日ニ至レリト然シテ良乙那ハ第一都ニ住シ高乙那ハ第二都ニ住シ第三都ニ夫乙那住シタリト云フ今日高性ヲ称ハ

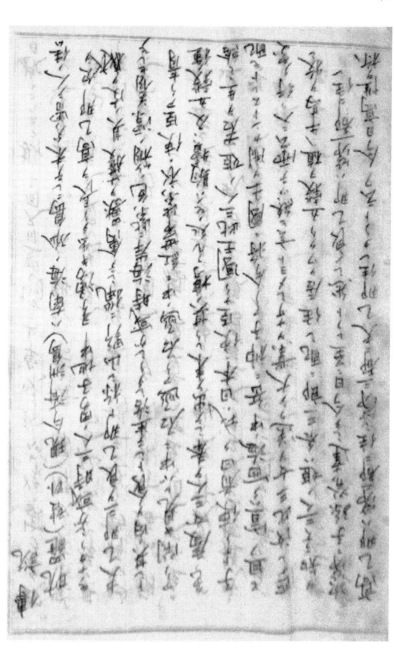

スルモノ其ノ子孫ナリト云フ

童話

昔シ一人ノ農夫アリ草芝ヲ刈ランドテ海岸ヲ通過セシニ漁夫アリ大ナル鯉ヲ釣リ帰ラントス農夫之ヲ憐ミ直ニ買取リテ海中ニ放ツ後数日再ビ其ノ海岸ヲ通過セシニ一匹ノ亀出デ来リ過ヘル日貴下ニ救ハレシ鯉ハ我龍宮王ノ愛子ナリ大王其ノ恩ニ報インガ為メ我ヲシテ貴下ヲ迎ヘシムト乞フ我ガ背ニ乗リ給ヘト云フ農夫大ニ喜ビ其ノ言ニ従ヒ遂ニ龍宮ニ至レバ大王自ラ出迎ヘテ貴賓ト為シ優待至ラザルナシ朝ニ山海ノ珍味ヲ供シ夕ニ美人酒佳肴ヲ勧ムサレド農夫ハ帰心稍動キ遂ニ王ニ謁シテ其ノ帰ランコトヲ告グ王ハ只管ニ別レヲ惜ミ其ノ帰ルニ際シ紀念ナリトテ白キ犬児ヲ送ル農夫ハ再ビ亀ノ背ニ坐シテ其ノ故郷ニ帰リ母ト共ニ野ヲ耕シ山ニ樵リテ其ノ日ヲ送リシガ或ル夕方家ニ帰レバ珍味卓上ニ満チ翌日又同ジ 斯クスルコト数日

農夫窓ニ之ヲ覗ヘバ我伴セシ白犬児ハ俄ニ化シテ美人トナリ庭ニ立
チテ何カ一言ヲ発スルト空中ヨリ天女食膳ヲ運ビ来ル農夫愈々
之ヲ怪ミ近イテ之ヲ問ヘバ美人曰ク我ハ龍宮王女ナリ我児嘗テ貴下
ニ救ハル父我ニ命ズルニ君ノ巾櫛ヲトリテ高恩ニ報イヨト願クバ之ヲ許セヨ
ト農夫遂ニ母ニ乞フテ之ヲ娶ル美人ノ持チ来リシ珍寶ニ饒カナリ
子女ヲ有シ一生ヲ安楽ニ送リタリト云フ

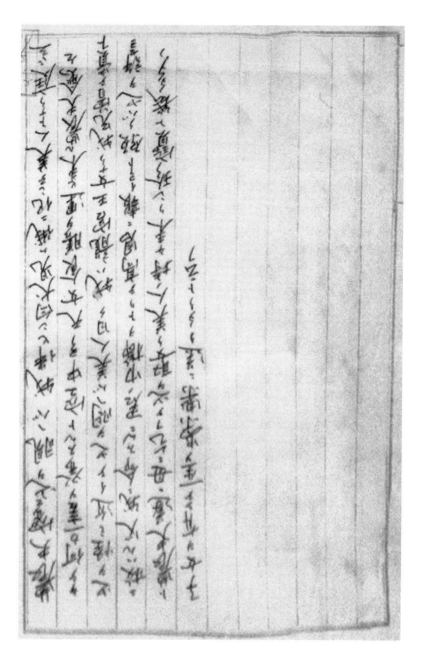

이시준 숭실대학교 일어일본학과 교수
숭실대학교 동아시아언어문화연구소 소장
일본설화문학, 동아시아 비교설화・문화

장경남 숭실대학교 국어국문학과 교수
한국고전산문, 동아시아속의 한국문학

김광식 숭실대학교 동아시아언어문화연구소 전임연구원
한일비교설화문학, 식민지시대 역사 문화

숭실대학교 동아시아언어문화연구소
식민지시기 일본어 조선설화집자료총서 4

전설동화조사사항

초판인쇄 2012년 05월 1일
초판발행 2012년 05월 14일

편 저 조선총독부 학무국
편 자 이시준・장경남・김광식
발 행 인 윤석현
발 행 처 제이앤씨
등록번호 제7-220호
책임편집 최인노

우편주소 132-702 서울시 도봉구 창동 624-1 북한산현대홈시티 102-1206
대표전화 (02)992-3253
전 송 (02)991-1285
홈페이지 www.jncbms.co.kr
전자우편 jncbook@hanmail.net

ISBN 978-89-5668-913-5 94380 정 가 77,000원